空中英豪

美国第八航空队对纳粹德国的空中之战

AMERICA'S BOMBER BOYS WHO FOUGHT
THE AIR WAR AGAINST NAZI GERMANY

【美】唐纳德·L·米勒 著
小小冰人 译

人民日报出版社

MASTERS OF THE AIR: AMERICA'S BOMBER BOYS WHO FOUGHT THE AIR WAR AGAINST NAZI GERMANY By DONALD L. MILLER
Copyright:©2006 BY DONALD L.MILLER
This edition arranged with SIMON & SCHUSTER,INC. through Big Apple Agency,Inc.,Labuan,Malaysia. Simplified Chinese edition copyright: 2014 Chongqing Foresight Information Co,.Ltd.
ALL rights reserved.

本书简体中文字版由西蒙-舒斯特公司授权出版
版权所有，侵权必究
版贸核渝字（2013）第65号

图书在版编目（CIP）数据

空中英豪：美国第八航空队对纳粹德国的空中之战 / （美）米勒著；小小冰人译. -- 北京：人民日报出版社，2013.12
　　ISBN 978-7-5115-2338-9

Ⅰ．①空⋯ Ⅱ．①米⋯ ②小⋯ Ⅲ．①第二次世界大战－空战－史料－美国 Ⅳ．① E516.9

中国版本图书馆CIP数据核字（2013）第315813号

书　　名	空中英豪：美国第八航空队对纳粹德国的空中之战	
作　　者	唐纳德·L·米勒 著　/　小小冰人 译	
出 版 人：	董　伟	
责任编辑：	周海燕	
封面设计：	郭　娜	

出版发行：人民日报 出版社
社　　址：北京金台西路2号
邮政编码：100733
发行热线：（010）65369527　65369846　65369509　65369510
邮购热线：（010）65369530　65363527
编辑热线：（010）65369518
网　　址：www.peopledailypress.com
经　　销：新华书店
印　　刷：重庆市蜀之星包装彩印有限责任公司

开　　本：787mm×1092mm　1/16
字　　数：450千字
印　　张：49.5
印　　次：2014年1月第1版　2014年1月第1次印刷

书　　号：ISBN 978-7-5115-2338-9
定　　价：128.00元（共三卷）

译 者 序

《空中英豪》一书可能是我迄今为止耗时最长、最费心血的一部译作，陆陆续续长达半年之久。数度感到沮丧和烦闷之际，是贝德福德国家诺曼底纪念馆寄来的感谢信令我重新振奋起精神，既然《为了忘却的纪念》一书可以让我在二战结束的几十年后为记述那场史诗般的正义战争做出一点点微不足道的贡献，我想，这本描绘美国第八航空队的巨著一定能达到同样的作用。

首先，我想说说《空中英豪》译本中"战争部"这个译名。The United States Department of War在国内通常被译为"陆军部"，其首脑也被称作"陆军部长"，理由是，这个部门实际掌管的是陆军。在这里，请允许我稍作解释。Department of War成立于1789年，1947年前，美国的军事力量主要由两个部门统辖，一个是Department of War（掌管陆军），另一个是Department of the Navy（海军部，负责海军和海军陆战队），1798年前，海军部甚至还隶属于Department of War。1947年7月26日杜鲁门总统签署《国家安全法》，将Department of War拆分为Department of the Army（陆军部）和Department of the Air Force（空军部），再加上原有的海军部，三者构成了国家军事部（NME），1949年，NME更名为国防部。

1947年出台的《国家安全法》中，有几点至关重要：一是正式确定了国家军事部（即国防部）的存在；另一点是独立空军的出现，取代了原先的陆航队；再有一点就是就是Department of War（战争部）取消，Department of the Army（陆军部）首次出现，与空军部和海军部一同并入国家军事部。你不能对《国家安全法》视而不见，冒冒失失地将47年前的Department of War

和47年后的Department of the Army都称作陆军部。另外，请各位注意1947年7月起出任最后一任战争部长的肯尼斯·C·罗亚尔，《国家安全法》生效后，他成为第一任陆军部长，也是最后一位担任内阁成员的陆军部长，实际上，内阁成员的职务是从战争部长一职遗留而来，而不是得自他新出任的陆军部长。也就是说，取代战争部长（同时成为内阁成员）的是国防部长，而不是新出现的陆军部长。这一点可查阅维基百科，战争部长（Secretary of War）与陆军部长（Secretary of the Army）被分别列出，并未混为一谈，很显然，这是两个截然不同的职务。

  再从中文翻译的角度说，既然我们在翻译United States Army Air Corps（USAAC）和United States Army Air Forces（USAAF）都很认真地将其分为陆航军和陆航队，那么，我看不出有什么理由将Department of War和Department of the Army都称为陆军部。USAAC和USAAF的区别在于，我们看见前者，就知道指的是1942年前的美国空军，而后者则是1942—1947年间的空军力量。如果将Department of War按照常规译为"陆军部"，试问某本书中出现"陆军部"这三个中文字时，读者如何能判明这是1947年前还是1947年后的陆军部？Department of War译为陆军部，Department of the Army还是译为陆军部，那么请问，凭什么前者用意译，后者用直译？难道，美国人的更名毫无意义？记住，我们的英文理解力绝不比美国人更强大。某些根深蒂固的错误，例如"陆军部"，例如"企业号"，例如"军团"等等，其影响力相当巨大，不是一本书或几篇文章便能解决的。但我希望就此开始，或者说，从这本书开始，确立起"战争部"的说法，"陆军部"是1947年后的产物，是拆分"战争部"形成陆军部和空军部的结果。

  当然，这只是我个人的一些粗浅看法，相信有些读者并不一定认同，那么，就请允许将此视作我作为译者的一点点"特权"吧。

  《空中英豪》是我到目前为止见过的最详尽的一部第八航空队专著，也是讲述美国空中力量二战经历最出色的一本。从书中的注释以及书后所附的参考资料可以看出唐纳德·米勒为创作这本历史著作所下的工夫；在书中我们同样能看出，五年的写作和研究、对250多名当事者的采访，使得这本空战巨著生动、翔实、有血有肉。

这本空战著作打破了我个人过去许多错误的观点。在我看来，盟军的轰炸势不可挡、一帆风顺，殊不知他们差一点惨遭失败，第八航空队几乎被拆散；在我看来，轰炸就是将轰炸机飞到敌方上空，将炸弹投下去而已，殊不知，美国人追求的"精确轰炸"与英国人实施的"区域轰炸"居然有着本质的区别；在我看来，B-17加上被吹得神乎其神的"诺顿"瞄准器，正如其领导者认为的那样——"无往而不利"，殊不知，对德国某合成燃料厂发起三次空袭，损失了119架轰炸机，却没有一颗炸弹落入厂区内……第八航空队最初的雄心壮志是想凭一己之力击败德国，也就是说，不需要诺曼底登陆，也不需要步兵弟兄们的浴血奋战，只靠他们发起的战略轰炸便能将德国逼入绝境。在我们今天看来这种近乎异想天开的思想，当初却被美国空中力量领导者奉为建军原则。

简单地总结，这本书阐述的其实是轰炸战的两个问题：轰炸哪里？如何轰炸？炸弹不能一丢了之，投向哪里最具效力，最能打击敌人的战争能力，这个看似简单的问题始终贯穿着美国陆航队所经历的整场战争，炼油厂？潜艇坞？飞机制造厂？交通中心？还是像英国人那样，干脆轰炸德国的城市？这些目标都曾被第八航空队尝试过，但效果并不尽如人意，这令他们苦苦思索，究竟应该轰炸哪里？即便确定了轰炸目标，B-17机群能否完成摧毁任务？从理论上说是可以的，但实际上，非常难，即便付出了惨重的代价，损失掉大批人员和飞机，遭受到打击的德国目标却能在很短的时间内得以恢复。

轰炸战从未有过可供遵循的先例，这就意味着第八航空队对德国的战略轰炸是一个不断摸索、不断尝试的过程，充分说明了"罗马不是一天建成的"这句老话。从这一过程中，我们也许能看出美国空军在战后一跃成为世界第一的某些原因。先进武器固然重要，人的因素同样不可或缺，最重要的大概是

"经验",缺乏实战经验,单凭纸上谈兵和数据、性能对比是无法成为一个军事强国的,而军事强国,实际上是个不断保持强大的过程。二战后的多次局部战争就是最好的范例。朝鲜、越南、阿富汗(苏)、科索沃、海湾地区、反恐战等等,美国和苏联卷入的一场场战争,实际上就是一次次不间断的尝试和探索,一如第八航空队在二战中所做的那样。对德国的战略轰炸结束后,美国陆航队全力推动"战略轰炸调查"项目,破天荒地使用民间人士来执行,其目的就是为了得出客观、公正的结论。而这些调查所产生的200多个报告,打破了许多既有的概念,即便到今天,对空军依然不无裨益。

最初为实施精确轰炸而创立的航空队,却以地毯式轰炸赢得了他们最大的胜利。

纳粹德国的败亡,很重要的原因是石油工业被毁?不是,反而是他们最充裕的煤要为其失败负责。

生活条件舒适、军饷颇高的飞行员,伤亡率居然高过太平洋战区的海军陆战队。

美国空军的"无人轰炸机",德国空军的"神风敢死队",你听说过吗?

汉堡和德累斯顿的毁灭,是一场蓄意的屠杀?

德国的许多王牌飞行员拥有动辄上百架的击坠战果,美国战斗机部队应该很怕他们吧?并非如此,美国战斗机最怕的是对方避战,他们甚至以轰炸机为诱饵,诱使德国空军升空应战。

美丽、和平、貌似中立的瑞士,背地里隐藏着多少丑恶的勾当?

……

这些在我看来闻所未闻的故事,在本书中都可以找到详实的描述和解答。

说第八航空队打赢了对德战争有些夸张,可如果没有第八航空队,又如何能赢得那场战争?

翻译《空中英豪》一书,的确有一种"被掏空"的感觉,我所称的"代入式"译法令我在精神上疲惫不堪,写下这些颠三倒四的文字时,吃力不已,就像一个滔滔不绝的演说者下场后,再也说不出一句话那样。如果这篇所谓的序言降低了全书的水准,责任全在于我。

最后,我不想说"欢迎读者批评指正"这种毫无意义的空话,只想把这部译作献给二十年来一直默默关心和支持我的她,并衷心说声"谢谢"。这是怎样的一种坚忍和力量啊,我对此惊叹不已。

美国第八航空队基地

- ① 第1航空师驻地
- ② 第2航空师驻地
- ③ 第3航空师驻地
- ✚ 特别行动（投机商）

1944年6月6日，第八航空队的重型轰炸机大队

- 34：门德斯哈姆，B-24
- 44：希普德姆，B-24
- 91：巴辛伯恩，B-17
- 92：波丁顿，B-17
- 93：哈德威克，B-24
- 94：伯里圣埃德蒙兹，B-17
- 95：霍勒姆，B-17
- 96：斯内特顿-希斯，B-17
- 100：索普-阿博茨，B-17
- 303：莫尔斯沃斯，B-17
- 305：切尔维斯顿，B-17
- 306：瑟莱，B-17
- 351：波尔布鲁克，B-17
- 379：金博尔顿，B-17
- 381：里奇维尔，B-17
- 384：格拉夫顿安德伍德，B-17
- 385：大阿什菲尔德，B-17
- 388：奈提谢尔，B-17
- 389：海瑟尔，B-24
- 390：弗瑞林姆，B-17
- 392：文德灵，B-24
- 398：纳特哈姆斯坦德，B-17
- 401：迪纳索普，B-17
- 445：蒂本哈姆，B-24
- 446：邦吉，B-24
- 447：瑞特斯登，B-17
- 448：希兴，B-24
- 452：代奥哈姆格林，B-17
- 453：旧巴肯纳姆，B-24
- 457：格拉顿，B-17
- 458：霍沙姆圣费思，B-24
- 466：阿特尔布里奇，B-24
- 467：拉克希斯，B-24
- 486：萨德伯里，B-17
- 487：拉文纳姆，B-24
- 489：黑尔沃斯，B-24
- 490：艾伊，B-24
- 491：梅特费尔德，B-24
- 492：北皮亨哈姆，B-24
- 493：德比希，B-24

总 部

布希公园：美国驻欧洲战略空中力量司令部（USSTAF），代号"飞翼"。

海威科姆：第八航空队司令部，代号"青松"。

布歇赫尔：第八航空队战斗机司令部。

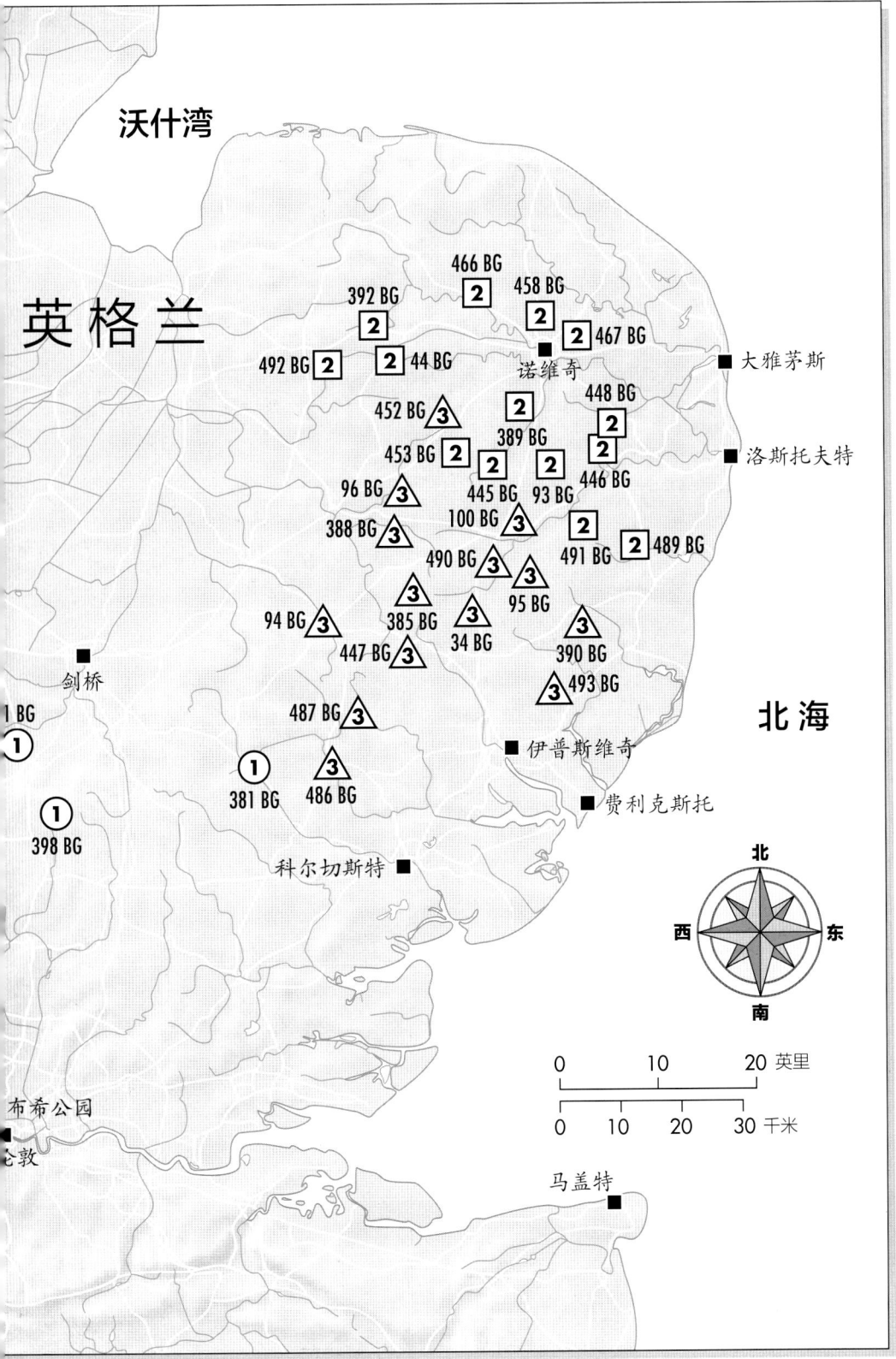

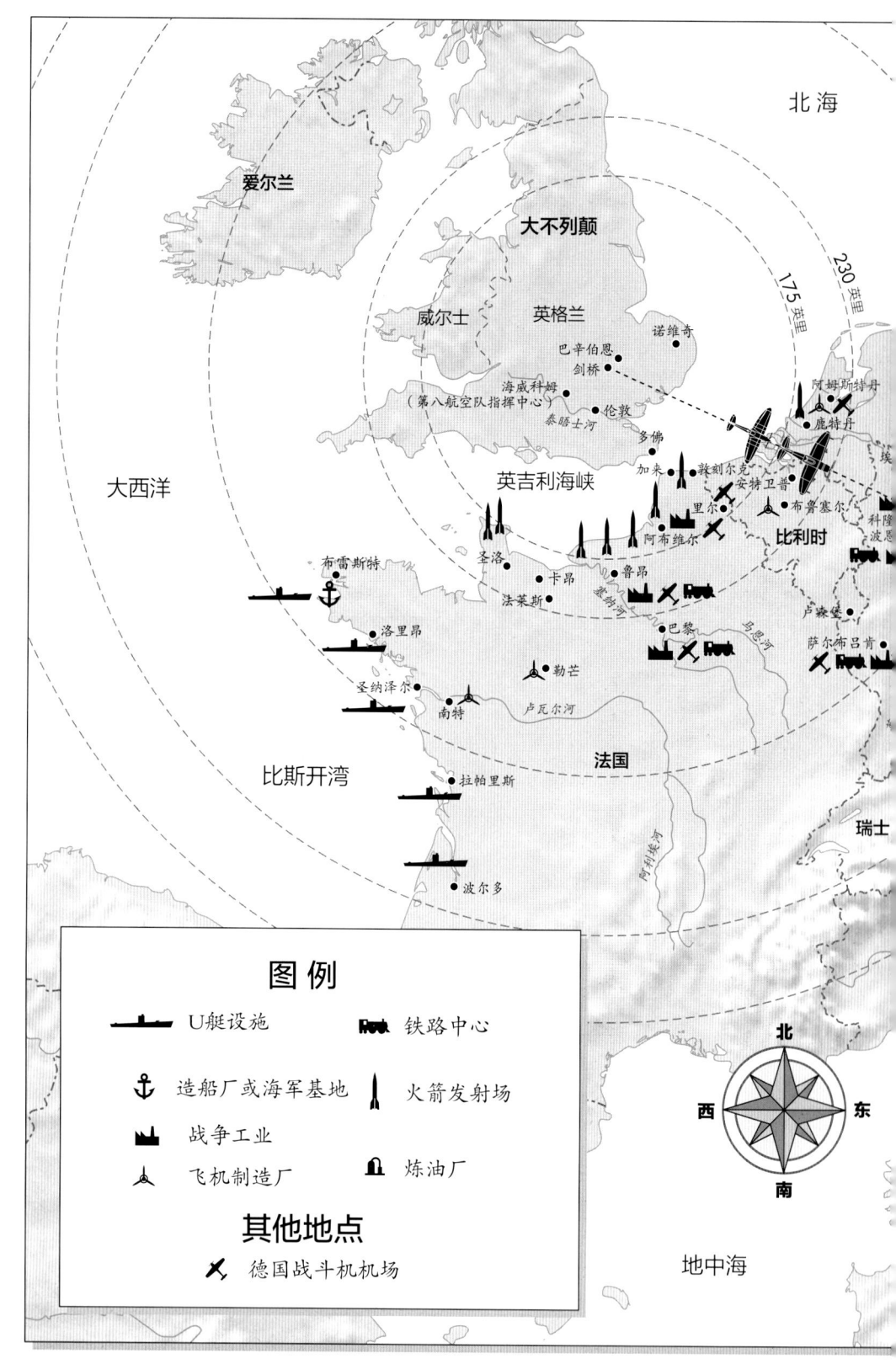

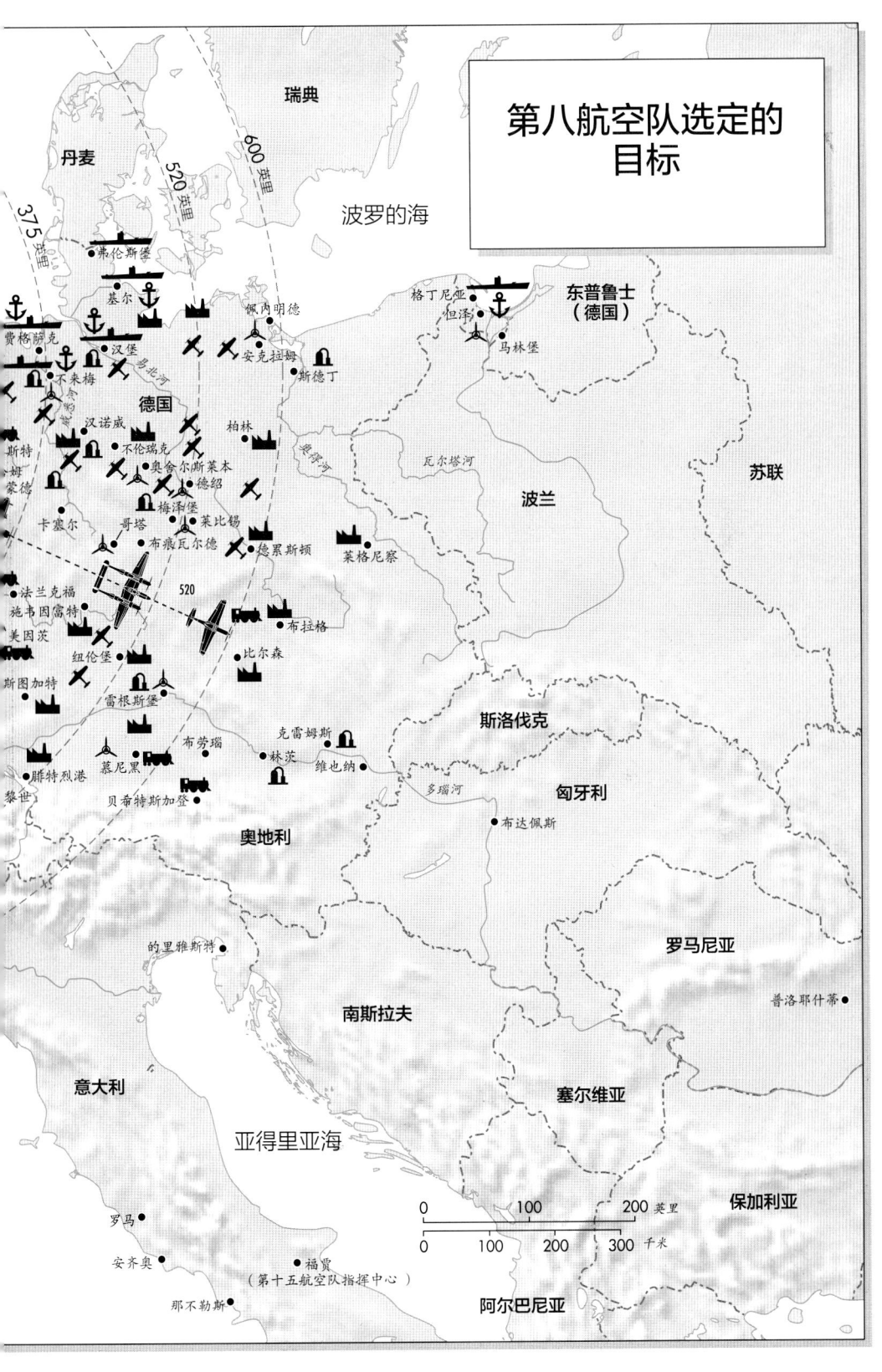

波音B-17的横截面图

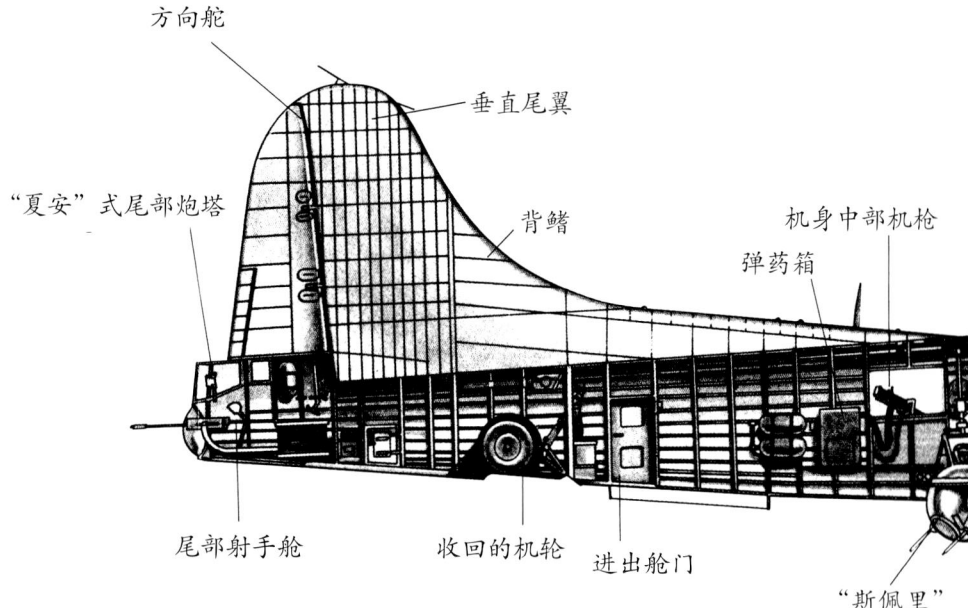

联合公司B-24"解放者"式轰炸机

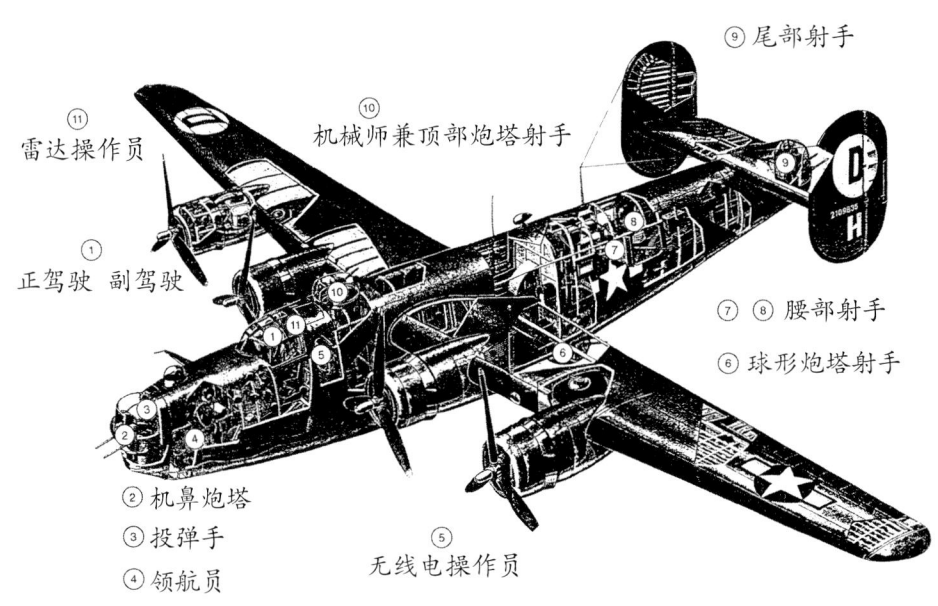

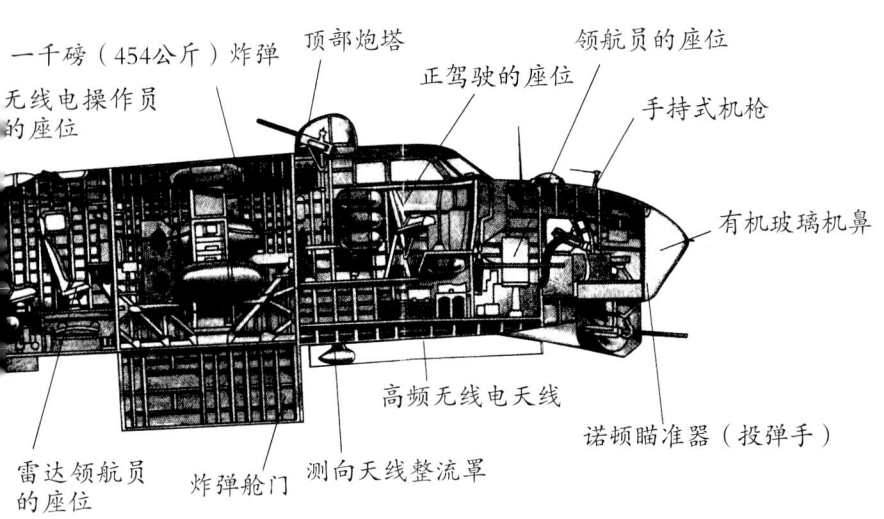

目录

译者序

上卷

序幕：血腥100 ·· 3
第一章：轰炸机黑手党 ································· 35
第二章：埃克的业余选手 ······························ 67
第三章：危险的天空 ··································· 89
第四章：飞行员坠落！ ································ 131
第五章：勇气的剖析 ·································· 151
第六章：教会他们杀戮 ································ 207

中卷

第七章：地狱的钟声 ·································· 243
第八章：战斗者 ·· 287
第九章：转折 ··· 325

第十章：被解放的天空 ⋯⋯⋯⋯⋯⋯⋯⋯⋯⋯⋯⋯⋯⋯ 361

第十一章：致命的困境 ⋯⋯⋯⋯⋯⋯⋯⋯⋯⋯⋯⋯⋯⋯ 413

下卷

第十二章：瑞士的囚犯 ⋯⋯⋯⋯⋯⋯⋯⋯⋯⋯⋯⋯⋯⋯ 489

第十三章：受够了这场战争 ⋯⋯⋯⋯⋯⋯⋯⋯⋯⋯⋯⋯ 511

第十四章：铁丝网 ⋯⋯⋯⋯⋯⋯⋯⋯⋯⋯⋯⋯⋯⋯⋯⋯ 553

第十五章：无尽的恐怖 ⋯⋯⋯⋯⋯⋯⋯⋯⋯⋯⋯⋯⋯⋯ 595

第十六章：几乎从不倒塌的烟囱 ⋯⋯⋯⋯⋯⋯⋯⋯⋯⋯ 649

第十七章：苦难的庆典 ⋯⋯⋯⋯⋯⋯⋯⋯⋯⋯⋯⋯⋯⋯ 707

尾声 ⋯⋯⋯⋯⋯⋯⋯⋯⋯⋯⋯⋯⋯⋯⋯⋯⋯⋯⋯⋯⋯⋯ 751

致谢 ⋯⋯⋯⋯⋯⋯⋯⋯⋯⋯⋯⋯⋯⋯⋯⋯⋯⋯⋯⋯⋯⋯ 757

参考书目 ⋯⋯⋯⋯⋯⋯⋯⋯⋯⋯⋯⋯⋯⋯⋯⋯⋯⋯⋯⋯ 761

上卷

序幕

血腥100

第八航空队是战争史上最伟大的部队之一。
他们拥有最好的装备和最佳的人员，
除极少数外，这些人大多是——美国的普通百姓，
受过良好的教育，并愿意为国效力，他们知道，自由正处在危险中。
正是这一点铸就了第二次世界大战的特殊性。

——安迪·鲁尼《我的战争》

1943年10月9日，伦敦

约翰·伊根少校个人的战争开始于伦敦一家酒店的早餐时刻。他离开索普-阿博茨（Thorpe Abbotts），正在休他为期两天的假期。索普-阿博茨这座美军轰炸机基地位于伦敦北面约90英里处，距离诺福克村咫尺之遥，索普-阿博茨这个名字源自于此。而它的正式名称是第139基地，基地内有3500名飞行员和辅助人员。这座基地修建在一位贵族的领地上，机组人员投入战斗时会飞过鲁珀特·曼爵士的佃农们辛勤耕犁过的田地，那些佃农住在附近摇摇欲坠、靠平炉取暖的石屋中。*

---

* 译注："源自于此"是因为诺福克hamlet指的是那种没有教堂的小村庄，而索普-阿博茨这个名字直译过来就是"修道院村"。

索普-阿博茨位于东安格利亚（East Anglia），古老的农场、蜿蜒的河流、低矮平坦的沼泽，自古以来便是一片闹鬼的地带。它从剑桥顶端向北延伸至诺维奇（Norwich）这座教堂城，向东直达大雅茅斯（Great Yarmouth）这个排满污水的北海工业港。英格兰的这片低洼地，其排水渠、木制风车和广袤的沼泽不禁让人想起一衣带水的荷兰。

这是一片伸入海中的土地的"臀部"，相当突出，在战时岁月，它就像一柄对着敌人举起的巨斧。这里的排干田上建起一座座出色的机场，从这些机场可以深入打击德国内陆。这片地区比伦敦落后一个世纪左右，但战争已将其变为世界上最重要的前线之一，这条战线与历史上的任何一条都不同。

这是一条空中战线。从东安格利亚新近建成的各个基地发起了一场新型战争——高空战略轰炸。这是战争史上独一无二的事件，史无前例，也再不会重演。20世纪40年代初，实施一场长期、大规模轰炸战所需要的技术刚刚出现，而到这场前所未有的轰炸战临近结束前，这些技术已被喷气引擎飞机、火箭助推导弹和原子弹所淘汰。欧洲西北部上空稀薄、寒冷的空气中，飞行员们在从未有任何勇士经历过的环境下流血、牺牲。这场空战并不像第一次世界大战那样出现在12000英尺高度，而是发生在海拔2—3倍的同温层附近，那里的各种自然条件甚至比敌人更危险。这片湛蓝的战场上，温度低得能冻死人，空气令人窒息，而阳光则将轰炸机暴露给德军战斗机和地面防空炮突如其来的打击。这片广袤、陌生的杀戮场给战斗的严峻考验增添了一份新内容，造成飞行员们首次遇到许多心理和生理问题。

对大多数飞行员来说，飞行与战斗同样陌生。数千名美国飞行员在入伍前从未坐过飞机，也从未向比松鼠更加危险的东西开枪射击过。这种新型战争催生出一种新型医学——航空医学，开拓性地让精神科和外科医生在距轰炸机基地不远处的医院和诊所工作，那些脸部和手指被冻伤，或是因伤势和恐惧造成精神崩溃的人便被送到这里。

轰炸战是一种间歇性战争。一段无所事事且又乏味的日子后，短暂的怒火和恐惧随之而来；而经历了空战并返回基地后，他们会直奔干净的床单、热饭菜和心仪的英国姑娘而去。在这场令人难以置信的战争中，一个19或20岁大的小伙子可能上午11点还在柏林上空命悬一线，而晚上9点却已在伦敦的一家酒店里呼呼入睡。一些步兵对飞行员的舒适生活羡慕不已，但正如一本描述美国领航员的小说中的某个角色所问的那样："要是给他们一架加满油的飞机，你觉得有多少步兵弟兄肯飞赴前线？"[1] 空战是一种比地面战更快、更果断的获胜方式，这种观点被推销给美国公众，实际上，空战已沦为一场缓慢而又残酷的消耗战。*

约翰·伊根是一个B-17"空中堡垒"中队的中队长。当时，B-17是世界上最可怕的杀人武器之一。作为一名轰炸机飞行员，伊根的职业就是摧毁。与大多数轰炸机机组人员一样，他毫无良心不安地从事着这份工作，相信自己正为一项崇高的事业而战。他同样是为了不被杀而杀人。

伊根已在最危险的空中战区执行了5个月的作战飞行任务，这片战场被他们称作"大联盟"。这是他在作战期间的第一次休假——尽管几乎感觉不到放松。当晚，德国空军飞抵城市上空，引发了他那座酒店四周的警报。这是他首次遭遇空袭，伊根发现，在刺耳的警报和剧烈的震动中根本无法入睡。

伊根隶属于第八航空队，珍珠港事件爆发后的一个月内，这个轰炸机司令部在佐治亚州萨凡纳的陆军航空队基地组建，以便为美国提供对纳粹德国本土的打击力量。经历了希望渺茫的开端后，这支部队迅速成为历史上规模最大的打击力量之一。伊根于1943年春季抵达英国，此刻，第八航空队的首批人员和飞机进驻英国皇家空军（RAF）移交给他们的机场已有一年，而RAF的轰炸机自1940年来，一直在轰炸德国的城市。每个编了号的轰炸机大队（伊

---

* 译注：实际上，步兵和空军战士们相互认为对方从事的是最危险的工作，没人愿意交换彼此的角色。

根所在的是第100大队）由四个中队组成，每个中队拥有8—12架被称作"大家伙"的四引擎轰炸机，他们占据着各自的机场，不是在东安格利亚就是在伦敦正北面、贝德福德镇附近的米德兰兹（Midlands）。*

1943年的一段时间里，四个装备着双引擎B-26"劫掠者"的轰炸机大队被分派给第八航空队，这种飞机主要被用于中低空轰炸，其结果好坏参半。但在当年10月，这些配备"劫掠者"的单位被转调给另一支驻扎在英国的美军航空队——第九航空队，该航空队正在组建，以便为跨越海峡进攻纳粹占领的欧洲大陆提供近距离空中支援。从此刻到战争结束，第八航空队里的轰炸机，不是"空中堡垒"就是B-24"解放者"，这是美国当时可实施远程高空打击的仅有的两种轰炸机。但第八航空队也拥有自己的战斗机司令部，以便为深入北欧执行任务的轰炸机提供护航。那些飞行员驾驶的是单引擎P-47"雷电"和双引擎P-38"闪电"战斗机，从位于轰炸机基地附近的机场起飞升空。

第100轰炸机大队投入战斗时，通常伴随着从附近基地起飞的另外两个轰炸机大队（第390和第95大队），这三个大队构成了第13作战联队。一个作战联队只是数百架轰炸机和护航战斗机所组成的编队中的一小部分，当地农民在拂晓时涌出自己的小屋，观看美国人出发"去打德国佬"时，那些飞机便震颤着他们脚下的地面。

"看着庞大的密集编队从他们所在的东安格利亚机场飞离，每个人……都会激动不已。"[2]历史学家约翰·基根这样写道，战争期间，他在英国长大，那时他还是个孩子。"一个中队接着一个中队，升空后汇入到大队和联队中，随即向东南方的海峡飞去，赶往他们的目标区，这是个航空魅力和军事实力所构成的闪烁、耀眼的星群，600只翼尖拖出的纯白色尾迹映衬在湛蓝的英国夏空中。3000名美国最优秀、最机灵的飞行员为执行任务升入空中，每架飞机

---

* 飞行员们通常把他们的轰炸机大队Bombardment Group称为Bomb Group，所以，在这本书中我也使用这个称谓。

上10个人,而每架飞机都有个与众不同的昵称,这些名字往往来自歌名,例如《我的祈祷》,或是来自某部电影中的台词,例如'我是童德蕾奥'。"

飞往海岸的途中,"我们调至BBC电台,聆听当时流行的伤感歌曲。"来自加利福尼亚州纳帕的副驾驶员伯纳德·R·雅各布斯回忆道。³飞过四季常青的英国乡村时,雅各布斯迷惑不解,这样一片看上去安静祥和的土地,怎么会成为发起一场前所未见、难以想象的屠戮和破坏行动的集结区?

尽管富兰克林·D·罗斯福总统刚刚中止了所有自愿入伍的行为,但第八航空队仍是一支精锐之旅,几乎完全由志愿者组成,他们在总统下达命令前便已报名参军,或是那些已经过军方挑选,尚未获得具体分配便被陆航队招募人员捷足先登搞到手的高素质人才。第八航空队的轰炸机机组成员来自全美各地,几乎涵盖了每一个行业。有来自哈佛大学历史系的学生,有来自西弗吉尼亚州的煤矿工人,有来自华尔街的律师,有来自俄克拉荷马州的牛仔,也有好莱坞偶像和橄榄球明星。演员吉米·斯图尔特成了轰炸机驾驶员,而"好莱坞之王"克拉克·盖博则是一名射手。他们与那些曾在曼哈顿擦洗办公室窗户,或是在宾夕法尼亚州装运煤车的男人和小伙子们并肩服役。他们中有波兰人、意大利人、瑞典人、德国人、希腊人、立陶宛人、印第安人和西班牙裔美国人,但没有黑人,陆军航空队的官方政策阻止了黑人加入第八航空队的作战单位。重型轰炸机幽闭的机舱内,战斗的严峻考验中,生存的意愿使天主教徒和犹太人、英国人和爱尔兰人成为亲如手足的兄弟,他们融为一体。轰炸行动中,生存和战胜恐惧的能力依靠的是机组人员的个性和品质。第八航空队前情报官斯塔尔·史密斯写道:"战争史上也许从未有过存在于重型轰炸机机组人员之间的那种关系。"⁴

第八航空队入驻英国时,适逢同盟国对轴心国(德国、意大利、日本和他们的盟友)的战争陷入最低潮的时刻。英国、荷兰和法国在远东及太平洋的属地落入日本人手中,就像美占菲律宾那样。1942年5月前,就在卡尔·A·"托伊"·斯帕茨少将赶至伦敦接掌美国对欧洲空中作战的指挥工作时，日本已控制了大英帝国一片广阔的领土。皇家空军的战斗机飞行员赢得了去年夏季的"不列颠之战"，英国勇敢地抵御着闪电战，并发起战争中的首次长期轰炸战，但由于1940年5月英军在敦刻尔克的撤退以及不久后法国的陷落，德国已成为西欧绝对的霸主。1942年春季，英国孤独而又脆弱地抵抗着，它是这场与纳粹的战争中仅存的欧洲民主国家。问题是，该如何反击敌人？

"我们没有可击败德国军事力量的大陆军，"丘吉尔首相宣布，"但有一样东西能把他们……打败，从这里起飞的重型轰炸机将对纳粹本土发起一场绝对毁灭性的打击。"[5]1940年初，皇家空军的轰炸机司令部对莱茵兰和鲁尔的工业目标发起攻击，那里是纳粹的原料中心。皇家空军的空袭行动起初在白天进行，但遭受到惨重的损失后，他们被迫改为夜间轰炸，并修改了打击目标。在没有月光的夜晚，英国空军根本无法看见工业厂房，更别说准确命中了，于是，他们开始轰炸整座城市——机组人员准确地称之为"破坏城市"。这种轰炸的目的是燃起毁灭性大火，造成数千人伤亡，这将打垮德国老百姓的士气。这种轰炸极不准确，机组的损失也相当严重。但对英国人的士气来说，杀死德国人的感觉美妙无比——这是对德国轰炸考文垂和伦敦的报复，而且，英国也没有其他直接打击德国的办法。在战争最后几个月盟军进入德国之前，战略轰炸是对纳粹本土实施打击的唯一手段。

第八航空队被派往英国，加入到这场不断升级的轰炸行动中，这将是二战期间历时最长的战役。这场作战行动开始于1942年8月，以支持英国的抵抗，但却有着不同的计划和目标。行动的关键是"诺顿"瞄准器，这是海军科学家在30年代初期研制成功的秘密武器。像约翰·伊根这样的飞行员，早已在美国西部明媚的高空中对这种瞄准器进行过测试，并以惊人的准确性将炸弹投向沙地上的目标，有些投弹手甚至声称能在20000英尺的高度将一颗炸弹投入泡菜坛中。陆航队领导人坚持认为，"诺顿"瞄准器将使高空轰炸更加有效，也更为人道。现在，他们将以外科手术般的精确对各座城市展开轰炸，摧毁军工厂的同时，平民的生命和财产所遭受的损失将降至最低程度。

第八航空队是"泡菜坛"轰炸的检验器。随着"空中堡垒"和联合公司同样强大的B-24"解放者"这些致命武器的出现，支持轰炸行动的理论家们认为，无需进行一战式的地面大屠杀，空战也不会付出巨大的生命代价，战争就将获得胜利。这种未经检验的想法对那些担心战争长期化的美国公众深具吸引力，但他们不知道的是，实战总是会挫败理论。

白天进行的战略轰炸可由轰炸机单独完成，无需战斗机提供掩护。这是艾拉·C·埃克准将坚定不移的信念，卡尔·斯帕茨选中这位前战斗机飞行员来负责第八航空队的轰炸行动。以密集编队飞行——构成自我保护的"箱型战斗队形"——埃克相信，这些轰炸机将集中火力，杀开血路奔赴他们的目标。

约翰·伊根相信战略轰炸，但他不相信埃克的看法。艾拉·埃克派他的轰炸机群深入德国，而没有派战斗机护航，因为当时那些单引擎战斗机没有足够的航程陪伴重型轰炸机一路赶往遥远的目标后再安然返回，而此刻，伊根早已投入这场空中战争。1943年夏季，在德国空军的打击下，约翰·伊根失去了许多朋友。

第八航空队的每架重型轰炸机，机组成员为10人。驾驶员和他的副驾驶并排坐在驾驶舱内；领航员和投弹手待在下方树脂玻璃构成的透明机鼻内；位于驾驶员正后方的是空勤机械师，他同时还担任顶部炮塔射手。再往后，无线电报务员待在一个单独的舱室内，操纵着机顶的一挺机枪；机身中部有两名腰部射手和一名球形炮塔射手，后者坐在一个旋转的树脂玻璃制透明圆形罩内，这个非常脆弱的装置被挂在机身底部。而飞机后部一个单独的舱室内，尾部射手坐在一个超大的自行车座上。飞机上的每个部位都很脆弱，这里没有空中散兵坑。与德国和美国的潜艇组员以及他们在战斗中遇到的德军飞行员一样，美国和英国这些轰炸机里的小伙子从事着战争中最危险的工作。1943年10月，第八航空队的机组人员中，有望完成服役期（25次作战任务）的不到四分之一。这是个令人不安的统计。三分之二的人会在战斗中阵亡，或被敌人俘虏。另外，17%的人不是身负重伤，遭遇一场使自己丧失作战能力的精神崩溃，便是死于发生在英国上空剧烈的空中事故。伊根少校所在的轰炸机大队于1943年5月抵达英国，该大队中的飞行员，只有14%的人能完成他们的25次作战任务。到战争结束前，第八航空队将遭受更为致命的伤亡——26000人阵亡，这个数字超过了整个美国海军陆战队的阵亡人数。在D日发起前便已执行轰炸德国任务的美军飞行员中，77%的人最终被列入伤亡名单中。[6]

作为第100轰炸机大队第418中队的中队长，约翰·伊根带着他的部下执行过各种艰巨的任务。在他那些伙计身处险境时，他希望和他们共同面对。"执行这种飞行任务的人简直是在发疯。"伊根对索尔·莱维特中士这样说道。莱维特是他中队里的一名报务员，后来在基地的一场事故中负伤，被调至军方的《扬基》杂志社工作。"然后，"莱维特说，"他继续发疯，继续执行飞行任务，从未飞过那种毫无危险性的任务……"[7]

每当他那些"大小伙子"（伊根这样称呼他们）跟随起火的飞机一同坠毁时，他便写信给他们的妻子和母亲。"那不是供存档的信件，"莱维特回忆道，"在少校看来，这些信件应该用手写，以表达一种个人情感，另外，这些信件也没有副本。他对此从未说过任何内容。这些信件是他与相关家庭之间的事情。"

伊根少校个子不高，骨瘦如柴，勉勉强强140磅，一头浓密的黑发向后梳去，黑色的眼睛，留着小胡子。他的标志性特征是一件白色羊毛衬里的飞行夹克和他惯用的语气，那是从作家戴蒙·鲁尼恩处借鉴来的一种睿智的风格。27岁的伊根是队里的"老家伙"之一，但"我能喝倒你们这帮小家伙中的任何一个"，他会这样逗弄中队里新来的成员。[8]晚上，如果不需要制订第二天的飞行计划，他便跳上一辆吉普车，赶往自己的"领地"，跟一帮爱尔兰工人聚在酒吧里，放声高歌，直到喝得滴酒不剩或是被疲惫的酒吧老板把他们赶出去为止。

伊根高歌痛饮时，他最好的朋友通常已上床安睡。盖尔·W·克莱文少校的快乐很简单。他喜欢冰激凌、甜瓜和英国战争电影；他忠于老家一个名叫玛吉的姑娘。他在飞行任务中活了下来，而且，他和伊根都是"飞行员的守护者"之一。[9]克莱文的儿时伙伴称他为"克里夫"，但伊根，他这位形影不离的伙伴，自打他们在美国一同参加飞行训练起，便把他的名字改为"巴克"，因为他看上去像是伊根在威斯康辛州马尼托瓦克认识的一个名叫巴克的家伙。这个名字就这样叫开了。"我从未喜欢过这个名字，但从那之后我就成了巴克。"六十年后，获得哈佛商学院MBA和行星际物理学博士学位后，克莱文这样说道。[10]

瘦削、略有些驼背的盖尔·克莱文在怀俄明州卡斯珀北部的贫油区长大，后来，作为一名钻井队的钻工，他设法通过了怀俄明大学的学业。军官帽歪向头侧，嘴里叼着根牙签，克莱文看上去像个硬汉，但"他的心胸大得像德克萨斯州，而且，全心全意为他的部下们着想"，他手下的一名飞行员这样描述他。[11]他的日子过得大手大脚，而且，他也是基地里最会讲故事的人。

克莱文这位24岁的中队长，空袭雷根斯堡的故事被《星期六晚邮报》刊登报道后，在大后方成为了英雄，撰写这篇报道的是小贝尔尼·莱中校，后来他与赛·巴特莱特合著了《晴空血战史》，这是欧洲空战中诞生的最好的小说和电影。*

1943年8月17日空袭雷根斯堡—施韦因富特的任务，是截至到那时美国规模最大、最具灾难性的空中行动，损失了60架轰炸机和近600人。这是一次"双管齐下"的行动，打击目标是雷根斯堡的飞机制造厂和施韦因富特的轴承厂，保护这两座工厂的是世界上最强大的防空体系之一。当天，作为观察员的贝尔尼·莱，搭乘第100轰炸机大队一架名叫"皮卡迪利大街的莉莉"的

---

* 译注：根据小说改编的同名电影由格里高利·派克主演，获得过奥斯卡最佳男配角和最佳音效奖。

B-17，在战火和混乱中，他看见克莱文位于脆弱的下方中队——也就是所谓的"棺材角"，是轰炸机群中最靠后、位置最低的一组——"经历了他最辉煌的时刻"。

克莱文的飞机被敌战斗机撕碎，他的副驾驶惊慌失措，准备跳伞。"面对机体损坏、部分失去控制、起火和组员重伤，再加上新赶到的敌机继续发起攻击，（克莱文）弃机是合理的，"莱这样写道，但他命令自己的副驾驶待在原地，"他的话通过内部对讲装置传递出去，对机组人员起到了神奇的效果。他们坚守在各自的岗位上。这架B-17继续飞行。"[12]

贝尔尼·莱推荐克莱文获得"荣誉勋章"。"我没有得到，我配不上它。"克莱文说道。他获得了"杰出服役十字勋章"，但一直没去伦敦领取。"勋章，见鬼，我要的是一片阿司匹林，"很久后，他这样评论道，"所以，我一直被人轻看。"[13]

克莱文在空袭雷根斯堡行动中的表现"震动了整个基地"，[14]哈里·H·克罗斯比回忆道，他是伊根第418中队里的一名领航员。当天的战斗，约翰·伊根打得也很好。当被问及是如何幸存下来的，他打趣说："我带着两串念珠、两个幸运符和每次接受任务后都会给某些边边角角处造成损坏所得到的一张两美元账单。另外，我还反穿着我的毛衣，外面套着我的幸运夹克。"[15]其他人就没这么幸运了。第100大队损失了90个人。

当年夏季，伤亡数字以惊人的速度直线上升，快得令这些小伙子根本无法记住。一名补充来的机组人员在晚饭时到达索普－阿博茨，吃完饭便躺在床铺上入睡，第二天早上，他牺牲在德国上空。没人知道他的名字。后来他便被称作"过来吃晚饭的那个人"。[16]

随着大批好友的阵亡，第100大队的伙计们迫切需要英雄人物的出现。在军官俱乐部，年轻飞行员们围在伊根和克莱文身边，"看着这两个亲手操纵飞机，执行飞行任务的人"，克罗斯比在他的空战回忆录中写道，"士兵们崇拜他们"。飞行员希望能像他们那样飞行。凭借着潇洒的白围巾，软塌塌的

"50次作战任务"帽,他们简直就是从《金粉银翼》中走出来的人物——那是贝尔尼·莱的另一本书,好莱坞将其改编为电影,激发起成千上万名年轻人投身陆军航空队的热潮。他们的谈话甚至也是好莱坞式的。克罗斯比第一次看见克莱文是在军官俱乐部。"出于某种原因,他想跟我说说话,于是他说:'中尉,让出租车过来。'"[17]

克莱文喜欢那些新来的补充兵,但对他们未经历实战考验的逞强感到担心。"他们不像我们那般害怕,正因如此,他们更加危险。他们害怕未知的东西,而我们担心的是已知的事情。"[18]

1943年10月8日早上,就在约翰·伊根第一次休假,离开索普-阿博茨,踏上驶往伦敦的火车的一个小时前,巴克·克莱文飞向不来梅,再也没回来。三架德军战斗机从阳光中飞出,击中了他的"空中堡垒",三台引擎被击毁,机尾和机鼻被打得满是窟窿,左机翼折毁大半,驾驶室起火。情况已然无望,克莱文命令机组人员跳伞。他最后一个离开飞机。跳出飞机时,这架轰炸机距离地面已不到2000英尺。

时间是下午3点15分,此刻,约翰·伊根已在伦敦的酒店登记入住。克莱文挂在降落伞下,看着自己即将落到一座小农舍旁。"速度比我想象的要快。"克莱文摆动降落伞,避开那座房子,但他失去了控制,飞过敞开的后门,落入厨房,撞翻了一些家具和一座小铁炉。农夫的妻子和女儿歇斯底里地尖叫起来,就在这时,农夫用一柄铁叉抵住克莱文的前胸。"我用高中里学来的那点可怜的德语,试图告诉他我是个好人,但他并不买账。"[19]

当天晚上,克莱文中队里,在不来梅行动中生还下来的那些人来到一间乡村酒吧,喝了个酩酊大醉。"没人相信他已经死了,"克莱文中队里的另一名成员,杰克·谢里登这样说道,如果连"无敌"的克莱文都无法做到,那谁能?但正如谢里登指出的那样,"失踪的人不会阻止战争继续进行下去。"[20]

第二天早上,吃罢酒店提供的煎鸡蛋早餐,又来了杯双份苏格兰威士忌后，约翰·伊根读到了《伦敦时报》的头版新闻，"第八航空队在不来梅上空损失30架空中堡垒"。他从座椅上跳起身，跑出去给基地打电话。出于战时保密的要求，谈话用暗语进行。"比赛进行得如何？"他问道。他被告知，克莱文已英勇牺牲。一阵沉默。伊根定定神，问道："球队明天有比赛吗？"

"有。"对方回答道。

"我想参加！"[21]

他于当天下午返回索普-阿博茨，焦急地等待着大队赶往马林堡执行一项远程任务后返航，这次空袭由第100轰炸机大队大队长尼尔·B·哈丁上校率领，哈丁是前西点军校的橄榄球队明星。各中队刚一返回，伊根便获得哈丁的批准，率领第100大队次日发起行动。拂晓时，他来到一间宿舍，叫醒了飞行员约翰·D·布雷迪，布雷迪以前是一支国立大乐队的萨克斯手。哈里·克罗斯比的床铺就在布雷迪上尉的对面，无意间听到了他们的对话。"约翰，我和你一起飞……我们得教训那些击落巴克的王八蛋。"[22]然后，这两人离开宿舍，赶去参加起飞前的任务简报。

"今天的目标是明斯特。"情报官迈纳·肖少校拉开挡在巨幅北欧地图前的幕布，向睡眼惺忪的机组人员们宣布。一条红线从索普-阿博茨伸出，横穿荷兰，直至边境外的一座小型铁路枢纽。这将是一次短程空袭，P-47"雷电"（这是盟军当时所拥有的最好的战斗机）将为轰炸机提供护航，直到战斗机航程的极限，这几乎已到达目标。看上去就是一次例行公事——只有一个问题。轰炸瞄准点是那座老城的中心地带、一个铁路编组场和一片工人住宅的毗邻区。明斯特宏伟的大教堂就在附近，人人都知道，教堂的主教是个纳粹的反对者。"鲁尔河谷几乎所有的铁路工人都住在明斯特。"肖用单调沉闷的语气介绍着。他说，如果投弹手准确命中目标，这片繁忙的交通区域中，德国的整个铁路系统将遭到严重破坏。

这是美国轰炸行动的一个根本性转变。后来，第八航空队正式予以否认，但空袭明斯特确实是一次城市破坏行动。解密的任务报告和飞行记录清楚地表明"市中心"就是瞄准点;第94轰炸机大队的一份报告,将瞄准点描述为"铁路编组场北端和东端的结合部"。[23]

"(肖宣布)将对一片居民区发起打击时……我发现自己站起身欢呼起来,"[24]后来,伊根这样说道,"另外一些在过去的行动中痛失密友的人也跟着欢呼起来,因为这是个杀死德国佬的机会,他们是种族仇恨和民族压迫的始作俑者。这是个为阵亡战友报仇、梦寐以求的行动。"

出席当天早上任务简报的飞行员中,有些人并不记得现场发出过欢呼。其中的一个是弗兰克·墨菲上尉,22岁的墨菲来自佐治亚州的亚特兰大,入伍前是一名爵士乐手,他离开埃默里大学,成为了一名领航员。墨菲想不起伊根曾跳起身并发誓要进行报复,但他说,屋里没有人公开抗议这次行动以平民为目标,甚至包括那些像他这样有亲属在德国出生的人。他们中的某些人也许想起了他们的第一任指挥官,达尔·H·"老爹"·阿尔凯尔上校在国内给他们的提醒,当时,他们刚刚完成飞行训练,获得了飞行徽章。"别以为你们的工作将是光荣或冒险刺激的。你们要干的是些肮脏的勾当,所以还是面对现实为妙。你们会成为婴儿和妇女杀手!"[25]

不过,第100轰炸机大队里,并非每个人都认为自己在从事谋杀的勾当,大多数人信任他们的指挥官。"我觉得,我来这里是帮着打赢这场战争,如果可能的话,"霍华德·汉密尔顿中尉这样说道,他是布雷迪上尉的投弹手,"根本问题在于,我们试图炸毁一个铁路系统,如果对方有足够的劳动力,铁轨便可以在短时间内得到修复。我们被告知,轰炸这些铁路工人的住处将阻止德国人从事维修工作。"[26]

但在邻近轰炸机基地当天早上进行的任务简报会上,出现了一些对目标选择的抱怨。"当天是周日,许多机组人员……对轰炸目标过于靠近教堂持保留态度。"第390轰炸机大队的飞行员罗伯特·萨贝尔中尉回忆道。[27]第95轰炸机大队引航机"穿佐特装者"号上的领航员埃利斯·斯克里普丘上尉后来也描述了他的反应:"我在一个严格的新教家庭里长大。我的父母是遵从上帝指引的人……我震惊地获悉,我们将把轰炸平民作为首要目标,这是战争中破天荒的头一次。"任务简报结束后,斯克里普丘找到大队长,告诉他自己不想参加当天的行动。约翰·格哈特上校发作了:"听着,上尉,这是战争,拼写出来就是W-A-R。我们正置身于一场全力以赴的战争中,德国佬在欧洲各地屠杀无辜百姓已有数年。我们来这里就是为了好好教训他们……我们要做到这一点!现在,我将率队执行这个任务,而你是我的领航员……要是你不飞,我就把你送上军事法庭。还有什么问题吗?"*28

斯克里普丘说道:"没有了,长官。"然后,他向停机线走去。"我在那时下定了决心,战争可不是绅士间的决斗,"他后来说道,"从那以后,我再也没有质疑过上级的决策。他们有些艰难的决定要做——而且,他们的确做出了!"

斯克里普丘队里的另一名飞行员,西奥多·博扎恩中尉,准确地描述了第13作战联队中大多数人对此次任务的感受。这将是该联队在三天内的第三个行动:不来梅,马林堡,现在又是明斯特。"我们实在太累了,不管怎样,我们都不在乎。"29

哈里·克罗斯比未被安排飞明斯特的任务。他和他的机长埃弗雷特·布莱克利上尉从不来梅返航时,在英国海岸实施了一场蔚为壮观的迫降,此刻正在恢复中。发起空袭明斯特行动的当天早上,他们决定征用一架因作战受损的飞机,飞至度假胜地伯恩茅斯来一场短暂的海滨休假。起飞前,克罗斯比打电话给基地气象员克里夫·弗莱伊上尉,定好暗语,以便让自己能通过电话获悉明斯特空袭行动的报告。

下午4点,他打电话给弗莱伊:"我那些朋友都回来了吗?"

---

* 译注:佐特装是20世纪40年代在黑人中流行的一种宽大的服装,与战时提倡的"节约闹革命"背道而驰,结果被美国数个州宣布为非法。但许多黑人认为这是对他们的一种歧视,于是抵制相关的规定,结果又引起白人们的不满,一些城市甚至因此而出现过一些骚乱。

弗莱伊没有回答。

"他们当中有没有人出现了永久性的变化？"

"是的，除了一个外，所有人！"

然后，弗莱伊失去了镇定，他打破暗语："伊根没了，你那个老机组没了，整个大队都没了。唯一返回的是第418中队的一个新机组，他们称呼他们的机长为罗西。"[30]

罗伯特·"罗西"·罗森塔尔中尉没有跟第100轰炸机大队的老机组一同训练过。当年8月，他和他的机组从英国的一个补充营区被派往第100大队，以弥补该大队在空袭雷根斯堡行动中的人员损失。"我到达时，整个大队并未得到很好的组织，"罗森塔尔回忆道，"他们是一帮粗暴的家伙，性格各异。尼尔·哈丁是个好人，但他并未在地面或空中执行严格的纪律。"一连三十天，罗森塔尔没有获得一次飞行任务。"没人跑过来对我进行检验，然后批准我参加作战飞行。最后，中队长约翰·伊根让我参加一次编队演练。我飞到他的右侧。受训期间我曾进行过大量的编队飞行练习，我很沮丧，因为我想参加实战。我将自己的机翼对准伊根的机翼，他到哪里我就飞到哪里。等我们着陆后，伊根告诉我，他希望我能做他的僚机。"[31]

罗森塔尔曾就读于布鲁克林学院，距离他位于弗莱布许的家并不太远。作为一名出色的运动员，罗森塔尔曾担任过橄榄球队和棒球队队长，后来被选入学院的体育名人堂。在布鲁克林法学院以优异的成绩毕业后，他在曼哈顿一家著名的律师事务所找到了工作。日本人偷袭珍珠港时，他刚刚开始自己的新工作。第二天早上，他报名参加了陆军航空队。

26岁的罗森塔尔肩膀宽阔，相貌英俊，一头深色的卷发。这个来自大城市的小伙子喜欢热爵士，走起路来不太协调，脚趾向内，像个步履蹒跚的农民，但他身上没有任何纽约式的玩世不恭。他是个内向的人，很容易变得局促不安，内心却充满了果断。"我上大学时曾读过《我的奋斗》，也曾看过纳粹在纽伦堡召开大型集会的新闻影片，希特勒站在一辆敞篷车内，人群疯狂地欢呼着。人群中的那些面孔令我震惊不已，他们的表情充满崇拜。不光是希特勒，整个国家都疯了，必须阻止他们。"[32]

"我是个犹太人，但不仅仅是出于这个原因。希特勒是对所有正派人的一个威胁。我为英国人深感自豪，不列颠战役和闪电战中，他们独自抵抗着纳粹。我如饥似渴地阅读报上的战争新闻，也聆听过爱德华·R·默罗在电台中直播的轰炸伦敦。我迫不及待地要去那里。"

"终于到达伦敦时，我觉得自己来到了世界的中心，这里是民主国家聚集起来打败纳粹的所在。我来对了！"

罗西·罗森塔尔从未跟他的组员说过这些想法，那些头脑简单的家伙并不相信所谓的"反思"。他们从不知道他内心的想法，也不明白是什么使他带着强烈的决心进行着飞行和战斗。后来，罗森塔尔成了第八航空队受勋最多、最著名的飞行员之一，于是，一种说法传遍了整个索普-阿博茨：因为他的家人被关在德国集中营里。曾有人直接问过他这个问题，他的回答是"纯属胡说八道"[33]。他的母亲、姐姐、姐夫和侄女（她的父亲刚刚去世，因此与他们同住），都在布鲁克林。"我没有任何个人原因。我所做的一切，或是我希望做的，完全是因为我痛恨迫害……一个人不得不小心提防那些毫无文明可言的家伙。"

罗西记得，空袭明斯特的任务简报会上，确定的目标是那座城市的铁路编组场，而不是工人的住处。"目标靠近市中心，一些无辜者会被炸死，就像所有战争中都曾发生过的那样。"[34]

10月份这个雾蒙蒙的早上，罗西的飞机位于跑道的第三位，其他那些重达30吨的毁灭者也一字排开，引擎轰鸣着，准备每隔半分钟便起飞一架。罗西和他的组员驾驶着一架名叫"同花顺"的新飞机。原先的那架，罗西的"铆钉枪"号，在执行不来梅和马林堡的任务中严重受损。罗西的组员们有些迷信，对飞一架陌生的轰炸机感到不安。罗西把他们召集到机翼下，设法让大家冷静下来。

"炸弹舱门在你身后关闭，你知道自己现在成了这艘大船上的一名囚犯，"《扬基》杂志社的通讯记者丹顿·斯科特描述了许多飞行员那天早上在停机线处感到的恐惧，"这种囚禁只能被三个因素所打破，这三个因素依次为：飞机爆炸跳伞到另一个监狱、死亡和安全返回。"[35]

布雷迪驾驶着引航机"艳舞女郎梅丽"号，伊根少校坐在副驾驶位置，布雷迪的副驾驶约翰·霍尔则坐在折叠座椅上，上午11点11分，这架飞机的机轮离开跑道，机腹内载满炸弹，擦着跑道末端高高的树梢飞入空中。这是布雷迪第一次飞引航机的位置，他觉得自己对此毫无准备。伊根同样感到不安，因为他没穿那件代表好运的白色飞行夹克。而伊根要为之报仇的那位朋友，巴克·克莱文，从来就没喜欢过伊根那件"幸运夹克"，因为它太脏了。

第13作战联队的53架轰炸机在大雅茅斯上空集结，第95轰炸机大队为首，第100大队尾随其后，他们随即向西南方飞去，以便与其他联队会合，275架B-17组成了这个庞大的轰炸机编队。在北海上空，4架轰炸机声称出现机械故障，随即返航。这使整个编队少了36挺点50口径机枪。在一场空战中，这可能意味着很多，但这一点似乎没有引起任何人的担心。"整个航程我们感到非常轻松，"第390轰炸机大队"天空小屋"号上的投弹手道格拉斯·戈登-福布斯中尉回忆道，"这是我们第一次获得战斗机护航，一路掩护我们进入德国，每个人都觉得信心百倍。"[36]

从挪威到法国北部，德国人拥有一连串的雷达站，这些飞机在东安格利亚上空集结时，他们就知道美国人要来了。轰炸机飞过荷兰边境，越过威斯特法伦整齐、轮廓分明的城镇时，开始遭遇到猛烈的防空火力。"Flak"，这是德语高射炮Fliegerabwehrkanonen的缩写。伊根朝布雷迪望去，看见他正用手指划着十字。几秒钟后，机上的一名腰部射手被高射炮弹的弹片打死。

就在第100大队接近起始点时（重型轰炸机将从这里列队进入轰炸航路），伊根呼叫大队，那些P-47"雷电"战斗机"正返回基地"，他们已到达航程的极限。看着右侧那些战斗机晃动机翼，示意"祝你们好运"后，伊根目不转睛地盯着前方，喊了起来："天哪！注意12点方向，看来他们是朝我们来的！"[37]约200架德军战斗机迎头发起攻击，直到即将与轰炸机相撞的一瞬间才避开。

布雷迪的引航机第一个被击中。位于"艳舞女郎梅丽"正后方，"Aw-R-Go"号机鼻玻璃罩里的弗兰克·墨菲看见布雷迪那架飞机的下部发生了"一场可怕而又猛烈的爆炸"，[38]并惊恐地看着这架负伤的"空中堡垒"拖着黑色的浓烟和燃料，进入到令人毛骨悚然的急剧下坠状态。"我们的投弹手从机鼻处爬上来，一脸惊慌地告诉我们，必须离开编队，因为汉密尔顿身上出现好几个洞，不得不返航，"伊根后来描述了这架中弹飞机上的场景，"我向他保证，我们会离开编队的。"

布雷迪竭力保持着机身的水平，以便让机组人员能有个跳伞的"平台"，弃机行动则由伊根指挥。就在他开始对着内部通话系统喊话之际，飞机突然间起火燃烧。这时，他派约翰·霍尔下去帮助19岁的汉密尔顿，设法把他带至机身下部的前方逃生舱口。伊根和布雷迪将轰炸机设置成自动驾驶，随即向后方打开的弹仓爬去。狭窄的通道将两个主弹仓分隔开，站在这条晃动不已的通道旁，伊根朝下方的地面看了看，喊道："布雷迪，你先跳……我是机上军衔最高的人。"但布雷迪希望自己最后一个离开，因为这是他的飞机，是他的机组。"我们争执了一会儿，"伊根说道，"就在这时，在我们脚下6英寸处，沿着整个炸弹舱舱门的长度，出现了一排我所见过的间隔最完美的的弹孔。这是点30口径机枪留下的标记。于是我说：'布雷迪，我们会再见面的。'然后我跳了出去，数着数字，在掠过球形炮塔时拉动开伞索。降落伞毫无阻滞地打开，我的老二终于安全了。"[39]

几秒钟后，伊根看见三架德军战斗机放弃了空中的那些轰炸机，向自己扑来。机炮闪烁着，他们瞄准了他，把他的降落伞打得满是窟窿。伊根说："几架战斗机认为我死定了，这才消失在空中，可他们不知道我是爱尔兰人。"降落到地面后,伊根发现一些敌军士兵向他走来,他赶紧脱掉降落伞和笨重的冬季飞行装备,消失进一片树林中。

汉密尔顿落在不到1英里外,但他俩再也无法取得会合。汉密尔顿独自一人躺在地上,仍在大量出血。但他相信自己今天命不该绝,因为就在几分钟前,他近乎奇迹般地逃出了鬼门关。

霍尔中尉赶到机鼻处帮助汉密尔顿时,看见这位负伤的投弹手挂在逃生舱门处,身子悬在机外,晃动的双脚和可怕的结局间只有20000英尺的高空。由于肺部被刺破,汉密尔顿没有足够的力气用自己的双手推开逃生舱门。于是他站在上面,转动开启扳手。舱门打开后,他掉了下去,但降落伞的右肩带却勾住了扳手,他挂在轰炸机外,内侧螺旋桨离他的头只有几英尺。

经过一番紧张的努力,霍尔将汉密尔顿从舱门解开,两人打开降落伞向地面落去,很快便被德军士兵俘虏。一辆救护车被叫来,汉密尔顿被送往明斯特。在这场30分钟的旅程中,救护车驾驶员的孙子,一个年约15岁的男孩一直用一杆长长的猎枪指着汉密尔顿的头部。

大约就在这个时候,罗森塔尔"同花顺"上的组员们正经历着被一名指挥官称作"这场战争中,或许是有史以来,最激烈的一场空战"[40]的最后几分钟。这场空战只持续了45分钟,但就激烈度而言,欧洲战事中没有哪一场能与之相比。当天下午,第八航空队面对着戈登-福布斯中尉所说的"扑向美军轰炸机群,有史以来最密集的德军战斗机"。[41]

德国空军采用了新的战术和武器。他们只对几个轰炸机大队发起攻击,以便让击落轰炸机的数目最大化,同时,他们还对美军密集的"箱型战斗队形"发射了空对空导弹。第100轰炸机大队位于其联队最危险的下方位置,首当其冲地遭到攻击。布雷迪的飞机中弹后,没过几秒钟,第100轰炸机大队的整个编队被德军双引擎战斗机所发射的火箭弹以及成群的单引擎战斗机打散,那些发射火箭弹的双引擎战斗机与美军轰炸机平行飞行,但却躲在B-17威力强大的机枪火力射程外。"红色的火球,拖着长长的白色烟雾向我们袭来,带着剧烈的嗖嗖声飞速窜过，"道格拉斯·戈登-福布斯描述了这场可怕的火箭弹袭击，"几发火箭弹差一点击中我们的飞机，其中一发从我所在的机鼻玻璃罩下方4英尺处掠过。"*

对下定决心的德军飞行员来说，第100轰炸机大队中落单的轰炸机是他们轻而易举的猎物，有些德国飞行员是在威斯特法伦，他们家人的上空飞行。"德国战斗机一个波次接着一个波次向第100大队扑来，"弗兰克·墨菲回忆道，"有好几次，我侧头瞥去，以为对方的飞机要迎头撞上了。"[42]这是墨菲所执行的第21次作战飞行任务，但他从未见过这么多战斗机同时出现，甚至在雷根斯堡上空也没这么多。德国空军从未能阻止第八航空队的空袭。"我认为这次攻击的目的是想把我们打退一次。"后来，罗西·罗森塔尔这样说道。[43]

7分钟内，第100轰炸机大队作为一支有组织的作战编队已不复存在。但也有少数轰炸机，包括墨菲和罗森塔尔的飞机在内，设法赶至目标区上空，并投下了炸弹。500磅的炸弹落向市中心，就在这时，教堂的钟声响起，召唤人们来晚祷。一名年轻的飞行员写道："我们从4英里高空将炸弹投了下去，完全不知道它们落地后会发生些什么。"[44]

目标区上空，轰炸机进入重型高射炮的打击范围后，德军战斗机暂停了他们的攻击，但当第100大队残余的轰炸机转个大弯，飞向与第95和第390大队会合的集结点时，大批德军飞机再次出现。"我们的飞机刚刚转向，在我身后便发生了爆炸，我一头摔倒在地上，"墨菲回忆道，"那种感觉就像是有人用棒球棒击中我，又往我身上泼了桶热水。这绝对是个可怕的时刻。我不知道自己的伤有多重，也不知道我是不是要死了。"[45]勃朗宁机枪吐出的滚烫的弹壳足有3英寸厚，墨菲躺在上面，不受控制地滑动着，他抬头看见副驾驶格伦·格雷厄姆已摘掉氧气面罩，正打着手势示意自己跟他走。格雷厄姆拉动机

---

* 译注：这里所说的空对空导弹，应该是火箭类武器。但作者的说法也没错，在西方，纳粹的R4M火箭、Wfr. Gr. 21火箭以及X-4导弹，都被列入空对空导弹范畴。

鼻处前方组员舱门上的紧急扳手，踢开门跳了出去。墨菲停了停，低头向地面望去，那里似乎"有百里之遥"，他慢慢蹲下身，张开双臂跳了出去。"突然间，一片死一般的寂静。没有激战的声响，没有机炮的轰鸣，没有火药的气味，没有引擎的嘶吼和呻吟，也没有对讲机的喋喋不休。"[46]然后，就在第390大队的飞机进入视线，出现在墨菲的上方时，空中爆发出火焰，金属碎片四散飞溅。城市四周的各高射炮连对准第390大队猛烈开火，德军战斗机也扑了过来。"此刻我操纵着机枪，根本不需要四处寻找敌机，"投弹手戈登-福布斯回忆道，"他们到处都是。"[47]

"（整个天空是）一幅梦幻般的场景，黑色的高射炮炸点。燃烧并爆炸的B-17在空中疯狂地旋转、翻滚。"威廉·奥弗斯特里特中尉这样说道，[48]他是"情况正常"号的副驾驶，但这个名字一点也不合适。"这就像飞过一片空中垃圾场。"B-17上的一名射手注意到。[49]空中飘荡着那么多降落伞，在戈登-福布斯看来，就像是一场空降行动。有些人还没来得及套上降落伞包便被炸出飞机，在强风中翻滚、扭曲着向地面落去。"从25000英尺的高度落下时，你的身体会做出何种反应？"一名飞行员看着自己所认识的那些人穿过云层向地面坠去，不禁这样问自己："会在下坠的过程中死去吗？还是意识尚存……一路惨叫着摔到地面上？"[50]

战前的战略家们认为，轰炸战将是一场飞机对飞机的战斗，很少会有人与人之间的接触。但随着第八航空队侵入德国本土的每一次行动，像汉密尔顿这些被击落的飞行员，在美军步兵尚未跨过边境进入德国前，便已在对方的领土上与敌人面对面地遭遇了；而空战也经常接近于近距离地面战的那种密切程度。明斯特上空激烈的战斗中，一架德军战斗机从"天空小屋"号的机头前飞过。"就在那一瞬间，他离我如此之近，我记得我坐在那里，盯着他的脸，而他也紧紧地盯着我，"道格拉斯·戈登-福布斯回忆道，"看上去，他也很害怕。"[51]

当天下午，15岁的奥托·许特正在明斯特郊外参加一场马术表演。他是一名印刷学徒工，出生于纽约布鲁克林，也许跟罗森塔尔的老家相距不远。他的父母于1931年返回德国，并在1939年从卢贝克迁居至明斯特，在这里，他的父亲成为纳粹党的一名领导人物。战争爆发后没多久，奥托加入希特勒青年团，并自豪地当上了小队长。

明斯特展览会场距离市中心3英里，奥托·许特听到了轰炸机飞来的声响，但这些飞机很难被看见，因为他们极好地融入到秋日的高空中。"从我们所在的位置，能看见浓浓的烟雾，硝烟……从市中心爆发开来……投下的炸弹越来越近，我们突然意识到，我们的性命危在旦夕。大家赶紧散开，跑向隐蔽处，此刻，炸弹的爆炸和防空炮火已达到高潮。我干脆面朝下，一头趴在地上。"[52]

趁着轰炸的间隙，许特跑向另一个更好的隐蔽处，就在此刻，他看见一架B-17断裂的机翼，上面的螺旋桨仍在转动，径直朝他落下。机翼坠落在他前方的地面上，"剧烈燃烧，并发出黑色的烟雾和油烟……我趴在泥地上，认为自己随时可能送命。"

明斯特城内，一名14岁的女学生，希尔德加德·克斯特斯，在火车站下的防空洞里捡了条命。"冲击波使地面震颤、晃动着。坚实的混凝土掩体也发生了抖动，地基部分颤抖得厉害。铁路枢纽和编组场肯定是此次轰炸的目标。"[53]

"突然，所有的灯光熄灭了。掩体里的人——主要是妇女和孩子——像屠宰场里的绵羊那样挤在一起，祷告、哭泣、惊恐地尖叫。还有些人则因恐惧而保持着沉默。"

"简直是个地狱，"一名恰巧在明斯特换乘火车的德国士兵回忆道，"在我四周，我能听见受伤者发出的惨叫，他们被困在废墟和燃烧的房屋下。整个市中心几乎已被夷为平地，主火车站也遭到严重破坏。"[54]

这名士兵抬头望去，看见轰炸机穿过他们制造出的巨大的烟云，朝英国飞去。他能看出，有些飞机已严重受损。

"我们的右侧机翼上有一个火箭弹造成的大洞,两台引擎已熄火,两名腰部射手身负重伤,我的尾炮手也已中弹,"罗森塔尔描述了"同花顺"上的情形,"离开目标区后,我们再次遭到敌战斗机的攻击。我们的射手没能击落任何一架敌机,除非他们能获得一个稳定的平台,可如果我保持机身的水平和稳定,我们肯定会被击落。所以我采取了一系列机动和每一个规避动作。我的飞机在空中四处游动。我猜德国飞行员最终感到沮丧,并决定去找个更容易些的目标。"[55]

机组人员通过对讲机喊叫起来,机上的供氧系统被射中,他们现在遇到了空气抽入方面的麻烦。罗森塔尔告诉他们别再乱喊乱叫,此刻,飞机下降得如此之快,几秒钟后他们就不再需要机上提供的氧气。就在这时,副驾驶温弗里·"老爹"·刘易斯转身让空勤机械师汇报供气系统的状况。他没有得到回答,机械师的眼球在眼窝中凸起,这是缺氧的症状。直到飞机降至12000英尺下,他才恢复了知觉。

"在这样的情况下,你不会考虑死亡,"罗森塔尔说道,"你的注意力集中在挽救飞机和组员上,这是你必须要做的。你会把一切杂念逐出脑外。你很害怕,但恐惧和惊慌有所不同。惊慌令人动弹不得,而恐惧则使人力量倍增。摄氏零下50度的严寒中,你却汗流浃背——你的心脏剧烈跳动,你行动起来。说实话,我在战争期间唯一经历过的恐惧是害怕自己会让机组人员牺牲掉。"

"人们会谈及勇气,但这完全是胡扯。执行明斯特任务时,我毫无勇气可言。我要做的是把那些炸弹投下去,我做到了。在那之后,我唯一关心的是机上的九名组员,怎样才能把他们平安带回家?"

这场战斗就像它突然间爆发开来那样,又在突然间结束了。"正前方,孤零零的白色尾迹标志着我们虎口余生了,"戈登-福布斯回忆道,"雷电!纳粹们调转机翼迅速逃离。"[56]

休伯特·"胡伯"·泽姆克上校的第56战斗机大队——"泽姆克的狼群"在恶劣的气候中从萨福克空军基地起飞,赶来与返航的轰炸机会合。[57]他们和其他"雷电"单位一同击退了德军战斗机（大部分德军飞机的燃料和弹药都已不足），然后，他们护送这些"大朋友"跨越北海。罗森塔尔严重受损的飞机已无法跟上编队里的其他飞机，不得不独自返航。

"同花顺"号以低得危险的高度飞过北海，在迅速集结起的暮霭中，领航员罗纳德·贝利难以找到英国海岸，要找到索普－阿博茨就更难了，它与附近的其他美军轰炸机基地看上去完全一样。"同花顺"穿过低垂的阴云靠近机场时，机组人员射出红色信号弹，示意"飞机受损"，基地里，几乎每个人都冲向跑道，来观看这架受损的轰炸机进场。一双双焦虑的眼睛搜寻着空中更多的"空中堡垒"——他们希望能看见全部的13架B-17——但只有1架。罗西将他这架损坏的飞机驶入停机坪，飞机停稳，机轮处塞上混凝土圆垫后，他钻出炸弹舱，爬下飞机，转身问情报官："其他人也都这么艰难吗？"然后，他带着两名受伤的射手跳上救护车，陪他们去基地医院。"我没有觉得如释重负，"多年后，他这样说道，"我有一种负疚感。为什么其他那些好小伙都死了，可我还活着？"[58]

射手洛伦·达林康复得很快，但他的朋友约翰·谢弗不得不被送回本土，以便动手术将心脏旁的弹片取出。后来，罗森塔尔从地勤人员那里获知，一发未爆炸的炮弹卡在"同花顺"号的机翼副油箱处。他的组员猜测，是一名在纳粹军工厂工作的劳工故意破坏了这枚炮弹。

欧洲的轰炸战中有两种受害者：轰炸者和被轰炸者。1943年10月10日轰炸明斯特的行动中，近700名平民丧生，其中大多数是铁路编组场附近那些老建筑中的居民。明斯特大教堂只遭到轻微损坏，两所学校被炸弹直接命中，幸运的是，当时学校里没人。奥托·许特回到自己所在的街区时（离大教堂只有几百码），发现他的家只剩下一堵墙壁，被轰炸吓得半死的生还者，包括他的家人，纷纷从地下室内爬出，有些还背着死去的人。对地面上的人来说，这是一场持续了45分钟的恐怖。而在这45分钟内，第13作战联队损失了25架飞机,当天总共有30架"空中堡垒"被击落,300名小伙子没能安全返回。*

冰冷的数字无法传达出那种难以想象的创伤:在被击落的轰炸机内,或是在像"同花顺"这种严重受损并飞离德国的飞机里,机组人员握着受伤战友的手,生怕自己无法及时返回,以找到医生来救治他们。25000英尺的高空中没有医护人员,也没有佩戴红十字袖章的人跑来抢救受伤的战友。飞行员对照料自己和别人的急救知识几乎一无所知。"凯丽小姐"号的驾驶员保罗·万斯中尉,在执行轰炸明斯特的任务中,一条腿几乎被高射炮弹切断。他自己将伤口包扎起来,用对讲机上的电线充当止血带,然后指导他的副驾驶穿过轰炸航路,返回英国。第390大队的驾驶员罗伯特·萨贝尔中尉,对选择星期天轰炸一座城市持保留态度,他驾驶着"铁矿"号平安返回,机身上带有750个高射炮和机枪所造成的弹孔,油箱里只剩下再飞行两分钟的燃料。他的机组中有三名成员已在情况看似无望时在德国上空跳伞,但萨贝尔凭借两台完好的引擎,将"铁矿"号飞回,在距离自己基地数英里的索普-阿博茨成功盲降,但机上有四名组员已死在无线电室的血泊中。

空袭明斯特的当晚,那些没能返回的小伙子,他们的个人物品被匆匆塞入袋中,他们的床铺也被撤除。没用一个小时,这里已没有他们存在过的任何迹象。罗伯特·罗森塔尔无法入睡,他朝军官俱乐部走去。他不喝酒,但他迫切需要有人陪伴。俱乐部内空空荡荡,屈指可数的几个人默默无语地坐着,不知道该如何是好。罗西也不知道。

那天晚上,哈里·克罗斯比看着约翰·布雷迪空荡荡的床铺,心里默默

---

* 尽管德国方面的记录表明,他们当天只损失了22架战斗机,当然,其中的大多数是泽姆克的"雷电"所造成的,但第八航空队的射手们还是声称他们击落了183架敌机。光是第13作战联队便获得105个"战果"。航空队领导意识到,这场战斗与发生在其他地方的空战一样,射手们所说的击落德军战斗机的数字太过乐观。整个战争期间,已采取相应措施来降低他们所声称的数目,但这种不准确的数字始终偏高。有些射手可能是夸大了他们的战绩,但大多数人坚信自己所说的数字准确无误。无独有偶,同样存在着德国空军故意隐瞒其严重损失的可能性。没人知道10月10日的那场战斗中,德国人到底损失了多少架飞机,但那些可信赖的历史学家们将这个数字定在60—90架之间。[59]

地做了计算。就在4个月前,在索普-阿博茨投入战斗的140名中尉,只剩下3个仍处于飞行状态中。单是上一周,第100大队便损失了200人,其中包括两位中队长——克莱文和伊根。这几乎是全大队的半数实力。第100大队由此得到了他们的绰号——"血腥100"。[60]克罗斯比不禁纳闷,自己是如何活下来的?

当晚,弗兰克·墨菲也问了自己同样的问题。他的右臂卡满碎弹片,脚踝也因跳伞时与地面的剧烈撞击而发出阵阵颤动,但他还活着,与另外三十来名在当天被俘的美军飞行员坐在某德军战斗机基地内的一小片指定区域。这些美国人跟击落他们的一些德国飞行员轻声交谈。"他们对我们大加赞扬,所以我认为,我们也有理由称赞他们。"[61]这些德国人似乎特别热衷于跟第390轰炸机大队的飞行员约翰·怀南特中尉交谈,他是美国驻英国大使约翰·G·怀南特的儿子。

德军飞行员离开后,这些美国俘虏开始讨论他们作为德国的"客人"要待上多久。没人怀疑盟军将获得胜利,但屋里的每个飞行员都知道,第八航空队输掉了这场空战。他们的囚禁生涯可能会长达十年,一名飞行员这样说道。"天哪,十年!"墨菲哭了起来,"放我回家时我已经是个老人了。"[62]

第二天早上,约翰·怀南特被带去一个专门收容特殊战俘的所在。墨菲和其他被击落的飞行员则被带至明斯特,穿过街道,穿过愤怒的人群,市民们排列在人行道上,一直延伸至这些俘虏轰炸过的火车站。俘虏们的目的地是"空军战俘中转营",那是德国空军的审讯中心,就位于法兰克福郊外。到达后,军官们被单独关押,并在整个审讯期间彼此隔绝。所以,弗兰克·墨菲不知道约翰·伊根和盖尔·克莱文当时也在这个中转营;而伊根和克莱文也不知道这里还关着其他人。

伊根跳伞后逃了几天才被德国人抓获,他被关在一间狭小、没有暖气的小屋中,与克莱文相距不远,他唯一的同伴是"一百多万只跳蚤"。[63]经过九天单独关押和持续不断的审讯,克莱文已获释,并与另外一些"已清理过"的战俘被一同送至"Ⅲ号空军战俘营",这座战俘营专用于关押美国和英国的空军军官,位于德国占领的西里西亚,过去是波兰的一个省。俘虏们搭乘肮脏的棚车出发,这些棚车曾用于运送牲畜,新鲜粪便的气味铺天盖地。由于运送战俘的任务被赋予低优先级,这些棚车被接上一列列货车,经常被分流至铁路专用线。三百英里的行程用了整整三天。

Ⅲ号空军战俘营设在萨冈镇外一片茂密的松林中,位于柏林东南方大约90英里处。克莱文于10月23日这个周日的早晨到达该战俘营时,这里已聚集了一群第100大队的人,到战争结束前,该大队有近千名飞行员被关在德国战俘营中。克莱文的那个中队,一半人成了战俘,被关在萨冈。弗兰克·墨菲和约翰·布雷迪也在这里。布雷迪的投弹手霍华德·汉密尔顿待在德国的一所医院里。经过长期休养,身体康复后,他被送至位于波罗的海巴特镇的另一座战俘军官营——Ⅰ号空军战俘营。

克莱文到达战俘营的三天后,营地看守宣布,另一群美国飞行员已来到战俘营前门。克莱文看着他们鱼贯进入相邻的营区。这时,他看见了约翰·伊根,克莱文喊着他的名字:"你怎么现在才来?"[64]

"是啊,这就是你多愁善感的后果。"伊根向他喊道。

起初,他们被关押在不同的营区,中间隔着铁丝网和岗楼。但4个月后,他们被合并到西营区,被关在那里的美国高级军官是他们说话生硬的老领导,达尔·"老爹"·阿尔凯尔上校。第100轰炸机大队调至英国后,他失去了对该大队的指挥权,随后在地中海战区指挥一个"解放者"轰炸机大队,最近在战斗中被击落。克莱文和伊根又成了室友,就像他们受训期间那样,但现在他们进行的是一场不同的战斗,一场对抗无聊和绝望的斗争——这场为生存而进行的殊死斗争一直持续到最后,1945年那个严酷的寒冬,整个纳粹体系在他们身边土崩瓦解为止。*

---

* 译注:阿尔凯尔上校指挥的是第449轰炸机大队,隶属于第十五航空队。

"再次看见伊根和我中队里的那些小伙子真是太好了，"克莱文回忆起在萨冈战俘营最初几天的情形，"我们一同经历了一些艰难的日子。我还遇到些最早赶至英国的轰炸机大队里的伙计。就在战争即将向我们袭来之际，这些伙计已经历过许多艰难困苦。我们在国内受训时，他们正在执行自杀式的飞行任务。没人掌握自己所需要掌握的技术，根本没有时间，这场战争这么快便降临到我们国家头上。他们都是些不会指引航向的领航员、无法命中目标的投弹手和完全没有准头的机枪手，就连他们的指挥官也不知道该如何击败德国空军或不让部下们遭受如此严重的损失。"[65]

"在萨冈战俘营，这些人并不太多，不过，话说回来，那年夏天，在我们到达前，他们在英国的人数并不多。"

第八航空队的先锋之一是沃尔特·凯利中尉，来自宾夕法尼亚州的诺利斯敦，是个酒保的儿子。他是第97轰炸机大队的一名飞行员，该大队是第八航空队率先赶至英国的重型轰炸机大队。"我们到达英国后，皇家空军的人告诉我们，要是我们在白天实施轰炸……我们的屁股会被炸飞，"他回忆道，但"我们准备发起行动，并希望在战斗中证明自己……我们急切盼望着重要日子的到来。没让我们等太久。1942年8月17日，那是个美丽、阳光灿烂的日子。"[66]

注释

1. 山姆·哈珀特，《真正的正义之战》（伦敦，卡塞尔出版社，1997年），第44页。
2. 约翰·基根，《我们需要目光锐利的伙计对航线加以绝对的控制》，《史密森学会》杂志，总第十四期，1993年第5期，37—38页。
3. 伯纳德·R·雅各布斯，未出版的回忆录，新奥尔良，艾森豪威尔中心。
4. 斯塔尔·史密斯，《吉米·斯图尔特，轰炸机飞行员》（圣保罗市，顶点出版社，2005年），第67页。
5. 引自马克斯·黑斯廷斯的《轰炸机司令部》（1979年；纽约，西蒙&舒斯特出版社1989年再版），第116页。
6. 詹姆斯·S·南尼，《二战中的美国陆航队医疗服务》（华盛顿，空军历史与博物馆计划，1998年），第20页；马尔科姆·格劳以阿尔伯特·E·考德利这个笔名所著的《挑战生命：二战中的美国军事医学》（纽约，自由出版社，1994年），第233页；要了解陆航队的医疗服务，可参阅韦斯利·弗兰克·克雷文与詹姆斯·利·凯特合著的《二战中的陆军航空队，第七卷》（芝加哥，芝加哥大学出版社），第十三章。
7. 索尔·莱维特，《中队长》，《扬基》（1943年11月7日），第6—7页。
8. 2003年4月2日，作者对盖尔·W·克莱文的采访。
9. 索尔·莱维特，《中队长》，第6页。
10. 2003年4月2日，作者对克莱文的采访。
11. 2003年3月22日，作者对詹姆斯·P·赛耶的采访。
12. 小贝尔尼·莱，《轰炸雷根斯堡目击记》（星期六晚邮报，1943年11月6日）。
13. 2003年3月28日，作者对克莱文的采访。

14 哈里·H·克罗斯比，《逆境求生》（纽约，哈珀·柯林斯出版社，1993年），第148页。

15 引自弗兰克·D·墨菲《运气至上：对欧洲空战的反思》（康涅狄格州特兰布尔市，FNP军事部，2001年），第124页。

16 2003年4月2日，作者对克莱文的采访。

17 哈里·H·克罗斯比，《逆境求生》第148、46页。

18 2003年4月2日，作者对克莱文的采访。

19 2003年3月8日，作者对克莱文的采访；盖尔·克莱文本人所拥有的日记。

20 杰克·W·谢里登，《他们从未如此出色过：1942—1945，美国陆航队第100轰炸机大队第350中队的非官方史》（旧金山，斯特里克-拉斯出版社，1946年），第94—95页；克罗斯比，《逆境求生》，第163页。

21 约翰·弗朗西斯·卡拉汉，《凝迹，我的战时记录：英国诺福克郡迪斯附近，索普—阿博茨，美国陆军航空队第139号基地的二战历史记录》（纽约，J·F·卡拉汉出版社，1947年），第66页；2003年3月8日，作者对克莱文的采访。

22 克罗斯比，《逆境求生》，第167页。

23 "明斯特，1943年10月10日"，阿拉巴马州麦克斯韦空军基地，美国空军历史研究部，519.332；2003年3月27日，作者对托马斯·杰弗里将军的采访；马里兰州大学公园市，国家档案馆，第3轰炸机师，第113号作战令。

24 《凝迹》，第66页。

25 2003年4月2日，作者对克莱文的采访。

26 引自伊恩·L·霍金斯《空袭明斯特的前后》（康涅狄格州特兰布尔市，FNP军事部，1999年），第79—80页。

27 同上，第80页。

28 同上，第74—75页。

29 同上，第78页。

30 克罗斯比，《逆境求生》，第168页。

31 2002年3月21日、2003年3月29日，作者对罗伯特·罗森塔尔的采访。

32 2003年3月29日，作者对罗森塔尔的采访。

33 2003年3月22日，作者对罗森塔尔的采访。

34 2003年3月29日，作者对罗森塔尔的采访；美国空军历史研究部，1945年5

月14日,"轰炸机大队",GP-100-HI。

35 丹顿·斯科特,《空袭洛里昂,一名美国记者的亲历》,《扬基》,1943年3月14日,第14页。

36 道格拉斯·戈登-福布斯,"击败德国空军之战",国会图书馆,斯帕茨文件。

37 《凝迹》,第66—67页。

38 引自弗兰克·D·墨菲《运气至上:对欧洲空战的反思》,第167页。

39 《凝迹》,第67—68页。

40 2003年3月27日,采访杰弗里将军。

41 戈登-福布斯,"击败德国空军之战",国会图书馆,斯帕茨文件。

42 引自霍金斯《空袭明斯特的前后》,第100页;2003年1月23日,作者对弗兰克·墨菲的采访。

43 2003年3月29日,作者对罗森塔尔的采访。

44 伯特·斯泰尔斯,《大鸟小夜曲》(宾夕法尼亚州阿特格伦,希弗出版社,2001年),第104页。

45 作者对墨菲的采访。

46 引自弗兰克·墨菲《运气至上:对欧洲空战的反思》,第168—169页。

47 戈登-福布斯,"击败德国空军之战",国会图书馆,斯帕茨文件。

48 引自霍金斯《空袭明斯特的前后》,第134页。

49 同上,第124—125页。

50 山姆·哈珀特,《真正的正义之战》,第91、105页。

51 戈登-福布斯,"击败德国空军之战",国会图书馆,斯帕茨文件。

52 引自霍金斯《空袭明斯特的前后》,第134—135页。

53 同上,第36页。

54 同上,第138页。

55 2003年3月20日,作者对罗森塔尔的采访。

56 戈登-福布斯,"击败德国空军之战",国会图书馆,斯帕茨文件。

57 "1943年10月10日,第65战斗机联队,战术指挥官的报告,"美国空军历史研究部,519.332

58 2003年3月29日,作者对罗森塔尔的采访。

59 "明斯特的损失",国会图书馆,斯帕茨文件;罗杰·A·弗里曼,《美国第八航空队的人员和飞机》(1970年;纽约,卡塞尔出版社,2000

年再版），第77页；约翰·R·尼尔森，《世纪故事》（贝弗利山，约翰·R·尼尔森出版社，1946年），第56页；霍金斯《空袭明斯特的前后》，第181—182页。

60 克罗斯比，《逆境求生》，第171页；尼尔森，《世纪故事》，第27、58页。

61 2005年11月30日，作者对弗兰克·墨菲的采访。

62 引自弗兰克·墨菲《运气至上：对欧洲空战的反思》，第180页。

63 2003年4月12日，作者对盖尔·W·克莱文的采访。

64 2003年4月3日，作者对盖尔·W·克莱文的采访。

65 2003年4月12日，作者对盖尔·W·克莱文的采访。

66 引自杰拉尔德·阿斯特《强大的第八航空队：参战者所讲述的欧洲空战》（纽约，戴尔出版社，1997年），第36页。

第一章

轰炸机黑手党

"轰炸机无往而不胜。"*

——英国首相斯坦利·鲍德温

1942年8月17日，格拉夫顿安德伍德

十二架"空中堡垒"，第一架滑过跑道的是"屠宰场"号，驾驶她的是来自佛罗里达州迈阿密，27岁的小保罗·W·蒂贝茨。作为第97轰炸机大队最出色的飞行员，蒂贝茨少校率先拉开了这场将成为战争中美国规模最大的轰炸行动的帷幕。三年后，1945年8月6日，他从西太平洋上的一座孤岛飞向日本广岛，投下一颗炸弹，从而将这场持续六年之久、导致全世界6000万人丧生的战争带至一个可怕的高潮。

第八航空队司令卡尔·斯帕茨少将在现场看着第97大队的起飞，在他身边的是英国皇家空军持怀疑态度的观察员和三十多个英美记者。"执行这场轰

---

* 译注：美国军方的一些人认为，投入大批远程重型轰炸机便能赢得战争，这个理论在当时颇有市场，而军方的规划和资金也偏向于这个理论。不赞同该理论，并对军方侧重重型轰炸机开发深感不满者将鼓吹这一理论的人称为"轰炸机黑手党"。

炸任务令我的心情糟透了，"蒂贝茨后来说道。[1]他驾驶的不是自己飞惯了的那架"红色精灵"号，也没有带上他平素的那些组员——其中包括日后将陪伴他驾驶"艾诺拉·盖伊"号飞赴广岛的两个人：投弹手托马斯·费勒比和导航员西奥多·"荷兰人"·范柯克。机上的组员早已由小弗兰克·A．阿姆斯特朗上校挑选好，此刻，这位第97大队意志坚定的大队长正坐在"屠宰场"号的驾驶室内、蒂贝茨的身旁。阿姆斯特朗以严格的纪律强化了那些只经过仓促培训的组员们的作战能力，一个月前，这些飞行员匆匆赶至英国。战争结束后，阿姆斯特朗的朋友，小贝尔尼·莱中校（这位航空队大队长同时也是一名深受欢迎的作家，他曾使巴克·克莱文因执行雷根斯堡空袭任务时所展现出的勇气而一举成名）——以阿姆斯特朗为原型，创造出《晴空血战史》中的主人公弗兰克·萨维奇将军。在小说和据此改编的好莱坞电影中，萨维奇将军（电影中由格里高利·派克饰演）最终因指挥压力而崩溃，但阿姆斯特朗从未这样。第97轰炸机大队的伙计们对他又敬又怕，他们称他为"屠夫"。而这位蛮横的指挥官则把这个称号变为一种赞誉，并在获得这一声誉后，以此来命名他的飞机。

任务简报会上，阿姆斯特朗告诉他那些部下，他们正在开始一场白昼轰炸，这一行动将稳步加大力度，直到摧毁敌人从事战争的意志和能力。这番讲话肯定令深感震惊的英国观测员认为不过是虚张声势罢了。当时，第八航空队在英国的轰炸机不到一百架，而且，他们的参战已被推延了七周，直到阿姆斯特朗受到来自华盛顿的压力后，他才将这些美国人投入战斗，并宣布自己的队员们已做好准备。可他知道，他们并未做好准备，但他们不得不参战。德国空军已在格拉夫顿安德伍德（Grafton Underwood）和附近的波尔布鲁克（Polebrook）这两座第八航空队的小型机场上投掷下嘲弄的字条，问道："美国人的轰炸机在哪里？""现在，他们会看到的！"[2]将部下们送上飞机前，阿姆斯特朗告诉他那些飞行员："保持密集队形，跟在我身后，我向你们保证，我们会痛揍德国佬并安全返航。"屋里没有人怀疑他的话。

下午3点30分左右，"屠宰场"号飞离跑道。在其身后，第二波次六架"空中堡垒"的引航机是"美国佬"号，飞机的无线电操作室内坐着第八航空队轰炸机司令部的头头，艾拉·埃克准将。这个五官分明的德克萨斯州人面带迷人的微笑，在和平时期，作为陆军航空队的一名战斗机飞行员，他曾创造出一大把飞行记录，但从未经历过实战。他的老朋友兼扑克牌搭档卡尔·斯帕茨曾想亲自带队执行这一历史性任务，但他已接到"超级机密"的情报（这个暗号指的是从破译的敌方通讯中所获得的绝密情报），而且，盟军统帅部认为太过冒险，不能派他飞越敌方领空，特别是经历了上个月所发生的事情后。

7月4日，第八航空队第15轰炸机中队的六个机组（一些轻型轰炸机人员已于当年5月被派至英国，并在英国人的飞机上进行训练），与相同数量的皇家空军人员，对德军设在荷兰，防御严密的机场实施低空轰炸。这一空袭行动是美国陆军航空队司令亨利·H·"哈普"·阿诺德亲自下达的命令，并得到总统富兰克林·D·罗斯福的热烈支持。阿诺德认为，光荣的7月4日是美国对纳粹发起首次打击的理想日期，但7月份的第一周，斯帕茨在英国连一架飞机也没有。这些"独立日"机组飞的是美制A-20轰炸机，卖给英国皇家空军的这些飞机已被重新命名为"波士顿"型。12架"波士顿"中，美军机组的2架，英军机组的1架，未能返航，陆军航空队的查尔斯·C·克格尔曼上尉则驾驶着他那架弹痕累累的飞机勉强返回。

尽管从严格意义上说，这是第八航空队的第一次作战行动，但在斯帕茨看来，这只是英美记者的压力所引发的宣传噱头，那些记者认为，两个国家的后方都需要一针强心剂。"摄影师和新闻记者得到了他们想要的东西——每个人似乎都心满意足。"斯帕茨将杰出服役十字勋章（这是美国第二高等级的英勇勋章）颁发给克格尔曼后，在自己的日记中酸楚地写道[3]。

蒂贝茨这次的任务有所不同，也更为重要。这些四引擎重型轰炸机——第八航空队轰炸力量的核心——将首次出击，而且是在高海拔上。这将是阿诺德、斯帕茨和埃克协助制订的新打法的首次实验。陆航队的战略家们密谋和策划了多年,而飞行演练早已在美国国内展开,但现在,"白昼轰炸理论是否可行将接受考验,而赌上的是那些小伙子的生命",行动发起前,埃克在给阿诺德的信中写道。⁴

目标是鲁昂附近的一个铁路编组场,这座城市位于法国西北部,圣女贞德就是在这里被烧死在火刑柱上。这是一次危险性不高的飞行任务,一次浅浅的渗透,往返都由英国"喷火"式战斗机提供掩护,但斯帕茨仍有些担心。丘吉尔已对罗斯福施加压力,要求他将新组建的第八航空队解散,那些轰炸机则加入英国皇家空军,参加对鲁尔区工业城市的夜间轰炸。如果此次空袭不尽如人意,并遭受到飞机的损失,那么,英国首相可能就会得逞。

格拉夫顿安德伍德机场控制塔的观测台上,英国皇家空军的军官们站在斯帕茨身旁,担心地看着这一切。过去进行的白昼轰炸行动中,"惠灵顿"和"布伦海姆"轰炸机被德国战斗机撕成碎片。而去年美国送至英国的20架"空中堡垒",战斗中的表现同样很糟糕。但斯帕茨认为,对这种深具打赢战争的潜力的武器来说,那是一次不公平的测试。出于安全原因,英国的"空中堡垒"没有配备高度绝密的"诺顿"瞄准器,它们也不是配备防御火力的最新型B-17。另外,英国人为避开高射炮火力,将这些飞机飞得太高,从而使轰炸精度严重下降,30000英尺高度上的酷寒也导致了一些机械故障。尽管如此,英国人仍对这种飞机的作战潜力持怀疑态度。12架美军"空中堡垒"消失进格拉夫顿安德伍德机场上空的云层中时,一名皇家空军中尉(他是个健壮的苏格兰人)转身对身边的美国军官说道:"小伙子,要是这些飞机中能有一架回来,就算你们交了好运。"⁵

赶至塞纳河上那座大型铁路编组场的飞行非常顺利,空中万里无云,也没有德国战斗机出现。返航时,"空中堡垒"遇到几架梅塞施密特Me-109,这是一种高速、火力强大的单座战斗机,但掩护轰炸机的"喷火"式战斗机冲上去将这些敌机驱离。只有一架Me-109闯入"空中堡垒"的射程中,结果被"伯明翰闪电战"号的机枪火力射伤。"(敌机)显然不愿在近距离内打击我们的空中堡垒，"埃克告诉《生活》杂志一位容易轻信的记者，"我知道这是为什么，此前他们从未见过我们最新式的B-17，现在看见从各个角度伸出的大口径机枪，可能会给纳粹们足够的理由来提高警惕。"[6]

格拉夫顿安德伍德机场上，斯帕茨仰望天空，搜寻着返航的轰炸机。任何损失都将是个挫折，但如果他的高级指挥官埃克和阿姆斯特朗，损失一个或两个，则将是一场灾难。七点前不久，远处的天际出现了一些小黑点。斯帕茨数着数字：只有11架！但随后，第12架"空中堡垒"突然进入了视野。他们都回来了！

这些轰炸机低低地掠过细小的箱形控制塔（高级军官们齐聚于此），机头处新喷涂上的名字清晰可见："洋娃娃"、"佩吉·D"、"荷海蒂"、"南方佬"，这就是这些大飞机所起的好名字。昂扬的文字反映出机组人员的自信，这些美国小伙子太过年轻，也未经受过考验，他们不知道什么是害怕。这群"空中堡垒"着陆后，第97大队的地勤人员冲上跑道，迎接这群鲁昂的空袭者。"所有人都在欢呼，像孩子那样雀跃，兴奋地拍打着同伴的后背。"第八航空队的公共关系官威廉·R·莱德劳回忆道。就连那位皇家空军的苏格兰军官也被这种情绪所感染。"天哪，我怎么说来着！"他站在控制塔上喊道，"没有哪个美国佬会错过他的晚餐！"[7]

"美国佬"号进入停机坪后，埃克准将脱掉他的飞行服，点上一根雪茄，走去会见记者。"一燕不成夏。"[8]他宣布道，但他脸上的笑容说明了一切。显然，他为此次行动的结果而高兴，也为自己终于参加了实战而兴奋不已。"为什么呢，因为我这一辈子从未像这样打击过任何东西！"查看了轰炸破坏的航拍照片后，他宣布，对这些经验尚浅的飞行员来说，轰炸任务完成得"非常出色"[9]。更为兴奋的是阿姆斯特朗上校。"我们摧毁了鲁昂。"[10]他告诉在场的记者们，就此设定了一个夸张的标准，这将成为第八航空队在这场战争剩余阶段里正式的轰炸报告。

只有一架"空中堡垒"被高射炮击伤，另外还有两名机组人员受伤，但这两人的伤势是由一只鸽子造成的。这架"空中堡垒"隶属于一个小股轰炸机编队，他们也在当天下午被派出，目的是诱使德军战斗机离开主力轰炸机群，结果，一只鸽子撞上这架"空中堡垒"的机头玻璃罩。玻璃罩被撞碎，轻伤了领航员和投弹手。这两位的表皮伤是美国重型轰炸机组在这场持续近一千天的战役中洒下的第一滴血，而这场战役最终将导致第八航空队26000名飞行员的阵亡。

结束任务汇报后，这些仍穿着沉重的飞行服的飞行员会见记者，"像一支快活的橄榄球队那样"重温了此次行动。当晚，基地的气氛犹如"一场重要比赛结束后的周末"[11]。当天的英雄是肯特·韦斯特中士——"伯明翰闪电战"号球形炮塔的机枪手，由于击落一架德军战斗机，韦斯特备受赞誉。尽管"击落"的说法后来被改为"击伤"，但埃克还是令人将韦斯特那挺双联机枪拆下，像鹿角那样挂在司令部的墙上。埃克的司令部设在威科姆阿贝（Wycombe Abbey），这所改建过的女子学校位于海威科姆镇（High Wycombe）的一座老宅中，就在伦敦的西面。

"小菜一碟！"[12]小酒馆老板的儿子沃尔特·凯利说道，他驾驶的是"荷海蒂"号，"起飞时我们充满骄傲，降落时更是如此。喧闹的记者们提出大量问题。有些飞机在着陆前轰鸣着掠过跑道。"

但相同的情况不会再次出现。一个月后，美国人超出"喷火"战斗机的护航范围外，德国战斗机便开始以惊人的频率将埃克的轰炸机击落。那些生机勃勃的小伙子，曾站在"格拉夫顿安德姆德"的泥泞中（Grafton Undermud，他们这样称呼排水设施糟糕的基地），欢庆他们的第一次胜利，后来却躺进了冰冷的墓穴。鲁昂行动整整一年后，在雷根斯堡和施韦因富特上空，被击落的轰炸机和飞行员是当初从格拉夫顿安德伍德机场起飞并发起第一次空袭行动的数量的5倍。这个小小的机场以与其相邻，米德兰兹一座拥有99位居民的村庄命名。

但一个重要的问题是，鲁昂的空袭行动被证明是个前兆。通过这次行动,飞机上的那些年轻人从将军们、地勤辅助人员以及选择目标并制订任务的军官那里接过轰炸战的重任。每次执行空袭任务前,机组人员都会认真听取任务简报,包括天气情况、敌方防御以及目标的位置等,但一待飞机升空,机组人员便进入到另一个世界,一切只能靠他们自己。"面对他们自己的失败,最完美的计划也无济于事。"威廉·莱德劳这样说道。[13]

自1942年初秋起,美国轰炸机机组人员通过他们的经历和实践学会了空中作战,每一次任务都是个锻炼。这是一种特殊的经历,与地面部队完全不同。一旦投入战斗,轰炸机上的那些小伙子便无法将可能会导致作战计划重新安排的情报反馈给指挥部。激战来得太快,距离指挥中心也太远。这里没有援兵,几乎每一次行动都是倾注全力。参加战斗的人不得不设法杀开血路。空中的机组人员孤身孑影,一旦任务的主计划被打破,他们不得不自行作出决定,因为行动几乎总是会陷入令人丧失判断力的混战中。正如莱德劳上校所写的那样:"在一场战略空袭中,没有哪个军人——甚至是最富经验的指挥官和地面上最出色的参谋人员——能单独消灭目标。"[14]天气、飞机的机械状况、对方的实力、机组人员所受的训练以及心理稳定性,至少十来个其他变数,这一切将决定遭到轰炸的是什么,谁将死去,是在地面还是在空中。

在制订战略战术方面,陆军和海军有积累了数百年的经验可供遵循。尽管在第一次世界大战期间,早期的轰炸机已出现在交战双方的阵营中,尽管日本、德国和意大利曾在30年代使用俯冲轰炸机恐吓过中国、西班牙和北非的城市及村落,但在二战前,没有哪个国家曾实施过大规模轰炸战。就像小说家约翰·斯坦贝克在1942年所写的那样:"所有的军种中,空军肯定是以最少的先例和传统来行动的。"[15]

第八航空队的传奇性指挥官之一,巴德·J·皮斯利上校,认为只有极少数伟大的空军指挥官会被历史学家们认可,因为一旦部队进入空中,他们很少再实施指挥,也因为一名将领的决定从来不会带来一场决定性胜利。空军中,决定战斗胜败的是各作战小队的技能和勇气。皮斯利写道:"他们拥有的权力和权威远远超出了他们的年龄、军衔和经验。"[16]

"对鲁昂的空袭，"哈普·阿诺德将军在第二天宣布道，"验证了我们对战略目标实施精确轰炸，而不是对整个城市进行密集轰炸这一政策的可靠性。"[17]他有些得意忘形。在白天实施精确轰炸的理念不得不在恶劣气候和敌人顽强反击的情况下，由一系列艰巨的任务来证明。美国打击德国的空战史就是一个不断试验的故事：这是对一种战争新概念的测试，而这个概念在保罗·蒂贝茨到达英国前很久便已成为一种信条。"首次轰炸行动不过是个姿态罢了，"巴德·皮斯利评论道，"但它承载着美国飞行员二十年来的希望和梦想。"[18]

制空权

现代战争中，空中轰炸主要有两种类型：战略轰炸和战术轰炸。"战略轰炸，"正如空军定义的那样，"打击敌人的经济；通过对工业生产、平民士气和交通设施的打击，削弱敌人的战争潜力。战术轰炸则是对空中、陆地和海上力量的行动所实施的直接性空中支援。"[19]第八航空队将进行这两种轰炸，但在战争开始时，该航空队的领导希望进行的几乎完全是战略轰炸。

阿诺德、埃克和斯帕茨都是已故的威廉·"比利"·米切尔这位美国空中力量元勋的门徒。1927年，就在12岁的保罗·蒂贝茨坐进一位身扎潇洒的白丝巾、头戴皮质飞行帽的特技飞行员所驾驶的一架开放式座舱双翼飞机，开始自己的处女航时，比利·米切尔正在撰写并讲授可怕的、足以改变世界的构想——轰炸战。这个想法最终构成了战略轰炸理论，而蒂贝茨少校将在鲁昂上空对这一理论首次加以测试。

美国的空中力量诞生于第一次世界大战，比利·米切尔则是其倡导者。他是第一个赶赴西线并飞越敌军防线的美国飞行员，他的同胞们第一次充分体会到轰炸战的潜在破坏力。作为威斯康辛州一名参议员的儿子,"镀金时代"一位铁路大王的孙子,米切尔的梦想是成为一名新闻发言人,他英俊、大胆、衣冠楚楚,还是位能说一口流利的法语、身着高筒马靴和昂贵的定制制服的马球锦标赛选手。18岁那年,他中途辍学,投身于美西战争,十年后,他撰写了许多生动的报告,敦促他曾在古巴为之服役过的那支依靠马匹的军队发展现代化空军。1916年,36岁的米切尔学会了飞行,他被任命为美国陆军通信兵航空科主任,这是美国的第一支空军力量。两年后,作为一名准将,他组建并领导了美国陆军新航空勤务队的海外部,这个更大的机构取代了航空科,也是成立于1926年、规模更大的陆军航空军的前身。在法国,米切尔成为一名出色的战地指挥官,大胆且具创新力,这使他深受卡尔·斯帕茨这些年轻飞行员的崇拜,而斯帕茨在击落三架敌机后,被米切尔举荐获得杰出服役十字勋章。但令米切尔获得最大声望的是他对空中力量的新构想。

他在战争中的初次经历成为他生命中的转折性事件。与步兵们同在战壕中的米切尔,有一次跟随一名法国飞行员飞越敌军防线。"我们坐着飞机,可以在几分钟内穿过军队的那些防线,"他写道,"而这些军队却陷于苦战中,动弹不得,无力前进,这种状况持续了三年。"[20]正如米切尔所看见的那样:"战争艺术已不复存在。地面部队所能做的只是消耗,或者说逐渐扼杀敌军。"[21]

约翰·J·"黑杰克"·潘兴将军作为美国远征军总司令到达法国时,米切尔向他提出个大胆的建议:用空中力量打击敌人的后方,消灭他们的机场和补给来源。这是"利用飞机来实现谢尔曼将战争延伸至敌人的经济和民众的策略",历史学家罗素·F·维格雷写道。[22]起初,米切尔没有得到潘兴的首肯,潘兴将军认为步兵是战场上的皇后,而他那支小得可怜的空军,作为侦察和支援力量,只能发挥最低限度的军事价值。但在战争的最后几个月,待美国空军从一无所有发展为一股颇具实力的力量后(750架飞机,足足占了协约国的10%),潘兴将军批准他使用诸盟国集结起来的战斗机和轰炸机,支援在圣米耶和默兹-阿尔贡地区发起的两场大规模地面攻势。"1918年9月，米切尔在默兹-阿尔贡地区发起的空中攻势是空战史上最重要的事件，"哈普·阿诺德在他的回忆录中写道，"在那之前，空战主要发生在单独的飞行员之间……这是有史以来空中打击力量的首次集结。"[23]

阿诺德唯一期盼的是自己能亲赴战场，观看他的朋友圆满完成任务。[24]他渴望参战。作为一名西点毕业生，他是美国陆军最早获得执照的四名飞行员之一，曾在俄亥俄州代顿，莱特兄弟的飞行学校里学习过，并于1912年赢得了"年度最佳军事飞行"的麦凯奖杯。但在航空勤务司令部，作为一名作战计划制订者的阿诺德被认为太过宝贵，所以不能被派往海外。朋友们称他为"哈普"，这是"Happy"的简称，因为他的脸上总是带有一丝神秘的微笑，但这张笑脸隐藏了他火爆的脾气和一种推动美国军用航空事业的改革欲。他是比利·米切尔最早、最积极的支持者之一。

阿诺德和米切尔都深受英国皇家空军创始人和第一任司令官，空军中将休·特伦查德的影响。尽管第一次世界大战明显是战斗机飞行员的战争，但特伦查德是轰炸战的忠实信徒，他认为这代表着未来。德国人用齐柏林飞艇首次轰炸伦敦，又于1917年以双引擎"哥塔"式轰炸机造成近1400人的死亡后，特伦查德派出"汉德利·佩奇"式四引擎轰炸机对莱茵兰的一些城市发起打击。在前线经过与特伦查德的交谈，米切尔开始确信，美国应该拥有英国人在伦敦遭受轰炸后所创建的东西：一支独立的空中力量，在地位和权力方面与另外两个军种相平等。

1918年11月11日，停战协定签署，而在两天前，美国第一支夜间轰炸机中队已赶至前线，米切尔制订了对德国本土发起战略轰炸的计划，他将使用燃烧弹和毒气摧毁德国人的农作物、森林和牲畜。他后来写道："我敢肯定，如果战争持续下去，空中力量将决定一切。"[25]

米切尔通过多种渠道丰富了他的构想。其中之一是意大利空军司令朱里奥·杜黑将军。米切尔返回美国的三年后，杜黑出版了自己的名著——《制空权》，这本书使他成为支持空军力量的领军人物。米切尔从未读过这本书，但他可能看过战争部编印的译文摘要，另外，他还与杜黑的一位同胞兼朋友，詹尼·卡普罗尼这位轰炸机设计师保持着通信联系。不管这种联系的性质是什么，米切尔与杜黑共享了关于制空权的一系列核心构想。第一次世界大战的经历至关重要，这两人都试图结束漫长的消耗战和近距离杀戮。他们建议，通过恢复进攻优势来缩短战争。杀戮技术的进步——机枪、毒气和线膛炮——已使步兵对敌牢固阵地的进攻成为一种自杀行径。他们各自得出的解决方案是制空权——胜利女神。正如科技进步使防御获得优势那样，制空权将有利于进攻。飞机，这种尚未发展起来的最出色的进攻性武器，将打破防御的统治权。就在德国战略家们为对付他们刚刚输掉的静态坑堑战而秘密研究出一种基于快速打击的坦克和装甲车的新战法时，米切尔和杜黑则推动着从空中发起闪击战的构想。

　　杜黑坚持认为，未来的战争将是短暂、全面、"激烈到无可附加的程度"的。[26]决定胜利的将会是空中庞大的远程轰炸机编队，率先发起进攻，并以不间断的攻击夺得制空权的一方将赢得胜利，行动的主要目的不是为了在战斗中消灭敌空中力量，而是摧毁其基地、交通和生产中心。用杜黑的话来说："如果你想消灭鸟类，光把飞翔的鸟儿悉数射落是不够的，还有鸟蛋和鸟巢呢。"[27]摧毁鸟蛋和鸟巢就是战略轰炸，这是杜黑唯一青睐的轰炸方式。

　　杜黑认为，一旦制空权被轰炸机，而不是战斗机所夺取，新时代的轰炸机就将摧毁所有的"鸟蛋和鸟巢"，主要目标将是敌方关键的工业城市，而不是他们在战场上的军队。对那些重要中心的打击将动摇国民的士气，摧毁敌人从事战争的能力，并迅速带来一份减少伤亡的投降协议，而无需动用陆军和海军。在这种新打法中，"整个国家可能会被视作一股战斗力量"，米切尔附和着杜黑的观点。[28]杜黑写道："战争已不只是军队间的搏杀，而是整个国家，全体民众间的冲突。战斗与非战斗人员之间的区别已不再被接受……因为一个国家参与战争时，每个人都投身其中：端着枪的士兵、在工厂里组装炮弹的妇女、种植小麦的农民、实验室里的科学家等等。"[29]

杜黑，这个满怀热情的法西斯主义者，对全面战争的主张理解得比米切尔更加无情。新式战争中，根本没有道德可言；它将是一场快速的屠杀，不会手软，也不会感情用事。"对所谓'不人道'和'残暴'战争手段的限制，不过是国际组织蛊惑人心的伪善……"[30]他写道，"战争，作为一门科学，切不可感情用事，无论它是多么可怕的一门科学。"正如一位现代历史学家所写的那样："（在杜黑的著作中）为了他所主张的军事行动的政治和社会结果，理智最终而又可怕地被具有基本责任感的士兵所抛弃。"[31]

作为现代军事冲突史中的第一次，平民被选中为蓄意的军事目标，[32]不仅因为他们是有价值的生产者，还因为他们很容易受到恐吓。杜黑和米切尔都确信，平民缺乏勇气抵抗以高爆炸弹、燃烧弹和毒气弹发起的垂直打击，在当时，这种打击制造恐怖的能力相当于今天的核战。他们所提出的证据是第一次世界大战的空袭轰炸给伦敦和科隆造成的大规模惊慌和恐惧，而这些空袭的规模远远小于这两人所构想的未来战争。杜黑认为，新式打法之所以能迅速取得胜利，正是因为"决定性打击将指向平民，这是各交战国最难以承受的部分"[33]。

米切尔描述的令人毛骨悚然的场景之一是，纽约遭到轰炸，炸弹释放出的致命毒气弥漫在空中，并渗入地铁，从而引发整个城市的大规模疏散。待纽约和美国其他大城市的难民因遭遇轰炸而无法获得生活必需品后，政府只得被迫投降。

在杜黑和米切尔看来，速决战意味着伤亡的减少。战争在变得更加可怕的同时，实际上会更加人性化。米切尔写道，"用几颗毒气弹"[34]恐吓平民，会比"用炮弹轰击或用刺刀屠戮他们的现有方式"更好地决定战争的结局。米切尔甚至建议，将来的战争可能不必由大股军队，而是以一支空中勇士组成的精锐部队来进行，相当于"中世纪铁甲武士"的现代版。[35]这一点同样能减少人员的伤亡。对于全球毁灭的威胁，他预见性地赞同冷战支持者的核威慑策略，认为这将防止战争的爆发。"空中力量带来一种新的战争理论……和一种新的和平策略。"[36]

在这个问题上,杜黑与米切尔的观点不同。杜黑将他的论点注入黑色的达尔文语言中。战争已融入我们的血液和骨头,是我们进化的组成部分。和平不过是白日梦而已。杜黑主张"从空中发起对……大型居民中心的无情打击",[37] 以破坏为目的,不只是工厂和交通系统,还包括所有的"社会组织"。

一个多世纪来,西方军事理论家一直对普鲁士军事家卡尔·冯·克劳塞维茨的理论深信不疑,他认为战争的最高目标是消灭敌人的武装力量。米切尔和杜黑对这条铁一般的格言发起挑战。同时代的一名军事观察家出色地总结了他们的构想。"人类文明史向我们展示了三个……革命性军事发明或发现:纪律、火药和飞机……首次出现在人类战争史中的飞机给予了战争新的打击手段……直接针对敌人力量的中心和来源——针对其国民,针对其首都,针对其工业、商业和政治中心——而不必首先打垮其竭力保护的武装力量。"[38]

米切尔预言,如果某个国家组建起一支庞大的轰炸机部队,对敌人的经济和民众发起猛烈、持续的打击,下一场战争将在其陆军和海军有机会参战前结束。但是,他没有设想过精确轰炸。高空轰炸的精确度非常差,要命中工业目标,用空军中将特伦查德的措辞来说,轰炸机必须"将炸弹投入市中心",被消灭的不仅是工厂,还包括无辜的平民百姓。[39]

在军队官僚机构内,作为航空勤务队副司令的米切尔以昂扬的热情推广着他的想法,而在外面则辅以一连串书籍、文章和公开演讲。站在讲台上,他会使用他的金头轻便手杖,以便将自己的观点阐述清楚,幽默作家威尔·罗杰斯称他为"空中拿破仑"[40]。在陆军和海军的高级官员们看来,空军这种第三维度的力量,只能是传统地面战的一种辅助。遭到他们的反对后,米切尔满怀怒气地指责了他们,结果疏远了他希望说服的权力中心。

米切尔对战争的设想领先于他们的促成科技(enabling technology),设计、制造或使用中的轰炸机,没有一架能执行远程战略轰炸任务。就像一位军事专家在1925年所作的解释,一架轰炸机"可以从一万英尺的高空命中一个镇子——如果镇子够大的话"[41]。但米切尔是个现代人，一个技术爱好者；他相信，以美国的科学和工程技术，很快便会开发出使他成为一名先知的轰炸机。

米切尔的构想遭遇到另一个障碍，一位作家将这一障碍称为"道德封锁"[42]。第一次世界大战接近尾声时，战争部长纽顿·D·贝克已命令航空勤务队不得再发起空中打击，不得"对工业、商业或居民胡乱轰炸"[43]。贝克认为，对平民百姓发起打击，违反了源远流长的宗教和人道主义理想。稍后进行的民意调查表明了公众对此的广泛赞同。大多数美国人厌倦了战争，不愿支持政府庞大的军事支出。因此，米切尔不得不以财政紧缩和国防建设的名义，巧妙地将他的观点转向一支独立的空中力量。他声称，一支大型的、以陆地为基地的空中力量可以更有效、成本更低地保卫国家的海岸和位于阿拉斯加、夏威夷和菲律宾那些遥远的基地，而一艘战列舰的成本相当于1000架飞机的。

在当时，盛行的正统军事说法认为飞机不可能击沉一艘战列舰。米切尔将之视为过时的谬论，他给自己在国会的支持者施压，迫使海军进行了一系列测试。最为壮观的一次发生在1921年7月，米切尔的小型机群用6枚2000磅的炸弹将缴获来的德国战列舰"东弗里斯兰"号送入弗吉尼亚角水域的海底。海军方面认为这次测试不公平：驻锚的军舰，再加上被封住的火炮，这使它成了个极易被击中的活靶。另外，潘兴将军也带头反对一支独立的空军力量，这使米切尔在陆军中的前途变得岌岌可危。尽管如此，他仍以极大的热情力陈自己的主张，结果，陆军拒绝再度委任他为航空勤务队副司令。1925年，他被调至偏僻的圣安东尼奥的一处基地，他的办公室，一面墙紧靠着供文员们使用的一间露天厕所。"待在德克萨斯州的米切尔，"一位历史学家写道，"有点像被流放到厄尔巴岛的拿破仑。他不停地绘制、策划，以继续自己的斗争。"[44]但与小皇帝不同的是，他不能缄口不言，"哪怕是在山艾丛中"。当他为两起可怕的军用航空事故指责战争部和海军部无能和"过失犯罪"时，[45]被激怒的战争部和海军部将他送上军事法庭，结果，法庭成了他宣扬自己观点的国家论坛。"他不会停息，直到自己成为一名殉道者。"刚刚成为航空勤务队首席公共关系官的哈普·阿诺德说道。[46]

长达七周的轰动性审判期间，斯帕茨和阿诺德不顾自己职业生涯的危险，为米切尔出庭作证；而艾拉·埃克甚至还进行了相关法律的培训，以帮着进行辩护。他们三个都很尊敬这位自负的指挥官，尽管他的行为有些过激。下级飞行员也支持米切尔关于制空权的构想，但也有少数人，例如詹姆斯·H·杜立特尔中尉，觉得米切尔刺耳的批评妨碍了他自己的事业。"与所有的狂热者一样，他无法容忍与他相左的任何观点。"杜立特尔后来写道。[47]

米切尔被判以"公然违抗上级"罪，停职五年。但对米切尔来说，他的构想比他的军旅生涯更重要。于是，他辞去军职，继续为一支独立的、具备进攻意识的空军力量而奔走。在权力中心内部，他依靠像阿诺德这样的拥护者继续引领这场"理念之战"[48]，许多年轻的中尉投入到这场与战争部顽固势力的斗争中。

阿诺德和他那帮初生牛犊——他们被称作"轰炸机黑手党"[49]——被他们对米切尔的忠诚和对飞行的挚爱紧密团结在一起。这些航空先驱完成了一系列创纪录的飞行，这种广泛宣传的功效与米切尔的著作一样，证明了军用飞机的潜力。1929年，斯帕茨和埃克与另外几名机组人员，驾驶一架四引擎飞机"问号"号，利用空中加油这一革命性技术，创造出一项世界纪录，他们的留空时间超过150小时。七年后，艾拉·埃克用布蒙上他的驾驶舱，成为第一个靠仪表完成跨洲航行的飞行员。他的飞机必须在世界上最反复无常的天气系统中飞行，这番经历将使他在即将到来的战争中成为一名更好的轰炸机指挥官。

为了不被那些年轻的朋友所超越，48岁的阿诺德于1934年率领十架双引擎轰炸机进行了一次不着陆飞行，从华盛顿飞赴阿拉斯加后再返回，这是个惊人的壮举，因为在当时，那片人迹罕至的亚北极山脉上空几乎没有航线。次

---

* 译注：1926年，航空勤务队改为陆军航空军USAAC；1941年，陆军航空军又改为陆军航空队USAAF；1947年，陆航队最终改为美国空军USAF。

年,他晋升为准将,并奉命指挥陆军航空军*的主力作战单位——驻扎在加利福尼亚州马奇机场的第1轰炸机联队。这些日子以来,他与埃克(埃克曾在南加州大学学过新闻学)合作撰写了三本关于制空权的著作,这些书都带有米切尔影响力的深刻印记。正如米切尔遭受军事法庭审判时,一家报纸曾做出的预测那样:"即便在米切尔去世后……他的学说仍将留存。"[50]

轰炸机黑手党

1936年,比利·米切尔去世之际,他的名字仍在航空军战术学校教官们的讲座上享有盛誉。[51]这所学校设在阿拉巴马州蒙哥马利市的麦克斯韦基地,是世界上第一所培训飞行员和航空技术规划者的专业学校,并成为战略轰炸最新思维的培育中心。"我们不在乎昔日战争中所发生过的战斗,"教员中轰炸理论的佼佼者,哈罗德·L·乔治中校,向他的学员们阐述了学校的任务,"我们关心的是……确定在下一场战争中该如何使用空中力量。"[52]在与战争部打交道的过程中,这些空军指挥官继续将轰炸机说成是一种防御性武器,但在麦克斯韦机场,进攻的想法占了上风。但这种想法与米切尔的学说有所不同。米切尔和杜黑认为,轰炸将对敌人的士气而不是其生产造成更大的影响,但乔治中校和他的同事并不认同这种看法。另外,尽管米切尔和杜黑主张摧毁敌人重要的经济中心,但他们明确指出的唯一目标是一个国家的飞机制造业。一个现代化工业国家的基础设施,其关键性重点是什么?又该如何消灭?麦克斯韦机场的那些空中理论家解决了这些问题。另外,他们还想出些美国独有的新东西:在白天进行精确轰炸。

他们创立这种战争新"哲学"时,航空军甚至还没有开始秘密测试使这种构想成为可能的新发明。这个发明便是"诺顿"瞄准器,是"曼哈顿"计划前,美国最重要的秘密武器。这种武器诞生于1931年,由一名深居简出的荷兰工程师卡尔·L·诺顿为海军的海基飞机发明。诺顿的妻子取笑他,称他为

"死亡批发商"[53]，但诺顿声称，他是以更加精确的轰炸来拯救更多的生命。两年后，海军开始测试这种瞄准器，陆军也为从事海岸防卫的飞机订购了这种装备，最终花费约15亿美元购买了90000具"诺顿"瞄准器——这一耗资是"曼哈顿"计划的65%。阿诺德第1轰炸机联队的机组人员在加利福尼亚州莫哈韦沙漠干燥的晴空中进行测试时，对它的精确度深感惊讶。

这正是麦克斯韦基地的那些教员一直期盼的技术性突破。卡尔·诺顿的这个陀螺稳定装置能计算漂移和下降角度，将使高空轰炸更加有效，更为人性化。1935年，获知这种装置后，他们开始议论此事。但这里有个问题，战争部将"诺顿"瞄准器设想为一种防御性武器，只将它安装在守卫北美海岸线的轰炸机上，以防范从海上发起的入侵。但"轰炸机黑手党"们却另有想法。他们认为，现在可以对城市实施外科手术式的精确轰炸，只以那些关键的经济要害为目标，例如发电厂和炼油厂等。这就颠覆了比利·米切尔"高空轰炸只能不加选择地实施"的主张。"杀死数以千计的男人、女人和孩子的构想，严重违背了美国的传统道德观。"海伍德·S·汉塞尔少校这样写道，[54]他是麦克斯韦基地的"明灯"之一，后来在战争中成为一名轰炸机战略家和作战指挥官。但汉塞尔又引人注目地补充道，对平民的杀戮在军事上不会有什么效果。老百姓不应是炸弹的目标，因为他们具有持久的忍耐力，这一点与杜黑和米切尔的观点相悖。老百姓们可以撤出城市，或是在公共防空洞内寻找隐蔽，反之，工厂却是脆弱、无法移动、几乎没有防御能力的目标。*这种打法也符合美国人的个性。"它结合了道德上的顾虑、历史上的乐观主义以及技术创新，这三点明显都是美国的特色。"历史学家约翰·基根写道。[55]

由于被战争部禁止研究别国的经济，预算也不允许雇佣经验丰富的经济学家，麦克斯韦基地那些出色的理论家——唐纳德·威尔逊、肯尼斯·沃克、哈罗德·乔治、缪尔·费柴尔德和海伍德·汉塞尔——只得自己就近分析了美

---

*1943年前，德国的工厂不仅顽强、可搬迁，而且还得到强有力的保护。

国的工业体系。这导致了一个基于"工业网"构想的航空计划,日后,他们作为哈普·阿诺德的战时规划人员,将有机会实现这个战略。

他们得出的结论是,现代工业国家极易受到来自空中的打击,因为他们的经济体形成了一种脆弱、互联的结构,或称之为"网"。一场无情的精确轰炸,只需命中那些生产产品或提供服务的行业,必将影响到其他所有行业。摧毁敌人的"要害"[56]——其钢铁、电力、轴承、石油和铁路工业——他们的整个战争经济就将崩溃,这将使他们的军事抵抗难以为继。

日本和德国被认为在下一次战争中将成为美国的敌人,所以,"轰炸机黑手党"们认为,在可能的盟国(例如中国和英国)设立基地,并从那里发起一场战略轰炸至关重要。这场轰炸战将于战争最初的几个月内展开,并在两年内达到其最大强度,这段时间将用于全面动员美国巨大的生产力。1935年初,没有一架飞机,也没有一场战争能检验这个理论,它不过是一种愿景和预测而已。但到当年晚些时候,陆军航空军得到了所需的飞机。六年后,也得到了战争。

杜黑将军曾在1927年写道:"能将其意志强加于敌人的真正的作战飞机尚未被发明出来,近期内似乎也不大可能出现。"[57]但到30年代,美国陆军航空军已着手证明他错了。按照与陆军的合同,华盛顿州西雅图市的波音飞机公司拿到一个被许多航空工程师认为难以完成的项目:开发一种全金属单翼飞机,既要大又要快,这证明飞机的大小并不一定要对空气动力效率作出妥协。波音公司作出的回答是B-17"空中堡垒"(公司型号为299)。尽管美国以前的轰炸机都装有两具引擎,但1935年推出的"空中堡垒"原型机装有四台750匹马力的星型发动机,这使它的速度比当时美国任何一款战机都快。而最后一款生产型号,1943年投入使用的B-17G,装备着四台1200匹马力的发动机,常规载弹量4000磅,满载时的飞行速度为每小时150—250英里(25000英尺高度),作战半径为650—800英里,视机载炸弹的多少而定。这是一款设计优雅的飞机,暗示出她的力量和机动性。停在地面上的B-17一脸凶相,但在空中看去，她非常漂亮。

1937年年初，第一批银色的"空中堡垒"运抵离首都不远的弗吉尼亚州兰利机场，交付给陆航军的投弹训练组。而在一年前，亨利·阿诺德作为航空军司令助理已返回华盛顿。他处事灵活，是个解决问题者，而不是个空想家。与比利·米切尔一同经历过的那些风暴教会他更为老练地处理与战争部的关系，并与帮助他获得这个职位的上级们建立起友谊。阿诺德第一次驾驶这款新型轰炸机时便爱上了她。与"航空军战术学校的抽象理论"[58]所不同的是，这是"你可以亲手触摸到的空中力量"。B-17的后期改进型上，配备了多达12挺的点50口径勃朗宁机枪，其中的8挺安装在可转动的炮塔上，这是一种可怕的战争武器。再加上"诺顿"瞄准器和30年代开发出的一种新式自动驾驶系统的配备，这种飞机为"轰炸机黑手党"的理念提供了有力的依据。但前提是他们必须说服战争部将其用于进攻，而不是仅限于保卫美国的领空和领海。

B-17的出现，强化了轰炸机无往而不利的理念，这是杜黑理论的核心原则。可如果敌人开发出一种防空系统，能给缺乏护航的"空中堡垒"造成难以接受的损失，那该怎么办？航空军的规划者为何没有致力于开发一款可用于护航的远程战斗机？原因之一是缺乏想象力。"轰炸机黑手党"没能预见到雷达的出现，当时，八个国家都在研发雷达，其中包括美国，作为对付空袭的一种预警手段，雷达很快将被广泛应用于军事探测。他们对战斗机护航的考虑是这样的：轰炸机群飞越天空，在到达目标前几乎不可能被发现；接近目标后，他们将在敌地面高炮的射程外飞行，而且，具有自我保护能力的轰炸机编队异常强大，敌人的战斗机根本无机可趁。"一场精心策划并被出色执行的空袭行动，一旦发起就无法被阻止。"航空军战术学校的教官肯尼斯·沃克宣称。[59]而海伍德·汉塞尔采用了更为现实的做法，至少承认敌防空系统能有效对付轰炸机入侵的可能性。他认为，如果发生这种情况，就必须以直接的空战和轰炸敌战斗机基地、飞机制造厂以及航空燃料的来源等方式消灭对方的防御手段。这就意味着德国空军将在一场残酷的激战中被打垮，轰炸机将肩负重任，"通过空战消耗对手"⁶⁰。在德国上空的争夺战中,"空中堡垒"没有辜负它这个名字。

针对远程护航,轰炸机支持者们还有另一个说法。由于B-17的速度比1935年间装备的任何一款战斗机都快,给那些战斗机添加额外的油箱会降低它们的速度和机动性,不仅无法跟上轰炸机,在面对更轻、更快的敌战斗机时也无法保护自己。开发一款能达到轰炸机航程的高速战斗机,被认为在工程上是不可能做到的。"我们只是被(远程护航)禁锢了头脑,谁也阻止不了我们认为轰炸机天下无敌的看法。"战后的一次采访中,劳伦斯·S·库特尔将军非常坦率地承认了这一点。⁶¹

还有个因素就是资金。由于国会和战争部最初的意向是只订购13架B-17,全力争取战斗机将危害到轰炸机计划,而该计划按唐纳德·威尔逊少校的话来说,是陆航军"赖以存在的一个理由"⁶²。

如果威尔逊和库特尔这些空中力量理论家更细致地研究比利·米切尔的生平与工作,他们可能会对战斗机在轰炸作战中的作用投以更多的关注,战斗机不仅可用于护航,还可用于驱逐。第一次世界大战中,米切尔和其他前线空军指挥官都意识到,在不掌握制空权的情况下,一切空中行动(战术、战略或侦察)都难以为继。历史学家威廉姆森·默里指出:"在米切尔看来,空军的首要任务应该是消灭敌人的空中力量,尤其是对方的战斗机;只有实现了这个目标后,空军力量才能转而对付其他目标。所以,敌战斗机部队是至关重要的目标。"⁶³因此,米切尔认为,一支力量均衡的空军部队中,战斗机的比例至少应占60%。

由战斗机夺得制空权,这是轰炸攻势获得成功的先决条件。在即将到来的欧战中,用了一年多时间和近乎瘫痪的损失率,才使美国空中力量的领导者吸取到这个教训。但"轰炸机黑手党"在30年代末期进行着不懈的努力,以鼓励开发被杜黑和米切尔所忽视的某些东西:一个军事工业联合体承担起生产数量惊人的战机的任务。

大批飞机

1937年夏季,陆航军拼命争取资金(经常是绝望地),以购买更多数量的B-17。当时,卡尔·斯帕茨负责的兰利机场的跑道上,只有7架"空中堡垒"。但一年后的慕尼黑会议改变了一切。

希特勒吞并奥地利后,又要求从捷克斯洛伐克得到以德国居民为主的苏台德区。1938年9月29—30日的慕尼黑会议上,英国和法国抛弃了捷克斯洛伐克,让其任由命运的摆布。"(我给你们)带回了光荣的和平,"返回伦敦后,内维尔·张伯伦首相说了这样一句名言,"我相信这是我们这个时代的和平。"[64]

没过两个月,富兰克林·罗斯福,这位忠诚的海军人员,挺身支持美国空中力量获得惊人的扩张,他敦促立即采取行动,以增加各种战机的产量,除美国自己使用外,还运送给受到威胁的法国和英国。他深信,只有数千架轰炸机才能震慑希特勒,才能保卫美国的海岸和战略财产(包括巴拿马运河和菲律宾)免遭日本从陆地和海上发起的攻击,另外还有西半球的基地,在不久的将来很可能会被德国人夺取。慕尼黑协议后,罗斯福"肯定……我们即将投入战争"。而他的首席助理哈里·霍普金斯则说:"空中力量将打赢这场战争。"[65]但与大多数美国人一样,罗斯福坚持认为空中战争应受到道德的约束。1939年,战争终于在欧洲爆发时,他呼吁双方克制,不要从"不设防的居住中心的上空对平民实施无情的轰炸"[66]。丘吉尔同意,所以惯于玩弄诡计的希特勒也同意,尽管他的空军即将对华沙市中心展开轰炸。

慕尼黑危机发生的那个月,哈普·阿诺德晋升为陆军航空军司令,他立即将斯帕茨和埃克调至总部的重要位置上。他告诉他的规划僚属,他们已赢得"白宫之战";[67]现在,他们必须再赢得生产之战。阿诺德以他的干劲和想象力领导着这场"战斗"。他是个好领导,"有一种鼓舞人心感",原华尔街金融家、现已成为负责航空军事务的战争部助理部长罗伯特·A·洛维特回忆道,"他的热情中带有某些张扬的东西,几乎有点孩子气"。[68]阿诺德的指导格言被刻在一块木牌上,醒目地放在他的办公桌上——"困难的事我们今天就办,不可能的事只需要稍长些时间"。[69]他告诉其他人,他是从莱特兄弟那里学到的这一点。

与上级打交道时,阿诺德是个处事圆滑、满脸堆笑的外交官,但面对下属时,他冷漠而又蛮横。他是个雄心勃勃的家伙,对失败的容忍近乎"残酷"[70],这很像他严厉的父亲——宾夕法尼亚州阿德莫尔的一名内科医生。阿诺德以他那挖苦性的大声训斥而出名。在一次参谋会议上,打击落在史蒂夫·弗森头上,他是一名级别较低的参谋人员。阿诺德冲着他大声吼叫,弗森的脸涨得通红,大汗淋漓。突然,弗森捂住胸口,因心脏病发作而倒地身亡于将军办公桌前的地毯上。弗森被抬走后,阿诺德告诉大家,各自回家休息一天,但他会留在办公室继续工作。"于是,我们中的大多数人,"劳伦斯·库特尔说,"也回到各自的办公桌后。"[71]

阿诺德自己遭遇过五次心脏病发作,最后一次要了他的命。一些工作人员称他们这位快速、高效的老板为"奴隶主"[72],但那些最接近他的人明白他所面临的紧迫性。"(陆航军必须)及时组建,以防止欧洲和太平洋地区的灾难,"库特尔说道,"作为领导,他所承受的压力无人能及。面对来自总统、哈里·霍普金斯、白宫幕僚以及外部机构高层的要求,他首当其冲。"

为打赢这些战斗,阿诺德在商业和科学界,在好莱坞,在国会,在白宫(他的老朋友乔治·C·马歇尔将军正负责组建一支庞大的现代化军队,以应对轴心国的威胁)组织起联盟。令他感到安慰的是,卡尔·斯帕茨出任他的参谋长,成了他的左膀右臂。斯帕茨出生并成长于宾夕法尼亚州的波伊尔镇,与阿诺德的老家相距不远。尽管他俩保持着终身的友谊,但却是截然不同的两个人。二战期间,埃尔伍德·R·"皮特"·奎萨达中将曾在这两人手下工作过,对他们的比较是:"斯帕茨是个……策划者,他不会惹上麻烦。阿诺德则是个干劲十足的实干家……总是尝试新事物……他每天都有些新东西……斯帕茨是个深思熟虑的人,而阿诺德则是个急躁不安的家伙,正是这一点使他成为了一名非凡的指挥官。(没有他)就没有我们这支空中力量。"[73]但如果没有斯帕茨作为平衡力,阿诺德可能永远也做不到他所做到的事情。"斯帕茨比阿诺德更懂得如何与人相处,"他是个最谦逊的人,"他给大家带来了信心,因为他是如此的镇定。"

斯帕茨喜欢扑克、桥牌、雪茄和肯塔基威士忌。在阿诺德家里举办的欢快、热烈的聚会上,他会拿出自己的吉他,开始演唱他那些取之不尽的保留曲目,都是些有伤风化的歌曲。唱完后,他便躲入角落,猛抽他那些廉价细雪茄。"我从未从交谈中学到任何东西。"他这样告诉其他人。[74]阿诺德和斯帕茨"相互尊敬",奎萨达说道,"两人不分伯仲,是一个真正的团队,尽管阿诺德夸大了……空中力量的潜力,而斯帕茨不倾向于夸大任何东西"。[75]奎萨达敏锐地指出,这两人之间真正的不同在于,斯帕茨"精明胜于果断",而阿诺德则是"果断更超精明"。

1938年,陆航军处在"有计划无飞机"的境地。[76]1940年5月,法国即将落入纳粹手中时,罗斯福呼吁飞机的年产量要达到50000架,恳请飞机制造业将每年2000架的正常产量扩大至每个月4000多架。[77]国会迅速下拨资金。用阿诺德的话来说:"45分钟内我便获得了15亿美元,并被告知,组建一支空中力量。"[78]慕尼黑危机发生时,美国的空中力量为1200架作战飞机和22700名军官和士兵,规模排在全世界第20位。到1941年12月前,他们已拥有近34万名军官和士兵,作战飞机达3000架。其中最新款的是B-24"解放者",这种飞机速度更快,航程更远,载弹量也更大,相比之下,B-17更牢固,机动性也更好些。到1944年,大规模生产和大规模培训——美国在这些领域处于世界领先地位——使美国得到了世界上最庞大的空中力量,拥有80000架飞机、和240万名飞行及辅助人员,占全军总人数的31%。[79]这支力量比潘兴将军在第一次世界大战指挥过的整个作战部队还要庞大。1944年3月，美国各个工厂生产出9000多架军用飞机，是罗斯福在1940年所要求的数字的两倍多，而当初每月4000架飞机的要求曾被希特勒和罗斯福总统的大多数顾问认为是"不切实际的空想"[80]。阿诺德的一位传记作者写道："如此规模的一个军事机器和错综复杂的技术，在这么短的时间内得以创建，这种情况此前从未有过，此后也不会再有。"[81]这项工作是通过企业与政府间的密切合作完成的，在高度军事化的纳粹政权中绝无可能。"（阿诺德）提供了领导和激情，并推动了这一切。"洛维特说道。[82]但在1942年前，生产步伐并未快到足以建立起一支庞大的轰炸机部队的程度。从1938至1942年，疯狂扩军的第一波次不可避免地导致生产和训练标准的滑坡，这将影响到战争第一年机组人员和飞机的作战表现。

1941年6月20日，战争部长亨利·L·史汀生正式成立陆军航空队，[83]阿诺德终于成为美国参谋长联席会议和英美参谋长联合会议的成员。陆航队获得了一个很好的砝码以独立于地面部队。凭借总统颁发的"尚方宝剑"，他们得以为迅速逼近的战争制订出自己的生产蓝图。1941年8月，经过九天努力，四名前麦克斯韦基地的教官——哈罗德·乔治、肯尼斯·沃克、劳伦斯·库特尔和海伍德·汉塞尔——起草了一份文件，空中作战计划处1号文件，"读起来像是战术学校的一份讲义"[84]。文件以不可思议的准确性预测了打赢对德空战所需要的人员和飞机数量，它超越了生产计划，大胆树立起陆航队在战争中的最高使命："对德国和意大利实施一场持续不懈的空中攻势，摧毁他们继续从事战争的意志和能力，从而使发起一场地面进攻变得毫无必要或即便实施也无需付出太大的代价。"[85]可预见的是，哈罗德·乔治和他的策划团队给予远程护航战斗机的发展较低的优先级。另外，他们要求的护航飞机是一种错误的型号：大型、全副武装的"战舰"，一种不装炸弹的"空中堡垒"。[86]

马歇尔和史汀生批准该计划后，陆军航空队最终让上层正式接受了战略轰炸。阿诺德所称的"大宪章"[87]终于得以实现。

但是，还有许多问题摆在他们面前。陆航队的策划者将他们的"打赢"策略建立在轰炸飞行演练于晴朗的天气，在低空，甚至连模拟抵抗都没有的基础上。《指挥决策》这本出版于二战后，描述第八航空队的出色著作中，威廉·韦斯特·海恩斯（他曾是第八航空队的一名参谋军官）描绘了1941年所设想的那种精确轰炸："它不可能结束这场战争，就像医生无法赋予患者永生那样。"[88]精确轰炸充其量是一种未经过证实的"疗法"。不仅如此，它还变成了一种教条，非但未经过检验，还是不容置疑的正统，这种学说将导致战争第一年里人员和飞机不必要的损失，在德国上空所进行的半数轰炸行动中，美国轰炸机机组人员经历了一种"轰炸机黑手党"们始料未及的空战。

注释

1. 小保罗·W·蒂贝茨，《"艾诺拉·盖伊"号归来》（俄亥俄州哥伦布市，中部海岸市场出版社，1998年），第82页。
2. 2002年1月28日，作者对小保罗·W·蒂贝茨的采访。
3. 斯帕茨，《司令部日记》，1942年7月11日，国会图书馆，斯帕茨文件。
4. 1942年8月8日，埃克写给阿诺德的信件，国会图书馆，亨利·H·阿诺德文件。
5. 引自威廉·R·莱德劳，《"美国佬"号投入战争》，《空中力量史》杂志，1989年冬季第4期，总第36期，第11页。
6. 艾拉·C·埃克，《埃克将军亲自率领美国轰炸机的首次空袭》，1942年9月14日，《生活》杂志，第37—38页。
7. 引自威廉·R·莱德劳，《"美国佬"号投入战争》，第13页。
8. 引自詹姆斯·帕顿《空军如是说：艾拉·埃克将军和空军指挥部》（马里兰州贝塞斯达，阿德勒&阿德勒出版社，1986年），第175页。
9. 埃克，"埃克将军亲自率领美国轰炸机的首次空袭"，第380页。
10. 打印的剪报副本，国会图书馆，斯帕茨文件。
11. 引自威廉·R·莱德劳的《"美国佬"号投入战争》，第13页。
12. 引自杰拉尔德·阿斯特的《强大的第八航空队：参战者所讲述的欧洲空战》，第37页。
13. 引自威廉·R·莱德劳的《"美国佬"号投入战争》，第13页。
14. 同上，第14页。
15. 约翰·斯坦贝克，《投弹：一个轰炸机机组的故事》（纽约，百丽宫书屋，1942年），第19页。
16. 巴德·J·皮斯利，《勇气的传承：二战中的第八航空队》（费城，

17　阿诺德新闻稿，2003年8月18日，国会图书馆，斯帕茨文件。
18　巴德·J·皮斯利，《勇气的传承：二战中的第八航空队》，第86页。
19　《目标，德国：第八航空队轰炸机司令部在欧洲上空作战第一年的官方史》（纽约，西蒙&舒斯特出版社，1943年），第19页。
20　威廉·米切尔，《一战回忆录：从开始至战争结束》（纽约，兰登书屋，1960年），第59页。
21　同上，第10页。
22　罗素·F·维格雷，《美国的战争艺术：美国军事战略和政策史》（纽约，麦克米伦出版社，1973年），第225页。
23　亨利·H·阿诺德，《全球使命》（伦敦，哈钦森出版社，1951年），第69页。
24　艾拉·C·埃克，《哈普·阿诺德：领导才能的剖析》，《空军》杂志，第60期，1977年9月，第83页。
25　艾萨克·D·莱文，《米切尔，空中力量的先驱》（纽约，迪尤尔、斯隆&皮尔斯出版社，1943年），第142页；引自菲利普·S·梅林格编撰的《天之道：制空权理论的演变》（阿拉巴马州麦克斯韦空军基地，空军大学出版社，1997年）中，第87页，马克·克劳德菲尔特写的《塑造空中力量的坚定信念：威廉·米切尔战略思想的遗产及发展》。
26　朱里奥·杜黑，《未来战争的可能面貌》，这篇1928年的专题著作刊登于《美国空军战史研究》的朱里奥·杜黑专刊上，名为《制空权》，由迪诺·法拉利翻译（华盛顿，空中力量史办公室，1983年），第197页；这本专刊收纳了杜黑的五篇著作，包括1921年版的《制空权》和1928年版的《未来战争的可能面貌》。
27　杜黑，《制空权》第34页。对杜黑思想敏锐的评论，可参阅伯纳德·布罗迪的《导弹时代的战略》（普林斯顿，普林斯顿大学出版社，1959年），第三章；布罗迪，《杜黑的遗产》（《空军大学评论季刊》第6期，1953年），第64—69、120—126页；关于米切尔的中心思想，可参阅他的《空中国防论：现代空中力量——经济与军事的发展和机遇》（纽约，普特南出版社，1925年），第214页；米切尔《空中之路：现代航空》（费城，J·B·利平科特出版社，1930年），第253页。
28　引自阿尔弗雷德·F·赫尔利的《比利·米切尔：空中力量的改革者》

（纽约，富兰克林瓦特出版社，1964年），第43页；菲利普·S·梅林格撰写的《朱里奥·杜黑与制空权理论的起源》，《天之道：制空权理论的演变》中第33页。

29　杜黑，《未来战争的可能面貌》，第195—196页。

30　同上，第181、196页。

31　布罗迪，《杜黑的遗产》，第125页。

32　米切尔，《空中之路：现代航空》，第63页；艾伦·斯蒂芬斯编撰的《空战，1914—1994》中，《忠实支持者：两次世界大战期间的空中力量》（阿拉巴马州，麦克斯韦空军基地，空军大学出版社，2001年），第40页。

33　杜黑，《制空权》第61页。

34　米切尔，《空中之路：现代航空》，第63、262—263页；米切尔，《空中国防论：现代空中力量——经济与军事的发展和机遇》，第16页。针对米切尔思想的激烈讨论，可参见迈克尔·谢里的《美国空中力量的崛起：创造毁灭》（纽黑文，耶鲁大学出版社，1987年），第2章；罗伯特·弗兰克·富特雷尔，《理念、概念及学说：美国空中力量的基本思想，1907—1960年，第1卷》（阿拉巴马州，麦克斯韦空军基地，空军大学出版社，1989年），第21—22页。

35　引自赫尔利的《比利·米切尔：空中力量的改革者》，第93页；还可参阅《米切尔将军的大胆言论》，《航空》杂志第29期（1924年10月29日）；米切尔，《空中国防论：现代空中力量——经济与军事的发展和机遇》，第16页；威廉·米切尔，"多引擎轰炸机大队白昼与夜间的注意事项"，美国空军历史研究部。

36　米切尔，《空中国防论：现代空中力量——经济与军事的发展和机遇》。

37　杜黑，《制空权》，第58、22、61页。

38　乔治·F·艾略特，《空中轰炸：空中力量对国际关系的影响》（纽约，雷纳尔&希区柯克出版社，1939年），第11—13页。

39　引自李·肯尼特的《战略轰炸史》（纽约，斯克里布纳出版社，1982年），第33页。

40　引自伊莱休·罗斯，《对比利·米切尔的军法审判》，《军事历史》杂志1996年春第3期，第20页。

41　引自李·肯尼特《战略轰炸史》，第49页。

42 托马斯·H·格利尔,《陆航力量空战理论的发展》(阿拉巴马州,麦克斯韦空军基地,空军大学出版社,1955年),第15页。

43 引自赫尔利的《比利·米切尔:空中力量的改革者》,第37页。

44 德维特·S·科普,《几位伟大的首领》(加登城,双日出版社,1980年),第39页。

45 《纽约时报》,1925年9月2日。

46 亨利·H·阿诺德,《全球使命》,第117页。

47 詹姆斯·H·"吉米"·杜立特尔,卡罗尔·V·格兰斯,《我再也不会如此幸运》(纽约,矮脚鸡出版社,1992年),第104页。

48 亨利·H·阿诺德,《全球使命》,第82页。

49 彼得·R·法贝尔,《两次世界大战之间的美国陆军航空部队及空中战术学校:美国空中力量的孵化器》,在《天之道:制空权理论的演变》一书中的第216页;马克·克劳德菲尔特撰写的《塑造空中力量的坚定信念:威廉·米切尔战略思想的遗产及发展》,在《天之道:制空权理论的演变》一书中的第107页。

50 《二战中的陆军航空队,第一卷》,第28页。要了解阿诺德的生平,可参阅迪克·艾伦·达索的《哈普·阿诺德与美国空中力量的演变》(华盛顿,史密森学会出版社,2000年)。

51 克莱尔·李·陈纳德,《一个战士的道路:陈纳德回忆录》(纽约,普特南出版社,1949年),第20页;另可参阅雷蒙德·R·弗鲁格尔的《美国空中力量学说:威廉·米切尔与朱里奥·杜黑对航空军战术学校影响之研究》(俄克拉荷马大学硕士论文,1965年)。

52 引自罗伯特·T·芬尼的《航空军战术学校史,1920—1940》,美国空军军史处研究学会1955年版,第58页。要了解陆航军战术学校的思想,可参阅小海伍德·S·汉塞尔的《回忆录:对德国和日本的战略轰炸》(华盛顿,空军军史处,1986年)。

53 斯蒂芬·L·麦克法兰,《1910—1945,美国对精确轰炸的追求》(华盛顿,史密森学会出版社,1995年),第209页;罗伯特·L·奥康纳,《武器与人:诺顿瞄准器》,《军事历史》杂志,1990年夏第4期,66—67页。

54 汉塞尔,《回忆录:对德国和日本的战略轰炸》,第13页。

55 约翰·基根,《我们需要目光锐利的伙计对航线加以绝对的控制》,第

34—35页。

56 小海伍德·S·汉塞尔,《击败希特勒的空中计划》(亚特兰大,希金斯-麦克阿瑟出版社,1972年),第33—34页。

57 杜黑,《制空权》第132页。

58 亨利·H·阿诺德,《全球使命》,第115—116页。

59 引自汉塞尔的《击败希特勒的空中计划》,第15页。

60 汉塞尔,《回忆录:对德国和日本的战略轰炸》,第13页;《击败希特勒的空中计划》,第40页。

61 1974年10月3日,对劳伦斯·S·库特尔将军的采访,美国空军历史研究部,K239.0512-810。

62 麦克法兰,《1910—1945,美国对精确轰炸的追求》,第92页。

63 霍斯特·布格编撰的《第二次世界大战中的空战》中,威廉姆森·默里所写的《英美战前学说对第二次世界大战空中战役的影响》,(纽约,贝格出版社,1992年),第238页。

64 引自基斯·法伊林的《内维尔·张伯伦的一生》(伦敦,麦克米伦出版社,1946年),第381页。

65 引自罗伯特·E·舍伍德的《罗斯福与霍普金斯,一段亲密史》(纽约,哈珀·柯林斯出版社,1950年),第99—100页。

66 引自马克·K·威尔斯编撰的《空中力量:承诺与现实》一书中,尤金·E·埃姆所写的《美国的特点》(芝加哥,因普林特出版社,2000年),第66页。罗斯福对空中力量的支持,可参阅杰弗里·S·安德伍德的《民主之翼:1933—1941,罗斯福政府对空中力量的影响》(大学城,德州A&M出版社,1991年)。

67 亨利·H·阿诺德,《全球使命》,第177—180页;《二战中的陆军航空队,第一卷》,第107页。

68 詹姆斯·帕顿编撰的《冲击:二战中陆军航空队的机密照片,轰炸欧洲堡垒》中,罗伯特·A·洛维特的《战时军民合作》(宾夕法尼亚州哈里斯堡,国家历史学会1989年再版),第Ⅸ页。

69 埃克,《哈普·阿诺德:领导才能的剖析》,第91—92页。

70 理查德·G·戴维斯,《哈普:亨利·H·阿诺德,军事飞行员》(华盛顿,空军历史与博物馆计划,1997年),第1页。

71 劳伦斯·S·库特尔,《将军与权力机构的对抗:H·H·阿诺德将军和他的参谋部》,《航空历史学家》杂志第21期（1974年12月）,第188页。
72 同上,第188—189页。
73 1977年6月22日,对埃尔伍德·R·奎萨达中将的采访,美国空军历史研究部,K239.0512-1485。
74 引自艾拉·埃克的《对六位空军首脑的回忆：韦斯托弗、阿诺德、斯帕茨,第二册》,《航空历史学家》杂志第20期（1973年12月）,第195页。
75 1977年6月22日,对埃尔伍德·R·奎萨达中将的采访。
76 《二战中的陆军航空队,第一卷》,第150页。
77 《二战中的陆军航空队,第一卷》,第12—13、107页。
78 《旧金山记事报》,1947年2月18日。罗斯福扩充空军的计划,可参阅小欧文·B·霍利的《购买飞机：陆军航空队的物资采购》（华盛顿,陆军部军史处处长办公室,1964年）,以及本杰明·S·凯尔西的《龙牙：美国空中力量为二战的崛起》（华盛顿,史密森学会出版社,1982年）。
79 《二战中的陆军航空队,第六卷》,第ⅩⅩⅤ页。
80 《二战中的陆军航空队,第六卷》,第ⅩⅩ—ⅩⅩⅰ页。
81 托马斯·M·科菲,《哈普：美国空军及其创建者亨利·H·阿诺德将军的故事》（纽约,维京出版社,1982年）,第1页。
82 引自罗伯特·A·洛维特的"战时军民合作",第Ⅸ页。
83 《二战中的陆军航空队,第六卷》,第15页。
84 托马斯·H·格利尔,《陆航力量空战理论的发展》,第124页。
85 汉塞尔,《回忆录：对德国和日本的战略轰炸》,第62页。
86 同上,第37页。对空中作战计划处1号文件最好的总结是汉塞尔的《击败希特勒的空中计划》。
87 亨利·H·阿诺德,《全球使命》,第129页。
88 威廉·韦斯特·海恩斯,《指挥决策》（波士顿,利特&布朗出版社,1947年）,第159页。

第二章

埃克的业余选手

"时值夏季,全世界到处都是战争。"
——第八航空队飞行员,伯特·斯泰尔斯

1941年12月,华盛顿特区

历史学家塞缪尔·艾略特·莫里森写道,日本对珍珠港的偷袭"震动了整个美国,因为自萨姆特堡的炮击以来,这个国家从未遭受过任何入侵"。[1]共和党人和民主党人、干涉主义者和孤立主义者、劳方和资方团结起来,整个国家步调一致地从和平走向战争,这一点是危机发生前始料未及的。12月8日,罗斯福总统在国会的一次联合会议上要求对日本宣战。国会做出回应,只有一张反对票。三天后,德国对美国宣战,对纳粹来说,这个决定比当年6月他们入侵苏联更具灾难性。*

在阿卡迪亚会议上(这是当年12月在白宫召开的一次英美高层会晤),丘吉尔和罗斯福赞同此前他们初步同意的"先打败德国"战略,并要求立即将

---

*译注:1861年,南方军炮击萨姆特堡,美国南北战争随即爆发。

美国的空中力量集结于英国。接下来的一个月,哈普·阿诺德创建起第八航空队,并委任斯帕茨担任司令,而埃克负责该航空队的轰炸机司令部。这三位好友将着手实施自慕尼黑危机以来他们一直在准备的欧洲轰炸战。

斯帕茨这位西点毕业生、获得过勋章的战斗机飞行员、阿诺德最亲密的朋友,被选中担任第八航空队司令原在情理之中。而埃克的任命则出人意料。他是德克萨斯州辛苦劳作的佃农的儿子,在俄克拉荷马州杜兰特的东南师范学校毕业后,于1917年加入陆军通信兵,但由于入伍太晚,所以未能亲身经历战争。尽管他在30年代打破过一系列航空军的试飞记录,可他的经验仅限于战斗机。不过,他是阿诺德的门徒,也是他的合著者,阿诺德知道他会像响尾蛇那样对敌人发起攻击。"我想让……轰炸行动中有那种战斗机的精神。"颁布新任命时,他这样告诉埃克。[2]

五短身材、方下巴、秃顶的埃克说起话来轻声细语,几乎听不太清,但他却是个雄心勃勃的人,并在令人窒息的西点裙带关系中拓展出自己的优势。他是个娴熟的作家和演说者,并以自己优雅的做派和轻柔的德州口音,成为一名军人外交官,在与英国皇家空军敏感的交往中,他需要这种技能。英国人发现,他们和德国人所进行的白昼轰炸尝试均宣告失败,他们希望,要么将第八航空队纳入英国轰炸机司令部的夜间力量中,要么让经验丰富的英国机组人员来操作派至英国的美国轰炸机。1941年,作为皇家空军对抗德国空军作战行动的一名观察员,埃克曾在英国短暂地待过一段时间,并与英国的飞行员和内阁成员建立起亲密的友谊。他知道英国人的想法很有说服力,但他发誓要保持第八航空队的独立指挥权。

海伍德·汉塞尔和他那些策划空战的同僚曾提醒阿诺德将军,要到1943年底,美国才会拥有展开一场持续性战略轰炸所需要的飞机和人员。斯帕茨也警告过乔治·马歇尔这位美国首席战略家,在有能力发起决定性打击前,不要为埃克将在英国组建的部队派遣力量。但1942年初,随着日本人席卷东南亚,闪电般迅速的德国军队深入俄国并穿越北非扑向苏伊士运河,阿诺德后来写道，情况"看起来似乎盟军已输掉了这场战争"³。于是，马歇尔命令阿诺德，立即将他手上的重型轰炸机派往英国。他们不必像"轰炸机黑手党"设想的那样，对德国的战争机器发起全力以赴的攻击。他们的任务是为跨越海峡进攻纳粹占据的法国的准备工作提供协助。如果苏联的抵抗发生崩溃，这一行动将在1942年秋季发起，但更有可能的是在下一年春季。马歇尔将军是英美联军进攻法国北部最积极的支持者，"这是我们攻入德国腹地最短的路径"，他告诉埃克，⁴他的轰炸机和护航战斗机有一年的时间来夺取北欧上空的制空权。"我认为只有消灭德国空军后，才有可能跨越海峡进攻欧洲，"他说道，"对此，你有什么计划吗？"⁵埃克向他保证能做到，如果能获得足够的人员和飞机，登陆滩头的上空，德军飞机将被肃清。

1942年2月4日，艾拉·埃克带着6名参谋赶往英国执行他们的新任务，卡尔·斯帕茨留在华盛顿监督第八航空队第一批飞机和机组人员的准备及派遣工作，第一批人员中包括第八航空队的战斗机司令部，由弗兰克·"和尚"·亨特准将指挥，他是一位在一战中获得过勋章的王牌飞行员。等他们做好船运准备后，斯帕茨将和他们一同赶往英国。于是，在外国领土上组建一整支空中力量的任务交给了埃克这位45岁、新晋升的将军，而在此之前，他指挥过的最大的部队是一个1500人的战斗机单位。埃克的任务相当艰巨：要建立起作战指挥部和安全的空军基地，并与皇家空军密切合作，以便为第八航空队的轰炸行动调集起必不可少的基础空中力量。1942年2月，第八航空队在英国只有7个人，没有1架飞机，但到1943年12月前，埃克将航空队的实力扩充至185000人和4000架飞机。

1942年时，美国最大的公司是通用汽车，拥有314000名员工和112个生产厂。埃克的工作相当于从零开始，在不到两年的时间里建设起这个庞大的汽车企业。"被视作工业巨头的那些人中，很少有人能像组建第八航空队那般快速地合并一个大型企业机构，"埃克的助手詹姆斯·帕顿写道，"另外，这其中还附加了激励飞机组员，让他们甘冒生命危险的因素，这可不只是让一家大

型工厂做好生产和销售汽车的准备。"⁶

哈普·阿诺德并未让埃克的任务变得更容易些，他把最好的人才都留在自己位于华盛顿的总部中。"你去找些能干的年轻人来……训练他们，你为他们申请任何级别我都批准，"他告诉埃克，"你可以找个聪明的副手，在几个月内把他打造成合格的陆军军官。但你绝不能找个蠢笨的家伙，并指望把他培养成出色的战地指挥官。"⁷

埃克最初的指挥部中只有两名陆军现役军官：小威廉·S·科沃特中尉，是个年轻的战斗机飞行员，曾在埃克指挥过的第20驱逐机中队服役；另一位是小弗兰克·阿姆斯特朗上校，是埃克值得信赖的老朋友，现在担任埃克的副手。另外三名参谋是从陆军预备役部队中挑选出来的：小贝尔尼·莱，耶鲁大学毕业生，30年代从陆军航空军退役后，从事专职作家的工作；另外两位是来自斯佩里回转仪公司的高管，哈里斯·B·赫尔和赫尔的朋友弗雷德里克·W·卡索——他是一名西点毕业生，与赫尔一样，也是位经验丰富的飞行员。埃克指挥部内的最后一位成员是刚刚被任命为少校的彼得·比斯利，曾是洛克希德飞机公司的一名经理。

后来，赫尔和卡索做了些招募工作，所招的人几乎都来自平民百姓：记者、律师、商人、编辑以及报纸和出版业的经理，其中包括埃克在哈珀出版社的责编和《星期六晚邮报》的一名编辑，另外，《时代》杂志的经理兼编辑帕顿也将于当年春季赶至英国投奔埃克。他们被对此深感怀疑的英国皇家空军称为"埃克的业余选手"，但出人意料的是，这些人组成了完全胜任的指挥部，而其中的两个，阿姆斯特朗和卡索，成为了出色的战地指挥官。

最初的七个人差点没能到达英国。由于陆航队没有飞机可派，他们先搭乘泛美航空的"飞剪"（这是波音公司制造的一种四引擎水上飞机）赶至中立国葡萄牙。他们打算从那里搭乘荷兰航空公司的一架货机转道英国，该航空公司目前由流亡伦敦的荷兰政府控制。在里斯本降落后，他们看见一架架德国空军的飞机停在跑道上，城里满是纳粹的密探。"我们早已得到警告，"埃克回忆道，"所以我们都穿着便衣，并被告知不得携带任何文件……所有指令都在我们的脑袋里。"离开大都会酒店去吃晚饭前，埃克的小组重新整理了手提箱里的东西。当晚，他们回到自己的房间，发现行李已被搜查过，可能是盖世太保的密探所为。两天后，清晨5点，一名荷兰飞行员带着他们登上荷兰航空公司的一架DC-3运输机。每个人都很担心，他们知道，德国军机在比斯开湾水域的巡逻非常严密。盖世太保知道他们在里斯本，也知道他们要赶赴伦敦。赫尔曼·戈林的空军会不会奉命将他们击落呢？

起飞半个小时后，荷兰飞行员在葡萄牙北部的波尔图做了次计划外的着陆。他把埃克叫入驾驶舱，告诉他，一架德国飞机一直尾随在后。等待了一个来小时，他再次起飞。运输机远远地避开比斯开湾，以免被发现，驾驶员又一次把埃克叫到前面，向他指出，一架德国轰炸机发现了他们的行踪。荷兰驾驶员"小心操纵着飞机，从一侧滑至另一侧，试图避开德国飞机的瞄准线，以免遭到对方的火力攻击"，弗兰克·阿姆斯特朗回忆道，"就在这时，幸运女神伸出了援手。德国飞机的一具引擎喷出一团浓烟"，飞行员关闭引擎时，被运输机甩掉了。"那架战斗轰炸机在我们下方800码处，向着陆地和安全处飞去。我们的驾驶员走出驾驶舱，把衣领拉高到眼睛下，偷眼打量他的乘客。接下来的几秒钟，所有人都沉默不语——默默地念着感恩祷文。"[8]

当天晚些时候，他们到达英国。这架运输机的飞行日志上写道："到达目的地：飞行平安顺利。"一年后，德国人在比斯开湾上空击落一架商用飞机，这是德国空军第二次对飞出里斯本的客机实施攻击。飞机上搭载着13名乘客，其中包括英国演员莱斯利·霍华德。[9]机上无一人生还。*

抵达伦敦后，埃克他们换乘汽车，穿过这座满目苍夷但仍英勇无畏的城市。德国的闪电战，1940—1941年间持续8个月的战火和恐惧，已造成30000

---

*译注：德国人误以为这是丘吉尔的飞机，结果将其击落。莱斯利·霍华德曾出演过《乱世佳人》和《卖花女》等电影。

名伦敦人丧生，另有50000人负伤。而在遥远的各条战线上，对盟军来说，战事正走向灾难。在利比亚，英国军队已被埃尔温·隆美尔元帅的沙漠大军彻底击败；在俄国，苏联红军被逼退至莫斯科和列宁格勒；而在菲律宾，道格拉斯·C·麦克阿瑟中将指挥着兵力不足、饥肠辘辘的美国军队，正在巴丹半岛的山地丛林中进行着最后的抵抗。2月15日，埃克抵达伦敦的五天前，新加坡这座西方国家在远东的堡垒，落入到日本人手中。*

对英国来说，这是战争期间最为惨淡的几个月。就连美国投入战争这一令丘吉尔高兴地视作"英国将获得拯救"，而德国和日本"将被碾为齑粉"的保证的事实，[10]也未能激发起英国公众的好评。伦敦人嘲笑美国在珍珠港被打得措手不及，并批评后者这么晚才投入战争。

进入一个被围困的国家，令埃克和他的小组深感震惊，他们没有想到英国人的生活会变得如此艰难。肉、鱼、蔬菜、果酱、黄油、鸡蛋、炼乳、早餐麦片、奶酪和饼干都实施严格的配给，另外还包括服装、肥皂以及取暖用煤。没人被饿死，但配给制将人们的生活变得单调、刻板、毫无生气可言。

埃克和他这个小小的团队动身时，美国尚未为一场全面战争做好准备。而英国则已全面动员，几乎成了个全民皆兵的国家。[11]18至60岁之间体格健壮的男人和女人，被要求履行某种形式的兵役。20至30岁之间没有孩子的妇女被征召进后方军事机构或从事军工生产，对任何一个西方国家来说，这种做法都是前所未有的第一次。除苏联外，没有哪个参战国的老百姓受到比这更严厉的政府监管和强制动员。妇女们操纵着伦敦的高射炮，全国各地的工厂日夜不停，每周工作7天，每班工人的工作时间是10—12小时。

看起来，英国就是个为生存而战的国家。成千上万工薪家庭（其中的60%居住在伦敦）的住处已被纳粹战机损坏或摧毁，许多人仍在为家人和朋友的丧生而哀痛。德国人的空袭已造成近43000名英国百姓丧命，直到战争的第四个

---

* 译注：1941年12月18日，麦克阿瑟晋升上将。

年头，德国人杀死英军士兵的数量才超过英国的妇女和儿童。"这是一场无名勇士之战，"丘吉尔宣布，"投入战争的是整个国家，不仅仅是士兵，而是全体人民，男人、女人和孩子。"[12]

这是一场全民之战，但人们都很疲惫。"现在的伦敦与去年大不相同，人们为空袭和威胁而紧张，以前他们是那么轻松、快乐和潇洒。"一名英国妇女在她的日记中写道。[13]由于电力和煤炭供应的削减，人们早早上床休息，在夜间，路灯被关闭，窗户也被蒙上遮光的窗帘。即便太阳偶尔露面，"人们也很少微笑"。

一个沉闷的周日，艾拉·埃克和他的参谋人员搭乘皇家空军的一辆参谋用车设法穿过伦敦，他们经过伦敦东区遭受过轰炸的街道，那里靠近城市的主码头。美国记者哈里森·索尔兹伯里在日记中写道，直到搭乘公交车到达这片街区的一条街道，这是整座城市遭受轰炸最严重的地区，他"才知道空中力量是如何发挥作用的"。"四下里被轰炸机炸得满目苍夷。"索尔兹伯里曾在华盛顿见过斯帕茨将军，并在家庭聚会上与一些空军将领畅谈赢得制空权的话题直至深夜。这是索尔兹伯里第一次目睹轰炸所造成的后果，"我现在明白斯帕茨说过的那些话是什么意思了。这就是他们想对德国干的事"。[14]

更准确地说，这是英国决定必须对德国做的事。起初，皇家空军对德国百姓投下的只是传单，呼吁他们挺身反抗专制的纳粹统治者。轰炸行动受到严格限制，主要被用于对付机场和海上运输。而且，这些行动都在白天，由数量很少的老式双引擎轰炸机执行。英国领导人担心，对德国城市实施恐怖轰炸会激怒德国空军，从而使伦敦遭到报复性轰炸，同样值得关注的是，皇家空军尚不具备足够的轰炸机和机组人员来破坏德国的生产或士气。在这种情况下，不如为更具决定性的行动组建和保存轰炸机力量。

随后，1940年5月中旬，德军轻而易举地占领了荷兰，并对鹿特丹实施轰炸，导致980名平民丧生。丘吉尔和战时内阁授权英国轰炸机司令部攻击鲁尔、莱茵兰的铁路编组场和合成燃料厂。他们希望这些空袭能破坏德国军事力量的来源,并给予集结在法国北部的联军一个继续抗击纳粹力量的机会。这些空袭将在夜幕的掩护下进行,因为德国的战斗机和高射炮已消灭了皇家空军的许多小股空中编队。

皇家空军的空袭于1940年5月15—16日夜间展开,这是世界上第一次大规模战略轰炸战的开始。[15]尽管空袭的目的不是为了制造恐怖,但丘吉尔知道,行动会造成平民的伤亡,德国空军很可能会对伦敦实施报复,不过他希望皇家空军使用雷达制导的新式战斗机能挫败德国轰炸机。然后,1940年8月24—25日夜间,由于一场意外,德国空军轰炸了伦敦,这是德国空中作战的组成部分,目的是为入侵行动削弱英国人的抵抗。为实施报复,丘吉尔下令在第二天夜间轰炸柏林。[16]空袭对柏林造成的损失很轻微,但希特勒大发雷霆。自9月7日起,他对伦敦发起一场毁灭性轰炸战,很快又蔓延至英国的其他城市,主要目的是为了摧毁飞机制造厂、恐吓英国百姓、打垮他们支持抵抗的决心。为还击11月14—15日夜间德国对考文垂的大规模轰炸,英国新上任的空军参谋长查尔斯·波特尔爵士下令于1940年12月中旬对曼海姆实施恐怖轰炸,但这场空袭在很大程度上未取得效果,炸弹散落在城市四周的乡村。[17]

制空权理论家朱里奥·杜黑和比利·米切尔曾预言过的轰炸战开始形成。但在一段时期内,英国表现得较为克制。整个闪电战期间,德国对英国城市的轰炸持续不断,夜复一夜,几乎完全不对目标加以选择。而英国人的轰炸主要针对军事目标,只有少量居住在军事目标区内的德国平民被炸死。双方的目的也有所不同。德国是为了征服,而英国则是为了生存。自敦刻尔克撤退后,英国已没有其他办法直接对德国实施反击。在1940年,"(轰炸)是个明显的例子,表明英国必须以这种方式,而不是以他们所希望的形式来作战",历史学家马克斯·黑斯廷斯写道。[18]

这些轰炸行动的结果令人沮丧:双方的损失和误差居高不下。1941年夏季,一份关于轰炸精度的令人震惊的官方研究报告被发布出来。作者是一位名叫D.M.巴特的公务员,报告中声称,当年6月和7月,只有三分之一的英国飞机飞抵目标区后在轰炸瞄准点方圆5英里内投下炸弹；而在防卫严密的鲁尔区，由于长期存在的工业废气，这个数字只有十分之一。

"巴特报告"导致了轰炸战略的一个显著变化。由于在夜间不可能实施精确轰炸，英国现在将采取丘吉尔曾发誓绝不会采取的措施：刻意轰炸非作战人员。英国新发起的空中行动，目标是德国城市的建筑区，大多数工人居住的住宅中心。人口超过10万的58个城市被列入目标。目的：摧毁"敌方平民的士气，尤其是其产业工人"。[19]这将是恐怖轰炸，是对杜黑和米切尔构想的应验。所不同的是，这个举动源自绝望，而非最初的军事目的。

丘吉尔赞同新的轰炸策略，他还批准委派空军中将阿瑟·哈里斯来执行此项任务。哈里斯是个质朴、直言不讳的职业军官，曾率领皇家空军代表团访问过华盛顿。在一次晚宴上，他见过艾拉·埃克，很快，这两人便被安排离开美国，几乎在同一时间，搭乘不同的飞机赶往英国，以履行他们新的、完全平行的指挥职责。2月22日，埃克抵达伦敦的第二天，哈里斯被任命为轰炸机司令部司令。哈里斯并未倡导新的轰炸策略，但他满腔热情地予以支持，不过，有一点突出的异议。他认为靠轰炸来摧毁德国的士气，以此引发社会革命，这纯属妄想。杜黑曾预言，遭受到无情的恐怖轰炸，老百姓最终会爆发反抗，迫使战争结束。但即便德国百姓的士气最终被轰炸所摧毁，饱受苦难的数百万民众又如何能挺身反抗纳粹政权及其无情、高效的特务系统、酷刑和镇压呢？哈里斯的主要目的是采取区域轰炸，通过摧毁工业场所，炸死产业工人来拖缓德国的生产。他将告诉埃克，培养一个好工人远比生产一架好飞机更费时间，而且，"供应短缺将和他们的工厂发生损失一样，影响到战时生产"[20]。摧毁工人的住房会造成焦虑和高缺勤率，从而扰乱生产。一名英国官员用委婉的说法称这种新举措为"摧毁住宅"（de-housing），但直言不讳的"轰炸机"哈里斯（记者们开始这样称呼他）从未否认过这就是恐怖轰炸。

哈里斯接手的是一支小型的、过时的轰炸机部队，可用的飞机不到400架，其中只有69架重型轰炸机。但轰炸机司令部正在日益壮大，技术上也愈发熟练。当年3月，英国轰炸机开始使用一种代号Gee（Ground electronics engineering，地面电子工程）的新式导航设备，以引导飞机在没有月光的夜晚飞至目标上空。另外，英国的各个工厂开始大规模生产四引擎的"斯特林"、"哈利法克斯"和"兰开斯特"轰炸机，它们将成为哈里斯"城市破坏战"的投递工具。哈里斯认为，不必采取陆地进攻，一连串"轰炸战"便能让德国屈膝投降。"我相信，"他后来写道，"一场猛烈的轰炸战，再加上正确的炸弹种类，如果持续的时间足够长，没有哪个国家能承受。"[21]

丘吉尔并不像哈里斯那样自信地认为，只靠轰炸便能击败德国，但在缺乏其他手段的情况下，他赞成这项无情的轰炸计划，并由被他半钦佩、半厌恶地称作"海盗"的人来执行（得到哈里斯无条件支持的那些飞行员，对他崇拜不已，称他为"屠夫"，或简称为"布奇"）。无论是当时还是事后，对于不受约束的空中打击，这位英国首相都没有道德上的不安。战争结束后，他写信给轰炸机司令部的一位前官员："我们不应让自己为我们对德国所做的那些事而道歉。"[22]

在伦敦逗留三天后，埃克和他的几名参谋赶往海威科姆的轰炸机司令部，那里位于伦敦西面约25英里处，奇屯山（Chiltern Hills）的郊外。他们受到哈里斯（现在他已是哈里斯爵士）的热情迎接，他邀请他们在轰炸机司令部里起居和工作，直到他们建立起自己的指挥部为止。哈里斯坚持要求埃克在这段时间里跟他的家人（他那位光彩照人的妻子，吉尔夫人，和他们2岁的女儿）住在一起，他们居住在一座宏伟的乡间庄园，拥有马厩和绿树成荫的骑马道。

埃克和哈里斯的出生日相同，这两人在早期都干过体力活，哈里斯年轻时曾在条件恶劣的罗德西亚-布什赶过马群，清理过蚊虫肆虐的土地，还管理过一座烟草农场。但在其他几乎任何一个方面，这两人都有所不同。《纽约时报》记者雷蒙德·丹尼尔，对他俩做了巧妙的描述。"哈里斯，曾在罗德西亚采过金矿、种过烟草，是个肩宽体壮、身材魁梧的巨人，他精力充沛，具有辛辣的幽默感。作为一名英国人，他直率、热情，是个极具刺激性、令人振奋的健谈者……埃克则是个身材矫健，说话轻声细气的德克萨斯人，他的特点就像许多将自己的大半生奉献给飞行事业的人那样，已将自己融入锐利、坚定的皱纹中，让人联想到鹰。他谦逊，不善交际，几乎到了害羞的程度，他拥有那种下意识的、细致周到的礼貌，这种礼貌通常与内战前的南方密切相关。"[23]

闲暇时，哈里斯喜欢看军事历史和与农业有关的书，而埃克则有规律地阅读宗教书籍。到了晚上，哈里斯会换上便装，调制并端上饮料，美美地享受鸡尾酒；埃克喝酒不多——偶尔会来点雪利酒——但他喜欢扑克、雪茄和男人间热情的友谊。哈里斯拥有"一种枯燥、尖酸、通常有些低俗的机智"，容易发怒，经常是激烈而又直接；埃克则严格控制着自己的情绪，在社交聚会上，他甚至有些急于取悦他人。而哈里斯，尽管是外交官的儿子，却喜欢嘲笑戴单片眼镜的人，他对自己的参谋人员相当疏远，是个冷漠而又严厉的指挥官。埃克的做事风格更为轻松些。他与他那些参谋人员的合作，密切且不拘礼节，他和他们打排球、垒球、玩扑克，并征求他们的意见。他是个完全没有架子的人。坐在豪华轿车的后座上，他会让司机停下，捎上搭顺风车回家或休假的英国士兵。"英国军官绝不会这样做。"一名士兵告诉他。[24]埃克到镇上理发时，他会和其他村民一同坐在理发室内，耐心等待轮到自己。市长请他对海威科姆的一群市民发表即兴讲话时，他只说了这样一句话："尚未进行更多的战斗前，我们不会夸夸其谈。我们希望，当我们离开时，你们会很高兴我们来到这里。"[25]

工作时，阿瑟·哈里斯是个严厉的"工头"，但在家里却是个热情而又轻松的主人，与轰炸机司令部地下作战室里的他相比，简直是天壤之别。他和埃克都非常喜欢对方，每天晚上都在哈里斯那间著名的"会谈室"中碰面，在这间用皮革和木材构建起的书房中，哈里斯搭起一架立体幻灯机，播放被他那些机组人员摧毁的德国城市的三维航拍照。但他们的友谊从未能弥补双方轰炸理念间的鸿沟。哈里斯衷心希望埃克能在即将到来的白昼轰炸尝试中获得成功，并在自己的职权范围内不遗余力地帮助埃克进行准备工作，并与他分享情报、作战、气候预报以及目标选择方面的信息。尽管如此，哈里斯仍确信，美国人的试验将遭到失败，埃克最终会被迫重新训练机组人员，重新装备轰炸机，然后加入到皇家空军的夜间轰炸行动中。"上帝知道，我希望你能成功，"他告诉埃克，"但我不认为你会成功。加入到我们的夜袭行列吧。我们一起去揍他们！"[26]

在回忆录中，詹姆斯·帕顿讲了个著名的故事，在这个故事里，哈里斯阐述出两位指挥官之间道义上的分歧。有一次，哈里斯驾驶着自己的宾利，以危险的速度飞驰于伦敦和海威科姆之间，结果被一名摩托车骑警拦下，警察委婉地批评了他："长官，您可能已经让某个人送了命。"[27]

"年轻人，"哈里斯厉声说道，"每天晚上我都会让数千人送命！"

对屠杀平民毫无厌恶感，"他乐此不疲"，帕顿写道。[28]也许是这样，但这种暗示是个误导。艾拉·埃克从未出于对遭受轰炸的平民的关心而反对过哈里斯的空袭行动。"我从不认为（二战期间的）军人中会有什么道德顾虑，"他在战后这样说道，"看着炸弹落下，击中房屋和教堂时，我对整件事都很厌恶，可他们在朝我们开火！"如果1942年便出现原子弹，并获准使用的话，埃克说，他会毫不犹豫地将其投向德国。[29]

埃克反对毫无特定目标的区域轰炸，完全是基于军事上的考虑——这不是消灭敌人的最有效手段。但他认为，区域轰炸，连同美国的精确轰炸，将使德国承受日夜不停的重压，加速其灭亡。他将哈里斯的轰炸看作是对自己空袭行动的一种补充，并视其为合作伙伴，而不是竞争对手。

哈里斯帮着埃克及其工作人员寻找一个固定的指挥部，埃克的人员每周都在增加。从一次穿越奇屯山的探查活动返回后，埃克的助手报告说，他们找到个理想的地点，威科姆阿贝女子中学，这个锯齿状庄园的主宅邸坐落在一个公园般的校园中，人行道两旁排列着椴树。在哈里斯和埃克的持续游说下，英国空军部被迫将学生迁至牛津,将学校交给第八航空队使用。4月份的一天,埃克和另外二十名美国军官搬了进去。他们布置了垒球场,并架起排球网。当天晚上,值勤官突然听见整个庄园到处都响起了铃声,经过一番检查才发现,每张床旁都有个铃铛的标签,上面写着:"如果您在夜间需要个女人,请按铃两次。"*30

威科姆阿贝,代号"青松",距离哈里斯的司令部仅有4英里。这促进了双方的联络和沟通。通过与哈里斯的共同努力,埃克得到了亨廷登郡(Huntingdonshire)的八个前皇家空军基地,这片地区位于米德兰兹,英国巨大的中部平原上,就在伦敦的正北面。100多个额外的美军基地——轰炸机和战斗机基地,以及训练、补给和维修站——很快将建成,大多在诺福克和萨福克郡,位于邻近的东安格利亚。1943年年底前,第八航空队将把这片拥有高大的教堂和小村落的地区变成一艘巨大的陆地航母。随着皇家空军将其轰炸机基地集中至更北面,东安格利亚将成为一个"独特的美国轰炸机区"。31

当年5月,就在英国建筑工人完成第八航空队最初两座基地(波尔布鲁克和邻近的格拉夫顿安德伍德)的修建工作时,阿诺德将军赶到了英国。5月30日,丘吉尔邀请他和他的代表团,以及埃克和怀南特大使到首相别墅共进晚餐,那是他在白金汉郡的休憩地。客人们坐下来吃晚餐时,首相站起身,发表了一个戏剧性声明,他说,就在此刻,皇家空军正起飞去执行历史上最大规模的空袭行动,1000架飞机轰炸科隆。

哈里斯已将吕贝克和罗斯托克这两座易燃的中世纪城市夷为平地,但他需要个更大、更具说服力的城市来展示地毯式轰炸。当天晚上,正当客人们坐在客厅里啜着波特酒,喷吐着雪茄烟时,首相宣布,"千年行动"已获得巨大的成功。这座莱茵兰城市的整个中心已是一片火海。后来获悉,不到两个小时,近500人丧生,45000人无家可归,12000座建筑被毁,而英国人付出的

---

*译注:按铃两次这场闹剧显然是被迫搬迁的学生们所搞的恶作剧。

代价仅仅是41架飞机。这次行动在宣传方面同样大获成功。为了能凑齐1046架"轰炸机"，哈里斯不得不从训练单位抽调出400架过时的旧飞机，但通过此次空袭，他成了国家英雄和英国媒体的宠儿。

当晚，在首相别墅，阿诺德向丘吉尔表示热烈祝贺，但英国人的成功使他看到美国人失去了一次机会。他来到首相别墅是为了向丘吉尔和他的空军顾问推销美国很快将实施的白昼轰炸。"历史上有那么多时刻……我偏偏挑了个他们正将他们自己的轰炸方式推销给全世界的夜晚……显然，现在又会出现新的压力，英国人会催我们将四引擎轰炸机交给皇家空军。"32

空袭科隆的当晚，第八航空队在英国只有1871人（其中大多数是地面工作人员），没有一架飞机。第二天，怀南特大使给罗斯福总统发去急电："英国就是打赢战争的地方，尽快将飞机和部队派至这里。"33

第一股作战力量已在途中。6月10日早上，豪华的"伊丽莎白女王"号（已被改装成运兵船）停靠在克莱德湾。船上，跟随数千名美军步兵同时到达的是第97轰炸机大队的机枪手，一个月后，该大队的飞行员和领航员经历了与十五年前查尔斯·林白飞越大西洋同样艰巨的航程后抵达英国。

B-17是一种比"圣路易斯精神"号更为可靠的飞机，但林白是位杰出的飞行员，而第八航空队驾驶B-17飞越同一片大洋的那些飞行员只受过几个月的飞行训练，他们依靠无线电报务员的报告，而报务员在句点和破折号的转译上遇到些困难，另外，他们还要靠领航员的指引，但后者显然对这门复杂的技艺不太有把握。从高空飞离缅因州海岸后，来自内陆城镇的飞行员们第一次看见了下方的海洋。他们的目的地是苏格兰的普雷斯特维克，位于所谓的"大圆弧"路线的东部终点。他们的"踏脚石"是四个大型大陆块：纽芬兰、拉布拉多、格陵兰和冰岛。尽管后来的一些机群马不停蹄地飞至苏格兰（这段航程大约为2000英里），但第一批机群需要找到这些不可或缺的停靠站，因为他们要穿越地球上最为恶劣的气候。

穿越大西洋的第一阶段，飞行员们将赶往两个可能的目的地之一：拉布拉多的古斯贝，或是纽芬兰南部的甘德湖，这两个地方距离缅因州北部海岸都是700英里。接下来便是一段危险的700—1000英里海上航程，赶往格陵兰的两处基地之一，这两个基地是美国根据与丹麦的协议，最近才修建起来的。第97轰炸机大队的第一批飞机，在保罗·蒂贝茨的率领下，轻松地飞至格陵兰。接着，麻烦就开始了。飞行在格陵兰岛锯齿状的海岸山脉上方，蒂贝茨看见无尽的冰盖在阳光下闪闪发亮。这是个警告，表明他已接近"蓝西一"（BW-1），那是世界上最危险的机场之一。蒂贝茨操纵着他的轰炸机进入一道危险、狭窄的峡湾，20英里长，两侧是高耸、锯齿状的峭壁，几乎就在他的翼尖旁。他回忆道："（这里）有几个复杂的转弯，一些峡谷从主峡湾分出，我不得不紧盯着地图，以免飞入一条死路而无法逃脱。"[34]

一名飞行员飞入峡湾时，必须掌握位于峡湾顶端的机场的气候状况。那里没有可供转身的空间，B-17也没有足够的爬升速度避开紧贴在跑道后巨大的冰墙。天气非常晴朗，蒂贝茨完美地降下了他的轰炸机。但后来有些美国飞行员因大雾或快速移动的风暴而发生了坠机。

BW-1是个令人生畏的地方，就在北极圈的南面。这里有个食堂，有个气象站，还有些四壁透风的小屋可供睡觉，峡湾对面还有座孤零零的爱斯基摩村落。留在这里毫无吸引力可言。加注燃料后，蒂贝茨飞往冰岛，然后又转向东面846英里处的普雷斯特维克。在那里，一名皇家空军的领航员与蒂贝茨中队会合，随即指引这群轰炸机飞往波尔布鲁克，他们降落在波尔布鲁克的一条跑道上，前不久，这里还是一片马铃薯地。过了几周，第97轰炸机大队的最后一架飞机降落后，蒂贝茨才获知他这个大队是多么幸运。他们损失了5架飞机，但没有人员伤亡。蒂贝茨后来写道："这些年轻的机组人员和他们的飞机证明了他们拥有赢得一场战争所需要的东西。"

卡尔·斯帕茨将军已于一个月前搭乘一架B-24"解放者"抵达英国，并在布希公园设立起他的总部，这里靠近伦敦，也靠近新任欧洲战区司令德怀特·戴维·艾森豪威尔少将的司令部。随着第97轰炸机大队的到来，第八航空队已做好参战的准备。

第八航空队由四个司令部构成。除轰炸机和战斗机司令部外，还有地空支援司令部，一年后，该司令部将配备双引擎B-26"劫掠者"轰炸机，另外还有个空军勤务司令部，负责补给和维修工作。弗兰克·"和尚"·亨特将军将他的战斗机司令部设在布歇赫尔，这是赫特福德郡的一座豪宅，位于伦敦西北郊，靠近皇家空军的战斗机司令部。8月份前，英国将出现四个美国的战斗机大队，其中的两个使用英制"喷火"式战斗机，另外两个则配备美制P-38"闪电"。

考虑到作战行动的规划与走向，第八航空队轰炸机司令部组建起作战联队。每个联队由三个轰炸机大队构成，他们在临近基地的上空会合，一同投入战斗。反过来，每个作战联队又隶属于一个或另一个更大的编制，这个编制起初被称为"轰炸联队"，后来被改为"航空师"。航空师在编制上与步兵师相当，是用于大规模战役的大编制。1942年，这里只有两个轰炸联队——第1和第2轰炸联队。每个联队都有自己的指挥官和总部大楼，轰炸行动所需要的密切协调在这里得到策划和组织。

这种编制模式是大多数英国农村家庭难以理解的，他们世代居住的古老乡村最近获得了新名称，并被指定用于战争。这些受传统束缚的当地农民很快就会发现，年轻的美国飞行员无视军事术语的存在，不是用航空队指定的番号，而是以新机场附近那些古老村落的名字来称呼他们的轰炸机基地：希兴、斯内特顿-希斯、文德灵、沃蒂沙姆、奥尔肯伯里和阿特尔布里奇、索普-阿博茨、瑟莱。

1942年夏末，大批美国兵涌入英国，以接受发起进攻行动的训练。而飞行员则要立即投入战斗。但就在第97轰炸机大队的人员准备实施他们的第一次行动时，盟军的战略发生了重大变化。7月1日，美国飞行员驾驶的第一架B-17降落在英国时，德国军队赢得了一场惊人的胜利，他们攻破了被围困达

245天之久的塞瓦斯托波尔,这座强大的海军要塞是俄国人在克里木半岛的最后据点。十天前,在利比亚,靠近埃及边境处,隆美尔打垮了被困于托布鲁克的英国守军。这一双重胜利大大加强了德国人的信心,而在华盛顿,温斯顿·丘吉尔私下里承认,他是自伯戈因将军在萨拉托加投降后,在美国最为痛苦的英国人。

丘吉尔在白宫试图促使盟军的战争政策进行一次重大调整。他想让美国的军队和轰炸机尽快投入战斗,以恢复盟军的士气,缓解俄国人的压力,并增援在北非陷入困境的英国军队。4月份时,他勉强同意了美国制定的一项计划:盟军将于1943年春季对法国北部发起进攻。现在,他运用他那著名的说服力,试图让罗斯福推迟这次进攻行动。回想起敦刻尔克,他对美国总统说:"那条海峡里满是英国士兵的尸体。"[35]

他的策略成功了。当年7月,罗斯福同意让盟军在法属北非发起一场登陆,这是个有争议的政策变化,引发了激烈的争论。这就意味着跨越海峡进攻被纳粹占领的法国的行动将被无限期推延,而斯大林对这条"第二战线"已不耐烦地催促了多次。乔治·马歇尔和他的得意门生——被罗斯福选中来指挥"火炬"行动(这是北非战役的代号),尚未接受过考验的德怀特·艾森豪威尔——强烈反对这个计划,但丘吉尔是对的。一支足以实施进攻行动的舰队尚未建成,德国人的U艇正在给大西洋船队造成严重损失,另外,德国空军控制着北欧上空。对罗斯福来说,这其中也有政治上的考虑。随着11月国会中期选举的临近,他迫于压力将美国军队投入到对付纳粹德国的行动中。而北非,在英国人的帮助下,是仍在实施动员的美国人有足够的实力去对抗可怕的德国战争机器的唯一战场。

阿诺德大发雷霆。[36]作为进攻计划的组成部分,他奉命抽调尚无作战经验的第八航空队,以支援地中海战区即将到来的行动,但他尚未获准将这些变化告知斯帕茨和埃克。第97和第301轰炸机大队刚刚到达英国,又将在初秋时被重新派至北非,而其他轰炸机将从美国的各训练基地直接飞赴那里。这就意味着航空队于1943年4月份前在德国上空拥有1000架轰炸机的计划不得不等待——等多久,阿诺德也不知道。

这不仅仅是延误的问题。阿诺德将"火炬"行动视作是对第八航空队存在的一种威胁。行动完成前,遭到严重消耗的第八航空队可能就会被纳入英国皇家空军的夜间空袭中。

这就是阿诺德向斯帕茨和埃克施加压力,催促他们尽快将尚未获得充分训练的飞行员们投入战斗的原因。10月份之前的数周,进攻北非可能是美国陆航队在战争中证明其"白昼战略轰炸"学说的唯一机会。空袭完鲁昂,获知"火炬"行动后,埃克和斯帕茨也开始相信,航空队在欧洲实施作战的前途,"取决于接下来的十来次行动"[37]。

"起初,我们并不清楚我们该如何采取进攻行动,"阿诺德后来承认,"我们所知道的是,我们能做到。"[38]但埃克和斯帕茨对他们的飞机很有信心,对他们的机组人员也有信心,最重要的是,对战略轰炸学说深具信心。于是,在这场战争第三年的夏末,美国的小伙子们从英国的各个小机场飞入危险中,去检验制空权的构想,而这个构想的起源则要追溯到比利·米切尔以一架脆弱的木机翼飞机急速掠过战壕的那个年代。

注释

1. 塞缪尔·艾略特·莫里森,《两洋战争:二战期间的美国海军简史》(波士顿,利特&布朗出版社,1963年),第59页。
2. 1974年11月,对艾拉·C·埃克的采访,美国空军历史研究部。
3. 亨利·H·阿诺德,《全球使命》,第174页。
4. 引自大卫·雷诺兹的《昂贵的关系:美国人进驻英国,1942—1945》(1996年;伦敦,凤凰出版社,2000年再版),第91页。
5. 引自威尔斯编撰的《空中力量:承诺与现实》一书中,艾拉·C·埃克《对空中力量的几点看法》一文,第143页。
6. 詹姆斯·帕顿,《空军如是说:艾拉·埃克将军和空军指挥部》,第156—157页。
7. 同上,第128—129页。
8. 上述几处引文来自詹姆斯·帕顿的《空军如是说:艾拉·埃克将军和空军指挥部》,第133—134页;埃克,"高级军官简报",宾夕法尼亚州卡莱尔兵营,美国陆军战史研究所。
9. 《纽约时报》,1943年6月4日。
10. 安格斯·考尔德,《人民战争:英国,1939—1945》(纽约,万神殿出版社,1969年),第264页。
11. 大卫·雷诺兹、沃伦·K·金博尔与A.O.朱巴利安编撰的《战时盟军:苏联、美国和英国的经历,1939—1945》(纽约·圣马丁出版社,1994年)中,约瑟·哈里斯的《大不列颠:全民战争?》,第238—239页。
12. 安格斯·考尔德,《人民战争:英国,1939—1945》,第17页。
13. 引自伦纳德·莫斯利的《绝境:二战期间伦敦市民们的英雄故事》(纽约,兰登书屋,1971年),第260页。

14　哈里森·索尔兹伯里，《我们时代的旅程：回忆录》（纽约，卡洛尔&格拉夫出版社，1993年），第94—95页。

15　1940年5月14日和15日的战时内阁会议，英国邱园，国家档案馆，原先的名称是"公共档案馆"；霍斯特·布格等人编撰的《德国与第二次世界大战，第六卷，全球战争》，德国波茨坦，军事历史研究所，埃瓦尔德·奥泽斯等人翻译（纽约，牛津大学出版社，2001年），第498—500页。

16　弗朗西丝·K·梅森，《不列颠之战：德国空袭英国史，1917—1918，1940年7—12月，以及两次世界大战间英国防空力量的发展》（1969年首版，威斯康辛州奥西奥拉，汽车国际出版社1980年再版），第364—365页。

17　霍斯特·布格等人编撰的《德国与第二次世界大战，第六卷》，第507页。

18　马克斯·黑斯廷斯，《轰炸机哈里斯孤独的热情》，《军事历史》杂志，1994年第2期，第65页。

19　第22条指令，引自查尔斯·韦伯斯特和诺布尔·弗兰克兰《对德国的战略空中打击，第四卷，附件与附录》（伦敦，皇家出版局，1961年），附录8。

20　埃克的简报，宾夕法尼亚州卡莱尔兵营，美国陆军战史研究所。

21　阿瑟·哈里斯爵士，《轰炸机攻势》（伦敦，哈珀·柯林斯出版社，1947年），第147页。

22　引自黑斯廷斯的《轰炸机司令部》，第107页。

23　引自詹姆斯·帕顿的《空军如是说：艾拉·埃克将军和空军指挥部》，第139—140页。

24　同上，第153页。

25　未标明日期的简报，国会图书馆，斯帕茨文件。

26　引自詹姆斯·帕顿的《空军如是说：艾拉·埃克将军和空军指挥部》，第130页。

27　阿瑟·哈里斯爵士，《轰炸机攻势》，147页。

28　引自詹姆斯·帕顿的《空军如是说：艾拉·埃克将军和空军指挥部》，第140页。

29　1962年5月22日，戈德堡博士和希德瑞斯博士对艾拉·埃克的采访，美国空军历史研究部。

30　诺曼·朗迈特，《美国兵：美国人在英国，1942—1945》（纽约，斯克里布纳出版社，1975年），第80页。
31 《二战中的陆军航空队，第七卷》，第631页。
32 亨利·H·阿诺德，《全球使命》，第180页。
33 同上，第182页。
34 保罗·W·蒂贝茨，《"艾诺拉·盖伊"号归来》，第74—79页。
35 亨利·H·阿诺德，《全球使命》，第174页。
36 同上，第183页。
37 埃克，"对空中力量的几点看法"，美国空军历史研究部。
38 引自乔·格雷·泰勒的《他们学会了战术！》《航空历史学家》第13期（1966年夏），第69页；另可参阅阿诺德的《全球使命》，第198页。

第三章

危险的天空

1942年末和1943年初，
那些飞行员所打的战争与后来者所经历的战争完全不同。
——拉塞尔·斯特朗 《首次飞越德国》

1942年9月6日，波尔布鲁克

目标是法国北部的一间飞机制造厂，第八航空队的这次空袭再次由保罗·蒂贝茨带队。到目前为止，他们还没有遭受到任何损失，但今天德国空军将倾巢而出。第八航空队的一名指挥官，巴德·皮斯利写道："9月6日，美国人首次尝到了空战应有的滋味。"[1]

戈林的战斗机一直等到美国轰炸机从目标区返航，才突破护航的"喷火"式战机，像一窝愤怒的黄蜂般扑向他们。两架空中堡垒（其中一架由蒂贝茨的朋友，保罗·利普斯基中尉驾驶）起火燃烧，四分五裂地向下坠去，很快便消失在视野中。"他是个好小伙，"蒂贝茨后来写道，"他的阵亡令我震惊。到目前为止，战争在我们看来就是一场游戏，我们起飞，投下炸弹，总是能平安返回。我们觉得自己就是超人，能以自己的技术在空中克服一切困难。这种膨胀的自信是多么愚蠢啊，直到我们看见保罗的飞机失去控制，爆发出一个大火球。"蒂贝茨的飞机里,没人在对讲机上说话。每个人都默默地想象着如果自己是保罗的情形。"接下来的一次任务中,我们差一点也同样坠向永恒,"蒂贝茨回忆道,"在德国、非洲和太平洋地区的上空,我所经历过的所有战时任务中,就数这次……与死神的擦肩而过最为可怕。"[2]

梅塞施密特Bf-109是德国空军防空机群中数量最多的战斗机,蒂贝茨的编队刚刚完成投弹,它们便扑了上来。"敌人的飞机从三个方向朝我冲来,在我们B-17的机翼和机身上撕开一个个孔洞,而我们所有飞机上的机枪都喷吐出猛烈的火舌。"就在最糟糕的时刻似乎已结束时,一架敌截击机从阳光中飞出,径直扑向蒂贝茨的轰炸机。一发炮弹射穿驾驶室右侧的舷窗,部分仪表板被炸飞。"就在这一瞬间,我感觉到飞舞的金属片造成的刺痛,几块弹片嵌入我的右侧。"蒂贝茨回忆道。

副驾驶吉恩·洛克哈特中尉首当其冲,他右手的一部分被炸飞,破碎的驾驶舱内,鲜血喷得到处都是。瘦削但肌肉强健的蒂贝茨努力保持着航向,飞机因多次被击中而震颤着。这是个机组人员必须自律的时刻。恐慌爆发开来,却是来自一个不太可能的来源:纽顿·D·朗费罗上校,第2轰炸联队的新任指挥官,这次与蒂贝茨一同飞行,以熟悉作战行动。"朗费罗在下属中素有硬汉的声誉,"蒂贝茨说道,"但在接下来那段疯狂的时刻,半数组员被他吓得半死,纽顿的镇定突然间消失,他变得惊慌失措起来。他做出疯狂的反应,伸手越过我的肩膀,抓了一把节流阀和涡轮控制器,在25000英尺的高空减弱了引擎的动力。"

"机舱内一片混乱。我用一只手控制着飞机,另一只手帮助洛克哈特,以免他血流不止而死。他将断手举过头顶,我则用右手紧紧攥住他的手腕,同时,竭力保持着水平飞行。"

蒂贝茨朝朗费罗大声喊叫,让他的手离开控制器,但由于寒风穿过仪表板上的一个洞呼啸而入,朗费罗没听清他的话。于是,蒂贝茨用左肘对着朗费罗的下巴抡去,把他击倒在地。几秒钟后,一颗机枪子弹擦过一名射手的头颅，他摔倒在蜷缩成一团的朗费罗身上。朗费罗恢复知觉后，抓起一个急救包，用止血带扎紧洛克哈特的手腕，又给昏迷的炮塔射手做了头部包扎。

蒂贝茨恢复了对飞机的控制，朗费罗担任他的副驾驶，飞机顺利返回基地。他们爬出受损的轰炸机时，朗费罗转身对蒂贝茨说道："保罗，你做得对！"[3]

两名重伤员得以康复，他们和蒂贝茨都获得了紫心勋章。颁奖仪式上，站在扎着厚厚绷带的洛克哈特身边，摆出姿势让《生活》杂志拍照时，蒂贝茨显得很尴尬。他只受了轻微的刺伤，没时间"参加游行和仪式"，他曾对航空队的宣传人员这样抗议过。当天，他帮着制订了将是第八航空队到那时为止规模最大的一次行动。

里 尔

10月9日，第八航空队将飞往里尔（Lille），那是法国的一个钢铁和铁路中心，对希特勒扩张其战争机器很有帮助。由于获得了更多的轰炸机大队，艾拉·埃克终于能聚集起一股相当庞大的力量，这股力量由108架重型轰炸机组成，其中包括最近刚刚投入战斗的第93轰炸机大队的24架双垂尾B-24"解放者"，该大队由爱德华·J·"泰德"·汀布莱克上校指挥，他将成为这场战争中最出色的空中指挥官之一。这是B-24首次跟随第八航空队参加战斗。400多架战斗机同时出动，为轰炸机提供掩护。其中有30多架"闪电"和同等数量的"喷火"式，这些战斗机隶属于著名的"飞鹰中队"，该中队由珍珠港事件前便已加入英国皇家空军的美国人组成，最近才作为第4战斗机大队被吸收进第八航空队羽翼未丰的战斗机司令部。

里尔是J·坎普·麦克劳克林中尉执行的首次飞行任务。作为一名23岁的西弗吉尼亚大学毕业生，他是个大萧条时期的产物。这是他获得的第一份稳定工作，另外还有个让他感兴趣的原因：为击败世界上最危险的人，每个月他能得到250美元，外加90美元的飞行津贴。这个阴冷的10月清晨，他和他那些来自第92轰炸机大队（这个配备着"空中堡垒"的大队刚刚抵达英国）的组员们鱼贯走入博文顿机场的简报室时，麦克劳克林注意到自己并非唯一一个感到紧张的人，所有人看上去都苍白而又憔悴。指挥官詹姆斯·S·萨顿上校提醒他们会遇到德国空军危险的"迎接"时，有些人不禁发出了呻吟。

随后，大队的情报处长加德纳·"戈迪"·菲斯克少校向他们介绍了敌人可能会实施的反击。菲斯克来自波士顿的一个上层家族，曾是上次大战中著名的"拉斐特飞行小队"中的一员。珍珠港事件后，他重新加入陆航队。上次大战期间他曾驾驶着双翼战斗机从战壕上空飞过，但自那以后，军用航空器出现了多大的进步，他并不太了解。等他将情况介绍完毕，一名飞行员向他问起法国海岸的防空火力情况。"他看上去一脸茫然，"麦克劳克林回忆道，"最后终于说道：'好吧，第一次世界大战我在那里时，没有任何防空火力。'这时，萨顿上校跳起身喊道：'戈迪，看在上帝的份上，坐下！'"[4]只有寥寥无几的几个人笑了起来。

麦克劳克林为他的中队长罗伯特·凯克少校担任副驾驶，凯克的存在令他定下神来。轰炸机群逼近里尔时，一股浓浓的雾霭开始形成，凯克的投弹手无法准确瞄准目标。凯克下令全中队赶往第二目标——圣奥梅尔的一座机场，在那里，他们遭遇到猛烈的防空火力。麦克劳克林惊恐地看着高射炮弹击中了飞机左翼，飞机的半个油箱就在那里，结果，整个机翼燃起了大火。又一发高射炮弹炸开，炙热的弹片穿过机身，击伤了报务员，"他在对讲机里惨叫起来，阻断了所有的内部通讯"。凯克少校示意麦克劳克林接手驾驶，自己爬入机头处帮助灭火——麦克劳克林是这样认为的。敌人的战斗机飞离，火也被扑灭后，凯克重新爬回驾驶室，接管了飞机的控制。后来，麦克劳克林从领航员那里获知了凯克在下面的所作所为。他穿起降落伞，坐在下部逃生舱口处，恐惧地颤抖着，准备在飞机爆炸或整个机翼断裂时第一个逃生。"尽管这起事件过了一年才被捅出来，"麦克劳克林说道，"但最终毁了他的军旅生涯。"

返回基地后,麦克劳克林骑上他的自行车向宿舍而去。他在路上遇到自己在飞行学校时的一名老同学,这位同学早已开始执行飞行任务。他跟他打招呼,可对方没有回应。麦克劳克林后来才知道,他这位朋友是赶去大队部交还自己的飞行徽章。他再也不飞了。

这次行动令坎普·麦克劳克林产生了一种感觉:无论他,还是他所信赖的领导,都没有为进行一场空战而做好准备。他估计,自己生还的机率几乎为零。

里尔是第八航空队"第一次真正的战斗"[5]。4架轰炸机被击落,这是自9月6日以来他们首度遭受到的损失,另有46架轰炸机遭到敌战斗机"前所未有的猛烈和长时间"的攻击而受损。[6]第八航空队中,没有哪位射手为他在里尔和圣奥梅尔上空所遇到的情况做好了准备。一波波敌战斗机在轰炸机编队中来回穿梭时,胡乱开火的射手将机枪火力喷洒向四面八方,击中了己方的轰炸机和为他们护航的战斗机,偶尔也击中敌机。战斗结束后,航空队的新闻发布官吹嘘说,射手们获得了一个"展示的机会"[7]。官方声称的数字令人不可思议:56架敌战斗机被击落,另有46架"可能被击落"或是严重受损。战果总计102架,这个数字比德国空军当天投入战斗的全部飞机数量还要多。但德国方面的记录表明,他们只损失了2架飞机。"我们活在黄粱美梦中。"一名指挥官感叹道。[8]

这些射手经验不足,缺乏训练,急于证明自己——这是个灾难性的结合。他们中的大多数人并非故意说谎。战场的硝烟中,可能会有多达十几名射手同时向一架德军战斗机开火。如果敌机被击落,可能会有5—6个射手声称是自己的战果,每个人都认为自己的说法准确无误。另一个因素也造成了这些不准确的说法。德国飞行员以每小时500多英里的接近速度进入射手们的准星,射出一串子弹后,他们迅速翻转飞机,而当他们急剧下降时,排气管喷出浓浓的黑烟。许多射手误以为这些黑烟和机动闪避是因为他们手里的点50口径机枪给对方造成了致命重创。

领航员和投弹手经历了同样艰难的时刻。对其中的一些人来说，这是他们首次在10000英尺高空实施投弹。每架轰炸机都配备了价值10000美元的"诺顿"瞄准器。当被问及投弹手能否用他的瞄准器从20000英尺高空将一颗炸弹准确投入泡菜坛时，卡尔·诺顿的回答是："你想命中哪个泡菜坛？"[9]但他发明的这种灵敏的瞄准器很难操作，即便在国内万里无云的天空进行演练时也是如此。在西欧，每三天便会有两天出现云层或工业雾霾，而当一名投弹手能清楚看见目标时，敌人也能轻而易举地发现他。滚烫的子弹和锯齿状弹片钻入他那用玻璃封闭的工作间时，他必须保持冷静和专注，并将对地速度、接近率、风速这些数据输入仪器，同时还要预测空气阻力和炸弹下坠的时间。[10]投弹过程中，飞行员则应尽量保持飞机的水平和稳定，但航空队的一份机密报告中指出，面对炮火，情绪激动的飞行员常常采取大幅度规避动作，结果使"诺顿"瞄准器上敏感的陀螺仪发生复位。[11]还有些投弹手太过紧张，以至于忘记打开炸弹舱门。

为实现精确轰炸，经验不足的投弹手不得不依靠同样缺乏经验的领航员来定位目标，而这些领航员在训练任务中引导飞机返回他们在英国的基地都会遇到困难。"如果一个新机组拿着地图在伦敦上空打转，"航空队的一名调查员报告说，"那么可以肯定，他们会在5—10分钟内迷失方向。"[12]战争期间的平均轰炸精度，"以圆径误差概率来表示"[13]，大约为四分之三英里，很难说是一个泡菜坛的尺寸。航空队关于里尔行动的一份秘密报告披露，轰炸偏差"如此之大，如此频繁，除非我们能大幅度降低这种误差，否则很难从我们出色的'诺顿'瞄准器中获得什么优势"[14]。埃克将军知道轰炸效果一直不大好，但他对记者们隐瞒了真相。

飞赴里尔的飞行员们已被告知，他们的目标"位于人口最稠密的地区"。"我们飞到……一座教堂的上空时……这座教堂为我们指引了目标，我意识到，如果我们投弹失误，就会伤及很多无辜者，"任务结束后，蒂贝茨告诉一名记者，"我们并不想炸死法国人……我担心的是那些妇女和孩子……你知道，我在家里也有个3岁大的宝宝。我可不愿想到他在一间被炸毁的工厂旁玩耍的情形。这种念头令我更加小心。"[15]但空战的混乱，轰炸高度的强风，再多的小心也无法保证无辜者得以幸免。因此，对精确轰炸痴迷不已并满怀信心的指挥官们，要求机组人员们做的是不可能做得到的事。但是，那些盲从的"信徒"尚有足够的理智来掩饰自己的"狐狸尾巴"。对里尔发起空袭前，他们让英国广播公司（BBC）警告那些居住在一所工厂或北部铁路编组场2英里范围内的法国人尽快疏散。[16]

第八航空队的机组人员从未说过他们的轰炸在里尔至少造成40名平民丧生，在后来一次对洛里昂港的空袭中，150名法国人被炸死，而对鲁昂的第二次空袭又炸死140多人。对诺曼底地区文化中心鲁昂市的破坏，如果不是出现了几十颗哑弹，本来会更加严重，其中的一颗哑弹正巧穿过一座医院的屋顶。[17]

但没有任何东西能减弱第八航空队的热情。

艾拉·埃克将空袭里尔视作一个转折点——美国"白昼战略轰炸战"的第一阶段圆满结束。他在写给阿诺德的信中指出，空袭里尔的行动确凿地证明："大规模编队中的轰炸机可以获得有效且成功的使用，而无需战斗机提供支援。"[18]阿诺德将埃克的报告转呈罗斯福总统，后者一直承受着来自丘吉尔的持续压力，并开始怀疑这些轰炸行动是否对德国人造成了什么伤害。"我向他保证，没什么可担心的，"阿诺德写信给埃克，"我希望我们是对的。"[19]

罗斯福可能对此有所怀疑，但埃克充满乐观的报告并未受到美国派驻英国的那些战地记者的直接挑战，这些记者要么是对他们完全相信，要么是觉得值此战事不利阶段，让美国公众相信他们是非常重要的。当年10月，《生活》杂志派出他们的明星摄影记者玛格丽特·伯克-怀特，去拍一张出色的照片来宣传第八航空队，因为他们是当时美国唯一一支与纳粹直接作战的部队。"所有的空袭都获得了巨大的成功。"《生活》杂志作出了报道。[20]无可否认，第八航空队的轰炸机司令部很小，但会"越来越强大"，待他们壮大后，"对德国实施攻击的强度和可怕性也将随之加剧，直到欧洲的天空被遮蔽，地面被美国轰炸机彻底翻犁为止"。

毁灭手段的扩张并未像《生活》杂志预计的那么快。接下来的六个月里，第八航空队再也未能像空袭里尔那样，在一天内将那么多轰炸机投入到希特勒"欧洲堡垒"的上空。埃克说的没错，里尔是个转折点，但并未以他曾乐观预期过的方式进行。

但是，从事后看，第八航空队于1942年秋季出现在西北欧上空，是"战略轰炸战中最重要的事件"，德国杰出的空战历史学家霍斯特·布格这样写道。[21] 白昼轰炸攻势的创建，再加上英国人的夜间空袭，将使德国的防空体系"疲于奔命，盟军的优势变得令人难以忍受"。但在1942年，德国和盟军高层都认为，第八航空队初期发起的行动没起到任何作用。当年秋季，英美全球战略将进一步削弱第八航空队，使他们的存在处于岌岌可危的状态。

比斯开湾的隐蔽坞

1942年10月下旬，蒂贝茨接到命令，找5架"空中堡垒"进行一次绝密飞行，赶往直布罗陀。搭机的乘客将是进攻北非的"火炬"行动的英国和美国指挥官。而蒂贝茨那架"红精灵"号上的乘客则是"火炬"行动的最高指挥官，艾森豪威尔将军。[22] 11月2日，蒂贝茨这支小型编队从波尔布鲁克飞至伯恩茅斯附近的一座机场，这里位于英吉利海峡，是个深受欢迎的海滨度假胜地。次日，艾森豪威尔和他的参谋人员从伦敦搭乘一列特别列车赶到这里，收拾并准备将他们的指挥部迁至直布罗陀。天气很糟糕，下着蒙蒙细雨，以飞行员们常用的玩笑来说，雾大得"连小鸟都在步行"。经过数次推延，就在天气变得越来越糟糕之际，艾森豪威尔决定起飞。停机线处，他和几名参谋站在"红精灵"号的机翼下避雨，他转身对蒂贝茨说道："孩子，那儿有一场战争即将开始，我必须赶去那里。"[23] 浓雾和细雨中，飞机在跑道上加速，蒂贝茨几乎看不清两侧的翼尖。

三天后，11月8日凌晨3点，两支庞大的运兵和补给船队（一支从美国，另一支则从英国出发），以机器般的精确在他们的主目标处聚集。一支美国部队，以及从国内水域驶来，有史以来最强大的舰队的一部分，在摩洛哥大西洋沿岸的卡萨布兰卡登陆，另外两支特遣队则由英国和美国军队组成，他们在阿尔及利亚地中海沿岸的奥兰和阿尔及尔登陆。总计65000名士兵登上海岸。这是到目前为止美国最大规模的一次两栖行动。当月晚些时候，蒂贝茨被调至北非，担任新组建的第十二航空队中一个轰炸机中队的中队长。

第十二航空队的代号恰如其分——"晚辈"。斯帕茨和他的工作人员奉命从他们在英国刚刚开始组建、用于战略轰炸的航空队中抽调力量，以帮助组建另一支航空队，新航空队的行动主要是战术性的——支援步兵，切断敌人的补给线。"你不能占用那些，那是留给'晚辈'的。"[24]这成了帕庐经常性的玩笑。帕庐是斯帕茨将军位于温布尔登公地的住处，正处在泰晤士河上，距离布希公园、代号为"飞翼"的第八航空队司令部并不太远。在帕庐，斯帕茨和他的高级顾问们居住并工作在一座简单但却温馨的维多利亚时代的建筑中，并在此举行每日参谋会议，斯帕茨更喜爱这里的气氛，而不是"飞翼"那里一组单调的单层煤渣砖建筑。这是个日夜不停的工作。"我还记得曾在凌晨2点赶到斯帕茨将军的住处，"一名军官回忆道，"弗雷德里克·安德森将军（他是斯帕茨将军在作战事务方面的首席顾问）穿着睡衣走了出来，斯帕茨将军给我们端上茶水。这一晚，我们彻夜未眠。"[25]正如将军的传记作者指出的那样："起居和工作在一起，符合斯帕茨的领导哲学。"[26]他讨厌在办公室里工作，讨厌堆满文件和大批骚扰性备忘录的办公桌。"斯帕茨跟某些文学角色一样，喜欢工作到很晚，起床也很晚。"他的一个朋友回忆道。[27]和丘吉尔一样，他把大部分工作放在上午的晚些时候，穿着睡衣靠在床上将其完成。他独自一人，或是跟三到四个他完全信任的人一同工作时最富成效，他经常跟这些人玩扑克玩到深夜，并在一起策划行动计划。斯帕茨很少给他们下达命令，他认为这些坐在桌旁喝着他的波旁酒，并想从他身上赚上一笔的家伙应该明白自己想从他们那里得到些什么。

艾森豪威尔指示斯帕茨,让他为"火炬"行动提供两个最具经验的重型轰炸机大队(第97和第301大队),和他唯一的战斗机大队——驻扎在伦敦正北面迪布顿的第4战斗机大队。到11月月初前,第八航空队总共抽调出27000人和1200架飞机给"晚辈"。航空队还失去了吉米·杜立特尔准将,他是美国在这场战争中出现的第一位英雄。轰炸东京并为此而荣获荣誉勋章后,他被派至第八航空队接掌一个轰炸联队,但最终却出任第十二航空队司令。"'火炬'行动的影响后,第八航空队还剩些什么?我们发现,剩下的已寥寥无几。"斯帕茨在一次参谋会议上这样说道。[28]再加上10月份英国的气候将他的轰炸机困在地面上数周,斯帕茨开始担心,如果盟军在地中海地区获得进展,第八航空队将被彻底拆散,他们的轰炸机会被调至南欧的基地,那里的气候问题将不再是一个障碍。

结果揭晓了,被调至北非的不是整个第八航空队,而是其指挥官。发起进攻前,艾森豪威尔任命斯帕茨负责地中海战区陆航队的作战行动。艾拉·埃克晋升为已受到严重削弱的第八航空队的司令,而纽顿·朗费罗则接替他掌管第八航空队的轰炸机司令部。第八航空队只剩下四个"空中堡垒"大队(第91、第303、第305和第306大队)和两个"解放者"大队(第44和泰德·汀布莱克的第93大队)。但在接下来的一年里,这两人也将因为特殊的临时性任务而被调至北非,丢下这些"空中堡垒"在1942年11月至来年夏季的这段时间里执行大多数从英国发起的轰炸行动。被"火炬"行动严重削弱后,第八航空队从"火炬"行动指挥官那里接到一个异常艰巨的任务:打击位于法国比斯开湾的纳粹U艇隐蔽坞,设法确保北非盟军部队的大西洋补给线。

从英国起飞的第八航空队,初期任务的目的并非重创敌人,而是要证明美国人能在不付出重大损失的前提下完成白昼轰炸。危险的任务和巨大的损失可能会令轰炸实验遭受失败,出于这种担心,斯帕茨和埃克选中法国和荷兰的工业目标,对其实施浅渗透空袭,这些目标都在护航战斗机的航程内。在这场空战的下一阶段，当那些重型轰炸机被派去打击他们的炸弹无法摧毁，而为他们提供护航的战斗机又无法到达的目标时，保罗·蒂贝茨留在英国的许多战友将在战斗中阵亡。

接掌第八航空队后，艾拉·埃克从海威科姆搬至布希公园，留下了150名紧密团结的军官，他们已被他打造成一个高度投入的行动小组。斯帕茨为埃克提供了帕庐，但埃克估计会有川流不息的访客，所以希望能有个更大的住处。"在这场艰巨的战争远未结束时大规模招待宾客，听起来可能有点像罗马被焚毁时尼禄的把戏。"帕顿在自己的回忆录中写道，[29] 但埃克有两场重要的战斗要进行：外交和宣传。"他必须与国王以下的英国各级人员保持密切、良好的关系。他必须继续说服大群访客，尚未得到证明的白昼高空精确轰炸概念能够超越法国的边界。"

皇家空军的朋友们为他找到个理想的地方，一座很大的、都铎时代的豪宅，名叫"库姆堡"，离布希公园不太远。这里拥有两英亩的花园、一个网球场、十二间卧室、一个宽敞的接待室和一扇通往库姆山高尔夫球场的门，埃克经常会在英国漫长的夏日黄昏忙里偷闲，跑去挥杆一番。皇家空军对这座房屋进行了装修，帕顿则从泰特美术馆的避弹储存区借来五十幅油画，将墙壁装饰一新。库姆堡装修时，埃克住在帕庐，指挥着第一阶段的轰炸行动，这些行动将比"火炬"更接近于破坏第八航空队的独立指挥权。

大西洋战役是二战中规模最大的海上对抗，是一场殊死搏斗，目的是阻止敌人的U艇切断英国与其盟友，以及与她在世界各地的作战部队之间的海上生命线。[30] "大西洋之战，"丘吉尔说道，"是整个战争期间的主导因素……发生于别处的一切，陆地、海上、空中，最终都取决于其结果。"对英国来说，这也是一场生存之战。尽管拥有巨大的工业生产能力，但英国的岛国经济相当脆弱，大部分有色金属、半数食物以及全部的石油都依赖进口。如果德国潜艇部队司令、海军上将卡尔·邓尼茨的水下舰队成功实施封锁，英国人将因饥饿而被迫就范。这种封锁还将威胁到从英国至苏联的海上航运，船上搭载的战机和坦克是阻止德军向莫斯科和列宁格勒继续推进所需要的，另外还有从美国运至英国的航空汽油、飞机和飞行员，以及运送至北非的人员和补给，这一切都将被切断。丘吉尔后来说："战争期间，唯一让我真正害怕的是潜艇的威胁。"[31]

1942年，看上去盟军似乎已输掉了大西洋战役，德国U艇的产量猛增，邓尼茨的潜艇开始采用"狼群"战术，这些水下杀手成群结队地对海上的盟国船队发起攻击。仅这一年，德国潜艇在北大西洋击沉了1000多艘盟国船只。[32] 对盟军来说，这场海上屠杀最糟糕的月份是1942年11月，116艘船被邓尼茨的"灰狼"送入海底，这种损失威胁到盟军对北非的进攻。丘吉尔恳请罗斯福，给他派些B-24"解放者"式远程轰炸机，以便在遥远的北大西洋航线上追杀"狼群"，但由于生产的延误、美国太平洋战区司令的要求，以及阿诺德一再恳请总统将从英国发起的白昼轰炸继续下去，导致只有很少的轰炸机被用于远程空中巡逻。于是，一反常规，美国轰炸机被派去对付重要性和脆弱性都较海上潜艇为小的目标。

英国人会提供帮助，但针对潜艇运作的空袭主要由美国人来干。哈里斯的轰炸机将对德国北部的潜艇生产厂实施打击，而第八航空队则去对付法国西海岸的五个潜艇基地：洛里昂、圣纳泽尔、布雷斯特、拉帕里斯和波尔多。与巴黎一起，这些比斯开湾的港口已成为纳粹征服法国的最大奖品。控制住这些港口，德国潜艇便无需经历既危险又耗时一周的航程：他们原先要从基尔和威廉港的基地出发，跨越北海，绕过不列颠群岛的顶端，最后才能进入北大西洋的"猎场"。现在，他们在海上停留的时间更长，航程更远，同时与他们的补给、指挥、维修和情报来源靠得更近。1942年，驻扎在比斯开湾沿岸的12艘德国潜艇，每艘都击沉了10万吨以上的盟国货船。整个战争期间，太平洋地区的美国潜艇，没有哪一艘的击沉吨位能与之相比。

邓尼茨将这些港口作为潜艇战的主基地,并把他的司令部设在洛里昂郊外的一座城堡内,位于狭长半岛的顶端,而这座半岛则遮蔽着过去一座懒懒散散的渔港。站在硕大的阳台上,他能看见纳粹工程队为他的潜艇修建的最大一座隐蔽坞。15000名劳工在三个巨大的隐蔽坞上忙碌,每个都铺设了厚达25英尺的钢筋混凝土屋顶。1943年1月完工时,这些船坞成为了战争史上最壮观的防御工事,整个项目也是二战期间最大的建筑壮举之一,使用的混凝土数量为胡佛水坝的四分之三。

第八航空队的一份研究报告对洛里昂和比斯开湾其他港口的潜艇坞作出了描述。"从4英里的高空望去,这些船坞像是硬纸板做的鞋盒。而从地面上看去,它们像是巨大的方口铁路隧道。它们蹲伏在陆地上,配有通入水中的斜坡。进港的潜艇被拖入主船坞,然后再被引入十二个独立船坞中的任何一个。"[33]船坞下方深邃的隧道中,德国机械人员已构建起复杂的维修和保养设施,并辅以包括宿舍、牙科诊所、医院、面包铺、厨房和防空洞在内的各种生活设施。

盟军情报部门认为,这些潜艇隐蔽坞几乎是刀枪不入。用斯帕茨将军的话来说,它们"很坚固,可能根本无法炸毁"[34]。但他和埃克认为,高空轰炸可以严重破坏船坞周围和为其服务的浮船坞、铁路货运场、鱼雷贮存屋、发电站及铸造厂。他们希望破坏这些设施,以延长潜艇在港内的停留时间,从而减少在大西洋航线上实施巡逻的潜艇数量。艾森豪威尔告诉第八航空队的各位指挥官,击败德国潜艇"是赢得这场战争的基本要求之一"[35]。埃克向艾克保证,他的重型轰炸机能做到这一点。他不喜欢自己接受的这一任务,将之视为对战略轰炸的分散,但接下来的十个月里,潜艇设施将成为他那些飞行员优先考虑的目标。[36]

1942年10月21日,埃克发起攻击,他派出90架轰炸机赶往洛里昂。除15架飞机外,厚厚的阴云使得大部分轰炸机尚未到达目标便被迫返航,但对第97轰炸机大队那些经验丰富的老兵们来说,这是被派往北非前的最后一次任务，他们在厚厚的云层中发现一个洞，随即下降至17500英尺高度。他们的瞄准非常出色，但投下的一吨炸弹"像乒乓球那样"在潜艇隐蔽坞的房顶上被弹飞。[37]实施空袭的轰炸机，沿一条水上航线飞行，以避开敌人的战斗机，并使洛里昂的高射炮部队措手不及。但在返航时，他们遭到敌战斗机的猛烈反击，损失了三架轰炸机。

40名法国人在空袭中丧生，但抵抗组织的特工人员报告说，洛里昂的百姓站在街道上，为美国轰炸机的准确性鼓掌喝彩，并对那些被炸死的同胞做出"自作自受"的评论，因为他们为德国人的海军基地干活。[38]

接下来的行动是针对圣纳泽尔的。这次，埃克特意派他那些轰炸机采用危险的低空飞行，这使他们遭遇到激烈的抵抗。恶劣的气候使第八航空队在地面上停留了18天，这段时间足以让德国人将一个个高炮连布设到港口边缘，其中大多数配备着88毫米高射炮，这种火炮发射的是20磅的高爆弹。实施轰炸的"空中堡垒"，半数以上受损，最后一个发起空袭的第306大队遭到可怕的打击，该大队几乎所有的"空中堡垒"都被击伤，还有三架被防空炮火击落。在这场战争剩下的时间里，圣纳泽尔被第八航空队的机组人员称为"高射炮之城"。"在圣纳泽尔上空，你总是会遇到大麻烦，"一名射手说道，"派去操纵高射炮的德国人都是些研究生。"[39]

1942年剩下的几个月里，第八航空队对德国人的潜艇巢穴又发起六次打击。美国轰炸机给圣纳泽尔这座最重要的潜艇基地造成严重损坏，但德国维修人员只用了几周，有时候是几天，便将圣纳泽尔和其他遭到轰炸的基地修理完毕。第八航空队还对鲁昂和里尔再次发起打击，同时还包括德国设在法国的空军基地。这些轰炸任务，几乎每一次都遭到激烈的抵抗，与对圣纳泽尔的第一次空袭不同，这些抵抗都来自德国战斗机。

1942年初冬，王牌飞行员阿道夫·加兰德少将，这位年仅30岁的德国空军战斗机总监，德军中最年轻的将军，对德国在西北欧的空中防御变得极为担心。英国皇家空军已对德国城市展开轰炸，一旦美国人开始大规模生产轰炸机，他们也将侵入德国领空，并对帝国的军工生产形成威胁。针对美国人的白昼轰炸，加兰德可用于法国和低地国家空中防御的飞机不到200架。大部分被编入两个战斗机联队——JG2和JG26，后者被美国飞行员称为"阿布维尔的小伙子"，因为他们的主基地位于法国北部。这两个战斗机联队都是精锐部队，配备着最好的飞行员和德国工业所生产的最优秀的战斗机，但加兰德后来承认，他这些飞行员，对跟"配备着强大的防御武器的"[40]美国轰炸机作战"准备不足"[41]，就连一架负伤的轰炸机也能形成致命的威胁——四架德军战斗机扑向一架以三个引擎跟跄着飞往海峡的B-17，结果，三个经验不足的进攻者被击落。一名为首的德国战斗机飞行员报告说："于是，那些空中堡垒被说成是铜墙铁壁，因为没有战斗机能将他们击落。"[42]正如加兰德指出的那样："我们的飞行员不仅要克服心理障碍，还必须制订全新的战术。"[43]除非他的战斗机部队尽快组建，除非他们开发出对付"空中堡垒"的新办法，否则，"这些大鸟总有一天会一路飞到柏林"[44]，他告诉多疑的戈林，戈林则想起英国人使用这些B-17的不幸经历，于是将它们视为"飞行棺材"而未加理会。戈林也曾嘲笑过罗斯福生产压倒性数量的军用飞机的计划，他坚持认为，软弱、追求物质利益的美国人有能力生产的只是"汽车和冰箱"[45]。

1942年底，德国领导层认为，发生在帝国西部上空的空战是次要战场，用历史学家霍斯特·布格的话来说就是"一个余兴表演"[46]。真正的战斗在东线，德国的大批战斗机被集中在那里。至于本土，希特勒毫无道理地认为，高射炮，再加上几百架驱逐机，足以威慑到盟军的轰炸机。而德国空军司令部也做出自大的预测：就像德国空军在1940和1941年对英国的轰炸战遭受失败那样，盟军的轰炸机攻势也将彻底失败。[47]

希特勒和德国空军参谋长汉斯·耶顺内克将军，都忽略了加兰德紧急生产战斗机的要求。自30年代后期起，德国空军的信条是强调进攻，而不是防御，这一战略导致轰炸机生产优先于战斗机。为此，希特勒还对复仇武器投以强烈的关注——轰炸机和正在秘密地点研发的新式火箭，这些"神奇武器"将使英国为其无情地轰炸德国城市而付出血的代价。但对德国来说，问题在于英美空中力量的战略也是强调进攻，而且，皇家空军和第八航空队在英国有安全的基地，从这里起飞的轰炸机，不仅数量远比德国空军为多，其航程和破坏力也比德国空军的双引擎轰炸机更大。由于只给予加兰德的战斗机部队"低优先级"，德国领导层在他们的防空体系上打开了"一个危险的缺口"[48]，一旦美国和英国决定性地赢得这场轰炸战的第一场，也是最重要的一场战役——生产战，盟军的轰炸机便能通过这个缺口发起威力可怕的打击。

即便希特勒在1942年底希望将更多的战斗机调至西线，也只会使德国国防军处于极度危险的状态，他们在俄国和北非这两条战线上损失惨重，正为了自己的生存而战。捉襟见肘的德国空军根本没有足够的飞机为希特勒发起的这场幅员广阔的战争而战。由于元首不愿大规模增加战斗机产量，加兰德在西线的防御部队不得不想出新的战术来迎战并击败武装到牙齿的"空中堡垒"——这些B-17被加兰德的飞行员们称为"波音"。

到目前为止，德国战斗机的战术是，从后方对轰炸机逐一发起攻击，结果使他们自己在一分钟的时间内处在猛烈的火力打击下。11月23日，第八航空队回到圣纳泽尔上空时，德国空军令他们大吃一惊，30架福克-沃尔夫190（Fw-190），这是德国最新式、最快的战斗机，一字排开，迎头对"空中堡垒"发起了攻击。这些Fw-190隶属于JG2联队，由埃贡·迈尔率领，他是战争期间最有名的王牌飞行员之一。迈尔仔细研究过美国人过去实施的空袭，他注意到"飞行堡垒"和"解放者"在机头部位的防御有个弱点。[49]一些"飞行堡垒"只装有一挺点30口径的手持式机枪，透过机头有机玻璃罩上的一个小孔射击，而另一些则配备着双联装点50口径机枪，安装在机头后部的球形机枪座内。"解放者"也配备了类似的正面防御武器，这两种轰炸机都有个其他射手无法覆盖到的盲点。

迈尔和他的飞行员与轰炸机保持平行，待在对方的机枪射程外，但距离已近到足以让紧张的美国射手看见他们。然后，迈尔他们飞至前方1英里处，做一个急转，以2—4架飞机为一个波次，翼尖贴着翼尖，冲向编队中为首的轰炸机。每个飞行员直到自己能看清轰炸机旋转的螺旋桨时才开火，所有火力倾泻而出，然后在即将撞上轰炸机机头的那一瞬间俯冲离去。[50]

一名德国战斗机飞行员后来解释了这种正面攻击的效果。由于来自轰炸机编队猛烈的火力以及弹道锥（cone of fire）的密集度，对进攻者来说，最危险的距离在1000—600米之间。"一旦你到达比这更近的距离……对方在瞄准上所犯的最小的错误，都将造成整个弹道锥与你擦身而过……然后你就有了个将其击落的机会……你可以立即打死那些机组人员，或者射击发动机和油箱。"[51]

随后的行动中，由于德国战斗机在100码距离内发起令人心惊胆寒的攻击，也由于敌战斗机造成的损失持续上升，一些坐在机头处的组员开始产生令他们近乎瘫痪的恐惧，尤其是一架福克-沃尔夫带着已阵亡的飞行员向他们迎面撞来时更是如此。第306轰炸机大队的那些老队员，1942年10月初才开始执行自己的第一次飞行任务，但现在已有30%的驾驶员和副驾驶阵亡。[52]东安格利亚的某个轰炸机基地张贴着一张鼓舞士气的海报：一名笑嘻嘻的飞行员的面孔下标着这样一个挑战："谁会害怕新式的福克-沃尔夫？"一名飞行员在海报上钉了张纸，上面写道："在此签名。"大队里的每一个飞行员，包括大队长在内，都在上面签了名。[53]

起飞前，驾驶员经常要安抚自己的组员，以便让他们定下心来。组员们搭乘军用吉普或卡车来到停机线后，这个工作便开始进行。对许多组员来说，坐车赶往等候着的飞机，这段短短的路程是整个任务中最受煎熬的时刻。"如果它要击中你，那么它随后就会击中你——无论是恐惧、焦虑或是急于转身逃走，你会感受到这些，"第91轰炸机大队，"孟菲斯美女"号（她是欧战中最负盛名的美国轰炸机）的驾驶员罗伯特·摩根上尉回忆道，"正在进行的事情实际上是一种解脱。赶往停机处那段该死的路程几乎要了你的命。"[54]飞行员们对此的说法是："你死在跑道上，而不是被击中后。"

巴辛伯恩（Bassingbourn）的跑道上，登机前，摩根，这个来自北卡罗来纳州阿什维尔、嗜酒如命的捣蛋鬼，会把他的机组人员叫到一起，让大家像橄榄球队那样弯腰围成一圈。他会跟自己的部下悄声说上几分钟。说了些什么并不重要。"重要的是我们挤在一起，"摩根回忆道，"这是我们相互团结在一起的时刻，以便听到彼此的呼吸，感觉到伙伴的手搭在我们的肩头，也为了体验我们不再是十个单独的个体，而是一个整体的那一瞬间。"[55]这些爱说俏皮话、似乎什么也不在乎的美国小伙突然间"拥有了两倍于他们年龄的男人所拥有的那种严肃、坦诚的目光……十个不同的思想凝聚到一个焦点上"[56]。

一项任务

"孟菲斯美女"号的首次任务是在11月7日赶赴布雷斯特轰炸潜艇隐蔽坞。摩根对此做好了准备，他写信给自己的未婚妻——玛格丽特·波尔克，他在华盛顿州的瓦拉瓦拉受训时结识了这位孟菲斯美女，此后便用这个名字命名他的飞机。"你要有信心，我总有一天会回来的。在你我面前，还有个美好的未来正等着我们。"[57]

行动的前一天晚上，军官们在一起默默地吃了饭，早早地上床休息，没人想去酒吧散心。"我们曾听过皇家空军遭受损失的所有故事……但我们对此没有任何想法，真的，会发生些什么，被击中会是什么感觉，我们对此毫无概念。"[58]他们静静地躺在床上，大睁着双眼，他们听见哈里斯的轰炸机从头顶隆隆飞过，赶往鲁尔区实施空袭。

没有什么能与一次典型的飞行任务相提并论。每次任务都很独特，都是一次独一无二的经历，但这些任务中有些共同之处。对机组人员来说，任务通常开始于清晨4点，一辆吉普车停在他们的半圆形活动营房外时所发出的刹车声。"一名很有派头的中士走进营房，来到被安排了飞行任务的军官的床铺旁，"驻扎在格拉夫顿安德伍德第384轰炸机大队的副驾驶伯纳德·雅各布斯回忆道，"士兵们睡在另一片区域。我们会装睡，直到他停在我们的床铺旁，拉拉我们的胳膊。然后他会说：'早上好，长官，您和您的机组今天将飞6号机，下方中队，下方大队。早餐4点30分，任务简报5点15分，6点15分起飞。'"[59]

叫醒那些担任射手的军士就不像这么彬彬有礼。"赶紧起床，穿上袜子，伙计们，你们今天要飞了！"一名勤务兵会跟着大声喊叫，并用手掌敲打营房低矮、波纹钢板构成的屋顶。

屋外，地面上的灯光并未点亮，整个基地漆黑一片，以防遭到德国空军的突然袭击。他们用手电筒照着亮，步行走向食堂。他们能看见探照灯的光束划过天际，那是指引皇家空军返航的标记。

摩根首次飞行任务的简报会上，第91大队的大队长斯坦利·雷上校，手里握着一根木制教鞭，在一幅墙壁大小的欧洲地图前来回踱步。地图上，一根彩色的纱线从巴辛伯恩（距离剑桥大学不太远）直奔目标——布雷斯特的潜艇坞。"投弹手，如果你们看不见第一处目标，就赶往第二个目标。如果第二个目标也看不见，就赶往第三个。但不能胡乱投掷你们的炸弹。如果你们无法轰炸任何一个目标，千万别把炸弹投向不设防的城市。带着炸弹回来。"[60]后来，等第八航空队进入德国本土执行任务时，这些注意事项并未得到遵守。

"伙计们，这是你们的首次任务，我希望你们能成功……就这些。对表。"

飞行员们陆续退出房间时，信奉天主教的小伙子在房门旁停下，跪下身，从他们的牧师那里获得赦免和圣餐。新教徒低头站在他们的牧师面前，背诵着主祷文。犹太教的小伙子们不得不独自进行祷告。一些基地指挥官更愿意让牧师们出现在停机线处，当那些引擎在英国潮湿的空气中发动起来时，为轰炸机祝福。"除了能让他们平安返回的好运和勇气外，我不喜欢我那些小伙子被提醒需要些其他的什么。"一名指挥官这样说道。[61]

这些机组人员搭乘卡车去取他们的降落伞和装备，随后便驶向他们的飞机。灿烂的秋日中，这些机翼宽阔的战争大鸟是一幅壮观的景象，庞大、棕色的机身映衬着附近农场成荫的绿树。汽油味与田野里耕畜的气味相混合，低矮的铁丝网标示出基地的边界，附近的农民们大声喊叫，鼓励着这些美国人，有些飞行员已被他们的家庭所接纳，成了他们"领养"的儿子。

"B-17的内部就像个分量很轻的铝制雪茄管。"腰部射手杰克·诺威评论道。[62]飞机的铝制"肋骨"紧密排列着，以数千枚铆钉加以固定，这使它获得了空气动力的强度和耐久性，但支持"肋骨"的铝制"皮肤"是如此之薄，拿把螺丝刀便能在上面戳个洞。"空中堡垒"100英尺的翼展使飞机看上去很大，但十名组员挤在幽闭的空间内，使得这里比潜艇内部还要狭窄。腰部射手站立在机舱内，透过敞开的舷窗向外开火时，他们的后背几乎贴在一起，打击敌人的同时，他们也相互争夺着回旋空间。在他们后方的视线范围外，尾部射手弯着腰，面朝后，待在高耸的机尾的下方、狭小得令人痛苦的隔舱内。这间带窗的隔舱太过狭窄，以至于他的双联装机枪只能通过一条轨道被送入，这使得弹药只能被存放在机舱中部。

从球形炮塔的入口处向前，一扇舱壁门通入无线电操作室。这是轰炸机上唯一一间封闭而且独立的舱室，无线电操作员坐在一张小桌子前，面向飞机的前部。在他上方的一个开口槽内，安装着他那挺手持式点50机枪，指向后方。后期型号的B-17配备了雷达制导系统，可使轰炸不受阴天的妨碍，而雷达导航仪就放在无线电操作员的面前。

炸弹舱是这个庞然大物的"肚子"，穿过无线电操作室的另一扇舱壁门，就位于前方。炸弹堆放在舱壁两侧从地面延伸至天花板的架子上，"就像串在叉子上的大黑鱼"[63]。要穿过这片区域，机组人员必须从一条18英寸宽的狭窄通道上过去。起飞后，投弹手或顶部炮塔射手会走进炸弹舱，将每颗炸弹上的保险销拔除，这些保险销防止了炸弹在被运上轰炸机时过早发生爆炸。

轰炸过程中，如果炸弹被卡在架子上，一名机组成员必须在那条狭窄的通道上保持住身体的平衡，并试着用手将卡住的炸弹弄出去。如果弹舱门被高射炮弹击中而无法关闭时,他和另一名组员必须站在狭窄的通道上,用曲柄将其手动关闭,这时,他们抵御的不仅是剧烈的狂风,还包括"你与冷漠、遥远的地球之间可怕的虚无"[64]。

再往前,紧贴在驾驶室后的是液压控制的顶部炮塔,里面装有双联装点50机枪,"可以在空中来回转动,划出的弧度能确保空勤机械师不会误射到飞机的垂尾"[65]。空战中,操纵机枪的技术军士必须将他的头和肩膀伸入旋转的圆顶中。同时,他还是飞机的机械师,飞行时的首席维修工。不操纵机枪时,他便站在驾驶员身后,观看着那些仪表,"留意四具引擎的状况和运转情况"[66]。

驾驶舱内的一个开口通向机鼻舱。领航员坐在左舷处一张搁板似的桌子后,桌上放着他的图表和工具。他所在的空间被两对舷窗所照亮,机身两侧各有一对,而在他上方还有个天体观测窗,另外,这处空间也被绿色有机玻璃机鼻处透过来的光线所照亮。正如领航员埃尔默·本迪纳所说的那样,天测窗"使我确定了恒星至地球的关联,从而推断出我们的位置"[67]。

投弹手待在领航员的前方,这是飞机上最暴露的位置。在他面前摆放着"诺顿"瞄准器,他的左手边是投弹手柄和控制炸弹舱舱门的开关。轰炸过程中,他将俯身于他的瞄准器上,就像雄鹰从高处俯视着它的猎物那样,似乎悬停在空中。这一刻,他看上去就像,实际上也是世界上最危险的人之一,一个控制着5000磅炸弹的毁灭者。

在后期机型中,投弹手还负责操控两挺手持式机枪,一挺插在玻璃机鼻的顶端,"就像一只昆虫的刺"[68],另一挺位于机头部分的左侧。领航员的机枪则位于机鼻右侧一扇很大的舷窗上。

正副驾驶员坐在轰炸机的顶部,就像"骑在一艘船的船桥上"[69],他们能看见"天空和遥远地平线的弯曲,但看不到汹涌的海浪和地面上的细节"。他们被"嵌在一堆仪表中"[70]:150多个开关、刻度盘、曲柄、把手和计量表,其中的任何一个都可能挽救或毁灭整架飞机及机组人员。一名航空军医描述了这种满载达60000磅的庞然大物飞行时的困难："坐在你那办公室舒适的转椅上，要想协调这些小玩意儿的运转将很困难。但如果将你的办公室缩小至5立方英尺，并被发动机的持续轰鸣所淹没，再将你的高度增加到5英里……这将让你理解，在这样的常规情况下，这些人计算出关于发动机转数、歧管和燃油压力、空气动力学、气压、海拔高度、风偏、空速、地速、位置和方向的高等数学关系。"[71]

从未有人设计出过比它更漂亮的飞机，但机内却充满油脂、汗臭、火药、干血和尿液的味道；起飞前，机舱内还缭绕着浓浓的香烟烟雾。就连那些此前从不吸烟的飞行员也通过香烟得到了安慰。最后的检查工作完成后，机组人员——其中的几个津津有味地嚼着苹果和糖果——等待着来自塔台的绿色信号弹，这是可能会让他们在当天送命的信号。

跑道很短，"冲至跑道顶端时，是否能获得足够的速度腾空而起，还是冲出跑道，这很难说"，伯纳德·雅各布斯回忆道，"空勤机械师大声喊出速度，'60—70—90—110'。跑道的顶端出现在视线中时，我们祈祷着，拉动飞机升入空中"。[72]

云层有时会延伸至23000英尺的高空，迫使许多飞机采用盲飞（依靠仪表）升至那一高度。在黑暗中上升时，一些飞行员迷失了方向，绝望地丧失了判断力，结果与其他轰炸机发生碰撞。

"突破云层后，一幅令人叹为观止的场景便呈现出来，"副驾驶伯纳德·雅各布斯对此做出了颇具诗意的描述，"太阳刚刚升起，放眼望去，云层就像是一片片橙红色的棉花，我们此刻就在这些棉花铺成的地毯的上方。其他飞机也突破了云层，看上去就像是跃出水面的鱼。"各架轰炸机随即进入编队中的指定位置。三个大队（每个大队18架飞机）组成一个作战联队。然后，编队"赶往海岸边最后的无线电信标，以便与其他联队组成更大的编队，从而形成打击力量"[73]。

在北海上空，中士们检查着他们的机枪；他们一起开火时，整架飞机震颤着，射击声震耳欲聋，刺鼻的火药味充斥着机舱。然后，一切又平静下来，大家将心思集中到即将到来的战斗上，唯一的声响是引擎低沉、单调的轰鸣。每个人都已做好准备。机组人员背上降落伞，穿好可充气的"梅惠斯"外套，以防自己不得不在海中求生。降落伞包放在每名组员的岗位旁，尽管有些人并不知道该如何正确使用它们，而且，飞机上没有哪个有过跳伞的经验，那不是他们的训练内容。还有些人在皮带上多系了一双军靴，以防自己不得不在纳粹占领的法国的上空跳伞，并在其地面上设法逃生。每个人的口袋里都装着个救生包：叠起来的钱、急救包、一幅防水丝绸地图、一个小小的指南针和一些食物。*

升入亚同温层后，他们便进入到一个深邃的"外星世界"。机组人员首先要对付的是寒冷，这个无形的敌人在20000英尺高度等待着他们。一些机组人员穿着带有电加热装置的服装、手套和靴子，但在战争初期，每架轰炸机上只有2—3名组员能获得这种装备。只有飞机的前部——驾驶室、机鼻和无线电操作室——能得到加热，尽管并不太够。大部分组员穿着他们的羊驼毛外套、长裤以及羊皮飞行靴，被冻得瑟瑟发抖。

就在那些"小朋友"（轰炸机飞行员们这样称呼那些为他们护航的战斗机）晃动机翼，示意他们已到达航程的极限时，紧张加剧了。然后，所有人的目光投向天际，搜寻着"强盗"。执行首次飞行任务时，摩根和他的机组只看见一架敌机，但这种情况很快将发生改变。"那些德国战斗机发起正面攻击，试图吓住我们，"摩根回忆道，"驾驶室内的情形很糟糕，但机鼻那里更糟。投弹手和领航员坐在一个硕大的'窗台'前，无遮无掩，除了一挺玩具似的机枪被用于自身防御外，他们什么也没有。有时候，机枪打得滚烫，枪管甚至发生了弯曲。驾驶室内，我和副驾驶的全部心思都放在操纵飞机上。"[74]一次与

---

* 译注：梅惠斯是美国当时的艳星，以丰满的胸围而著称；而飞行员所穿的救生衣，充气后便会膨胀起来，故得此名。

多达四位希特勒最优秀的飞行员较量,轰炸机驾驶员根本无暇思考,每一盎司的注意力和体力都被用于稳定住颤抖的飞机和保持队形。一些轰炸机靠得太近,以至于在彼此的机身上撞出了凹痕。[75]

驾驶室后方,腰部射手站立在飞机光滑、弯曲的地板上,像冰面上的驴子那样,不知不觉陷入到成堆的弹壳中,狂风抽打着他们的面孔。疲惫和恐惧会导致射手们呼吸加剧,他们吐出的热气钻入他们的氧气面罩,模糊了面镜,并凝结成冰。机枪手约翰·H·莫里斯回忆起这种情况发生时,他是如何应对的。"有那么一两次,我松开机枪,腾出一只手,用手指在护目镜的冰层上刮出一个孔,透过这个小孔向外望去,看着那些近距离内的德国战斗机已开始穿过我们的编队。但护目镜上的冰层很快便再次形成,于是我又看不见了……一个盲射手!可我活了下来。"[76]德国战斗机在他飞机上钻出的炮弹孔,大得足以塞入一头绵羊,可他活了下来。

通常情况下,高射炮火会非常密集,机组人员甚至能闻到透过氧气面罩传来的炮火气味;如此强度的密集炮火,如果他们没有将自己牢牢地缚在驾驶座上的话,所造成的震荡甚至能将驾驶员抛至飞机的机顶。在一些飞机内,机组人员坐在铅板上,以保护自己的生殖器。穿越高炮区域时相当无助,他们所能做的只是坐在那里,承受这一切。驾驶员和机组人员都知道,即便在摄氏零下40度的严寒中,他们也可能出一身大汗。

投弹手西奥多·哈洛克平日里并不祈祷,但在目标区域上空遭遇到麻烦时,他便会低声对自己说道:"上帝啊,你必须做到。你必须带我平安返回。听着,上帝,你必须做到。"[77]许多人向上帝保证,要是能平安返航,他们一定会戒酒、戒女色。哈洛克说他从未做出过这样的保证,"因为我想,要是上帝真的无所不能,他肯定明白男人们对酒精和女人的渴望"。

就在罗伯特·摩根驾驶"孟菲斯美女"号在布雷斯特的潜艇隐蔽坞上空执行其首次任务时,飞在他前面、编队中为首那架轰炸机的投弹手,在厚厚的云层中校正他的"诺顿"瞄准器时发生了一些问题,在错误的时机投下了机上的炸弹。编队里的其他飞机也都犯下了同样的错误,大部分炸弹落在城外。第91大队的"空中堡垒"随即下降至高射炮火形成的爆炸云的高度,慢慢转过身,穿过宁静的天空,向自己的基地飞去。[78]

但对许多执行过其他任务的机组来说,"转身返航,艰难而又可怕"[79]。他们跨过北海,而浓雾已覆盖了他们在英国的基地,他们知道,经历了战斗的磨难,他们仍有可能发生坠机,仍有可能送命。"孟菲斯美女"号执行完布雷斯特的空袭任务,降落在巴辛伯恩机场,机组人员站在跑道上,双脚稳稳地踩着地面,没有人发出微笑,但每张面孔都表明,能站在坚实的地面上真的很好。

在地面上,一些刚刚执行完自己首次任务的人显得迷惑不解,仿佛自己是从另一个世界返回似的。"除了生存的主意愿,其他一切理性都已消失……我们被送至某个战场,那里不属于这个地球,也没有人类参与其中,"跟随第八航空队一同飞往潜艇坞的《扬基》杂志记者丹顿·斯科特这样写道,"在这两个世界之间,是一道超过25000英尺,由湛蓝的天空构成的鸿沟。"[80]这里有一种源于恐惧和紧张的突然宣泄,但更深一层的是与机上的其他战友产生的一种强烈的亲密感,这种亲密感也包括他们的飞机,因为这是机组人员面对高射炮弹指节铜环般大小的弹片时唯一的保护。"空中的咒骂和暴力,只会让这十个人在八个小时内走得更近,远远超过更为正常的世界中的八年,这是那些共同遭遇并共同对抗恐惧的人之间必然产生的纽带。这可能是男人与男人之间,各种关系中最强大的一种。"斯科特说道。[81]

这些小伙子突然恢复了知觉,并感到极其疲惫,但他们的任务并未就此结束,还要进行任务后的汇报。"你必须再次经历那一切,记住所有的细节……咖啡和三明治会提供些帮助,但你已失去了一些熟悉的面孔。"[82]

进行任务述职时,这些机组人员会得到威士忌的款待。"几杯酒下肚,有些半醉半醒……然后,我们倒头便睡。"伯纳德·雅各布斯回忆道。[83]他们走入自己的宿舍,看着再也见不到的战友的床铺被搬走时,不禁发出阵阵颤抖。生还者从不谈论阵亡者，这是个不成文的约定。"当一名组员身亡，而他的飞机安然返回时，我们中的大多数人决定，葬礼不是为生还者准备的，"一名领航员回忆道，"我从未出席过葬礼……我们纪念那些阵亡战友的方式是把他们的名字写在营房的墙壁上，还包括他们的家乡以及他们最后一次任务的名称和日期。"[84]

生还者中，没有人将自己视作英雄。让自己引起别人的关注从而大出风头，这违反了机组人员另一条不成文的规定。所以，很难发现真正的英雄。那些在空中做出了令人难以想象的英勇之举的人，会在睡梦中发出惊恐的尖叫，会在醒来时对"小鸡肚肠"的军队怨声载道，或是在痛饮啤酒的交谈中对自己的朋友们宣布，促使自己飞行和战斗的唯一原因是为了得到一张"回家的机票"[85]。技术军士亚利桑那·T·哈里斯是来自亚利桑那州坦佩这座沙漠城市的一名农场工人，对航空队生活中几乎所有的一切都痛恨不已，但在飞机上，他却是个完全不同的人。

哈里斯是一架"空中堡垒"的机械师兼顶部炮塔射手，除了地勤长，他比任何人都更了解自己的飞机。"愤怒之子"号在跑道上滑行时，站在四周的小伙子们很容易看见它。一头红发和一条健壮的胳膊会从驾驶员旁边的窗户伸出。那是哈里斯在起飞前最后一次擦拭挡风玻璃。"挡风玻璃上的污点，会让人误以为是Me-109来了。"他在空中这样说道。[86]

1943年1月3日，从圣纳泽尔返航时，哈里斯阵亡。第306大队另一架飞机上的尾炮手P·D·斯茂中士，目睹了哈里斯的最后几分钟。斯茂看见四顶白色降落伞在"愤怒之子"号撞上水面前弹开。留在机上的射手肯定已去了无线电操作室，那是坠机时最安全的地方。但哈里斯的双联装点50机枪仍在开火。随后，"愤怒之子"号在比斯开湾的冰面上做了个完美的迫降。白色的水面淹没了机翼，整架飞机开始消失，顶部炮塔的机枪仍在喷吐火舌，"与弹链供弹的速度同样快"[87]。亚利桑那·哈里斯竭力保护着驾驶员和副驾驶，这两人在水中正遭到一架Fw-190的扫射，"雨点般落下的子弹令灰蓝色的海水沸腾开来"[88]。哈里斯肯定已觉察到冰冷的海水淹没了他的炮塔，慢慢地开始令他窒息，但他仍在射击，直到海水吞噬了他那炽热的枪管。

诸如此类的报道传到国内时，美国公众开始意识到，他们的小伙子在英国所从事的空战，与第一次世界大战完全不同，甚至不同于不列颠战役。第一个将情况通报给他们的是记者厄尼·派尔，1942年秋季，他遍访了布设在英国的美军基地，随后赶往北非采访"火炬"行动。"不知何故，我们那些在空中作战的小伙子似乎总是比奋战于泥泞中的人更加英勇。"他在一篇对空中战线的报道中这样写道。[89]但空战的时代开始到来，"在这个空中大型编队出现的时代，那种孤独、快乐的空中游侠很可能会越来越少"，他写道。派尔预言，第八航空队肯定会拥有属于他们的英雄人物，但他们中的大多数人将以团队的形式奋战和牺牲，以保护其他人，就像亚利桑那·哈里斯所做的那样。"甚至连飞机也是以团队为战。我们的轰炸机排成庞大的编队，跟随着他们的引航机飞往法国。大规模编队是他们的保护。"[90]

陆航队中，军官与士官的关系比他们在步兵部队更为亲密。轰炸机里的每个成员都拥有中士或更高的军衔，军官中只有很少一些人来自常备军。几乎所有人都是志愿者，就像那些中士。这里很少见到对军纪吹毛求疵的要求；在英国的这些美军基地里，敬礼的情形并不太多见。

第八航空队的军医主任马尔科姆·C·格劳医生告诉情报调查人员："这些人对民主或自由并不太关心，他们在乎的是他们的哥们或他们的团队。那是你所见过的最亲密的团队。"[91]正如射手杰克·诺威回忆的那样："我无法解释我们这些对一切都不甚热衷的机组人员，为何会在那些日子里舍生忘死地投入一次次任务，去进行那些可怕的战斗……哪怕是惊恐万状，哪怕是生病，我都会参加飞行。我不想让我的伙伴们失望，那样的话，我情愿死掉。"[92]

就连求生设施也加强并标示出他们之间的这种纽带。机上的十个人通过软管和电线彼此相连，软管确保了他们的呼吸，而电线则使他们保持着相互间的联系。

这些机组人员来自不同的行业,其多样性令人惊讶。例如,"地狱天使"号上,有一名汽车销售员,一名牧场工,一名政府农场督察员,一名加油工,一名马术表演者,一名橱窗设计师,一名伴舞乐队的号手,一名商船水手,一名大学生和一名职业旅行者。这些人中,没有一个是在珍珠港事件前加入的陆航队,而在国内参加飞行训练前,他们当中只有三个人坐过飞机。

"我们从未害怕过这种有去无回的任务,"执行完28次飞行任务后,他们的机长指出,"我们的态度是,总有一次我们会送命,但至于是何时,这个问题从未困扰过我和我的组员。"[93]这番话是在记者面前说的,实际上,轰炸机里没有哪个人能做到毫无畏惧,藐视生命。"飞行员会害怕,就和你我一样。"厄尼·派尔写道。[94]他们中的很多人像畏惧德国空军那样畏惧飞行。

进入稀薄的空气中

第八航空队第一年的作战行动中,最大的敌人并非高射炮火或战斗机,而是气候和自然条件。好天气是成功实施白昼轰炸的先决条件,但1942年的秋季和冬季,北欧上空的气候异常恶劣。正如陆航队官方史指出的那样:"10月初之前,从英国基地发起一场大规模攻势是否可行,曾有过激烈的争论。"[95]一个月内最多只有5—8天有可能发起大规模打击,而当时欧洲大陆上空的气候,使得目视轰炸的可能性仅为20%—30%。对美国陆航队的大规模行动来说,只有阿拉斯加和阿留申群岛的气候比这里更为不利。

就单独飞行的一架飞机而言,恶劣的天气是一场冒险,但对紧密排列的大群编队来说,这将是一场灾难。[96]执行任务期间,远程编队飞行至少在五个不同阶段需要有利的天气:起飞时、集结时、飞往目标的途中时、位于目标上空时以及返航时。如果清晨8点时天气晴朗,而英国上空的气候预计在六个小时后轰炸机返航时变糟,那就不能将这些飞机派出去执行任务。事实上,英国的乡村已开始到处散落着美国轰炸机的残骸，这些飞机因未能成功穿越岛上快速形成的雾气和云层而坠毁。

正如一名优秀的地面部队指挥官必须了解自己军队所处的地形那样，一名空军指挥官也必须知道大气层的"地形"[97]，或者说——天气，这是他那些部下不得不对付的东西。但北欧的天气难以预测，就像那里的天空难以逾越那样；气象学仍是一门不完善的科学。整个战争期间，气候原因减少了45%的作战行动，而派至北欧上空执行任务的飞机中，有10%因天气原因被取消行动或被召回。[98]战斗中这些有害的暂缓造成了对士气的破坏。在敌方上空被召回或被取消行动的飞行，并不能计入飞行员获准回家前规定要完成的任务次数中。任务一再取消，意味着飞行员们不得不反复经历起飞前的焦虑和紧张，其症状包括无法控制的呕吐和腹泻。随着他们被迫"在地面上折腾八次才能真正升空执行一次任务"[99]，机组人员近乎一致地汇报，取消任务所带来的失望和沮丧，"远比实际参加作战飞行来得更糟糕"[100]。因气候原因而推延的任务（并不会彻底废除），考验着哪怕是最坚定者的心理耐力。

与步兵不同，飞行员如果没有一套高度复杂的技术支持系统（轰炸机和赖以生存的供氧设备），根本无法从事飞行或战斗。如果这些设施失效——这种情况经常发生——他们将陷入无助的境地。在酷寒中飞行，会造成舷窗玻璃和机枪瞄准器模糊不清、炸弹舱门冻结、必不可少的机械设备结冰并发生故障。机上的人员也被冻僵并出现某些症状。在严寒中飞行，这种经历在地面上只有南极和北极，或是在巨大的山脉的顶峰才能与之相提并论，冻伤造成的损失远较敌人所造成的为多。[101]第八航空队第一年的作战行动中，1634人因冻伤而被解除飞行任务，而因战伤退出飞行的只有400来人。第八航空队的一名军医，威廉·F·希雷上尉，对这个问题进行了研究。他报告说，北极探险家早就警告过，潮湿的脚很容易被冻伤。"他们冒雨走向他们的飞机；睡觉时穿着带加热装置的服装；他们身穿飞行服执行着让人挥汗如雨的任务，衣服脱下时早已湿透。等他们返回时，已经成了伤员。"[102]

如果有的话，新式的电加热服装也是出了名的不可靠。这种服装会发生短路，手、脚和睾丸部位会漏电；经历了几次任务后，它们会被烧坏，通常是因为使用者未被告知该如何正确保养这些服装。每次执行完任务，筋疲力尽的飞行员会把加热服卷成一团，跟其他飞行服一同塞入储物柜或行李袋中，结果导致脆弱的发热体发生损坏。

刺骨的严寒，其受害者大多位于轰炸机上的暴露位置：站在敞开的舷窗处、对抗着强风的腰部射手，以及掀开妨碍机枪动作的防冻帆布的尾部射手。另外，在敌方领土上空，球形炮塔射手被迫在他们的炮塔内一待就是几个小时，不得不将尿撒在衣服里，他们的后背、臀部和大腿"被冻得如此严重，甚至造成肌肉剥落，骨头都露了出来"[103]。第482轰炸机大队的球形炮塔射手乔治·E·莫法特评论说："待到达目标时，你已经受够了，你的状况糟糕之极，根本不会特别在意自己是否能击中目标。"[104]在一次任务中，投弹刚刚结束，一发高射炮弹在莫法特的炮塔下方发出剧烈的爆炸。几秒钟后，他开始感觉到手指和双脚渐渐麻木。"我环顾四周，在有机玻璃罩上发现一个小洞，而我手套与衣服之间的电线已被切断。"电热服的连接线采用的是串联，就像圣诞树上的那些彩灯，一只手套失效后，电热服的其他部位同样也宣布罢工。莫法特知道，自己再在炮塔里待下去，肯定会被冻僵，但如果离开自己的机枪，他就会使其他战友的生命处于危险中，因为敌战斗机仍在空中逡巡。"于是我留了下来。"他用拳头敲击着机枪，双脚跺着炮塔的地板，以此来加快血液循环。"疼痛令人发狂，几乎难以忍受。泪水从我的脸上滑落，流至氧气面罩上，结成了冰……我几乎就要放弃这一切，迎接死亡了。"几分钟后，敌战斗机消失了，他这才爬出自己的炮塔。飞行员将轰炸机降至20000英尺高度后，一名同伴将自己的一只电加热手套递给莫法特。"热量使我的双脚和双手疼痛不已，我不得不闭上双眼，咬紧牙关，强忍着不发出惨叫。"

战斗中，机枪发生卡壳时，有些人会惊慌失措，并将手套脱下，试图将卡住的子弹清理出去。他们冰凉的手会黏在裸露的金属上，为了将手抽离，他们不得不连皮带肉撕掉长长的一条。[105]偶尔也会出现自伤者,他们被"即将在战斗中身亡"的恐惧所吓倒。轰炸机升至最大高度后,他们脱下手套,以使自己获得一场长期、痛苦的住院,但暂时避免了可能更加糟糕的命运。

战斗中负伤的人特别容易被冻伤。他们的电热服经常会因刺入他们身体的同一块弹片造成短路。昏迷不醒地躺在机舱冰冷的地板上时,他们的四肢会变得麻木,尽管战友们试图用仅有的几块薄毛毯为他们保持身体的温暖。希雷医生描述了一名领航员所经历的痛苦折磨,一块高射炮弹弹片射穿了飞机的机鼻,他的氧气面罩被击破。随着氧气供应被切断,他昏迷了整整一个小时。"六星期后,他的双手、双脚、双耳和鼻子被切掉,冻坏的眼球被摘除,颧骨部分的坏死组织也被去除。但他仍活着。"[106]

由于机组人员缺乏医疗知识和设备来挽救负伤的同伴,因此而死去的人数目不详。一名B-17的尾部射手,臀部被炮火炸飞,他的同伴尽其所能地为他进行了包扎。但他的伤口血流不止,于是"我们将一个重达140磅的弹药箱直接压在他的伤口上",一名射手回忆道,"压力似乎止住了流血。他安安静静地睡着了,但他几乎被冻死,因为他的电热服被撕破,而且,我们没有毛毯。"[107]这个负伤的小伙子在一个与正常人离世完全不同的地方等待着死亡。"这种情形令你的神经倍加紧张,你的勇气不得不在这样一个极不正常的环境中化解危险。"航空队的一名军官说道。[108]

每次任务结束时,机组人员带着肿胀的双手、双脚和脸离开飞机。伤口在一两天内会变成紫色,然后又变为可怕的黑色。三分之一的冻伤者需要住院治疗,哪怕是最轻的症状也会令他们停飞两个星期。"这是真正的急诊,"希雷医生在第八航空队投入战斗的初期便提醒过他的同事们,"医院里的许多人在几个月内都无法重返战场——如果他们能回去的话。"[109]

冻伤一旦发生便无法对付,没有经验的航空军医不得不依靠一种古老的俄国式治疗法:"等那些将要脱落的部分彻底脱落,然后再看看对剩下的部分能做些什么。"[110]预防是唯一恰当的疗法。1942—1943年隆冬前,航空军医

（每个基地至少配备了一位）已开始采取行动，给机组人员举办讲座并向他们展示冻伤的危险，在球形炮塔内安装可供小便的管子，并配发薄薄的丝质手套，让他们戴在较重的电加热手套内。但在作战行动的第一年，从未做出过与问题相当的努力。气压损伤性中耳炎也没有找到治疗办法，造成这种中耳慢性炎症的原因是在高空未增压的机舱内多次进行急剧升降所致。[111]随着任务的增加，这种症状在轰炸机机组中达到了流行病的程度，被暂时解除飞行任务的人员中，患这种症状的占了三分之二。

缺氧，作为"航空医学噩梦"的组成部分，折磨着第八航空队。晕机者的唾液或呕吐物会进入他的橡胶面罩并冻住，阻断软管，导致患者昏迷，甚至死亡。[112]整个飞行任务中，领航员每隔几分钟便会用机上的通话装置招呼大家检查氧气。如果哪个组员没有回答，另一个人便会被派去查看情况，如果需要的话，会采用人工呼吸或通过一个便携式氧气瓶进行输氧。"总之，你的面罩、软管或是其他什么地方，很容易出现个小漏洞，而你对此却完全不知情，"一名领航员描述了25000英尺高度上一次典型任务的情形，"在这个高度上，如果没有氧气，你会在30秒内昏迷，2分钟后你就死了。"[113]

尽管因缺氧而致死的人数不到100（主要发生在第八航空队进驻英国的第一年），但这个数字却占了在战斗任务中经历过某种形式此类症状的飞行员的50%—60%。[114]这是计划不周所造成的不可原谅的后果。"我们没有考虑到战斗会在那种极端的高度下进行，"作战行动的第一年后，马尔科姆·格劳医生向航空队的调查人员坦率承认，"显然，有些小事情在投入战斗前没有被想到。"[115]但部分责任必须归咎于陆航队规划人员，他们对轰炸战略的关心远远超过让准备妥当的机组人员在大气条件下得以生存以执行该战略的必要性。试图消灭敌人的过程中，准备不足的美国小伙子们无意间伤害到他们自己。

缺氧是个隐藏的杀手，氧气供应出现问题时，受害者很少能及时发现。供氧设备上有个指示器（一个小球），像个阀门那样位于一条透明的管子里，能显示出是否有氧气在流动。呼吸时，小球便会上下跳动。如果小球在跳跃，就表明飞行员一切正常，但机组人员跟德国空军交火时，根本没时间注意小球的状况，如果出现问题，通常还没等其他人发现状况，他们便已身亡。

机尾射手待在一个隔绝的空间，最有可能成为缺氧的受害者。经过与敌战斗机一场激烈的战斗后，乔治·莫法特那架"空中堡垒"上的领航员通过内部通话装置呼叫大家，以查看是否有人中弹。机尾射手比尔·加尔巴没有做出回答。一名机组成员过去查看，这才发现加尔巴瘫倒在他的机枪上，氧气管已然断裂。那名机组成员试图将他唤醒，但徒劳无益。飞机赶往北海上空时，驾驶员降向水面和可供呼吸的空气，但加尔巴还是毫无反应。这时，莫法特爬出球形炮塔，小心翼翼地将他的朋友放在机舱地板上。"我沿着狭窄的通道爬过去，趴在他身上。我的脸停在距离他面孔大约6英尺处。他的脸苍白如雪，鼻子和嘴上冻着一层分泌出的粘液，他的双眼大睁着盯着我，一切都覆盖着一层霜冻……我便知道，他已经死了。"[116]

莫法特为自己和另一名射手点上一支烟，他们"默默地坐在那里吸着烟"。飞机着陆后，"我看着他们将他的尸体抬上担架，送至救护车上，泪水从我的脸颊滚落。我不觉得羞耻，他是我的哥们。"

"这是难捱的一天，我们的飞机上满是窟窿。我倒在床上，却无法入睡。"加尔巴的床铺就在莫法特的旁边。军需官已将加尔巴的衣服拿走，他的床也被拆除。莫法特翻过身，这样他就不必看着那里。

他们将威廉·加尔巴安葬于离基地不远的一处墓地。只要有时间，乔治·莫法特便会过去，在他的墓地放上一束鲜花。

航空医学

在高空进行的空战使轰炸机组员们遭受到生理和心理上的双重压力，这是人类此前从未面对过的。进入地球的高空后，人体便会发生奇怪的事情。[117]耳朵里充满痛苦，思维和动作减缓，胃和肠子无节制地扩张开，早餐时吃的易产生气体的食物加剧了这种状况。

这种新的战争需要一种新的医学,从精神和身体上看都是如此。第八航空队,马尔科姆·格劳上校的医务人员没有可供参考的先例。航空医学当时正处于起步阶段,尚不能解决航空军医在英国遇到的那些问题。[118]与第八航空队的轰炸机指挥官一样,他们早期的努力完全是试验性的,而且,内科医生同样遭遇到设备和人员严重短缺的问题。

每座基地都有个小小的医疗室,由航空军医负责,配有可供几十名轻病人或轻伤员使用的床铺。重伤员会被救护车送往位于牛津的一座陆军医院。这段路程需要大约3—4小时,越过布满车辙的道路,经常在深夜进行,而且是在完全灯火管制的情况下,甚至连救护车的车灯也必须遮住。有些饱受战斗摧残的伤员死在漫长的深夜行程中,还有些伤员因发生在英国灌木树篱处的交通事故而二次负伤。于是格劳上校征用了一架C-47运兵机,把它变成第八航空队永久性的"空中救护车"。另外,他一直在给总部施加压力,要求在基地附近修建医院。轰炸行动的第一年,医疗用品和设备严重短缺,除了简单的医疗室外,第八航空队有近一半人几乎与所有的医疗设施相隔绝。但到1944年前,在很大程度上多亏了格劳的努力,除一座外,所有轰炸机基地的30英里内都有一座人员齐备的陆军医院。格劳还为获得受过良好培训的医务人员进行了积极的游说。1942年时,分派到英国的航空军医中,四分之三的人没有受过航空医疗培训,只有10%的医务人员确实接受过医疗培训。航空军医们赶至轰炸机基地时发现,负伤的飞行员已经死去,因为他们没有得到及时而又妥善的治疗。

格劳和他在英国的首席助理哈里·G·阿姆斯特朗,是航空医学这一新领域的先驱者。1934年,他们在俄亥俄州代顿附近的莱特机场成立了航空医学研究实验室,以研究载人飞行对人体组织的影响。[119]第八航空队到达英国后不久,他们在海威科姆附近建立起一座被称作"中央医疗研究所"(CME)的小型研究中心。该中心以阿姆斯特朗为首,任务是发展培训技和设备，从而使飞行员们在这场前所未有的高空战争中生存，并以最大的效率执行任务。[120]他们致力于一个单一、全身心投入的任务中："照料那些飞行员。"[121]

CME存在的第一年，与莱特机场、哈佛大学公共卫生学院以及美国私营企业协调合作，推出六十个独立研究项目，以开发更好的氧气设备、飞行服以及开展海空救援行动。除研发工作外，CME还为飞行员和航空军医开办了生存技巧课。另外，阿姆斯特朗，这位留着潇洒、上翘的小胡子，粗犷而又英俊的男人，几乎是凭一己之力建立起精神科，致力于预防精神病学的实践以及对遭受情绪问题的飞行员的诊断和康复治疗。

CME的工作人员不多，从未超过18名医生，但他们非常胜任。阿姆斯特朗从美国最好的医学院校、研究中心和精神病研究所中亲自挑选他的工作人员。"他们都是普通百姓，"若干年后他回忆道，"最终几乎无一例外地又回归到平民生活，后来，他们中的每个人在医学界都成了杰出人物。"[122]1943年秋季前，他们的努力初见成效：新的预防设施和治疗法大大缓减了因冻伤、缺氧和敌炮火所造成的痛苦和死亡。不幸的是，作战行动第一年里的那些飞行员未能享受到这些成果。那些饱受重压的先驱者中，只有少数人设法完成了他们的服役期并存活下来，他们在缺乏适当的氧气设备、防护、取暖或休息的情况下从事着飞行和战斗任务。

注释

1 巴德·J·皮斯利，《勇气的传承：二战中的第八航空队》，第92页。

2 引自2008年1月28日，作者对保罗·W·蒂贝茨的采访，以及蒂贝茨《"艾诺拉·盖伊"号归来》一书第92页。

3 保罗·W·蒂贝茨，《"艾诺拉·盖伊"号归来》，第92—96页。

4 J·坎普·麦克劳克林，《二战中的第八航空队》（列克星敦，肯塔基大学出版社，2000年），第1—7、81页。

5 《目标，德国：第八航空队轰炸机司令部在欧洲上空作战第一年的官方史》，第35页。

6 同上。

7 《二战中的陆军航空队，第二卷》，第221页。

8 柯蒂斯·E·李梅、麦金利·坎特，《使命：我的故事》（纽约加登城，双日出版社，1965年），第251页。

9 引自迈克尔·J·尼索斯的《投弹手和他的投弹瞄准器》，《空军》杂志（1981年9月），第106页。

10 查尔斯·H·弗兰克斯中尉，《投弹手——玻璃座舱内的勇士》，《星条旗报》，1944年4月27日，头版。

11 约翰·C·弗拉纳根上校，"对第八、第十二和第十五航空队机组人员的调查报告"，第23页，1944年4月，美国空军历史研究部，141.28B。

12 同上，第37页。

13 艾伦·斯蒂芬斯编撰的《空战，1914—1994》，第47页。

14 作战研究部第3号特别报告，"轰炸精确度的初步报告"，第2页，1943年1月4日，美国空军历史研究部，520.130b 1。

15 保罗·W·蒂贝茨，《"艾诺拉·盖伊"号归来》，第99页。

16 《二战中的陆军航空队,第二卷》,第239页。
17 法国平民的伤亡数字来源同上,第221和第239页。
18 同上,第222页;1942年8月31日,埃克的报告,美国空军历史研究部,142.052。
19 1942年8月19日,阿诺德写给斯帕茨的信件,国会图书馆,斯帕茨文件。
20 《美国对纳粹发起高空轰炸》,1942年10月19日,《生活》杂志,第29页。
21 霍斯特·布格等人编撰的《德国与第二次世界大战,第六卷》,第597页。
22 "火炬"行动的详情,可参阅里克·阿特金森的《晨曦中的军队:北非之战,1942—1943》(纽约,亨利·霍尔特出版社,2002年)。
23 引自保罗·W·蒂贝茨的《"艾诺拉·盖伊"号归来》,第108页。
24 《目标,德国:第八航空队轰炸机司令部在欧洲上空作战第一年的官方史》,第45页。
25 引自理查德·G·戴维斯的《卡尔·斯帕茨与欧洲空战》(华盛顿,空军历史中心,1993年),第105页。
26 同上,第105页。
27 同上,第105页。
28 同上,第109页。
29 引自詹姆斯·帕顿的《空军如是说:艾拉·埃克将军和空军指挥部》,第202—203页。
30 引自内森·米勒的《海战:二战海军史》(纽约,牛津大学出版社,1995页),第349页。
31 引自约翰·基根的《第二次世界大战》(纽约,维京出版社,1989年),第104页。
32 杰罗姆·M·奥康纳,《在狼群的巢穴中》,2002年7月的《第二次世界大战》杂志,第34页。
33 《二战中的陆军航空队,第二卷》,第247—248页。
34 同上。
35 同上,第238页。
36 "第八航空队的优先目标",第6页,1945年5月15日,国会图书馆,斯帕茨文件。
37 爱德华·亚布隆斯基,《空战中的美国》(亚历山大市,时代–生活出版

38 《二战中的陆军航空队,第二卷》,第247页;自由法国力量,"1942年10月21日轰炸洛里昂潜艇基地的相关情报",1942年11月18日,美国空军历史研究部,520.310B 1。

39 《目标,德国:第八航空队轰炸机司令部在欧洲上空作战第一年的官方史》,第47页。

40 诺曼·朗迈特,《美国兵:美国人在英国,1942—1945》,第140页。

41 阿道夫·加兰德,《第一个和最后一个:德国战斗机部队的兴衰,1938—1945》(纽约,巴兰坦出版社,1973年),第140页。

42 科格勒中校,"1945年3月15日的德国空军讲座",美国驻欧洲战略空中力量,情报主管办公室,1945年4月6日,美国空军历史研究部。

43 阿道夫·加兰德,《第一个和最后一个:德国战斗机部队的兴衰,1938—1945》,第140页。

44 同上。

45 亚瑟·李,《空军首脑戈林》(伦敦,达科沃斯出版社,1992年),第58页。

46 霍斯特·布格等人编撰的《德国与第二次世界大战,第六卷》,第551页。

47 阿道夫·加兰德,《第一个和最后一个:德国战斗机部队的兴衰,1938—1945》,第184、193—195页。

48 霍斯特·布格等人编撰的《德国与第二次世界大战,第六卷》,第551页。

49 《二战中的陆军航空队,第二卷》,第264页。

50 戴尔·范布莱尔,《陆航队中的三年》,未发表的文稿,艾森豪威尔中心。

51 科格勒中校,"1945年3月15日的德国空军讲座",美国空军历史研究部。

52 第306轰炸机大队的损失,可参见拉塞尔·A·斯特朗的《首次飞越德国:第306轰炸机大队队史》(温斯顿-塞勒姆,猎人出版社,1982年),第53页。

53 诺曼·朗迈特,《美国兵:美国人在英国,1942—1945》,第144页。

54 罗伯特·摩根、朗·鲍尔斯,《"梅菲斯美女"号:一名二战轰炸机驾驶员的回忆录》(纽约,达顿出版社,2001年),第116—117页;2003年7月26日,作者对罗伯特·摩根的采访。

55 同上。

56 同上。

57 罗伯特·摩根、朗·鲍尔斯,《"梅菲斯美女"号:一名二战轰炸机驾驶员的回忆录》,第112—113页。

58 同上。

59 伯纳德·R·雅各布斯,未出版的回忆录,艾森豪威尔中心。

60 罗伯特·摩根、朗·鲍尔斯,《"梅菲斯美女"号:一名二战轰炸机驾驶员的回忆录》,第115—116页。

61 引自约翰·R·麦克拉里和戴维·E·谢尔曼合著的《第一次:与第八航空队的弟兄们共赴战火的日记》(纽约:西蒙&舒斯特出版社,1944年),第36页。

62 杰克·诺威,《冰冷的蓝天:一名B-17射手经历的二战》(夏律第镇,霍维尔出版社,1997年),第51—54页。

63 埃尔默·本迪纳,《"空中堡垒"的坠落:二战中最大胆、最致命的空战亲历记》(纽约,普特南出版社,1980年),第41页。

64 同上。

65 同上。

66 同上。

67 同上。

68 同上。

69 同上。

70 约翰·赫西,《战争狂》(纽约,普特南出版社,1960年),第169页。

71 引自伊恩·L·霍金斯编撰的《B-17飞越柏林:第95轰炸机大队的个人记述》(华盛顿,布拉希出版社,1990年)第63—64页,戴维·格兰特少将所写的《办公室的一天》。

72 伯纳德·R·雅各布斯,未出版的回忆录,艾森豪威尔中心。

73 同上。

74 2003年7月26日,作者对罗伯特·摩根的采访。

75 2000年10月14日,洛·瑞达影视公司对保罗·W·蒂贝茨的采访。

76 约翰·H·莫里斯,证词,艾森豪威尔中心。

77 引自布兰登·吉尔的《玻璃机鼻罩后的年轻人》,《纽约客》,1944年8月12日,第484页。

78 轰炸布雷斯特,可参阅罗伯特·摩根、朗·鲍尔斯,《"梅菲斯美女"

79　丹顿·斯科特，"空袭洛里昂，一名美国记者的亲历"，第9页。
80　同上，第8—9页。
81　同上。
82　《一名轰炸机驾驶员的24小时》，作者不详，《哈泼斯杂志》，1944年8月，第290页。
83　伯纳德·R·雅各布斯，未出版的回忆录，艾森豪威尔中心。
84　拉尔夫·纳特，《与负鼠和鹰同在：一名领航员的亲历》（加利福尼亚州诺瓦托，要塞出版社，2002年），第51页。
85　2003年2月12日，作者对乔治·曼弗雷德的采访。
86　奥拉姆·C·霍顿、安迪·鲁尼，《空中射手》（纽约，法勒&莱因哈特出版社，1944年），第69页。
87　同上，第70、72页。
88　《目标，德国：第八航空队轰炸机司令部在欧洲上空作战第一年的官方史》，第50页。
89　厄尼·派尔，"这场战争中甚少出现个人空中英雄"，1942年11月10日，剪报，厄尼·派尔文集，印第安纳州布鲁明顿，印第安纳大学利莉图书馆。
90　同上。
91　负责情报的空军助理参谋长，1943年秋季采访马尔科姆·格劳上校，美国空军历史研究部。
92　杰克·诺威，《冰冷的蓝天：一名B-17射手经历的二战》，第135页。
93　约翰·M·雷丁，《通往柏林的航线：与派驻英国的美国飞行员在一起》（纽约，博布斯—梅林出版社，1943年），第284页。
94　厄尼·派尔，"这场战争中甚少出现个人空中英雄"。
95　《二战中的陆军航空队，第二卷》，第233页。
96　奥伦·P·索斯，《空军作战部队的医疗支援：二战中医疗领导的研究》（麦克斯韦空军基地，AFB出版社，1956年），第405页。
97　《二战中的陆军航空队，第七卷》，第311页。
98　美国战略轰炸调查，"轰炸精度，欧洲战区中的美国陆航队重型和中型轰炸机"（华盛顿，美国政府印务局，1945年），第2页。
99　小贝尔尼·莱、赛·巴特莱特，《晴空血战史》（1948；纽约，多德&

米德出版社，1975年再版），第30页。

100 《目标，德国：第八航空队轰炸机司令部在欧洲上空作战第一年的官方史》，第54页。

101 奥伦·P·索斯，《空军作战部队的医疗支援：二战中医疗领导的研究》，第3页。

102 威廉·F·希雷，《第八航空队的冻伤》，航空军医会刊第2期（1945年1月），第23页。

103 同上。

104 莫法特的话均引自马歇尔·J·蒂斯顿、乔治·E·莫法特和约翰·J·奥尼尔合著的《第八航空队的"探路者"投下炸弹》（康涅狄格州特兰布尔市，FNP军事部，1999年），第97—100页。

105 对马尔科姆·格劳上校的采访。

106 奥伦·P·索斯，《空军作战部队的医疗支援：二战中医疗领导的研究》，第22—23页。

107 詹姆斯·S·南尼，《二战中的美国陆航队医疗服务》，第23页。

108 麦克拉里与谢尔曼合著的《第一次：与第八航空队的弟兄们共赴战火的日记》，第8—9页。

109 威廉·F·希雷，《第八航空队的冻伤》，第23页。

110 同上。

111 《二战中的陆军航空队，第七卷》，第399—400页。

112 道格拉斯·H·罗宾逊，《危险的天空：航空医学史》（英国泰晤士河畔亨利，G·T·弗里斯出版社，1973年），第179页。

113 山姆·哈珀特，《真正的正义之战》，第87页。

114 奥伦·P·索斯，《空军作战部队的医疗支援：二战中医疗领导的研究》，第22—23页。

115 对马尔科姆·格劳上校的采访。

116 引自蒂斯顿等人所著的《第八航空队的"探路者"投下炸弹》，第74—77页。

117 阿尔伯特·E·考德利，《挑战生命：二战中的美国军事医学》，第233页。

118 索斯，《空军作战部队的医疗支援：二战中医疗领导的研究》，第44—45页；南尼，《二战中的美国陆航队医疗服务》，第19页。

119 格劳和阿姆斯特朗的工作，引自南尼，《二战中的美国陆航队医疗服务》，第18—19页。

120 1976年4月8、13、20日对哈里·G·阿姆斯特朗少将的采访，美国空军历史研究部，K239.0512-967。

121 索斯，《空军作战部队的医疗支援：二战中医疗领导的研究》，第37、42页。

122 对哈里·G·阿姆斯特朗少将的采访；"第306轰炸机大队外科治疗史，1944年"，美国空军历史研究部，520.7411-4A。

第四章

飞行员坠落！

我们获得了经验，同时也得到了经历，尽管并不都是好的。
——柯蒂斯·E·李梅

1942年10月9日，北海

那天下午，唐纳德·斯文森中尉遭遇到自己年轻生命中最大的一次麻烦。执行历史性的里尔任务时，他的"空中堡垒"被Fw-190的炮火命中，损失了两具引擎。斯文森奋力操纵着飞机返回英国，但这架"空中堡垒"以每分钟1000英尺的速度从空中坠落。无线电操作员发出求救信号，但海岸台没能接收到。机内的对讲系统已损坏，斯文森将飞机的控制交给副驾驶，爬至飞机后部，告诉几位射手，他打算在海上迫降。除驾驶员和副驾驶留在飞机前部，机组其他人员集中到无线电操作室，这里有个前舱壁，他们可以以此为支撑。无线电操作员先将写有飞机秘密呼号和频率的米纸吞下肚，这才蹲下身，将头贴在双膝间，双手抱住颈部。*

---

* 译注：米纸是一种可供食用的纸张，也可以做成各类食品。

"海水看上去很冷,我记得自己当时还在想,这看上去很困难,"斯文森回忆道,白浪有15—20英尺高,"我曾听说,在海上迫降,撞入一道波浪的话,其效果就像是撞上一堵石墙。"[1]

"确实如此。我们以尽可能慢的速度迫降,机尾先落下。但即便如此,我们还是被撞得很厉害,机组人员被抛入机舱,洒落得到处都是。"

斯文森从他那一侧狭窄的驾驶室舷窗爬了出去。浮上水面喘气时,他看见负伤的副驾驶浮在一只机翼下。他游过去,拉着他向其他组员靠拢。其他人已从无线电操作室的机枪巢爬出,挣扎着赶至飞机上的两只自动充气橡皮筏。其中的一只橡皮筏上布满弹孔,他们大声喊叫着,它已无法充气了。

没用两分钟,这架轰炸机便沉入海中。驾驶员命令三名射手爬上那只完好的橡皮筏,其他人则攀附在尚能部分充气的那只橡皮筏的边缘,脱掉身上沉重的羊皮飞行服。一名射手试图将自己淹死。"他没入水中,随即又冒出来,吐掉海水,然后再次没入水中;但他一直试图让我们放手不管,直到给他下达了命令,他这才放弃。他认为自己妨碍到大家的生存机会。然后便是最糟糕的时刻:等待救援,但我们并不知道是否会有救援到来。"[2]

那一刻,水里的这些人并不知道,他们实际上已经获救了。飞机坠入海中的几秒钟前,皇家空军的海空救援工作已展开行动。一架为轰炸机护航的"喷火"战斗机用无线电通报了坠机的大致方位,距离北福尔兰角1英里左右,位于多佛海峡的顶端。另一架己方战斗机在他们的头顶盘旋,以给出准确位置,这里距离陆地并不太远。"很快,救援人员驾驶着一艘小船赶到我们这里。"[3]

这是第八航空队在海上获救的第一个机组。

一架轰炸机如果在北欧上空遭遇到麻烦,机组人员首选的做法通常是挣扎着飞回英国,而不是在被德国占领的北欧迫降或跳伞。许多轰炸机未能成功返航,而是坠落在北海或英吉利海峡。"除非你曾在电台里听过一个人惊恐时发出的呼叫声，否则，不到他似乎即将发出尖叫时，你不会明白嵌入他声音中的那种尖锐的震动。"一名从事海空救援的飞行员对典型的遇难呼叫做出了描述。[4]这些从事救援的飞行员知道，"没有什么比一个人惊恐的叫声更为可怕"。

斯文森机组非常幸运。投入战斗的第一年，第八航空队既没有海空救援体系，也没有海上迫降的培训计划。对严峻的海上生存来说，轰炸机上的充气橡皮筏和标识器并不充足，信号弹、K级口粮和急救包都缺乏防水保护。另外，轰炸机的设计并未考虑过海上迫降时方便机组人员的逃离。第八航空队完全依赖皇家空军和皇家海军进行海空救援，但又未能与那些深具奉献精神的人员密切合作，结果是：落入海中的飞行员，99%遇难。[5]（同一时期，坠海的皇家空军机组人员，近三分之一的人获救，而且，他们执行的都是夜间任务。）一年后，救援行动仍依靠英国人，但双方加强了合作，第八航空队将落海人员的生存率提高至44%，而到战争结束前，这个比例达到了66%。[6]

那些生还者中，超过十分之一的人遭受到心理创伤，不仅需要专业治疗，还使他们丧失了飞行资格。普遍的情况是，这些人不得不在很长一段时间内设法在海上求生，没有食物，没有淡水，死去的同伴经过简单的宗教仪式后，被推入波涛汹涌的海中。"我们聚在一起念着主祷文，我轻轻地把他推出船舷。"尤金·多拉齐克中士回忆起自己最后一次注视着一位朋友的面孔，他轻声说着妻子的名字，死在他的怀中。[7]

脱　险

在北欧紧急降落或跳伞的盟军飞行员，只有一个机会可使自己不被敌人俘获：外国朋友的帮助。荷兰人、比利时人和法国人都为盟军飞行员实施了精心设计、高度保密的逃生行动。大多数逃生路线掌握在普通老百姓，而不是训练有素的地下抵抗组织手中。风险非常大。对藏匿或帮助一名被击落的盟军飞行员的惩罚是：男人，由行刑队执行枪决；女人，关入集中营，通常这也相当于死刑判决。一名英国情报人员估计，被击落的飞行员，每逃脱一名，便有一个法国、比利时或荷兰帮助者被枪杀或死于酷刑。[8]

这些英勇的游击队员，大多数与伦敦的英国和美国情报人员保持着密切合作，但逃生路线中最成功的"彗星线"则是完全独立的。[9]战争初期，这条路线由数百名比利时志愿者在布鲁塞尔组建，领导他们的是身材娇小、年方二十五岁的商业艺术家安德蕾·德容，她的代号是"迪迪"。

"彗星线"长达1200英里，从布鲁塞尔直至直布罗陀，穿过被纳粹占领的法国以及实行法西斯主义、但正式宣布中立的西班牙，这些地区都在欧洲最残酷的秘密警察的管辖下。迪迪在没有任何财力支援的情况下开创了这条路线，为她提供帮助的只有她当小学教师的父亲弗雷德里克和一名年轻的比利时同胞，阿诺德·德佩。逃离的飞行员隐藏在布鲁塞尔市内及周边的安全屋，他们搭乘火车赶至巴黎，那里是逃生飞行员的中心收容点。在巴黎，这些飞行员被编入一个个小规模、相互间毫无联系的群体，先是坐火车，然后骑自行车，最后靠步行，赶至比利牛斯山脉脚下的一座农舍。吃上一顿耐寒的饭菜，喝完几杯浓浓的西班牙咖啡后，他们便在迪迪招募的经验丰富的巴斯克走私者的带领下，开始艰难的攀登。到达西班牙北部的圣塞巴斯蒂安后，他们被交给英国外交官迈克尔·克雷斯韦尔，随即坐车赶往直布罗陀，再经海路或航空返回英国。

迪迪为逃亡者（他们被称作"包裹"[10]）提供了假护照和假身份证，为他们购买了便服和黑市食品，并在通往西班牙的路线上建起一连串投宿地。她的一位合作者，安·布鲁塞尔曼斯，一下子在布鲁塞尔的各个安全屋内隐藏了五十名飞行员。"我们的大家庭里，没有一个人知道我母亲所从事的地下活动，"她的女儿伊冯·黛莉-布鲁塞尔曼斯写道，"在外面，我们只是个经受着沦陷时期艰难生活的普通家庭，不去管别人的闲事。"[11]德国人曾警告过盟国，被俘获的飞行员，如果身穿便装或没有军事标识，将被视作间谍，遭到枪毙或被送往集中营。对被击落的飞行员来说，这是个两难的局面。他们的指挥官曾作出指示，他们的职责是设法逃跑，而他们发现，要想顺利逃生，唯一的可能性是换上便装。安·布鲁塞尔曼斯试图解决这个问题，她将美国飞行员的"狗牌"缝入他们裤脚的翻边。[12]她为他们提供了街头服装——贝雷帽、长外套和欧洲款式的高帮鞋——并送他们上路，同时警告他们要小心，不要有太过美国化的举动，例如嚼口香糖，或是口袋里摆着叮当作响的零钱。吸烟者则被告知，要像欧洲人那样，用拇指和指尖捏住香烟的末端。*

为筹措开办"彗星路线"的资金，迪迪卖掉了她为数不多的珠宝。[13]在三十二次单独的旅程中，她亲自护送过100多位飞行员穿过法国，翻越比利牛斯山。英国情报机构找到她，并要为她提供帮助时，她拒绝了。她告诉他们，这条路线必须完全独立，由她所熟悉的比利时人来操作。她不想让受过训练的情报人员接手，因为后者很可能与从事破坏或间谍活动的抵抗组织一同工作，可能会使这条逃亡路线遭到双重间谍的渗透。为识别"鼹鼠"（装扮成被击落的飞行员的盖世太保特务），她让她那些布鲁塞尔安全屋的房主们盘问跑过来要求得到帮助的飞行员。如果一名飞行员跑到安·布鲁塞尔曼斯的住处，声称自己来自纽约，他就会被问及纽约扬基队现任中外野手的姓名。如果他答错了，布鲁塞尔曼斯便会让比利时地下抵抗军的成员带他"去树林里兜上一大圈"[14]。

盖世太保实现了渗透，却始终无法关闭这条"彗星路线"[15]。1943年1月，迪迪和几名逃亡的飞行员被捕后，"彗星路线"显然遭到了破坏，但在毛特豪森和拉文斯布吕克集中营进行的二十一次单独审讯中，她始终不肯透露她

---

* 译注：对于身穿便装还是军装逃生的问题，有一个有趣的佐证。英国情报机构曾做过测试，让一些人身穿德军军装在伦敦的街头游荡，但没有市民对此有所警觉，甚至有英国士兵朝对方敬礼；还有人拿着签名为"希特勒"的证件大摇大摆地走进英军的基地。不过，曾担任中情局局长的沃尔特斯在他的回忆录中写道，在美国进行的演习中，一些身穿德军军装的"假敌"，遭到拎着锄头的当地农民愤怒的追捕。这些例子说明，在不同的地区，对身穿敌方军装的人员的警惕性并不相同。

那些同伴的身份。在她缺席的情况下,她的父亲接手了这条路线。他和他的重要助手被一个告密者出卖并遭到枪决后,一个新的领导者出现了,这是个充满激情的比利时人,23岁,名叫让-弗朗索瓦·诺东,代号是"弗兰科"。由于疲惫和健康原因,诺东勉强接受了一名受过英国训练的比利时间谍进入到组织中,并在他的帮助下,继续从事撤离飞行员的工作。5000—6000名被击落的盟军飞行员(其中有3000名美国人)中,约有700多人得到"彗星路线"的帮助,最终回到英国。

"彗星路线"在D日发起的两天前关闭。1944年春季,盟军对法国的铁路线发起轰炸,以支援即将到来的诺曼底进攻,这使得帮助飞行员逃生的行动几乎无法进行。于是,被击落的盟军飞行员隐藏在农场和森林中,靠降落伞空投下的补给过活,直到夏季才被推进中的英美盟军所解救。1945年,从拉文斯布吕克集中营获救后,迪迪前往比属刚果的一个麻风病人隔离区工作。一名在她帮助下获救的飞行员谈到她时说:"安德蕾·德容是那种罕见的人物之一,他们觉察到这个世界所遭受的苦难,并决心不作壁上观。"[16]

对身处英国的飞行员来说,看见原以为已永远失去的战友平安返回,没什么比这更能激发起他们的士气。归队的飞行员受到热烈欢呼和赞誉,并获得与老朋友们共聚几天的机会,然后才被送回国,接受重新分配。让他们在欧洲战区继续从事飞行被认为太过危险,因为如果被俘并遭到酷刑折磨,他们可能会交待出逃亡路线的存在,而这条路线在北欧获得彻底解放前,仍是其他被击落飞行员所依靠的逃生路径。在自己原基地举办的讲座上,逃亡者给战友们讲述了敌后生存的重要信息。"伙计们被那些逃生飞行员讲述的故事所吸引,"航空队里的一名随军牧师在日记中写道,"他们像救生筏里的人那样,牢记着这些叙述。"[17]这些英勇的故事讲述者是损失的飞行员可以死里逃生的生动证明。

李 梅

飞行员并不一定要在自己所执行的数次任务中被击落。他们可以以较小的损失来实施精确轰炸。这便是柯蒂斯·E·李梅少校的信念,他于1942年10月到达英国,改变了美国轰炸机的作战方式。

第305轰炸机大队的拉尔夫·H·纳特中尉很崇拜柯蒂斯·李梅,这位前领航员现在是他的大队长。珍珠港事件的第二天,纳特离开哈佛法学院,加入了陆军航空队。赶往英国的飞行途中,他引领着他这个机组所在的"同花顺"号来到纽芬兰的甘德湖,没遇到什么麻烦,但在着陆时,机组获知,他们将飞入一股自北而来的北极风暴中。在甘德机场,一座戒备森严的哨所被一片茂密的常绿林所包围,李梅少校把他那些紧张不已的机组召集起来。他对这条航线非常了解,珍珠港事件前,他曾多次飞过这条线,将新出厂的飞机运给美国未来的欧洲盟国。他告诉他那些机组,结冰可能是个严重的问题,风暴可能会妨碍领航员以天体读数来检查他们的航线。他警告领航员们,如果他们让驾驶员向南偏得太远,要么会在海上耗尽燃油,要么会在法国海岸上空遭遇到纳粹战斗机。"你们不能依赖无线电助航或定向装置。纳粹已架设起一个假发射台,频率与皇家空军在英国的无线电波相同,别被他们愚弄……在国内,你们依靠你们的驾驶员和无线电助航,现在,驾驶员和机组人员依靠的是你们。别让他们失望。"[18]

刚满22岁的拉尔夫·纳特,两个月前才第一次坐上飞机,那是在莫哈韦沙漠。当晚晚些时候,在跑道上加速时,"同花顺"号上唯一的救生筏从顶部舱门飞了出去。起初,纳特尚能通过云层中的空隙进行天体定位,但没过一个小时,天空似乎逼近过来,刺眼的雪花覆盖住有机玻璃制机鼻和他那小小的天体观测窗。几分钟后,一具引擎上断断续续的螺旋桨停止了转动。一个小时后,另一具引擎也罢了工,"同花顺"号开始失去高度。纳特要求驾驶员在风暴肆虐的大海上空保持平稳,并将着陆灯打开。如果能看见白色的海浪,他也许能用偏航测量器算出他们的风偏流,并以航位推测法纠正他们的航线,飞一条查尔斯·林白曾以他的"圣路易斯精神"号飞过的罗盘航线。"最后,就在日出前,我透过云层间的空隙捕捉到三颗天体,'我们在正确的航线上',我透过内部对讲装置宣布道。"随后,阴云散去,他们看见了远处爱尔兰的绿色群山。飞过贝尔法斯特后,纳特给驾驶员指引了一条直线航向,赶往普雷斯蒂克机场。爬出飞机时,友好的村民围住他们。"你们怎么花了这么长时间?"一名苏格兰人叫道:"我们等你们这些美国佬等了快两年了!"[19]

第二天,他们飞往格拉夫顿安德伍德。他们不会停留太久,但却发现这里的泥泞、雾和严寒将在剩下的航程中陪伴他们。纳特的营房是个瓦楞铁皮构成的圆拱屋,提供取暖的只有一具煤炉。屋里有供军官们使用的二十二张床铺。他们走进营房,倒头便睡。入睡前,纳特对营房环顾了一番。他无法相信他们都成功了。一年后,和他一起在加利福尼亚接受训练的那群人中,只有两个还活着。

第二天早上,李梅召集了一次大队会议。"你们都得待在这个基地,直到获得进一步通知。我们的第一个作战任务是对法国沿岸的德国潜艇基地发起打击。这将是一次在职训练。"[20]

柯蒂斯·李梅是美国军事史上最具争议性的人物之一。他是个严格的纪律执行者,罗西·罗森塔尔说:"他是空军历史上最伟大的领导者。"[21]但在随后的几年中,就连罗森塔尔也觉察到李梅的行为令人不安。他这位航空师的老师长已变成"全炸光"李梅,而在斯坦利·库布里克喧闹的冷战讽刺电影《奇爱博士》中,嚼着雪茄的狂想家杰克·D·里珀将军便是以李梅为原型。20世纪50年代,作为战略空军司令部能力超群但却好斗的司令官,李梅是核威慑的积极倡导者,1962年古巴导弹危机期间,作为美国空军参谋长的他给约翰·F·肯尼迪总统施压,要求他批准对古巴所有可疑的核设施实施轰炸。危机结束后,他又建议对该岛发起入侵。两年后,他敦促林登·约翰逊总统对北越发起一场毁灭性轰炸战，1968年，他成了乔治·华莱士选举名单上的副总统，但就连阿拉巴马州州长这位极端主义者也对他的强硬言辞感到尴尬。

李梅是与威廉·特库姆塞·谢尔曼、乔治·S·巴顿将军同一类型的人，他们都是不适应和平时代的战士。李梅这个中西部人来自一个颠沛流离、饱受困苦的家庭，他的成功完全靠他自己的能力。由于缺乏有影响力的人的推荐，他无法进入西点军校，只能就读于家乡哥伦布市的俄亥俄州立大学，主修工程学并参加了后备军官训练团，同时他还在当地一家铸造厂打工，每晚9个小时，一周干6天。"工作很辛苦，"他回忆道，"但我喜欢。"[22]

1929年，作为一名战斗机飞行员，李梅开始了他在陆军中的职业生涯，八年后又转为轰炸机驾驶员，当时派他去兰利机场为第2轰炸机大队负责一所航校，第2大队是陆航军中第一个配备B-17的单位。尽管他曾在麦克斯韦基地参加过航空军战术学校，但他更相信自己所驾驶的飞机，而不是教官传授给他的制空权理论。他在1942年4月接手第305轰炸机大队时，年仅35岁，但他对即将承担起空战初期重任的轰炸机的了解远远超过了世界上的任何人。

他是个高大、健壮的人，乌黑的双眼，方方的面孔上总是皱着眉头。和他共事的人，没有哪个曾见到他绽露过笑容。这并非因为他没有幽默感，他患有轻微的面神经麻痹，这使他嘴角处的肌肉部分瘫痪。他强健的外形掩盖了他对部下们强烈的奉献精神。他对纪律异常狂热，认为这能挽救生命。李梅是个出色的空中战术家、勇士和创新者。他带着他的部下执行了战争期间一些最艰难的飞行任务。他想为他们树立起一个榜样，但更重要的是，他想亲自了解他们所面对的问题。

李梅不需要大呼小叫地催促部下。他的声调很轻，几乎令人无法听清。他还是个喜怒不形于色、自我封闭的人，具有一名善打硬仗者的本能。"与希特勒相比，我们更怕他。"盖尔·克莱文这样说道。[23]坚强的外表和无情的直率使他获得了公正的声誉。"我可以原谅错误，但只能一次，"他告诉他的部下，"如果你欺骗我，那就愿上帝帮你吧。"[24]

在李梅看来，表现决定一切，他提拔部下完全取决于他们的所作所为。"他不想听到任何废话，"[25]拉尔夫·纳特第一次到第305大队报到时，一名同僚告诉他，"我听说你曾读过法学院。他不喜欢律师，他认为他们都是些夸夸其谈者，而不是实干家。"他们到达英国时，第305大队充其量是一帮"穿着军装的老百姓"[26]，纳特回忆道，"要是我们打算在这场对抗纳粹的战争中活下来，那就需要一位像李梅这样的领导"[27]。

李梅知道自己所带的是一群准备工作极不充分的部下。[28]他那些投弹手从未投掷过货真价实的炸弹，在莫哈韦沙漠的训练中，他那些射手对活动靶的唯一经验是用手枪射击响尾蛇。但他不知道他自己是否为迎战德国空军做好了准备。这是他第一次指挥作战，而且没有可供遵循的先例。陆航队轰炸机司令部对高空轰炸有着美妙的理论，却并未开发出能使那些理论生效的战术。作为一名纯粹的实用主义者，李梅比其他人更多地给予了米切尔和杜黑、汉塞尔和埃克极其危险的误导性观点一个急需的事实基础。出于对理论的怀疑，作战才是他的学校。这是他有限的天分中的秘密。安迪·鲁尼写道："是李梅……改变了轰炸机飞行的方式。"[29]

一起单独事件改变了李梅职业生涯的轨迹。他带着第305大队首次抵达普雷斯特维克机场时，朝房间里望去，刚好看见正要搭乘飞机返回美国的弗兰克·阿姆斯特朗上校。"他一直在从事战斗，一直遭受到射击，"李梅回忆起当时的想法，"也许他可以告诉我们些情况，（他所掌握的知识也许）能影响到我们。握着他的手时，我们甚至觉得自己应该弯腰鞠躬。"[30]

李梅和他那些菜鸟飞行员向阿姆斯特朗提出一个个问题。进入轰炸航路时感觉如何？敌人的抵抗有多激烈？"高射炮火非常致命，"阿姆斯特朗告诉他们，"要是你保持水平沿直线飞入高射炮火中，不超过十秒钟，你就完了。"李梅深信不疑，觉得自己听到了"神谕"。但后来，他对此产生了怀疑。"我对自己说，真见鬼，要是你无法保持水平沿直线飞行超过十秒钟以上，你又如何能对目标实施轰炸呢？"出于对生存可以理解的担心，阿姆斯特朗和他的飞行员进入轰炸航路后经常会采取躲避动作，突然改变方向和高度，以避开敌高射炮火力。在挽救自己生命的同时，他们也挽救了敌人，因为投下的炸弹分散到各个地方；敌人获救意味着日后还要一次次回来。这是对人员和飞机的一种浪费。[31]

李梅在床上辗转反侧，彻夜无眠，终于想出个主意。他"啪"的一声打开电灯，走到自己的军用床脚柜旁，找出一本从后备军官训练团时期一直保存至今、皱巴巴的炮兵手册。他坐在床上，手里拿着纸和笔，做了些粗略的计算。要击中一个B-17般大小、保持水平沿直线飞入的目标，平均算起来需要272发炮弹。这是个"相当不错的机率"。

就是这样！执行大队的首次任务时，他打算让部下们进入轰炸航路后像根台球棍那样保持直线飞行，这将使轰炸航路的距离更长些。这种做法有风险，但如果美国航空队无法将炸弹投向目标，"那我们还不如待在家里"。11月23日早上，李梅对第305大队在战争中的首次轰炸行动做了任务简报。"如果飞往圣纳泽尔，我们就要让一些炸弹击中目标，上帝为证。我认为这是唯一的办法。"[32]他告诉部下们，飞直线，保持稳定，忘记死亡。"胜利伴随着损失。"[33]消灭敌人才是重中之重。"如果你们当中有谁没这个胆量，也许你在步兵中会更愉快。要是你想调职，考虑下当副官……有问题吗？"李梅承认，现场发出了许多"抱怨"[34]，但当他宣布自己将亲自率领这次任务时，屋内平静下来。

第305大队完全按照李梅的计划在圣纳泽尔上空实施了轰炸，保持水平并沿直线飞行，不是10秒，而是420秒。全大队没有因高射炮火损失一架飞机，损失的两架轰炸机是因为埃贡·迈尔发起快速打击的Fw-190所造成。航拍照片表明，第305大队在圣纳泽尔投下的炸弹数量两倍于其他大队。从这以后，在联队长劳伦斯·库特尔的支持下，李梅的轰炸战术成为了所有大队的标准操作程序。

11月23日的行动中，李梅的第305大队很幸运。但接下来的三个月，轰炸机的损失迅速从3.7%升至8%，³⁵而且，由于地中海战区的行动，也没有补充的轰炸机运送给他们，食堂里出现了更多的空椅子。"每次执行完任务，我去军官俱乐部，通常都会有几张面孔消失不见，"罗伯特·摩根回忆道，"我会将注意力集中在面前的苏格兰威士忌上。它们是我穿越那些夜间航行的仪表盘。"酗酒毁了许多优秀的飞行员，差一点也毁了罗伯特·摩根。但他说："那些凌空爆炸的B-17噩梦般地缠绕着我，威士忌是唯一的解药。"³⁶

现在，摩根所在的第91轰炸机大队的队员们开始意识到，他们是"陆航队正在进行的一场伟大实验中的马前卒……队里的成员甚至将自己称为'豚鼠'"，该大队的官方历史学家写道。³⁷这是一场血淋淋的实验，而不是30年代那种理论上的争论。"有谁害怕吗？"一名指挥官对他的部下们吼道，"如果没有，那你们肯定出问题了。我来给你们点建议该如何打这场战争——假装自己已经死了，剩下的就容易多了。"³⁸

尽管李梅的战术提高了轰炸准确度，但结果依然糟糕透顶。落入瞄准点1000英尺范围内的炸弹不超过3%。投弹手未能准确命中目标是因为他们没时间对其加以研究，李梅相信这一点。一名投弹手首次获悉当天目标的位置是在清晨的任务简报会上，而他正"睡意朦胧、昏昏沉沉、思家心切"³⁹。巨幅地图前的帷幕拉开时，他对自己即将要穿过薄雾和高射炮火实施轰炸的工厂"一无所知"⁴⁰。所有信息都来自简报会结束后，专门为投弹手和领航员举行的一次起飞前简报上播放的一些幻灯片，李梅对此的比喻是，在五分钟内为应付期末考试而进行的死记硬背。

李梅的解决办法是找出大队中最好的投弹手和领航员，对目标进行彻底研究，并将这些"领头机组"布置在编队最前方的飞机中。⁴¹从现在开始，李梅的大队里，只有打头阵的投弹手拥有"诺顿"瞄准器，其他投弹手看见前方飞机投下炸弹时，才能按下开关，投掷下机上的炸弹。从普通队员到他的最佳人员，李梅一举提高了整个编队的轰炸准确率。⁴²拉尔夫·纳特是队里第一批最佳人员之一，李梅命令他为那些打头阵的投弹手开办一所学校。

但在美国人逐步改善其进攻战术时,德国人的防御也变得越来越强大。1943年1月3日,纳粹的高射炮手将圣纳泽尔上空的第八航空队打得落花流水。此前,他们曾追踪并射击过个别的轰炸机或编队。当天,他们采用了一种"预测式齐射",一箱箱致命的高爆弹穿过整个美军编队必经的空域。在这个500英尺宽、1000英尺高和深的巨大的高射炮火区域中,3架轰炸机被击落,另外39架中弹受损。航空队的一份报告指出:"空中纪律很糟糕,导航也很马虎。"[43]

在这之后,事情发生了变化,最大的变动是战前的轰炸战理论家海伍德·汉塞尔准将。1943年1月1日,劳伦斯·库特尔被斯帕茨调至北非担任自己的助手,汉塞尔接替库特尔出任第1轰炸联队的指挥官。

汉塞尔比李梅大三岁,来自南方一个古老的军人家庭,是个战争史研究者,极其崇拜罗伯特·E·李将军,与谢尔曼不同,他投身战争仅仅是为了迎战。汉塞尔是个温和、亲切的人,性格平和,由于下凹的鼻子和聪明的头脑,他被他的朋友们称为"负鼠"[44]。与他共事的每个人都认为他是陆航队中最优秀的指挥官之一。这是他第一次担任作战指挥工作,也是他一直渴望的机会,这个机会将测试他曾帮助树立起的制空权理论。

他期望能大干一番,但很快便发现自己与一位野蛮的少校发生了争执,在气质和教养上,后者与他完全相反,而且,这名少校还是他在航空军战术学校的一名学生。李梅像股暴风般杀至,带来一场动荡。汉塞尔的课堂理论被碾为齑粉,李梅通过世界上最好的对空防御直截了当地告诉了他这一点。美国轰炸机无法像汉塞尔和"轰炸机黑手党"曾争辩过的那样,飞越敌人的高射炮火,或是从敌战斗机的攻击下逃脱;他们的投弹也无法做到像在美国西南部沙漠中所进行的训练那般准确。另外,轰炸机迫切需要远程战斗机的护航,而这是汉塞尔和他那些筹划战事的同僚认为既无必要也不可能做到的。

在联队召开的会议上,李梅用一个个尖锐的问题"轰炸"了汉塞尔。是哪个糊涂蛋将点30口径的"玩具枪"安装在轰炸机机鼻上的?是哪个"泡菜坛"理论家说我们能实施精确轰炸的？又是谁断然认为不需要战斗机提供护航的？汉塞尔这个好脾气的和事佬，对李梅咄咄逼人的言辞感到震惊，并试图转换话题。但由于汉塞尔对战术细节不感兴趣，他最终同意将具体战术问题交给各大队指挥官处理，而他则将工作重点放在目标优先顺序上，这个问题，陆航队里没人比他更精通。

最后，这些梦想者和实干家构成了一个颇具效率的团队，尽管欠缺些友好。他们都是深具勇气的人，这一事实减少了彼此间的摩擦。直到汉塞尔亲自跟随第305大队一同飞行，并对圣纳泽尔实施了一次猛烈的打击后，他才将下属的战术推广到整个第1轰炸联队。[45]

第二年夏季到来前，整个第八航空队都采用了"领头机组"轰炸战术。[46]在目标上空的7—10分钟内，为首的投弹手俨然成为了整个第八航空队的化身。其他投弹手抱怨说，自己已沦为"按按钮的人"，但轰炸精度——尽管仍不够稳定——却提高了三倍。利用航空队新开发的设备，纳特也帮着建立起一种自动飞行控制系统。这使投弹手在轰炸航路的最后几分钟内，得以通过"诺顿"瞄准器实际控制飞机，这种系统提供了一个稳定的"平台"，甚至比最出色的飞行员所能做到的还要好。飞行员克雷格·哈里斯说："自动飞行控制设备能让你的航线保持得如此平稳，你甚至会以为自己在铁轨上飞行。"[47]

汉塞尔和同样采用这种战术的其他指挥官，跟随着一个楔形"箱式队形"的变体，李梅从格拉夫顿安德伍德发起的首次行动对其进行了实验。他将飞机堆叠起来，于是，一个先头编队（位于楔形的顶端）的身后跟随着另外两个编队，其中一个编队略高于为首的编队，而另一个编队的位置稍低。这种紧凑的编队由18—21架轰炸机构成，与另外1—2个"箱式队形"组成一个作战联队，这样的布置可以集中起点50口径机枪的火力，覆盖住四面八方1000英尺内的空间。但是，对实施"精确轰炸"而言，这种编队太过庞大，轰炸散布面已接近"箱式队形"的宽度，高达2500英尺。[48]单独的飞机所实施的轰炸，精确度远远超过轰炸机编队，但在投弹飞行的过程中，敌战斗机凶猛的打击迫使第八航空队组成轰炸机群，以确保"箱式队形"的完整。这使轰炸机更加暴露于高射炮火下，"但将二者相比，敌战斗机的威胁太过严重，我们不得不承受高射炮火，并保持队形"，1943年夏末返回华盛顿后，汉塞尔向他的上级做了这样的解释。

第八航空队永远无法找到一种同时实现最大精度和最大保护的轰炸方式。这造成了一个难题，从而导致了无法取消的地毯式轰炸，一些炸弹命中了目标，而其他炸弹则被丢得到处都是。这是战斗的现实，而不是战前的理论，这使第八航空队无法改变地走向了"轰炸机"哈里斯不分青红皂白实施区域性打击的路子。杜黑和米切尔曾在他们的著作中试图将优势归于进攻方，但只要德国人的高射炮和战斗机继续保持强大，防御者就能破坏轰炸精度。[49] "如果我们重新实施单独轰炸……效果可能会更令人满意，"汉塞尔告诉他的上司，"但代价会很高。"[50]

朱里奥·杜黑预言过的新型战争是基于毁灭，而不是消耗。他未能预见到那种贴身近战、残酷、延续很久的战争，而制空权则是这种战争所必需的。李梅从未读过他的著作。对驻扎在英国的美国航空队来说，这是件幸事。

被部下们称为"老铁驴"的柯蒂斯·李梅对那些空想主义者有所了解。他的父亲就是个无可救药的梦想家，工作换了一个又一个，足迹踏遍全国各地，毫无结果地寻找着令他满意的结果，这种寻找令他心怀不满的儿子作出痛苦的反应，最终变为一个冷眼旁观的实用主义者。李梅的怀疑论，他对作战行动和战术狭隘而又必要的关注，使他成为了指挥官的合适人选，而此刻，第八航空队正在输掉这场汉塞尔和其他规划者已在讲坛上赢得的战争。

1942年12月，柯蒂斯·李梅的第305轰炸机大队接到命令，从格拉夫顿安德伍德迁至切尔维斯顿（Chelveston）一座新建的、设施更好的基地，该基地以一个古老的诺曼家族命名，这个家族定居于剑桥与北安普顿之间的地区。此时，他那些获得提高的机组骄傲地称自己为"能做到"的小伙。[51]他们需要这种信心，因为他们的下一个目标是德国。

注释

1 《目标，德国：第八航空队轰炸机司令部在欧洲上空作战第一年的官方史》，第41—42页；另可参阅罗杰·A·弗里曼、艾伦·克劳奇曼、维克·马斯林合著的《第八航空队战时日志》（伦敦，简氏出版社，1981年），19—20页；罗杰·A·弗里曼的《第八航空队作战手册》（伦敦，卡塞尔出版社，2001年），第110页。

2 《目标，德国：第八航空队轰炸机司令部在欧洲上空作战第一年的官方史》，第41—42页。

3 同上。

4 引自索斯，《空军作战部队的医疗支援：二战中医疗领导的研究》，第12页。

5 引自索斯，《空军作战部队的医疗支援：二战中医疗领导的研究》，第11页。

6 对马尔科姆·格劳上校的采访；默尔·奥姆斯特德，《坠海》，美国航空历史学会杂志，1998年秋，第174页。

7 《星条旗报》，1944年4月10日，第3版。

8 J·M·兰利，《择日再战》（伦敦，哈珀·柯林斯出版社，1974年），第251页。

9 谢莉·格林·奥蒂斯，《沉默的英雄：被击落的飞行员与法国地下抵抗组织》（列克星敦，肯塔基大学出版社，2001年），第124—125页。

10 伊冯·黛莉-布鲁塞尔曼斯，《重访比利时127会合点》（堪萨斯州曼哈顿，向日葵大学出版社，2001年），第68页；2002年1月20日，作者对伊冯·黛莉-布鲁塞尔曼斯的采访。

11 同上。

12　伊冯·黛莉–布鲁塞尔曼斯，《重访比利时127会合点》，第55页。
13　谢莉·格林·奥蒂斯，《沉默的英雄：被击落的飞行员与法国地下抵抗组织》，第123、129页。
14　伊冯·黛莉–布鲁塞尔曼斯，《重访比利时127会合点》，第50—51页。
15　玛格丽特·罗斯特，《抵抗活动中的女性》（纽约，普雷格出版社，1986年），第23页；奥蒂斯，《沉默的英雄：被击落的飞行员与法国地下抵抗组织》，第2—3、22、120页。
16　W·R·阿姆斯特朗，《读者文摘》中《大逃亡的真实故事》（纽约普莱森特维尔，读者文摘出版社，1977年），第85页；再版时改为《彗星路线》，《读者文摘》第五卷（1979年6月1日）。
17　詹姆斯·古德·布朗，《第381大队的勇士，都是英雄：一名牧师所揭秘的第381轰炸机大队内幕》（盐湖城，出版者出版社，1994年），第230—231页。
18　拉尔夫·纳特，《与负鼠和鹰同在：一名领航员的亲历》，第18—19页。
19　同上，第21—22页。
20　同上，第22—23页。
21　2002年4月2日，作者对罗伯特·罗森塔尔的采访；另可参阅维克托·戴维斯·汉森的《恰当人选》，《军事历史》杂志第3期（1996年春季），第6页。
22　柯蒂斯·E·李梅、麦金利·坎特，《使命：我的故事》，第37页。
23　2003年4月2日，作者对克莱文的采访。
24　引自小贝尔尼·莱，《冲击：来自空中的毁灭》第七章的《背景》，乔治亚州萨凡纳，第八航空队历史博物馆；柯蒂斯·E·李梅、麦金利·坎特，《使命：我的故事》，第265—266页。
25　拉尔夫·纳特，《与负鼠和鹰同在：一名领航员的亲历》，第9页。
26　同上。
27　同上。
28　柯蒂斯·E·李梅、麦金利·坎特，《使命：我的故事》，第217页；另可参阅托马斯·M·科菲的《钢铁雄鹰：柯蒂斯·李梅将军的坎坷生涯》（纽约，皇冠出版社，1986年），第28页。
29　安迪·鲁尼，《我的战争》（纽约，时代出版公司，1995年），第123页。
30　柯蒂斯·E·李梅、麦金利·坎特，《使命：我的故事》，第229—230页。

31 上述文字均引自柯蒂斯·李梅的《战略空中力量：摧毁敌人的战争资源》，第2章，《指挥部现状》，《航空历史学家》杂志，1980年春季，第9—10页。

32 柯蒂斯·E·李梅、麦金利·坎特，《使命：我的故事》，第241—242页。

33 拉尔夫·纳特，《与负鼠和鹰同在：一名领航员的亲历》，第33—34页。

34 柯蒂斯·E·李梅、麦金利·坎特，《使命：我的故事》，第241—242页。

35 霍斯特·布格等人编撰的《德国与第二次世界大战，第六卷》，第595页。

36 2003年7月26日，作者对罗伯特·摩根的采访；摩根，《"梅菲斯美女"号：一名二战轰炸机驾驶员的回忆录》，第132—133页。

37 S·T·帕克上尉，引自门诺·杜尔克森的《"孟菲斯美女"号：二战中最著名的轰炸机的真实故事》（孟菲斯城堡出版社，1987年），第167页。

38 第367轰炸机大队大队长莫里斯·普雷斯顿上校，引自马丁·米德尔布鲁克的《空袭施韦因富特—雷根斯堡》（纽约，斯克里布纳出版社，1983年），第61页。

39 柯蒂斯·E·李梅、麦金利·坎特，《使命：我的故事》，第255—256页。

40 同上。

41 李梅，《战略空中力量：摧毁敌人的战争资源》，第12页。

42 同上。

43 "美国的战术"，国会图书馆，斯帕茨文件。

44 詹姆斯·帕顿，《空军如是说：艾拉·埃克将军和空军指挥部》，第179页。

45 李梅与汉塞尔的关系，均引自1943年1月12日，李梅写给罗宾·奥尔兹将军的信件，国会图书馆，李梅文件。

46 斯蒂芬·L·麦克法兰，《1910—1945，美国对精确轰炸的追求》，第171—172页。

47 2002年10月2日，作者对克雷格·哈里斯的采访。

48 1943年8月9日，负责情报工作的空军助理参谋长办公室采访H·S·汉塞尔将军，美国空军历史研究部，142.052。

49 "美国的战术"，国会图书馆，斯帕茨文件；"空中作战：训练与组织，1942年12月1日—1943年10月1日"，第1—12页，斯帕茨文件。两个或两个以上的作战联队被派去打击同一个目标时，这股力量便被指定为一个空中特遣队。

50 1943年8月9日,对汉塞尔将军的采访。
51 拉尔夫·纳特,《与负鼠和鹰同在:一名领航员的亲历》,第37页。要了解空战理论与实际作战间的差别,可参阅霍斯特·布格编撰的《第二次世界大战中的空战》第13章,威廉姆森·默里所写的《英美战前学说对第二次世界大战空中战役的影响》。

第五章

勇气的剖析

世上令我最害怕的是恐惧。

——蒙田

1943年1月,卡萨布兰卡

1943年1月,罗斯福和丘吉尔在法属摩洛哥的卡萨布兰卡举行会议,会上作出的决定最终使第八航空队变为一个真正的大规模杀伤性武器。英美盟军在北非彻底击败德国军队后,两位世界领导人一致同意,下一场大规模攻势将于当年夏季在地中海地区发起,最有可能的是针对西西里岛。对北欧的进攻又被推后一年,对丘吉尔来说,这是个真正的胜利。预计到这场进攻,罗斯福和丘吉尔宣布了一项联合轰炸机攻势计划。其主要目的是通过空战和粉碎敌生产设施来击败德国空军。英国人继续在夜间实施轰炸,而美国人则在白天。

这可能会带来不同的结局。就在会议即将召开前,艾拉·埃克将军收到阿诺德的一份急电,要他于次日赶至卡萨布兰卡。埃克打电话给司令部,让他们当晚为自己准备一架B-17；12个小时后，这架"空中堡垒"从康沃尔（Cornwall）半岛兰兹角（Land's End）的一座小型机场起飞。到达北非后，埃克和他的助手詹姆斯·帕顿被送往安法酒店。这组沐浴在阳光下的别墅群坐落在一处高耸的峭壁上，俯瞰着碧波荡漾的大海。"艾拉，有个坏消息告诉你，"阿诺德告诉埃克，"罗斯福总统已同意丘吉尔先生的要求，你的第八航空队将停止白昼轰炸，并加入到皇家空军的夜袭中。"[1]

埃克发作了。他告诉阿诺德，这是个"愚蠢"的决定。"我绝不同意，而且我保留告诉我们的人我为何不同意的权利。"[2]没用一个小时，阿诺德便做好安排，让埃克第二天早上去见丘吉尔。埃克只有不到24小时的准备时间来挽救第八航空队被吞并的命运。"只有你能救我们。"阿诺德告诉他。[3]

埃克和帕顿起草了一份简洁的单页备忘录，准备呈交给英国首相，另一份较长的报告，供阿诺德和他的参谋人员在与英国人举行的高级别会谈中使用。第二天上午10点，埃克准时出现在丘吉尔窗户宽大的别墅前。首相走下楼梯，引人注目地穿着一身空军准将制服。"我已被告知，他接见海军人员时便会穿上他的海军军装，会见其他军种的人同样如此，但这是我第一次看见他身穿皇家空军的军装，"埃克回忆道，"这令我吃惊，但马上将之视为一个好兆头。"[4]

丘吉尔直奔主题。"年轻人，我是半个美国人，我的母亲是一名美国公民。我们损失了那么多英勇的机组人员，这令我心碎。"[5]埃克将备忘录递给他，丘吉尔示意埃克在自己身边的沙发上坐下，随即以低不可闻的声音读了起来。备忘录的重点是支持"昼夜不停轰炸"论据。如果皇家空军继续夜间轰炸，而第八航空队加快其在白天的行动，德国人的防御体系将无法得到任何喘息之机。希特勒会被迫将其防空体系的规模扩大至两倍，甚至是三倍，并命令成千上万名工人交出他们的锤子，换上钢盔，从极为重要的战时工厂调至防空炮位中。"要有耐心，给我们机会，你的回报会很丰厚——成功的白昼轰炸妨碍到与皇家空军令人钦佩的夜间轰炸的结合和协作，以破坏德国的工业、交通运输和士气——但却为地面进攻和杀戮削弱了德国佬。"[6]埃克的备忘录在结尾处承诺，第八航空队将在月底前开始对德国本土发起打击，并加强空袭行动的规模和频率，因为美国国内工厂和训练设施的扩大，已使第八航空队在飞机和人员上获得极大的加强。

"您的观点并未能完全说服我。"丘吉尔放下备忘录后说道。[7]但首相喜欢"昼夜不停轰炸"这句话的口气和意图。"这几个词在他的舌尖辗转，仿佛是一道美味佳肴。"埃克回忆道。[8]"午餐时，等我见到你们的总统，我会告诉他，我撤回你们停止白天的轰炸行动并加入我们夜间空袭的建议。"[9]盟军将尝试昼夜不停的轰炸行动，但只是"暂时"，丘吉尔作出强调。[10]

丘吉尔记得，他更为果断地做出了决定。"我决定支持埃克和他的主张，因此我来了个一百八十度大转弯，撤回了自己反对以空中堡垒实施白昼轰炸的所有意见。"他在自己的战争回忆录中这样写道。[11]但是，结束卡萨布兰卡会晤的埃克相信，第八航空队的生存仍是个问题。

这个德克萨斯州佃农的儿子一直有着出色的说服力，而首相的耳朵里也充斥着其他声音。以皇家空军参谋长查尔斯·波特尔爵士为首的空军顾问们，一直在提醒丘吉尔，不要对美国人的轰炸努力大加指责。停止从英国发起的白昼轰炸，可能会使华盛顿的战争规划者们将驻扎在这里的轰炸机重新分派至其他战区。另外，丘吉尔和罗斯福都确信，如果盟军无法获得从英吉利海峡至莱茵河的空中优势，计划中对法国北部的进攻将遭到失败。"削弱德国空军力量最经济的办法，"埃克在他的备忘录中指出，是白昼轰炸，"我们命中他们的重要目标时，敌人不得不迎战我们的轰炸机。"[12]埃克相信，这场德国战斗机与缺乏护航的美国轰炸机之间的战斗，第八航空队将获胜。这是战争中最大的错误之一。

在卡萨布兰卡，英国和美国的空军指挥官们向丘吉尔和罗斯福保证，盟军舰队驶离英国海岸赶往法国北部前，北欧的天空中，德国空军将被肃清。[13]可是，与乔治·马歇尔和艾拉·埃克不同，空军中将阿瑟·哈里斯和卡尔·斯帕茨将军相信，一场全力以赴的轰炸攻势能在地面进攻发起前迫使德国屈膝投降。随着地面进攻被暂定于1944年春季，他们只有一年零几个月的时间来兑现他们夸张的断言：单凭空中力量就能打垮德国。

写作69

接下来的六个月中，联合轰炸机攻势不会正式开始。当年冬季和春季，潜艇的威胁仍是盟军目标规划者最优先考虑的问题。第八航空队对U艇基地的打击依然徒劳无益，因此，他们被要求为"轰炸机哈里斯"提供帮助，全力摧毁敌人的供应来源：德国境内威廉港、不来梅、费格萨克和基尔庞大的潜艇建造厂。1943年1月27日，第八航空队对德国领空实施首次渗透，袭击了位于北海的威廉港内的潜艇建造厂。艾拉·埃克给予第306轰炸机大队及其新任大队长弗兰克·阿姆斯特朗将军"第一个飞越德国"的荣誉。这是对阿姆斯特朗在当月早些时候接掌严重受损的第306大队，并恢复该大队的纪律和士气的奖励，这也是小说《晴空血战史》的基本内容。德国人猝不及防，抵抗很轻微，但云层遮蔽了目标，炸弹造成的破坏微乎其微。尽管如此，随着这个不起眼的开端，美国，以其巨大的生产能力，与英国一同创造出战争史上最大的城市和经济破坏战。

经历了长时间的天气延误后，2月26日，第八航空队又对威廉港发起空袭，这次，美国记者也跟着去了。安迪·鲁尼便是其中的一个。毕业于柯盖德大学后，他成为陆军《星条旗报》派驻伦敦的首席记者。"当时，第八航空队是欧洲战事中的最佳题材，"鲁尼回忆道，"我们已厌倦了赶往空军基地，采访与我们同龄、在战斗中失去朋友的那些小伙子，并于当晚返回到伦敦的舒适生活中。直到第八航空队的头头宣布我们必须参加为期一周的射击训练后，我们才反应过来。我们被告知，如果我们想搭乘一架轰炸机赶赴战场，最好知道该如何操作一挺机枪，以免遇到麻烦。"[14]

八名记者获准参加飞行任务。他们当中包括合众社的沃尔特·克朗凯特、美联社的格拉德温·希尔、陆军周刊《扬基》的丹顿·斯科特、《纽约时报》的鲍勃·波斯特,以及《纽约先驱论坛报》的霍默·比加特——当时最受尊敬的战地记者之一。(斯科特错过了空袭威廉港的任务,但后来他参加了对洛里昂的轰炸。)陆航队的一名公共关系官称他们为"写作69",这是对第一次世界大战中"战斗69"一个拙劣的模仿。美国记者称他们为"飞行打字机",而他们则把自己称为"命运已定的军团"。"我对此不太高兴,"克朗凯特的老板哈里森·索尔兹伯里回忆道,"但十二头大象也无法把沃尔特拉出那架B-17。"[15]

学习了如何蒙着双眼拆解机枪,如何在1000码的距离上辨别"福克-沃尔夫"或英国的"飓风"战斗机后(这不是件容易的事),他们被带至靶场,用霰弹枪和汤普森冲锋枪进行了一些射击训练。五天后,他们都通过了笔试。"愿上帝保佑希特勒吧。"拿到自己的成绩时,丹顿·斯科特喊了起来。[16]

到这时,他们分开了。鲁尼被分到瑟莱的第306大队,克朗凯特去了莫尔斯沃斯的第303大队,另外两名记者则被派至李梅的第305大队。发起空袭的当天早上,恐惧感急剧上升,因为在第八航空队先前渗透进德国领空的行动中,罗伯特·摩根所在的大队已成为德国空军新战术的目标:美国轰炸机遭到了轰炸。德国人的双引擎战机飞至轰炸机群上方2000英尺处,将定时引爆的炸弹投入轰炸机编队内。尽管没有轰炸机被击中,但这种空对空攻击标志着纳粹一种新的决心。

空袭威廉港的行动中,安迪·鲁尼被派至比尔·凯西中尉的"女妖"号,这架飞机的机组人员曾目睹了亚利桑那·哈里斯射出最后的子弹,直到被海水淹没为止。尽管是轰炸机基地的常客,但鲁尼从未参加过起飞前的任务简报。"我记得自己正想着这些美国的棒小伙是如何如何出色,那些年轻的飞行员穿着皮夹克,衬衫领敞开着,皮质尖顶帽随随便便地歪戴在头上。还有几个人打着领带,耶鲁生,也许吧。"[17]待任务简报官告诉他们,当天的目标位于德国境内时，鲁尼第一次认真考虑了自己送命的可能性。自己才24岁，妻子还在家等着他，他觉得自己犯了个大错，但现在已无法回头了。

"一切都很平静，平静得几乎有些单调，我们离开英国海岸已有一个小时，"鲁尼在第二天出版的报纸上写道，"然后，麻烦便来了。"银色的战斗机从阳光中俯冲而下，随即又消失进云层中，快得就像它们出现时那样。"它们看上去很小，很难让人相信是一种致命的武器，也是个不可能的目标。"坐在狭窄的机鼻内，领航员转动他的手持式机枪对准一架从他们身边高速飞过的梅塞施密特开火时，鲁尼差一点撞上投弹手的膝盖。接下来的两个小时，德国战斗机充斥着射手们的准星，轰炸机尚未进入德国领空，便已开始穿越金属碎片四散飞溅的天空。进入轰炸航路后，传出了震耳欲聋的爆炸声，有机玻璃制机鼻似乎即将从机身处断裂。投弹手震惊地缩回身子，用手捂住眼睛，认为自己已经瞎了。但他并未受伤，而且，"似乎要断裂开的机鼻，实际上只是个拳头大小的弹孔"。投弹手摘下手套，试图用它堵住弹孔时，他的手立即被冻僵，"刚一抓住有机玻璃锯齿状的破裂边缘，手指上的肉便被扯掉"。

投弹飞行时，鲁尼发现领航员的氧气供应遇到了麻烦。他的脸色突然变紫，一头倒在他的机枪上。在投弹手的帮助下，鲁尼将氧气面罩套在领航员的脸上。然后，他爬上驾驶舱寻找应急设备时，错误地解开了自己的氧气面罩，结果，他的双腿开始踉跄起来。"凯西中尉立即意识到我正处在生命的重大危机中。他帮我固定好氧气面罩，于是，我在后面经历了首次简短目睹战争的剩余部分。"[18]

参加当天飞行的六名记者早已商量好，行动结束后在莫尔斯沃斯一间没有窗户的房间会合。他们将在那里撰写报道，通过审查后便将其发回伦敦。他们跟跟跄跄，脸色苍白，筋疲力尽，但都渴望倾述一番。所有人都来了，只差鲍勃·波斯特。[19]前一天晚上，他告诉朋友们，第二天他会送命。几个小时后，一名航空队代表冲进房间。这可能是个最糟糕的消息。有人会去通知波斯特的妻子,她刚刚从伦敦赶到这里,想和他一起在这里度过战争剩下的时间。

好莱坞加入第八航空队

罗伯特·摩根上尉记得,第一次见到他是在执行空袭威廉港任务一个月前的巴辛伯恩:一个整洁、充满自信的人,穿着件机枪手的飞行夹克,戴着尖顶皮帽,"他挥舞着胳膊,一支点燃的香烟叼在唇间,两名摄影师紧跟在他身后。他佩戴着少校军衔,对身边的每个人都用一种直截了当的命令方式,所以我猜,他肯定是个相当重要的人物。"[20]

这个人是好莱坞导演威廉·惠勒。他在1942年拍摄的电影《忠勇之家》讲述了纳粹闪电战期间,一个英国家庭紧密团结的故事,这部电影仍在英国和美国的电影院里上映,并将获得六项奥斯卡奖,其中包括惠勒的一个"最佳导演"奖。惠勒和他的摄制组已在英国待了五个月,正在为战争部拍摄一部关于战略轰炸的纪录片。*

珍珠港事件后,卡尔·斯帕茨在华盛顿的一次聚会上遇到这位导演,并安排授予他少校军衔和到英国为陆航队做些现场战争报道的机会。一个小时内,惠勒获得了委任状。"没有训练,什么都没有,"惠勒回忆道,"我被送到某个地方买了身军装。然后,我穿上那套不太合身的军服,叼着香烟,拎着公文包走上大街,迎面过来一名将军。哎呀,我该怎么做?把香烟吞下去,把公文包丢掉吗?我扔掉香烟,举手敬礼。将军看着我,笑了起来。"[21]

一艘德国潜艇击沉了携带着惠勒昂贵的35毫米摄影机的船只,摄制组只剩下一些放在行李箱里的16毫米手持摄影机。他们将这些摄影机交给飞行员,让他们在执行任务时拍摄影片,但惠勒对此不太满意。他坚持跟机组人员

---

*译注:威廉·惠勒的其他名片还包括《罗马假日》和《宾虚》等。

一同飞行，他想拍一部有力、真实的电影，而不是一部不费气力的宣传片。他如愿以偿，但先决条件是跟鲁尼、克朗凯特以及"写作69"的其他成员一同参加射击训练。

在巴辛伯恩，他的摄影小组将这部彩色影片的大部分镜头用于拍摄一架名叫"入侵Ⅱ"号的轰炸机。一天，这架轰炸机未能从空袭行动中返航。"于是，我们跳上一辆吉普，"一名摄影师回忆道，"开始在基地四周来回兜圈子，以寻找另一架轰炸机。"[22]惠勒看见某架"空中堡垒"的机头上画着个长腿、红发、身穿泳衣的美女，旁边写着令人印象深刻的名字，"孟菲斯美女"。"惠勒用手指着这个名字，说道：'就是她了。'"

惠勒到达巴辛伯恩后，最先引起他注意的事情之一就是机头艺术。纳粹和英国人都没有类似的做法，美国海军陆战队和海军对此也严令禁止。这似乎是机组小伙子们旺盛精神的一种表现。"在一场庞大、呆板、残酷得令人无法抵抗的战争中，这是一种保持我们的个性或幽默感的方式。"[23]罗伯特·摩根后来这样评述道。这里有卡通图标，例如米老鼠，也有凶猛的喷火龙，但最受这些业余机头艺术家青睐的内容是商业艺术家乔治·佩蒂、吉尔·艾尔夫格雷恩和秘鲁人阿尔贝托·瓦格斯笔下那些摆出妖娆姿势的性感女郎。羞涩的性感，无与伦比的美丽，她们是家中女友更为理想化的版本；她们是前线生活肆无忌惮的标志。在这里，死亡萦绕在每个人的心头。

摩根为他的飞机选择名字时，适逢赶往英国前，他打电话给乔治·佩蒂，问自己是否能将一张他为《君子》杂志创作的封面女郎画在轰炸机上。佩蒂给他寄来一张画作，摩根在自己的中队里找了个画家，将这张作品画了两份，机头两侧各一张。机组人员喜欢这幅画，画上的姑娘与他们年轻的冲劲、思乡情及性渴望完全相符。"对那些追踪美国轰炸机的德国战斗机飞行员来说，有时候看上去就像遭到了一波飞行中的内衣目录的攻击。"摩根后来说道。[24]

摩根与惠勒在军官俱乐部会面后，他告诉惠勒，他的飞机是以现实生活中自己的女朋友来命名的，他打算只要一回家，就在孟菲斯和她结婚。这一刻，惠勒已知道，自己的电影将以"孟菲斯美女"号为蓝本。他告诉摩根，他想和他一起飞。"我告诉他，要是他不会碍事，不会导致我们机组悉数送命的话，那就没问题，"摩根回忆道，"我喜欢这家伙，他有胆量，有激情，但他确实妨碍了我们。"[25]每当"孟菲斯美女"号遭遇炮火时，惠勒便跳起身，在飞机上乱窜，一只手拎着便携式氧气瓶，另一只手端着一台小型摄影机，兴奋地指向高射炮火或冲来的敌战斗机。有一次，他错过了拍摄高射炮弹爆炸的镜头，于是恳求摩根驾驶飞机飞入弹片最密集的空域。

惠勒是来自阿尔萨斯的一名犹太人，他希望为打垮希特勒作出一份贡献。埃克将军命令他停飞，生怕纳粹会把他的被俘当作一场宣传上的重大胜利，可惠勒已登机参加另一场任务了。埃克的助手小贝尔尼·莱告诉他，他会因直接违抗命令而被送上军事法庭，惠勒的回答是："我必须拍电影。"[26]小贝尔尼·莱始终未将惠勒拒绝停飞一事告诉埃克。"惠勒在玩命，"小贝尔尼·莱后来解释了他的决定，"因为他想拍摄到真实的画面。"[27]

有一次，惠勒的氧气供应突然中断，差点让他送了命。在另一次任务中，为拍摄到一架"空中堡垒"飞离跑道时的壮观场面，他冒着生命危险，在起飞时坐进球形炮塔内，没有哪个射手会被允许这样做。在25000英尺高空，一台摄影机被冻住后，他便将它塞入自己沉重的飞行服内，再掏出另一台已解冻的摄影机继续拍摄。没有什么能阻止他拍摄自己的影片。

克拉克·盖博上尉对自己的工作拥有同样的热情，他所冒的风险和威廉·惠勒一样多。1943年4月，这位"好莱坞之王"来到邻近的波尔布鲁克，在新投入战斗的第351轰炸机大队服役。阿诺德将军亲自招募了他，请他帮助拍摄一部名叫《战斗中的美国》的航空射击训练短片。

盖博在去年夏季便已参军入伍，当时，他的妻子，迷人的女演员卡罗尔·隆巴德刚刚去世没多久。作为一名充满激情的爱国者，她一直催促他从军并寻求获得任命，他对此也很动心。巡游全国并推销战争债券的途中，她发给他一封电报，戏弄他说："嗨，老爹，你最好还是参军。"[28]1942年1月的回家途中，她因飞机失事而遇难。

葬礼后的第二天，偶然结识盖博的阿诺德将军给他发去封电报，要为他提供"一项非常重要的委任"。[29] 米高梅公司不愿失去旗下的巨星，于是告诉阿诺德，不能让盖博参军入伍，那封电报始终未被转交出去。但当年8月，克拉克·盖博自作主张地参了军，成为一名列兵。他希望能当一名机枪手，并告诉记者："哪里的战事最激烈就去哪里。"[30] 但阿诺德拒绝让他参加常规作战任务。盖博没有失望。他知道，拍摄空战场面与作战同样危险。"那里发生着杀戮，"他告诉一名摄制组成员，"他们从空中坠落，就像死去的飞蛾。"[31]

战友们起初并不接受他，把他视作养尊处优的好莱坞巨星，但盖博证明他们错了。他在国外执行飞行任务，每个月的薪水是320元；而他在《乱世佳人》中饰演白瑞德所获的报酬比这多100倍。他和机组人员执行着某些最艰巨的任务，每个人都对此惊讶不已。他跟随第351大队执行首次作战任务时，他的密友兼首席编剧约翰·李·马欣正待在塔台上。"我听见盖博在飞机里。"他让控制塔上的每个人都来听听。[32] 这些人说"这纯属胡说八道，盖博不可能去执行任何任务"。等他平安返回时，他们又说"这是一次轻松简单的任务"。但事实并非如此。盖博差点送命，一发炮弹射穿飞机，撕掉他的靴跟，又从他头上几英尺处钻出机身。"执行完第二次任务后，尽管很艰巨，但那些小伙子们崇拜他，"马欣说道，"他们无法不关注他。"

虽然很困难，但盖博努力融入这个群体。鲍勃·霍普带着他的"联合劳军组织"演出团来到波尔布鲁克，他看了看茫茫人海，寻找着白瑞德，要求他站起身，并让自己确认一下。盖博坐着没动，他身边的那些小伙子也不肯把他指出来。甚至连希特勒也知道盖博在英国。赫尔曼·戈林向他的飞行员承诺，击落克拉克·盖博的人，可以获得相当于5000美元的奖励。盖博担心希特勒会把他关在笼子里，"像头大猩猩"那样在德国各地展览，他告诉马欣，如果遇到麻烦的话，他绝不跳伞。"我怎么能隐藏这张面孔呢？如果飞机坠落，我就跟着这婊子养的一同摔下去！"[33]

从未见过这样的小伙

　　航空队一名宣传人员告诉《星条旗报》的记者，威廉·惠勒拍摄的是"关于从空中最终摧毁德国"的电影。[34]随着第八航空队的损失急剧上升，其宣传活动的力度也大大加强。5月18日，对不来梅附近威悉河上费格萨克的潜艇制造厂实施精确轰炸后，埃克将军召开记者招待会，宣布实验阶段告一段落。"今天，新的篇章开始了。我们已毋庸置疑地证明，我们的轰炸机可以在白昼渗透至德国境内的任何目标；他们可以单独执行任务，而不需要战斗机护航……不会遭受高昂的损失。对我们来说，剩下要做的是为这个重要任务集中起足够的轰炸机。"[35]最后一句话表明，埃克知道自己没有足够的轰炸机来完成这项任务。

　　当年冬季，阿诺德一直向埃克承诺，更多的飞机和人员正在途中，同时要求发起更多、更大的空袭行动，埃克的力量已被严重削弱，这些空袭行动将使他们成为牺牲品。对费格萨克的轰炸是一次精确打击，但第八航空队严重夸大了该行动对德国潜艇生产的影响。沿比斯开湾对德国潜艇隐蔽坞的持续空袭同样无效。埃克向记者们展示的空袭照片令人印象深刻。圣纳泽尔和洛里昂作为人类居住区已不复存在。正如海军上将邓尼茨在一份发给德军统帅部的报告中指出的那样："这些城镇里连猫和狗都没剩下，除潜艇坞尚存外，其他一切都已荡然无存。"[36]但这也是海军上将唯一关心的设施。邓尼茨已于近期将维修潜艇必不可少的设备转移到固若金汤的潜艇坞内。

　　若干年后回顾这些行动，领航员拉尔夫·纳特看出了行动中的一个数字游戏，与华盛顿在越南战争期间所玩的把戏没什么不同。"作为虚假歼敌数的替代，航空队司令部发布的报告严重夸大了纳粹战斗机的损失以及我们命中德国目标的炸弹吨数……空军领导者曾向美国民众保证，通过空中力量便可取得明显的效果和胜利。"[37]出于对结果的绝望，他们歪曲了事实以获得资金和人员来完成这项工作。

记者哈里森·索尔兹伯里在他的回忆录中写道："第八航空队是一支干劲十足的部队。队伍的运作靠的是一帮雄心勃勃的人，而华盛顿一位同样雄心勃勃的指挥官为他们提供支持。他们成立了一个大型公共关系部，其人员来自报纸、宣传和广告公司，甚至还动用了好莱坞名流。"[38]埃克与新闻界的合作非常出色，他邀请诸如专栏作家沃尔特·李普曼、《纽约时报》发行人阿瑟·苏兹伯格这样的名人到第八航空队司令部共进晚餐并在私下里玩些纸牌游戏。第八航空队的公共关系办公室设在伦敦的格罗夫纳广场，由一些深具影响和说服力的人负责，在他们当中包括《纽约镜报》深受欢迎的专栏作家约翰·麦克拉里；好莱坞大亨和花花公子约翰·海·惠特尼，他后来成为美国派驻英国的大使；默片时代的银幕偶像本·里昂。里昂和他的妻子，女演员贝贝·丹尼尔斯，在他们伦敦的别墅中召开盛大的聚会，来宾名单中包括埃克和他的参谋、英国贵族和海军上将、到访的记者以及新闻界有影响力的人员。被安迪·鲁尼称为"这个时代最伟大的公共关系专家和骗子之一"[39]的麦克拉里，带着他魅力四射的妻子金克丝·法尔肯贝格一同现身，以确保没有哪个重要人物在听罢关于"Mighty Eighth"惊人的实力和一连串成功的统计数据前便离去。*

一个关系亲密的媒体——可以理解，他们对纳粹的愤恨远远超过对客观报道的渴望——跟随着对"轰炸机巨头"的乐观评价亦步亦趋。"我们都在同一条战壕内，"沃尔特·克朗凯特后来解释道，"在报道那些小伙子的英雄主义以及令人痛恨的纳粹兽行时，我们这些新闻记者中的大多数人都放弃了一切客观公正的念头。"[40]正如安迪·鲁尼指出的那样："最严厉的审查制度始终是新闻从业人员自己施加给自己的那种。"[41]

---

*译注：Mighty Eighth是第八航空队的昵称，可以理解为第八航空队，也可以称作"强大的老八"。

鲁尼所在的报纸,《星条旗报》,撰写和编辑工作都由穿军装的士兵完成,1943年,他们自己承认这是一份"陆航队报纸"[42],因为除了空战,没有战事逼近英国。但艾森豪威尔将军曾命令军方审查员,不得将其变成一份极尽谄媚之能事的内部刊物。在古怪但办刊方向明确的上士罗伯特·穆拉(过去曾在《纽约先驱论坛报》供职)和下士巴德·赫顿(曾担任过《布法罗晚报》的编辑)的努力下,《星条旗报》以其扎实的文字、公正的立场成为了海外美军士兵的日报。《星条旗报》伦敦办事处派驻了两名军方审查员,但"他们很少阻止我们刊登的任何内容。而且,当他们试图这样做时,我们可以跟他们争辩,经常能说服他们批准发表",鲁尼回忆道,"和他们一样,我们懂得规矩;这些规矩的目的是让纳粹弄不清即将发起的行动,很有意义"。[43]

作为一名坚定不移的怀疑论者,鲁尼没有理会"对敌人造成破坏"的神奇说法,而是将重点放在轰炸机内的那些小伙子身上。他认为,他的工作就是讲述他们的故事,这些故事"被埋藏于冰冷的统计数据下,而盟军试图将这些数据堆砌得比轴心国的数据更高"[44]。但他后来也承认,有些故事"太令人悲痛"[45],以至于无法报道,特别是其中的一个,深深地埋藏在他的心中。

鲁尼和其他一些记者待在一座控制塔前,等待着一个轰炸机中队返航,就在这时,消息传开了:一名球形炮塔射手被困于飞机下部的有机玻璃圆罩内。"球形炮塔的转动靠的是齿轮,可以让射手进入射击位置,并能使他回到原先的位置,爬出炮塔回到飞机中,但现在,齿轮中弹后被卡住,球形炮塔内的射手被困在那个有机玻璃笼子里。"[46]

降落前,这架"空中堡垒"的电气系统被打得千疮百孔,已失去作用,驾驶员无法放下机轮。不得不采用机腹迫降。"控制塔、驾驶员和被困在球形炮塔内的那名射手之间进行了八分钟令人心碎的交谈。他知道在没有机轮的情况下迫降首先会发生些什么。我们惊恐地注视着这一切,眼睁睁地看着一个人的生命就此结束,他在混凝土铺砌的跑道与轰炸机机腹间粉身碎骨。"[47]

鲁尼于当晚返回伦敦，他无法撰写自己亲眼目睹的这个最具戏剧性、最为可怕的故事。

"在'空中堡垒'内飞越德国的那些小伙子，经历着最为艰难的时刻——能与之相比的可能只有跟随潜艇下潜的那些孩子，"约翰·麦克拉里在给儿子的一封信中这样写道，他的儿子在太平洋的一艘航母上担任战斗机飞行员。"从未见过这样的小伙子。"[48]若干年后，汤姆·布罗考称呼那些抗击轴心国的美国年轻人为"最伟大的一代"，但在战争第一年，一些人曾对他们承担的义务有过质疑。1942年，社会批评家菲利普·威利出版了一本讲述他那个年代的青年文化、具有广泛影响的书籍，名叫《奸诈的一代》。威利指责说，20世纪30年代末期，自由世界处处受到希特勒和裕仁天皇的军队的威胁时，美国的年轻人像鸵鸟那样把头埋入沙中，开着大马力汽车，阅读着廉价漫画书，聆听着辛纳特拉的唱片。他们在数学和科学上的表现拙劣，对历史和他们所在的这个世界的认识严重不足，他们当中，59%的人无法在地图上找到中国的位置。[49]但与他们一同飞行了几次任务后，约翰·麦克拉里发现他们是"美国有史以来最棒的小伙子，是美国历史上最为丰硕的收获"。他在一封从英国寄出的战时信件中告诉一位朋友："我从来不知道他们的存在，或者……他们确实从未存在过，直到全面战争的挑战揭露出一直隐藏在美国人民表面之下那种崇高的品质，重大考验的时刻剥夺了他们的依赖。"[50]在战争期间出版的一本书中，麦克拉里描述了来自德克萨斯州圣安吉洛的马西斯兄弟的故事，作为对威利刻薄指责的一次反击。

马克·马西斯和他的弟弟杰克于1941年加入陆航队，声明要在一起服役。兄弟俩都被分派到投弹手学校，但却是不同的地点。杰克成为重型轰炸机的一名投弹手，马克则在双引擎轰炸机上服役。杰克跟随第303轰炸机大队执行美国对德国境内的第一次轰炸行动时，马克仍在国内。没过多久，杰克收到一封哥哥发来的电报，说他已到达英国。杰克找了辆吉普，将马克带到自己的营地。当晚,他们在军官俱乐部召开一场即兴团圆聚会,但这场聚会被一个提醒所打断:明天有行动。出门时,马克问他弟弟的中队长比尔·卡尔霍恩,自己能否一同参加行动。卡尔霍恩告诉他,这不可能,除非他能从罗斯福那里获得批准。

此刻是3月11日,次日的目标是费格萨克。马克陪着他的弟弟来到飞机处。"6点钟再见。"杰克和他的战友们登上"公爵夫人"号时,马克喊道。[51] 截止到当时,这是派往德国实施轰炸的最大的一支美国轰炸机编队,"公爵夫人"号是领航机之一。

当天晚些时候,马克站在控制塔上看着"空中堡垒"们返航。"公爵夫人"号率先着陆,但它降落在错误的跑道上,飞机随即起火燃烧,这表明机上有人受伤。马克冲到飞机旁,救护车已将伤员搬上车,并告诉马克,他的弟弟负了伤。在医务室,牧师把他拉到一旁,告诉他,杰克已经死了。

杰克中弹时,领航员杰西·H·埃利奥特一直和他待在"公爵夫人"号的机头内。他讲述的故事被记录在证词中,伴随着杰克·马西斯获得国会荣誉勋章的嘉奖令,他是第八航空队第一个获得该荣誉的飞行员。

就在到达投弹点前的几秒钟,一发炮弹在"公爵夫人"号的正前方炸开。"一大块弹片撕裂了机鼻的一侧,从右侧打碎玻璃,带着一声巨响钻了进来。我看见杰克朝我撞来,赶紧伸出手臂扶住他。但这使我俩都朝机鼻后部撞去,在这场冲击中,我猜是高射炮弹飞了进来。"[52]他们穿着厚厚的飞行服,卡尔霍恩并不知道马西斯肘部以下的胳膊几乎已断裂,他身体的右侧满是弹片。马西斯竭尽全力爬起身子,回到瞄准器前,俯身于瞄准器上,拉动手柄投下了炸弹。卡尔霍恩听见他在对讲机里喊道:"炸弹……"这句话没能说完,杰克便倒在瞄准器上。他的炸弹直接落在瞄准点上,目标区的航拍照片证实了这一点。

在基地医院里,马克·马西斯看着弟弟支离破碎的身体,心如刀绞。他们原本打算在今晚完成兄弟俩的团圆聚会,而现在,他却不得不将这个噩耗告诉父母。转身离去时，他告诉牧师，他要干掉那些杀害他弟弟的凶手。卡尔霍恩以"创纪录的速度"将他调了过来，并批准他在"公爵夫人"号上接替杰克的位置。马克甚至睡在他弟弟的床上。

马克的首次任务是空袭不来梅。钻入机鼻前部自己的位置时，他低头看着被高射炮弹的爆炸炸得伤痕累累的瞄准器，就是这一爆炸要了他兄弟的命。

执行了三次任务后，麦克拉里对他进行了采访：许多飞行员声称，他们发现自己很难对德国人产生仇恨，而更愿意将报复施加到日本人头上，他对此作何感想？"等你受到伤害后就会产生仇恨了，"马克说道，"没错，我就受到了伤害，所以我恨德国人。我希望能对他们的城市发起轰炸，而不仅仅是他们的工厂。"[53]

接下来的一次任务中，马克·马西斯阵亡于自己的瞄准器上。

黑暗的日子

"冬末，我们的士气……陷入了低潮。"柯蒂斯·李梅回忆道。[54]随着对敌领空更深入的渗透，伤亡急剧上升，没有补充人员到来，大家开始将自己的处境看得毫无希望。就算能提供些训练有素的机组人员，恶劣的气候也已将北大西洋的空中航线封闭，另外，也没有足够的船只将他们送至英国。许多飞行员开始对自己的国家产生一种矛盾的心态：他们愿意为她而战，但他们也感到自己被她抛弃了。他们抱怨着，但仍在飞行。疲惫不堪的维修人员彻夜忙碌，从"机库皇后"上拆下可用的零部件，安装到那些在战斗中受损但仍可飞行的轰炸机上。*

1943年冬末前，李梅第305大队已损失了近一半人员，另外三个在他之前便投入战斗的"空中堡垒"大队，实力下降至原有人数的20%。[55]这使执行每

---

*译注："机库皇后"指的是受损严重，已无法飞行的飞机。

一次任务都必须作出最大的努力；生病和负伤的人被拽出医院，填补到机组人员中。在洛里昂或威廉港上空执行过一次艰巨的飞行后，那些在六个月里已老了六岁的小伙子会围坐在阅览室和食堂里，"玩一种新的、可怕的游戏"，海伍德·汉塞尔报告道，[56]他们在一张图表上绘制着自己的生存机率。哈里森·索尔兹伯里在他的回忆录中提到："在第八航空队里飞行，然后便获得一张参加葬礼的入场券。那是你自己的葬礼。"[57]

那年冬季，来自航空军医和陆航队精神科医生令人痛心的报告中指出了机组人员中出现的异常行为，像一场看不见的战斗，动摇了飞行员们自我控制的支柱。大批飞行员开始出现一种或多种情绪失常的症状：失眠、烦躁、突然发脾气、难以集中精神、疏远朋友、恶心、体重减轻、头晕、视力模糊、心悸、像帕金森症状那样的颤抖、阳痿、攻击性加强、酗酒和可怕的战斗噩梦，那种噩梦惊人地真实，做梦者浑身颤抖，高声尖叫，有些人还从上铺跌了下来，摔断了手脚。"各作战大队每个月组织的舞会已演变为大量的暴力斗殴事件，"以中央医疗研究所首席精神科医生唐纳德·W·黑斯廷斯为首的一支研究小组报告道，"有一次，关系很密切的两名中队长，在晚上适量地喝了点酒后驱车返回……他们觉得'需要打一架'，于是……两人爬下汽车，进行了激烈的扭打，直到其中的一个掌骨断裂才作罢，然后，两人友好地爬上车，驱车返回基地。"[58]夜间，关闭宿舍的灯，"用汤普森冲锋枪来一阵扫射，或用手枪在墙壁上射出自己姓名的缩写"[59]，这种情况并不罕见。飞行员们向航空军医和牧师透露，他们"曾勾引过妇女，很多次，不是为了性满足，而是为了征服和攻克"他们无法缓解的焦虑。[60]还有些人担心，他们会慢慢陷入到精神错乱的状态中。[61]

中央医疗研究所（CME）后来的一项研究发现，完成一次作战飞行任务的飞行员中，几乎每个人都出现了一种或多种战斗疲劳症的症状。[62]他们中的大多数人抑制着他们的焦虑，继续从事飞行，他们承认内心的恐惧，毫不羞愧地跟组员们谈论这种恐惧，并开玩笑说他们患了"高射炮恐惧症"或是"福克-沃尔夫神经过敏症"……黑斯廷斯的报告中指出："对飞行员来说，这种承认并不带有'怯懦'或'懦夫'的含义。"[63]最为害怕的那些飞行员中，约有25%的人克服了困难，活着实现了对压力的掌控，从而继续进行坚决的战斗，甚至英勇牺牲。但是，症状的积累超过一段时间后，患者可能会对自己及其组员们构成某种危险。

作战飞行中，一些飞行员经历了歇斯底里：震动、颤抖、眩晕、暂时性失明和紧张症。驾驶员克林特·哈蒙德在首次飞行任务飞入敌方猛烈的防空炮火时，他的副驾驶吓得昏了过去，哈蒙德不得不对着他的头来了一拳，以便让他苏醒过来。[64]

一名来自一个杰出军人世家的副驾驶员，每次飞入荷兰境内时都会发生暂时性失明。而当飞机飞越北海返回英国时，他又会突然恢复视力。李梅让他停飞，而拉尔夫·纳特则是跟他进行交谈的军官之一。可当纳特自己的投弹手也在投弹飞行的过程中发生暂时性失明时，纳特不得不抽打他那张充满恐惧的面孔，并强迫他瞄准目标。[65]

还有些人遭遇了一场惨痛的经历后，会出现对极度紧张的情况反应迟钝的症状，这种症状会持续数小时，有时候会是几周。在英国上空进行的一次训练任务中，一架"空中堡垒"的炸弹舱门发生松动，飞出去的一扇舱门切断了飞机的尾部。整个机尾翻滚着向地面坠去，被困在里面的尾部射手疯狂地试图打碎他那挺机枪所在处厚重的玻璃。他设法在机尾的铝皮上踢出个小洞，并试图钻出去，但他的肩膀被卡住。最终，他钻了出去，在没有降落伞的情况下，从数百英尺的高度摔落到地面上。不可思议的是，他居然毫发无损。就在他坠地后，没过几秒钟，那架断裂的飞机坠毁在离他不到100码处，随即发生爆炸，他那些同伴被烧得面目全非。

这名尾部射手说自己一切正常，可以继续参加飞行，但他开始做一些令他崩溃的噩梦，同时，他也无法再忍受呼啸和悲鸣的风声，因为这让他想起断裂的机尾从空中坠落时呼啸的狂风。他没有寻求帮助，不想被看做是"懦夫"

或"遇到困难便放弃的家伙",但在接下来的五次任务中,他的状态一塌糊涂,"聆听着飞机发出的嘎吱声,等待着机尾再次发生断裂"。几天后,他崩溃了,中队里的军医命令他停飞。[66]

黑斯廷斯和他的同事在说服各大队指挥官时遇到了相当大的困难:越来越多的飞行员遇到的问题不是疲惫,不是航空队所说的"飞行疲劳",而真的是病了。但那些指挥官坚持认为,这些飞行员需要的是休息,而不是治疗。另一方面,一些中队长对这一小群飞行员也没有表现出同情:这些人只执行了几次任务便崩溃了,而他们的飞机和机组人员遭受的战斗损伤非常小,或根本就没有。这些人被视作懦夫,缺乏英国人所说的那种"道德品质"。他们被认为有一种容易发生崩溃的倾向——这种深层的性格缺陷,在他们获准参加飞行前未能被陆航队的军医们查出。基地指挥官们深信,这种精神障碍的传染性"和麻疹一样"[67],因此,他们试图在这些人"感染"到其他人之前将其摆脱掉。[68]

被指责为"缺乏道德品质"的人受到行政处理,而不是接受医疗程序。[69]军官被送至陆军再分类委员会,在那里,他们可以选择"服役期间表现出色"的评语而辞职,不接受这一选择的人则被指控为"缺乏勇气",然后遭到不光彩的开除。[70]而士兵受到的对待有所不同。他们被降为列兵,解除飞行资格,并被送至补充兵站接受再分配。[71](拒绝飞行的情况很少见,整个战争期间,被交至再分类委员会的人不到100个。)

对那些曾在战斗中表现出勇气,但在接近服役期的最后或在空中遭受到一次惨痛的经历后发生崩溃的飞行员来说,情况有所不同。许多指挥官对CME的医生隐瞒此类问题,他们不想让那些坚强的战士"名声受损",用李梅的话来说就是"受到精神病医生的非难"[72]。

"轰炸机基地是个沉闷的游览地,"安迪·鲁尼回忆道,"死神总是在空中徘徊,尽管这些伙计竭力微笑,并试图忘掉这一点。"[73]他们愿意面对死亡,但没人知道他们将不得不这样做上多少次。他们预料到继续飞行,直到自己阵亡、负伤、被俘或发疯吗？似乎就是如此。

当年冬末，第八航空队军医主任马尔科姆·格劳医生给埃克带去消息，飞行疲劳症和精神崩溃呈现出惊人的增长，73名组员被诊断为"厌战"[74]。他恳请埃克将飞行任务限制在15次。埃克予以拒绝。他坚持认为，这里面没有士气问题，这些士兵不过是精疲力尽了。但他也承认，必须让参加飞行的机组人员看到希望，他同意将飞行任务的次数设定为25次。完成25次飞行任务后，他们将被送回国重新分配，或是在英国执行地勤工作。（1944年3月，飞行任务被增加至30次，1944年7月，又被增至35次。）完成这一新作战飞行任务的机会，在当时只有五分之一。[75]这很难说令人欢欣鼓舞，但总算是一丝希望。

尽管如此，每次行动都会造成更多的精神创伤患者。其中大多数遭受的是焦躁，陆航队精神科医生将之纳入两个类别。一个是"飞行疲劳症"[76]，这是情绪焦躁的一种温和形式，由休息不足和"对飞行神经紧张"而引起。另一个是"作战疲劳症"[77]，这是一种情绪上，而不是身体上的疲劳，由累积的压力或在空中的悲惨经历造成，并呈现为"持续性恐惧和持续性心理冲突"[78]。医生们认为，几天的休息可以治愈第一类症状，而第二类症状既需要休息，也需要进行大量的精神治疗，而且，治愈率很低。

格劳医生知道，他说的73名"厌战"者是个保守的数字。已被指挥官暂时解除飞行任务的人，大多数从未出现在陆航队的统计数据上。大队长或中队长让他们停飞，通常是根据航空军医的意见，经过短暂的休息和在基地的治疗而"康复"后，他们再次获得了飞行资格。只有最严重的情况才会被交给CME的精神科医生加以治疗，并进入统计数据中。

整个战争期间，为第八航空队执行作战任务的225000人中，只有一小部分，大约4000—5000人，被视作患有精神创伤；其中，只有约2100人因神经–精神问题遭到永久性停飞。这个数字并不包括因"缺乏道德品质"而被免除飞行任务或被开除的人，这被看作是品质，而不是精神问题。但这个数据并不完整，并存在很大的问题。除中央医疗研究所外，第八航空队没有保留关于精神创伤的可靠数据，陆航队军医甚至没有为精神创伤确立一个明确、一致的定义。另外，还有许多人因为出现早期精神崩溃的症状而被中队里的航空军医停飞；另一些人被他们的指挥官判断为"缺乏道德品质"，从而遭受到无法确诊的精神问题。还有些强有力的间接证据表明，各大队的指挥官隐瞒了与精神崩溃有关的证据。另外，一些个人证词确凿无疑地表明，许多遭受着令人难以忍受的焦虑的飞行员对指挥官和同僚隐瞒了自己的症状，以免遭到惩处或指责，或者是因为他们想尽快完成自己的服役期。航空军医的报告指出，大批飞行员直到完成他们最后的任务后才站出来接受治疗。[79]我们永远不会知道第八航空队中有多少飞行员遭受到足以令他们停飞的精神问题，但这个数字肯定大于官方公布的数目。

勇气的剖析

美国步兵在北非和意大利的经历，帮助阿诺德将军和第八航空队的指挥机构对精神创伤采取了更为理解的态度。在地中海战区，稚嫩的美国军队首次遭遇到可怕的德国国防军，精神疾病成为从战地实施医疗后送和因病退伍的首要原因。三分之一的非致命性损失是精神疾病。为更好地了解这种医疗灾难，陆军派出最顶尖的内科医生之一，约翰·W·阿佩尔，对前线士兵进行了一项研究。他的结论发人深省。

阿佩尔坚信，不存在"渐渐习惯于作战"这种事。[80]战斗的每个时刻施加的压力如此之大，以至于士兵的精神崩溃与其强度和他们暴露在战火中的持续时间有着直接的关系。因此，精神创伤和战斗中的枪伤一样，都是不可避免的。步兵中，精神崩溃通常发生于暴露在战火下的一百天后。到那时，身体的"战斗下去还是逃跑"机制（这种机制是在突发事件下，随着人的本能而产生）会出现危险的扩展。

第八航空队精神科医生进行的初期研究也得出类似的结论。自1943年冬季起,"情绪障碍"便成为飞行员长时间离开飞行最常见的原因,情绪损伤的人数与飞机损失率有着直接关系,每两架未能返航的重型轰炸机中,便有一架是因为实际存在的精神崩溃而造成。真正的危险在空中,而不是个人品质或精神的固有缺陷,"这是迄今为止在本战区内造成精神崩溃的唯一原因",黑斯廷斯和他的同事在报告中指出。[81]

阿诺德将军明白危险与精神崩溃之间的关系。作为美国陆军最早的试飞员之一,他曾经历过一次差点让他送命的飞行事故,这使他对飞行充满了极度的恐惧。"我的神经系统处于这样一种状态:我不想进入任何一架飞机。"他在给指挥官的信中写道。[82]阿诺德用了四年时间才克服这种根深蒂固的恐惧,可能就是这一经历最终使他对那些在德国上空进行战斗,并遭受到类似创伤的飞行员产生了同情。

在第八航空队,对死亡和伤残无法抗拒的恐惧(作战压力),是造成精神创伤的主要原因,黑斯廷斯对第一年作战行动进行了详尽的医学研究后得出这一结论。在足够的压力下,即便是最出色的人也会崩溃。一名战士所储备的勇气和承受恐惧的能力是有限的。黑斯廷斯不知道,这个结论在早些年便已由第一次世界大战中的外科军医们得出,他们当中最突出的是英国的莫兰勋爵——他后来成为了丘吉尔的私人医生。"勇气是如何消耗在战争中的?"[83]莫兰在《勇气的剖析》一书中问道,这是他在该领域的经典专著,直到1967年才付梓出版。"勇气是意志力,对此,没有人拥有取之不尽的储备;战争中,这一储备耗尽后,他也就完了。一个人的勇气就是他的资本,而他一直在进行着消费。"

莫兰研究的主要是步兵,可以肯定,空战与地面战有着巨大的差异。空战中的体力消耗并不像地面战那么强烈,持续得那么久。飞行员所经历的战斗短促而又激烈,而在不飞时,他不必忍受步兵那种动物般的生存环境——战斗、生活在泥泞、雨夹雪和雨水中,不能洗澡或毫无厕所设施。[84]

轰炸机机组人员承受着不同的压力。这是一种间歇性，而不是持续性的压力，因而危害较小。飞行员中，需要长期住院的失能性创伤的发病率较低，士兵发生自我崩溃、陷入恍惚状态、患健忘症或出现疯狂怪异行为的情况较为少见。黑斯廷斯的结论是，第八航空队中"真正的精神病症状显然不多"[85]。但飞行员们承受着战场神经官能症所独有的形式，患病率远较步兵为高。基地内平民般的软安全与空中绝望的危急时刻之间的鲜明对比增加了他们的烦恼，"持有另一种生活方式的想法，是战争中另一个持续性危险"[86]。与步兵不同，飞行员们清楚地知道他们即将进入的险境，这一点危险地刺激了他们的神经。"最好把你的想象抛在脑后，否者，它将伤害到你。"莫兰写道。[87]

重型轰炸机的组员容易遭受到一种特殊恐惧的影响。他们经历了精神科医生所说的恐惧状况，恶劣的天气或是敌战斗机的攻击，只有身处这种特定的情况下，使人丧失战斗力的焦虑方会显现。置身于这种情况下时，一些人的"自恋防卫"[88]，这种自我防御机制才允许他们拒绝自己的生物易感性，并发生崩溃。这些飞行员从坚信"没有什么会发生在我身上"转变为"某些灾难肯定会落在我头上"。[89]起初，他们认为自己不过是旁观者，现在，他们知道自己就是容易被击中的目标。除了被敌人的炮火击中，空中最可怕的经历是在目标上空时的那份无助感——完全无法躲避危险。灾难带着可怕的突然性袭来，引擎单调、催眠般的嗡嗡声被剧烈的爆炸打断，鲜血和残肢被炸得四散飞溅。这是技术型战争的一个特点，类似于灾难受害者，或是身处猛烈炮击下的步兵，或是被这些飞行员有意或无意轰炸的平民所承受的打击。而投弹飞行的经历则类似于一名德国母亲和她的孩子蜷缩在他们的煤窖中，空袭警报响彻半空，生与死完全凭运气来决定。这种情况下，轰炸机机组人员所能做的只是蹲下身子，承受这一切，根本无法缓减加剧的紧张。高射炮弹的爆炸中，机组人员独自面对着恐惧。正如弗洛伊德所写的那样："受伤的本质是无助的经历。"[90]

"身处危险中，"莫兰勋爵写道，"人们通常能找到解救的办法。"[91]但在高射炮火覆盖区域，根本找不到什么解救法。"我仍能看见和听见高射炮弹的爆炸，如同我在飞机上时那般清楚，"第八航空队的尾部射手谢尔曼·斯茂在战争结束六十年后承认道，"当时，我假装自己是个演员，正在拍摄一部好莱坞动作片，就这样，成功地阻止了恐惧。随着战争的结束，这个虚构的幻想也落下了帷幕。随后，令人难以忍受的恐怖回忆打垮了我，我不得不被送入陆航队的一所精神病院。"[92]

运气是一名飞行员生命中的决定性力量。[93]它决定了其组员的构成和品质、他的飞机在作战编队中的位置、他的编队所飞入的气候环境、敌人抵抗的强度、最终包括他的生与死。不掌握这些东西或是掌握得很少，一些飞行员便会六神无主，常常不知道是什么原因。"我的后背上有一道黄色的条纹，一码宽，我不知道是如何得来的，"一名飞行员说道，"我从未怯懦过。"[94]

大多数情况下，焦虑症与飞行有着直接关系，飞行员停飞时，这种症状便会消失。陆航队的精神科医生提醒指挥官，不要将精神脆弱者重新投入战场。"迫使那些患有严重焦虑症的人参加飞行并不难，但在大多数情况下，迫使他们有效地飞行则不大可能。"[95]正因如此，饱受焦虑蹂躏的人给自己和其他组员造成了危险，最终导致指挥官将他们停飞。

第八航空队的精神科医生也开始证明，一些精神受到创伤的人可以得到救治，并恢复飞行。接受过复杂训练的飞行员供不应求，这也是指挥官们与CME精神科医生以及他们自己的航空军医保持密切合作的另一个原因。[96]

陆航队医疗指挥链中的关键人物是航空军医，在轰炸机基地，每个中队都配备了一名。一个人在战斗中精神崩溃，或是出现崩溃的危险迹象时，首先为他提供诊断和治疗的是他的航空军医，而这位军医接受过的唯一的精神病学培训，可能是在海威科姆CME总部的短期课程上。航空军医不得不采取一种近乎不可能的协调方法。一方面，他们是受过培训的医生，试图像神父接近教徒那样接近他们的患者，使自己可以不分昼夜地为患者提供咨询服务和医疗救治。而另一方面，他们又是军官，主要职责是让士兵们保持足够的健康和理智，以便为国家奋勇杀敌。精神上受到创伤的患者去看医生，是为了暂时或永久性地摆脱战争，但医生的职责是尽可能多地将他们重新投入到恐怖、痛苦、曾令他们丧失作战能力的战场上。

CME寥寥无几的精神科医生疲惫不堪，他们赶往各轰炸机基地，帮助航空军医们解决这种困境。他们还跟随机组人员一同飞行，"以了解空战过程中这些人究竟发生了什么状况"[97]。CME的精神病学专家戴维·G·赖特中尉，作为一名精神病学现场顾问，与柯蒂斯·李梅的第305轰炸机大队共度了4个月时间。他飞了5次作战任务，这些经历帮助他撰写了一系列开创性报告，而这些报告则成为军事心理学领域中的经典之作。[98]

赖特与陆航队的人一同飞行，也是为了获得他们的信任。"很少有飞行员愿意和那些没有经历过残酷战斗的人进行无拘无束的交流，特别是在他们受到情绪困扰的情况下。"[99]他在一份被陆航队发布下去，要求其航空军医必须阅读的报告中写道。仅仅在1943年，便有53名航空军医参加了91次作战飞行任务，尽管有人负伤，但没有人阵亡。[100]

为了进行"积极的、预防性的精神治疗"，你必须让那些人觉得你"随时随地和他们在一起，为他们着想"，赖特对军医们建议道。[101]但他也提醒，得到尊重比得到爱意更为重要。一名出色的航空军医必须意志坚强，和他所照料的那些人一样，致力于赢得这场战争。这就意味着鼓励和支持他们潜在的患者继续从事飞行，尽管他们不得不忍受创伤和恐怖。

"血腥100"大队的温德尔·C·"烟枪"·斯托沃上尉非常符合这一描述。"在国内时他便跟我们在一起，并知道我们所有人的名字，"《星条旗报》记者索尔·莱维特中士这样写道，莱维特也是第100轰炸机大队最早的队员之一，"在索普-阿博茨，飞行任务首次带回伤员和受到惊吓的射手，红色信号弹窜入机场上空时，'烟枪'就站在那里。"这个身材健壮、说话慢条斯理、33岁的军医来自印第安纳州的布恩维尔，在那里，他的病人主要是矿工,"烟枪"斯托沃没有娇惯他的部下,流传于基地的说法是,"只有在你快死的时候,他才会让你停飞"。尽管如此,遇到麻烦的飞行员还是愿意和他倾心交谈,仿佛他就是基地的牧师,而他也确实让自己被所有人接受,"是军队中最类似于家庭医生的人"[102]。

斯托沃意识到,发现战斗疲劳症的重任主要是落在他的身上,为发现这种症状并诊断其严重程度,他必须了解自己的部下。他将他们置于不明显的监视下,在简报会上,在停机线处,在飞机上,在兵营中,在当地的酒吧里观察着他们的举动。但像斯托沃这样优秀的航空军医,不仅在这样或那样的时刻,成为部下们的"医生、牧师、律师、母亲、父亲、兄弟或朋友"[103],也要受到轰炸机大队指挥官的控制。一名军医可以建议某人停飞,这就带来了一种不受约束的权力。出于这个原因,戴维·赖特忠告军医们与他们的指挥官发展起一种密切的关系,不要被视作软弱或对部下过分宽容。

第八航空队精神科的铁律是在基地内治疗尽可能多的人员(他们熟悉这里的这些患者),而不是将他们送至CME管理下的医院。如果航空军医发现了轻微的情绪困扰症状,他可以打发这位身患战斗疲劳症的飞行员去某座乡村庄园休息一周,陆航队已着手将这些庄园改建为飞行员康复中心。表现出更为严重的精神症状的患者则被留在基地,并获得一定剂量的阿米妥钠,这使他们进入到长达两天的深度睡眠中。黑斯廷斯博士对军队广泛使用的睡眠疗法做出了解释:"与不得不带着最近所有的记忆和印象立即去面对新情况相比,这种做法……更容易将一段可怕的经历调整为'这发生在两天前'的心态。"[104]

伴随睡眠疗法的是极具同情心的谈话治疗。大多数情况下,光是休息(解除作战任务)便足以完成陆航队所谓的"治疗",使患者恢复如初,并重返作战任务中。持续遭受严重焦虑症困扰的飞行员则被送至CME管理下、配有一间特殊麻醉室,或是睡眠治疗室的陆军医院。在这里,患者会进入一场更长时间的睡眠,通常是72小时。在当时,这是民用临床针对躁郁症的标准疗法。

除了阿米妥钠，陆航队还使用硫喷妥钠，即所谓的"吐真药"，从而让患者产生一种梦幻般的半清醒状态，这个过程中，医生在一间昏暗的房间里，积极垂询、刺激患者，试着诱使他再现导致其产生精神问题的创伤经历。这种疗法的原理是，药物作用缓减了患者的抗拒，在这场与压倒性焦虑的斗争中对他自身加以强化，使他敢于面对，并最终克服最令他害怕的恐惧。这种"治疗"只有一个目的：让患者重返战场。

陆航队军医罗伊·格林科和约翰·P·斯皮格描述了他们在北非倡导的积极疗法："临床医生可以扮演一名机组同伴，喊出敌战斗机和高射炮火所在的各个位置，提醒即将实施海上迫降或要求对受伤的战友加以救治……在这种情况下，一些患者的重现感极为强烈，他可能会在房间里四处乱走，就像是在飞机上，或者，将枕头或床单当做装甲板……可能会畏缩或躲避高射炮和机炮的射击……最危险时刻的恐怖呈现出来，例如，飞机内发生爆炸，一架飞机坠落，一位好友在飞行员眼前致残或身亡，他惊恐地看着。这些事件逼近时，他的身体变得越来越紧张，越来越僵硬；双眼睁大，瞳孔扩张；皮肤上开始出现细密的汗水；双手痉挛地移动着，试图寻找到一种支持、一种保护、一件武器或一位朋友来帮助承担眼前的危险；他的呼吸变得极其迅速而又短促。这种情绪的强烈程度有时会超出可承受范围，经常会达到反应的最高点，会造成崩溃……这种情况下，可能需要不止一次的硫喷妥钠治疗，每次都会带出被压抑在内心的新内容。"[105]

战争后期，道格拉斯·邦德博士接替黑斯廷斯（黑斯廷斯采用与格林科中校和斯皮格少校相同的疗法），成为CME精神科负责人，[106]他停止了硫喷妥钠疗法，并争辩说这种疗法制造出歇斯底里的模拟情形，令患者惊恐万状，反而使他的焦虑症更加恶化。与一名同事进行了进一步的研究后，他还放弃了使用阿米妥钠的深睡疗法，现在，他们成功的标准不再是患者重返战场的数目，就像黑斯廷斯所做的那样，而是重返战场后，至少出色地完成四次任务的患者人数。这种新标准被采用后，药物诱导疗法的成功率从70%暴跌至13%。

一名患者在CME完成他的治疗后，精神科主任会向由陆航队军医组成的"中央医疗委员会"提出建议：让他继续飞行或让他停飞。待委员会做出裁决后，这名飞行员被送回基地，他的命运便落入大队长的掌握中。1943年初期，黑斯廷斯和他的同事使用麻醉法治疗的69名患者中，62人得以康复或症状有所改善。[107]但这62人中只有38人重返蓝天，其他大多数都被分配了地勤工作。对CME任何疗法都没有反应的患者被送回陆航队设在国内的医院，接受长期治疗。这里的治愈率有所提高，但只有在患者得到再也不用重返作战飞行任务的保证后才会奏效。陆航队的军医们最终会发现，真正的疗愈"只能在一种安全的氛围中"获得。[108]

第八航空队的历史中，最突出的并非在战斗中发生精神崩溃的人数，而是没有出现这种问题的压倒性人数。战争中最大的难题是，这些战士是如何坚持到底的。每一个内在的本能要求他们逃跑时，是什么在激励他们继续奋战？是什么让这些有理性的人如此无理性地行事呢？[109]

面对危险时，如果这种令自己免遭崩溃的能力可被称作勇气的话，那么，勇气究竟是什么？莫兰勋爵犀利地指出："勇气是一种道德品质，它不是体育天赋那样得自天赐。它是两种选择间一种冰冷的抉择，下定决心，绝不退缩；自制行为必须通过意志的力量来完成，不是一次，而是多次。勇气就是意志力。"[110]

但支撑意志力的又是什么？对大多数在空中奋战，打击纳粹德国的美国飞行员来说，这并非出自对敌人的深仇大恨。研究表明，大多数飞行员对纳粹国家无处不在的邪恶了解得很少，只有当他们的朋友阵亡时，才会激发起他们强烈的仇恨。"驱动这些人的，更多的是爱，而不是恨，"陆航队精神病学专家赫伯特·斯皮格总结道，他在北非既治疗飞行员，也帮助步兵，"战友间的挚爱使他们共同承担着同样的危险。"[111]群体非常重要，因为一个人战斗面临着可怕的孤独。正如战地记者埃里克·塞瓦赖德所说的那样："战争发生在一个人的内心。它发生在个人的身上。"[112]正因为独自承受着恐惧,所以他需要获得同样进行着内心交战的战友的支持。

四位"空中堡垒"射手在二战中的经历说明了这种纽带的紧密性。参加战斗前,四名中士达成一项协定:如果他们中的某一个身陷困境,"不管是什么情况",其他人决不丢下他。[113]几周后,他们的飞机被敌人的高射炮火击中。驾驶员命令大家跳伞。顶部炮塔的射手并未参加那四名战友的协定,他跳出了飞机,后来,他讲述了自己跳伞前所发生的事情。弹片卡住了球形炮塔的释放装置,将射手困在圆形有机玻璃罩内。另外三名射手无法将他们的战友救出,尽管他们都没有受伤,但却告诉他们被困的朋友,他们会跟他同生共死。他们真的这样做了。

一个"集体人格",或是"自我群体"在飞机上形成,[114]如果足够强大,每个组员都会感觉到情绪的稳定和保护感。如果太过虚弱,神经症样症状的发病率便会猛增。但这里必须有令人鼓舞的领导者来支撑大家的士气,这是赢得战争最重要的素质。几乎每架飞机上,公认的领导者都是驾驶员,他是机组其他成员"赖以支持和寄托了希望"的木筏。[115]面对绝望的情况,他所做出的反应在机舱内回荡。如果他感到害怕并说了出来,这没什么关系,所有作战人员都知道,这种恐惧并不是怯懦。怯懦是"一个人所做的某些事。在他脑中想的都是他自己的事",莫兰勋爵写道。[116]

轰炸机大队履行着与驾驶员相同的整合功能,但这种部落般的忠诚很少会延伸至其他大队。"如果驻扎在马路对面的另一个大队遭受到重大损失,大家会说,太糟糕了,但这并不会令他们感到特别的震惊。他们辩称,其他大队所发生的事情不会让他们忘记自己属于哪支队伍。"约翰·C·弗拉纳根中校在报告中写道,[117]这位陆航队军官负责调查派驻英国和其他地区美国航空队的士气情况。一天,弗拉纳根和不知哪个大队的几名成员坐在一起吃午饭时,话题转到联队中另外两个大队最近遭受的巨大损失上。其中一个人猜测,这种损失的影响可能会让自己的球队在第八航空队举办的篮球联赛中获得机会。"如果再有一个大队像这两个大队那样遭到打击,我们就有可能赢得冠军。"[118]

黑色幽默常见于活在危险边缘的那些人中,但它确实表达出现实的残酷。对这些人来说,战争已变得太过个人化,无法以政治演讲或为自由和国家而战的那些鼓舞士气的电影来回应。在轰炸机基地,他们唯一在乎的发言是拂晓时,驾驶员在停机线处对机组成员所说的安慰性话语。他们在那里倾听着,对他们来说,没有比即将到来的空中考验更为重要的事情。

没有任何事,当然,除了回家。你为何而战?陆航队的一位精神科医生问一名飞行员。"这样,我就可以回家了!"他回答道。[119]1943年初,如果不是新确定的服役期,思乡之情可能早已让第八航空队的飞行员们精神失常。对一些飞行员来说,"二十五"是"支持他们神经的唯一因素",[120]但要让"二十五"真的有什么意义,飞行员们必须先达到这个飞行次数。1943年冬季,他们当中没人做到这一点。

未被兑现的承诺

"对第八航空队来说,去年冬季是个非常关键的时刻,"1943年8月返回华盛顿,海伍德·汉塞尔向陆航队情报官进行情况简介时说道,"有那么一阵子,它似乎将彻底不复存在。"[121]生活条件加剧了这种沮丧。"甚至连空气中也是泥浆,"李梅回忆道,"你呼吸着它,尽管你并不想这样,它在你的指甲缝里,在你双手的指纹中。"[122]煤是唯一的燃料来源,由英国政府配给;由于商船队的损失依然居高不下,食物供应单调得令人生厌,标准的菜谱是球芽甘蓝和干蛋品。

在天色阴暗、细雨蒙蒙的停飞日,一些人整日躺在床上,吸烟、写信、阅读,或是盯着营房的金属屋顶发愣。还有些人骑着自行车来到当地村落的小酒吧,这里的啤酒温温的,威士忌也兑了水,但这里的酒友不错。起初,母亲们让她们的女儿远离这些厚脸皮的美国佬，但在这里，"大地的女孩"随处可见，这些年轻女性被派至英国的各个农场参加劳动。据柯蒂斯·李梅回忆，他那些部下扒着基地四周的栅栏，试图和那些身穿制服、推着独轮小车穿过田野的姑娘们搭讪。"他们中的很多人，与姑娘们之间建立起的关系不仅仅是交谈。"[123]没多久，基地和周围城镇的性病发病率急剧上升。母亲们举行了抗议游行。*

再就是伦敦。灯火管制，轰炸造成的遍地狼藉，物价高昂，出行困难，尽管如此，它依然宏伟壮观，这里就是二战期间的巴黎，挤满了来自世界各地，受到法西斯主义威胁的军人、外交官和记者。被损失和沮丧折腾得精疲力尽后，大多数在1943年初游历伦敦的飞行员将它视为一种放松，而不是一座需要加以探索的城市。而对在他们之后到来的那些飞行员来说，伦敦是个不同、更多样化的城市，随着美国士兵的数量急剧增加，这座城市变得更为熟悉，更具魅力。而1943年的那些人既没有时间也没有四下游览的愿望，他们到这里来就是为了喝酒和遗忘，身边总是陪伴着女人。

"要是没有伦敦，我们肯定都已疯了。"罗伯特·摩根说道。[124]摩根和机组里的另外几名军官同行，而机组里的士兵则各走各的。"这跟我们的军衔以及彼此间的感情无关，完全是因为被安排的住处不同。"[125]第八航空队的军官们在伦敦的大酒店里度过他们的大多数时间，其中最豪华的当属"萨沃伊"酒店，诺埃尔·科沃德和伊夫林·沃喜爱的酒吧就在这里。"下午举行舞会是萨沃伊的一项传统，酒店管理层在战争期间依然保持了这一传统，尽管男士与女士的人数不够均衡。我们竭尽所能，拉平了这个比例。"摩根说道。*[126]

---

* 译注：《大地的女孩》是1998年英国拍摄的一部电影，讲述的是二战期间英国年轻女子被派至全国各地的农场参加劳动的故事。

* 译注：诺埃尔·科沃德是一名英国演员、剧作家、流行音乐作曲家，因影片《与祖国同在》而获得1943年奥斯卡荣誉奖；伊夫林·沃则是英国20世纪上半叶最出色的讽刺小说家。萨沃伊酒店的酒吧是世界上最著名的酒吧之一。

他们也去一些小型饮酒俱乐部，那里的顾客需要自带烈酒。烈酒在战时的英国很难搞到，但摩根想出个办法。"我们中的一名军官跟可口可乐公司有关系，每当可口可乐运抵巴辛伯恩时，他便会留意夹杂在里面的威士忌。烈酒轻而易举地到手，也让你得到了姑娘们。当然，我们的钱也能得到她们。我们当时的军饷是英国士兵的三倍，他们对此怨恨不已，特别是因为我们用这些多出来的钱偷走了他们的女人。"[127]

埃里克·韦斯特曼是战争期间的一名英国军人，他还记得美国人"侵入"伦敦的第一次浪潮。"最令英国女人高兴的便是这些美国佬。他们什么都有——魅力、大胆、香烟、巧克力、尼龙丝袜、吉普车和生殖器，但主要是钱。美国佬都是些性欲狂，不谙此道的无数英国女人完全拜服于他们的脚下（我想我应该加上'拜伏在他们身下'这一句）……几乎每个上班女郎都想'搭上个美国佬'。"[128]

"二战期间，美军在英国赢得了女人们的芳心，我认为历史中从未有过这种征服史。"

在伦敦，跟摩根上床的女人很多，在家里等他的孟菲斯美女丝毫未令他感到烦恼。这是战争时期，而且，"躺在另一个姑娘怀中过几夜并不是世界上最严重的的罪行"[129]。

去伦敦的途中，摩根和他的同事偶遇了克拉克·盖博上尉，于是同行。"我们走到哪里都被大群女人围住，但盖博丝毫不动声色，他试着让自己的举止更像是一名休假中的飞行员，而不是个好莱坞巨星。这当然是不可能的。我们走进一间俱乐部，乐队指挥认出了盖博，便开始演奏《无垠的蓝天》，那些漂亮的英国、法国、比利时姑娘围到我们桌旁。跟着盖博混真是太棒了——我们尽情地沾着他的光。"*[130]

有些女人的容貌比盖博追求的那些更漂亮。"（盖博喜欢漂亮女人，）

---

*译注：《无垠的蓝天》是美国陆航军乃至独立后的空军的军歌。

但他来者不拒,"他的朋友杰克·马欣说道,"他似乎认为,跟相貌平平的姑娘在一起会少点麻烦。"[131]

不跟盖博同行时,摩根和他的三名组员便自己游览伦敦,尽管小小的电车车厢内挤满了其他士兵。"我们不想结交朋友。太多的朋友是一种风险。那么多战友身亡,你会试图控制自己不得不承受的痛苦。我们从来不对家里人谈这个,哪怕是自己的妻子或爱人。我们谈论飞机和引擎可能会遇到的问题,而不是我们在战斗中遭遇的情况。在一旁听到我们谈话的人会认为我们是一帮卡车司机。"[132]

记者们也有同样的规矩。带着哈里森·索尔兹伯里首次来到一个轰炸机基地时,沃尔特·克朗凯特告诉他:"别跟那些小伙子交朋友……他们牺牲时,你会感到这一切太残酷了,你知道,他们中的大多数都会牺牲。"[133]

第八航空队深入德国领空,进入到防御严密的鲁尔河河谷时,遭遇到德军战斗机更为猛烈的抵御。[134]戈林终于意识到美国人的威胁,开始将战斗机和飞行员从东线调至西线,1942年秋季,德国空军在北欧的战斗机数量为260架,到1943年春季,这个数字翻了一番。4月17日,不来梅上空,第八航空队打了一场到当时为止最激烈的空战,被敌战斗机击落15架轰炸机,这个数字两倍于以往任何一次任务。执行不来梅任务前状态很好的人,现在会无缘无故地笑起来。饮酒至深夜增加了飞行的危险性,指挥官们对关闭基地俱乐部有些犹豫,因为这可能引发暴乱。就连偶尔参加飞行任务的克拉克·盖博也几近崩溃的边缘。他会让自己喝得酩酊大醉,不时从基地里消失一两天,跑到温莎城堡附近的一座小别墅躲上一阵子,那座别墅属于他的一个朋友,英国演员大卫·尼文。*

---

* 译注:大卫·尼文是英国著名演员,中国观众较为熟悉的他的作品是《尼罗河上的惨案》、《海狼》、《逃往雅典娜》等。

盖博赶到航空队医院探望一名身负重伤的战友时失去了控制，差点让自己被送上军事法庭。那名球形炮塔射手，身上几乎每一处都负了伤，绷带把他包裹得像具木乃伊。主治医生是一名上校，他告诉盖博，这个小伙子的生命只剩几个小时，大剂量吗啡使他无法认出房间里的盖博。随即，这位外科医生指着每一处伤势做了详细的描述：肺没了，脊柱断裂，肋骨断裂。盖博发现，那位射手的眼中流出了泪水。他一把抓住医生的胳膊，把他拉到外面，抵在墙上："要是你胆敢再这样，我要了你的命！"[135]

当年春季晚些时候，艾拉·埃克给阿诺德发去一份紧急报告。埃克曾得到保证，他将获得新的机组人员和飞机，可他到现在也没得到，他的焦急演变为一份可能断送他职业生涯的公报。"第八航空队目前的状况是因美国陆军不讲信用而造成的。经历了十六个月的战斗，我们居然无法对敌人的目标派出123架以上的轰炸机。兵力少得可怜，许多机组人员已在战场上奋战了八个月之久。他们懂得平均律，他们已看着它发生在战友们身上。"[136]他总结说，第八航空队仍是个"未被兑现的承诺"。

他告诉阿诺德，不分昼夜地轰炸纯属虚构。第八航空队与皇家空军的任务分工依据的是地域，而不是时间顺序。除了少数例外，"他们轰炸德国，我们轰炸法国"。这是因为第八航空队没有足够的力量"在德国上空进行持续的轰炸行动"。这就给了德国人构建起战斗机防御的时间。他警告说，敌人可能已经获得北欧上空的制空权，而这正是盟军成功实施进攻所需要的。

埃克还为他那些部下担心，这1500名左右的人是第八航空队的"烈血精英"。四个"空中堡垒"大队自1942年11月起便承担着轰炸战的重任，第91、第303、第305和第306大队的这些"先锋"急需获得接替。"他们经历了战斗的考验……他们犯过错，并克服了错误……现在应该把他们调回来，传授经验，并将我们用鲜血换来的教训带回到各中队的训练中。但相反，他们不得不留下，人数越来越少，直到跟他们当初同样稚嫩的补充兵到来后替换他们。

这是我们未能获得承诺中的补充人员最为严重的必然结果。"

阿诺德有他自己的问题。他告诉一名返回华盛顿的同事,这并非他的错,那些轰炸机被转调到了北非。在给埃克的正式回应中,阿诺德提醒他,自己"有八张嘴要养活,新飞机一准备好便被派往八个战区"[137]。每个战区指挥官都认为自己面临着最大的困难。但他承诺,英国的情况很快会得到好转。

随着士气的严重下降,航空队的公共关系官请求派驻伦敦的记者到基地来,更多地报道这些小伙子的故事。"机组人员希望人们知道他们正在奋战,正在牺牲,这是公共关系官的工作,"鲁尼说道,"让他们的名字出现在报纸上的某处,任何地方。"[138]这很对鲁尼的胃口,他早就想从撰写将士们在战斗中身亡这类令人郁闷的故事中摆脱出来。当年春天,第八航空队最激动人心的生存故事是关于第306大队一名身材矮小,爱捣蛋的中士,他被称为"讨厌鬼"史密斯。

梅纳德·哈里森·史密斯是当年春季第一批到达的补充兵,32岁的他是这群补充兵中年纪最大者之一。作为一名小镇法官的儿子,史密斯自称为一名辩论家,频繁出入基地周围的酒吧,与当地人讨论政治话题。在基地内,他总是麻烦不断,被室友们称作"一个真正的蠢货"[139]。

1943年5月1日,史密斯参加了他的第一次空袭任务。他的驾驶员是老资格的刘易斯·佩奇·约翰逊中尉,史密斯代替另一名战友,被分派到球形炮塔,尽管他以前从未在那个圆形玻璃罩内飞行过。从圣纳泽尔返航后,机群发现了陆地,并开始下降。"能见度很糟糕,但我们还是很高兴,"副驾驶后来描述了机上的情形,"突然,一阵可怕的高射炮交叉火力,砰砰砰砰,我们正处于火力中。"[140]他们到达的不是英国上空。领航员错误地将他们带至布雷斯特德国潜艇基地的上方。片刻后,一大群Fw-190从阴霾中钻出,对他们发起了攻击。

顶部炮塔射手威廉·法伦霍尔德走下来说"机身后部起了很大的火"[141]。内部通话装置被打坏,于是,约翰逊命令他到后面去,对机损情况作出评估。约翰逊打开无线电操作室向前的舱门时，一堵坚实的火墙挡住了他的去路。"弹药的殉爆中，我看见史密斯穿过烈火，弹壳从他降落伞的背带上弹开。"[142]

在此之前，史密斯已爬出球形炮塔，并发现自己跨在两团烈火之间，火势正向他逼近。火苗窜出无线电操作室，后方还有另一团大火。"突然，无线电操作员跌跌撞撞地冲出火海，"史密斯后来告诉鲁尼，"他选了个捷径，冲向射手舱口，跳了出去。我向外望去，看见他撞上飞机尾部的水平尾翼后弹开，随即，他的降落伞打开了。"[143]几秒钟后，两名腰部射手也跳了伞。在后来的采访中，驾驶员表示，他不明白"为何史密斯留了下来"[144]。

浓烟和烟气几乎使人无法呼吸，史密斯将一件毛衣裹在脸上，抓起灭火器，开始对付无线电操作室里的大火。"我转头向机尾处的火焰瞥了一眼，看见有个人朝这里而来，于是我跑了过去。原来是机尾射手吉布森，他负了伤，正痛苦地爬动着。他的身上满是鲜血，检查一番后，我发现他后背中弹，子弹可能已射穿他的左肺。我将他的身子向左翻去，以免鲜血流入他的右肺，并给他注射了一针吗啡。"[145]美军轰炸机上的急救包内都配有一次性吗啡注射瓶，机组人员都学过如何掰断玻璃瓶颈，并挤压细管，将吗啡注射进伤者的神经系统。对史密斯来说，做到这一点很困难，因为机舱内充满火焰和刺骨的寒风，伤员还穿着厚厚的衣服。

安顿好吉布森，史密斯"又冲入火中"。就在这时，一架福克-沃尔夫返回身来试图彻底击落这架"空中堡垒"。"我跳起身，跑到机腰处的一挺机枪后，对着它开火射击……然后又跑回无线电操作室继续灭火。这次，我冲进操作室内，开始将燃烧的物品扔出去。大火在机身上烧出个很大的洞，所以我把那些燃烧着的东西通过这个洞丢了出去。灭火器喷出的气体令我窒息，于是我又向起火的机尾跑去。我脱掉身上的降落伞，以便让自己的动作更快些。我很高兴没有太早脱掉身上的伞包，因为我后来发现上面卡着颗点30口径的子弹。"[146]

最后一具灭火器用完后，史密斯又对着火焰撒尿，并试图用双手和双脚将火扑灭,直到他的手套和靴子开始阴燃起来。"那架福克-沃尔夫又兜了回来,我得教训它。这次,它永远地离开了我们。机内的火势多少得到些控制,我们已能看见陆地。"[147]

史密斯跪下身,试着安慰受伤的机尾射手。他告诉他,他们已经到家了,但他知道飞机的尾轮已被打飞,他担心着陆时的冲击会令飞机断为两截。这位矮小粗壮的射手独自与烈火和敌人奋战了1小时15分钟。他扔出飞机的弹药箱重达100磅,仅比他的体重轻30磅。

轰炸机编队排列得很密,在约翰逊这架飞机的左侧,是雷蒙德·J·切克上尉驾驶的一架"空中堡垒",机组人员目睹了当时的场景。"我们看见史密斯穿过火焰,经过敞开的机腰,去救助负伤的机尾射手。我们能看见机内殉爆的弹药窜出无线电操作室上方和侧面的开口。我们看着他扑救着火焰,随即又停下,击退敌机的攻击。这一切都是在狂风裹挟着火焰在他身边肆虐的情况下完成的。这些举动没有让他送命,完全是拜他的造物者所赐。"[148]

这架饱受战火摧残的"空中堡垒"在兰兹角附近的一座紧急起落场着陆时,机身保住了。"她没有断为两截真是个奇迹,"史密斯告诉航空队调查人员,"我真希望能跟那些建造她的人握握手。"

第306轰炸机大队的战史作者写道,史密斯的故事"令公共关系官们如获至宝,他的壮举也让记者们全力以赴地投入其中"[149]。通常说来,荣誉勋章的获得者会被送回国,从总统手里接受他的勋章,但正在巡视各陆航队基地的战争部长史汀生认为,士兵们看见一名中士因作战英勇而获得国家最高等级勋章,士气肯定会为之而振奋。

史汀生八辆汽车组成的车队到达时,史密斯却不见了踪影。经过一番迅速的寻找,他被发现正在厨房里削土豆。原来,他因为晚归而被打发到厨房当炊事兵,而且忘记了参加颁奖仪式的时间。给他的嘉奖令中写道:"他是对美国武装力量的一种鼓舞。"[150]但鲁尼说,认识他的那些小伙子从未改变过"他是个蠢货"的看法。也许是这样,但这位来自密歇根州卡罗市,倔强、常犯错的小伙子，做出了被他的驾驶员称为"彻底自我牺牲"的举动。

最 终

当年5月，更多的机组人员从美国赶到，士气开始有所提高。补充人员到来得非常及时，适逢第八航空队的损失已到达峰值，该航空队对德国北部进行了一次最深的渗透，行动半径约为460英里，这是对基尔的空袭，马克·马西斯就是在这次行动中阵亡的。5月13日，随着一批补充兵的到来，第八航空队的作战实力增加了一倍多，从100个扩大至215个机组。为保持第八航空队的正常行动，为首的几个大队遭受到严重损失。最初十个月的行动中，第八航空队损失了188架重型轰炸机，近1900名机组人员，这个数字还不包括那些驾驶着严重受损的飞机返回英国后负伤和阵亡的人。1942年夏季和秋季赶至英国的作战飞行员中，近73%的人未能完成他们的服役期。57%的人在战斗中身亡或失踪，另有16%的人不是在英国的坠机事故中重伤或身亡，就是因严重的精神或身体障碍被永久性停飞。[151]

5月29日，第八航空队执行其第61次作战任务，投入了279架重型轰炸机。这一行动结束了埃克所称的"第八航空队的实验期"。他认为，自己现在有实力承担起曾在卡萨布兰卡向丘吉尔许诺的"昼夜不停轰炸"中他那份任务。他仍认为，无需远程战斗机护航，自己便能完成这个任务，这也许是为证明他对战前空战学说坚定不移的信仰。这其中还有一份出自必然的自信，因为目前尚没有远程护航战斗机，它们也不会很快投入部署。

但至少陆航队终于开始意识到远程战斗机的必要性。现在，就连海伍德·汉塞尔也在争取远程护航战斗机的研发。战后，汉塞尔承认，他和麦克斯韦基地其他一些空战规划者一直错误地坚持，开发一款有效的远程战斗机在技术上是无法做到的。"像我这种对技术一知半解的人，却对本不该关心的技术参数忧心忡忡。但后来，工程师向我们解释说，这是可以做到的，听上去合情合理。"[152]负责航空队事务的战争部助理部长罗伯特·洛维特于1943年6月到英国的各个基地巡视一番返回后,督促阿诺德(阿诺德在5月份时心脏病发作,这是当年的第二次,此时刚刚重返工作岗位),立即对远程护航战斗机的生产工作加以关注。[153]阿诺德随即写了份被一名历史学家称为整个战争期间最为重要的备忘录。[154]备忘录发给他的参谋长巴尼·贾尔斯少将。阿诺德写道:"(洛维特的指示强调了)开发一款能掩护轰炸机往返的战斗机的绝对必要性。另外,这种战斗机必须能进入德国……在对德国实施纵深渗透前还剩下六个月。接下来的六个月中,你必须弄到一款能为我们的轰炸机提供掩护的战斗机。至于是利用现有机型还是重新设计,那是你的问题。立即着手行事。"[155]

阿诺德的催促值得赞扬,但他规定的时间太过糟糕。当年夏季,埃克将让他那些没有获得保护的轰炸机深入到德国各个城市的上空。

在备忘录中,阿诺德甚至没有提及P-51"野马",这款开发中的战斗机将改变空战的局面,另外,他也没有严厉督促负责战斗机护航项目的研发小组。开始催促那些工程师和飞机设计师着手解决问题的是贾尔斯。但贾尔斯被告知,"野马"战斗机要到年底才能做好准备。在那之前,轰炸机不得不依靠新型的P-47"雷电",当年5月,"雷电"取代"喷火"式战斗机,为他们提供护航。当年10月,休伯特·"胡伯"·泽姆克上校率领的第56战斗机大队将为从明斯特返航的轰炸机提供护航,这是一支精锐部队,训练有素,斗志昂扬。可是,该大队全副武装的"雷电"战斗机,每架飞机上配有8挺点50口径机枪,只能护送轰炸机群到达德国边境。

早在20世纪30年代,轰炸战的首席理论家哈罗德·乔治就曾告诉他那些将参与下一场空战的学生们:"庞大的空中力量在空中相遇,这种壮观场面纯属门外汉的凭空想象。"[156]但从1943年夏初起,美国的重型轰炸机将在大规模空战中遭遇到获得极大加强的德国空军,这种规模的空战"前所未有,而且,以后很可能也不会再有"[157]。

1943年4月,就在这种新型空战初现端倪之际,20岁的无线电操作员兼射手迈克尔·罗斯科维奇成为第一个完成25次飞行任务的飞行员,他曾跟数架飞机的机组人员飞行过。他本打算在基地上空跳伞而出,但当日的大风和来自塔台愤怒的命令阻止了他。飞机在跑道上停下后,机组人员扒掉他的外套,在他后背上写下"二十五次任务"几个大字。随后,迈克尔跨上靠他最近的一辆自行车,穿着内衣在基地里兜了几圈。[158]

到5月初,一些"空中堡垒"及其组员也逼近了他们的"二十五次任务"。"地狱天使"号、"三角洲反叛者2号"号、"杰西·伯恩"号、"康涅狄格州的美国佬"号和"孟菲斯美女"号。5月14日,"地狱天使"号在这些机组中第一个完成25次飞行任务。但威廉·惠勒凭借他与上层的关系,确保三天后才完成服役期的"孟菲斯美女"号机组获得了最大程度的关注。

摩根机组执行的最后一次任务是空袭洛里昂,飞行过程中,每个人都表现得"不过是例行公事而已",但当他们到达英吉利海峡,看见多佛的白色峭壁时,所有人"都疯狂起来"。[159]他们在机内乱跑,相互拥抱,拍打彼此的后背,高声喊叫,唱着歌。大队长斯坦利·雷上校用电台通知其他飞机先行降落,以便让"孟菲斯美女"号给好莱坞导演惠勒来个他想要的结局。摩根的飞机轰鸣着进入机场,"我做了个你不可能从某个草坪男孩那里看到的'剪草'动作"[160]。

"'孟菲斯美女'号滑行至停机线,我关闭引擎时,整个基地爆发开来。人们欢呼雀跃,把他们的帽子抛入空中,向着我们冲来。扛着摄影机的某个人拍下了腰部射手比尔·温切尔从舷窗探头出来的精彩画面,他那瘦削的脸上满是笑容,伸手做了个小小的螺旋动作,示意他击落了一架敌战斗机。"[161]一名组员跳出飞机,亲吻着地面,摩根则被举了起来,以便让他亲吻画在机鼻上的性感女郎。惠勒挤入人群祝贺摩根。摩根转过身来问他,要是"孟菲斯美女"号坠毁的话,他会怎么做?"没问题,"惠勒说道,"我们已拍了'地狱天使'号足够的胶片。"[162]

接下来的一个月,摩根和另外九名机组人员——不是原先的那个机组,而是第八航空队从曾在"孟菲斯美女"号上飞行过的组员中挑选出来的人——返回美国,在三十一个城市进行一次巡回之旅。埃克和阿诺德将这次巡游看作是激励国内人民支持第八航空队即将在夏季发起的强化轰炸战的一个机会。在一份进行巧妙欺骗的宣传资料中,航空队负责公共关系的写手没有明确说明"孟菲斯美女"号并非第八航空队第一架完成25次飞行任务的轰炸机,而参加巡游的成员,也并非都完成了25次飞行任务。第八航空队中,在同一架飞机上完成飞行任务的机组人员寥寥无几。

当年12月,这趟巡回之旅结束时,摩根结婚了,但新娘却不是他的孟菲斯美女玛格丽特·波尔克。他们之间的关系被航空队公共关系之旅的迫切要求所撕裂。摩根的新婚娇妻是多蒂·约翰逊,是他在战时债券推销之旅上结识的一个家乡女孩。婚后,摩根被派往堪萨斯的普拉特陆航队基地,接受新式B-29"超级堡垒"的训练,陆航队计划在来年将这种飞机部署至太平洋地区。1944年秋季,转调至马里亚纳群岛后,摩根的首任指挥官是海伍德·汉塞尔,继任者则是柯蒂斯·李梅。而他从塞班岛起飞,用B-29对东京实施首次轰炸时,所驾的飞机是"无畏的多蒂"号。

在巴辛伯恩完成影片的拍摄后,威廉·惠勒又飞了一次作战任务,这是他的第五次。他需要这个来获得一枚航空勋章。"我差点回不来,"他告诉一名采访者,"再干下去就是件蠢事。"[163]朋友们说,这枚勋章带给他的自豪,远远超过他所获得的任何一个电影奖项。

当年夏天,克拉克·盖博继续着他的飞行任务,并为他的纪录片拍摄镜头。10月下旬,他返回美国剪辑他拍摄的5000英尺胶片。航空队欣慰地看着他离开。"他把我们都吓坏了,"他的一名指挥官曾这样告诉在伦敦拍摄电影的导演弗兰克·卡普拉,"他想让自己送命。"[164]盖博回到华盛顿后,阿诺德告诉他,这部纪录片已不必完成。陆航队所需要的机枪射手已经足够,这多亏了盖博以身则所进行的大规模招募宣传。盖博继续进行剪辑工作,不管怎样都要完成这部纪录片。他在自己不断志愿参加的战时债券募集会上放映这部影片，诺曼底登陆后，他被陆军解除现役，但仍对自己没有被赋予另一项前线任务而感到失望。《战斗中的美国》的剪接很拙劣，但却是第八航空队唯一的一部纪录片，影片中，那些担任射手的中士自己扮演自己，一些空战场面非常出色。

而威廉·惠勒却完成了一部战争纪实和宣传的杰出之作。1944年4月，这部41分钟的纪录片完成后，他受邀为白宫放映一场。放映时，身坐轮椅的罗斯福总统就坐在他身边。放映室的灯光亮起时，罗斯福俯身过来，对惠勒说："这部电影必须立刻在各个地方公映。"[165]派拉蒙电影公司将拷贝分发至全国各地的影院，获得了轰动性好评。其中一条评论出现在《纽约时报》的头版，对报纸来说，这还是首次。《纽约时报》的影评人博斯利·克劳瑟称其为"这是每一个美国人都该知道的故事"[166]。

惠勒的影片并非完全准确。片中描述了5月15日对威廉港的空袭，但实际上，"孟菲斯美女"号当天的目标是黑尔戈兰岛，那是远离德国北部海岸的一座小岛；另外，也不像惠勒的解说员声称的那样，当日投入了上千架盟军轰炸机。但在其他任何一个方面，这部电影对轰炸战的描绘绝对真实无误。

由于痛揍了一名在他面前大放反犹厥词的侍应生而差点被陆军除名后，惠勒又拍摄了另一部关于陆航队的影片《雷电》。1946年，他以他的杰作《黄金年代》完成了他对战争所做的电影报道，这部影片描绘了三名军人与和平时期的美国所发生的令人不快的冲突。三名军人中的一个是退伍的投弹手，由达纳·安德鲁斯饰演。如果没有在欧洲上空近距离目睹到那些战斗，惠勒不可能拍摄出这部电影。在他看来，战争，就如他曾说过的那样，"是对现实的一种逃避"[167]。在英国的某个陆航队基地，"最重要的是人际关系，而不是金钱，不是地位，甚至不是家庭。只有跟那些可能明天就会阵亡的战友之间的关系至关重要。这是一种奇妙的心境。但这种关系需要一场战争来创造，实在太过糟糕"。

1943年夏初，航空队先行返家的那些人坐船驶过已清除德国潜艇威胁的海洋，而这种威胁曾是他们试图消灭的。当年春季，德国潜艇被二战中最突然、最戏剧性的转折之一所击败。5月，盟军在大西洋上获得优势，击沉41艘德国潜艇，这个数字超过战争前三年他们击沉德国潜艇的总数，纳粹们称之为"黑色五月"。月底，邓尼茨将他的潜艇从北大西洋调回，部署在安全水域。他在私下里承认："我们已输掉了大西洋战役。"[168]

接下来的几个月，62支商船队横渡大西洋，没有损失一艘船。这一点，再加上美国商船产量的激增，对空中战争产生了巨大的影响。轰炸机机组人员继续飞越大西洋，他们中的许多人在隆冬时采用了一条新的南部路线，这条航线带着他们飞越巴西和亚速尔群岛的顶端，但船只携带着机枪手、维修人员、控制塔操作员、情报专家以及成千上万名其他人员通过海上航线平安到达，就在当年早些时候，这条海路还是极其危险的。自由轮上塞满航空燃油、飞机零部件和战斗机，每周都进入英国的港口。丘吉尔和罗斯福稍稍松了口气，因为对一场两栖进攻战来说，两个最大威胁中的一个已被彻底消除。现在，盟军空中力量可以将全部注意力集中于德国空军以及为其提供支持的工业设施上。*

德国潜艇被击败，并非因为其船坞和组装厂遭到轰炸，而是由于科技的进步和反潜战战术的发展，其中包括对德国海军通讯信息的拦截和破译，以及为庞大的商船队提供保护的快速驱逐舰所配备的水下探测和猎杀设备。但是，德国潜艇最致命的对手是飞机。B-24"解放者"对远离海岸的"狼群"穷追不舍，较轻型的飞机则从护航航母上起飞，将对方干掉。

对潜艇坞的轰炸一直是个无谓的浪费。1943年第一季度，第八航空队投下的炸弹，超过63%，而皇家空军则达到30%，都是投向德国潜艇设施的。[169]

---

* 译注：自由轮是美国在二战期间大量制造的一种货轮，设施简陋，结构粗糙，但造价低廉，建造时间短，是现代工业化大规模生产的一个奇迹，排水量7000多吨的货轮，建造时间平均为42天，最快的一艘竟然只用了4天。1941—1945年，美国总共建造了2751艘。

盟国空军指挥官们知道，他们无法摧毁那些混凝土船坞，但不完整的情报导致他们严重高估了对潜艇坞外的辅助设施以及德国国内潜艇建造厂的破坏效果。这使美国海军作战部长，海军上将欧内斯特·金继续对马歇尔和罗斯福施以重压，以保持对比斯开湾潜艇基地的打击。

艾拉·埃克试图对这些被误导的任务装出若无其事的样子，他争辩说，第八航空队在洛里昂和圣纳泽尔上空首次学会了如何打一场高空轰炸战，后续到来的机组人员将从这些人的经验中获益。"也许是这样，"数年后，罗伯特·摩根评论道，"但我们也可以轰炸其他目标，并获得同样的经验。"[170]

在战后的采访中，1942年末曾指挥这些行动的劳伦斯·库特尔将军称之为"对战略空中力量一个不可原谅的浪费……我们消耗了人员，大批优秀人员，大量人才，最终却一无所获。我们将炸弹丢得到处都是……在布列斯特半岛，被我们炸死的法国人比德国人还多"。"（德国空军）围绕着这些潜艇坞进行了他们的战斗机训练。他们投入一个又一个战斗机中队，还有一百多个炮兵连。对德国人来说，这就像射击训练，而我们就是靶子……"[171]

"我指出过这些事实，并试图纠正对第1轰炸联队的这种滥用，但未获成功。我敢肯定是因为海军上将金地位的说服力以及我们可能会输掉对潜艇的这场战争这一冰冷的事实。"回想起来，库特尔觉得他可以进行更努力的尝试来阻止这些空袭，将轰炸目标改为汉堡，那是个重要的潜艇生产中心。"我被告知我'哭了'。我本该（对那里）发起一次行动。"

在离开英国赶赴北非前的最后一份报告中，库特尔指出，第八航空队"没有选择可赢得战争的目标"[172]，但当第八航空队集中起远比1942年末所能集中起的更大力量，将轰炸重点放在汉堡时，德国人又在一段极短的时间内重建了他们的潜艇坞。事实是，第八航空队在其作战行动的第一年，没有足够的轰炸机给德国造成严重损失，无论他们对哪里发起打击。

可能有这样一种观点，第八航空队应该在他们拥有发起一场有力打击的实力后再展开行动，在德国人的防空体系得以从最初的措手不及中恢复过来前，将其彻底打垮。但1942年秋季，几乎每一个第八航空队的指挥官都会反对这种策略，他们担心这样的延误会威胁到实力严重受损的第八航空队的存在。毕竟，这些人是军人，他们所受过的训练使他们相信，等待将输掉这场战争。

劳伦斯·库特尔对机组人员也充满同情。"这是个令人心碎的活儿。他们知道这些飞行任务会失败。他们无法命中那些该死的目标。即便他们击中目标，也无法对其造成伤害。尽管如此，他们仍在为每次任务而起飞。这是领导能力最好的范例，我认为这种品质属于任何时期的任何军事组织。"[173]

第一批人归国返乡，作为补充的新兵们赶到，但在那些完成了25次飞行任务的人中，有些人从未有过与家人相见的机会。由于不满意自己从事射击教练的工作，来自宾夕法尼亚州费耶特的迈克尔·罗斯科维奇加入了另一个机组，并在一次迫降中身亡。随后又是第306轰炸机大队，来自北达科他州迈诺特的雷蒙德·切克上尉，这位驾驶员曾目睹了"讨厌鬼"史密斯在"空中堡垒"内灭火的情形。他的故事进一步证明，正如安迪·鲁尼所写的那样，派驻英国的陆航队基地中，"快乐的结局很少见"[174]。

1943年6月26日，切克上尉驾驶着"陈纳德的老爹Ⅲ"号起飞，去执行他的第25次任务。这是一次没什么危险性的飞行，他们将迅速越过海峡，赶往法国的机场，中队里的战友们已计划好在当晚为他举办一场盛大的聚会。在这个特殊的日子里，切克担任副驾驶，他原先的中队长詹姆斯·W·威尔逊中校坐在左侧。威尔逊特地赶回瑟莱，和他的朋友一同飞最后一次任务。而切克的副驾驶兼好伙伴威廉·卡塞迪中尉，这次则担任腰部射手。

投弹飞行的最后几秒钟，德军战斗机突然从阳光中出现，机组人员发现他们时已为时过晚。一发20毫米口径的炮弹击中切克的颈部，他当场阵亡。驾驶室内燃起火焰，威尔逊试图用手将火扑灭，却未能做到。就在他们中弹前，威尔逊发现引擎有些问题，于是脱掉手套进行调整。随着氧气罐被刺破而造成的氧气泄漏，火势愈发猛烈起来。另一名组员用灭火器控制住火势。威尔逊试图"用他胳膊肘的上端"来控制这架"空中堡垒"。[175]他正处于极度的疼痛中,氧气面罩上的橡胶被烧融在他严重烧焦的面孔上,他的双手几乎已没有一块完好的皮肤。

就在这时,一颗机枪子弹击中驾驶员座位下的一个盒子,盒子里摆放着信号弹。信号弹发生爆炸,冲击波掀开炸弹舱舱门,并引发了另一场大火。有人按响警铃,发出跳伞的信号。投弹手莱昂内尔·德鲁中尉跳了出去,但卡塞迪让身后的人等等,先让他查看下情况。飞机保持着高度,也没有出现发动机故障。卡塞迪爬入驾驶舱,看见切克的头仅靠几根血淋淋的肌腱挂在脖子上,而威尔逊正用他的双肘操控着飞机,他惊恐地退了出去。威尔逊从严重烧伤的脸上摘下氧气面罩,走到下面去寻求医疗救治。航空军医乔治·L·佩克少校刚好在机上,他搭这趟"顺风车"是为了获得些实战经验。

此刻,机上没有人操控机枪。除了卡塞迪和佩克,所有人都负了伤。机身上布满高射炮弹弹孔,背鳍上也有个洞。就连投弹手也负了伤。

佩克少校为威尔逊的双手进行包扎后,威尔逊回到驾驶室内,但他疼得厉害,无法提供帮助。在领航员米尔顿·P·布兰切特中尉(这也是他的第25次任务)的协助下,卡塞迪中尉操纵着飞机返航。他目不转瞬地盯着前方,尽量不去看切克头部血淋淋的残余部分。

没有了信号弹,机上的电台也被打坏,他们无法发出信号,示意机上有人阵亡和负伤。

卡塞迪本该逆风将飞机着陆,但相反,他顺着风反道降落,这是个危险的举动,完全出自他个人的决定。他知道,切克的女友(一名美国女护士)会坐在主跑道末端的一辆吉普车上等待。他们俩将于明天举行婚礼。"我们不能让她看见他的头被炸断了,"布兰切特后来告诉安迪·鲁尼,"所以我们顺着风势降落。她一直没有看见他,这是件好事。"[176]

注释

1. 引自艾拉·C·埃克，"对战争和战士的几点看法"，美国空军历史研究部。
2. 同上。
3. 詹姆斯·帕顿，《空军如是说：艾拉·埃克将军和空军指挥部》，第33页。
4. 艾拉·C·埃克，《对温斯顿·丘吉尔的一些记忆》，《航空历史学家》第19期（1972年9月），第112页；美国陆军战史研究所对埃克的采访；詹姆斯·帕顿，《空军如是说：艾拉·埃克将军和空军指挥部》，第221页。
5. 同上。
6. 埃克，"白昼轰炸方案"，国会图书馆，斯帕茨文件；理查德·G·戴维斯，《卡尔·斯帕茨与欧洲空战》，第162页。
7. 埃克，"对战争和战士的几点看法"，美国空军历史研究部。
8. 埃克，《对温斯顿·丘吉尔的一些记忆》，第123页。
9. 美国陆军战史研究所对埃克的采访；埃克，《对温斯顿·丘吉尔的一些记忆》，第124页；英国伦敦帝国战争博物馆对艾拉·C·埃克将军的采访。
10. 同上。
11. 温斯顿·丘吉尔，《二战回忆录，第四卷，命运的关键》（波士顿，霍顿·米弗林出版公司，1950年），第679页。
12. 埃克，"白昼轰炸方案"，国会图书馆，斯帕茨文件。
13. 1943年1月21日，卡萨布兰卡指令，国会图书馆，斯帕茨文件。
14. 2002年8月20日，作者对安迪·鲁尼的采访。

15 索尔兹伯里，《我们时代的旅程：回忆录》，第193页；哈里森·E·索尔兹伯里，《我们时代的英雄》（纽约，沃克出版社，1993年），第95页。

16 丹顿·斯科特，《射击训练》，《扬基》（1943年2月2日），第6—7页；另可参阅安迪·鲁尼的《轰炸预演》，《星条旗报》，1943年1月9日，第2版。

17 安迪·鲁尼，《我的战争》，第124页。

18 上述文字均引自安迪·鲁尼的《轰炸德国亲历记》，《星条旗报》，1943年2月27日；鲁尼，《我的战争》，第130页；鲁尼的《轰炸预演》；格拉德温·希尔，《记者参与的空袭行动》，《纽约时报》，1943年2月27日。

19 《纽约时报》，1943年2月2日；沃尔特·克朗凯特，《一名记者的一生》（纽约，诺普夫书局，1996年），第99页；吉姆·汉密尔顿，《写作69：二战中平民战地记者亲身参与的美国轰炸行动》（马萨诸塞州马什菲尔德，自费出版，1999年），第13页。波斯特是欧洲空战中丧生的仅有的两名记者之一。

20 摩根，《"梅菲斯美女"号：一名二战轰炸机驾驶员的回忆录》，第173页。

21 引自阿克塞尔·麦德森的《威廉·惠勒：授权传记》（纽约，托马斯·Y·克罗威尔出版社，1973年），第228页。

22 引自扬·赫尔曼的《麻烦天才：好莱坞最负盛名的导演威廉·惠勒的一生》（纽约·普特南出版社，1995年），第259页。

23 摩根，《"梅菲斯美女"号：一名二战轰炸机驾驶员的回忆录》，第97—98页。

24 同上。

25 2003年7月26日，对摩根的采访。

26 麦德森，《威廉·惠勒：授权传记》，第236页。

27 同上。

28 引自林恩·托纳本的《国王万岁：克拉克·盖博传》（纽约·普特南出版社，1976年），第267页。

29 同上，第276页；亦可参阅史蒂芬·阿戈拉图斯的《克拉克·盖博在第八航空队》，《空中力量史》第46期（1999年春季第1期），第6页。

30 《星条旗报》，1943年4月19日。
31 引自托纳本的《国王万岁：克拉克·盖博传》，第290页。
32 同上。
33 同上。
34 《星条旗报》，1943年1月6日。
35 "轰炸机司令部对1943年的回顾"，国会图书馆，斯帕茨文件；雷丁，《通往柏林的航线：与派驻英国的美国飞行员在一起》，第19页。
36 《二战中的陆军航空队，第二卷》，第316页。
37 拉尔夫·纳特，《与负鼠和鹰同在：一名领航员的亲历》，第61页。
38 索尔兹伯里，《我们时代的旅程：回忆录》，第195页；詹姆斯·帕顿，《空军如是说：艾拉·埃克将军和空军指挥部》，第294—295页。
39 安迪·鲁尼，《我的战争》，第141页。
40 沃尔特·克朗凯特，《一名记者的一生》，第289页。
41 安迪·鲁尼，《我的战争》，第99页。
42 奥拉姆·C·霍顿、安迪·鲁尼，《星条旗报的故事》，第26页。
43 2002年8月20日，对鲁尼的采访。
44 安迪·鲁尼，《这就是第八航空队》，《星条旗报》，1943年8月17日。
45 安迪·鲁尼，《我的战争》，第99—100页。
46 同上。
47 同上。
48 麦克拉里与谢尔曼合著的《第一次：与第八航空队的弟兄们共赴战火的日记》，第8页。
49 菲利普·威利，《奸诈的一代》（纽约，霍尔特、赖因哈特＆温斯顿出版社，1942年）；迈克尔·C·C·亚当斯，《有史以来最正义的战争：美国与二战》（巴尔的摩，约翰·霍普金斯大学出版社，1994年），第8—9页。
50 麦克拉里与谢尔曼合著的《第一次：与第八航空队的弟兄们共赴战火的日记》，第107页。
51 吉姆·达根，《兄弟》，《扬基》，1943年8月8日，第2—3页。
52 同上。
53 麦克拉里与谢尔曼合著的《第一次：与第八航空队的弟兄们共赴战火的日记》，第86页。

54 柯蒂斯·E·李梅、麦金利·坎特,《使命:我的故事》,第277页。

55 1943年8月9日,对汉塞尔将军的采访,美国空军历史研究部。

56 汉塞尔,《回忆录:对德国和日本的战略轰炸》,第83页。

57 索尔兹伯里,《我们时代的旅程:回忆录》,第196页。

58 唐纳德·W·黑斯廷斯、戴维·G·赖特、伯纳德·C·克鲁克,《1942年7月4日—1943年7月4日,作战第一年,第八航空队的精神病治疗》(纽约,梅西基金会,1944年),第138—139页。

59 同上。

60 同上。

61 同上,第72页。

62 霍华德·B·伯切尔少校、道格拉斯·B·邦德少校,"对100名深受尊重的出色飞行员之动机及其对抗作战压力的研究",1944年12月,美国空军历史研究部,520.7411-1。

63 黑斯廷斯等编著的《第八航空队的精神病治疗》,第6—7页;罗伊·R·格林科、约翰·P·斯皮格,《压力下的人》(费城,布莱基斯顿出版社,1945年),第85、313页。

64 2002年4月7日,作者对克林特·哈蒙德的采访。

65 拉尔夫·纳特,《与负鼠和鹰同在:一名领航员的亲历》,第74页。

66 黑斯廷斯等编著的《第八航空队的精神病治疗》,第42页、241—247页;索斯,《空军作战部队的医疗支援》,第91页;道格拉斯·B·邦德,《对飞行的热爱与恐惧》(纽约,国际大学出版社,1952年),第52页。

67 黑斯廷斯等编著的《第八航空队的精神病治疗》,第203页。

68 1943年7月1日,负责情报的空军助理参谋长采访航空军医戴维·格兰特准将,美国空军历史研究部,142.052。

69 邦德,《对飞行的热爱与恐惧》,第156页;"医疗设施,管理和供应",第21页,美国空军历史研究部。

70 同上。

71 黑斯廷斯等编著的《第八航空队的精神病治疗》,第111页;弗拉纳根上校,"对第八、第十二和第十五航空队机组人员的调查报告"。

72 小哈尔·B·詹宁斯中将编撰的《二战中的神经精神病学,第二卷,海外战场》(华盛顿,陆军部军医局,1973年)中,第853页,道格拉斯·B·邦德所写的《普通精神病学史》；纳特，《与负鼠和鹰同在：一名领航员的亲历》，第74页。

73 对鲁尼的采访；鲁尼，《我的战争》，第139页；1943年3月19日，航空队情报处与第91轰炸机大队第324中队机组人员的会谈，美国空军历史研究部。

74 《二战中的陆军航空队，第二卷》，第309、396页。

75 汉塞尔，《回忆录：对德国和日本的战略轰炸》，第85页。

76 黑斯廷斯等编著的《第八航空队的精神病治疗》，第28、34页；索斯，《空军作战部队的医疗支援》，第85页。

77 同上。

78 同上。

79 225000人、缺乏道德品质等，引自道格拉斯·B·邦德少校，"1945年5月25日，第八航空队机组人员精神损伤的统计调查"，美国空军历史研究部，520.7421。中央医疗研究所只接受航空军医和战地指挥官提交的病例，对1716起精神损伤病例进行检查后，1230人被永久性停飞；弗拉纳根上校，"对第八、第十二和第十五航空队机组人员的调查报告"；第八航空队，"对遭受精神紊乱的作战机组人员的诊断和处理"，1944年1月1日，美国空军历史研究部，520.7411-2。

80 约翰·W·阿佩尔，"精神疾病造成减员之预防"，非保密性文件，心理卫生处，医疗队约翰·E·斯隆文件，美国陆军战史研究所；约翰·W·阿佩尔、G·W·毕比，《预防精神病学》，《美国医疗协会杂志》第131期（1946年），1469—1476页。关于作战崩溃症的经典论文之一是阿尔伯特·J·格拉斯的《战斗疲劳症》，《美国军队医学杂志》第10期（1951年），第1471—1478页。

81 邦德，"1945年5月25日，第八航空队机组人员精神损伤的统计调查"；黑斯廷斯等编著的《第八航空队的精神病治疗》。

82 引自托马斯·M·科菲，《哈普：美国空军及其创建者亨利·H·阿诺德将军的故事》，第63页。

83 查尔斯·M·W·莫兰，《勇气的剖析》（波士顿，霍顿·米弗林出版公司，1967年），第XII页；黑斯廷斯等编著的《第八航空队的精神病治疗》，第6页；格林科、斯皮格，《压力下的人》，第33页。

84 格林科、斯皮格，《压力下的人》，第25、95、97页。

85 黑斯廷斯等编著的《第八航空队的精神病治疗》，第28页。
86 莫兰，《勇气的剖析》，第101页。
87 同上。
88 乔恩·A·肖，《对战斗疲劳症中个人心理的评论》，《军事医学》第148期（1983年3月），第223页。
89 邦德，《对飞行的热爱与恐惧》，第81页；莫兰，《勇气的剖析》，第32页。
90 西格蒙德·弗洛伊德，《抑制、症状和焦虑》（伦敦，霍格斯出版社，1948年），第81页。
91 莫兰，《勇气的剖析》，第38页。
92 2002年9月27日，作者对谢尔曼·斯茂的采访。
93 邦德，《对飞行的热爱与恐惧》，第131页；戴维·G·赖特中校，《战斗压力下的人员和群体之纪要：供作战部队中的航空军医使用》（纽约，梅西基金会，1945年），第12—15页。
94 邦德，《对飞行的热爱与恐惧》，第11页。
95 第一中央医疗研究所总部，"真实数据"，1945年3月8日，国会图书馆，斯帕茨文件。
96 梅·米尔斯·琳克、休伯特·A·科尔曼，《陆航队在二战中的医疗支持》（华盛顿，陆军部军医局，1973年），第671页。
97 安迪·鲁尼，《"空中堡垒"带着一名精神科医生飞赴洛里昂》，《星条旗报》，1943年5月19日。
98 赖特，《战斗压力下的人员和群体之纪要》；梅西基金会还出版了另外四卷战斗疲劳症的诊断和治疗专著；参见小戴维·R·琼斯的《梅西报告：二战中飞行员的战斗疲劳症》，《航天、航空和环境医学》，第58期（1987年7月），第807—811页。
99 戴维·G·赖特，"观察轰炸行动的报告"，1943年6月14日，美国空军历史研究部，520.7421。
100 索斯，《空军作战部队的医疗支援》，第72页。
101 赖特，"观察轰炸行动的报告"；赖特，《战斗压力下的人员和群体之纪要》，第18页；赖特的《纪要》中，第20页，道格拉斯·B·邦德撰写的《航空军医该如何更好地治疗焦虑症？》。
102 索尔·莱维特，《航空军医》，《星条旗报》，1944年1月2日。

103 《老兵们对航空军医的评判》,《航空军医会刊》第2期(1945年9月),第276—277页;"航空军医活动的非正式报告",1944年5月23日,美国空军历史研究部,520.C58-1。

104 黑斯廷斯等编著的《第八航空队的精神病治疗》,第180—181页。

105 格林科、斯皮格,《压力下的人》,第170—172页。

106 霍华德·厄尔布、道格拉斯·邦德,"作战机组人员精神问题的治疗中,阿米妥钠麻醉的使用",1944年10月,美国空军历史研究部,520.7421;邦德,《对飞行的热爱与恐惧》,第116页。1944年5月前,共计311名患者在CME中心接受阿米妥钠麻醉法治疗。邦德继续使用温和剂量的硫喷妥钠,以此为工具,测量患者抑制焦虑的程度,而在佛罗里达州圣彼德斯堡,陆航队新建的唐塞萨尔医院,格林科和斯皮格则将其作为一种治疗手段,从1944年起,有精神问题的飞行员都被送至这所医院。参见邦德,《对飞行的热爱与恐惧》,第113页。

107 黑斯廷斯等编著的《第八航空队的精神病治疗》,第28页。

108 邦德,《对飞行的热爱与恐惧》,第109页;马克·K·威尔斯,《勇气与空战:盟军机组人员在二战中的经历》(俄勒冈州波特兰,F·卡斯出版社,1995年),第81页。

109 格林科、斯皮格,《压力下的人》,第28页;格里戈里·贝伦基《战斗精神病学之当代研究》(韦斯特波特,格林伍德出版社,1987年)中,第117页,乔恩·A·肖,《适应作战中的精神动力考虑》;莫兰,《勇气的剖析》,第i页。

110 莫兰,《勇气的剖析》,第61页。

111 詹宁斯编撰的《二战中的神经精神病学,第二卷,海外战场》中,第115页,赫伯特·斯皮格所写的《北非某步兵营的精神病治疗法》;格林科、斯皮格,《压力下的人》,第39、45页。

112 埃里克·塞瓦赖德,《并非非分之想》(纽约,诺普夫书局,1946年),第494—495页。另可参阅克里斯·赫奇斯的《战争是赋予我们意义的一种力量》(纽约,公共事务出版社,2002年),这是一本描述战争之恐怖及悲剧性吸引力的出色之作。

113 格林科、斯皮格,《压力下的人》,第113页。

114 戴维·赖特编撰的《对作战飞行人员之观察》中(纽约,梅西基金会,1945年),第21页,约翰·P·斯皮格所写的《作战飞行压力的影响》;

格林科、斯皮格,《压力下的人》,第25页。

115 莫兰,《勇气的剖析》,第16页。

116 同上。

117 约翰·C·弗拉纳根上校,"对第八、第十二和第十五航空队机组人员的调查报告",第86页。

118 同上。

119 格林科、斯皮格,《压力下的人》,第181—182页;莫里斯·费什拜因编撰的《战争中的医生》(纽约,达顿出版社,1945年),第291页。

120 索斯,《空军作战部队的医疗支援》,第76页。

121 1943年8月9日,对汉塞尔将军的采访,美国空军历史研究部。

122 柯蒂斯·E·李梅、麦金利·坎特,《使命:我的故事》,第247页。

123 同上,第251页。

124 2003年7月26日,对摩根的采访;摩根,《"梅菲斯美女"号:一名二战轰炸机驾驶员的回忆录》,第135页。

125 2003年7月26日,对摩根的采访。

126 摩根,《"梅菲斯美女"号:一名二战轰炸机驾驶员的回忆录》,第138页。

127 2003年7月26日,对摩根的采访。

128 引自朱丽叶·加德纳的《军饷过高、性欲过旺、到处都是:美国大兵在二战中的英国》(纽约,阿布维尔出版社,1992年),第108页。

129 2003年7月26日,对摩根的采访。摩根在伦敦的情况,还可参阅杜尔克森的《"孟菲斯美女"号:二战中最著名的轰炸机的真实故事》一书。

130 2003年7月26日,对摩根的采访。

131 托纳本的《国王万岁:克拉克·盖博传》,第291页。

132 2003年7月26日,对摩根的采访。

133 索尔兹伯里,《我们时代的旅程:回忆录》,第193页。

134 《二战中的陆军航空队,第二卷》,第311、333—334页。

135 托纳本的《国王万岁:克拉克·盖博传》,第292页。

136 此处和下处,埃克的这些话均引自德维特·S·科普的《在战火中成长》一书,第372—377页。

137 德维特·S·科普,《在战火中成长》,第376—377页。

138 安迪·鲁尼,《我的战争》,第136页。

139 同上，第108页。

140 麦克拉里与谢尔曼合著的《第一次：与第八航空队的弟兄们共赴战火的日记》，第54—55页。

141 雷丁，《通往柏林的航线：与派驻英国的美国飞行员在一起》，第267页。

142 同上。

143 安迪·鲁尼，《B-17上的射手》，《星条旗报》，1943年7月16日。

144 雷丁，《通往柏林的航线：与派驻英国的美国飞行员在一起》，第266页。

145 安迪·鲁尼，《B-17上的射手》，《星条旗报》，1943年7月16日。

146 同上。

147 同上。

148 雷丁，《通往柏林的航线：与派驻英国的美国飞行员在一起》，第268、273页。

149 拉塞尔·A·斯特朗，《首次飞越德国：第306轰炸机大队队史》，第53页。

150 雷丁，《通往柏林的航线：与派驻英国的美国飞行员在一起》，第266页。

151 第八航空队的作战损失，取自"1943年的战斗伤亡"，美国空军历史研究部。

152 1967年1月1日，对汉塞尔将军的采访，美国空军历史研究部，K239.0512-629 C.l；1942年8月9日，对汉塞尔将军的采访，美国空军历史研究部。

153 1943年6月18、19日，洛维特写给亨利·阿诺德的信件，罗伯特·洛维特文件。

154 德维特·S·科普，《在战火中成长》，第413页。

155 1943年6月22日，阿诺德写给巴尼·贾尔斯的信件，阿诺德文件。

156 引自乔·格雷·泰勒的《他们学会了战术！》，第69页。

157 巴德·J·皮斯利，《勇气的传承：二战中的第八航空队》，第110页。

158 安迪·鲁尼，《25次》，1943年4月16日，《星条旗报》。

159 2003年7月26日，对摩根的采访。

160 摩根，《"梅菲斯美女"号：一名二战轰炸机驾驶员的回忆录》，第210页。

161 2003年7月26日，对摩根的采访。

162 扬·赫尔曼，《麻烦天才：好莱坞最负盛名的导演威廉·惠勒的一生》，第259页。

163　同上。

164　托纳本的《国王万岁：克拉克·盖博传》，第293页。

165　扬·赫尔曼，《麻烦天才：好莱坞最负盛名的导演威廉·惠勒的一生》，第265页。

166　《纽约时报》，1944年4月14日。

167　麦德森，《威廉·惠勒：授权传记》，第258页。

168　R·H·斯蒂文斯与戴维·伍德沃德翻译的邓尼茨回忆录《十年与二十天》（纽约，勒布热出版社，1959年），第341页。

169　美国战略轰炸调查，"德国潜艇行业调查报告"（华盛顿，美国政府印务局，1945年），第31页。

170　2003年7月26日，对摩根的采访。

171　1974年10月13日，对库特尔将军的采访，美国空军历史研究部。

172　同上。

173　同上。

174　安迪·鲁尼，《我的战争》，第136页。

175　同上，第116页。

176　同上，第118—119页。

第六章

教会他们杀戮

"所有战争……都是由小伙子们打的。"
——赫尔曼·梅尔维尔,《进军弗吉尼亚》

1942年8月17日,克莱德湾

北方,明媚的清晨,保罗·蒂贝茨和他的机组在格拉夫顿安德伍德准备发起第八航空队在这场战争中的第一次轰炸行动时,一支庞大的运兵船队冒着蒸汽穿过爱尔兰海,向克莱德湾驶去,那是通往格拉斯哥港的入口。在暴风雨肆虐、德国潜艇频繁出没的北大西洋上经历了十二个紧张、拥挤的昼夜后,他们终于进入到这片平静、受到保护的海域。现在,马拉松式的扑克和骰子游戏已经结束,目的地是格陵兰还是冰岛、是俄国还是北非的争论也告一段落。当天早上他们被告知,目的地是英国。

为首的船只之一是"蒙特利"号,这艘经过改装的旅游邮轮上,奢华的设备已被去除,船身也被涂成单调的军用灰。到达克莱德湾时,小罗伯特·S·阿比布中士,悄无声息地溜上只对军官开放的上层甲板。就在船只向着通入格拉斯哥市中心的狭窄水域驶去时,阿比布趴在栏杆上,目瞪口呆。在他眼前，巨大的拦阻气球高挂在半空，细长的缆绳系在河中的驳船上，远处停着一艘生锈的货轮，吃水线上有一个鱼雷造成的大洞。港口内的一切都以斑驳的绿色加以伪装——工厂、车间、排列在河内的水箱，甚至包括驻锚停泊的军舰。到处都是轰炸造成的破坏，被炸毁和熏黑的建筑，破碎的砖块和铺路石堆积得足有房子那么高。美国人已进入一片战区。突然间，"蒙特利"号的露天甲板上出现一阵奇怪的寂静，4000人试图在这片陌生的北方土地上，在这场他们知之甚少的庞大战争中，一窥自己未卜的前景。

经过格陵诺克海港镇附近一排红砖构成的工厂时，汽笛声响了起来，工人们涌出厂房，向他们挥手致意。甲板上和从舷窗探出身来的美国人，将橘子、苹果和香烟抛向站在下面的英国士兵。

"我们这是在哪儿？"一名美国兵朝一名英国中士喊道。[1]

"格拉斯哥。"当地人回答道。

"下一班返回美国的船什么时候起航？"阿比布的朋友约翰尼·路德维希喊道。

"不知道，"另一个苏格兰人将手拢在嘴边喊道，"不过我可以告诉你……你回不去了。"

这时，上岸的命令下达了，美国兵排着队，背着他们重达80磅的背包走下跳板，穿过鹅卵石铺就的街道，向一座宽敞的公园走去，今晚，他们将在那里搭帐篷过夜。几个营散散漫漫地列队穿过城市时，向人行道上的年轻姑娘们挥着手。一群兴奋的孩子跟在他们身后，作出"V"手势，并讨要糖果和口香糖："朋友，有口香糖吗？"

队伍转过一个拐角时，阿比布绊了一下，身上背的大包跌落在地，里面装着一些香烟和几袋烟丝。他决定不能失去这些美国香烟，因为下次配发可能要等上一阵子。于是他将散落在地上的几个盒子踢到路边，自己也走出队列。就在他蹲在路边收拾他那些宝贝时，他的装备——步枪、防毒面具、包裹、毛毯和大衣——散落得到处都是。"一旁的苏格兰观众，"他回忆道，"都很有礼貌，但还是被逗乐了。"拯救世界的美国人来了，可他们的模样和行为就像是一帮大男孩。

他们中的大多数人都是正规军，其中的数千人将于11月被运往北非，参加"火炬"行动。但阿比布所在的第820航空工兵营到英国的目的不是为了作战，而是为即将于1943年春末大批到达的轰炸机机组修建机场。就是在那时，美国陆航队开始了惊人的集结，他们把近50万人（这个数字是其全球作战力量的三分之二）在进攻诺曼底前夕调至英国。届时将有40个重型轰炸机大队出现在英国，这是一支拥有3000架"空中堡垒"和"解放者"的作战力量，他们中的大多数驻扎于毗邻东安格利亚的诺福克和萨福克县。

第八航空队的第一批补充兵于1943年5月和6月开始到达——这几个月里，罗伯特·摩根和雷蒙德·切克正在执行他们最后的飞行任务——几乎所有人都将驻扎在由英国劳工部雇佣的民工所修建的新基地。但随着罗伯特·阿比布这支单位的到来，美国工兵营将开始修建另外十座空军基地，这项工作将于当年晚些时候完成。其中一座基地位于德比希（Debach），距离北海很近。罗伯特·阿比布所在的营到达格拉斯哥的第二天早上，就将搭乘火车赶至那里，准备加入英国历史上规模最大的建筑工程项目。这个项目没有空战的荣耀和暴力，但却有助于在战争中扭转战事的进程，并彻底改变了英国这个基本不受打扰的角落的生活和地貌——这里的乡村风韵以及热情的酒吧，曾深受济慈的喜爱。*

"到达英国的正式欢迎会要等我们来到德比希的第三晚才召开……于是，我们违反了严格的规定，决定到村子里逛逛，看看英国究竟是什么样。"在战争期间完成的一本观察细致的回忆录中，罗伯特·阿比布写道。[2]当时，他所在的营露宿于帐篷中，就在派他们来修建的这座机场的基址上——这是一片平坦、圆润的山顶，几条狭窄的道路从山上往下，延伸至各个方向。蜿蜒的

---

* 译注：济慈是18世纪末期英国著名的诗人。

车道切开高高的灌木篱墙,穿过小麦、甜菜和马铃薯地,完美地划分出以树篱和栅栏为界线的一个个正方形。隐藏在灌木篱墙后的是覆盖着玫瑰藤的茅草顶小屋。阿比布和他的六名同伴下山来到格兰兹堡村时,当地的农夫和他们的妻子站在低矮的前门处(前门也由树篱构成)向他们点头致意。村中心围绕着一片漂亮的三角形绿地。他们走过一座木桥,这座木桥通向一间酒吧的大门,酒吧的名字是"犬"。

走进幽暗、木横梁结构的酒吧,他们发现里面几乎空无一人。寥寥无几的顾客是一些看上去年纪很大的常客,他们在里屋抽着烟斗,慢吞吞地说着难懂的当地方言。对罗伯特·阿比布这个说话很快的纽约人来说,"这种交谈几乎令社交停顿下来"。阿比布的一个朋友低声说道:"我觉得他们说的应该是英语。"

对四下迅速环顾一番后,这些士兵走近吧台,点了些啤酒。"这些美国钱能用吗?"红面孔的酒店老板是个讨人喜欢的家伙,名叫沃森,他这样问道。他们就此讨论起来,沃森跟他的妻子商量一番后,为他们提供了4先令换1美元的汇率,并承诺,要是他们能兑换到更高的价格,他在日后会做出补偿。将沉甸甸的硬币放入口袋时,他们觉得自己似乎吃了亏。

在解决晚上喝什么之前,他们试了试苦苦的棕啤和黑啤,还有种淡啤酒,是玻璃柜里唯一摆放的品种。"喝起来都差不多,"沃森冷淡地评论道,"战时品质,你们知道,很糟糕。"

这是个周六的夜晚,7点钟左右,酒吧里开始人头攒动。一个名叫莫莉的姑娘弹奏着一台陈旧的立式钢琴,啤酒"几乎不假思索"地迅速消失。几个美国人来到酒吧的消息传遍了全村,8点钟前,这里已被挤得满满当当,空气中弥漫着烟斗发出的浓浓的烟雾。"每个人都在喊叫,每个人都在放声高歌,每个人都在四下乱窜,挤过人群时,啤酒杯被高举过头顶。'美国佬'这个词挂在每个人的唇间。"阿比布回忆道。大部分话题是关于机场,这座机场会把更多的美国人带到格兰兹堡村,而驾驶轰炸机的那些小伙子将为南面几英里的港口中心伊普斯维奇（Ipswich）遭受的破坏，教训那些德国佬。

深夜时，约翰尼·路德维希这个来自费城的野小子开始向坐在对面的一个身材高挑、有点对眼的姑娘咧嘴而笑，她也向他报以动人的微笑。坐在约翰尼身旁的一名老妇注意到他们之间的眼神交流，凑到他耳边说道："离那个荡妇远点……她名声不好。她的丈夫刚刚去中东，她就学坏了。我知道这个，因为我是她的婆婆。"

约翰尼和他的伙伴们请在场的人喝一杯。于是，最后一轮酒是四十七杯，沃森宣布，这个数字是本酒吧的新纪录。这时，营里的首席测量员，又高又瘦的汤姆·斯廷森爬上一张橡木桌，请大家安静，随即发表了一通醉醺醺的演讲，令人难以置信的开场白是："朋友们，英国人，同胞们！"他跟跟跄跄，摇摇晃晃，撞翻了几个被沃森小心看护着的啤酒杯，但总算完成了他的演说。就在他讲话时，一个洪亮的声音划破屋内的喧嚣。"时间，拜托，先生们，"沃森宣布道，"抓紧时间，拜托，时间到了。"*[3]

站在酒吧门前，阿比布和他的伙伴们跟那些新结识的朋友攀谈了许久。第二天早上，他们当中没人知道自己是如何穿过漆黑的乡村小路回到山上的帐篷中的。

接下来的周二，他们再次来到"犬"酒吧，却发现门上写着"啤酒售罄"。酒吧当晚不营业，这是其450年历史中的第一次。

吉普赛式的建造者

修建机场是一项浩大的工程。它涉及到构建数英里的跑道，大批砖制和木制建筑物，数以百计的瓦楞铁皮半圆形活动屋，以及橄榄球场大小的钢制飞

---

* 译注：从一战时期开始，英国政府规定，酒吧营业时间不得超过晚上11点，周日不得超过10点30分。这项规定一直延续至20世纪90年代。

机棚。正如该地区一名历史学家指出的那样,建造一座重型轰炸机基地通常意味着"清除8英里的树篱和1500棵树木,挖掘40万立方码土壤,然后再铺设10英里道路、20英里排水渠、10英里导管、6英里水管和4英里污水管。跑道需要175000立方码混凝土,建筑物需要450万块砖,交通区需要32000平方码柏油路面"[4]。美国工兵为战争的需要而从事的项目使德比希付出了沉重的代价:乡村美丽的延伸被破坏,过去曾是一名生物学学生的阿比布,最喜欢步行探索那里的美景。现在无暇顾及大自然的问题,对该地区的一切调研和划界不得不屈从于平地机,它们将为把城市夷为平地的轰炸机清理出道路。混凝土道路缓缓前伸,出现在道路中的百年老屋被铁链拉倒,并被轰鸣的机器碾为齑粉,美国人的这些机器,比当地人过去曾见过的任何车辆更为庞大,发出的噪音也更响亮。"就像是一场洪水吞没了一片美丽的地面,待它消退后,只剩下苍凉的荒地,没有生命,也没有任何动静。"阿比布在日记中写道。[5]

农民们对此表示抗议,一些人用霰弹枪赶跑了军方的测量人员,但他们无法阻止美国佬强大的破坏力,他们赖以为生的土地被铺上8英寸厚的混凝土。"他们并不愿意让我们这些美国人进来,将他们的乡村破坏殆尽。"第862工兵营的比尔·翁评论道,[6]他当时在与亨廷登郡相邻的格拉顿(Glatton)修建一座基地。阿比布想告诉(尽管他从未成功过)德比希那些发出抗议的村民,工兵营所从事的破坏工作是为了帮助盟军将战争态势从防御转为进攻,击败德国,把他们的孩子从远方的战场带回家。

潮湿、阴冷的冬季,德比希机场的建造工作继续进行。这里,以及伦敦北部和东部一百多个与战争有关的建筑工地上,进行着一场与泥泞的战斗。航空队的历史学家们写道:"英国的泥泞,形式多种多样,从水淋淋的泥浆到带有速凝水泥一切特性的黏稠泥团,范围极广。"[7]随着树叶逐渐凋落,地面愈见荒芜,白昼开始缩短,天色阴郁,一些人不禁纳闷:"德国人为何想要夺取英国?"[8]

美国报纸将基地的建造工作称赞为一场赢得战争出色的演练。"跨过英国的绿色田野，从拂晓至深夜，美国工兵将混凝土、钢筋和汗水浇筑进有史以来最为浩大的建筑项目中。"《星条旗报》这样写道。[9]但在艰苦、令人沮丧的工作中毫无浪漫可言，士气难以为继。美国人住在帐篷或活动房屋中，靠煤取暖，而煤炭供应总是不足。他们分为两班，每班的工作时间为10小时，为抓紧时间，饭菜给他们送到工地。每天的工作在"出现足够的光线"前便已开始，这一整天，"由老百姓驾驶的卡车络绎不绝，运载着碎石、沙土、水泥以及遭到轰炸的城市中的残砖碎瓦……沿着狭窄的车道隆隆驶来，并将车上搭载的东西卸下，堆得像小山那么高。"[10]起重机高得像当地教堂的尖塔，帮助营里的卡车将搭载的材料倒入一台庞大的铺路机内。他们每天能铺设半英里跑道。到D日前，派驻英国的任何一个工兵单位，浇筑的混凝土都足以建造跨越海峡的一条双车道高速公路，铺设的砖块也可以建成世界上最高的摩天大楼。[11]

任务最艰难的当属水泥工。他们要在一个木制平台上站一整天，并将一袋袋重达100磅的水泥倒入卡车中，这些依次驶过的卡车每分钟一辆，单调无比。腾起的水泥灰吹在他们的脸上，侵入他们的衣服，甚至深深地渗入他们的皮肤，把他们变成"灰绿色、幽灵般的机器人"[12]。有些士兵蓄起又长又密的胡须，以阻止灰尘侵入他们的面孔。《扬基》杂志的一位记者请士兵们描述自己的工作时，一名士兵脱口而出："把我们叫做骡子，你就会明白了。"[13]

在格拉顿，某天下午，一群脏兮兮的工兵正在铺设跑道时，一架中弹的"空中堡垒"，仅凭一具引擎飞入他们的视野，寻找着迫降地点。"我们看着他飞入树梢后，随即，所有人朝他消失的地方跑去。"比尔·翁回忆道。他赶到冒着烟的飞机残骸处时，所有机组人员都倒在血泊中。"救护车和消防车赶来了……这些可怜的家伙被送去急救站时，四下里一片寂静。突然间，我们不得不忍受的泥泞、寒冷、雨水和潮湿似乎都变得不值一提。"[14]

截止到1943年6月——就在这个月，"孟菲斯美女"号机组离开巴辛伯恩回国——英国东部的各个建筑工地上共有13500名美国士兵。和他们一同工作的是从远至威尔士、苏格兰和北爱尔兰招募来的32000名平民，其中还有些妇女。他们居住在特别营地中，而妇女则是从当地住户中招募而来的。

与世界各地的军人们一样，工兵营的士兵也期盼假期的到来。每逢周六，他们便脱掉沾满泥泞的工作服，换上一身干净军装，搭乘一长列卡车蜂拥至伊普斯维奇消磨一晚。[15]即便在较为平静的德比希，对当地警长（大家称他为穆迪先生）来说，他们也是一群不好对付的人，这帮吵吵闹闹的家伙约有700人，其中大多数是军方从美国最危险的行业中招募而来。他们当中有曾为曼哈顿"银塔"吊装钢筋的钢铁工，也有曾在密歇根荒原上砍伐松树的伐木工。"这里有一些夜间发生在草地上或干草堆后的事件，气愤的父母和伤心的姑娘不知何故便息事宁人了，"阿比布回忆道，"有些高速行驶的美国卡车冲入了狭窄的单行道，这就意味着事故。还有些家伙下山后来到'犬'、'皇冠'或'突厥王'酒吧，结果却找不到回去的路。但穆迪先生恪尽职守，并伴以轻声细语和礼貌的态度，不知何故，事情就变得顺当起来。"[16]

终于，社区里的大多数居民接受了山上的这些小伙子。许多家庭邀请他们周六时来家中吃晚饭，还有几位父亲批准自己未婚的女儿跟他们约会。反过来，一些美国佬也开始喜欢上英国。"我们是情不自禁。"阿比布说道。[17]

其他建筑工地上，一些特殊姿态对安抚当地人起到了帮助。比尔·翁所在的单位为村里的孩子举办了一场大型圣诞庆典，而他们的大姐姐则作为特邀来宾。两间屋子拼起一个舞厅，航空队派来一支乐队，降落伞挂在屋顶，炊事班的小伙子们制作了冰激凌，并从补给中心订购了一箱箱糖果。就是在这场聚会上，当地的姑娘们发现，在田地里见到的那些脏兮兮的工兵，居然能像她们在电影中看过的美国人那样翩翩起舞。"这些农村姑娘对吉特巴舞感到惊异，"比尔·翁回忆道，"可是，天哪，她们很快就学会了旋转、转身和跳跃，不比任何人跳得差。一开始，我们跟两百个孩子坐在一起，他们得到了一个真正的圣诞晚会——圣诞老人搭乘着一辆临时装饰过的推土机赶到。每个孩子都获得了礼物。感人的场面出现在那些已婚士兵身上，战争使他们跟自己的孩子天各一方，他们蹲下身，帮这些英国孩子拆开他们的礼物。友谊从这一天开始，直到战争结束后，它仍将持续很久。卡车在屋外列队，准备将客人们送回家时的情形就像以前的厌恶感从未存在过似的。"[18]

但这也带来了更多的问题，主要跟性有关，其中的一些问题被军官们处理得非常拙劣。圣诞聚会后几周，在格拉顿，几名当地姑娘出现在指挥部的办公室中。她们在聚会上喝醉了，还怀了孕，最糟糕的是，她们不记得"发生了什么事，或是跟谁"[19]。指挥官建立起一项救助基金，责令营区内的士兵每人每周贡献10美元，直到罪魁祸首出来认账为止。几个人最终向营地的牧师自首，不知道牧师采用了什么法子说服他们，几个人同意娶那几个姑娘为妻。"不行！"指挥官宣布，"这些家伙喝醉了，根本不知道自己将成为父亲——最好的办法是让他们消失。"[20]几个涉案人被调至另一处，而那些姑娘，其中的一个还不到16岁，再也没能见到他们。

《扬基》杂志记者索尔·莱维特写道："陆军工程兵就是吉普赛式的建造者，他们修建，然后，他们离去。"[21]1943年4月，冬季的脚步终于渐行渐远时，罗伯特·阿比布所在的营被调至沃蒂沙姆附近，负责将皇家空军的一处设施改建为美国战斗机基地。另一支非裔美国人组成的工兵营被调来完成德比希的工作。截止到此刻，第八航空队拥有近50个机场，足以容纳正涌入英国的轰炸机大队、侦察部队和补给单位。6月中旬，派驻英国的美国飞行员已从去年12月的30000人增加至100000多人。到D日发起前，在东安格利亚，平均每隔八英里便有一座空军基地。这种大批外国人友好的"入侵"，是英国此前从未经历过的；除伦敦和像利物浦这样的大型港口外，英国的其他地区并未大批出现外国移民。[22]

"我们去当地一家名叫'绿人'的酒吧，那儿全是外国人，"一位英国妇女回忆道，"就算他们是从火星上掉下来的，我们也不会更加吃惊了。"[23]一些体面的英国人对他们的打扮感到震惊。"这帮乌合之众，非得亲眼看见才能相信。"一名英国士兵描述了一群到达巴特伍德（Buttonwood）的美国飞行员，这里是个大型补给维修中心。"他们穿着各式各样的衣服……戴着形形色色的帽子……令我们震惊的是，他们还带着大量运动装备，有高尔夫球杆、棒球棒、钓具、橄榄球以及能让任何一个运动员感到高兴的一切。大家不禁纳闷，他们跑到我们这座缺乏娱乐的岛上来，是帮助我们打仗还是来参加一场世界性体育赛事？"[24]

他们的人数具有压倒性。东安格利亚作为一个独立省份只有170万人，仅有的四个城市中心是诺维奇、伊普斯维奇、剑桥以及英国最古老的城市科尔切斯特（Colchester）。很快，美国人的数量超过了居住在基地附近的村民，其比例高达100∶1，迅速改变了这些曾经从容不迫的城镇的个性和色彩。"他们的生活中，没有什么会令他们审视自己既定的习惯和信仰。"战前一名观察员这样描述东安格利亚人的内向性格。[25]随着建筑营离开，成千上万名美国飞行员的到来，既有的生活方式受到了威胁。火车、酒吧、电影院里挤满美国人，生活节奏也开始加快，人们的期望已不再像他们的收入那般微薄。"就连天空也不再安宁了。"罗杰·A·弗里曼写道，当时他还是一个小男孩，在之后的人生中，他花了许多时间撰写关于第八航空队的著作。[26]

直瞄射击

1943年6月10日，欧洲的空战进入到一个新阶段。这是"联合轰炸机攻势"（CBO）的正式开始，代号为"直瞄射击"。[27]这是为了履行罗斯福和丘吉尔在卡萨布兰卡做出的承诺，发起一场"夜以继日"的英美轰炸机联合攻势，为日后的大规模地面进攻铺平道路。1943年5月，在华盛顿召开的"三叉戟"会议上，联合参谋部（由英国和美国高级军事将领组成）已将跨越海峡进攻希特勒"欧洲堡垒"的日期暂定为1944年5月1日，并将盟军的轰炸战与这场代号为"霸王"的进攻行动直接相连。"直瞄射击"的指令使德国空军（包括其作战飞机以及生产这些飞机的工厂）成为联合轰炸机攻势最重要的一个目标。只有德国空军被削弱到不再对盟军的地面进攻构成威胁后，英美空中力量才会对德国其他重要工业设施发起系统性轰炸。

但一些轰炸机巨头却有他们自己的小算盘。对英国空军部来说，阿瑟·哈里斯是个不好对付的人，因为他实施了那么多明显对敌人造成伤害，并饱受赞誉的行动，他将继续自己的"城市轰炸战"，却几乎被"直瞄射击"所忽略，直到D日发起的几个月前，艾森豪威尔才最终把他拉了进来。因此，哈里斯不会跟第八航空队密切配合，就像CBO这个术语无意中表明的那样，这是一场联合的，但并非协调一致的轰炸攻势。

斯帕茨也有自己的想法，但并未对此太过坚持。尽管他身处地中海战区，但阿诺德为他通风报信，因而仍能对欧洲各地的空中作战发挥影响。他依然相信，如果盟军轰炸机能集中力量，对德国战时经济所依赖的重要行业（例如石油和钢铁）发起打击，那么，地面进攻是可以避免的。但与哈里斯不同，他觉得自己别无选择，因而同意联合参谋部的决定，没有公开抱怨。但艾拉·埃克却对"直瞄射击"的新指令热衷不已。它符合他的信念：只有联合空中、地面和海上攻击才能打垮纳粹政权。他还进一步确信，旨在摧毁德国经济的大规模白昼轰炸战是难以为继的，除非重创并击败德国空军。他从比利·米切尔那里学到，摧毁敌人的空中力量是一场成功轰炸战的先决条件。不过，在"直瞄射击"的指令下达时，他已拥有额外的重型轰炸机和机组人员，因而他依然相信，不需要远程战斗机为轰炸机提供护航，他仍能夺得制空权。

但他首先要和阿诺德将军解决一些问题，阿诺德已开始给埃克施压，要求他将更多的战斗机投入护航任务中。第八航空队战斗机司令部的指挥官是英俊、神气活现的弗兰克·亨特将军，他把他的"雷电"战机派过海峡游荡，试图引诱德国空军来一场战斗机对战斗机的决斗，但戈林命令他那些战斗机飞行员，将重点集中在敌人的轰炸机上。因此，阿诺德认为，只有在护航任务中，而不是在游荡中，才能发现、打击并消灭德国空军。

阿诺德的看法没错，但他没有意识到他自己就是问题之一，甚至远远大于战术问题。阿诺德对B-17的作战能力有一种不切实际的乐观。根据罗伯特·洛维特后来的证词，身处华盛顿的阿诺德"对B-17的能力表达了一些太过狂妄的看法"[28]。即便在同意推动生产远程护航战斗机的项目后，他对此也没有抓得太紧。在洛维特看来，"他的双手被他的嘴绑住了。他说我们唯一需要的是'空中堡垒'，仅此而已；很少有战斗机能跟上它们"。但正如洛维特酸溜溜地补充的那样："梅塞施密特就能毫不费力地追上它们。"

阿诺德告诉华盛顿他那些工作人员，第八航空队可能需要远程护航，但埃克未获得战果是因为他没有将足够的轰炸机投入行动，甚至在春季获得加强后。阿诺德对第八航空队承担的维修问题并不太重视。埃克，这位鲁莽、积极的指挥官，没有足够的保养和维修人员来确保他的空中力量保持最大强度，原因之一就是华盛顿草率的规划。阿诺德冲动、急躁、饱受心脏问题的困扰，对英国的实地状况缺乏了解，尽管如此，他毕竟是个坚强的人。他督促埃克解除战斗机和轰炸机指挥官的职务，他指责这两人"太过求稳"，担心遭到严重的损失而不愿派出大规模轰炸机编队和护航战斗机去打击敌人。[29]无节制的电报在大西洋上空来来回回。"现在看起来，"埃克的副手詹姆斯·帕顿回忆道，"阿诺德和埃克将军似乎将更多的时间投入到争执中，而不是如何击败德国。"[30]

7月1日，埃克解除了纽顿·朗费罗第八航空队轰炸机指挥官的职务，接替他的是37岁的弗雷德里克·安德森少将，一名积极进取的领导者。接下来的一个月，埃克任试飞员时的战友兼老朋友，威廉·E·凯普纳少将，接掌了第八航空队的战斗机司令部。埃克向他的老板屈服了，但他在一份满怀怨言的信中警告道："我可不是一匹需要马刺来激励的马匹。"[31]二十年前铸成的友谊和专业纽带在全面战争的压力下土崩瓦解。

埃克还有其他考虑。他担心自己获得加强的部队遭受到更大的损失，这将引来公众和官方要求拆解第八航空队的压力——他们消耗了美国越来越多的战争资源,却没有获得与之相应的战果。"现在我最担心的问题是,"他向阿诺德透露,"我们在高层的支持者,以及支持我们的民众,可能无法忍受我们在战斗中的损失。"[32]随后他作出个中肯的预言:"我们不妨坦率地承认,这将会是一场血战。谁能弥补损失,谁就将获得胜利。换句话说,拥有预备力量的一方将赢得胜利。"

伤亡者的数量会比他想象的更高。1943年夏季和秋季,第八航空队蒙受的损失将严重消耗其人员和飞机,生还者的士气受到严重动摇,并使埃克丧失了他的指挥权,从空中击败德国的可行性遭到质疑。这将是美国空军历史上最暗淡的几个月。这几个月里,重型轰炸机中的美国飞行员飞越德国,其生存机率几乎与"癌症晚期患者"的存活率相同。[33]

训 练

赶至英国参加埃克大规模夏季攻势的部队之一是第381轰炸机大队。三十九年后,约翰·科莫来到剑桥东南方里奇维尔(Ridgewell),第381大队曾驻扎过,现已杂草丛生的基地时,他觉得宛如时光倒流。"我能听见英国潮湿阴冷的黎明前,引擎加速旋转准备起飞时发出的刺耳轰鸣。我能闻到引擎噗噗作响并启动时混合着机油和汽油的味道充斥在空中。"[34]但他最清晰的记忆是关于他那些战友,在美国接受训练的期间,他和他们结下了牢不可破的友情。

珍珠港事件的11个月后,约翰·科莫的英国战时之旅开始于11月份一个寒风凛冽的日子。德克萨斯州一座偏远的机场,一位面貌严肃的少校,裤缝犹如刀刃般锋利,大步走到高高架起的麦克风前,停顿片刻,查看着他的听众——阅兵场上一群剃着平头的新兵。几秒钟后,少校开始了一场激昂的演说,描述起空中射手紧张刺激的生活。演讲结束后,他要有胆量从事这一工作的人自愿走出队列。50个人站了出来,其中包括32岁的约翰·科莫。

一个小时后,科莫坐在基地医院里,等待接受体检。十年前,他曾被陆航军以"缺乏深度知觉"的理由所拒绝。这次,体检人员告诉他,他的体检结果"差不多够了"。航空队急需航空机械师,而机械师的另一个任务是操控重型轰炸机的顶部炮塔。医生问他,愿意成为一名航空机械师吗?9个月后,约翰·科莫,这位刚刚完婚,持有德克萨斯大学文凭的机床销售员,开始在一架"空中堡垒"的炮塔内为了自己的生命而战。

1938年时,陆军航空军只有21000名官兵。在其最大扩充期内,从珍珠港事件爆发后的第二天,到"直瞄射击"开始时,其兵力从35.4万增至210万人,扩充了520%。[35]分类、委派和训练这么一大批人——18个月时间,180万人——是个惊人的任务。为完成这个任务,陆航队采用了亨利·福特的流水线生产法。阅读过陆航队招募说明的新兵知道摆在他们面前的是什么。说明中指出:"陆军航空队的训练可以比作流水线生产。"[36]

像约翰·科莫这种分配到轰炸机上的小伙子,首先接受个人训练,然后再作为一个紧密协调的团队中的一份子接受训练,整个训练过程中,最大的敌人是时间。为尽快将这些人派至海外,陆航队降低了战前严格的要求。1942年1月,候补军官的最低年龄从20岁降至18岁,新兵也不再需要经过两年大学学习,能通过一场严格的书面考试即可。战争的头两年,这些机组人员待在仓促建立起的训练中心内,其中有一些完全是用帐篷搭成;他们起飞时所用的机场处在半完工状态,飞机也是危险的过时货。体检和身体要求——尽管仍高于陆军的标准——也被降低。[37]陆航队引以为豪的是,他们是一支完全由志愿者组成的部队,但在1942年12月,罗斯福总统终止了自愿参军入伍的举动后,这一点也宣告结束。不过,即便这样,被征入陆军的人也可以提出申请,自愿加入陆航队。这就使陆航队那些霸道的征兵人员得以挑走被小说家约翰·斯坦贝克称作"这个国家出产的身心俱佳的人才"[38]。

这些人自愿参加陆航队的原因多种多样,从高尚的爱国主义到希望摆脱步兵都有。稳定的工作、可观的收入,对那些依然失业、被大萧条搞得身心俱疲的年轻人来说，是个不小的诱惑。初出茅庐的少尉每年能拿到1800美元，外加50%的飞行津贴，看上去很微薄，但那可不是一名四星将军的基本工资为8000美元的年代。大批出色的志愿者被吸引至陆航队，是年轻人飞行梦想的结果。他们成长于飞行的黄金时代，[39]他们用轻质木材削制飞机模型，他们追随着查尔斯·林白的传奇生涯，并为那些特级飞行员出现在当地机场，进行巡回表演时的空中壮举而激动。保罗·蒂贝茨12岁时，被一个名叫道格·戴维斯的马戏团飞行员首次带上天空，戴维斯驾驶的是一架敞开式座舱的双翼机，配以木制螺旋桨和织物蒙皮的机翼。他为寇蒂斯糖果公司工作，于是交给飞机后座上的蒂贝茨一项任务：将绑在一顶顶微型降落伞上的"露丝宝贝"牌糖果盒投下去。蒂贝茨后来说，经过那番经历，他知道，"再也没有别的东西能令我满足"[40]。

对那些希望成为飞官的申请者来说，训练通常开始于由军医和心理学家组成的航空队分类中心。[41]其目的是为了确定这个申请者是否应该被允许进入一架作战飞机并以怎样的身份进入。新兵们会接受一连串测试以检查视力、心理适应性、动作协调性以及心理稳定性。他们的成绩，再加上他们的个人选择和陆航队的需要，决定了分配他们去的培训学校：飞行员、领航员或投弹手。他们必须通过考试。半数以上的人惨遭淘汰。这些被不公正地贴上"失败者"标签的人，要么自愿参加空中射手的训练，要么转调到步兵单位。

毕业生被称为"长官"，而且，"每当我们发奋时，他们都会告诉我们，我们是国家的精英"，一名学员写信告诉他的母亲。[42]他们的培训通常是以1—2个月的军事定向训练为开始，这些准飞行员以此学会"如何成为一名军人"[43]。这其中包括体能训练和密集队形操练，并伴以射击、化学战、军事程序和地图识别方面的指导。体能训练的强度很大：越野跑、障碍训练、健身操和举重。这些学员列队行军时，唱着有节奏的歌曲和陆军航空军军歌，这里还举行全体学员的正式阅兵式，举起军刀敬礼，近距离检阅，练习那种"戏剧感和共同使命感"的传递。[44]

这是美国军方智力要求最高的训练项目的开始。特别是驾驶员，选拔和培训非常严格。他们要操作的不是步枪，而是一架庞大、复杂的武器，成本高昂，破坏力巨大。一名驾驶员得到他的飞行徽章并被任命为少尉前，必须经历三个飞行学校的培训（初级、基础和高级），三所学校分别位于三个独立的基地，培训课历时约九周（十周后投入战斗）。这一切都完成后，他们便参加第十周的进修课程。在这最后的阶段，这些驾驶员学习他们将在战斗中操作的飞机，并被教会"不带情感地从事杀戮、残害、焚烧、摧毁"[45]。

在初级培训阶段，学员们飞一款被称作"斯蒂尔曼"的双座双翼机，一位平民教官坐在后座（因为没有足够的军方飞行员从事教练工作）。对来自宾夕法尼亚州曼斯菲尔德的理查德·C·贝恩斯这位高中体育明星来说，由于此前从未坐过飞机，这是他迄今为止最紧张的时刻。但他轻而易举地驾驶着飞机飞上蓝天，而且很快便"玩起了杂技、懒八字飞行、翻圈和快滚……这一切使他得到了极大的乐趣"[46]。与这种第三维中的新体验相比，课堂教学就不那么激动人心了。学员们参加莫尔斯电码、导航、气象学、飞机发动机和零部件、燃油和润滑程序、保养和维修等课程。他们还要在"林克"式模拟飞行器上花费些时间，模拟飞行座舱的目的是教会驾驶员借助仪表实现盲飞。

接下来便是基础飞行学校，在经验丰富的军方飞行员的指导下，学员们学习操作战前使用的较大、较慢的战斗机。经过70个小时的飞行时间以及更多的课堂教学后，学员们被分配至单引擎战斗教练机或是双引擎轰炸教练机上。理查德·贝恩斯回忆说，这里的气氛"更加轻松"[47]。学员们仍要进行操练，并列队上课，但这里的理论学习较少，而且"被淘汰的机率较小，我们可以专注于飞行和导航的细节问题"。他们进行越野飞行，并学会如何以一具引擎操纵轰炸机降落。这令情况变得更加危险。1943年，美国国内的陆军航空队基地发生了20000多起重大事故，5603名飞行员丧生。整个战争期间，在国内和国外的训练基地，约有15000名飞行员送命。在佛罗里达州的麦克迪尔空军基地，参加培训的轰炸机机组人员想出一句冷酷的话语来描述当时的情况:"每天一次,飞入坦帕湾。"[48]

1943年感恩节过后一周,理查德·贝恩斯完成了他的培训,并被授予陆军航空队少尉军衔。获得银色的飞行徽章时,贝恩斯少尉完全有权感到幸运和自豪。战争期间进入飞行培训项目的学员中,约有40%(超过124000人)在受训过程中被淘汰或丧生。贝恩斯成了正迅速成为世界上最训练有素的空中力量中的一份子。

从导航员和投弹手学校毕业出来的学员与那些刚刚成为驾驶员的人同样自豪。埃尔默·本迪纳是来自纽约布鲁克林的一个犹太小伙,为庆祝自己从领航员学校毕业,他买了件时髦的褐色风衣和一条"粉红色"、看上去很潇洒的长裤。"我还准备了一盒名片,上面写有我的姓名和军衔⋯⋯我为参战做好了准备。"[49]

本迪纳比贝恩斯早毕业一年,已于1943年初冬被派至爱荷华州的苏城,在那里,他填补了刚刚组建的第379轰炸机大队最后一个机组中的最后一个空缺,该大队正进行着赶赴海外前的匆匆准备。他被分配到一架名叫"童德蕾奥"号的飞机上,这个名字来自迷人的海蒂·拉玛在电影《蛮荒妖妇》中饰演的一个角色。出发赶赴英国时,他与机组的其他人员已亲如一家。本迪纳写道:"我们的忠诚围绕在'童德蕾奥'号周围。"[50]

一年后,理查德·贝恩斯投身于战场。1943年夏季和秋季,由于损失急剧上升,越来越多的机组人员开始涌入英国,不是作为在国内组建的轰炸机大队的成员,而是作为补充兵进入本迪纳第379大队那种实力锐减的单位中,这些大队与第八航空队里的其他大队相比,执行了更多的飞行任务,投下的炸弹也更多。来到英国西部后,这些人向补充兵中心报到,然后被分配至各个遭受损失的大队中。

像本迪纳所在的那种轰炸机大队,作为一个整体(地勤人员和飞行人员),一同在国内经历了最后的培训期,抵达英国后进驻专门为他们准备的基地。1943年5月末,第379大队的轰炸机开始降落在剑桥的金博尔顿

（Kimbolton）机场，一个月前，另一个新组建的大队，第100轰炸机大队，降落在索普-阿博茨机场，这是第八航空队派至英国的第八个轰炸机大队。陆航队已将第100大队视为一支粗野、散漫的部队，它将给柯蒂斯·李梅上校造成麻烦，而李梅刚刚晋升为新组建的第4轰炸联队的指挥官，第100大队便隶属于该联队麾下。

第100轰炸机大队

日本偷袭珍珠港的一个星期后，哈里·克罗斯比离开爱荷华大学的文学硕士写作课程，丢下一个他深爱着的姑娘（尽管对方对他并不太感兴趣），加入到陆军航空队中。几周后，克罗斯比被驾驶员培训课淘汰，于是改行成为了一名领航员。获得飞行徽章和任命后，他被分配到第100轰炸机大队，并被告知，他将飞的是B-17。他第一次看见这种飞机着陆时，那架B-17坠毁了，机组人员无一幸免。

他的驾驶员是约翰·布雷迪和约翰·霍尔，投弹手是霍华德·"滑稽演员"·汉密尔顿——这位长着一张椭圆形面孔的农村小伙来自堪萨斯的奥古斯塔。位于轰炸机后部的则是操着世界各地语言的一群人。来自纽约北部的机械师阿道夫·布鲁姆是一位农民，说话时带有浓重的德国口音。球形炮塔射手罗兰·冈维尔是个信奉天主教的波兰人。腰部射手哈罗德·克兰顿是个美国印第安人，而另一名腰部射手乔治·佩特罗霍洛斯则是来自芝加哥的一名希腊人。无线电操作员索尔·萨维特是一名来自纽约的犹太人，这位前记者曾撰写过托马斯·杜威著名的反黑调查的报道。而机尾射手，据克罗斯比回忆，似乎每周都要换个新人。[51]

清晨的黑暗中，约翰·布雷迪首次看见他的机组时，不禁笑了起来，他告诉他们自己并没什么了不起的。"说着，他又笑了起来，我们立刻便喜欢上了他，"克罗斯比回忆道，"战前，他在巴尼·伯利根的一支乐队中担任萨克斯手。"[52]

第100大队由达尔·"老爹"·阿尔凯尔上校指挥,他是驾驶B-17的老手,曾在爱达荷州的博伊西和华盛顿的瓦拉瓦拉接受过短期培训,1942年12月,他被派至犹他州温多弗荒芜的盐碱地上。他带着4架破烂不堪、几乎已被停用的B-17和几名接受了仓促训练的地勤人员到达那里。"他们带着热切的无知凑近那些庞然大物。"该大队的一名战史作者这样写道。[53]他们中的一些人此前从未见过B-17,幸运的是,有几个人曾干过机械师。肯尼斯·莱蒙斯,这名19岁的志愿者来自阿肯色州的波卡洪特斯,九年级时便辍学,以帮助父亲操持自家的农场。"整个农场的机械作业都由我们自己完成……所以很自然,我学会了机械修理。"[54]莱蒙斯中士,这位负责管理15个人的地勤主管,帮助他那些没什么经验的组员们维持着第100大队寥寥无几的飞机的正常飞行。"地勤人员是这支队伍的骨干,"阿尔凯尔上校对他那些新兵们讲话时说道,"没有他们,那些神气活现的飞行员一文不值。"[55]

一周内,更多的飞机和机组人员到达这里,很快,各个中队在空中展开例行训练。每位组员必须参加,因为他们在犹他州温多弗的训练严重不足,以至于第100大队几乎无法将他们投入战斗。

元旦那天,第100大队从温多弗迁至爱荷华州的苏城。[56]地勤人员搭乘军用列车,在飞行员之前到达,而那些飞行员被他们所称的"机场之旅"所耽误,因为许多机场位于离机组人员家乡很近的地方。飞过明尼阿波利斯的老家时,一名射手决定给父母写张便条,于是将纸条绑在一把活动扳手上,从10000英尺高空扔了下去。军方审查人员将扳手和纸条交给阿尔凯尔上校,并评论道,第100大队去欧洲后,这个国家会更安全些。

对第100大队来说,苏城是国内训练的最后阶段,但他们接到一个坏消息,说该大队尚未证明已为出国作战做好了准备。陆军航空队干脆将第100大队打散,将机组人员派至遍布美国西部的八个基地,进行额外的训练,他们将保持分散状态三个月，而地勤人员则派至内布拉斯加西部的卡尼基地。

3月底，阿尔凯尔上校收到了他为之期盼的命令，指示他将大队重新集结，准备部署至海外。4月20日，所有机组人员都已到达卡尼基地，期盼着飞赴旧金山进行最后的检查工作。结果却是一场灾难。37架飞机中的14架未能到达目的地。一些飞行员声称引擎出了问题，将飞机降落在女友们的家中。还有个机组兴奋地出现在田纳西州的士麦那。这场飞行令阿尔凯尔丢了官，约翰·伊根少校也从大队执行官降为中队长。阿诺德将军的一名助理，霍华德·特纳上校，成为第100大队的临时指挥官。他唯一的任务是将该大队平平安安地带至英国。

特纳麾下的机组获得了新式的B-17F，这是最新型的"空中堡垒"，他们被送回犹他州温多弗，进行额外的训练工作。回到卡尼基地后，一个消息传播开来，所有外出活动均被取消，直到指挥官们允许他们买来酒，在营房里喝个酩酊大醉后，他们才意识到，这次将"飞去参战"了。[57]各项记录加以检查，新的飞行服也已配发下来，5月27日，特纳坐在引航机内，第100大队的四个中队（其中的一个由盖尔·克莱文指挥），起飞赶往缅因州的班戈，那是飞越大西洋的中转站。

一些小伙子丢下了他们的新娘。哈里·克罗斯比在爱荷华市追过的那个姑娘，写信向他表达爱意后，克罗斯比娶了她。他在英国期间，她将与克罗斯比两位中队战友的新娘同住一套公寓，这两位战友是霍华德·汉密尔顿中尉和埃弗雷特·布莱克利上尉。最后一次休假时，肯尼斯·莱蒙斯中士返回阿肯色州波卡洪特斯的家中，迎娶了未婚妻芳达，并把她带回卡尼，安排在基地附近的一座旅馆，以便共度剩下不多的时间。接到远赴海外的命令后，他把她打发回阿肯色州，接下来两年半的时间里，她将和她的父母住在一起。"对新婚夫妇来说，这是个艰难的告别时刻。"莱蒙斯这样说道。[58]

1500名左右的地面人员已在月初离开卡尼基地，搭乘火车赶往新泽西州的基尔默基地，那里位于曼哈顿摩天大楼的视野内。随后，5月末一个细雨蒙蒙的清晨,基地大门关闭了,整个世界被摈弃在外,经历了七个月的训练后,第100大队的地勤人员登上气味陈腐的军用列车,赶往新泽西州的霍博肯。在那里,渡轮将他们带过哈德逊河,经过一长列驻锚的军舰,来到一个长长的码头,这座码头覆盖着一个巨大的拱形屋顶。默默等待着他们的是丘纳德白星航运公司壮丽的"伊丽莎白女王"号,现在是国王陛下的船只之一,这艘豪华邮轮身披单调的战时装束。"这艘船非常大,"一名地勤人员回忆道,"你所能看到的仅仅是她灰色的船身。"[59]

第二天下午,港口的拖船将"伊丽莎白女王"号拖出船坞,她搭载着相当于一座小型城市般大小的货物转了个身,雄伟的船头指向大海。但船上近15000名士兵却体验了这艘巨轮强有力的移动。这些士兵被限制在甲板下散发着霉味的舱室内,完全不知道他们的目的地将是何处。

驶入公海后,为防止被德国潜艇发现,水手们开始将舷窗和窗户覆盖上,这艘庞大的邮轮"与身边的黑夜融为一体",第100大队的勤务兵杰克·谢里登这样写道。[60]"伊丽莎白女王"号用了八天时间横渡大西洋,每隔三分钟便改变航向,警卫人员的双眼紧贴在望远镜上,搜索着潜望镜形成的黑色波浪。邮轮的曲折行进在下方拥挤、臭烘烘的舱室内造成晕船症的爆发,在那里,普通士兵每两人分到一张吊床,于是,两人轮流,每人享用12个小时。军官们睡在三层高低床上,每张床铺贴得很近,本应住两个人的舱室被塞进去十八个人。由于无事可做,这些人玩起了二十一点、掷骰子和法罗牌。谢里登写道:"很快,整艘船上掀起了赌博的热潮。在船上四下走动是不可能做到的,每一条过道,每一个房间,你都会遇到正在进行某种赌博的人。"[61]

1943年6月3日上午,"伊丽莎白女王"号到达苏格兰布满石块的海岸,并停泊于格陵诺克。走下跳板来到岸上时,士兵们受到岸边一支满面愁容的乐队的迎接,他们演奏着《带我回纽约》。享用过苏格兰女士们提供的茶水和甜甜圈后,第100大队的地勤人员搭火车赶往一个名叫"迪斯"的车站。该大队的官方史学家写道:"这些人以特有的智慧不失时机地喊出了'Dis is Diss'

的口号,这句话很快将变成从伦敦返回的那些人的口头禅。"*62

在火车站,他们挤上等候着的卡车,驶过一间名叫"国王头像"的酒吧,赶往位于基地后方的一个小村庄,那座前皇家空军基地仍在修建中。短短几周内,从内布拉斯加的玉米地来到"纳粹的家门口",谢里登说,这是个"极大的跨越"63。

到达索普–阿博茨的第一晚,莱蒙斯宿舍里的几个人打开收音机,想听听来自柏林的广播。收音机里出现的是臭名昭著的纳粹宣传员"轴心莎莉",她直接对第100大队的人说,欢迎来到英国。"你们犯了个错误。这不是你们的战争。干嘛要为英国送命?回家吧。"64

6月9日,各轰炸机机组赶到了,他们在机场上空盘旋、轰鸣着。"整个大家庭又聚到了一起,"谢里登说道,"这次要投入战斗了。"65

轰炸机的到来给当地社区造成了轰动。"一天,我正骑着自行车从学校回家,他们来了,降落得又快又密,间隔得极短。"戈登·E.德本回忆道,当时他才12岁,住在跑道旁的一个农场里。"我离主跑道末端很近,浑身直起鸡皮疙瘩,我想回家,可又害怕从那些飞机下穿过,他们离地面实在太近了。"66

第100大队的飞机都平安着陆,除了约翰·布雷迪所驾驶的那架"空中堡垒"。跨越大西洋的最后一段航程中,哈里·克罗斯比犯了个导航的错误,他们错过了英国。就在几乎要飞到被纳粹占领的法国的上空时,他们才改变航向,并发现了一个很大的岛屿,由于起落架被冻住,他们不得不在英国崎岖的西部海岸的一条跑道上迫降。没有人受伤,甚至包括他们机组的新吉祥物"肉球"——他们从冰岛"绑架"来的一条哈士奇犬。"这片乡村看上去一派平和的景象,"无线电操作员索尔·莱维特回忆道,"但我们知道,这里是通往一片多灾多难的大陆的门户。"67

---

*译注:这句话的意思是"迪斯车站就是黄泉末路"。

他们没有浪费时间,立即搭乘火车赶往迪斯。随后又坐在一辆卡车的后厢内赶往基地,卡车带着他们来到一座看上去像是养牛场的大门前,这里由两名戴着白色钢盔的宪兵看守。哨兵向他们敬礼,并要求他们出示证件。克罗斯比环顾四周,发现他们正身处一片农场上,一个奇怪的家伙带着一队马匹出现在田野里。他认为肯定是跑错了地方,直到他看见一群美国兵在一长排活动房屋前玩接球游戏才反应过来:就是这里,他们已身处战争中。

他们的宿舍是标准的"尼生"式活动房——波纹铁皮预制板构成,用螺栓固定成半圆柱形,再漆上单调的橄榄绿。地上铺着混凝土板,屋内使用一个小煤炉取暖,向上延伸的烟囱穿出屋顶。天花板上挂着些低瓦数的灯泡。小屋按中队分组,散落在一片小小的宿舍区内,这些圆形屋顶使整个基地看上去像是"一群印第安人"的居住地。[68]每间军官宿舍入住两个机组中的八名军官,每个军官都有他自己的简易床铺;担任射手的中士们睡高低床,所住的宿舍也较大,能容纳多达三十来人。所以,军官和士兵宿舍中的拥挤程度跟潜艇组员们的寝室差不多。在这个半圆形的屋子里,充斥着烟味、汗味和未洗衣物的气味。

克罗斯比的机组与领航员弗兰克·D·墨菲机组里的几名军官同住一间宿舍,墨菲机组的头头是查尔斯·B·克鲁克香克上尉,是个身材修长、直率坦诚的新英格兰人,从不说空话。[69]

这些宿舍中没有水管设施。每个中队的生活区都有一座建筑,内设厕所和洗脸盆,但一些供机械师使用的卫生设施中没有热水。这一点在一些中队长试图检查士兵营房时引发了怨气。正如肯尼斯·莱蒙斯回忆的那样:"我们这些二级军士长聚在一起,告诉他们别进我们的宿舍。无论白天还是晚上我们都要干活,我们经常不得不干个通宵……所以我们不允许其他人进入我们的宿舍。要是你有睡上一会儿的机会,最好抓住它,那些军官很识相,没有追究这些问题……军官和士兵亲如手足,在战区内……没有'军衔高低'这种事。"[70]

索普-阿博茨有三条交叉的跑道，一旁设有许多混凝土停机坪，都停着飞机。机械师们在停机坪旁搭设起帆布帐篷，这些没有取暖设施的住处供他们在清晨，在机组人员起床前维修飞机时使用。在一条排水沟的末端，莱蒙斯和其他机械师在炸弹箱上开个孔，以解决上厕所的问题。作为五名地勤主管之一，莱蒙斯需要负责五架轰炸机，这些飞机停在盒状控制塔右侧，一块块8×11米的停机坪上。"在索普-阿博茨，这些停机坪就是我们的办公室、我们的重点和我们的工作。"[71]

这些停机坪距离机械师们的宿舍有数英里之遥，对基地和飞机来说，分散得如此广阔是为了将德国空军偶尔空袭所造成的损失降至最低。很快，这些人开始骑上从当地买来的自行车。在索普-阿博茨，几乎做任何事（从洗澡到吃饭），你都不得不骑上你的自行车。

基地从未设置过围墙，而在基地外的上比灵福德（Upper Billingford），有一个完整的小型社区。第一个星期日，数百名当地农民，或步行或骑自行车，母亲们推着婴儿车，赶来观看这些庞大的"空中堡垒"，许多飞机所停的位置距离通往基地的一条车道仅有几英尺之遥，高耸的机尾伸向道路上方。村里的一些孩子钻进路边的一条水沟，刚好位于一架"空中堡垒"的下部，仔细打量着机腹处的机枪。一名地勤人员发现了他们，便让这些孩子坐进飞机的驾驶舱内。从这以后，这些孩子每天放学后都会骑着自行车来到基地，在那些不飞的飞机上玩耍。遇到有冰激凌作为甜点供应的日子，机械师们便带这些孩子溜进食堂，让他们坐在长条桌前跟美国人一起吃。

大多数当地农户都是鲁珀特·曼爵士的佃农，这个贵族家族在该地区拥有大片土地已有几个世纪。当地人很快便跟基地里的美国人打成一片，他们邀请自己喜欢的美国人来到灯光昏暗的小屋，尝尝家里的汤和炖菜。某些夜晚，一些戴着飞行帽、孤独的小伙子会敲响农民们的房门，要求进屋说说话，并与屋主在厨房里分享一袋烟。

雨停后，雾色消散，这些美国人会在闲暇时骑上自行车漫游基地，寻找酒吧和姑娘。这可能会有危险，因为美国小伙子们不熟悉英国自行车的手刹。正如安迪·鲁尼评述的那样："试图踩下脚底并不存在的刹车的美国飞行员的数量……与来到英国的美国飞行员的数量相等。"[72]住在基地附近的肯·埃弗雷特发誓说，在索普-阿博茨，骑自行车受伤的飞行员跟在战机中负伤的一样多。"他们把车骑得像疯子，结果，惊人的事故发生了。似乎每天都有救护车把他们中的某一个送去医院。你在酒吧里看见他们，一整帮人，绑着绷带和夹板，你还以为他们经历了一场作战行动呢。"[73]

这些飞行员在约会并赢得当地农场姑娘的欢心上毫无困难，而村里的年轻小伙则发现很难跟美国人展开竞争。约翰·戈德史密斯当时是饭店的一名小门童，他回忆道："他们有大把的钞票，再加上潇洒、精心剪裁的军装，这使他们脱颖而出。而我们的父辈穿着沾满泥泞的系带靴，松松垮垮的长裤，戴着陈旧的圆顶礼帽，他们最好的衣服被小心叠放在床旁边的箱子里，以待出席婚礼或葬礼时穿。就算是我们的士兵，穿着沉重、不合身的羊毛制服，与美国人相比，看上去很寒酸。当然，最漂亮的姑娘都被美国佬赢走了。"[74]

美国人随随便便的军人举止令一些英国人感到不快，他们的军事制度等级森严，很少看见英国军官跟他们的部下们交往。"幻想着去打仗，并把你们的军官视作'哥们'。"一个英国人挖苦地评论道。[75]

"令我们许多人感到不解的是，"约翰·戈德史密斯回忆道，"大多数美国佬都用爽身粉，这让我们觉得有些娘娘腔。他们太过花哨了。但一段时间后，你不可能不喜欢上他们。他们非常友好，总是准备跟你聊天，令我们印象深刻的是，他们从不谈及他们的任务。"[76]

"不过，从某种程度上说，直到他们开始付出牺牲后，我们才真正地接受了他们。我们想念那些没能回来的小伙子，并为他们的队友感到难过，因为我们知道他们的生存机会是如此渺茫。你不得不对他们心生同情。1943年时，我才十五岁，许多美国人只比我大三四岁，他们中的有些人看上去甚至还没我大。"

第100大队的这些人几乎每天都要训练,而他们中的一些人几乎每晚都要喝酒。像盖尔·克莱文这些不去酒吧的人,则会在灯光昏暗的宿舍里谈论家乡的女友以及摆在他们面前的战争。所有人都不知道情况会怎样。"我听说德国佬会把降落伞打得满是窟窿,"布雷迪机组里的一个人说道,"就算你跳伞,他们也会对着降落伞射击,这样你就毫无机会了。"[77]

在贴满好莱坞梦中情人照片的天花板下,他们吸着烟,聊着天,而跑道上那些战机"像大群野兽般"等待着首次行动的到来。[78]

注释

1. 小罗伯特·S·阿比布，《我们在这里：一名美国士兵在英国的笔记》（伦敦，朗曼/格林出版社，1946年），第1—5、9—13、21页。
2. 同上。
3. 同上。
4. R·道格拉斯·布朗，《东安格利亚，1941》（拉文纳姆，特伦斯·道尔顿出版社，1986年），第85页。
5. 阿比布，《我们在这里：一名美国士兵在英国的笔记》，第18—19页。
6. 埃德温·R·W·霍尔、约翰·弗莱恩·特纳，《美国佬来了》（英国坦布里奇韦尔斯，富豪出版社，1983年），第79页。
7. 《目标，德国：第八航空队轰炸机司令部在欧洲上空作战第一年的官方史》，第78页。
8. 埃德温·R·W·霍尔、约翰·弗莱恩·特纳，《美国佬来了》，第79页。
9. 奥拉姆·C·霍顿，《美国工兵赶来为遍布英国的轰炸机修建基地》，《星条旗报》，1942年9月5日。
10. 阿比布，《我们在这里：一名美国士兵在英国的笔记》，第50—51页。
11. 索尔·莱维特，《陆军的吉普赛式建造者》，《扬基》，1944年3月19日。
12. 阿比布，《我们在这里：一名美国士兵在英国的笔记》，第50页。
13. 索尔·莱维特，《陆军的吉普赛式建造者》，《扬基》，1944年3月19日。
14. 《美国佬来了》，第81—82页。
15. 阿比布，《我们在这里：一名美国士兵在英国的笔记》，第53页；美国人在日记中写下的对英国的印象，现保存于英国萨塞克斯大学的公众观察档案馆内。
16. 阿比布，《我们在这里：一名美国士兵在英国的笔记》，第26—27页。

17 同上，第21页。

18 《美国佬来了》，第80页。

19 同上。

20 同上。

21 索尔·莱维特，《陆军的吉普赛式建造者》。

22 加德纳，《军饷过高、性欲过旺、到处都是：美国大兵在二战中的英国》，第67页。

23 朗迈特，《美国兵：美国人在英国，1942—1945》，第91页。

24 同上，第88页。

25 R·道格拉斯·布朗，《东安格利亚，1939》（拉文纳姆，特伦斯·道尔顿出版社，1980年），第7页。

26 朗迈特，《美国兵：美国人在英国，1942—1945》，第149页。

27 "联合轰炸机攻势计划"，阿诺德文件；《二战中的陆军航空队，第二卷》，第665页。

28 帕顿《空军如是说：艾拉·埃克将军和空军指挥部》，第279页。

29 1943年4月26日，阿诺德写给弗兰克·安德鲁斯的信件，国会图书馆，阿诺德文件。

30 帕顿，《空军如是说：艾拉·埃克将军和空军指挥部》，第277页。

31 1943年6月19日，埃克写给阿诺德的信件，埃克文件。

32 同上。

33 皮斯利，《勇气的传承：二战中的第八航空队》，第151页。

34 约翰·科莫，《作战机组》（自费出版，1986年；纽约，袖珍书出版社1989年再版），第Ⅸ—Ⅻ页。

35 陆航队的增长，引自《陆军航空队指南：目录、年鉴和成就》（纽约：西蒙&舒斯特出版社，1944年），第42页。

36 同上，第116页。

37 《二战中的陆军航空队，第七卷》，第516页。

38 约翰·斯坦贝克，《投弹：一个轰炸机机组的故事》，第32页。

39 戈登·W·威尔，《一名领航员经历的二战》（第八航空队博物馆，未出版的手稿，第7页）；大卫·麦卡锡，《无畏：一名B-17领航员的二战历程》（匹茨堡，小屋文豪出版社，1991年），第60—66页。

40 小保罗·W·蒂贝茨，《"艾诺拉·盖伊"号归来》，第82页。

41 理查德·C·贝恩斯,"补充机组"(第八航空队博物馆,未出版的手稿,第4页)。

42 未注明日期的信件,"肯尼斯·O·什鲁斯伯里少尉的军事生涯",(第八航空队博物馆文稿)。

43 《陆军航空队指南:目录、年鉴和成就》(纽约:西蒙&舒斯特出版社,1944年),第103页。

44 引自斯蒂芬·E·安布罗斯《空军战士:驾驶B-24飞越德国的那些小伙子》(纽约:西蒙&舒斯特出版社,2001年),第61页。

45 皮斯利,《勇气的传承:二战中的第八航空队》,第28、36页。

46 理查德·C·贝恩斯,"补充机组",第10页。

47 同上,第18页。

48 威廉姆森·默里,《德国空军》(巴尔的摩,航海与航空出版社,1985年),第177页。

49 埃尔默·本迪纳,《"空中堡垒"的坠落:二战中最大胆、最致命的空战亲历记》,第38页。

50 同上,第56、59页。

51 克罗斯比机组人员的情况,引自哈里·H·克罗斯比,《逆境求生》第33页。

52 同上。

53 卡拉汉,《凝迹,我的战时记录:英国诺福克郡迪斯附近,索普–阿博茨,美国陆军航空队第139号基地的二战历史记录》,第6页。

54 1988年7月28日对肯尼斯·莱蒙斯的采访,德克萨斯州米德兰,空中力量历史博物馆。

55 卡拉汉,《凝迹,我的战时记录:英国诺福克郡迪斯附近,索普–阿博茨,美国陆军航空队第139号基地的二战历史记录》,第6页。

56 理查德·勒·斯特兰奇、詹姆斯·R·布朗,《世纪轰炸机:血腥100的故事》(英国索普–阿博茨,第100轰炸机大队纪念馆,1998年),第3页。

57 皮斯利,《勇气的传承:二战中的第八航空队》,第41页。

58 肯·莱蒙斯、辛迪·古德曼、扬·雷丁,《机械师,被遗忘的人:肯尼斯·A·莱蒙斯的故事》(小岩城,辛扬出版社,1999年),第23页。

59 谢里登,《他们从未如此出色过:1942—1945,美国陆航队第100轰炸机

60 谢里登,《他们从未如此出色过:1942—1945,美国陆航队第100轰炸机大队第350中队的非官方史》,第39—40页;皮斯利,《勇气的传承:二战中的第八航空队》,第39页。

60 谢里登,《他们从未如此出色过:1942—1945,美国陆航队第100轰炸机大队第350中队的非官方史》,第42页。

61 同上,第43页。

62 卡拉汉,《凝迹,我的战时记录:英国诺福克郡迪斯附近,索普-阿博茨,美国陆军航空队第139号基地的二战历史记录》,第14页。

63 谢里登,《他们从未如此出色过:1942—1945,美国陆航队第100轰炸机大队第350中队的非官方史》,第46页。

64 莱蒙斯,《机械师,被遗忘的人:肯尼斯·A·莱蒙斯的故事》,第27页。

65 谢里登,《他们从未如此出色过:1942—1945,美国陆航队第100轰炸机大队第350中队的非官方史》,第50页。

66 2002年7月11日,在普-阿博茨,作者对戈登·E·德本的采访。

67 索尔·莱维特,《一名B-17无线电操作员的日记》,《扬基》,1943年11月21日。

68 索尔·莱维特,《沉默的太阳》(纽约,哈珀&兄弟出版社,1951年),第86页。

69 弗兰克·D·墨菲《运气至上:对欧洲空战的反思》,第54、83页。

70 对莱蒙斯的采访,空中力量历史博物馆;莱蒙斯,《机械师,被遗忘的人:肯尼斯·A·莱蒙斯的故事》,第28页。

71 莱蒙斯,《机械师,被遗忘的人:肯尼斯·A·莱蒙斯的故事》,第32页。

72 霍顿、鲁尼,《空中射手》,第23页。

73 2002年7月10日,在普-阿博茨,作者对肯·埃弗雷特的采访。

74 2002年7月10日,在普-阿博茨,作者对约翰·戈德史密斯的采访。

75 R·道格拉斯·布朗,《东安格利亚,1942》(拉文纳姆,特伦斯·道尔顿出版社,1988年),第161页。

76 作者对约翰·戈德史密斯的采访。

77 索尔·莱维特,《沉默的太阳》,第87、88、94页。

78 同上。

阿富汗战争传奇读本

世界出版巨头Harper Collins授权

这本书注定将成为一部好莱坞大片
美国亚马逊五星好评畅销书

★ ★ ★ ★

战斗中，一名士兵要么能胜任自己的职责，要么不能，没有第二次机会。

★ ★ ★ ★

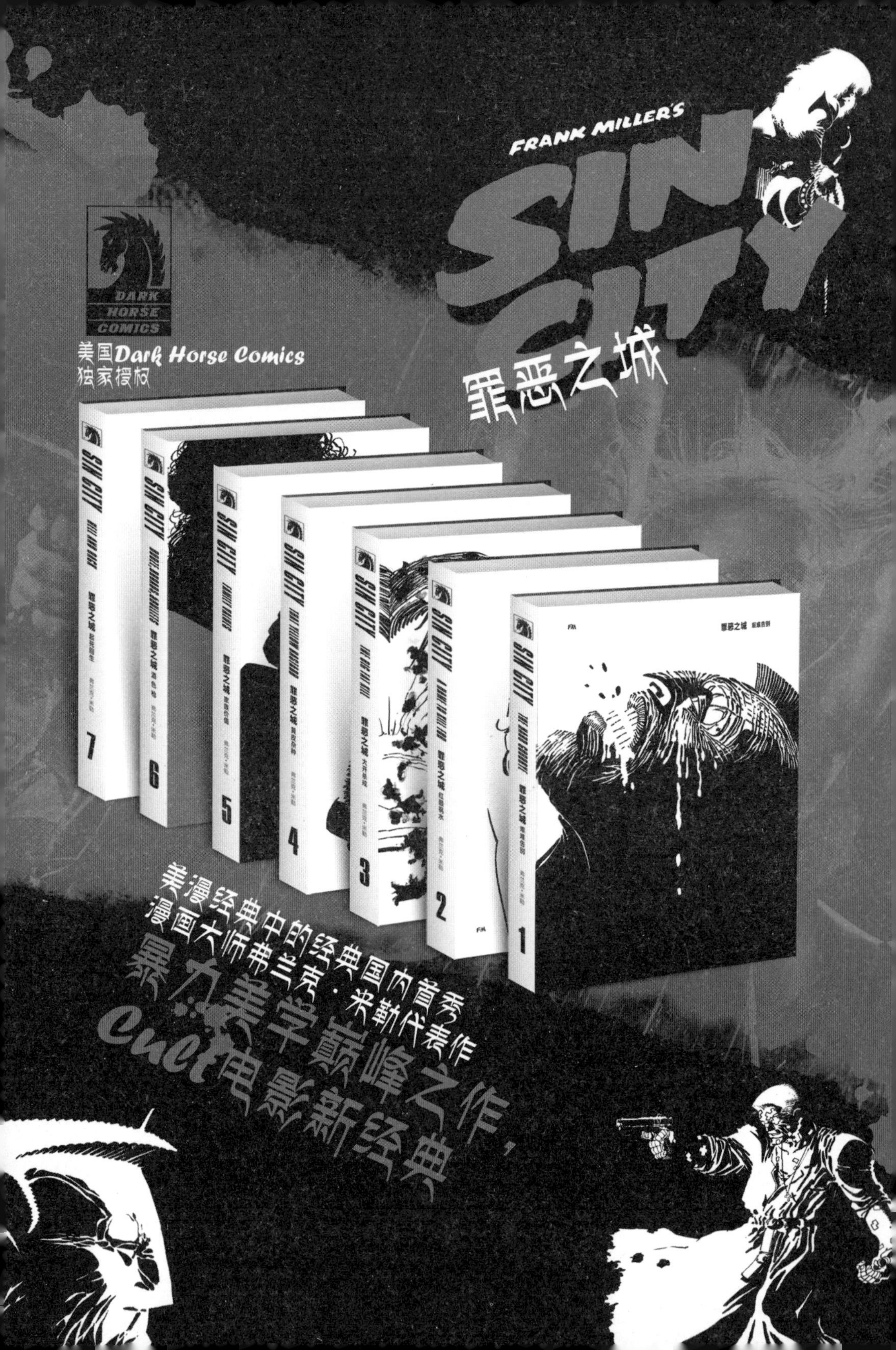

空中英豪

美国第八航空队对纳粹德国的空中之战

AMERICA'S BOMBER BOYS WHO FOUGHT
THE AIR WAR AGAINST NAZI GERMANY

【美】唐纳德·L·米勒 著
小小冰人 译

人民日报 出版社

下卷

第十二章

瑞士的囚犯

瑞士政府将美国飞行员扣为人质，
个中原因是第二次世界大战中保守得最好的秘密之一。
——唐纳德·阿瑟·沃特斯，第100轰炸机大队飞行员

1944年3月18日，瑞士

当天雾气蒙蒙，空中覆盖着碎云，第44轰炸机大队的一架B-24"解放者"——"地狱厨房"号，向东面的博登湖（Lake Constance）飞去，那是德国与中立国瑞士之间边境线的一部分。"地狱厨房"号遇到了麻烦，它在博登湖德国一侧的腓特烈港上空被高射炮弹击中，两具引擎损坏，汽油从左机翼的油箱中喷出。这架飞机从上千英里外的东安格利亚飞来，已不可能再飞回去。离开编队后，乔治·D-特尔福德中尉告诉他的机组，他打算将飞机降落到瑞士的某个地方。

当天早上，中队的任务简报会上，特尔福德被告知，如果他的飞机在目标上空遭受到致命损伤，他可以飞入瑞士领空，并要求准许降落。关于瑞士，他知道的唯一一点是，他所在的航空师里的一些机组降落到那里后，再也没有回来。

"地狱厨房"号靠近瑞士边境时，19岁的空勤机械师丹尼尔·卡勒（这是他的第二十五次，也是最后一次作战飞行任务）看见四架Me-109向他们包抄过来。卡勒中士很害怕。他的炮塔已无法正常使用，另外他也很厌恶空战。这个小伙子来自印第安纳州的一个小镇，他的寡母是一名虔诚的贵格会教徒，在她的抚养下，他成长为一名和平主义者。但珍珠港事件后，他觉得对国家的责任高于自己的非暴力誓言，于是说服伤心的母亲在他的入伍文件上签了字。卡勒需要家人的签字，因为当时他还不到18岁。截至那时，卡勒唯一杀过的动物是一只兔子，射杀兔子是为了将食物放上"家里肉食匮乏的餐桌"。[1]卡勒对夺取生命一事非常敏感，以至于"地狱厨房"号投下炸弹时，他甚至会失声痛哭起来。"在这些任务中，我从未见到过一个敌人，挨炸的都是活生生的人啊！"尽管如此，他仍坚持参加飞行，作战也很英勇，因为他觉得有一种"反抗压迫"的道德义务。

　　就在他和其他射手准备向战斗机开火时，特尔福德中尉通过内部对讲机喊道，那些战斗机上有瑞士标志——两个白色的十字位于机身两侧。显然，这些是德国制造的飞机，但驾驶飞机的是瑞士飞行员。轰炸机上的射手们没有开火，但依然保持着戒备。一名说英语的战斗机飞行员用无线电联络上"地狱厨房"号，命令特尔福德放下起落架，否则他的飞机将被击落。这时，投弹手破坏了列为绝密的"诺顿"瞄准器，无线电操作员捣毁了电台，并将密码本撕掉。丹·卡勒将一些零部件从腰部舷窗丢出，并开始设法让飞机一着陆就起火燃烧。尽管对瑞士几乎一无所知，但他曾听说瑞士人将损坏的盟军飞机交给德国人，以换取战斗机，所以，他想确保"地狱厨房"号不会完整地落入敌人手中。

　　就在"地狱厨房"号降落在日内瓦城外的迪本多夫机场时，*卡勒走向机身后部，躲入机翼剖面的上方，粗大的燃油管在那里汇集，并暴露在外。他打

---

* 译注：此处的日内瓦疑为苏黎世的笔误。

算用一把生锈的小刀将燃油管割断,打开油泵,等其他机组人员一离开,就用信号枪引燃这架轰炸机。就在他开始切割最粗的一根油管时,汽油喷得他一身都是,这时他注意到损坏的机翼上,油箱已因飞机着陆的震动而彻底破裂,整个机翼上满是汽油,他要做的只是向满是油气的空中来一发信号弹即可。其他组员从炸弹舱敞开的舱门离开后,卡勒从藏身处走上炸弹舱狭窄的过道,准备跳下飞机,并扣动信号枪的扳机。就在这时,一只有力的大手抓住他的一只脚,把他拖了下来。卡勒死死攥着信号枪,准备发射,但有人将全身力气压在他握枪的胳膊上,并从他手中夺走了那支信号枪。

卡勒这才看清,按住他的几个人是瑞士士兵,但他们的做法很可能救了他的命。"我的身上沾满汽油,要是信号枪发射的话,不仅飞机会被炸成碎片,恐怕我也在劫难逃。一支瑞士步枪指着我的头,三名士兵按住我,我环顾四周,看见瑞士哨兵用步枪指着我们机组中的每一个人。对我来说,这里不像是个友好的地方。"

当天,另外15架美国轰炸机也在瑞士安全着陆或迫降。[2]卡勒看见几架轰炸机在"地狱厨房"后飞入迪本多夫机场,他后来回忆说,这些飞机的模样,"看上去都很糟糕"[3]。他不知道的是,一些轰炸机遭到瑞士战斗机和高射炮的射击。这种情况并不少见。整个战争期间,瑞士人至少打死了20名皇家空军飞行员和16名美国飞行员,另有大批盟军飞行员负伤。[4]降落在瑞士的168架美国轰炸机中,至少有21架遭到对方的攻击,尽管他们中的大多数已明确显示出作战受损或发生故障的迹象。到1944年夏末前,一千多名美国飞行员落入瑞士人手中,他们受到瑞士士兵的看押,并被禁止在战争期间离开该国。这一千多人被拘押在中立的瑞士,他们的故事是二战中最大的秘密之一。

纳粹广播宣传员威廉·乔伊斯(由于他的口音,英国听众称他为"哈哈勋爵")声称,这些美国飞行员带着他们的高尔夫球杆和滑雪板降落在瑞典和瑞士。"我们听到了在豪华度假酒店内喝着美酒、吃着美食并跟那些坏女孩约会的传闻。"美国飞行员勒罗伊·纽比回忆起他在战时对瑞士的印象。[5]瑞士政府证实，被击落的飞行员被关在度假酒店里，许多降落到瑞士的飞机只是稍稍伤了点漆的传闻不胫而走。1944年8月，《科里尔杂志》刊登了一组奢华的照片：神情愉快的美国飞行员们滑雪、骑自行车，还在斯德哥尔摩的夜总会里跟深具魅力的瑞典金发女郎喝香槟。[6]

华盛顿的陆航队司令部内响起了警钟，根据报告所示，光是7月份便有45架美国轰炸机和1架"野马"在瑞士避难。早在3月和4月，第八航空队与德国空军的激战到达高潮之际，哈普·阿诺德将军便对美国轰炸机降落到中立国恼怒不已。现在，他给卡尔·斯帕茨发去一封怒气冲冲的信件，声称他有证据表明，大批降落到中立国的美国轰炸机"既未受到严重的战损，也未发生机械故障或燃料短缺"[7]。另外，他还指控说，据派驻瑞典、曾会见过被拘禁的飞行员的美国外交人员确认，"降落到这里的目的是故意逃避进一步的作战任务"。

要让卡尔·斯帕茨心烦意乱甚至发脾气并不容易，但这封信件做到了。他以近乎犯上的语言告诉阿诺德，他和负责地中海战区空中力量的艾拉·埃克，"痛恨将这些机组人员暗示为懦夫、士气低下或缺乏作战意志。这是对这场战争中最英勇的一群战士的无耻诽谤"[8]。

并不以冷静而著称的阿诺德反应过火了。在发给斯帕茨的备忘录中，他夸大了从派驻瑞典的外交人员那里获得的证据。他的怀疑仅仅是根据美国驻哥德堡领事威廉·W·科科伦的一封来信，而科科伦则是个以反复无常而出名的家伙。科科伦指责被拘禁在该国的美国飞行员"完全没有爱国心"，并以"一切可能的手段"积极逃避额外的服役期。[9]这番鲁莽的指控助长了阿诺德的关注，他认为最近在中立国的一连串着陆是一个更大的问题的苗头：疲劳和严重的损失造成机组人员的士气严重恶化。甚至在写信给斯帕茨之前，阿诺德已经展开三项独立调查：其中的两项是与被扣留在瑞士和瑞典的机组人员会面，并检查他们的飞机；另一项调查由总部工作人员进行，研究整个欧洲战区作战机组的士气问题。

这些调查正在进行之际，当年8月，阿诺德收到一份来自巴恩韦尔·瑞特·莱格准将的公文，他是美国驻伯尔尼使馆的武官，这份公文向阿诺德透露了瑞士的真实情况。莱格声称，他在劝阻那些被阿诺德指责为"试图躲避战事"的飞行员不要逃跑的问题上遇到些麻烦，这些飞行员想从"慈善的主人"那里逃走，甘愿冒上巨大的个人风险，在法国地下抵抗组织的帮助下返回英国。[10]这些飞行员为什么要逃离他们舒适的监禁地（高山度假村）？莱格将军为何要阻止他们？这些都是阿诺德要问的问题。

随着陆航队调查人员对瑞士的拘禁条件加以更仔细的调查，他们会发现一场严重的士气危机，尽管不是阿诺德所怀疑的那种。战争期间，1740名美国飞行员被扣留在瑞士，这个数字中包括"被拘留者"（1516人）和降落在敌方领土后设法逃入瑞士的"脱险者"，其中的947人试图逃跑，有些人甚至试了两三次。[11]相比之下，被拘禁在瑞典的1400多名美国飞行员则很少有人想逃跑，尽管没有准确的官方统计。从瑞典逃回英国非常困难，而在四个专门为他们设立的拘留营里，这些飞行员受到良好的对待，他们都遇到会说英语、态度友好的瑞典官员，这些官员为他们提供了大量的娱乐设施，并给他们签发前往斯德哥尔摩和其他大城市的定期通行证。由于向德国销售铁矿石，瑞典政府处在美国沉重的外交压力下，因而加快了美国飞行员的遣返工作，这就使他们完全没必要冒着危险逃跑。即便有几个因不耐烦而试图逃离的飞行员，出于对美国经济制裁的担心，瑞典的官员们也不愿阻止他们。

瑞士的情况则不是这样。尽管国务卿科德尔·赫尔发出了强烈的抗议，但瑞士政府直到战争的最后几个月才开始遣返被拘禁的美国人。瑞士的宪兵积极追捕逃往边境的美国飞行员，不仅开枪，还射伤了其中一些人。那些被抓回来的人被判以不确定的刑期，非正式负责被拘禁美国军事人员事务的莱格准将对此听之任之。他以军事法庭相威胁，警告美国飞行员们不要逃跑。莱格告诉斯帕茨设在伦敦的司令部，逃跑的企图会使"主人们"不快，并拖缓他为美国飞行员们获释而进行的秘密谈判。[12]但莱格更关心的是如何讨好瑞士，而不是让被拘禁的美国人获释,逃跑的美国同胞被瑞士人抓回后加以囚禁,他带着不可原谅的冷漠查看了他们恶劣的监狱条件。战争的最后两年中,"慈善的主人"将187名美国飞行员关入欧洲最令人厌恶的监狱之一,管理这座惩戒营的是一个残酷成性的纳粹。丹尼尔·卡勒就是这些不幸者中的一个。

高山拘禁

降落在瑞士不到一个小时,卡勒所在的机组和当天下午降落在迪本多夫机场的其他美国机组人员便被武装警卫带至一个大礼堂,在那里,瑞士官员向他们简单介绍了监禁事项。他们被告知,当天晚些时候,火车会送他们到一个特别营地,该营地设在这个国家中部的一片隔离区内,他们会在那里先被隔离两周,然后在哨兵的看守下度过战争剩下的时间。他们最终会获得自由,但未经批准擅自逃离隔离区的人会遭到追捕,并被送入一座监狱。瑞士士兵已接到命令,如果对方不听从"停下!"的命令,他们将向试图逃离者开枪。由于瑞士是一个非交战国,这些飞行员并不被视为战俘或脱险者,携带武器并自愿进入这个国家的人便被列为"被拘禁者"。但在几乎每个方面,他们受到的对待都很像战俘,尽管他们被剥夺了《日内瓦公约》赋予战俘的许多权利。

在迪本多夫机场礼堂进行情况简报时,被俘的飞行员们看见台上瑞士官员的身旁坐着一名美国将军,他们肯定深受鼓舞。他们确信这是一场小把戏,他们是花了大价钱训练出来的美国飞行员,国家已经派人来到这里,他肯定能让他们回到各自的中队并再次投入战斗。但莱格将军(这个肥胖的一战骑兵军官穿着马裤和齐膝高的皮马靴)却以严厉的警告结束了简报会。企图逃跑的被拘禁者不会获得美国领事馆或美国武官的帮助,他们将受到瑞士法律的约束。莱格说,被拘禁者会得到良好的对待,应该耐心等待。战争很快就会结束,他们会获得遣返。丹尼尔·卡勒仔细聆听着,他被搞糊涂了。这位将军的警告与他在英国所接受的指示相冲突:被俘的飞行员应该设法逃脱,并返回自己的原部队。"据我看，尽管他们称我们为一个中立国的'被拘禁者'，但事实上，他们将我们置于枪口下，使我们成了囚犯。"若干年后，卡勒这样写道。[13]

　　卡勒中士所在的机组被送到阿德尔博登（Adelboden）的一个主拘禁营，这是个空置的避暑山庄，位于日内瓦湖东北方30英里处。从弗鲁蒂根（Frutigen）火车站通往阿德尔博登，只有一条蜿蜒的盘山公路。营地指挥官是一名金发碧眼的军官（他令卡勒想起在电影中见到的那些党卫队成员），他将军官和士兵们分开，并分配到各自的宿舍中。他们就这样住进了简陋的度假山庄，处在不间断的看押下。他们受到不错的对待，但条件很不理想。整个国家都处在严格的配给制下。[14]战时的瑞士，热水是个奢侈品，每十天供应一次，每次只有短短的几个小时。寒冷的天气里，宿舍里没有可供取暖的煤，他们穿着飞行服，戴着手套，吃着少得可怜的黑面包、土豆和稀薄的汤。肉，每周供应一次，样子还很吓人——通常是山羊肉做成的血肠。由于饮食的贫乏，半数以上的人患了肠胃和口腔疾病，这里没有医疗和口腔护理，除非是非常紧急的状况。一些在最后一次作战行动中负伤的飞行员，不得不等待几个月后才被送入医院。在瑞士降落时，丹尼尔·卡勒患了严重的冻伤，没过几天，脚上的皮肤开始发黑。他被告知，一名瑞士军医下次到阿德尔博登来时，就会为他提供治疗，但这个军医从未出现过。而瑞士却一直派遣医疗队在东线帮助德国军队。

　　阿德尔博登普遍存在的问题是无聊，最盛行的运动方式是饮酒，经常会过量。这些飞行员从美国驻伯尔尼领事馆收到一些微薄的津贴，以替代他们的飞行津贴，用这些钱，他们可以给自己买酒喝，有些人甚至一醉好几天。[15]书籍和信件从家里邮递过来，飞行员们还被允许在当地的山坡上滑雪，或独自到镇上逛逛，但在天黑前必须返回宿舍。小小的弗鲁蒂根镇上没什么姑娘，但年轻的美国飞行员挤满咖啡屋的消息传播出去后，来自伯尔尼和苏黎世，衣着入时的女人们开始在周末频繁光顾这个度假小镇。"她们中的许多人嫁给了军官，"战时的一位居民回忆道，"但她们独自来到阿德尔博登，来一场'冒险'。她们会遇上这些仿佛来自另一个世界的年轻飞行员。"[16]

尽管与瑞典的"被拘禁者"相比,这里的外出旅行受到更多的限制,但一名品行良好的飞行员也可能会获得一张特别通行证去参观另一个镇子,如果他能得到一个瑞士家庭的正式邀请的话——也许是他在当地滑雪场上邂逅的某个深具魅力的姑娘的父母。但这些精力充沛的战士想得到的只是性和友谊,而不是持久的关系。整个战争期间,只有两名被拘禁的美国人迎娶了瑞士妇女。

过了一阵子,单调、无聊、简陋的条件,再加上位于法国的盟军越来越逼近,被莱格将军描述为"重返战场的呼声"[17]激发起他们逃跑的冲动。可是,逃亡的障碍令人望而生畏。

一些飞行员进入深山远足,武装卫兵陪伴着他们,同时担任向导。那是一片童话般的美景:教堂的钟声每隔一个小时便会响起,冰川湖在正午阳光的照耀下,像巨大的宝石那样熠熠生辉。但一些人回来时无比沮丧,回到宿舍便倒头睡去。只有出色的登山者才有机会翻越阿尔卑斯山众多的山峰逃生,这些高耸的山峰就像监狱的墙壁,环绕着深邃、满是松香味的山谷。即便穿越过无法逾越的山脉,各个方向都是通往纳粹德国的。"自从有过瑞士的经历后,我对山峰始终怀有不同的心境,"飞行员马丁·安德鲁斯回忆道,"我觉得它们很美丽,但也有种压迫感。"[18]

卫兵们告诉卡勒,这些他所厌恶的山峰防止了他们的国家被德国军队侵占。他们还告诉他,瑞士居民中,60%的人有德国血统,许多瑞士人加入了当地的纳粹团体,他们不可能协助一名美国人逃跑。这些话半真半假。

瑞士的中立立场

凭借其强大的阿尔卑斯山防线和一支435000名士兵的军队,再加上斗志昂扬的民兵组织,瑞士是个很难被征服的国家。但希特勒并不需要这个阿尔卑斯山堡垒臣服,通过恐吓和意识形态相结合的手段,他从瑞士得到了大多数他想要的东西。

大多数瑞士公民支持盟军，反对纳粹分子接掌他们的国家，但这个国家至少有40个法西斯主义和极端爱国主义组织存在，有些组织甚至在150多个社区拥有基层机构和地方分部，大多位于以德语为主的州。在党卫队头子海因里希·希姆莱和宣传部长约瑟夫·戈培尔的积极支持下，柏林为这些亲纳粹组织提供了资金和指导，这些组织都持积极的反犹主义。德国驻伯尔尼领事馆公开支持国家社会主义德国工人党的一个分支机构，该机构吹嘘说，他们有好几万坚定的追随者。[19]历史学家艾伦·莫里斯·朔恩写道："整个欧洲可能没有哪个国家拥有这么多与其人口和地理区域成比例的类似团体。"[20]这些组织中的大多数，从劳动者和中下阶层吸收成员，但半保密的"瑞士祖国协会"的主导力量却是由战时统治瑞士的政治、商业和军事领导者所组成的三驾马车。（今天，该组织亲纳粹和反犹主义出版物的副本，从瑞士各图书馆和学术资料库中莫名其妙地消失了。）

祖国协会的领导者主要负责瑞士与纳粹德国和法西斯意大利之间牢固的经济关系。[21]这种关系是瑞士联邦委员会（该国的七人行政机构）里通外国的总统马塞尔·爱德华·皮莱－戈拉不遗余力培养起来的，但它也植根于瑞士极端的经济脆弱性：该国几乎所有的燃料和大部分食物都依赖进口。瑞士从德国购买煤和农产品，并以铁矿石回报。作为一个中立国，瑞士拥有与德国和意大利的合法贸易权，但国际法禁止一个中立国向交战国供应任何战争物资。瑞士违反了这一法令。祖国协会的成员瓦尔特·斯坦普夫里，组织起瑞士的工业生产，以满足纳粹德国的需求。瑞士的各大银行（纳粹德国银行家们的首选）为纳粹德国的武器生产提供资金，瑞士的各个行业为德国的战争机器生产出大量必需品，包括机床、航空机炮、无线电零部件、军用卡车、货车、化工品、染料、工业钻石和滚珠轴承。希特勒的同情者埃米尔·比勒所领导的庞大的厄利空工厂，为德国空军生产120毫米口径的高射炮，厄利空工厂的其他军工品也出现在德军几乎每一个单位的武器库中。瑞士还在德国境内建立起军工厂，其中的一些在党卫队的指导下使用了奴工。这些工厂中，位于德国南部的几座属于国际红十字会主席马克斯·胡贝尔博士。1942年，瑞士出口产品的97%以上流向轴心国或是他们的合作者。

罗马尼亚的石油经海路运往意大利，再由穿过瑞士的铁路线转运至德国，来自土耳其和巴尔干地区的镍、铜和铬同样如此。[22]意大利与德国之间，穿越瑞士领土所进行的贸易活动也很活跃。历史学家凯瑟琳·J·普林斯写道："瑞士的铁路系统，甚至包括瑞士本身，有效地属于纳粹德国。"[23]纳粹强盗从集中营遇难者嘴里拔下的金牙所融成的金块，以及从德国上流犹太人家中没收的艺术品（这些犹太人已被送往死亡营），都被存放在瑞士的银行里。

战争期间，瑞士收容了大约20万难民，其中的28000人是犹太人，但瑞士的犹太社区和其他组织靠收取人头税来帮助他们。另外，瑞士拒绝了成千上万名向该国寻求避难的犹太人，其中一些遭到逮捕，并被转交给德国和法国维希政府。[24]1938年，瑞士司法和警察部长海因里希·罗特穆德博士建议德国官员，犹太人的护照上应该加盖上一个红色的"J"，以方便瑞士边境警察识别他们。

在防御问题上，战时瑞士政府向盟国解释说，他们不愿成为地理上的囚犯。1942年11月，维希法国被占领后，整个瑞士被轴心国所包围，最靠近的自由国家也在1000英里外。盟国的特别外交压力，再加上瑞士也意识到盟军将赢得这场战争，这才说服这个已有700年民主历史的政府于1945年2月改变了他们的经济政策，不再向第三帝国出口与战争有关的产品。但不顾盟国的要求，瑞士国家银行继续接收装满德国银行劫掠来的黄金的车队。直到欧战结束前的一个星期，瑞士联邦委员会才宣布所有纳粹党基层组织为非法组织。"最终在1945年4月，瑞士屈服了——只比约德尔将军早了一个星期。"外交家迪安·艾奇逊写道，他后来成为杜鲁门总统的国务卿。[25]

担心遭到报复或领土的完整性受到侵害，瑞士政府允许德国空军在达沃斯的一家豪华酒店为他们的飞行员设立起一个休息区，那里是一片遍布森林的山区休假胜地。受损的德国战斗机也被允许在瑞士机场着陆，而这些机场通常会对飞入的盟国飞机开火射击。"什么中立国？你只是想降落在那里，亲吻大地，可他们却朝你开火。"一名美国飞行员抱怨道。[26]但这位小伙子没有意识到，如果这种情况经常发生，瑞士的炮手们就有理由保持高度警惕。频繁而又壮观的大规模轰炸行动距离瑞士边境很近，美国航空队经常会侵犯瑞士领空，有时多达数百架，尽管大多出于意外，但还是激怒了赫尔曼·戈林，瑞士空军的大部分装备都是从他那里购买到的。战争期间，美国轰炸机有几次误炸了瑞士的城市，包括伯尔尼、巴塞尔和苏黎世。最严重的一次意外发生在1944年4月1日，沙夫豪森（Schaffhausen）遭到20架B-24"解放者"的轰炸，这些飞机在厚厚的云层中迷了路。他们认为自己正位于敌方城市的上空，炸弹投向市中心，40名平民丧生，100多人受伤。瑞士政府要求并得到了正式道歉和赔偿，但这并未平息边境社区瑞士人的怒火。也许不是历史中的一个意外事件，沙夫豪森遭到轰炸的当月，瑞士战斗机和高射炮手击落了一架严重受损的B-17"小鲢鱼"号，当时，这架轰炸机的两具引擎冒烟，左前轮被击落，正准备在苏黎世附近迫降。六名机组人员身亡，其中一个是被迫在600英尺高度跳伞时丧生的。美国领事馆提出抗议，声称"美国轰炸机以类似的信号回复了瑞士战斗机发出的绿色火箭信号后，仍遭到后者的攻击"[27]。对方的回应很简短，只是提到发给瑞士空军人员的指示"已经作出改变，部分原因是因为此次意外"[28]。

身处阿德尔博登的美国飞行员们忍受着东道国对希特勒的绥靖以及他们对盟国空军入侵越来越大的不耐烦。如果瑞士真的站在中立国立场，这些人和另外两个拘禁营里的美国飞行员就该获得与身处瑞典的美国飞行员同样多的自由，被拘禁在瑞典的美国飞行员，许多人在该国的飞机厂干活，住在舒适的高级酒店里。事实上，被拘禁在瑞士的美国飞行员待在营地里，等待着战争的结束，很少受到瑞士士兵的虐待。但那些大胆逃跑的飞行员则进入到一个全副武装的国家，这里的忠诚形形色色，而该国的士兵、警察以及法院人员已接到命令，严惩被抓获的美国飞行员。

沃维尔莫斯的黑洞

丹尼尔·卡勒对陌生的东西感到害怕。他在印第安纳州与世隔绝的锡拉丘兹长大，从未在离家30英里以外的地方溜达过。但他现在满脑子想的都是逃入一个陌生的世界，"以便重新参加战斗，反抗压迫……"[29]他的爱国主义情绪是如此强烈，以至于现在回想起来，甚至觉得有些做作。但为了国家的战争而放弃贵格会信仰，他认为自己放弃了进入天堂的一切机会。他只希望上帝已创造出一个特别的地方——离天堂近些，但远离地狱——专门留给那些为了一个正派的原因而打破杀戒的人。

卡勒第一次逃跑是在1944年5月，他和两名同伴迷了路，差点死在意大利边境的山区森林中。脚上血痂带来的难以忍受的疼痛，误食毒浆果造成的病症，这一切使他几乎无法行走，卡勒独自搭乘火车返回阿德尔博登，同一列火车曾把他和他的同伴送至贝林佐纳（Bellinzona）南部，那是意大利边境上最大的一座城市。"这次逃亡最神奇的是，我搭乘瑞士公共交通系统逃出去500多英里，从未有人盘问过我，或要我出示证件。"[30]原因之一是，他已经穿过意大利，而不是瑞士的德语地区，那里的警察更加警惕。瑞士"被拘禁者和住院治疗"委员会在战后发布的一份报告提供了另一个解释："我们尽了一切努力防止被拘禁者逃跑。遗憾的是，我们的努力受到阻碍，事实上，很大一部分居民对以任何可能的方式为被拘禁者逃跑提供帮助而感到荣幸。"[31]

向阿德尔博登的指挥官报告后，卡勒被处以在弗鲁蒂根监狱禁闭十天的惩罚。他后来得知，他的同伴被瑞士边境哨兵抓获，并被关了起来。十天禁闭期过后，卡勒被送往一座高度戒备的惩戒营，名叫"沃维尔莫斯监狱"，英语的意思是"位于沃维尔沼泽地里的监狱"，这是个靠近卢塞恩（Lucerne）的村落。卡勒从未被告知他为何被送至这里，或者要在这里关多久。就在他走进监狱大门时，看押他的哨兵对他低声说道："我很抱歉把您带到这个地狱里来。万事小心。这里的家伙都很可怕，而您，太年轻了。"[32]

沃维尔莫斯是一座封闭、满是泥泞的营地，四周环绕着高高的铁丝网，巡逻的哨兵携带着机枪和警犬。这座惩戒营修建于1941年，专门用于关押来自十几个国家被监禁的军事人员中的不法分子和逃跑者。为管理这座营地，瑞士当局派了个坏得无法再坏的人选——法国外籍军团的前军官，安德烈-亨利·贝甘上尉，他是个既残酷又腐败的家伙。当时，他正因通奸、受贿、挪用监狱公款、为德国人充当间谍以及非法穿着纳粹制服（战前居住在德国时，他在信件中的签名总是"希特勒万岁"）等罪名受到瑞士当局的调查。由于体重严重超标，他很少进入监狱，而宁愿坐在他的办公桌后处理事情，在这里，他偶尔会跟四个情妇中的一个"放松"一下，在这里，他还可以方便地没收邮寄给囚犯们的救济包裹。他所任命的官员都和他一样，粗俗、贪腐成性。"（他们）把我们当作败类般对待，"第八航空队的投弹手詹姆斯·米苏拉卡说道，"瑞士人称这里是惩戒营，但这里更像个集中营。"[33]

丹·卡勒被卫兵推入九号营区的大门时，差点被营区内的恶臭熏昏过去。他在印第安纳州任何一个谷仓里闻到的味道都比这里好得多。木地板上铺着脏兮兮的稻草，犯人们睡在上面，而在门外臭气熏天的窄沟里大完便，他们就用这些稻草当卫生纸用。"当晚发生在我身上的事以及后来更多的遭遇，是一名犯人不得不忍受的人间地狱。"卡勒在他生动的监狱回忆录中写道。[34]一群俄国人把他按住，用稻草堵上他的嘴，多次鸡奸了他。"我来自农村的小地方，从未听说过男人可以做这些人对我所做的这种事。我……甚至从未跟一个姑娘做过，除了握握她的手，并在她的面颊或嘴唇上轻吻一下。我身上所有的口子都在流血，我不禁祈祷上帝，把我的生命带走吧。"

第二天早上，他再次遭到强奸，并被迫为几个攻击他的家伙口交，他们将木棒塞入他嘴里，把他的嘴撬开。他被打晕，苏醒过来后发现鲜血流入喉咙中。他虚弱得无法动弹，双手反绑在身后，被丢在营房外的一条废沟中。"终于恢复意识后，我从沟里爬出，试着用稻草擦拭身体，这才注意到有些东西挂在肛门外，随即意识到那是一截肠子，我又把它塞了回去。"

几个小时后，卡勒挣扎着走进贝甘的办公室，失声尖叫起来。"他们都盯着我，好像我是某种怪物，一种不怀好意的笑容出现在他们的脸上。"这个贵格会牧师的儿子平生第一次朝其他人大骂起来，但没人明白他的话，没人会说英语。贝甘对卡勒感到厌烦，他站起身，用总是带在身边的马鞭指房门，他的卫兵立刻将卡勒扔了出去。卡勒面朝下倒在土路上，不禁祈祷四处游荡的警犬过来咬死自己算了。

跳蚤，再加上被老鼠粪便污染的稻草，没过几天，卡勒的身上长满了疮。强奸仍在继续，而且越来越暴力。他开始吐血，并吐出一种不知是什么的黄色物质，病情发展为慢性、出血性腹泻。一名英国军士长来视察监狱，看望英国囚犯时，卡勒问他，为何红十字会不到这里来视察，他为何未经审判就被关押在这里，为何美国驻伯尔尼的武官莱格将军未被告知自己被关在这里？

在随后的一次视察中，这位军士长告诉卡勒，他已通过驻伯尔尼的英国人员通知了美方代表，但他被告知，莱格将军不相信瑞士居然存在像沃维尔莫斯监狱这样的地方，另外，他的官方立场是，如果一名美国飞行员试图逃跑，他就该受到瑞士当局的惩罚。

在卡勒看来，他为之奋战的国家抛弃了他，而瑞士，这个派出红十字会代表团监督德国战俘营条件的国家，对视察一座中世纪般的临时监狱没什么兴趣，可这座监狱距离日内瓦国际红十字会总部还不到100英里。"（沃维尔莫斯监狱）没有任何虐待行为，"国际红十字会的一份检查报告中指出，"相反，对部分监狱指挥官的管理倒是很严格。"[35]这里有"铁一般的纪律"，一名瑞士少校查看了沃维尔莫斯监狱的条件后说道，但这是"必要的"。至于贝甘，他补充道，是个"理想的人选……非常适合管理此类监狱"。这位瑞士军官以他所能给予的最高赞誉结束了他的报告，他说，该监狱的文件"保存得井井有条"。[36]

当年晚些时候,莱格将军终于获悉了沃维尔莫斯监狱,但他起初并未采取行动。他没有实施干预,以帮助被关押在那里、人数不断增加的美国飞行员,相反,他对惩戒营的存在视若无睹,认为这能阻止进一步的逃跑行为。针对被拘禁在该国的所有美国飞行员,他签署了一份公告,警告他们,任何一个企图逃跑的人"都不会从我这里获得支持以对抗瑞士拘禁部门所采取的惩罚性措施,他将被送往沃维尔莫斯监狱关押5—6个月"[37]。飞行员们不知道的是,在国务院的压力下,莱格已开始与瑞士商谈遣返所有美国飞行员的事宜,不断发生的逃跑妨碍到他的努力。战争末期,他也为沃维尔莫斯监狱恶劣的条件几次向瑞士当局提出正式抗议,[38]几十名美国飞行员未经审判便被无限期地关押在那里。但这并不能为他拒绝视察沃维尔莫斯监狱,或未能在更早些时候采取密切的调查以确实该监狱的存在提供任何借口。

卡勒终于被带离沃维尔莫斯监狱,并被送至法庭,他发现瑞士的司法简直是荒唐可笑。[39]军事法庭的程序完全用德语进行,等这一切结束后,卡勒拿到一份被翻译成英文的副本。他没有得到任何医疗救治,还要被送回沃维尔莫斯监狱,再过上一段未明确说明期限的日子。他拿到的那份庭审副本中,没有收录他提供的遭到强奸和监狱内部条件的证词中的一个字。最后一个侮辱是,他还收到一张18瑞士法郎的账单,以补偿他给法庭带来的麻烦。

回到监狱,卡勒忍受着强烈耳鸣的折磨——这是他被俄国人殴打的结果。那些俄国人已被转走,但独自坐在营房的角落,裹着薄薄的毛毯,卡勒觉得自己要疯了。"我记得沃维尔莫斯监狱的最后一件事是,我像个疯子那样,试图将稻草塞入自己的喉咙,以便让自己窒息而死。"就在渐渐失去意识之际,他听见那名英国军士长向两名试图让他苏醒过来的瑞士看守大声喊着命令,"随后,眼前一片漆黑"。[40]

后来,那名英国军士长告诉他,在他的坚持下,英国政府派驻伯尔尼的代表让一名瑞士外交官签署了一份文件,要求立即让卡勒获得医疗救治。

丹·卡勒在瑞士的一所军医院中醒来，几天后，他又被转送至位于达沃斯的一所结核病疗养院，那里靠近奥地利边境。1944年9月26日，他从那里逃至法国，他的机长为这次逃亡铺平了道路。在派驻瑞士领事馆的陆航队人员的协助下，特尔福德中尉向一些瑞士工人支付了费用，以安排他的机组逃离，并将他们交给法国游击队。就在他们步行穿越边境时，瑞士哨兵向他们开枪射击，特尔福德的脚踝中弹受伤。[41]特尔福德的机组搭乘第八航空队的一架C-47货机返回伦敦，与他们同机返回的还有其他一些被拘禁者，英国人和美国人都有，他们也是最近才偷越边境的。卡尔·斯帕茨将军安排了这次空运行动。

1944年8月，斯帕茨便开始敦促华盛顿对瑞士施压，要求对方释放被拘禁的陆航队人员。[42]他还带话到瑞士，要求被拘禁的飞行员们恪守他们"努力逃脱"的誓言。这时，在瑞士从事外交工作的陆航队成员，以及美国驻苏黎世领事馆的人员，开始违抗莱格将军的命令，积极帮助飞行员们逃离。在国务卿赫尔的鼓动下，OSS（战略情报局）也组建起一个地下网络；飞行员被藏在美国驻伯尔尼领事馆内，然后再用棚车送往边境，或用渡船渡过日内瓦湖。

山姆·伍兹，这位前海军陆战队飞行员现在是美国驻苏黎世总领事，他独自一人组建起一个逃生网，帮助200多名被拘禁者逃至法国。他与他们中的几十个人在教堂或墓地秘密会面，为他们提供假护照，并用自己的黑色轿车将许多飞行员送至边境。在边境处，伍兹会走进一家瑞士小客栈，一条地下排污管连接着一座法国的酒吧，另外，这里还有相连的电话。伍兹用电话通知位于法国的同伴，一群美国人已做好偷渡过去的准备。经营这种逃生路线需要花钱，大部分用于贿赂，但伍兹有一个稳定的资金来源，由IBM公司的创办人兼总裁托马斯·J·沃森提供，他通过公司驻欧洲办事处为伍兹提供资金。[43]

随着地面战事越来越逼近瑞士，山姆将军（那些获得他全力营救的飞行员对他视若神明）开始设法增加逃亡飞行员的人数。成功逃生的机会已得到极大的提高，现在，德国军队已被逐出法国，美国第7集团军已于1944年8月18日在法国南部登陆，并到达日内瓦附近的瑞士边境。

就在这段时间,阿诺德将军收到了调查报告,他在夏初发起的这项调查旨在弄清飞入中立国瑞士和瑞典的美国飞行员是否故意以此来逃避服役。阿诺德委派的代表詹姆斯·威尔逊中校,花了一个多月时间在英国和意大利的航空队基地与飞行员们交谈,并未发现"士气危机"的证据。[44]甚至在更早些时候,航空队调查人员也给了阿诺德回复:"没有哪个机组,除了个别的例外……故意降落到瑞典。"[45]尽管瑞典人提供了优待,但大多数被拘禁者都急于返回英国,当然也有些身负重伤者没有重返战场的强烈欲望。另外还发现,威廉·科科伦对身处瑞士的美军飞行员的全面指控,仅仅是基于他跟两个机组的会谈,科科伦大概是被"大多数美国飞行员对豪言壮语表现出的冷淡和蔑视所误导了"[46]。最终令阿诺德感到满意的似乎是来自艾伦·杜勒斯的一份报告,他是OSS负责中欧事务的负责人,总部设在伯尔尼。利用瑞士为基地,广泛从事其间谍行动的杜勒斯指出,他和派驻瑞士、奉命检查每一架降落到那里的美国飞机的美国军官,都未发现飞行员们试图逃避战斗的任何证据。"我相信,这只能是纳粹们搞的不怀好意的宣传。"杜勒斯作出了结论。[47]

战争结束后,斯帕茨仍对阿诺德的指责耿耿于怀,他命令美国维修组仔细检查每一架降落到瑞士的轰炸机,并做好准备,把它们带回美国陆航队。报告的结论是,除了一两架飞机外,所有降落到瑞士的轰炸机不是遭受到严重的损坏,就是燃料已缺乏到危险的程度。[48]

法国解放后,轴心国对瑞士的包围被打破。己方的空军基地遍布法国,迫降至瑞典和瑞士的吸引力大为降低。1944年最后的三个月里,只有5架美国重型轰炸机降至瑞士。这些飞机都属于第十五航空队,它们严重受损,已无法飞越吓人的阿尔卑斯山返回到意大利南部。

在伦敦,陆军情报人员和OSS特工对丹·卡勒进行了详细的盘问。[49]但没人相信他所说的关于沃维尔莫斯监狱的恐怖故事。"中士,你是个该死的骗子,"有人这样告诉他,"根本就没有沃维尔莫斯这样的地方……如果真有的话,瑞士人也不会把仅仅是想逃跑的美国士兵关到那里去。"[50]无奈之下,卡勒脱掉他的衬衫和鞋子,向审讯者展示遍布全身的疮。但他很快便意识到,这些人根本就不想相信他的故事。当时,美国外交人员正跟瑞士政府商谈误炸瑞士城市的赔偿问题,而莱格将军仍在试图与瑞士达成交易,将剩下的600余名美国飞行员遣返回来。美国政府不希望在谈判过程中出现对瑞士的负面宣传。卡勒被告知,如果他坚持自己的故事,并将之公诸于众,军方只能宣布他有智力障碍,并把他送入精神病院关上几年。*

发誓对自己遭受的拘禁保持沉默后(这是针对被拘禁者和逃生者的标准程序),丹尼尔·卡勒终于在1944年11月被送回国。走进母亲的厨房,她看到他的模样,脱口而出的第一句话是:"我提醒过你,战争非常可怕!"[51]

---

* 1945年2月17日,根据每释放一名美国人必须释放两名德国人的协议,473名美国飞行员获得遣返,但直到战争结束后,最后一批美国飞行员才获释。1945年9月,沃维尔莫斯监狱指挥官安德烈-亨利·贝甘被瑞士当局逮捕,并被指控了通奸、贪污和令国家蒙羞等罪名。他被判有罪,处以三年有期徒刑(他只坐了两年牢),并被剥夺了瑞士国籍。

注释

1. 卡勒的生平均引自丹·卡勒的《沃维尔莫斯的黑洞》（亚利桑那州格林瓦利，荆棘丛出版社，1995年），第104、156—164页。
2. 新泽西州杰克逊，瑞士被拘禁者协会。
3. 丹·卡勒，《沃维尔莫斯的黑洞》，第165页。
4. 凯瑟琳·J·普林斯，《空中射击：瑞士的美国战俘》（安纳波利斯，海军学院出版社，2003年），第23—24页。
5. 引自史蒂芬·坦纳的《远离德国的避难所：美国飞行员、瑞士和二战》（纽约罗克韦尔中心，萨尔珀冬出版社，2000年），第16页。
6. 约翰·毕晓普，《瑞士停留地：被扣留的美国飞行员》，《科里尔杂志》，1944年8月26日，第25—26页。
7. 1944年7月27日，阿诺德发给斯帕茨的电报，斯帕茨文件。
8. 1944年7月29日，斯帕茨发给阿诺德的电报，斯帕茨文件。
9. 1944年5月23日，威廉·W·科科伦发给赫谢尔·V·约翰逊的电报，斯帕茨文件。
10. 1944年8月2日，美国派驻伯尔尼的武官发给阿诺德的电报。
11. 凯瑟琳·J·普林斯，《空中射击：瑞士的美国战俘》，第43、190页。
12. 1944年10月5日，本杰明·E·诺曼少校发给乔治·C·麦克唐纳准将的电报，斯帕茨文件；凯瑟琳·J·普林斯，《空中射击：瑞士的美国战俘》，第122—123页。
13. 丹·卡勒，《沃维尔莫斯的黑洞》，第168页。
14. 1945年9月17日，华莱士·奥维尔·诺斯菲特中校为美国战争部军法总署战争犯罪办公室所做的证词，国家档案馆。
15. 2005年1月4日，作者对罗伯特·朗的采访。

16 凯瑟琳·J·普林斯，《空中射击：瑞士的美国战俘》，第87—88页。

17 同上，第123页。

18 引自史蒂芬·坦纳的《远离德国的避难所：美国飞行员、瑞士和二战》，第140页。

19 艾伦·莫里斯·朔恩，《瑞士的纳粹和亲纳粹集团调查，1939—1945》，第1页，西蒙·维森塔尔中心，http://www.wiesenthal.com/swiss/survey/noframes/conclusions.htm；杰罗尔德·M·帕卡德，《非敌非友：欧洲在二战中的中立》（纽约，麦克米伦出版社，1992年），第10页。

20 艾伦·莫里斯·朔恩，《瑞士的纳粹和亲纳粹集团调查，1939—1945》，http://www.wiesenthal.com/Swiss/survey/noframes/conclusions.htm。

21 同上，第1—5页。

22 乌尔斯·施瓦茨，《飓风眼：二战中的瑞士》（博尔德，西景出版社，1980年），第22页；帕卡德，《非敌非友：欧洲在二战中的中立》，第71—75页。

23 凯瑟琳·J·普林斯，《空中射击：瑞士的美国战俘》，第174页。

24 朔恩，《瑞士的纳粹和亲纳粹集团调查，1939—1945》，第15—16、18—19页；阿尔弗雷德·哈斯勒，《救生艇已满：瑞士和难民，1933—1945》（纽约，芬克&瓦格纳出版社，1969年），第49页；托马斯·桑克顿，《惨痛的教训》，《时代周刊》，1997年2月24日，第41页；艾伦·科威尔，《瑞士开始质疑战时的英雄主义》，《纽约时报》，1997年2月8日；乔纳森·彼得罗普洛斯，《对纳粹德国的默许：二战中欧洲的中立》，《规模：大屠杀研究专刊，第7期》（1997年第1期），第15—21页。

25 凯瑟琳·J·普林斯，《空中射击：瑞士的美国战俘》，第174页；格哈德·温伯格，《世界战争：二战全球史》（剑桥，剑桥大学出版社，1995年），第397—398页。皮莱-戈拉从1940年1月起担任瑞士总统，联邦委员会最终于1944年11月迫使他下台。

26 凯瑟琳·J·普林斯，《空中射击：瑞士的美国战俘》，第22页。

27 1944年6月5日，伯尔尼，美国领事馆发给联邦政治部，国家档案馆。

28 1944年6月13日，利兰·哈里森发给科德尔·赫尔的电报，国家档案馆。

29 丹·卡勒，《沃维尔莫斯的黑洞》，第104、170页。

30 同上，第196页。

31 史蒂芬·坦纳，《远离德国的避难所：美国飞行员、瑞士和二战》，第

187页。

32　丹·卡勒，《沃维尔莫斯的黑洞》，第207页。

33　詹姆斯·米苏拉卡所做的证词，新泽西州杰克逊，瑞士被拘禁者协会。

34　卡勒的这些遭遇，均引自丹·卡勒的《沃维尔莫斯的黑洞》，第212—214页。

35　凯瑟琳·J·普林斯，《空中射击：瑞士的美国战俘》，第160—161页。

36　同上。

37　1944年9月14日，B·R·莱格准将，"致所有美国陆航队被拘禁者"，新泽西州杰克逊，瑞士被拘禁者协会。

38　1944年10月19日，B·R·莱格准将发给警察局长陶尔斐斯上校的电报，国家档案馆；1944年11月1日，莱格准将给驻伯尔尼领事利兰·哈里森的报告，国家档案馆。

39　丹·卡勒，《沃维尔莫斯的黑洞》，第235页；凯瑟琳·J·普林斯，《空中射击：瑞士的美国战俘》，第158页。

40　丹·卡勒，《沃维尔莫斯的黑洞》，第248页。

41　逃脱报告，乔治·特尔福德，1944年9月30日；丹尼尔·卡勒，1944年10月1日，国家档案馆。

42　1944年10月5日，本杰明·E·诺曼少校发给乔治·C·麦克唐纳准将的电报，斯帕茨文件。

43　山姆·伍兹和托马斯·J·沃森的故事引自约翰·VH·迪佩尔的《对抗希特勒的两个人：窃取纳粹的最高机密》（纽约，普雷格出版社，1992年），第126—127、194页；凯瑟琳·J·普林斯，《空中射击：瑞士的美国战俘》，第126—128页。

44　詹姆斯·威尔逊中校备忘录，"第八航空队作战机组的士气"，1944年9月15日，美国空军历史研究部，168.49。

45　美国驻欧洲战略空中力量司令部，情报处长办公室，"对罗伯特·A·希尔中尉的讯问，1944年6月21日"，斯帕茨文件；1944年6月8日，查尔斯·E·雷恩斯上校发给美国驻伦敦大使馆武官的电报，斯帕茨文件。

46　美国战术空中力量军医处处长，"1944年8月31日，关于第八航空队作战机组人员士气报告之备忘录"，美国空军历史研究部，519.701；《二战中的陆军航空队，第三卷》，第307页。

47　史蒂芬·坦纳，《远离德国的避难所：美国飞行员、瑞士和二战》，第

209页。

48 汉斯-赫利·施塔普菲尔，吉诺·康泽尔，《陌生国度中的陌生人，第二卷，逃至中立国》（德州卡罗敦，中队/信号出版社，1992年）。

49 丹·卡勒，《沃维尔莫斯的黑洞》，第317—318页。

50 同上，第316页。

51 同上，第338页。

第十三章

受够了这场战争

我想获得飞行徽章，然后我得到了这该死的东西。
现在，我再也不想要了。
他们教会我如何飞行，再把我派来这里送死。
我受够了这场战争。

——陆航军歌曲

1944年9月，东萨福克

在伦敦接受审查前，丹尼尔·卡勒中士先回到希普德姆（Shipdham）基地收拾他的个人物品：衣服、钱、照片、信件，还有一辆非常珍贵的自行车，执行自己的最后一次任务前，他把它锁在一个安全的地方。他所珍视的一切都已消失得无影无踪，过去那些中队战友也不见了——不是在战斗中失踪就是已返回美国。这里的新面孔，卡勒一个也不认识。

就连停机坪上的飞机也是新的。"破旧、难看、被伪装起来的B-24不见了，崭新、闪着亮光、抛光铝制成的飞机取代了它们。"他回忆道。[1]每架飞机都配有两个机组，这些人在短短几个月内便匆匆完成了他们的服役期，许多飞行员甚至没有费心为他们的轰炸机画上机鼻图案。有些飞机没有取名，只有个编号，这些机组人员也不再害怕德国空军。卡勒跟一名射手交谈，他已在夏季行动期间飞了二十次作战任务，没有看见一架德国战斗机。卡勒被告知，德国空军已经完蛋，随着盟军在当年9月逼近莱茵河和奥得河，战争将在圣诞节前结束。

来自新奥尔良的埃利斯·"伍迪"·伍德沃德上尉是第八航空队里的新飞行员之一。[2]他所在的第493大队驻扎在德比希（罗伯特·阿比布的工兵部队曾帮着修建这座机场），是加入第八航空队40个重型轰炸机大队中的最后一个。该大队飞的是"解放者"，但三个月后，将换成"空中堡垒"。他们在D日投入了战斗，当年夏季，伍德沃德的机组在炼油厂上空的高射炮火区域中见到许多屠杀场面，但没有一个射手愤怒地开火射击。

1944年9月12日清晨，[3]伍德沃德作为引航机驾驶员，率领着他位于下方的中队飞越北海，向马格德堡而去，这支300多架轰炸机组成的编队将摧毁德国人的一个军火库。目标上空出现了高射炮弹爆炸产生的阵阵黑烟，这是一次危险但又典型的任务，很快，轰炸机开始返航。就在这时，伍德沃德的一名射手喊道："战斗机！"几秒钟后，他们的飞机被一串炮弹击中。伍德沃德率领着十几架编队紧密的B-17，但90秒钟后，他朝空中扫视一番，只看见一架"空中堡垒"。

随后，一切都平静下来。就在他的轰炸机处于最脆弱的时刻，敌人的战斗机却消失了。四小时后，伍德沃德将受损的轰炸机降落在英国的一条应急跑道上。他后来获知，第493大队的7架"空中堡垒"被敌战斗机击落，还有一些受损严重，已无法留在编队中。站在跑道上，看着"停机坪的快乐家伙"号被拖往修理厂，伍德沃德不禁纳闷：那些战斗机从哪里来的？它们为何在完成这场屠杀前匆匆离去？

伍德沃德不知道的是，航空队的照相侦察机最近提交了令人震惊的证据，德国战斗机的实力正在恢复。但直到伍德沃德他们遭到德国空军打击的前一天，德国人才发起自D日后的首次大规模攻击。近100架敌战斗机避开"野马"后俯冲而下，每排20架，从后方扑向轰炸机群位于下方的大队——倒霉的"血腥100"的那些B-17。五分钟内，该大队的12架轰炸机消失在空中，随后，第92大队的8架轰炸机也被击落。伍德沃德的中队在第二天下午遭受打击后，第八航空队在两天内损失了75架轰炸机。尽管盟军情报部门知道阿尔贝特·施佩尔已实现了一个生产奇迹，但直到阿道夫·加兰德发起这些攻击后才揭示出德国新战斗机是如何部署的。旧策略带来了出人意料的新变化。

突击大队

通过出其不意，加兰德完全由志愿者组成的第1突击中队（Sturmstaffel I）在去年冬季便取得了一些成效，但其笨重、装甲厚实的双引擎战斗机开始被"野马"击败。加兰德的解决办法是制造一款装甲更厚、火力更猛的战斗机，一种改进型Fw-190，配有加强的装甲板、防弹座舱罩、2具副油箱和5门可怕的机炮，它被称作"突击槌"（Sturmbock）。[4]它们以突击大队的方式飞行，每波次多达40架，这种"飞行坦克"很快便成为战争中最具杀伤力的轰炸机驱逐者。

加兰德将突击大队的各个中队与速度更快的单引擎战斗机大队结合起来。Me-109提供高空掩护之际，突击大队便径直扑向重型轰炸机。他们的打击集中在轰炸机编队的部分飞机上，以获得最大的震撼效果，他们通常从后方发起攻击，翼尖连着翼尖。逼近到距离轰炸机100码时，飞行员才会对准第一个出现在他们瞄准器中的轰炸机开火。"在这样的距离内，我们几乎不会失手，"一名突击大队的飞行员回忆道，"30毫米的高爆弹命中目标时，我们能清楚地看见敌轰炸机在我们眼前解体。"[5]一击得手后，这架战斗机便立即向下俯冲，返回基地，以免被速度更快的"野马"逮住并击落。这就是敌战斗机没有停留，将伍德沃德的中队彻底干掉的原因。

如果一架"突击槌"的飞行员未能直接命中敌轰炸机，他必须完成自己庄严的誓言：撞向对方。但由于德国严重缺乏飞行员，指挥官们命令突击大队的志愿者，发生撞击的前后应立即跳伞逃脱。"撞击敌机并跳伞而出的生还机会，听上去就像是一场英勇的自杀。"中队长维尔纳·福尔贝格回忆道。[6]但令人难以置信的是，撞向美国轰炸机的德国飞行员中，半数以上的人靠降落伞落到地面而没有严重受伤。

确保这种战术成功需要惊人的勇气和无条件的爱国主义，大多数保家卫国的飞行员都具备这些品质。"你必须记住，"福尔贝格写道，"德国飞行员们知道，对城市中心住宅区残酷、无情的轰炸正逐步扩大……护航战斗机对非军事目标射击，他们向出现在其下方的一切开火，犁后的农夫、骑自行车者、行人和红十字会救护车。"他们同样知道，"如果最终达成一项和平协议，决不能指望对方有任何的怜悯……这一点激发起突击大队飞行员们执行任务的积极性"。[7]

新组建的突击大队制造并承受了可怕的伤亡。短短的两天，9月11和12日，他们损失了38名飞行员。勉勉强强获得些补充后，福尔贝格所在的单位又于9月27日对第2航空师的300架"解放者"发起攻击。这些战士（一方绝不肯转身离去，另一方则发誓要保卫其国土）在德国中部的上空相撞。对吉米·斯图尔特的老部队（驻扎在蒂本哈姆的第445大队）来说，这是战争中最黑暗的一天。他们遭受的损失超过了美军空战史上的任何一支部队。

第2航空师没想到当天会遭到敌战斗机的攻击。德国空军已有两个多星期没有露面。师指挥官充满自信，甚至下令拆除机腹部的球形炮塔，以便让轰炸机携带更多的炸弹。就在这些"解放者"逼近初始点，准备将炸弹投向卡塞尔的工业目标时，第445大队的35架飞机突然离开编队。主编队的领航员和驾驶员拼命用无线电提醒该大队的引航机，但他们收到的回复仅仅是一道"保持密集队形，跟着我"的命令。[8]

这些偏离航线的飞机到达距离卡塞尔20英里的哥廷根并投下炸弹时，三个德军突击大队从他们身后的下方发起打击。完成第一轮射击穿梭后,那些"突击槌"飞至"解放者"轰炸机螺旋桨的下方,对其暴露出的机腹猛烈开火,那里原本安装着球形炮塔。[9]轰炸机一架接一架起火爆炸,飞在前方的其他轰炸机,机组人员"甚至还未遭到攻击便一排排跳伞逃生",福尔贝格上尉报告道。[10]几秒钟后,一架德国战斗机撞向一架"解放者"。"逼近目标时,我做好开火的准备,随即扣动扳机,"突击大队的飞行员海因茨·帕彭贝格回忆道,"可什么也没发生……我随即想起突击大队每个飞行员所做出的撞击承诺,于是决定这样做。我仍记得对方尾部射手脸上惊恐的表情……我的左机翼锯断了轰炸机的方向舵……我的机翼损毁严重,已无法让飞机停留在空中,我开始翻滚。有那么一刻,我确定自己就要死了……我这架飞机已失去控制。我丢掉座舱盖,随即被吸出驾驶室。"[11]

帕彭贝格撞上他这架飞机的尾部,断了条腿,随即失去了意识。待他苏醒过来时,发现自己仍在下坠。片刻后,他也不记得是如何操作的,降落伞打开了。此刻的他距离地面只有几百英尺。

帕彭贝格安全降落在韦拉河谷(Werra),河谷上空,美国轰炸机正惊慌地呼叫着护航战斗机。第361"野马"战斗机大队及时赶到,避免了第445轰炸机大队全军覆没。

在这场6分钟的激战中,25架四引擎轰炸机被击毁,只有4架"解放者"返回蒂本哈姆。当年7月已被调至第2作战联队司令部的吉米·斯图尔特被派去了解情况,并设法安抚那些受惊过度、大多已说不出话来的飞行员。斯图尔特把他们分成一个个小组,试图让他们开口说话。但这些生还者被自己的遭遇吓得目瞪口呆,一句话都说不出来。

该大队的另外几架"解放者"降落在英国海岸一些"已无法使用"的特别机场,但大多数失踪的生还者落到德国人手中。在嫩特斯豪恩村(Nentershauen),一名美国飞行员被一个休假中的德军士兵枪杀,另外四人则被送至当地的一座劳工营,半夜里,他们被营区警卫人员枪决。乔治·卡勒和另外几名幸存者遭到一顿殴打后，又被派去收拾他们同伴残缺不全的遗体。这是个可怕的工作。"我们在山丘和树林里上上下下忙了一整天，收拾起大约十来具尸体，"卡勒回忆道，他的鼻子被打破，双眼也被一名愤怒的德国农夫揍青，"当晚，返回村子时，我们将装着尸体的大车留在墓地……然后，我们被送往监狱，带着一条面包……这是我们吃到的最后一条白面包，直到1945年5月获得解救。"[12]

第八航空队引入了新战术以对付德国人的突击大队。[13]战斗机编队被派至轰炸机前方，在敌人的突击大队尚未形成气势汹汹的方阵前将其撕裂，或者飞至敌人后方，将他们一架架击落，但那些英勇的德国飞行员不肯与美国战斗机交手，也不愿逃离。突击大队的一些战斗机仍能突破拦截，飞至轰炸机附近，但护航的美军战斗机几乎总是能追上他们，并让他们付出代价。速度较快的Me-109受到航速缓慢的"突击槌"的拖累，惨遭"野马"战机的屠戮。

10月12日，查克·耶格尔为一队"解放者"担任护航任务时，在不来梅上空击落5架Me-109，使自己成为第八航空队第一个"一天内成就的王牌飞行员"。但如果陆航队始终坚持其规章制度，耶格尔也无法飞到这一天。

当年5月，从西班牙回到英国后，耶格尔便与基地指挥官进行了一场斗争：战争部规定，在欧洲上空被击落的飞行员，不得重新回到作战行动中。"德国情报部门有我们大多数人的档案，知道哪位飞行员此前曾被击落过；要是你再次被击落，他们会把你的指甲拔出来"，以此来掌握法国地下抵抗组织的情况。"但我提出，我必须完成自己已经开始的工作，而不是仅仅飞了八次作战任务便溜回家。让规定见鬼去吧。"[14]这个很能折腾的西弗吉尼亚小伙子将他的抗议逐级上报，一直闹到艾森豪威尔那里，艾克最终同意，待盟军在法国登陆，法国抵抗组织公开活动后，再让他恢复飞行。

耶格尔是个天生的空中杀手，他的视力和反应无与伦比，另外，用上级的话来说，他"胆大包天"[15]。但他在一个下午获得的五个战果，很大程度上是因为他所遇到的对手拙劣的表现,其中的两个,他甚至没有开火便将其"击落"。他冲至他们身后,两架德军战机被"惊呆了",其中的一架惊慌失措,仓促左转,结果撞上了他的僚机。

喷气式战斗机

由于缺乏足够的飞行员和燃料,阿道夫·加兰德无法有效地派出他急剧缩小的突击大队。但他的囊中还有另一件法宝:一种没有螺旋桨的飞机,这是世界上第一款经过实战检验的喷气式战斗机。自7月份以来,杜立特尔将军便已接到关于少量喷气式战斗机和火箭助推飞机的报告,这给他的轰炸机编队带来一丝阴影;他们与轰炸机保持着安全距离,并以其出色的性能表现逗弄那些轰炸机,但很少发起攻击。航空队情报部门最担心的武器是使用双涡轮的梅塞施密特Me-262,这是当时速度最快的飞机。它的飞行速度为每小时540英里,比"野马"快了近100英里,另外,它用的是柴油,而德国拥有的柴油数量远远超出标准的航空汽油。第八航空队的情报部门严重低估了德国人在前一个夏季生产出的常规战斗机的数量,斯帕茨将军不想在Me-262的问题上重蹈覆辙。如果这种速度快得惊人、火力异常强大的飞机开始批量生产,德国空军便能重新夺回德国上空的制空权。

斯帕茨和杜立特尔催促阿诺德将军,加快生产一款有效的反制武器,[16]但美国的第一种喷气式战斗机,贝尔公司的P-59,速度并不比"野马"更快。斯帕茨被告知,真正的高性能喷气战斗机是P-80A,但要到明年才能准备好。英国人也有一款前景被看好的喷气式战斗机,但其生产计划太过缓慢,而且从未经历过实战。杜立特尔只能用他的活塞动力飞机去对付德国人的喷气式战机,从当年7月起,他开始对德国人的喷气机生产厂发起系统性打击。初秋时,他们继续这一行动,但收效甚微。与生产常规飞机的工厂相比,喷气机生产厂隐蔽得更加巧妙。

德国空军的一名中队长回忆道:"我们的飞行员在1944年秋季还抱有一丝希望,那就是新式的喷气式战斗机。"[17]历史学家们一直坚持认为,完全是因为阿道夫·希特勒的拙劣干涉,盟军的空中力量才免遭厄运。这种观点的来源之一是赫尔曼·戈林。战争结束后,被问及"是什么原因导致Me-262作为一种战斗机被推迟使用"时,[18]他脱口而出:"是阿道夫·希特勒的疯狂。"这是空军史上最经久不衰的神话之一。希特勒干扰了这种飞机的发展,但最多使它的出现延误了几个月而已。

1943年底,就在Me-262即将投入批量生产之际,令元首的技术顾问们震惊的是,希特勒下令将这种战斗机改为战斗轰炸机,也就是他所称的"闪电轰炸机"。未与直接负责该项目的工程师和管理人员协商,戈林便向元首作出承诺,1944年5月前能准备好大批这种飞机,希特勒希望用这种武器对英国的城市实施报复性空袭——"打破恐怖的只能是恐怖"[19]——并击退盟军在法国北部的入侵。

以加兰德为首的元首空军顾问们希望他能批准增加战斗机的生产,包括螺旋桨式和喷气式战斗机,以便用这些飞机来保护战时工业。他们意外地获得了他们想要的支持:空军装备主任埃哈德·米尔希,这位生产天才,不顾希特勒的命令,偷偷推动着Me-262作为一款战斗机的生产。直到1944年5月,希特勒才获悉此事,当时,第一批Me-262驶下生产线,戈林将其作为一款战斗机介绍给元首:"它将把盟军的空中力量逐出天空。"[20]希特勒勃然大怒,要求去除这款飞机上的武器,它将作为一款轰炸机列装。米尔希被解职,飞机生产事宜交给施佩尔(施佩尔后来让米尔希担任了军备副部长)。戈林告诉美方审讯人员:"你们在空战中有个大帮手,就是元首。"[21]

接下来的几个月,施佩尔和加兰德恳请希特勒改变他关于Me-262的计划,并将德国每一架可用的飞机投入到合成燃料厂的防御中。当年8月,在一场与加兰德和施佩尔的激烈争论中,希特勒失去了控制,他怒不可遏地吼道:"我不要再生产战斗机了,战斗机部门将被解散。立即……停止飞机生产,明白吗？"²²他希望将飞机制造业的技术工人和物资立刻转移到高射炮生产中，并告诉面带怀疑的施佩尔："这个项目是我们现有规模的5倍，我们将把几十万名工人转入高射炮生产。每天我都从外国的新闻报道中读到高射炮是如何如何危险。他们仍对它有着某种敬畏，而不是对我们的战斗机。"²³说罢，加兰德和施佩尔被打发出去。

在被告知这样一场大规模军需资源转移所涉及的技术困难后，希特勒下令在高射炮防御的问题上采取一个较为温和的增长，但他向施佩尔和施佩尔负责战斗机生产的副手卡尔·绍尔重复了自己的命令，增加高射炮在对空防御中的比例。施佩尔后来写道："这是我和绍尔第一次违背希特勒的命令。"²⁴第二天，施佩尔将他的军备生产人员召集起来，直截了当地告诉他们："我们必须……最大程度地保持战斗机的生产。"²⁵此时的希特勒多少有些冷静下来，他批准了施佩尔关于一种新型战斗机生产计划的提议。另外，希特勒也在Me-262的问题上清醒过来，允许它作为一款轰炸机和战斗机进行测试，²⁶但大规模生产因其涡轮喷气发动机（这是全世界第一款）存在的问题而继续被推延。第八航空队于1944年冬季和春季发起进攻，开始了"最重要的一周"。这些因素，再加上训练飞行员操作这款极不稳定、高度易燃的飞机的难度，比希特勒不明智的介入更大地耽误了这款飞机的出现。²⁷

1944年夏末，随着盟军向德国边境的逼近，希特勒终于批准加兰德组建一支喷气式战斗机单位以保卫德国。10月3日，这支部队在靠近荷兰边境的两个机场投入行动，这里正位于美国轰炸机进入德国的航线上。该单位由瓦尔特·诺沃特尼少校率领，他是德国空军最顶尖的王牌飞行员之一，拥有258个战果。当年10月，杜立特尔和斯帕茨认为他们不得不为争夺制空权而再打一次，但诺沃特尼的飞行员们只击落盟军的22架飞机，而他们的30架飞机却损失了26架。²⁸几乎所有的损失都是因为技术上的问题和飞行员经验不足。"许多飞行员，驾驶这种革命性飞机的经验仅仅是在机场上空飞几个来回。"德国空军历史学家卡尤斯·贝克尔写道。²⁹但盟军飞行员却是经验丰富。诺沃特尼的涡轮喷气发动机在起飞和降落时慢得危险，另外，这种飞机的滞空时间只有一个小时左右。警惕的盟军巡逻机每次发现一架Me-262出现在空中，英国和美国的战斗机便会聚集到它的基地，在上方盘旋，等待它返回。"我看见一个硕大的机场，拥有一条长达6000英尺的跑道，随即，一架孤零零的喷气式战斗机从南面朝机场飞来，高度为500英尺，"查克·耶格尔描述了他唯一一次击落Me-262的经历，"我朝他俯冲而去。他的起落架已放下，对准跑道，以不超过200英里的时速靠了过去，而我则以500英里的时速向他的后部冲去。"[30]耶格尔的子弹射入Me-262的机翼，这架喷气式战斗机坠落在距离跑道不远处，消失在一团烟雾和碎片中。

11月8日，诺沃特尼在机场迫降时被击落身亡。加兰德亲眼目睹了他被烧死的情形，并获知当天还有另外三起坠机事件，于是将这支部队撤离战斗，以进行额外的训练。尽管一个大三倍的喷气式战斗机中队已做好准备，但加兰德还是回到旧策略上，他准备利用德国空军唯一的预备力量来源——施佩尔最近刚刚交付的2500架单引擎战斗机，这个数字比德国空军1943年拥有的战斗机多了一倍。加兰德将他的计划称为实施本土防御最后的"绝地反击"。[31]

自1944年8月以来，加兰德已经用这种战斗机训练出大批飞行员，以便对一支单独的美国轰炸机编队发起一场庞大的攻击。他预计，击落500架轰炸机可能要损失同样多的战斗机。"这将是一场最大、最具决定性的空战。"他后来写道，[32]这将是一场空中大决战。这种前所未有的损失所造成的震动，可能会让第八航空队暂停对德国炼油厂的空袭，转而去对付难以命中的飞机制造厂。加兰德希望德国陆军随后能延缓苏军的推进，直至"西线盟军占领德国"，[33]或是元首的反对者与敌人谈判，达成某种和平协议。

11月中旬，攻击部队已做好准备。一待晴朗的天气出现，他们就将发起行动，加兰德预计，这场战役将决定德国的命运。但在接下来的几个星期，天气状况一直不是太好，加兰德被迫使用这支精打细算的力量中的三分之二（他一直没有投入全部力量），对斯帕茨雷达指引下的轰炸行动发起四次密集攻击。"不把全部力量投入战斗,这是个艰难的决定,"加兰德后来写道,"但领导者必须保持冷静,不能一意孤行,采取徒劳、代价高昂的行动。"[34]

即便如此,在这些大规模空战中,德国空军还是付出了惊人的损失:348名飞行员。"1944年11月的飞行是我在整个战争期间执行的最艰难的任务,"一名德国战斗机指挥官报告道,"我们与对手的损失率达到20∶1,有时候甚至是30∶1。"[35]敌人每次升空迎战,"野马"战斗机都会消灭对方进攻力量的四分之一,斯帕茨向战争部助理部长罗伯特·洛维特报告道,"他们的飞行员没有经过很好的训练,尽管很有闯劲"[36],对他们来说,这是个致命的结合。

11月这些可怕的战斗中,美方的阵亡名单上包括第339战斗机大队的一名"野马"驾驶员,很有前途的作家伯特·斯泰尔斯。完成了三十五次轰炸飞行任务后,斯泰尔斯要求调至一个战斗机单位。"我想飞一架真正的飞机,"他告诉一位英国朋友,"我想感受到风吹拂过我的脸——攀升、俯冲、翱翔,自由自在。"[37]他阵亡于汉诺威上空的一场空战,而在这场战斗中,美国战斗机编队击落了132架敌机。

11月20日,仍在等待好天气到来的加兰德接到一个令他无法接受的消息。他打算用于"绝地反击"的空军部队将于12月初调至西线,为"一场庞大的地面进攻"做好准备。[38]德国境内只留下两个战斗机联队。加兰德的飞行员们即将为地面部队提供支援,可他甚至没时间再训练他们的低空作战能力。他们即将投身新的任务中,但却"毫无准备,并对计划的失败心灰意冷,而这个计划曾令他们所有人深感振奋"[39]。

交出自己的飞行员是阿道夫·加兰德作为战斗机部队总监的最后一项公务。他已不再受到戈林和元首的宠信,即将发起的行动中没他的份。当年12月,他的电话被监听,党卫队的人被安插到他身边充当文员,他过去的政治态度也受到调查,因为他从未加入过纳粹党。月底时,戈林把他叫至自己的司令部,在长达两个小时的独白中,指责加兰德制订了不明智的战术、不服从命令、在"战斗机部队中建立私人王国"。[40]随后,戈林宣布解除他的指挥权。加兰德要求将自己作为一名普通飞行员派至前线,但戈林命令他先休假,待找到接替他的人再说。

就这样,德国将在失去其最优秀的空军指挥官的情况下,进行历史上规模最大的步兵战之一。

当年11月,元首完成了发起一场全力以赴的反击战的计划,这场反击将于下个月在阿登森林展开,由北向南,从比利时向卢森堡延伸。这将是他的最后一搏,以此来扭转对德国越来越不利的战争态势。这场反击战在规模和意图上与加兰德曾打算发起的"绝地反击"同样壮观。

鲁尔之战

就在希特勒策划其出人意料的反击之际,盟军的轰炸机巨头们开始了欧洲战事中决定性的轰炸战,这场不可恢复的打击针对的是德国的整个战时经济,而不仅仅是其中不可或缺的某一部分。但之所以认真开始这场战役,仅仅是因为云层妨碍了盟军轰炸机准确命中他们的主要目标——德国的炼油设施。具有讽刺意味的是,阿尔贝特·施佩尔认为唯一有可能拯救德国经济的恶劣气候,却为其彻底覆灭铺平了道路。

1944年9月,就在盟军逼近齐格菲防线时,他们在欧洲西北部闪电般的推进突然间停顿下来。艾森豪威尔的部队成了这场胜利的受害者。他们的前进速度如此之快,已远远超出了自己的补给线,这条补给线从盟军当初发动进攻的海滩一路延伸,90%的补给物资仍需要从英国运来。[41]前进中的盟军严重缺乏弹药、医疗用品、食物和汽油。将这些必需品运至前线非常困难。法国的铁路系统尚未从盟国空军为配合D日进攻而进行的的轰炸破坏中恢复过来,德国人仍控制着一些重要的港口,其中包括勒阿弗尔、布雷斯特、加来和敦刻尔克。货运飞机和重型轰炸机被召集起来,为停顿在德国边境前的盟军运送汽油,另外还组织了一支昼夜不停的紧急汽运队。6000多辆卡车和拖车，23000名工作人员被动员起来，从登陆海滩和诺曼底地区唯一可用的港口——瑟堡，将燃料、弹药和口粮运送至已推进到莱茵河的部队手中。这种临时性措施无法满足补给需求，部队附近也没有足够的机场来实施空运，否则，补给情况会大为改观。

后勤工作的这场噩梦，重点在于安特卫普。英国人刚刚夺取了比利时的这座城市，它也是欧洲最大的港口之一，但英军未能拿下斯海尔德河河口，这条狭长的河流通往港口。如果安特卫普能彻底敞开，盟军的燃料问题便可得到解决。但艾森豪威尔并未集中力量肃清斯海尔德河两岸的德军，而是发起一场冒险性尝试，试图在年底前结束这场战争。在陆军元帅伯纳德·蒙哥马利的怂恿下，他批准了一次行动，将伞兵空投至齐格菲防线后的荷兰，并让他们设法穿越鲁尔工业区，朝柏林方向疾进。

这场代号为"市场—花园"的行动于1944年9月17日发起，结果却是一场灾难性失败，损失惨重，大多数伤亡者是英国伞兵。艾森豪威尔随即决定，沿德国边境发起一系列压倒性正面攻击，突破齐格菲防线。这个血腥的秋季和冬季，第一场进攻发生于10月初，目标是亚琛，这座古老的文化中心位于莱茵河西侧。经过一番激战，亚琛成为德国第一座陷落的大城市，但盟军未能突破至莱茵河。盟军战线的南端，巴顿（他的坦克没有足够的燃料）发现，攻克梅斯这座堡垒城市同样困难。蒙哥马利肃清了斯海尔德河河口，打开了安特卫普港的大门，但在1944年年底，战事沿着齐格菲防线陷入胶着状态，面对德军的坚固阵地，盟军步兵进展缓慢，损失惨重。

当年秋季，盟军空中力量指挥官已从艾森豪威尔的直接控制下摆脱出来，他们将全力解决如何利用空中力量帮助击败德国的问题。

一个新的指导机构——联合战略目标委员会——被组建起来，[42]但哈里斯和斯帕茨有权打击他们所选择的目标，该委员会服从联合参谋部以及各自空军首脑的整体指挥。现在需要一个协调一致的战略，但指挥官们拿不出来。从某种程度上说，这是D日期间曾发生过的纠纷的重演，斯帕茨倾向于轰炸德国的炼油厂，哈里斯希望摧毁德国的工业城市，而特德则认为应该打击运输目标。

这次，获胜的是斯帕茨，当年早些时候，同样的原因曾使特德占了上风。那时候，最紧要的任务是尽快为诺曼底进攻肃清障碍；而现在的任务是在圣诞节前打垮德国。联合参谋部决定，全力加强对德国炼油厂的打击，与艾森豪威尔的地面部队发起的秋季攻势相配合，从而为完成该任务提供了最好的契机。[43]

作为官僚场上一名机灵的斗士，特德利用他对参谋长委员会和皇家空军参谋长查尔斯·波特尔爵士的巨大影响力，继续为自己的计划游说。特德和他的首席政策助理索利·祖克曼教授提出，1944年春季对法国发起的铁路破坏战"应该被带入德国，因为德国的经济和工业命脉，以及军事行动的自由度，都取决于能否不受阻碍地使用铁路系统"[44]。当年9月，盟军的战斗轰炸机，在重型轰炸机偶尔提供的帮助下，已开始对德国西北部的铁路和水上运输目标发起打击，但特德希望力度更大些：调集起盟军的战略和战术空中力量，对德国的交通基础设施发起一场全面打击，包括其铁路、河流和运河交通。将这些经济命脉打垮后，"轰炸机"哈里斯想要摧毁的工业城市和斯帕茨希望消灭的合成燃料厂，都将难以为继；分散在德国各地的工厂将失去原材料、零部件以及生存所需要的市场。对交通网发起一场协调一致的攻击，也将使阿尔贝特·施佩尔巧妙但却脆弱的工业疏散体系陷入混乱。"工厂越是进行疏散，他们就越要依靠良好的交通"，特德提醒波特尔，而德国军队"对交通的依赖就无须再说了……"[45]作为对斯帕茨"燃油攻势"获得成功的让步，特德提出，交通和燃油可被视作两个互补的目标，而不是竞争对手。

祖克曼的情报来源表明，诺曼底登陆前对法国北部和比利时境内铁路系统的破坏，对德国国家铁路同样起到了致命的削弱作用，他们被迫将车皮、机车以及运输业务填补至遭到盟军轰炸的国家。祖克曼认为，整个系统只需要

"轻轻推一把"，⁴⁶就将彻底垮掉。他觉得奇怪的是，为何美国的"军头们"没能看清明摆在眼前的事情：敌人的运输体系已处于岌岌可危的绝境。

情况并不这么明确。第八航空队的情报专家们坚持认为，对法国铁路系统的空袭并不像祖克曼声称的那么有效：它们确实遭到了破坏，但并未令德国人的调兵遣将寸步难行。燃油空袭战已经将德国套入绞索中，为什么要把重型轰炸机转移到新的目标上？就像"霸王"行动那样，对盟军指挥层来说，时间就是一切。在年底前打垮世界上运行得最好的铁路系统似乎不大可能，而"超级机密"拦截到的情报却提供了无可辩驳的证据：德国的石油工业即将完蛋。

祖克曼这位杰出的动物学家，坚持认为他的战略轰炸计划是基于科学性原则和客观的分析的。这太荒谬了。战略轰炸与科学相距甚远，它更多地基于信念而非事实——不完整或不稳定的数据，大多数数据是根据空中侦察照推测而来，而这些照片则是在世界上某个长期被云层覆盖的地方的上空拍摄到的。与战略轰炸有关的一切都是全新事物，并未经受过检验。它与科学唯一相同的是实验的冲动。与其他军种不同，轰炸机指挥官和他们的顾问既没有先例，也没有经验可以遵循。

像特德和斯帕茨这类聪明的空中力量指挥官，通过轰炸行动，通过尝试新战术和新策略，学会了如何实施轰炸战，并最终找到了最有效的轰炸方式。他们唯一的矫正物是侦察机飞行员拍摄的红外线黑白照片，以及"超级机密"拦截到的情报。而后者提供的价值相当有限，因为德国人几乎所有的商业通信都使用固定电话，而不是编码机。⁴⁷

祖克曼和特德制订了一项出色的作战计划，但他们根本就不是他们在自己杰出的自传中自我塑造的"战略远见者"。例如，他们主张燃油攻击战应该集中在鲁尔区，而不是位于更东面的洛伊纳和珀利茨。如果说斯帕茨错在没有充分注意对运输线的轰炸，那么，祖克曼和特德犯了同样的错误：他们没有给予燃油加工厂应有的重视。

10月下旬，空军参谋长们召开了一次重要的会议，空袭燃油加工厂被列为最优先级，对交通运输的轰炸远居其后。但一个附带条件无意中将主动权转移到特德的计划上。如果天气状况使斯帕茨空袭燃油厂的飞机无法行动的话（他们需要晴朗的天气，以便对合成燃料厂实施精确打击），他们将奉命对交通目标发起打击，"必要时采用盲炸技术"[48]。结果，恶劣的气候一直持续到第二年，将优势抛向铁路轰炸的支持者。战争的最后阶段，第八航空队的半数炸弹投向交通运输目标。[49]斯帕茨不想将德国铁路系统列为他优先打击目标的原因之一是该系统庞大的规模，这使其成为最后不得已手段的理想目标。它是个几乎总是可以随时加以打击的目标。

"轰炸机"哈里斯接到的轰炸指令几乎与斯帕茨一样，但波特尔仍无法完全控制他，因为哈里斯跟丘吉尔的关系非常密切，而且，他在英国国内的声望也很高，任性的空军司令几乎对他不加约束，他愿意怎么干就怎么干。1944年最后的三个月里，他的部队将53%的炸弹投入德国的城市，15%投向交通运输目标，只有14%被用于轰炸炼油厂。[50]由于他那些"兰开斯特"拥有庞大的载重能力，哈里斯在轰炸交通运输目标和炼油厂方面作出的贡献，比一般归功于他的成绩要更大些。但他没有更进一步，这使他的名誉多少有些受到玷污。

9月11日，达姆施塔特（Darmstadt）遭到饱和轰炸，空袭引发了一场大火，10000多人遇难，约占该市人口的十分之一，哈里斯将目标集中在鲁尔及其西部地区。当年秋季和初冬，他对三十多座工业城市发起空袭，其中有些城市曾在去年被他的轰炸机焚烧过。大部分残迹是工厂和交通基础设施，例如天然气加工厂、电网和水管等，但同样多的是人的鲜血和残骸。如果哈里斯投向鲁尔区各个城市的60000吨炸弹中的大多数被用于轰炸炼油厂和铁路目标，他对盟军的战争努力和自己的遗留问题作出的贡献会更大。

盟军空中力量的交通轰炸同样集中在鲁尔区，这里是德国最大的煤炭、铁和钢的出产地。特德认为，对这里发起一场决定性打击，会对整个德国经济产生连锁性影响。事实证明他是对的，但理由却是错的。对运输交通的打击中，盟军无意间卷入了一场赢得战争的轰炸攻势，他们剥夺了德国人的一种原材料，缺了它，德国的发电厂和其他工厂就无法运作。

德国几乎所有的货运都是靠铁路或运河，这些运输体系中，最重要的物品是煤，德国能源的90%来源于此。正如盟军未能看出德国合成燃油厂与军火工业之间密切的关系那样，他们也没能认识到煤炭与德国国家铁路之间关系的全部意义。第八航空队于1942年抵达英国时，他们所采用的轰炸策略是一个仓促准备的计划，依据的是美国，而不是德国的经济。但美国是个石油和汽车国度，德国却严重依赖于铁路和煤炭。特德来自一个煤炭驱动经济的国家，但就连强烈请求轰炸交通运输目标的他，也没有强调煤炭与铁路之间的密切关系。破坏某些重点行业（例如炼钢厂）的煤炭供应，是特德"轰炸交通运输"计划中的一部分，但并不是主要目标。在这个问题上，特德成了他自己情报来源的受害者。盟军情报机构从未设想过欧洲战事中最有效的轰炸结果是什么——破坏德国铁路与煤炭之间的联系。

尽管石油对纳粹战争机器至关重要，但煤炭更加重要。没有了煤，德国的整个经济就将崩溃。恶劣的气候，再加上好运气，这二者的结合使德国最重要的原材料遭遇到毁灭性打击。

德国主要的煤炭储量位于三个地区：鲁尔区、上西里西亚以及影响较小位于德国西南方法德边境处的萨尔区。[51]德国63%的炼焦煤出自鲁尔盆地，这是冶炼业重要的原料；另外，德国最宝贵的煤炭是烟煤，而不是褐煤（褐煤中包含的能量显然较少），80%来自鲁尔地区。鲁尔区的煤炭为该地区自身以及德国中部和南部的产业提供能源。上西里西亚的煤炭则满足了柏林这座大都市的能源需求。盟军在鲁尔区的轰炸并未对准矿井口或生产中心，而是出入鲁尔区的交通动脉，这些重要的交通线都穿过德国国家铁路庞大的编组场。这些编组场是所有铁路货运的调度中心，用特德的话来说，就是"铁路系统的心脏"，但它们一直"未遭到太大的破坏"[52]。盟军轰炸机开始系统性地将其摧毁时，在德国引发了一场煤炭荒，这场灾荒愈演愈烈，最后导致整个经济在1945年初陷入停顿。"具有讽刺意味的是,"历史学家艾伦·S·米尔沃德写道,"它是德国所有原材料中供应得最好的一个,结果却要对最终的崩溃负责。"[53]

到11月前,盟军空中力量无情的轰炸,已将鲁尔区与德国其他地区的水路连接切断。这造成了经济灾难,因为该地区三分之一以上的煤炭输出依靠的是水路。从这时起,保持经济运作的重担落在德国国家铁路身上。通常负责全国四分之三货运任务的铁路线,现在却要承担起几乎全部的重任。简单地说,新的轰炸理念是这样的:不是将重点集中在产生货运的行业上,而是打击使其运转的运输工具,打垮铁路系统远比摧毁整个工业经济更加容易。铁路系统被破坏后,经济也将随之破裂、崩溃。正如燃油战一样,这是一场轰炸机与维修人员之间的竞赛。11月前,单是在鲁尔区,施佩尔便调集了20万名工人从事维修任务。[54]其中5万名是来自荷兰、"可被消耗掉"的奴工,但从军工行业中抽调出的3万人则造成了战时经济中不可避免的人力枯竭。

通过巨大的努力,部分铁路系统得以恢复,但破坏与重建之间的斗争——这始终是一种不均衡的较量——在1944年冬季对德国造成了灾难性影响。[55]此刻,消耗成了致命因素,因为只有实施了5—6次空袭后,一处铁路编组场才会失效。与"燃油战"一样,真正起到决定性作用的是空袭的频率和强度,而不是其准确性。美国航空队的宣传人员对外科手术般精确的空袭大加称赞,吹嘘说敌人的工业已被一千刀精确的切割所摧毁,但德国经济濒临崩溃却是源于"饱和轰炸"这把钝刀。

不可或缺的补给和运兵列车通常可以沿一条单轨铁路穿过破坏现场,但非常艰难。战斗轰炸机对移动中列车的攻击,使得将部队调运至前线的行动只能在夜间进行。这就是特德所构想的,战略与战术部队近乎完美的结合。重型轰炸机打击大型、易于发现的铁路编组场,战斗机和中型轰炸机则对付移动中的火车、高架铁路和桥梁。

当年11月,施佩尔提醒希特勒:"交通的中断,很可能造成一场生产危机,这将严重危害到我们继续进行战争的能力。"[56]而鲁尔之战的结局,"将决定帝国的命运"[57]。

盲 炸

从1944年9月至欧洲战事结束,美国空中力量向铁路编组场投下的炸弹,比其他目标多两倍,以雷达轰炸为主。[58]对铁路编组场的攻击引发了令人不安的道德问题。与炼油厂不同,大型铁路编组场坐落在工业城市的中心区,与工人们的住处毗邻。这些城市——而不是其铁路编组场——很容易被H2X雷达透过云层摧毁。轰炸大型铁路编组场的同时,第八航空队也炸毁了人口密集的居民区,炸死炸伤成千上万名平民。按照航空队自己的计算,一场典型的雷达轰炸,只有2%的炸弹能落在瞄准点1000英尺的范围内,[59]误炸怎么可能不发生?

轰炸时,编队中的引航机采用柯蒂斯·李梅所制订的在军事上行之有效的策略,但这加剧了人为错误。"对一座小型工业城市的铁路编组场实施的一场轰炸中,我的中队位于编队尾端,"第八航空队的飞行员克雷格·哈斯描述了对城市铁路中心一场典型的空袭,"逼近目标时,大约有400架轰炸机在我们前方。如果我们有个影子的话,它将覆盖住整个城市。云层很厚,我们甚至无法看见地面上的东西。引航机携带着雷达设备。穿越目标上空时,它投下了机上的炸弹,接着便是一道烟雾信号,指示编队里的其他飞机投弹。位于编队前方的飞机摧毁了铁路编组场,但我们这些位于后面的飞机则将整座城市炸毁。"[60]

即便在晴朗的天气实施目视轰炸,也可能造成巨大的附带损伤。"我们对迈恩……的铁路编组场实施轰炸,"第457轰炸机大队的约翰·J·布里奥尔中士写道,"铁路线穿过城市中心,'投弹',投弹手奥齐按下了开关。"几分钟后,炸弹落在地面上,球形炮塔里的布里奥尔对这场屠杀看得一清二楚。"那是一座小城镇,大约有2000名居民。我们准确地轰炸了铁路编组场,但整个城市也被摧毁。看见整座城市消失时,我突然再次意识到,这是个多么肮脏的勾当啊!"[61]

"无辜者惨遭灭绝的阴影……将永远留存在我的内心深处,伴随我一生。"第八航空队的飞行员伯纳德·托马斯·诺兰回忆道。[62]虽然一些飞行员对杀戮毫无愧意,但第八航空队精神科专家所进行的研究表明,大多数重型轰炸机机组人员"无法容忍杀戮的罪行",尽管受害者"相距遥远,几乎是抽象的"。[63]大多数情况下,个人仇恨针对的是德国的领导者,并非第八航空队与之交手的飞行员或是他们轰炸的那些人。"我们的生活中充满恐惧,但并没对其他人怀有强烈的仇恨,他们和我们一样,都不愿卷入这场疯狂的战争。"无线电操作员J·J·林奇在他的作战日志中写道。[64]但一场丑恶的空袭后,更为典型的反应是将这番经历深埋于心中。

第八航空队以前曾实施过盲炸,但从未如此残酷无情。1944年最后的三个月,第八航空队大约80%的任务,第十五航空队大约70%的任务,是在浓浓的云层中进行。[65]现在,拥有大型铁路设施的任何一个社区都在打击范围内,这几乎包括了德国西部的每一个城市和村镇。当年12月,这个毁灭圈扩大到整个德国。

从11月起,航空队机组人员获得许可,如果未能找到主目标,他们就轰炸"不得已的目标"——"大到足以在H2X的显示器上产生可识别反馈的"[66]城镇或工业区。这是乔治·马歇尔将军交给杜立特尔的一项政策,马歇尔急于结束这场战争。这些城镇被假定为包含一个某种类型的"军事目标",尽管它可能只有一座铁路桥或储油罐。

新的轰炸指令于1944年10月29日下达,这明显背离了第八航空队反对不分青红皂白进行狂轰滥炸的既定政策。到目前为止,第八航空队很少将他们的炸弹投向平民百姓,他们绝不会采用"轰炸机"哈里斯所用的"纵火"战术。但尽快结束战争的压力促成了一种新局面:德国百姓现在必须预料到,他们的家园将在白昼轰炸中被摧毁,而这一点,他们过去只在夜间经历过。

第八航空队有一个被称作"空中侦察兵"的单位：一些前轰炸机飞行员，驾驶着"野马"战斗机飞在攻击编队的前方，用无线电提醒编队他们可能希望避免的气候状况的变化。[67]但在大多数情况下，这个冬季，与冬季前一样，德国上空的天气状况对是否派出轰炸机编队不再重要。轰炸机群将投入行动，除非他们基地上空的气候条件绝对不适合。

到1944年冬季，第八航空队与英国轰炸机司令部轰炸方式之间的差异已经缩小，尽管依然很明显。第八航空队开始对一些他们无法准确命中的城市目标实施密集轰炸，不可理喻地炸死了大批平民。"轰炸机"哈里斯则在其夜间部队的技术得到发展后，继续实施对德国城市的轰炸，1944年，制导技术使他的轰炸机能够以相当的精确度命中城市内及其周围的目标。[68]一支空中力量故意以平民为轰炸目标，而另一支，除极少数意外情况外，并未这样做。空袭者公开宣称的意图，对那些家园被一连串瞄准其他地方的炸弹所摧毁的人来说，可能无关重要，但对被冷漠地标注在地图上实施屠杀的整座城市的居民来说，这就是个极其重要的问题了。

盲炸将美国飞行员以及德国百姓置于更加危险的境地。"如果我们现在落入德国人手中，他们会杀了我们。"约翰·布里奥尔在他的日记中写道。[69]但大多数执行盲炸任务的飞行员，更为担心的是天气，而不是德国人。一名引航机上的领航员在厚厚的云层中迷失了方向，带着刘易斯·威尔斯所在的第95轰炸机大队降至轰炸航路的后部。"刘易斯拼命拉起机头，直至飞机失速，以免撞上另一架飞机，"威尔斯的机尾射手鲁伦·帕拉莫尔在他的战时日记中描述了这起事件，"但在这场灾难中，我们损失了我们的僚机。没有撞上我们的那架飞机撞上了他们。两架飞机都被炸毁。"[70]

那年冬天，来自威斯康辛州简斯维尔，20岁的飞行员肯尼斯·"执事"·琼斯中尉，搭乘火车赶至剑桥，参加他所在的第389大队一名朋友的葬礼，这位朋友在英国迫降时丧生。这是一场集体葬礼，"还有那么多名字，无人来为他们哀悼。"安息号响起时，身穿军用风衣的琼斯不禁颤抖起来。[71]仪式结束后,他和另一名飞行员走进当地的一座酒吧,为他们逝去的朋友点了杯酒。"稍晚些时候,我们离开时,那杯未动过的酒仍放在吧台上。"

有些飞行员试图在东安格利亚的城镇中寻求解脱,但他们回到基地时却比离开的时候更加郁闷。游览剑桥的三天里,出生于佐治亚州的本·史密斯爱上了那里古老的木建筑、老客栈、草坪和花园,这片美景从大学后方延伸至缓慢流淌的剑河,该城的名字来源于这条河流。在远离"死亡和恐惧"的二十英里外,史密斯感受到"和平与庇护",[72]他不想离去。返回莫尔斯沃斯基地的公交车之旅,令他感到与自己曾执行的任务那般漫长而又令人沮丧。

机库中的音乐

本·史密斯待在莫尔斯沃斯基地时,他所在的"地狱天使"大队以一场历时三天的疯狂派对庆祝了他们的第200次作战任务。军用卡车先是拖来大批威士忌和啤酒,随后又被派去接当地城镇的姑娘们。"就这样,一连好几天,毫不停顿的狂喝滥饮开始了。伤亡名单被裱好。散落在各处的帐篷被预订一空。酒吧里挤满了人,一个个醉醺醺地狂欢着。"[73]一些女人站在吧台上,为小伙子们脱掉衣服。宪兵们无法阻止一对对喝醉的男女溜进宿舍中交欢。"最后,一切都结束了,"史密斯回忆道,"德国人没能做到的,酒精却做到了!第303轰炸机大队彻底中止了行动。"[74]

为欢庆自己的"第200次作战任务"派对,第100大队包了一列火车,从伦敦运来数百名妇女,其中大多数人的贞操观值得怀疑。经过性病检查后,她们被安置在一座专门的营房内,门外有宪兵把守,尽管"她们中的大多数人并不睡在里面",飞行员基斯·兰姆回忆道。[75]但也有些健康的欢庆。周围村落的家庭被邀请来,这里举办了一场"行走英国嘉年华",有游乐设施、小卖部,甚至还有个算命先生。就在村里的孩子们狼吞虎咽着真正的美式热狗,乘坐着华丽的旋转木马之际,"空中堡垒"起飞,隆隆地飞向德国。下午,这些小伙子毫发无损地返回后，加入到欢庆的人群中，他们喝着啤酒，吃着在跑道附近烹制出来的厚厚的牛排。

日落后，欢庆活动转移到硕大的机库中。在第100大队"世纪轰炸机乐团"的伴奏下，飞行员和他们的女伴们跳起了吉特巴。"一旦你学会吉特巴，就再也不想跳其他的舞了，"一名当地妇女回忆道，"美国小伙会让你旋转，将你甩上他们的肩头和两腿间。所有人都陶醉在音乐中。这太美妙了！"[76]

派对结束的一周后，上级获悉，一些伦敦来的姑娘作为一群飞行员的嘉宾，仍留在基地内，这些飞行员非常友善，甚至跟她们分享自己的床铺。宪兵们被派去驱逐她们，但这些姑娘拒绝离开。卫兵奉命提供支援，很快，那些姑娘从兵营中消失了。"我从未见过这帮弟兄如此愁容不展。"罗西·罗森塔尔回忆起那些失望的飞行员们脸上的表情。[77]两天后，这些姑娘被发现在宪兵们的床上。

刘易斯·威尔斯所在的第95轰炸机大队，举办庆祝其"第200次作战任务"派对时，邀请来的贵宾是平·克劳斯贝、黛娜·舒尔以及格伦·米勒上尉和他的陆军航空队乐队。[78]"这一个小时中，机库的墙壁被响亮的音乐声所震颤，"威尔斯在一封家书中描述了格伦·米勒的音乐会，"就在屋顶快要被掀翻之际，乐队登上他们的卡车，匆匆离去。"[79]

D日后不久，格伦·米勒带着他的四十名乐队成员到达英国，在这个国家造成了轰动，几乎每个舞厅里的伴奏乐队早已学会他那种软摇摆乐。过去的一年中，这支乐队及其首席歌手约翰尼·德斯蒙德中士（号称"辛纳特拉第二"），与一个周六广播节目（《伴我飞翔》）合作，为战争募集了数百万美元，并在全美各地的战时债券销售会上举办演奏会。但格伦·米勒想去欧洲，去战争的心脏地带，用飞行员们从目标区返航时通过德国电台所听到的那些乐曲来犒劳这些小伙子：《一切随性》、《一串珍珠》、《燕尾服开叉口》、《查塔努加啾啾》、《宾夕法尼亚6-5000》以及乐队伤感的经典曲目——《月光小夜曲》。

38岁的格伦·米勒已婚，有两个刚刚学会走路的孩子，这位身材瘦长，看上去颇有学者风度的长号演奏家，已超过征兵年龄上限3岁，"但我由衷地感到，我欠了这个国家一笔人情债"，他告诉那些失望的美国乐迷们。[80]米勒解散了他在四年前组建起来的乐队，并被任命为陆航队上尉。在哈普·阿诺德将军的推动下，格伦·米勒获准组织一支新乐队，乐队的成员是那些不太可能结合到一起的音乐家：爵士乐手和训练有素的古典弦乐演奏家，他们都是加入陆航队的志愿者。乐队里一些年长的乐手并不想远赴海外，但米勒为重新分派进行了积极的游说，最终，艾森豪威尔将军要求将乐队派至英国，在一档专为盟国远征军服务的电台新节目中表演。一些音乐家已被宣布为不适合海外服役，但米勒没有在乎这些。他告诉他们："你们只管去好了，不用管他们在你们的服役记录中写些什么。"[81]米勒飞赴伦敦进行先期安排，乐队其他成员经海路随后赶到。

　　米勒的乐队到达这座城市时，适逢纳粹飞弹空袭造成的恐慌到达最高潮。音乐家们发现米勒上尉大多数时间都躲在斯隆大街25号BBC广播大厦下的防空洞中，他们本来是打算在这里进行广播演出的。一枚无人驾驶的飞弹落在三个街区外后，米勒获准将乐队带至位于伦敦北面50英里处的贝德福德。接下来的六个月里，乐队驻扎在这里，与他们在夏季频繁巡演的美军基地相距不远。乐队离开伦敦的第二天，一颗V-1飞弹落在斯隆大街25号前方的一条街道上，摧毁了一些建筑，并使70多人丧生。

　　米勒乐队的演奏会大多在巨大的钢铁机库中举行，他们搭乘破旧的轰炸机从一个基地飞往另一个基地，这些飞机上用白色的油漆标明：不适合作战。患了音乐饥渴症的飞行员们挤在舞台四周，站在机翼上，坐在高高的横梁顶，跟随着来自家乡的音乐摆动。"机库里的那种声音似乎有魔力，"一名轰炸机飞行员回忆起米勒的乐队在阿特尔布里奇（Attlebridge）举办音乐会的情形，"我是说，在场的人都疯狂了。"[82]

　　11月下旬，米勒告诉他的乐队，他们要去获得解放的巴黎举办一场圣诞音乐会，让身处欧洲大陆的美国军队获得"家的感觉"。[83]他将先行飞赴巴黎，准备相关事宜。12月15日，就在他和他的朋友诺曼·F·巴塞尔上校准备从贝德福德附近，皇家空军的一个机场起飞时，米勒明显紧张起来。气候很恶劣：冰冷的蒙蒙细雨，浓雾，另外，他们搭乘的是一架轻型单引擎飞机，没有水上迫降设施，也没有降落伞（这架"诺斯曼"D-64飞机由皇家空军的约翰尼·摩根中尉驾驶）。登机前，摩根向他们保证，天气会好转。这对米勒是个小小的安慰，他很不喜欢飞行。这架"诺斯曼"飞入浓雾中，永远地消失了。

四十年来，格伦·米勒的死一直是个未解之谜。1984年，皇家空军一个轰炸机组的两位成员（领航员和驾驶员）站出来，提出了一个解释。12月15日下午，他们奉命对德国的一个铁路编组场实施白昼轰炸，但任务被取消，于是他们驾驶着四引擎"兰开斯特"轰炸机返回。在海峡上空，他们的投弹手将飞机上的炸弹抛下，领航员弗雷德·肖说，他和一名射手（这位射手去世于1983年）看见一架"诺斯曼"从空中坠落，显然成了他们丢弃炸弹所造成的冲击波的受害者，这些炸弹中，有一颗重达4000磅的"大家伙"在海面炸开。"机尾射手一直在环顾四周，他看见那架飞机发生了倾斜，随即坠入海中。"驾驶员维克多·格雷戈里告诉《纽约时报》的一名记者。[84]格雷戈里被问及为何不早点透露这个消息时，他说自己忘记了这起事件，直到肖与他联系后才想起，而且他也没将这件事与格伦·米勒的失踪联系起来，格伦·米勒离开英国九天后，他失踪的消息才被报告上去。弗雷德·肖说，1954年，他看了一部由吉米·斯图尔特主演，讲述格伦·米勒一生传奇的好莱坞电影后，他的好奇心才被勾起。他查阅了自己的战时日志，意识到坠落的"诺斯曼"可能就是米勒搭乘的那架飞机。多年来，他的故事一直未被记者、历史学家以及格伦·米勒的乐迷们所重视，直到航空历史学家罗伊·内斯比特对气象图和解密的作战文件进行了详细的研究，才最终证实了这个说法。

突出部战役

格伦·米勒打算与朋友们在巴黎会面的那个晚上，德国陆军元帅格尔德·冯·伦德施泰德向他的部队下达了日训令，这支大军已被他悄悄埋伏在阿登森林对面的埃菲尔山区中。"西线将士们，你们的伟大时刻已经到来。生死存亡在此一举。"[85]第二天早上5点30分，雷鸣般的火炮齐射宣布一场令世界为之震惊的攻击拉开了帷幕。这是希特勒试图扭转战争态势的最后一次尝试，他不顾包括冯·伦德施泰德在内的那些高级军事将领们的反对，一意孤行地发起了这场豪赌。

希特勒的计划是组建一支号称"人民掷弹兵"的新军，由空军和海军抽调出来的人员、退役军人、纳粹占领国征召来的士兵以及德国国内十五岁大的孩子们组成。他们将与包括武装党卫军在内的正规部队相配合，从比利时南部至卢森堡中部这条80英里长的战线，发起一场闪电般的反击。这场进攻将由数百辆坦克为先锋，这些坦克是阿尔贝特·施佩尔加速的军备计划在当年夏季生产出来的，另外，他们还将获得德国空军新单位的支援，那是加兰德为"绝地反击"所准备的。突破阿登山区崎岖的地形后，两个集团军，连同保护其南翼的另一个集团军，将向北席卷，跨过默兹河，夺取125英里外的安特卫普港。这将切断盟军的补给线，并将英国和加拿大军队与南面的美军阻隔开。到那时，西线盟军可能会同意单独媾和，这就能让希特勒将手中的一切投入到抵御逼近中的布尔什维克的战斗中。

这个计划要获得成功，希特勒至少需要三样东西：出其不意、恶劣的气候以及额外的汽油。他认为汽油可以在战斗中缴获，他还预计，"浓雾、黑夜和大雪"将使盟国空军无法升空，并令他获得胜利。[86]冯·伦德施泰德的攻势发起时，近25万名德军士兵和900辆坦克冲破了美军薄弱的防线——据守这条聊胜于无的防线的是一些毫无经验的部队，以及当年11月在比利时许特根森林的激战中被消耗得筋疲力尽的老部队。战斗在厚厚的积雪和浓雾中展开，美军在林木茂密的森林中被打得措手不及，防线被突破，德国人获得了不错的进展，在美军防线上制造出一个巨大的突出部，这场战役由此得名。这段时间里，厚厚的云层一直延伸至英国，盟国空军无法升空支援，这使进攻方获得了希特勒预期的优势。

希特勒如何能在盟军掌握整片地区空中优势的情况下，出人意料地将一支庞大的军队埋伏到美军防线对面？美国军方曾获得这方面的一些情报，但并未采信。空中和地面侦察发现，德国人正在莱茵河以西集结，但美军地面指挥官们认为，德国人无非是沿齐格菲防线加强既设阵地，以应对英美联军即将向阿登南面和北面发起的攻势，盟军的主力都集结在那里。正如历史学家查尔斯·麦克唐纳这位老兵所写的那样：美军指挥官"盯着镜子，看到的只是其自身意图的反映"[87]。

一连串令人担忧的日子里，恶劣的气候促成并推动希特勒的装甲大军实施突如其来的攻击，其先头部队深深地插入阿登地区。最初几天的失败者成为扭转作战态势的英雄。步兵连的士兵、工兵群以及反坦克小组在酷寒中奋战，拖缓了德军的渗透，并给了艾森豪威尔调集大批援兵的时间。另一个至关重要的原因导致了德军的攻势渐渐失去锐势。盟军不知道的是，德国人的燃料只够他们实施5—6天的进攻。以约阿希姆·派普上校党卫军第1装甲师为首的德军装甲部队，指望在燃料耗尽前夺取敌军防线后方的燃料仓库。美军士兵的顽强抵抗破坏了这些计划，他们的小股部队用"巴祖卡"火箭筒和枪榴弹打击敌人的虎式坦克，以轻武器、手榴弹和迫击炮攻击敌人的步兵部队。"我们接到的命令是，要么守住，要么战死，"一名士兵回忆道，"不知怎么回事，我们守住了。"[88]他们和那些搭乘卡车赶至前线的伞兵们死死守住一些重要的交通路口，例如圣维特和巴斯托尼。德军攻势第一周结束前，巴顿的第3集团军星夜赶往岌岌可危的巴斯托尼，这是战争期间最惊心动魄的救援行动之一。与此同时，艾森豪威尔调集25万大军投入战斗。从未有哪支军队获得过如此迅速、如此强有力的增援。

圣诞节前两天，天色放晴，盟军战斗机和中型轰炸机开始消灭已因燃料短缺而步履蹒跚的德军装甲部队。罗杰·拉特兰中士回忆道："我们仰望天空，说道，'谢天谢地，他们又飞来了'。"[89]当天，第八航空队调集起每一架可用的飞机，这是一支近20000人的空中编队。他们对莱茵河以东的机场和铁路编组场实施了饱和轰炸，投下的炸弹比战争中的任何一天都要多。

第二天，第八航空队失去了一名创始者——艾拉·埃克带到英国部署美国轰炸行动的"六元老"之一。在埃克的司令部里待了一年后，弗雷德里克·卡索准将自告奋勇地接管了新近投入战斗的第94轰炸机大队，待这支桀骜不驯的部队恢复了纪律后，卡索于1944年4月奉命指挥第4作战联队，这是第八航空队麾下最大的一个联队。1944年圣诞节前夕，他率领航空历史上规模最大的一支力量，对交通中心和德国空军战斗机机场发起打击。在比利时上空，卡索的飞机由于引擎故障被迫退出领队位置。下方是友军的地面部队，因而他不肯抛弃机上的炸弹以获得速度，于是，这架落在后面的轰炸机成为了七架梅塞施密特轻而易举的猎物。这些敌机跟踪着美国的轰炸机编队，这支编队绵延300英里，一直延伸至海峡。卡索将军的荣誉勋章颁奖书上描述了接下来所发生的事情："反复遭到的攻击使得两具引擎起火燃烧……意识到情况已然无望，跳伞的命令被下达。他没有考虑个人安危，而是勇敢地接手控制，以便为其他机组人员提供逃生机会。但是，另一轮攻击使油箱发生爆炸……轰炸机向地面坠去。"[90]卡索操纵着飞机撞向一片空地，剧烈的爆炸将金属残片和人的残肢断臂抛向600英尺的空中。

无情的攻击一直延续至圣诞节，战略和战术部队炸毁了桥梁和铁路线，将公路变得坑坑洼洼，由此造成的"补给危机"[91]使德军的攻势濒临崩溃。德国空军紧急升空，以捍卫德军的生命线，但在五天内损失近250架战斗机。燃料和弹药不足，美国工兵部队的骚扰（他们炸毁了许多桥梁），再加上遮天蔽日的盟军飞机的空中攻击，派普上校的党卫军部队丢下他们的坦克，开始步行逃回德国。圣诞节那天，哈索·冯·曼陀菲尔将军的第2装甲师已经穿过圣维特，但在距离默兹河三英里处耗尽了汽油，在那里，他们遭到突破圣洛的英雄,劳顿·柯林斯将军所率的一支装甲师的重创。第二天,巴顿集团军的先头部队打破了德军对巴斯托尼的围困。遭受到这一双重失败,德军到达安特卫普的一切希望已告破灭,尽管希特勒疯狂地命令他的部队继续进攻,他拒绝相信其目标已是可望而不可及。

盟军的重型和中型轰炸机继续摧毁敌防线后方的铁路枢纽、桥梁和铁路编组场,阻止其装甲掷弹兵团到达前线。甚至连骑自行车的士兵也无法穿越被盟军轰炸机炸毁的某些铁路城镇。战后,冯·伦德施泰德告诉盟军审讯人员:"要是补给物资和预备队能像从南面赶来的巴顿那般迅速的话,德军的攻势是可以获得成功的。"[92]这一点值得怀疑,但盟军空中力量对莱茵河西部铁路运输的破坏,帮助地面部队在新年到来前决定了阿登山区德国军队的命运。[93]

元旦当天,德国空军按照来自希特勒的直接命令,发起一场大胆的进攻,试图扭转战役的进程。[94]日出前,800多名德国战斗机驾驶员完成了最后的准备,打算在清晨对荷兰、比利时和法国北部,盟军的战斗机机场发起一场突袭。行动的目的是消灭停在地面上的盟军战斗机,一举瘫痪敌空中力量中相当重要的一部分。[95]一些德军战斗机中队勉强升空,因为他们刚刚结束庆祝新年的聚会。"我们跳舞、欢笑、饮酒,突然,大队长做了个手势,乐队停止了演奏,"冈瑟·布勒默茨回忆道,"'各位,'大队长的声音在寂静的房间里回响,'对表,五十分钟内出发!'"[96]

冬季的太阳出现在地平线处,飞行员们钻入飞机,其中的两个穿着军礼服——白衬衫、漆皮皮鞋和白手套。如果被俘,他们希望敌人知道,"他们应该获得上等人的对待"[97]。过了一会儿,"60架飞机隆隆穿过机场,将除夕的初雪吹入旋转的云层中"[98]。他们以树梢的高度逼近目标,这支突袭力量将英国和美国的战术指挥部打得狼狈不堪,击毁和击伤的飞机超过450架,其中大多数停放在地面上。但德国空军的这场"底板"行动也使其自身损失了400多架活塞引擎战斗机和237名飞行员,其中包括59名指挥官。[99]这是德国空军遭受到的最大的一次灾难。"在这场被迫的行动中,我们失去了最后的资本。"

加兰德说道,[100]这些飞行员是他为"绝地反击"所准备的。

过去的一年,德国空军在各条战线的行动中,损失或损伤后无法修复的飞机超过13000架。[101]"底板"行动后,德国空军的单引擎战斗机只能偶尔对盟军轰炸机发起骚扰性攻击。当年12月,德国空军接收到的新飞机超过2900架,但他们没有足够的燃料和飞行员,这些崭新的飞机只能停放在机场,机轮前放着轮挡度过剩下的战时岁月。[102]

截止到1月份的第一周,盟军在历时一个月的行动中,已向着阿登山区推进,缓缓地将德军逐出70英里深的突出部。1945年1月,美军遭受到39000多人的作战伤亡,超过西北欧战事中的任何一个月。最后几周的战斗中,美军士兵最好的朋友是盟军空中力量。大群"雷电"和英国的"台风"战斗机贴着树梢飞来,追寻着雪地上德军坦克留下的履带印。与此同时,第八航空队继续对莱茵河两侧的铁路编组场发起猛烈打击,给德国人造成运输延误和武器及弹药的严重短缺。[103]德国军队仍能获得一些必需的补给物资,但极为困难,因为两个完整的运输系统(一个在科隆地区,另一个在法兰克福周围)已被炸成铁路"荒漠"。[104]冯·伦德施泰德的军队从比利时寒冷的森林中后撤时,斯帕茨"燃油攻势"造成的燃料短缺给他们带来了致命的延误。1月底前,德军出色的"边打边撤"演变为一场溃逃,仓促逃至齐格菲防线后,那里的战斗已在六周前打响。

突出部战役几乎是一场完全由美军参与的战斗,也是美国陆军经历过的最大、代价最高的一场战役。投入战斗的德军和盟军士兵超过100万,其中60万是美国人。19000名美军士兵阵亡,47000人负伤,另有15000人被俘。德军遭受的伤亡超过10万。这是一场出色的步兵对决,但空中力量已呈不可或缺之势。

1月份是盟国空军打击希特勒战时经济的高潮期。德国国家铁路的损坏已毫无修复的希望,由此带来的煤炭荒演变为一场不可逆转的能源灾难。鲁尔区——德国经济跳动的心脏，其煤炭和铁矿石的主要来源——与德国其他地区之间的联系几乎被彻底切断。生产所必需的原材料被剥夺，天然气加工厂、发电厂、弹药厂和炼钢厂不是关闭就是被迫大幅度削减产量。[105]随着德国的铁路系统每天都遭受到攻击，包括滚珠轴承在内的零部件厂，已无法完成其生产目的。他们尚能高效生产出的产品无法被运出，整个滚珠轴承业崩溃了。

盟军对德国炼油厂的空袭加剧了煤炭危机造成的混乱。[106]秋末，厚厚的云层尚能帮助德国炼油企业恢复一小部分生产能力。但盟军轰炸机在当年秋季和冬季频频对目标区发起打击，使施佩尔挽救濒临灭亡的产业的希望彻底破灭。1月下旬，无论德国空军还是德国陆军中的机械化部队，都已不可能在西线组织起有效的抵抗。此刻，整体经济形势已无法挽回。德国战时经济最后的帷幕开始落下。

从1945年1月份起，东线和西线的德国军队将遭遇到严重的燃料和武器短缺，这是轰炸战的直接结果。"2月份，盟军在莱茵河西部实现突破，3月份跨越莱茵河，4月份贯穿德国，德国人缺乏汽油的情况非常普遍，这是大批坦克、火炮、卡车被摧毁，成千上万名德军士兵举手投降的直接原因。"奥马尔·布莱德利将军说道。[107]另外，斯大林也承认，1945年2月和3月，苏军在西里西亚获得的胜利以及红军最终冲向柏林，都获益于敌人的燃料短缺、铁路系统严重损坏，以及德国战斗机从东线调离，赶去保卫本土的军工企业。[108]

战后的审讯中，针对"哪种空中打击对德国的影响最大"这个问题，德军最高统帅部的看法有两种：交通运输、燃油生产。凯特尔元帅认为是交通运输，因为这直接影响到军事行动和战时生产；戈林说是燃油生产，"没有燃料，谁也无法进行战争"[109]。但西线德军的战地指挥官们——他们积极地进行了战斗——却意识到，正是盟军对交通运输和燃油生产的同时打击，才使德军难以进行有效的地面行动。"我们在西线的失败基于三个因素，"冯·伦德施泰德元帅说道，"首先是你们前所未有的的空中优势，这使白天的一切行动不复可能；其次是燃料的缺乏——汽油和天然气——使德军装甲部队和残存的空军力量无法出动；最后是对所有铁路交通系统性的破坏，甚至连一列火车都无法穿越莱茵河，这使我们无法调集部队，所有的机动性都已丧失。"[110]

最高统帅部经济与军备局局长格奥尔格·托马斯将军做出简练的总结："胜利在于生产，你们摧毁了德国的生产。胜利在于机动，你们瘫痪了我们。"[111]1944—1945年的秋季和冬季，盟军对燃油生产和交通运输的打击同时展开，毫无保留，这加速了战争的结束，本来，这场战争可能会持续至1945年年底。

一月危机

1945年1月，那些摧毁德国经济的空军指挥官并未意识到这一点。[112]持续的云层阻止了照相侦察机拍摄到盟军轰炸造成破坏的完整画面。直到2月份，天气有所好转，皇家空军副参谋长诺曼·博顿利爵士又下令全面检查"超级机密"拦截到的德国商业情报，这才使德国交通运输系统遭受破坏程度的完整画面呈现出来。博顿利爵士的调查发现，数千份敌方报告描述了国家经济的危险状况。联合战略目标委员会对轰炸燃油目标的热情大于对交通运输的打击，他们没有认真审阅这些报告，要么就是故意将其忽略了。

1月初并没有这些宝贵的信息，英美空中力量的高级官员们非常沮丧。"德军地面部队的战斗力仍很强，"战争部助理部长罗伯特·洛维特描述了美国空军领导层普遍存在的悲观情绪，"他们发动攻势的可能性仍很大……德国工业恢复力超出了我们的预料……没有迹象表明平民百姓的士气已被打破。"

在一封写给卡尔·斯帕茨的值得注意的信件中，哈普·阿诺德将军首次承认："我们也许无法以空袭迫使德国人投降。"1月11日盟军召开的空军高层会议上，弗雷德里克·安德森将军报告说："从战略角度看，情形很不乐观。"吉米·杜立特尔对这个结论"百分之百地"支持。安德森刚刚看过一份令人不安的报告，这份报告来自第八航空队情报处处长乔治·C·麦克唐纳准将。报告里提出警告，"德国战斗机生产中一个惊人的比例是喷气式战斗机项目"，如果战争持续到6月份，德国喷气式战斗机的数量将接近700架，完全有可能打破"目前欧洲空中力量的平衡"。[113]

"超级机密"拦截到的情报还表明，德国已开始一项生产计划，组装一款速度更快、静音效果更好的潜艇，配以电动发动机，这将使它可以在水下停留72小时。[114]1月份前，近100艘新型潜艇处于建造中，另有30多艘已在波罗的海进行训练。英国第一海军大臣A·V·亚历山大说，这种新型潜艇有能力"给我们造成1943年春季时那样的损失"[115]。

"我们对形势的判断得出这样一个结论，德国的实力不会在近期内崩溃，"1月上旬，斯帕茨写信告诉阿诺德，"除非我们的地面部队能于不久的将来，在莱茵河以西地区成功获得一场显著的胜利，否则，就有必要对我们自身作出调整，为一场漫长的战争做好准备。"[116]联合参谋部同意这种看法。[117]他们曾满怀信心地认为将在1944年圣诞节前获胜的欧洲战事，现在看来要持续至1945年，这场战争结束后，还要18个月才能战败日本。

2月2日召开的盟国空军指挥官会议结束前，弗雷德里克·安德森将军提出一项充满激情的主张，要求"根据战争长时间延续下去的设想，重新规划战略空中攻势"[118]。对燃油和交通运输目标的打击，必须重新鼓起干劲贯彻下去，喷气机生产厂以及位于汉堡和不来梅的潜艇组装厂必须加以猛烈的轰炸。

对德国人口中心采取严厉措施可能也是必要的，这样才能熄灭纳粹抵抗的余烬。这就意味着要将柏林置于第八航空队轰炸议程的首位。另外，罗伯特·洛维特的办公室也传来一个戏剧性的计划，组建一支全新的战斗轰炸机突袭力量，以传奇性的邦联骑兵领导者杰布·斯图尔特的名字命名，这个构想出自皮特·奎萨达将军。其意图是"系统性地对德国境内的交通、小型工厂和发电厂等加以破坏"[119]。但这其实是个稍事伪装的建议，目的是在数百个尚未感受到盟军空袭力度的村镇中，以恐怖性轰炸打破德国百姓的士气。"如果要进一步削弱德国民众的抵抗力，"洛维特向阿诺德提出了不祥的建议，"我们很可能必须将对工业的破坏蔓延至较小的城镇，那些地方已因德国所进行的系统性疏散而成为新的生产地。"[120]

阿诺德司令部的工作人员没有接受洛维特的建议。他的计划需要"先期投入"500架额外的飞机来完成，这不在"陆航队目前的能力范围内"。但阿诺德敦促斯帕茨考虑同样的"远景"计划，这个计划"将造成比我们现在所能做到的更大的破坏……空中力量绝不能让西线战事陷入僵局"[121]。

1月初，哈普·阿诺德和英美盟军其他泄气的领导者曾寄希望于苏军即将发起的庞大攻势能获得成功。他们期盼这将迫使希特勒抽调重兵增援东线，并阻止其实力耗尽的部队沿莱茵河组织起顽强的防御。

成千上万名盟军战俘的命运也依赖于苏联红军的进展。这些战俘被德国人关押在德国东部的营地，刚好位于苏军前进的路径上，战俘中有95000名美国人，其中30000人是飞行员。这些营地中的一座是德国空军III号战俘营，位于德占波兰西里西亚的萨冈，是德国空军设立的六座战俘营中的一座，专门关押英国和美国飞行员。

1月12日早上，斯大林发起了苏联红军最后的冬季攻势。八天后，苏军一部已冲入西里西亚，德国丧失了其最大的煤炭产区之一。1月27日，随着苏军逼近萨冈南部和北部的波森和布雷斯劳，希特勒命令德国空军将即将获得解放的战俘营撤离。他想将这些"实施恐怖轰炸"的英美飞行员扣为人质，作为与西方盟国达成单独媾和协议的谈判筹码。

聆听着苏军炮兵雷鸣般的炮击，萨冈战俘营里的飞行员们越来越担心他们即将到来的命运。作为战俘，他们曾体会到一种奇怪的安全感。尽管度日如年，但他们的生命并未受到威胁，除非他们试图逃跑；实际上，他们身处战俘营中远比待在德国上空的轰炸机里更安全。"现在，真正的恐惧来了，"领航员路易斯·罗沃斯基说道，"是那种跳离起火的轰炸机，落入被我们轰炸的人的土地上时，我们曾感受过的恐惧。"[122]

注释

1 丹·卡勒，《沃维尔莫斯的黑洞》，第304—305页。
2 埃利斯·M·伍德沃德，"纳粹空军的突击大队：不为人知的故事"，第八航空队历史博物馆文件；后以"飞行学校：战斗地狱"的名字出版发行（巴尔的摩，美国文学出版社，1998年）。
3 1944年9月13日，第493轰炸机大队队部，第455号任务的作战报告，国家档案馆。
4 亚当·林奇，《卡塞尔：灾难性任务》，《军事历史》杂志（2002年2月，第4期），第56页。这种飞机的正式名称为Fw-190A 8/R8。
5 引自阿尔弗莱德·普莱斯的《德国空军的最后一年：1944年5月至1945年5月》（威斯康辛州奥西奥拉，汽车国际出版社，1991年），第52页。
6 伍德沃德，《飞行学校：战斗地狱》，第161页。
7 同上。
8 亚当·林奇，《卡塞尔：灾难性任务》，第57页。
9 1999年9月30日，亚伦·埃尔森接受Uebelhoer网站采访，www.kasselmission.com。
10 伍德沃德，《飞行学校：战斗地狱》，第163页。
11 海因茨·帕彭贝格的证词，www.militariacollecting.com。
12 马丁·W·鲍曼，《美国参与的伟大空战》，第110页；亚当·林奇，《卡塞尔：灾难性任务》，第60页。
13 阿尔弗莱德·普莱斯、阿道夫·加兰德，"德国空军的诞生、发展和覆灭"，第58页，斯帕茨文件。
14 查克·耶格尔、里奥·亚诺什，《耶格尔自传》，第44、58页。
15 同上。

16 1944年9月21日，阿诺德发给斯帕茨的电报，斯帕茨文件；杜立特尔，《我再也不会如此幸运》，第385页。

17 科格勒中校，"1945年3月15日的德国空军讲座"，第12、14页。

18 陆军航空队，敌情摘要，1945年5月29日，对赫尔曼·戈林的审问，美国空军历史研究部，519.619-3。

19 引自约阿希姆·费斯特、施佩尔《最终判决》（圣地亚哥，哈考特出版社，2001年），第168页。另可参阅加兰德的《第一个和最后一个：德国战斗机部队的兴衰，1938—1945》，第259页；伊恩·克肖的《希特勒，1936—1945：报应》，第635页。

20 1945年6月29日，对戈林的审问，美国空军历史研究部。

21 同上。

22 施佩尔，《第三帝国内幕》，第408页。

23 同上。

24 同上，第409页。

25 同上。

26 加兰德，《第一个和最后一个：德国战斗机部队的兴衰，1938—1945》，第260页。

27 曼弗雷德·伯姆，《JG 7：世界上第一支喷气式战斗机部队，1944—1945》，大卫·约翰逊翻译（宾州阿特伦格，希弗出版社，1992年），第189页。

28 肯·C·拉斯特，威廉·N·赫斯，《德国喷气机与美国陆航队》，《美国航空历史协会杂志》第8期（1963年秋），第168页。

29 卡尤斯·贝克尔，《德国空军战时日志》，第356页。

30 查克·耶格尔、里奥·亚诺什，《耶格尔自传》，第61页。

31 加兰德，《第一个和最后一个：德国战斗机部队的兴衰，1938—1945》，第232—233页。

32 阿尔弗莱德·普莱斯、阿道夫·加兰德，"德国空军的诞生、发展和覆灭"，第59页，斯帕茨文件；加兰德的《第一个和最后一个：德国战斗机部队的兴衰，1938—1945》，第241页。

33 同上。

34 加兰德，《第一个和最后一个：德国战斗机部队的兴衰，1938—1945》，第241页。另可参阅《二战中的陆军航空队，第四卷》，第657—

658页。

35 阿尔弗莱德·普莱斯,《德国空军的最后一年:1944年5月至1945年5月》,第111页。

36 1944年12月13日,斯帕茨发给洛维特的电报,斯帕茨文件。

37 罗伯特·弗洛伊德·库珀,《蓝天小夜曲》,第220页。斯泰尔斯阵亡于1944年11月26日。

38 加兰德,《第一个和最后一个:德国战斗机部队的兴衰,1938—1945》,第241页。

39 阿尔弗莱德·普莱斯、阿道夫·加兰德,"德国空军的诞生、发展和覆灭",第59页,斯帕茨文件。

40 同上,第61页。

41 阿尔弗莱德·D·钱德勒编撰的《德怀特·艾森豪威尔文件,第四卷》(巴尔的摩,约翰·霍普金斯大学出版社,1970年),第2118页。

42 1944年10月4日,斯帕茨发给阿诺德的电报,斯帕茨文件。

43 与大多数盟军指挥官相比,斯帕茨对1944年圣诞前击败德国的可能性不是太乐观。可参见1944年10月1日他发给洛维特的电报,斯帕茨文件。

44 索利·祖克曼,《从猿猴到军事领袖》(纽约,哈珀&罗出版社,1978年),第290页。

45 特德,"为迅速击败德国而应采用空中力量的政策之说明",1944年10月26日,斯帕茨文件。

46 祖克曼,《从猿猴到军事领袖》,第305页。

47 对盟军战略空中力量情报系统的精辟分析,可参阅阿尔弗雷德·C·米尔泽耶夫斯基的《德国战时经济的崩溃,1944—1945:盟军空中力量与德国国家铁路》(教堂山,北卡罗来纳大学出版社,1988年),第4章。

48 "指导欧洲战略空中力量的2号指令",斯帕茨文件。

49 美国战略轰炸调查,"对德国交通运输实施战略轰炸的效果"(华盛顿,美国政府印务局,1947年),第12页。

50 约翰·泰雷恩,《英勇的时刻:欧战中的皇家空军,1939—1945》(纽约,麦克米伦出版社,1985年),第675页。

51 米尔泽耶夫斯基,《德国战时经济的崩溃,1944—1945:盟军空中力量与德国国家铁路》,第23—24、33页;米尔沃德,《德国战时经济》,第173页。

52 特德，"为迅速击败德国而应采用空中力量的政策之说明"，1944年10月26日，斯帕茨文件。

53 米尔沃德，《德国战时经济》，第173页。

54 1944年11月11日，施佩尔给希特勒的报告，查尔斯·韦伯斯特和诺布尔·弗兰克兰《对德国的战略空中打击，第四卷》，第349—351页。

55 美国战略轰炸调查，"对德国交通运输实施战略轰炸的效果"，第4页；1945年6月3日，美国战略轰炸调查与彼得斯将军的谈话，美国空军历史研究部，137.315-23。

56 特德，《心怀偏见：皇家空军元帅特德勋爵的战争回忆录》，第637—638页；美国战略轰炸调查，"对德国交通运输实施战略轰炸的效果"，第3页。

57 1944年11月11日，施佩尔给希特勒的报告，查尔斯·韦伯斯特和诺布尔·弗兰克兰《对德国的战略空中打击，第四卷》，第349—356页。欲了解美国对轰炸的反应，可参阅1944年12月13日斯帕茨发给阿诺德的电报，斯帕茨文件。

58 美国战略轰炸调查，"航空队的行动执行率"（华盛顿，美国政府印务局，1947年），附件24d。

59 第八航空队行动分析组，"1944年9月31日—12月，第八航空队轰炸精确度的报告"，第5—7页，1945年4月20、22日，斯帕茨文件；美国战略轰炸调查，"轰炸精度，欧洲战区中的美国陆航队重型和中型轰炸机"（华盛顿，美国政府印务局，1947年），第4页。

60 2003年9月17日，作者对克雷格·哈里斯的采访。杜立特尔在战后的证词支持了哈里斯的说法，参阅1979年8月24日，罗纳德·谢弗对詹姆斯·H·杜立特尔将军的采访，美国空军历史研究部，K239.0512-1206。

61 约翰·布里奥尔，《险境：约翰·J·布里奥尔的二战日记》，约翰·F·韦尔奇编辑（南达科他州拉皮德城，银翼航空出版社，1993年），第166页。

62 伯纳德·托马斯·诺兰，《以赛亚雄鹰的崛起：一代空军》（费城，西利布里斯出版社，2002年），第201页。

63 黑斯廷斯等编著的《第八航空队的精神病治疗》，第21—22页；格林科·斯皮格，《压力下的人》，第24—25、35—36页。

64 J·J·林奇，《再一次》，未出版文稿，第45页，第八航空队历史博物馆。

65 美国战略轰炸调查，"航空队的行动执行率"（华盛顿，美国政府印务局，1947年），附件24d。

66 第八航空队司令部，司令官办公室，"对次要和不得已目标的打击"，1944年10月29日，美国空军历史研究部，519.5991-1。

67 塞缪尔·W·泰勒，《幻影部队》，《扬基》（1945年5月4日），第4—6页。

68 空对地轰炸引导系统的操作手，英国人对他们的训练非常严格。皇家空军的雷达技师需要进行为期十个月苛刻的培训课程，而第八航空队H2X的操作手只获得四周的训练。关于这个问题可参阅W·海斯·帕克斯的《精确与区域轰炸》，《战略研究》杂志第18期（1995年3月，第1期），第157页。

69 约翰·布里奥尔，《险境：约翰·J·布里奥尔的二战日记》，第166页。

70 柯蒂斯·赖斯，《以身涉险：刘易斯·F·威尔斯的二战经历》（麻省剑桥市，ACME出版社，2000年），第298页。

71 肯尼斯·"执事"·琼斯，"战时日记"，第八航空队历史博物馆。

72 本·史密斯，《小鸡机组：第八航空队的故事》，第151—155页。

73 同上，第133页。

74 同上。

75 基斯·兰姆，《三十五次：二战中我作为一名B-17驾驶员的经历》，未出版文稿，第59—60页，第八航空队历史博物馆。

76 2005年3月6日，作者采访贝蒂·史密斯。

77 2002年3月7日，作者采访罗森塔尔。

78 到达英国后，该乐队更名为"盟军统帅部乐队"，当年夏末，又改为"盟军远征军乐队"。

79 柯蒂斯·赖斯，《以身涉险：刘易斯·F·威尔斯的二战经历》，第230页。

80 引自杰弗里·布彻的《家书：格伦·米勒少校的战时乐队》（爱丁堡，主流出版社，1986年），第6页。

81 同上，第39页。

82 同上，第119页。

83 克里斯·韦，《格伦·米勒在英国：前世今生》（伦敦，不列颠之战出版社，1996年），第10页。

84 乔·托马斯，《可能是皇家空军的炸弹击落了格伦·米勒的飞机》，

《纽约时报》，1985年12月31日。

85　引自本人《第二次世界大战的故事》，第339页。

86　艾德·坎宁安，《美国佬：美军士兵在战争中的故事》，《扬基》杂志社，德布斯·迈尔斯等人编撰，第71页。

87　查尔斯·B·麦克唐纳，《强大的努力：美国在欧洲所进行的战争》（1986年；纽约，大卡波出版社，1992年再版），第395页；《二战中的陆军航空队，第三卷》，第ⅩⅩⅰ页。

88　理查德·F·普罗克斯，《诸神的黄昏——记住我们》（未出版文稿，艾森豪威尔中心）。

89　罗杰·拉特兰的口述，波士顿还公共电视台，《美国历史》栏目。

90　荣誉勋章嘉奖令，弗雷德里克·卡索准将，空军历史部；小贝尔尼·莱，《向弗雷德里克·卡索准将致以战友的敬意》，《华盛顿邮报》，1945年1月20日。

91　《二战中的陆军航空队，第三卷》，第ⅩⅩⅰ、711、695页。

92　1945年5月4日，路易斯·P·洛克纳对伦德施泰德元帅的审问，美国空军历史研究部；休斯，《霸王行动：皮特·奎萨达将军和战术空军力量在二战中的胜利》，第289页。

93　美国战略轰炸调查，第55号会谈记录，1945年7月5日，与威廉·凯特尔元帅的谈话，美国空军历史研究部，137.315-55；美国战略轰炸调查，第17号会谈记录，1945年6月7日，与约德尔大将的谈话，美国空军历史研究部，431-1545A。

94　与戈林的谈话。

95　加兰德，《第一个和最后一个：德国战斗机部队的兴衰，1938—1945》，第243页；与戈林的谈话。

96　引自诺曼·L·R·弗兰克斯的《机场之战：1945年1月1日》（伦敦，威廉·金伯出版社，1982年），第20—21页。

97　同上。

98　同上。

99　美国战略及战术空中力量，1945年9月，对科勒尔将军的审问，美国空军历史研究部，19；理查德·G·戴维斯，《卡尔·斯帕茨与欧洲空战》，第535页。

100　加兰德，《第一个和最后一个：德国战斗机部队的兴衰，1938—

1945》，第243页。

101 马修·库珀，《德国空军：1933—1945，败亡的剖析》（纽约，简氏出版社，1981年），第370页。

102 阿尔弗莱德·普莱斯，《德国空军的最后一年：1944年5月至1945年5月》，第129页。

103 美国战略轰炸调查，"盟国空中力量对德国后勤的打击所造成的影响"（华盛顿，军事分析部，1947年），第4—5页。

104 同上，第22页。

105 美国战略轰炸调查，"对德国交通运输实施战略轰炸的效果"，第53—54页；德国情报官加仑坎普少校的证词，"德国战败的因素"，美国空军历史研究部。

106 米尔沃德，《德国战时经济》，第170页。

107 美国战略轰炸调查，"综合报告"（欧战）（华盛顿，美国政府印务局，1945年），第44页。

108 同上。

109 与戈林的谈话。另可参阅加兰德的证词，"德国失败的原因"。

110 对冯·伦德施泰德的审问。

111 "德国失败的原因"，对德国将领的审问摘要，1945年6月2日，格奥尔格·托马斯将军，美国空军历史研究部。

112 1944年1月11日，盟军空中力量指挥官会议记录，斯帕茨文件。

113 1945年1月3日，麦克唐纳发给斯帕茨的电报，斯帕茨文件。

114 1944年1月25日，盟军空中力量指挥官会议记录，斯帕茨文件。

115 内森·米勒《海战：二战海军史》，第502页。

116 1945年1月7日，斯帕茨写给阿诺德的信件，斯帕茨文件。

117 1945年2月2日，弗雷德里克·L·安德森发给斯帕茨的电报，斯帕茨文件。

118 1945年2月2日，美国驻欧洲战略空中力量司令部召开的会议，斯帕茨文件。

119 1945年1月9日，洛维特给阿诺德将军的个人备忘录，斯帕茨文件。

120 同上。

121 1945年1月14日，阿诺德发给斯帕茨的电报，斯帕茨文件；《二战中的陆军航空队，第四卷》，第716页。

122 2004年11月3日，作者对路易斯·罗沃斯基的采访。

第十四章

铁丝网

铁丝网无处不在,而我们待在铁丝网里面。
——尤金·E·哈尔莫斯,战俘,隶属第八航空队

1944年3月22日,柏林

路易斯·罗沃斯基中尉落在遭到轰炸的柏林的地面上时,他担心两个问题:脖子上所戴的东西和留在英国的物品。"甚至在拉动开伞绳前,我就想到过,要是留着脖子里的狗牌,可能会让我冒上被盖世太保或党卫队枪杀的风险,因为狗牌上标有希伯来语的'H',这是为了让我能获得与宗教相符的安葬。我也知道,如果扯下狗牌丢掉,那我可能会被当作间谍枪毙。由于我们的军事简报没有涉及这方面的细节,我决定冒上被当作犹太人枪杀的风险。"[1]

罗沃斯基担心的第二个问题是这样的。用不了几分钟,他要么被杀,要么被俘。无论哪种情况,他都会被列入作战失踪者名单,他的个人物品,包括一些令人尴尬的东西,会被送至新泽西州林德赫斯特他父母的手中。一个星期

前，他所在的第466轰炸机大队坐船赶赴英国，一些人跑到基地的福利社，整箱整箱地购买"好时"巧克力，据说英国姑娘们喜欢这种巧克力。罗沃斯基则采取了更为大胆的做法，他买了好多保险套，塞入每一件军装的口袋里，包括身上穿的那件。"我在柏林上空下坠时，不禁在心里对自己说道，该死的！等我父母打开航空队送去的箱子时，他们会想：'我们养了个怎样的性欲狂人啊！'"多年后，罗沃斯基被问及当年的他是不是性欲亢进，他回答说："不，我只是个乐观主义者。"

24岁的罗沃斯基是"解放者"式轰炸机"特里与海盗"号上的领航员。在目标区上空被高射炮火击中后，轰炸机像脱缰的野马那样失去了控制，与另一架B-24"布兰德"号相撞，将其机尾切断，并使其进入到致命的旋转中。"布兰德"号爆炸前，一具螺旋桨切入"特里与海盗"号的底部，困住了位于机鼻正下方、前部炮塔中的投弹手伦纳德·史密斯。史密斯痛苦而又震惊，慌乱中，他摘下手套和氧气面罩。"23000英尺高度，温度近零下40度，他的脸迅速变为蓝色，我知道很快他就会被严重冻伤，"罗沃斯基回忆道，"我必须尽快把他弄出去。"

"我的个头不高（5英尺4英寸），他则是个大块头，所以，这是一场要命的挣扎，但我还是设法搂住他的胸部，把他拉了出来；然后我投下了炸弹。我不知道这些炸弹会落在何处，但我知道刚才的碰撞已让一些弟兄送了命，我不想此次任务徒劳无获。"

"随后，我把伦纳德踢出机舱，我在他身后跳了出去；我们的驾驶员比尔·特里也跟着跳了出来。我落在柏林市中心街道的一棵大树上。"

两名德军士兵逮捕了他，用枪押着他穿过满目苍夷的城市，朝他们的指挥部走去。"就在我们行走时，市民们聚拢过来，很快，我们不得不与一名被激怒的暴徒做搏斗。人群向我身上吐口水，用双手做着割喉的动作，并用完美的英语喊叫着：'绞死他！把他吊起来！'德国士兵不得不端起枪命令人群让开。如果不是他们，我肯定会被这帮人吊死。"

来到指挥部，罗沃斯基遇到了伦纳德·史密斯，他总算用被严重冻伤的手拉开了降落伞开伞绳，并落在一座小旅馆的屋顶上。后来，罗沃斯基获知，他的驾驶员已经身亡。德国人通知第八航空队，比尔·特里的尸体在他那架飞机残骸旁被发现。罗沃斯基知道这不是事实，他亲眼看见他的驾驶员跳出了"特里与海盗"号。"我没有证据，"数年后他说道，"但我相信，他要么是在跳伞过程中中弹身亡，要么是被愤怒的平民所杀。我们确实猛烈地轰炸了柏林和德国的其他城市，我们接到过警告，如果被击落，一定要躲开那些德国百姓。我们接到过这方面的报告，他们痛殴被击落的美国飞行员，甚至用私刑处死他们，他们把我们称作'婴儿杀手'。"

恐怖飞行员

与大多数被德国人俘虏的步兵不同，飞行员是被单独抓获，因为他们单独从空中落下，这就无法确定究竟有多少飞行员遭到殴打和杀害。但是，几十件证据充分的案例能够证明，那些被谩骂为"恐怖飞行员"的轰炸机机组成员以及战斗机驾驶员遭到杀害和残酷虐待。罗沃斯基被俘的那段时期，美国轰炸机的炸弹经常投入柏林和其他城市的居民区，担任护航的远程战斗机，奉命在返回英国的途中对一些临时目标实施俯冲和扫射。这些目标通常是德国人的机场和铁路编组站，但德国政府报告说，遭到攻击的是客运列车、校园、骑自行车者、行人和耕地的农民，并呼吁采取报复措施。宣传部长约瑟夫·戈培尔宣布："作为这种野蛮暴行的受害者，指望我们默默地承受这一切……这未免对我们的要求过高了。"[2]

战斗机对小城镇和村庄的扫射造成人数不详的德国平民伤亡，被击落的"雷电"和"野马"战斗机上，摄像枪所拍摄的影片可以证实这种杀戮。[3]但德国关于平民遭受伤亡的许多报告出自纳粹宣传部门的凭空捏造，旨在煽动民意。一些耸人听闻的报道也出现在德国的报纸上，他们说美国轰炸机机组人员组成的杀手小队,是从芝加哥的黑社会招募来的,专门对诸如柏林和汉堡这些城市实施"屠杀性空袭"。1943年末,柏林某家报纸的头版刊登出一张照片:一名B-17投弹手穿着一件背后印有"杀人公司"字样的飞行夹克。很快,这位投弹手的故事被发表在一份深受欢迎的德国杂志上。作者声称,第351轰炸机大队的肯尼斯·威廉姆斯中尉是艾尔·卡彭心狠手辣的杀手之一,为组建一支号称"杀人公司"的空军部队,罗斯福总统坚持将他从恶魔岛放出,"杀人公司"的任务是对德国的妇女和儿童展开屠杀。据说,每个空中杀手执行一次任务能得到50000美元。"歹徒威廉姆斯现在在我们手中,"一名纳粹电台广播员幸灾乐祸地宣布道,"他是美国杀戮欲的活证据。他属于美国的秘密武器——某个大屠杀联盟——他们一直在对我们进行这种勾当。"*4

而这件事的真相平淡无奇。肯尼斯·威廉姆斯和他的组员们到达英国时,分配给他们的是一架破旧的B-17,"杀人公司"号,出于某种故作勇敢的心理,威廉姆斯让一名士兵将轰炸机的绰号涂写在他飞行夹克的后背。但是,他从未飞过"杀人公司"号。这架破旧的轰炸机一直在机库中维修,威廉姆斯机组所执行的前两次任务飞的都是备用飞机。第二次飞行任务中,该机组被击落,一名德军中士为身穿飞行夹克的威廉姆斯拍了几张照片,其中的一张是他背对着照相机镜头。这张照片令纳粹宣传人员如获至宝。[5]

德国空军的调查人员并未将这个故事当真,但成千上万名德国百姓却信以为真。第八航空队的飞行员罗杰·伯维尔在不来梅附近被俘后,被送上一辆卡车,穿过这座仍在燃烧的城市的街道时,他看见一具美国飞行员的尸体被吊在灯柱上。"我很高兴自己落入军队而不是一群平民暴徒的手中。"伯维尔后来说道。[6]

戈林曾在战争初期下达过指示,空军宪兵应对被俘的敌飞行员加以保护,使他们免遭愤怒的德国百姓的伤害。[7]作为一名一战期间著名的王牌飞行

---

*译注:艾尔·卡彭是美国二三十年代臭名昭著的芝加哥黑社会老大,黑帮传奇人物之一。

员，戈林相信飞行员中普遍存在的亲密关系，他们是空中骑士。另外，他也希望被俘的德国飞行员能获得盟军"同志们"人道的对待。可是，到1944年初，在元首的坚持下，德国的官方政策开始出现不祥的转变。当年5月下旬，戈培尔在纳粹党报上发表了一篇社论，谴责英美空军对"手无寸铁"的妇女和儿童实施攻击是"赤裸裸的屠杀"，而不是战争。以后，不应指望德国人会保护这些"杀人犯"免遭义愤填膺的百姓的报复。戈培尔博士宣布，这将是"以眼还眼，以牙还牙"[*8]。

没过一个星期，希特勒的私人秘书，纳粹德国最阴险的家伙，马丁·鲍曼，下发了一份秘密通知给纳粹党地方官员，详述了所谓的英美战斗机飞行员蓄意以平民为目标的事件。他承认，许多飞行员"被俘后立即被怒不可遏的民众当场以私刑处死"[9]。这些暴徒行径并未遭到惩罚，他坚决认为，不干涉政策必须继续下去。正如希特勒的将领们在战后证实的那样，元首希望将被击落的恐怖飞行员"交给愤怒的民众"。[10]希特勒的秘密警察头子，恩斯特·卡尔滕布伦纳，接到指示后通知他的秘密警察，"不得干预民众对英美恐怖飞行员所实施的报复，相反，这种敌对情绪应予以鼓励"[11]。

鲍曼的通知下发后没多久，德军最高统帅部在希特勒的压力下，下达了一道绝密、但显然是罪恶的指令。通过口头命令——而不是可供追查的书面令——通知所有相关军官，防止士兵们干预那些对"空中强盗"实施报复的公民。纳粹官僚机构的最深层，偶尔会直接下达处决被击落飞行员的命令。战后对杀害四名英美飞行员事件所进行的一项调查中，一个名叫胡戈·格鲁纳的纳粹党官员作证说，他曾接到过当地纳粹党领导人罗伯特·瓦格纳的命令："处决所有被俘的盟军飞行员。"[12]格鲁纳以无情的决心执行了这道命令，用机枪对着每个飞行员的后背开了几枪。那些瘫倒的尸体随即被"拖着双脚丢

---

[*] 译注：应该公道地指出，戈林自始至终都反对对被俘的盟军飞行员施加私刑，一直坚持由他的空军管理被俘的盟军飞行员，甚至面对希特勒的压力亦是如此。可参阅戴维·欧文的《戈林传》中文版第352页。

入莱茵河中"[13]。*

1945年3月15日，德累斯顿遭遇燃烧弹轰炸的一个月后，希特勒终于下达了一道不分青红皂白的指令：所有被击落的恐怖飞行员都将被枪毙或以私刑处死。[14]在他疯狂的想法中，这一做法不仅仅是一种报复行为。他也被大批德军士兵向艾森豪威尔的部队投降所激怒。"在东线奋战的士兵们要好得多，"他告诉海因茨·古德里安将军，"他们在西线之所以轻而易举地举手投降，完全是愚蠢的《日内瓦公约》的错（德国和西线盟军都签署过这个公约，而苏联没有），它向他们承诺，作为战俘会得到良好的对待。我们必须废止这个愚蠢的公约。"[15]

就连海因里希·希姆莱的党卫队也不愿执行希特勒的野蛮命令，他们担心战后会遭到盟军的清算。纽伦堡战争罪行法庭上，德军最高统帅部指挥参谋部参谋长阿尔弗雷德·约德尔将军证实，他和国防军其他领导者曾使用"拖延战术这种消极抵抗"，来阻止希特勒将那些"级别较低的飞行员"转交给"实施私刑的人"。但他承认，这些计谋只是"偶尔生效"。[16]

德军高层将领这种做法的动机很难说是出自人道主义。他们关心的是保护落入盟军手中的德国飞行员，另外，如此严重违背《日内瓦公约》的行径会对德国空军人员的士气造成不良影响。这种出于自身利益，而不是道德方面的考虑，在战争最后几个月中挽救了成千上万名被击落的盟军飞行员的性命。但由于纳粹党的鼓励，再加上国防军向希特勒的疯狂作出越来越多的让步，街头治安员所实施的暴力继续着。1944年6月21日，一架B-24"解放者"在梅克伦堡上空被击落，九名机组人员被处决，借口是"企图逃跑"。[17]另一起有文件记录的事件中，盖世太保押着六名美国飞行员穿过吕塞尔斯海姆，这座城市一天前遭到过轰炸。一间当地工厂的工人涌上街头，要求以私刑处死这些美国

---

* 译注：罗伯特·瓦格纳是巴登的纳粹党大区领袖，是党内"老同志"，曾参加过1923年的啤酒馆政变，1946年被盟军处以死刑。

人。据目击者称，两名妇女开始尖叫起来："这就是昨晚的恐怖分子，连狗都被炸死了！我们决不能怜悯他们！"[18]一名妇女扔了块砖头，很快，其他暴徒也加入其中，向几名飞行员投掷石块，并用农具殴打他们，直到他们倒下、身亡为止，一名飞行员在遭到致命一击前还在恳求："饶了我，我还有妻子和两个孩子。"[19]他们的尸体被丢在大街上，一天后才被扔进一座公墓。战争结束后，在达姆施塔特设立的军事法庭以谋杀罪判处五名德国平民死刑。进行煽动的两名妇女也被判以死刑，但艾森豪威尔将军将对她们的判决减为三十年有期徒刑。

战争结束的两年后，在达豪设立的美国军事法庭上，一名德国国防军军医，马克斯·施密特承认，他曾将一具美军飞行员的尸体的头颅割下，煮沸后加以漂白，抠出双眼，送给他妻子作为"一件纪念品"。[20]法庭以虐待作战人员尸体的罪名判处施密特十年有期徒刑。纽伦堡审讯的官方记录中，至少包括66起经司法认定为杀害或殴打落入第三帝国掌控下、手无寸铁的美军飞行员的事件，70%以上的罪行被控谋杀。[21]

被击落的盟军飞行员觉得，落入德国军队手中比落在被他们轰炸过的当地平民手里更安全。德国空军宪兵和审讯人员负责这些被俘的飞行员，他们获取情报的手段很糟糕，但很少动粗。被俘后，路易斯·罗沃斯基和其他一些被击落的美国飞行员被送至"空军战俘中转营"，这里是德国空军针对盟军飞行员的审讯中心，位于美茵河畔法兰克福（Frankfurt am Main）郊区的奥伯乌尔泽尔（Oberursel）。*经过脱衣检查后，罗沃斯基被单独关押在一间没有

---

* "Dulag Luft"，空军战俘中转营，这个词最初指的是审讯中心和马路对面的一座中转营，战俘们在这里等待被运往永久性战俘营。后来，中转营被迁走，先是移至法兰克福市中心的一座公园里，靠近火车站（以阻止盟军对这座城市的轰炸），后来，这座营地于1944年3月底被盟军轰炸机摧毁后，又迁至位于法兰克福北面30英里处的韦茨拉尔。德国人将这些中转营称为Dulag Luft，而将位于奥伯乌尔泽尔的审讯中心称为"Auswertestelle West，西线评估中心"，[22]以区别于针对东线苏军飞行员的一座类似的审讯中心。但美国陆航队和大部分被拘押在奥伯乌尔泽尔的战俘继续将这里的审讯中心称为Dulag Luft——这个词是Durchgangslager der Luftwaffe的简称，意思是空军中转营。在这个问题上，我遵循陆航队的惯例。

取暖设施的牢房里。"比纳粹的心还冷。"[23]这间没有窗户的牢房只比他的简易床铺宽几英寸,而且,没有灯光。他没有手表,不知道此刻是白天还是夜晚。吃罢不新鲜的黑面包,喝完橡树叶和木炭做成的味道糟糕的代用咖啡后,罗沃斯基被带出牢房接受审讯。"他们知道我是个新手,第一次执行任务便被击落了,没什么可以告诉他们的,所以审问几天后就把我放了。那些多嘴的飞行员或是高级军官在这里待的时间通常要更久些。"[24]

战俘中转营里的空军审讯员都是些技术高超的专家,他们喜欢更为巧妙的审讯方法,而不是使用橡胶皮管。[25]这些人都能说一口流利的英语,还有些人曾在英国和美国待过;其中的一个曾是纽约州扬克斯的一名钢琴销售员,希特勒上台后,他回到自己的祖国。德国空军反对盖世太保和党卫队的人对被俘的飞行员施加更大的压力。战争结束后,奥伯乌尔泽尔出名的主审员汉斯·沙尔夫声称,他和他的同事"听到德国电台中播出戈培尔发表的一份声明后,都对此惊骇不已……以后,落入德国手中的所有盟军飞行员将被宣布为可供民众'自由猎杀的目标'……我们没有退让。我们接到的命令仍和以前一样……我们要充分保护这些战俘"。[26]如果面前的战俘是一名军官,熟练的审讯专家沙尔夫——据说他能"从一名修女那里榨出她通奸的供词"[27]——便为他递上巧克力和香烟,并将他引入关于棒球或美国电影的某些话题中。谈话的气氛是如此融洽,以至于许多飞行员根本没有意识到审讯已经开始。德国空军的审讯员试图以他们所掌握的关于这些飞行员及其轰炸机大队的厚厚的文件来打动这些战俘。"你能不能告诉我们些我们还不知道的东西。"[28]有一次,在审讯中,一名面带微笑的德国空军少校问罗杰·伯维尔,他所在的第381轰炸机大队驻扎在里奇维尔,队里的弟兄为何还没对军官俱乐部内损坏的钟进行修理。[29]

拒绝透露军事和个人信息的飞行员通常会受到口头威胁。有些飞行员被告知,除非他们合作,否则他们的家人不会获得通知他们还活着,而且很"安全";被俘时没有携带身份牌的飞行员则被警告说,他们将被交给盖世太保,以间谍罪处死。一名守口如瓶的军官——已婚,还有几个孩子——被告知,如果他继续顽抗,一份报告将由设在加来的德国电台播出:被击落的前一天晚上,他一直待在伦敦格罗夫纳豪斯酒店的413房,身边还有一位颇具魅力的金发女郎。这位少校知道这个情况完全属实,据报,他当场晕了过去。[30]

这些威胁很少真的被实施。[31]"由于身穿看上去像是平民打扮的飞行服,这种精神压力会让俘虏说出一切。"一份被缴获的审讯报告中这样写道。[32]战俘也会因中转营内令人震惊的条件而软化:坟墓般的隔绝,吃不饱的口粮,老鼠在潮湿的牢房中随意奔跑,甚至钻进战俘的口袋里寻找食物。有时候,答应提供一次热水澡,刮个胡子,再来顿热饭菜,也足以让一名战俘松口。卫兵们会像恶魔似的操控牢房内的温度,在冬天关闭电加热器,而在热天将其调至令人无法容忍的130华氏度。数百名飞行员被送至战俘中转营时身上有伤,但德国人拒绝提供医疗救治,这是对《日内瓦公约》中战俘条例的公然违背。罗杰·伯维尔回忆道:"审讯我的人说,他能看出我负了伤,需要救治,而我的顽固态度只会耽误我被送往医院。"[33]但是,那些被认为掌握专业军事情报的盟军高级别飞行员会被邀请参加狩猎之旅或与德国军官一同出席热闹的酒会。

审讯者掌握着与美国航空队有关的大量信息,这是他们获取情报最有效的工具。在英国的情况简报会上,飞行员们曾被提醒过他们会遇到哪些情况,但那些看上去"显然无所不知"[34]的审讯者还是令战俘中的许多人深感震惊。一位飞行员回忆说:"审讯我的人竟然问我在特雷霍特的母亲的健康状况,还问起我的小妹在高中里的情况。"[35]

许多战俘认为,德国人在英国的每一座美军基地内都有间谍,但没有证据表明哪座基地遭到了德国特工的渗透。事情并非如此。大部分信息是中转营那些高效的工作人员从盟军那里收集到的,他们仔细查看从中立国葡萄牙搞到的美国杂志和报纸,其中包括《星条旗报》,这是关于飞行员们家乡情况的一个丰富的资料来源。其他一些信息,包括日志、简介资料以及飞行员的个人日记，则是从轰炸机被烧焦的残骸中发现的衣物和其他个人物品中收集而来。这些文件中通常包括高度机密的数据，关于飞行模式、德军防御的效力以及为后续轰炸标示出的目标等。美国航空队反情报部门的一位军官指出，当时，"德国大型企业询问德国空军部门，他们的工厂是否被列在盟军的轰炸名单上，如果是的话，何时会遭到轰炸？这种情况并不鲜见。"[36]德国的语言学家还监听盟军飞行员们的无线电通讯。据汉斯·沙尔夫说，战俘中转营的审讯员有大批文件可用，这其中，"飞机与飞机在空中的交谈，或是基地与飞机之间的交流，每一个字眼都被仔细加以留意"[37]。正如航空队反情报部门专家在他们自己的绝密文件中指出的那样，对战俘中转营的情报人员来说，"没有什么手写或印刷的文件是微不足道，不值得加以密切关注的"[38]。

  一个典型的例子是飞行员的定量配给卡。[39]身处欧洲战区的每一位美国飞行员都会拿到一张完全相同的配给卡，卡上并未标明他所驻扎的地方。但战俘中转营的调查人员可以通过配给卡上打的叉辨别出这名飞行员所在的轰炸机大队。例如，在索普－阿博茨，福利社的文员用一种黑色铅笔在卡上作出标志，而福利社的柜台用粗木板制成。因此，该基地所有的配给卡上都带有黑色铅笔标注时造成的独特的压痕。航空队反情报部门估计，战俘中转营获得的情报中，80%来自被他们缴获的文件和被他们监听的无线电通讯，其余的来自对战俘的审讯。战争结束后，被美国军方雇为翻译的汉斯·沙尔夫估计，他审问过的500多名飞行员，除了20个，其他人都透露过证明对德国空军有用的作战和战术信息。[40]他强调说，这些飞行员当中，很少有人知道这一点，这些情报或是通过恐吓，或是通过战俘希望改善监禁条件的欲望所获得。"我估计他从我这里得到了某些东西，"一名飞行员说道，"但直到今天我也不知道究竟是些什么。"[41]

  从战俘中转营获释后，路易斯·罗沃斯基和另外几十名飞行员搭乘电车来到法兰克福，[42]在那里，他们被赶上牛棚车，深深地进入德占区，前往Ⅲ号空军战俘营（Stalag Luft III），萨冈镇附近的这座战俘营位于柏林东南方100英里处，是德国空军关押盟军飞行员的六座战俘营之一，因而被称为"Luft"。* Ⅲ号空军战俘营和位于荒凉的波罗的海沿岸的巴特镇附近的Ⅰ号空军战俘营，是两座关押军官的营地；另外几座战俘营里关押的则是士官和零星的军官。到战争结束前，德国战俘营里关押着33000名陆航队人员，约占欧洲战区美军被俘总数的三分之一。[43]

在萨冈，战俘等级制度中最强有力的两个人是来自"血腥100"的盖尔·克莱文和约翰·伊根。伊根是战俘秘密情报委员会的成员，负责逃跑行动；克莱文则是一名宝贵的训练官。他们俩与第100轰炸机大队的首任大队长达尔·阿尔凯尔上校——这位美军高级军官负责五座战俘营房中的一座——密切合作，建立起一种军事化的指挥结构，将战俘们组织起来，从事一切所能想到的跟那些"蠢货"（这是他们对德国看守的称谓）过不去的事情。"德国人和我们，在上西里西亚这片阴暗的松林中，被凑成一个不快乐的大家庭，"克莱文回忆道，"（而且，这是个）人员迅速增多的家庭。我们对德国人实施的惩罚越大，涌入战俘营大门的飞行员就越多。"[44]这些战俘都是可怕的空中经历的受害者，突然而又意外地落入敌人手中；所有人都被单独拘押过，都受过德国空军严密的审问。他们当中，至少有一半人受着伤痛的折磨，还有些人永久残废或毁容。[45]到达这里时，他们筋疲力尽、饥肠辘辘、心神不定，许多人裹着绷带或拄着拐杖蹒跚而行，他们的眼神带着迷茫和恍惚、惊讶和愤怒，甚至对自己的被俘感到羞愧。"奇怪的是，你投入战争时，从未想过自己会被俘。"尤金·E·哈尔莫斯回忆道，这位B-24的领航员战前一直在纽约担任一家杂志社的作者。赶至英国的每一个作战飞行员都知道，自己可能会负伤，也可能会阵亡。"但被俘呢？很少有人为自己想过这种情况。"[46]正如美国轰炸机飞行员汉克·普卢姆在战争结束很久后所说的那样："要是我知道自己会

---

* 德国陆军和海军有他们自己的战俘营。Stalag这个词是Stammlager的简称，德国人在二战期间用这个词描述关押被俘军官和士兵的战俘营。

成为一名战俘,我会更好地做些准备工作。"[47]

大逃亡

他们是"kriegies",这是Kriegsgefangenen的简称,德文的意思是"战俘"。他们中的大多数人在被俘时被告知:"对你来说,战争结束了。""(这是)一句谎言,"路易斯·罗沃斯基说道,"被俘意味着我们最漫长的任务的开始。"[48]

来到战俘营主建筑接受除虱和其他程序时,新接受"洗礼"的战俘会看见一群群挤近营房大门的美国战俘,他们挥着手,喊叫着。"几乎每个人都有认识的人,而且,几乎立刻会引起大呼小叫,"一名战俘回忆道,"'嗨,乔,你怎么会来这里的?快进来,这里的水不错!'……'亨利!你见到比尔了吗?我一直在等他。'……'你已经有室友了……对你来说,战争结束了。'"[49]

拍照、按指纹、分配了一个战俘编号后,路易斯·罗沃斯基领到了他的床上用品和餐具:两条薄薄的军用毛毯、一条床单、一条塞满刨花的粗麻布床垫、一条小小的亚麻布毛巾、杯子、碗、刀叉以及刻有反万字徽记的勺子。

罗沃斯基走进洋溢着兴奋之情的战俘营。就在他到达这里的几天前,76名皇家空军战俘爬过一条30英尺深的地道(这条地道,1000名战俘挖了一年多),从战俘营的北院逃脱。后来被称作"大逃亡"的这场越狱,发生在3月24—25日的夜间,各逃亡小组都由一名会说德语的战俘带领,朝十几个不同的方向分散逃跑。党卫队和盖世太保被召集起来,政府下达了最高搜索令:近500万德国人参与了搜捕。罗沃斯基到达萨冈时,战俘们认为那些越狱者仍在逃,因而,"营地里充满了欢欣鼓舞感"[50]。

他们不知道的是,除了三名战俘,其他越狱者已被迅速抓获,根据希特勒的命令,其中的50人被盖世太保处决,尸体被火化,从而销毁了这场冷血谋杀的物证。希特勒曾想将这76人全部枪毙，但他的将领们说服他将数字减为50人。

对被俘的英美军官来说，尽自己的一切力量逃脱是他们的职责。尽管没有成功的先例，但逃跑仍很常见，逃跑的战俘被抓获后便被送往可怕的"惩戒室"，单独监禁十天左右。由于对逃跑的惩罚并不特别严厉，许多战俘将此视作一种游戏。因此，英军高级将领赫伯特·M·马西于4月6日获悉，他手下41名（这个数字后来改为50人）逃跑的军官由于"拘捕或被逮捕后再次试图逃跑"[51]而被枪毙时，他惊呆了。他要求知道，有多少人受伤？他被告知，没人受伤。其他战俘获悉这个消息后，"陷入愤怒、震惊和绝望中"，罗沃斯基说道，"我永远不会忘记我们的营区负责人德尔玛·T·斯皮维上校所说的话，他把我们召集起来：'各位，我们无助而又无望。'这就是我进入Ⅲ号空军战俘营的序曲"。[52]

战俘营指挥官弗雷德里希-威廉·冯·林德艾纳-维尔道上校被逮捕，一连串连锁反应随之而来，这导致马丁·鲍曼于9月30日下达命令，各军种将所有战俘营的管辖权转交给党卫队。对战俘们来说幸运的是，希姆莱将战俘事务委派给党卫队全国副总指挥戈特洛布·贝格尔，而贝格尔有着急剧发展的生存意识。[53]他知道德国已无法打赢这场战争，因而希望在这场战争的最后阶段对英美战俘的人道对待，能将自己从刽子手的绞索下救出。贝格尔批准空军继续管理他们的战俘营。但是，战俘们接到警告，要是他们再度逃跑的话，就会被交给希姆莱处置，有谣传说，希姆莱想把所有战俘都解决掉。所有战俘营的显眼位置都被贴上大幅标语："从战俘营逃跑不再是一项运动了。"

一些犹太战俘开始担心自己会被送往集中营。1944年12月，萨冈的战俘们从其他战俘那里获知了集中营的存在，那些战俘曾在其中最恶劣的一座集中营里待过。1944年夏季，168名盟军飞行员（其中有82个美国人）身穿便衣在纳粹占领的法国逃避追捕时，被一名渗透进他们逃亡线路的盖世太保特务所出卖。他们被指控为破坏者和恐怖分子，随后被牛棚车运至德国魏玛附近的布痕瓦尔德，在那里度过了令人毛骨悚然的九个星期后，一名富有同情心的德国空军军官出面干预，这才被转送至萨冈。他们到达时，模样惨不忍睹。"他们就像是……骷髅，瘪瘪的前胸，双眼凹陷，四肢瘦得像木棒。"一名战俘回忆道。问过他们后，"我们才意识到，要是我们当中的任何一个进入一座集中营，情况也会像他们一样糟糕"[54]。

如果管理战俘营的是希姆莱，而不是贝格尔，数千名犹太战俘很可能会被送往贝尔加这样的党卫队特别劳改营。贝尔加距离布痕瓦尔德60英里，在那里，是或者被认为是犹太人的350名在突出部战役中被俘的美军步兵，与集中营的囚犯们一起，为一座地下合成燃油厂挖掘庞大的隧道。[55]

"大逃亡"后，所有战俘营中，战俘与德国空军警卫之间的关系严重恶化，特别是在萨冈。斯皮维上校过去一直在美国负责一所陆航队射手学校，1943年8月，执行视察欧洲战区的任务时被击落，他命令自己的部下，如果有德国人走进房间，大家就一起出去，除非命令他们留下。纳粹关于"空中强盗"的宣传，随着皇家空军对柏林空袭的加剧而加大了力度。"这使得看守我们的哨兵越来越多，"[56]大卫·韦斯特海默写道，他后来成为《冯·莱恩的快车》一书的作者，这是一本描写战俘逃亡的畅销小说，"从瞭望塔上向战俘营内开枪射击的情况，过去很罕见，现在有所增加……就在双方的神经被绷紧到最大限度时，阿瑟·W·瓦纳曼准将出现在Ⅲ号空军战俘营。传闻散布得很快，据说他在德国上空从一架B-17上跳伞，而这架轰炸机和机上的其他组员都毫发无损地回到英国，另外，他能说一口流利的德语，战前跟赫尔曼·戈林是老熟人，此次专程来缓和目前的局势。"

瓦纳曼确实认识戈林，珍珠港事件爆发前，他曾在柏林担任过四年助理空军武官，但他并不是被派至Ⅲ号空军战俘营平息风波的。他来到这里是因为自己所犯下的一个愚蠢至极的错误。做为第八航空队新任情报处长，到达英国后不久，瓦纳曼便通过"超级机密"掌握了大致的情况。他随后决定——在获得杜立特尔勉勉强强的批准后——参加作战飞行任务,以便让情报处的部下们更加尊重自己。参加第三次作战任务时,他的"空中堡垒"被高射炮击中,一具引擎起火。驾驶员按下"跳伞"的按钮,瓦纳曼第一个跳离机舱。过了片刻,驾驶员控制住火势,取消了跳伞令,带着剩下的四名组员飞回伦敦。瓦纳曼被俘的消息震惊了盟军高级指挥层,艾森豪威尔对杜立特尔大发雷霆,认为他不该批准掌握着盟军最高机密的瓦纳曼飞越德国。"瓦纳曼被击落后,我们认为我们失去了一切,"劳伦斯·库特尔将军在战后的一次访谈中说道,"他知道所有最机密的东西。"[57]幸运的是,等级意识强烈的德国人没有审讯他。作为战争期间被俘的最高级别空军军官,瓦纳曼被送至柏林,受到礼貌的对待,并被告知将被送往德累斯顿一座舒适的城堡,那里专门收容特殊战俘。瓦纳曼敲着桌子提出抗议,坚持让德国人将自己送往最大的空军战俘营。到达Ⅲ号空军战俘营后,他取代了查尔斯·古德里奇上校,成为被俘的美军最高将领。他被分至中央营区,他的前任斯皮维上校则成了他的参谋长。

跳伞落入德国境内的过程中,瓦纳曼后背负伤,到了晚上,他便撕下伤口上的绷带,将自己的嘴贴上,以免在睡梦中泄露他那些惊人的秘密。运用精神控制法,他成功地将"超级机密"这个词逐出自己的脑袋。"离开德国时,我已不知道,也不记得'超级机密'这个代号了,"战后的一次采访中,他这样说道,"一个人的精神可以做到这一点,这很有趣。"[58]

当年10月,通过秘密渠道,战俘们收到来自华盛顿的消息,作为美国士兵,制订逃亡计划已不再是他们的职责。逃跑的风险实在太大,英美联军离莱茵河已不远,战俘们获得解救似乎已指日可待。但也有些战俘继续孕育他们的逃生计划,并挖掘地道,他们把这当做缓减抑郁的良药。他们和那些决定留下的战俘都将希望寄托于1944年的秋季和冬季,但对他们来说,这段日子不那么容易打发。"抱有希望非常困难,这种希望完全是为了让你保持精神正常,"罗沃斯基,他的父亲是个生活艰辛的移民,一名铜管乐器工匠,"我不会搭理德国人或其他什么人,但某些晚上,我寂寞、害怕得想哭。"罗沃斯基经常做同一个梦。"我从来就不是个虔诚的犹太教徒,但在梦中,一些犹太战俘要求我参加他们在营房里私下进行的祈祷仪式。相同的梦境总是反复出现。卫兵们冲入大门,把我们赶入松树林,将我们枪毙。我无法摆脱这个梦,也不能告诉其他人。我可是个以硬汉形象出名的人。"[59]

战俘营中的生活

Ⅲ号空军战俘营于1942年4月启用,是个小型、戒备森严的战俘营,专用于关押英国皇家空军飞行员。但到1944年年底前,营地里的战俘增加到10000多人,新囚犯中,半数以上是美国飞行员。为便于管理,战俘们被关在北、南、东、西和中央五座独立的营区,而德军看守和战俘营管理人员住在他们自己的营房内。Vorlager(管理区)坐落在战俘营的一角,这里有为战俘们准备的一些特别设施,包括一个医务室、一个澡堂、一座库房和一个冷库。英国皇家空军的飞行员被关在北面和南面的营区,另外几座营区则用于关押美国战俘。每座营区内有十来座饱经风霜的营房、一所厨房、一间淋浴房、一间洗衣房和一所剧院与教堂的混合体。单调的灰色营房四周,散布着战俘们修建起来的棒球、橄榄球和足球场。

使用双层和三层高低床,每座营房内安置的战俘多达150人。他们住在12—15间大小不一的卧室内,每间卧室配有几条长凳、几个破旧的木制储物柜和一张桌子,一盏20瓦的电灯从屋顶上垂下,这一切就像战后深受欢迎的电影《17号战俘营》中描绘的那样。这只灯泡是室内唯一的电光源。战俘们将漂浮在气味难闻的汤表层的油脂装入铁皮罐,做出了他们自己的简易灯具。高级军官住在双人或四人间,其他军官睡在12—15人的房间内,而勤务兵——这些军士是按照营区领导的要求,于1944年夏季被送至这所战俘营的——则住在中央营区一座大而拥挤的营房里。他们为军官们完成大部分清理、洗涤和烹饪工作，这是他们唯一被要求从事的劳动。根据《日内瓦公约》的相关条例，收容国不得强迫这些飞行员从事体力劳动。

狭窄的主通道将生活区分隔开，通道两端各有一个盥洗室，配有冷水水龙头；一间狭小的公用厨房里放着两具煤炉；还有一个小厕所，只供营房夜间上锁后使用——白天使用的较大的坑厕位于营房之间。俄国劳工修建的营房早已破旧不堪，大雨往往使薄薄的纤维板屋顶不堪重负，一些房间甚至变成了"微型湖泊"。[60]西里西亚酷寒的冬季，冰冷的寒风穿过墙壁上的缝隙，迫使战俘们穿着自己的衣服睡觉。一些飞行员仍保留着他们的飞行服，但大多数人穿着由美国陆军提供，国际红十字会转交的军用服装。其他一些衣物则是通过家里寄来的私人包裹。来自北达科达州费尔代尔的飞行员埃尔默·莱恩回忆道："你会把你所拥有的一切都穿上，以此来保暖。"[61]

夏季，纷飞的沙尘会被吹入房间，污垢嵌入这些战俘的衣服中、指甲下和皮肤上。跳蚤和臭虫潜伏在床垫里，坑厕频频溢出，生活区周围的空气中弥漫着难闻的气味。

生存是战俘们的首要问题，而对德国人来说，防护措施至关重要。战俘营被两道平行排列的铁丝网所环绕，这两道高大的铁丝网之间是一道密实的蛇腹形铁丝网，带有长而锋利的倒钩。三层楼高的木制监视塔——"看守瞭望塔"——布设在营房四周。这些瞭望塔上配有强力探照灯，并由那些面无表情的哨兵们操作。距离铁丝网30英尺处——战俘营内侧——有一道低低的铁丝网（某些战俘营则是一条横栏），战俘们接到警告，如果他们穿越这道"警戒线"，不管出于什么理由，哪怕是去捡一只棒球，也会被当场射杀。

营房离地两英尺，以防止战俘们挖掘地道。"密探"——会说英语的看守——身穿蓝色的连体工作服，配备着金属探测器，他们会潜入营房下，检查是否有挖掘地道的活动。这些密探利用营房下的狭小爬行空间窃听战俘们的谈话，整座营房里，到处都被他们暗藏了窃听装置。他们还进行突击搜查，通常是在午夜时刻。床垫被撕破，床被掀翻，木地板被揭开，战俘们微薄的财物被抛得到处都是，有的被警犬咬坏，还有的被偷走。

晚上10点，德国看守会关闭窗户，并用粗重的木梁封闭营房的大门。脖子上挂着施迈瑟冲锋枪的哨兵们在营区内彻夜巡逻，手里还牵着咆哮的阿尔萨斯狼犬。这些攻击性猛犬曾在战俘营外的树林里接受过识别盟军军装的训练，其凶猛性难以预料，有时候甚至会攻击主人。"如果天黑后打开窗户，将手伸出窗外是很危险的，你的手腕可能会被咬断。"[62]约翰·维克多回忆道，这位第八航空队的飞行员作为"元首的客人"被关押在巴特镇的Ⅰ号空军战俘营。

类似的事件也在其他战俘营内发生。在东普鲁士专门关押军士的Ⅵ号空军战俘营，看守无缘无故便开火射击，第八航空队的无线电操作员格伦·A·约斯塔德，这个来自威斯康辛州，腼腆的农村小伙，在自己卧室的墙壁上数出十六个弹孔。[63]

关押军士的战俘营，看守们对待战俘很严厉。位于德国波美拉尼亚省（今天的波兰）的Ⅳ号空军战俘营里，最臭名昭著的看守是汉斯·施密特中士。被战俘们称作"大帆船"的施密特是个行动缓慢的巨人，身高6英尺7英寸，体重300磅，还是个凶狠的虐待狂。他会偷偷溜到战俘身后，用他大得出奇的手掌猛抽战俘的耳光，往往使战俘疼痛倒地，甚至有几名战俘耳膜破裂。"大帆船"垂着眼，拎着一条粗厚的皮带在营区内巡视。航空队机枪手乔治·古德利无能为力地看着施密特无缘无故地用皮带抽打一名战俘，皮带扣在头皮上造成深深的创伤，甚至连头骨都露了出来。"他根本就不是人，"曾是芝加哥街头混混的古德利说道，"他是只野兽。如果有机会的话，我会杀了他。"[64]

为确保安全，德国空军对战俘们实施较为松散的管理，允许他们完成营区内的日常事务。早上7点，战俘们站立在操场的一块四方形空地上，由营区管理官员进行点名。这种点名有时候会重复十次之多，清点结束后，德国人会向盟军高级军官们敬礼，再由这些军官将自己的部下们解散。当天剩下的时间，直到营房落锁，战俘们都处在他们自己的高级军官的非正式管理下，每座营区都由一名盟军高级军官负责（在关押普通士兵的战俘营，战俘们会选出一位他们所信赖的人实施管理）。对营区指挥官负责的是营房指挥官，每个营房指挥官负责一座营房。这些战俘营里的领导者在与德国人的谈判中充当中间人，并负责与瑞士政府的代表沟通，后者扮演的是设在德国的"保护国"。1929年签订的《日内瓦公约》要求各交战国接受保护国的援助，以帮助解决战俘事宜的纠纷，并对战俘营进行定期巡视，以确保战俘营里的生活条件符合《日内瓦公约》规定的标准。国际红十字委员会是个独立的人道主义机构，总部设在日内瓦，他们也根据《日内瓦公约》的战俘保护条款，对战俘营进行检查。[65]检查工作即将到来时，德国人会匆匆改善战俘营里的条件，但检查人员离开后，这种改善也就告一段落。

每座战俘营都有自己的"中央安全委员会"。在Ⅲ号空军战俘营，该委员会被称作"大X"，由第八航空队深具魅力的战斗机驾驶员阿尔伯特·P·克拉克负责，他是战争期间最先被击落的美国飞行员之一，也曾在"大逃亡"期间负责过北营区的安全。所有逃生计划都必须经过"大X"的批准。如果某个计划确实有成功的机会，而且不会对其他逃亡计划造成影响，它便能获得"大X"的批准和积极帮助。每座营区也有自己的安全委员会，以防止盖世太保的卧底实施渗透。新来的战俘被分配到各自的营房前，会受到安全委员会成员的审查。"我们也通过审查来发现他们的技能和背景，总之是对我们的逃亡计划有帮助的一切情况。"克拉克回忆道。[66]具有特殊技能的战俘被分配到散布在营区各处的小型秘密"工厂"内。和平时期担任过摄影师的人成了制假专家，专门伪造护照、德国的配给卡以及旅游通行证；证件上盖有图章，看上去很正式，而这些橡皮图章是用飞行靴的靴跟制成。针头、刀片和小片玻璃组装成微型指南针——金属磁化则是靠从德国人那里偷来的磁铁。战俘营里的裁缝用旧毛毯、麻袋、毛巾以及家里寄来的衣服做成德国人的军装，再用煮沸的书籍封皮将这些军装染成灰色。业余雕刻家用木块雕成假手枪，看上去跟那些哨兵佩带的没什么两样。"我们总能找到可以将事情顺利办好的人选。"克拉克说道。

这些"制假专家"工作，或是一群挖地道的人在营房下动工时，被称为"探子"的战俘便被安排在营区的各个入口处站岗放哨。如果有德国人走近，"探子"便会喊道："蠢货来了！"偷偷摸摸的工作立即停顿下来。

挖掘地道是一项困难而又危险的工作，尤其是在萨冈，这里的沙质土壤似乎不停地发生着变化。由两名战俘组成的地道挖掘组——他们被称为"鼹鼠"——肚子贴着地面忙碌着，用他们的胳膊肘为支撑向前移动。寝室内的床板被用来支撑地道，挖掘工具由战俘中的金属工打制，手动风箱将新鲜空气穿过空牛奶罐构成的管道，灌入地道内。地道的入口隐藏在煤炉或澡堂的排水沟下。挖掘工作会持续数月，有些地道会长达数百英尺。挖掘出来的泥土会被冲入营房的厕所，或是塞入床垫和储物柜中。还有一些被称作"企鹅"的战俘帮着处理泥土，他们将挖出的泥土放入香肠形的长条布袋中，布袋则藏在他们宽松的长裤内。一根长长的绳子挂在他们的脖子上，另一端系着布袋。这些"企鹅"在营区周边来回走动，拉动扎紧袋口的绳索，将袋内的沙土慢慢倒出。走在他身后的其他战俘则将地面上的深色土壤踢到新挖掘出的黄色沙土上，这些沙土的气味甚至闻起来都与地表的土壤不同。

但这一切均属徒劳。正如一名战俘营领导在战后所说的那样："每次……一群战俘从地道爬向战俘营外，都会遇到令人扫兴的结局，他们会发现德军哨兵正用步枪对着他们的出口，命令他们到禁闭室去。"[67]

作家戴蒙·鲁尼恩书中的一个人物曾吟诵道："人生总是逆多顺少。"逃离德国战俘营的可能性少之又少。战俘们知道这一点，他们还知道，无论身穿便衣还是敌人的军装，成功穿越德军防线的机会也很渺茫，如果被盖世太保抓获，他们会被就地枪毙。这方面没有可靠的记录，但在整个战争期间，试图逃离德国战俘营的美国战俘可能不到2%，成功获得自由的人数不详。来自英国情报部门的消息声称,二战期间,28349名英联邦和盟国(希腊、波兰、法国、捷克和苏联)士兵以及7498名美国人逃离了战俘营,或是逃过了抓捕,躲过追捕的人远远多于越狱者。*[68]

"大逃亡"后,没有一名战俘从空军战俘营越狱后到达盟军控制的地盘或中立国。为了让战俘们遵守纪律并保持昂扬的精神,盟军军官们开始执行严格的军事纪律。"如果你不闻不问,他们会变得不修边幅,邋里邋遢,胡子拉碴,"克拉克回忆道,"他们只是刚刚才离开军队。但我们每周六早上检查营房,让他们列队操练……我们抓住一切机会不让他们忘记自己是一名军人,等他们回家后,国家还需要他们。"[69]

战俘生活实行的是公有制。这些战俘形成了自己的小圈子,从四人到十来人不等,他们居住在一间狭小的寝室内,共享几乎所有的一切。"我们活在这个群体中,寻找着自己的朋友。"尤金·哈尔莫斯在他的秘密日记中写道,这些日记被他记录在纸片上。[70]这些群体必须在营房内自行解决伙食。战俘营的厨房每天只为他们提供一顿熟食,通常是大麦汤,这种汤很稠,汤面上漂着一层白色的小虫子。这些虫子备受珍视,因为它们提供了蛋白质。德国人也为战俘们提供生的食物,让他们在简易厨房中加工:生了虫的土豆、看上去像车轴润滑脂的人造黄油、用洋葱和动物凝固的血液做成的血肠。这些东西伴随着"蠢面包"——又黑又硬的面包,成分中含有锯末——被吃下。德国空军提供的伙食太过糟糕,一些新来的战俘甚至不肯吃。一名新来的战俘是个神气活现的上尉,头上的军官帽"潇洒地歪向一侧",[71]他被分到罗沃斯基的营房内。身处战俘营的第一晚,他盯着一块脏兮兮的肉咆哮道:"这他妈是什么?"旁人告诉他这是用被宰杀的动物的血液做成的香肠,他把他那份食物推到一旁,

---

* 究竟有多少越狱者和逃避追捕者获得自由,并没有一个准确的数字。战俘的人数与越狱者人数之间也没有可靠的分类数据。美国的逃生机构MIS-X声称,越狱或逃避追捕的美国人超过12000人。英国逃生组织MI-9的一名高官则认为,真实的数字可能介于英国和美国估测的数字之间。

宣布道："我宁愿去吃屎。"第二天，他回到桌旁，肚子咕咕作响，指着血肠说道："请把那狗屎递给我。"[72]

除了德国人提供的伙食，战俘们还有跟随国际红十字会包裹一同送来的更具营养的食物。每个战俘通常每周能获得一个包裹。盟军提供并包装这些包裹，再由瑞士红十字会送入德国。除了香烟和军队配发的巧克力外，每个纸箱内还装有十磅罐头食品：葡萄干、鲔鱼、肝酱、咸牛肉、糖果、果酱、午餐肉、梅子、饼干、咖啡粉和一磅罐装炼乳。红十字会包裹将成千上万名战俘从严重的营养不良中解救出来。除了香烟、巧克力和果酱，每个群体将包裹内的食物平均分配。盗窃事件确有发生，但不多见。"你可以将一块面包放在枕头上，没人会去碰它。"埃尔默·莱恩说道。[73]

战俘自行设立的机构中，最巧妙的一个是"Foodaco"（食物商店的缩写）。这个"战俘营交换中心"设立在营区的厨房内，在这里，红十字会的食物通过一种极其精确的易货制进行交易，而香烟则是这种交易中最主要的媒介。每样东西都有其价格，或称为"点值"，一根烟相当于一个点值。Foodaco中也备有盥洗用品和备用衣物，这里对每件物品都收取一些费用。"钱"用来贿赂那些需要香烟的看守，以获得一些越狱和生存所需的物品：照相机、衣物、无线电零件和一些小工具。

各个小组也分配了厨房的使用时间，以便烹煮他们从德国人和红十字会那里获得的口粮。"厨师们围在炉子旁，拨弄着、翻动着、搅拌着、尝着味道"[74]，满怀热情地交流着烹饪方法。那些从未下过厨的人被证明拥有惊人的创造性。没有面粉，他们就用咸饼干做成面包，还用德国洋葱和午餐肉做出美味的汤。喜欢喝一杯的战俘用葡萄干、李子和糖酿制出啤酒。三杯啤酒令人精神愉快，四杯下肚便造成了肠胃不适。

德国人很少供应新鲜蔬菜，于是，战俘们在营房后开掘了"胜利菜园"，种植萝卜、胡萝卜、甘蓝、生菜和洋葱。[75]但战俘们这个别出心裁的构思所创造的食物，只够他们勉强维持生计。"战俘营里的前辈会告诉你这样一个事实，吃大麦时，他根本不会费心挑出里面的蛆虫。"与罗沃斯基同住一间营房的罗杰·伯维尔说道。*76

历史学家们认为，德国人普遍遵守了《日内瓦公约》，战俘营里的死亡率较低，大致为千分之五，但德国人提供的食物和衣服都未能达到《日内瓦公约》所规定的标准。当时，一名体重正常的战俘每天需要3000卡路里，才能维持合理的健康生命，但德国人提供的仅有1500—1900卡路里。[77]另外，军官战俘营里的飞行员，伙食水平比囚禁在其他战俘营的军士或关押在德国其他地区的步兵更好些。

所有战俘营里的医疗服务糟糕至极，医疗设施古老陈旧，受过训练的医护人员严重不足。身负重伤的飞行员被俘后，先被送往一所德国医院，他们在那里获得很好的照料。但转入战俘营后，伤员中很少有人能获得必要的后续治疗。"战俘营中，有些弟兄缺胳膊少腿，"理查德·H·霍夫曼中士回忆道，他被关押在奥地利克雷姆斯的ⅩⅤⅡB战俘营，"美国医护人员……设立起一座诊室帮助他们……伤员们用自制的杠铃和滑轮拉力器锻炼他们的残肢，以便让自己的肢体更强健……德国人不会为他们提供假肢。"[78]

波美拉尼亚的Ⅳ号空军战俘营里——就是"大帆船"在营区内来回巡视的那座战俘营——美国航空军医莱斯利·卡普兰上尉治疗了数目惊人的病人，他们的病情都是因战俘营过度拥挤、无处不在的污垢（这座战俘营没有公共浴室）、寄生的沙虱以及食物短缺所致。[79]这是情况最恶劣的一座空军战俘营，掌管这座战俘营的是阿里贝特·鲍姆巴赫中校，这名凶狠的纳粹在盟军的一次空袭中失去了他的家人。1944年夏季，在这里，近2000名英美飞行员成为德国人在其战俘营内所实施的最残暴行径的受害者。

这些军士从Ⅵ号空军战俘营转来，该战俘营位于海德克鲁格，那是东普

---

* 译注：二战期间，罗斯福夫人在白宫种植蔬菜，而不是鲜花，以此鼓励国民展开战时生产，实现蔬菜自给，这种菜园便被称作"胜利菜园"。

鲁士一座荒凉的镇子，与立陶宛交界，正处在苏军猛烈的夏季攻势的前进路线上。7月14日那个闷热的下午，身处海德克鲁格的战俘们被塞入封闭的牛棚车，运往波罗的海的梅梅尔港，在那里，他们又被赶入两艘生锈的运煤货轮，臭气熏天的货舱内，"拥挤不堪"，一名战俘说道，"比奴隶贩运船上的黑奴还惨"。[80]舱内的恶臭太过惊人，一名战俘刚走进去便停步不前。整个海上航行期间，他一直紧抱着船上的舷梯。他就是约翰·W·卡森中士，第八航空队机尾射手尤金·卡森失踪的孪生兄弟。这位第十五航空队的无线电操作员于1943年12月下旬在希腊雅典上空被击落，航空队一直没能找到他。

在海上航行了两天后，载着约翰·卡森这群战俘的船只在波兰西北部，奥得河河口处的施韦因蒙德驻锚。这些飞行员两人一组，被戴上手铐，塞入货车车厢内。第二天早上，他们到达一个名叫基尔夫黑德的铁路枢纽站。卫兵拉开卡车的后车门，战俘们"以病怏怏的慢动作"爬出车厢，"喊叫着，哭泣着"，[81]跌倒在地上，B-17飞行员汤米·拉莫尔回忆道，这位Ⅳ号空军战俘营里的囚犯被叫来帮助新来的战俘进入营地。

从海德克鲁格来的这些战俘，身上满是擦伤和褥疮、呕吐物和粪便，他们大声咒骂着德国人。

"现在就杀了我们吧，你们这些德国王八蛋！"

"这些人，"拉莫尔写道，"已经丧失了理智，准备扑向那些哨兵。"[82]

以残暴而著称的战俘营看守瓦尔特·皮克哈特上尉被派至现场，以确保这种情况不会发生。他挥舞着手枪，努力将自己5英尺3英寸的身躯拔高，煽动着看守和一群碰巧出现在该地区的年轻的海军学员。这些海军学员穿着挺括、合身的白色制服，站在皮克哈特身边，闪闪发亮的刺刀已然出鞘。"就是这些人炸死了德国的妇女和儿童，现在是复仇的时刻了。"皮克哈特尖叫着。[83]这群受尽苦难的战俘从车上下来后，皮克哈特命令看守们将这些战俘赶上一条穿过一片茂密松林的狭窄小径。"刚刚上路，他们便命令我们加快步伐，那些海军学员们用枪托殴打着一些战俘，并用刺刀捅我们，"第八航空队的机尾射手,来自密西西比州的威廉·D·亨德森回忆道,"他们不停地叫喊,让我们跑得再快些,随后又向队列放出了狼犬。"[84]

松林路两侧布设了隐藏的机枪巢。皮克哈特试图激怒这些战俘,让他们逃入诱人的树林中,但没有战俘上钩。

德国人没有足够的手铐将所有战俘都铐上,那些没戴手铐的战俘尚能在要命的酷暑下奔跑。许多被铐在一起的战俘同时跌倒。他们摔倒在地时,那些海军学员和狼犬便向他们扑去,一边用刺刀捅他们,一边叫喊着遭到轰炸的德国城市的名字:"为了汉堡,为了科隆!"一些战俘仍忍受着战伤的疼痛,其他人则被波罗的海噩梦之旅造成的病患折腾得死去活来。埃德温·W·海耶斯中士和他最好的朋友罗伯特·理查兹铐在一起,理查兹的腿上有个开放性伤口,被击落时还失去了一只眼睛。理查兹跟跄倒地,海耶斯将他拉起,背着他走完了剩下的路程。[85]其他人也对被铐在一起的战友作出同样的举动。"这是个无名英雄频现的时刻,"战俘中的诗人罗伯特·多尔蒂说道,"兄弟背负着兄弟。"[86]

奔跑了两英里后,战俘们来到一片宽阔的空地,一座松木板建成的战俘营出现在他们面前。战俘们一头倒在地上,皮克哈特将狼犬收了回来。这场行军中,150名战俘被咬伤或刺伤,是否有人死亡不得而知,但有些人永久地残废了。[87]

"和其他人一样,"约翰·卡森回忆道,"我渐渐习惯了服从和缓慢的饥饿这种常态。"本来,死亡比生存下去更容易,但从第92轰炸机大队的战俘那里获悉,他的孪生兄弟尤金又开始第二次作战服役后,约翰知道,尤金是回来找他的。于是,"我下定决心要活下去"[88]。

轰炸机机组人员接受过团队合作的训练,这种训练为战俘营中的他们帮了大忙,就像"死亡行军"那样。与12至16个人在一间狭小的房间里住上几个月,甚至几年,相应的压力会导致摩擦、争吵和偶尔发生的打斗。但空军战俘营的营房，就像轰炸机机舱，是个和谐得惊人的场所。身世截然不同的战俘们摒弃了他们之间的分歧和偏见，就像一名飞行员指出的那样："屈从于作出正确判断的意愿。"[89]

一些战俘发现，独自生存比跟战友们在一起更加困难。时间是每个战俘的敌人。一名战俘写道："每天都生不如死，这是个缓慢、痛苦的过程。"[90] 关押在巴特镇的两年时间里，B-17驾驶员弗朗西斯·"巴德"·杰拉尔德一直在坚持写日记，他认为，将他监禁起来的"铁丝网"带有某种人类的特性，是"一位无声、严厉的暴君"。"铁丝网上带有倒钩——准确地说，在我们的营房前，那段铁丝网上有8369个倒钩。我仔细数过，其他人也数过，经常数。过去是8370个，但最近有一个倒钩生锈后断裂了。这可是件大事。"[91]

"你可以欺骗'铁丝网'——但是长不了……你可以背对它，或者以铁皮罐制作相框、进行每周一次的洗涤或是写诗来逃避它……但你再度放眼望去时，它仍在那里……阻挡住每一个梦想、每一个计划、每一份徒劳燃起的热情。"

"铁丝网"是对战俘们的无望一种持续的提醒，它将许多人逼至"悬崖边缘"——按照战俘们的说法是，"铁丝网症"。这种疾病最显著的症状是"令人丧失信心的抑郁"[92]，一种绝望的被困感。这种病症还会发展为更致命的形式——"囚禁精神病"[93]，受害者无法集中注意力，甚至无法记得自己的名字。这些患者变得冷漠麻木、漫不经心，他们会整日坐在床铺上，茫然地盯着墙壁。还有些患者从精神萎靡发展为瘫痪性抑郁症，他们无法说话，甚至不能以手势进行沟通。战俘监禁固有的不确定性加重了他们的病情。与大多数民事监狱中的囚犯不同，战俘们从不知道自己何时会被释放，如果真能获得释放的话。这导致一些重症患者宁愿死去也不愿被继续关押。

一个夏日的夜晚，营房的窗户难得地敞开着，约翰·维克多和一个朋友看见一名投弹手爬出营房，自杀式地向铁丝网冲去。"几秒钟后，我们听到一声枪响和警犬被抑制住的吠叫……随即，强烈的探照灯光束扫过那片区域……

十英尺外,一名负伤的战俘蜷缩着身子。站在他面前的是一只狂吠着的阿尔萨斯狼犬和一个矮胖的哨兵,手枪仍攥在他的手中。"[94]

夜间,臭烘烘的营房里,很难区分"铁丝网症"患者与那些受噩梦困扰的战俘所发出的痛苦的呼叫:爆炸的飞机、燃烧的降落伞和烧焦的尸体等场景出现在梦中。"某个晚上,我听见有人喊道:'腰部射手呼叫驾驶员,乔身负重伤。天哪,他被射成两截了!'"理查德·霍夫曼在他震撼人心的战俘回忆录中写道,"一片沉默,随即又传来低低的啜泣声。"[95]

战争期间,数千名美军步兵假装精神错乱,以便离开前线,被送入战地医院,然后回家。但在战俘营中,没有人假装精神错乱。营区医院的条件与营房内同样可怕,另外,德国人也不肯遣返患有精神障碍的战俘。战俘们将朋友当做自己的精神寄托。"我觉得自己正处在崩溃的边缘,"一天晚上,格伦·约斯塔德的一名机组成员向他表露,"留意我,要是我做出疯狂的事情,请把我控制住。"[96]这很有帮助。尽管如此,仍有些无法克服绝望的战俘试图结束自己的生命。B-24的投弹手菲利普·B·米勒中尉讲述了在巴特的战俘营中,营房里一名沉默、孤僻的战俘用刀片割开了自己的喉咙和手腕,"流出的血,多得能用来粉刷房子。幸亏一名出色的英国医生帮他缝合了伤口,这位战俘才又回到营房中"[97]。

战俘营内发生的自杀事件并没有可靠的记录,但据大家所说,自杀的人数很少。[98]大多数战俘顶住了压力,许多人甚至从这番经历中获益。"我最好的朋友,大多出自那些战俘营,"克拉克中校后来说道,"我们没有觉得这是一次完全无益的经历,我们中的许多人对自己有了更多的了解。我们显然学会了在困难的情况下如何与人相处,这是非常重要的一课。"[99]战俘们忍受着物品的匮乏,这使他们中的大多数人对自己所得到的东西心生感激,而在过去,他们觉得这是理所应当的。约翰·维克多,在他的战俘回忆录中引用了一句古老的阿拉伯谚语:

我为自己没有鞋穿而抱怨,

直到我遇到一个失去双脚的人。[100]

1944年7月,在萨冈战俘营的第一周,尤金·哈尔莫斯陷入到失魂落魄的抑郁中。"铁丝网总是在你身边……塔楼和看守总是存在……总是无处可去。"[101]但他很快了解到"诀窍是保持忙碌"。战俘营里有几把花剑,于是他开始学习击剑,并让自己参与进有组织的活动中。8月初,他发现自己在日记中写道:"在这样一个地方,你居然能拓展自己的视野,这真令人惊讶。"[102]大卫·韦斯特海默则发现,"书籍是最好的逃避"[103]。美国红十字会、基督教青年会(YMCA)以及国内民众的慷慨捐赠,使德国空军战俘营图书室里的藏书非常丰富。Ⅲ号空军战俘营南营区的图书室占据了两间相邻的营房,其中一间配有战俘们用包装箱制成的扶手椅和长靠椅。点名结束后,许多人立即飞奔到这里,"占据最好的座位和最好的图书"[104]。一群常客几乎每天都到这里来看参考书,有些人打算在战争结束后重返大学就读。尼古拉斯·卡岑巴赫是一名从意大利起飞的中型轰炸机上的领航员,若干年后,他成为美国司法部长,在战俘营中,他带着严格的自律读书,这使他在战争结束后得以在普林斯顿大学跳过了本科的最后几年。他说服校方在六周的课堂考试中给了他两年的成绩,这就让他能跟同班同学一起毕业。"我父亲的所作所为……在我们家里呈现出一种神话般的意义,"他的儿子约翰(战俘小说《哈特的战争》的作者)写道,"这其中的经验很简单:机会可以在任何情况下创造出来,无论条件是多么恶劣。"[105]

卡岑巴赫的朋友韦斯特海默,开始阅读时几乎完全是为了打发时间,但他很快便发现,自己被带入到一个意想不到的世界中。"在战俘营里,书籍往往能传达出作者做梦也想不到的生动画面,远远超过坐在舒适的房间中的安乐椅上,一名漫不经心的读者所获得的任何体验……'米莉森特沿着小径奔跑时,树枝拂过她的双腿。'双腿!我看见了她的腿,没错。裸露的双腿。双腿上方的一切,也是裸露的。"[106]

战俘营图书室中最受欢迎的书籍是瑞士出版的电影画报,上面刊登着好莱坞女明星华丽的照片。樱桃红唇的蓓蒂·葛莱宝大受欢迎，但在Ⅲ号空军战俘营进行的一次表决中，性感的英格丽·褒曼轻松击败了她，当选为"最能让西营区战俘打开他们牛奶罐的女郎"。[107]

战俘们还设立起他们自己的"大学"。萨冈战俘营中的"大学"提供了近40门课程，授课的都是战俘。这些课程包括化学、数学、物理、哲学、拉丁文、文学、历史、自动机械、市场营销、会计、绘画和健美。教科书非常稀缺，但YMCA提供了黑板和大量笔记本。一名战俘写信回家说，他在"萨冈大学"[108]学习法国和英国文学，并以阅读《战争与和平》为消遣。战争结束前，美国一些院校为有资质的战俘营教官所开设的高水平课程提供了学分。

所有空军战俘营里都有生机勃勃的剧团。一些战俘有过舞台经验，但他们的热情比天分更充足。随着YMCA提供的物资运抵，战俘们制作了演出服和舞台布景，他们还用红十字会的食物箱做成舒适得令人难以置信的剧场座椅。吊灯用铁皮罐制成，YMCA提供了乐器后，战俘们组建起自己的交响乐队，并取了诸如"空军乐队"和"萨冈小夜曲"这样的名字。受过专业训练的音乐家们根据记录在厕纸残片上的灵感创作出自己的音乐，并教那些门外汉看懂这些乐谱。YMCA为他们提供了剧本，但战俘们创作并编排了几十部自己的戏剧。

剧场是个多用途设施。"从YMCA获得扬声器系统和几百张交响乐唱片后，我们便在下午将剧场变暗，"斯皮维上校回忆道，"我们的乐队指挥播放莫扎特、贝多芬或其他著名作曲家的音乐，并在播放的过程中加以讲解。剧场里几乎总是举办这样的活动。"[109]战俘们没有太多的音乐可听。萨冈战俘营南营区从红十字会得到一台便携式留声机后，它和一大叠发霉的唱片从一间营房传至另一间营房。"轮到我们享用这台留声机时，它就没停歇过，"韦斯特海默回忆道，"通宵聆听是最棒的。我们一直播放到熄灯。一名战俘会自愿熬通宵，给留声机上发条并更换唱片，其他人则躺在床上聆听，充满了喜悦和向往，有些唱片放了一遍又一遍。《罗莎丽塔》、《你永在我心中》、《古老的黑魔法》以及其他十来首歌曲。"[110]

战俘们的梦中总是充斥着女人，他们写给妻子和女友的信中也满含情欲意味。一名战俘告诉妻子，让她把卧室的天花板涂成她最喜欢的颜色，因为等他回来后，她会更多地看见它。[111]有时候，一些村里的妇女会挑逗性地从战俘营外走过，故意扭摆着臀部，这令战俘营里的男人们都要发疯了。这些看得见摸不着的女人让一些战俘几近绝望。一个阳光明媚的周日清晨，两名英国飞行员沿着萨冈战俘营边缘漫步，想象着自己回家后，在这样的好天气里会做些什么。他们没想到的是，两名颇具魅力的妇女从树林中的小径走出，沿着战俘营的铁丝网向前而去。就在双方交错之际，其中的一个妇女用轻柔的声音说道："早上好，先生们。多么美好的早晨啊。"[112]

"这几句话……像激光束那样令我们惊讶不已，"约翰·科德维尔说道，"我们没有对她们说一句话。我们俩跟跄后退，倒在自己的床上，陷入到彻底的沮丧中。我们躺了几个星期，最后才将那一幕摆脱掉。"

合唱团和爵士乐队也出现在战俘营的剧场中，周日，英勇的牧师主持礼拜仪式，这些牧师自愿跳伞进入德国，以便跟战俘们在一起。宗教提供了慰藉，但邮件更重要。战俘们获准每个月写三封信和四张明信片。审查合格后，每封信件需要三四个月的时间才能到达收件人手中——延误是由于信件必须通过战俘中的检查员和德国方面的检查员所造成的。（战俘中也设有信件检查员，目的是确保写信的战俘不会在无意间透露出逃跑计划或是营区内的秘密活动。）接收信件的数量没有限制，但德国的投递系统极不规律，这令一些战俘产生了不正确的怀疑：敌人通过扣留家信的方式来折磨他们。寄来的信中包含一些精彩的段落，收信人有时会拿出来与其他战俘分享。一名上尉通过红十字会收到一位妇女织就的毛衣，他写信给她表示感谢，她回信说："我很遗憾是一名战俘收到了我织的毛衣。我本来是为一名战士所织的。"[113]另一位飞行员从他妻子那里获知了意想不到的消息："亲爱的哈里，希望你是个心胸开阔的人。我刚刚生了个宝宝……他是个多么棒的家伙啊……他还给你寄去些香烟。"

一位颇具想象力的战俘在床铺旁的墙壁上建立起一组照片展，题为"不耐烦的姑娘们"，[114]一排排女人的照片，其中的一位身穿婚纱，这些姑娘都给自己身处萨冈战俘营的丈夫或男友写去了分手信。这些照片由惨遭抛弃的战俘提供。"营地里出现了许多欢笑，"罗沃斯基说道，"就连戴了绿帽子的人也会发出自嘲的笑声。生活太过严峻，你需要幽默来让自己保持理智。"[115]

没有什么能比邮件通知更能提高或降低战俘们的士气，战事消息大概是个例外。战俘们通过三个来源获知最新的战况：新来的战俘，盟军和德国人的广播以及秘密出版的战俘营小报。与充满八卦意味的战俘报纸不同，这些小报中包含来自全世界各条战线的最新消息。"德国境内唯一真实可靠的报纸"是如何编辑出来的？洛厄尔·贝内特，这位前国际通讯记者，描述了他在 I 号空军战俘营帮助设立《等待胜利的战俘》（Pow Wow）这份地下日报的情形。[116]报上刊登的战事消息来自一台隐藏在英军战俘营区墙壁中的收音机。钉子将收音机固定住，使其成为接收终端，天线和耳机连接在上面。制作收音机的零部件由德国看守偷偷带入营地，以交换美国香烟。一名打字员将新闻打印在厕纸上，再由一名英国联络员交到贝内特所在的营区，这位联络员已获得德国人的批准，可以在各营区盟军指挥官之间传递重要的公开性消息。这名英国军官将信息藏在一块空手表中。为避免被发现，他会将手表的指针调至当天适当的时间，以防被看守拦下检查。这张厕纸随后被传递给贝内特和他的工作人员，后者便忙碌起来，打印出一份单页报纸。每期报纸只用复写纸制作四份，复写纸是将普通纸张放在铁皮罐做成的简易灯具上熏黑制成，每座美国战俘营区各得一份报纸；足智多谋的英国人自行出版他们的报纸。信使将报纸传递给营房的安全官，他便将报上的内容大声读给部下们听，通常是在盥洗室内，这时，"探子"会被派至营房的两侧以及盥洗室的窗户前。读罢，报纸便被丢入营房的炉子中。[117]

德国人最终发现了《等待胜利的战俘》和秘密收音机。[118]出版报纸的营房,遭到搜查的次数比其他营房更多,但这份2000字的报纸从未中断过。德国人也没有找到收音机的藏匿处。

每座空军战俘营都有自己的报纸,战事消息传来时,盟军的进展会在张贴于营区墙壁上的大幅手绘地图上标出。1944年秋天,传来的消息令人鼓舞。西线盟军和东线红军都已到达德国边境,空中几乎每天都充斥着从英国而来的银色轰炸机。每当这些机群从空中掠过,战俘们便聚集到室外,发出赞许的欢呼。

但当冬季到来时,西线盟军在齐格菲防线变得停滞不前,战俘营里的情绪也跟着低沉下来。当年12月,消息传至战俘营:德国人在阿登山区发起了猛烈的反击。盖尔·克莱文回忆道:"那些看守,大多数是又老又胖的德国国防军士兵,他们兴高采烈。"[119]一种绝望的情绪悄无声息地出现在战俘中,特别是那些老资格的战俘,开始以"压低的声调"谈论起"终身被囚禁"的可能性。[120]气温骤降,战俘们整日缩在床上取暖。随着盟军飞机对德国的铁路和公路实施猛烈轰炸,战俘营里的食物和邮件稀缺得令人沮丧。只有一小部分储存的红十字会包裹将战俘们从清汤、满是蛆虫的蔬菜以及"蠢面包"中解救出来。就连意气风发的尤金·哈尔莫斯也开始绝望。他在自己的日记中透露:"从这里获得解放的日子渐渐退却,退入到遥远的未来。"[121]而对罗沃斯基来说,这个沉闷的冬季中唯一值得安慰的是来自英国的消息:他的储物柜已被清理,物品被运回家之前,一个朋友已将他那些保险套据为己有。

战事消息降低但并未彻底打消圣诞节的气氛。在I号空军战俘营,飞行员们用红十字会捐赠的水彩颜料涂抹纸片,再用这些纸装点他们的营房。他们还用扫帚柄和牛奶罐上割下的金属条做了棵圣诞树,并用剪开并涂有颜色的厕纸加以装饰,以模拟树枝上的松针。"香烟包装盒上的银色锡皮纸被串成金属丝的样子。五颜六色的肥皂包装纸、罐头标签和笔记本封面经过精心剪裁,成为了装饰物。被刀片切碎的纸片充当雪花。"[122]一位牧师(这位健壮的英国人是1940年在敦刻尔克被俘的）在食堂举行了午夜弥撒，合唱团的人数近2000人，大多数人站在门外，提供伴奏的是YMCA赠送的一只小口琴。

圣诞节早上的天气非常寒冷，但却异常晴朗，Ⅲ号空军战俘营的飞行员们得到了红十字会寄来的特别包裹，里面是罐装的火鸡、饼干和葡萄干布丁。甚至连德国人也很投入，他们分发了便宜的派对帽和制造声响的小喇叭。战俘们努力让自己强颜欢笑，但大多数人只是装装样子而已。[123]和其他人一样，尤金·哈尔莫斯的整个思绪飞回到家中。一个名叫安的姑娘还在等他，期待着夫妻俩从未享受过的蜜月。

当天，德国看守们的家人参观了萨冈，战俘们可以隔着铁丝网看见他们。对那些带着孩子的人来说，这纯粹是一种折磨。圣诞节那天，邮件意外地送到巴特镇的战俘营，约翰·维克多拆开两封父亲写来的信，信中充满了来自家里的喜讯。随后，他又拆开第三封，是他儿时的一位朋友写来的，对维克多父亲的去世表示慰问。[124]

元旦，美国人仍在阿登山区的冰雪中苦战时，BBC宣布，苏联红军已到达维斯瓦河河畔，正准备发起攻势。近400万士兵和10000辆坦克构成了一条从波罗的海延伸至巴尔干地区的战线。这股压倒性进攻力量中的一部，准备穿越波兰西部，赶至波兰与德国的边界——奥得河，然后，"前进，杀入法西斯的老巢！"[125]这将使他们与位于维斯瓦河和奥得河之间的萨冈发生冲撞。

俄国人的推进令战俘们喜忧参半：他们希望获得解放，但又担心德国人会在苏军到来前把他们解决掉。

苏军发起攻势的消息，同样在伦敦附近的第八航空队司令部内造成了复杂的影响。这是个机会，用轰炸加速苏军的推进，从而使战争早日结束。但弗雷德里克·安德森将军和其他"硬战"倡导者坚持认为，轰炸必须是灾难性的，因为敌人已经表明其军火库中还有大量武器弹药。他们的军火工业必须被摧毁，另外还包括其国民的士气。第八航空队到达了一条道德鸿沟——他们即将跨越过去。

注释

1. 路易斯·罗沃斯基的回忆均来自2002年10月2日、2003年4月24日,作者对罗沃斯基的采访。

2. 帝国部长戈培尔博士,"对敌空中恐怖行径的几句话",摘自《纽伦堡军事法庭对战犯的审判,第十一卷》(华盛顿,美国政府印务局,1950年),第168页;对轴心国犯罪、纳粹的阴谋和侵略实施起诉之美国首席法律顾问办公室,附录B(华盛顿,美国政府印务局),第75页;瓦尔特·瓦利蒙特的证词,《纽伦堡军事法庭对战犯的审判,第十一卷》,第182页。另可参阅戴维·A·福伊的《对你来说,战争结束了:身处纳粹德国的美国战俘》(纽约,斯坦&戴出版社,1984年),第23页。

3. 雷蒙德·F·托利弗、汉斯·J·沙尔夫,《审讯者:德国空军王牌审讯员汉斯·沙尔夫的故事》(加州法布鲁克,航空出版社,1978年),第229页。

4. 引自福伊的《对你来说,战争结束了:身处纳粹德国的美国战俘》,第22页。

5. 《"杀人公司"传奇》,《第八航空队新闻》第12期(1986年1月第1期),第1—3、6页。

6. 罗杰·伯维尔,《我的战争》,第20页,第八航空队历史博物馆。

7. 对轴心国犯罪、纳粹的阴谋和侵略实施起诉之美国首席法律顾问办公室,附录B,第74页。

8. 摘自《纽伦堡军事法庭对战犯的审判,第十一卷》,第166—169页。另可参阅S·P·麦肯齐的《二战中战俘的对待》,《现代史》杂志,第66期(1994年9月),第494页;阿瑟·A·杜兰德,《Ⅲ号空军战俘营:不为人知的故事》(巴吞鲁日,路易斯安那州立大学出版社,1988年),

第50页。1943年，希姆莱曾下达过一道命令，指出德国警方没有责任干涉德国百姓对被俘盟军飞行员的报复；《伦敦时报》，1945年12月18日。

9　沙蒙·道特奈尔，《对战俘的罪行：德国国防军的责任》（华沙，西部新闻社，1964年），第194页；麦肯齐的《二战中战俘的对待》，第494页。

10　对轴心国犯罪、纳粹的阴谋和侵略实施起诉之美国首席法律顾问办公室，附录B，第76页。

11　情报机构的瓦尔特·舒伦堡的证词，引自1946年1月3日的《伦敦时报》。另可参阅巴伐利亚副大区领袖伯图斯·格迪斯的证词，引自1946年1月3日的《伦敦时报》。

12　道特奈尔，《对战俘的罪行：德国国防军的责任》，第199—201页。

13　同上。

14　1946年3月16日，《伦敦每日电讯报》。

15　海因茨·古德里安将军，《装甲指挥官》，康斯坦丁·菲兹吉本译（伦敦，迈克尔·约瑟夫出版社，1952年），第427页。

16　约德尔的证词，《国际军事法庭对主要战犯的审判，第十五卷》（德国，纽伦堡，1948年），第297页。

17　道特奈尔，《对战俘的罪行：德国国防军的责任》，第200—201页。

18　"关于德国的特殊情报"，美国驻欧洲战术空中力量司令部，情报报告，第4页，美国空军历史研究部；福伊，《对你来说，战争结束了：身处纳粹德国的美国战俘》，第42—43页；1944年12月11日，施密特将军所下达的命令，《纽伦堡军事法庭对战犯的审判，第十一卷》，第179页；1945年11月10日，《伦敦时报》。

19　同上。

20　道特奈尔，《对战俘的罪行：德国国防军的责任》，第203—204页。

21　1945年11月2日，R·西利少校的证词，《纽伦堡军事法庭对战犯的审判，第十一卷》，第181—182页。

22　1945年，A.D.I（K）第328号报告，巴吞鲁日，路易斯安那州立大学，特洛伊·H·米德尔顿图书馆。

23　2004年10月21日，对路易斯·罗沃斯基的采访。

24　同上。

25　2002年1月14日，对克莱文的采访。

26　托利弗、沙尔夫，《审讯者：德国空军王牌审讯员汉斯·沙尔夫的故事》，第217页。

27　同上，第17页。

28　"德国人对战俘的审讯"，陆航队情报摘要第45期，1月1—15日，美国空军历史研究部；2004年8月6日，作者对汉克·普卢姆的采访。

29　罗杰·伯维尔，《我的战争》，第23页。

30　德尔玛·T·斯皮维，《战俘生涯：Ⅲ号空军战俘营中央营区往事及二战期间的秘密和平使命》（马萨诸塞州阿特尔伯勒，殖民地印刷出版公司，1984年），第22页。

31　汉斯·约阿希姆·沙尔夫，《没有酷刑》，《商船队》杂志（1950年5月），第88页。

32　A.K.I（K）第328号报告。

33　罗杰·伯维尔，《我的战争》，第21页。

34　约翰·维克多，《暂停：Ⅰ号空军战俘营的美国飞行员》（纽约，理查德·R·史密斯出版社，1951年），第29页。

35　埃里克·弗里德海姆，《欢迎来到空军战俘营》，《空军》杂志第28期（1945年9月），第16页。

36　陆军反情报部门的戈登·德福塞上尉对德国空军战俘营所做的评估报告，被引述于弗里德海姆的《欢迎来到空军战俘营》，第16—17、73页。

37　托利弗、沙尔夫，《审讯者：德国空军王牌审讯员汉斯·沙尔夫的故事》，第133页。

38　弗里德海姆，《欢迎来到空军战俘营》，第17页。

39　同上。

40　托利弗、沙尔夫，《审讯者：德国空军王牌审讯员汉斯·沙尔夫的故事》，第190—191页；小埃德温·A·布兰德，《德国人审讯被俘盟军飞行员的方法》（论文，空军大学空军指挥与参谋学院，阿拉巴马州麦克斯韦空军基地，1948年），第13—15页。

41　托利弗、沙尔夫，《审讯者：德国空军王牌审讯员汉斯·沙尔夫的故事》，第17页；阿瑟·A·杜兰德，《Ⅲ号空军战俘营：不为人知的故事》，第70页。1945年初，德国人疏散了奥伯乌尔泽尔，1945年4月16日，沙尔夫被抓获，并遭到逮捕。

42　2002年10月2日，对路易斯·罗沃斯基的采访。

43　"二战统计"，佛罗里达州迈阿密海滩，被拘禁者权利中心。另一个稍高些的数字可参阅退伍军人管理局，规划与计划办公室，研究与分析科的"前战俘研究"（华盛顿，1980年），第31页；萨冈，现在被称作扎冈。

44　2003年4月18日，对克莱文的采访。

45　《莱斯利·卡普兰上尉，死亡行军中的军医》，空军协会，1982年8月25日，约瑟夫·P·奥唐纳的《徒步跋涉》（自费出版），第59页；2002年10月2日，对路易斯·罗沃斯基的采访。

46　小尤金·E·哈尔莫斯，《铁丝网的另一侧：二战中的美军战俘》（宾州希彭斯堡，白鬃野马出版社，1996年），第xiv页。

47　2004年8月6日，作者对汉克·普卢姆的采访。

48　2002年10月2日，对路易斯·罗沃斯基的采访。

49　斯皮维，《战俘生涯：Ⅲ号空军战俘营中央营区往事及二战期间的秘密和平使命》，第32页；约翰·维克多，《暂停：Ⅰ号空军战俘营的美国飞行员》，第29页。

50　2002年10月2日，对路易斯·罗沃斯基的采访。

51　保罗·布里克希尔，《大逃亡》（1950年出版；纽约，巴兰坦出版社，1961年再版），第200页。

52　2002年10月2日，对路易斯·罗沃斯基的采访。

53　贝格尔的证词，《纽伦堡军事法庭对战犯的审判，第十三卷》，第59页。

54　纪录片《铁丝网后》中，对皇家空军飞行员约翰·科德维尔的采访，这部纪录片是1994年A·艾伦·齐默尔曼为第八航空队历史学会拍摄的。欲了解布痕瓦尔德集中营内飞行员的情况，可参阅托马斯·奇尔德斯的出色著作，《战争的阴影下：一名美国飞行员的经历》（纽约，亨利·霍尔特出版社，2003年），另外还有米切尔·G·巴德的《被遗忘的受害者：希特勒集中营里的美国人》（博尔德，西景出版社，1994年）。

55　关于贝尔加劳改营中的美军战俘，可参阅罗杰·科恩的出色之作，《士兵与奴工：被困于纳粹最后赌注中的美军战俘》（纽约，诺普夫书局，2005年）。

56　大卫·韦斯特海默，《等待：一名二战战俘的回忆》（休斯顿，莱斯大学出版社，1993年），第253页。

57　1974年10月3日，对劳伦斯·库特尔将军的采访，美国空军历史研究部，K239.0512-810。

58　1976年2月10—12日，美国空军口述历史部采访阿瑟·W·瓦纳曼少将，美国空军历史研究部，K239.0512-855。

59　2002年10月2日，2005年5月9日，对路易斯·罗沃斯基的采访。

60　鲍勃·尼亚利，《Ⅲ号空军战俘营》（自费出版，1946年），第40页。

61　1990年2月10日，采访埃尔默·莱恩，空军历史博物馆。

62　约翰·维克多，《暂停：Ⅰ号空军战俘营的美国飞行员》，第29页。

63　2005年6月10日，作者对格伦·A·约斯塔德的采访。

64　2003年5月7日，作者对乔治·古德利的采访。

65　"国际红十字委员会对其在二战中活动的报告"（日内瓦，1948），第1、222—228页。

66　克拉克的话均引自对阿尔伯特·P·克拉克的采访，纪录片《铁丝网后》。

67　洛厄尔·贝内特，《跳伞到柏林》（纽约，先锋出版社，1945年），第199页。

68　1945年8月31日，MI-9的报告，"统计摘要：截至1945年6月30日，越狱和逃亡者的归来"，转载于M.R.富特和J.M.兰利的《越狱和逃亡：1939—1945》（波士顿，利特&布朗出版社，1980年），附录一。

69　1979年6月20—21日，美国空军口述历史部采访阿尔伯特·P·克拉克，美国空军历史研究部，K239.0512-1130。

70　哈尔莫斯，《铁丝网的另一侧：二战中的美军战俘》，第35页。

71　2002年10月2日，2005年5月9日，对路易斯·罗沃斯基的采访。

72　同上。

73　1990年2月10日，采访埃尔默·莱恩，空军历史博物馆。

74　大卫·韦斯特海默，《等待：一名二战战俘的回忆》，第195页。

75　哈尔莫斯，《铁丝网的另一侧：二战中的美军战俘》，第27页。

76　罗杰·伯维尔，《我的战争》，第26页。

77　保护国第1号报告，1942年12月9日，舍夫勒博士的视察，"Ⅲ号空军战俘营"文档，卷宗389号，国家档案馆。

78　理查德·H·霍夫曼，《17B战俘营》（费城，西利布里斯出版社，1988年），第120页。

79　莱斯利·卡普兰医生为明尼苏达军区民政部门，战争罪行办公室提供的证词，转载于奥唐纳的《徒步跋涉》，第60—64页；国际红十字委员会的报告，1944年10月5—6日的视察，国家档案馆。

80　引自卡洛尔·F·狄龙的《特殊的英雄：一名飞行员在德国战俘营的经

历》（萨拉索塔，棕榈树出版社，1995年），第137页；肯尼斯·N·奈尔编撰的《密西西比州人和第八航空队》中，威廉·D·亨德森所写的《从海德克鲁格到地狱》，第88页。

81　汤米·拉莫尔、丹·A·贝克，《一个人的战争：汤米·拉莫尔的二战经历》，第167页。

82　同上。

83　引自理查德·L·宾的《19岁的你……欢迎回家：欧洲空战及其后遗症》（自费出版，1992年），第73页。

84　威廉·D·亨德森所写的《从海德克鲁格到地狱》，第89页。

85　埃德温·W·海耶斯手稿，18—32页，第八航空队历史博物馆；威廉·D·亨德森所写的《从海德克鲁格到地狱》，第89页。

86　罗伯特·多尔蒂的话引自纪录片《铁丝网后》，空军历史学会。

87　卡普兰医生的证词，转载于奥唐纳的《徒步跋涉》，第63—64页。

88　尤金·T·卡森，《一名尾部射手的回忆》，第187页。

89　赖特·李，《第八航空队，第445轰炸机大队详史》；《一名B-24领航员/战俘的回忆录，1943—1945》（南卡罗来纳州斯帕坦堡，霍诺里巴斯出版社，1995年），第153页。

90　莫里斯·约翰·罗伊，《铁丝网后》（纽约，R.R.史密斯出版社，1946年）。

91　弗朗西斯·杰拉尔德的"战时日记"，由他的女儿帕特里夏·卡鲁索提供。

92　沃尔特·A·伦登，《战俘中的囚禁精神病》，《刑法与犯罪学杂志》第39期（1949年4月），第721—730页。

93　同上。

94　约翰·维克多，《暂停：I号空军战俘营的美国飞行员》，第113—114页。

95　理查德·H·霍夫曼，《17B战俘营》，第119页。

96　2005年6月10日，作者对格伦·A·约斯塔德的采访。

97　刘易斯·H·卡尔森的口述历史证词，《我们是彼此的囚犯：二战期间美国和德国战俘的口述》（纽约，基础读物出版社，1997年），第84页。

98　2004年8月6日，作者对汉克·普卢姆的采访。另可参阅贝内特的《跳伞到柏林》，第192页。

99　对阿尔伯特·P·克拉克的采访，纪录片《铁丝网后》。

100 约翰·维克多,《暂停：Ⅰ号空军战俘营的美国飞行员》,第46页。

101 哈尔莫斯,《铁丝网的另一侧：二战中的美军战俘》,第25页。

102 同上。

103 大卫·韦斯特海默,《等待：一名二战战俘的回忆》,第217页。

104 斯皮维,《战俘生涯：Ⅲ号空军战俘营中央营区往事及二战期间的秘密和平使命》,第91页。

105 约翰·卡岑巴赫,《哈特的战争》中的作者序（纽约,巴兰坦出版社,1999年）,第489页。

106 大卫·韦斯特海默,《等待：一名二战战俘的回忆》,第218页。

107 鲍勃·尼亚利,《Ⅲ号空军战俘营》,第3—6页。

108 罗亚尔·D·费伊,《Ⅰ号空军战俘营的桂冠诗人》,《航空历史学家》第16期（1969年冬季）,第17页；杜兰德,《Ⅲ号空军战俘营：不为人知的故事》,第224—226页；福伊,《对你来说,战争结束了：身处纳粹德国的美国战俘》,第100—101页。

109 斯皮维,《战俘生涯：Ⅲ号空军战俘营中央营区往事及二战期间的秘密和平使命》,第69页。

110 大卫·韦斯特海默,《等待：一名二战战俘的回忆》,第225—226页。

111 斯皮维,《战俘生涯：Ⅲ号空军战俘营中央营区往事及二战期间的秘密和平使命》,第73页。

112 纪录片《铁丝网后》中,对一名前战俘的采访。

113 洛厄尔·贝内特,《跳伞到柏林》,第214页。这些信件被刊登在巴特战俘营的营区报纸上。

114 墨菲,《运气至上：对欧洲空战的反思》,第200—201页。

115 2004年8月30日,对路易斯·罗沃斯基的采访；2004年8月17日,作者对汉克·普卢姆的采访。

116 洛厄尔·贝内特在《跳伞到柏林》一书中讲述了自己的经历。后来,雷蒙德·A·帕克中尉替代他成为秘密报纸的编辑。

117 大卫·韦斯特海默,《等待：一名二战战俘的回忆》,第208页。

118 休伯特·泽姆克和罗杰·A·弗里曼,《泽姆克的战俘营：二战的最后岁月》（华盛顿,史密森学会出版社,1991年）,第31—32页。

119 2003年4月24日,对克莱文的采访。

120 莱曼·B·伯班克,《德国,Ⅲ号空军战俘营,中央营区内的美国空军战俘》（芝加哥大学博士论文，1946年3月），第6页。
121 哈尔莫斯，《铁丝网的另一侧：二战中的美军战俘》，第67、70页。
122 洛厄尔·贝内特，《跳伞到柏林》，第218页。
123 哈尔莫斯，《铁丝网的另一侧：二战中的美军战俘》，第81—83页。
124 约翰·维克多，《暂停：Ⅰ号空军战俘营的美国飞行员》，第154页。
125 引自安东尼·比弗的《1945，柏林的陷落》（纽约，维京出版社，2002年），第17页。

第十五章

无尽的恐怖

我们还没有杀够。我们必须赋予这场战争足够的毁灭性和恐怖性,从而使接下来的一百年里,再也没有新的煽动家和叛国者胆敢为实现其目的而诉诸暴力和战争。

——威廉·特库姆塞·谢尔曼将军
1863 年 8 月 20 日

1945年1月30日,英国

这天晚上,吉米·杜立特尔接到了来自卡尔·斯帕茨的紧急指令。第八航空队下一次任务的瞄准点是柏林市中心。正如他们此前对德国首都的空袭那样,第八航空队的目标将是政府建筑,那是种族灭绝战的神经中枢。但这次,空袭的主目标并非军事设施,而是挤满难民——主要是妇女、儿童和老人——的铁路客运站。这些惊恐万状的家庭逃离了他们位于帝国最东端的家园,那片被鲜血浸透的土地已被苏联红军占领,他们的报复性进军中充斥着强奸、劫掠和屠杀。在杜立特尔将军看来,这不啻为恐怖轰炸,因而敦促斯帕茨重新考虑他的命令。

为打垮一个即便面对必然的失败也拒绝投降的敌人，何种手段才是符合道义的？希特勒战斗到底的疯狂命令，将使德国在战争的最后几个月中遭受一场真正的毁灭。而1945年初菲律宾失陷后，日本政府继续进行战争的决定，会令居住在该国由纸张和木头构成的易燃城市中的百姓尝到更为可怕的战争结局。3月9日夜间，柯蒂斯·李梅将军派出以塞班岛为基地的B-29"超级堡垒"轰炸机群，用燃烧弹对东京实施低空空袭，这场空袭令至少10万名平民丧生，16平方英里的城市被焚毁，其面积相当于曼哈顿岛的三分之二。东京大空袭仅仅是六十四次燃烧弹轰炸的第一次，这些空袭造成数十万日本平民丧生。光是东京、大阪和名古屋，被夷为平地的区域（近100平方英里）就已超过德国在整个战争期间被英美空中力量摧毁的全部城市区域（约79平方英里）。

有人认为，1945年3月对东京的空袭，标志着美国军事政策的一个历史性转折点，他们放弃了长期存在的克制：反对滥杀无辜。[1]但1945年2月3日早上，整个第八航空队出现在柏林冰冷的上空时，道德鸿沟便已被跨越。

雷霆一击

空袭柏林源于卡尔·斯帕茨原先反对的一个计划。1944年7月，英国参谋长委员会建议首相："时机很可能在不久后到来，我们将以所掌握的一切手段对德国国民的士气发起一场全力打击，这可能是决定性的……实施这种打击的方法应加以贯彻和检查，并做好一切准备。"[2]该计划的代号是"雷霆一击"，这将是英美空军对柏林进行的一次毁灭性打击——连续四天的狂轰滥炸会令25万平民丧生或致残，并将纳粹政府的行政中心夷为平地，从而给予"德国士气致命的一击"。[3]皇家空军参谋长查尔斯·波特尔宣布："这样一场空袭会导致大批伤亡，其中大多数是重要人员，肯定会对德国各地的政治和平民的士气造成粉碎性影响。"[4]

直到德国处于失败的边缘，一场针对平民士气的沉重打击有可能迫使德国投降，或引发一场反对纳粹政权的民众起义时，"雷霆一击"才会发起。[5] 但这个"心理"时刻很可能即将到来，英国参谋长委员会认为会是当年7月，从东面和西面而来的两支决定性大军齐聚德国境内时。[6] 但是，英国规划者们无法获得美国的合作。斯帕茨，在华盛顿陆航队总司令部的大力支持下，带头反对这项计划，反对参与皇家空军这场以平民为目标的毁灭性轰炸行动。在大多数美国陆航队指挥官看来，对城市中心的军事设施实施打击会造成平民的伤亡，"尽管令人厌恶，但却有必要性"[7]。而将炸弹瞄准居民区则完全是另一回事。"发起一场针对平民百姓的战争，与我们国家的立国之本截然相反。"劳伦斯·库特尔少将宣布，[8] 他现在是哈普·阿诺德将军负责计划与作战行动的副参谋长。查尔斯·P·卡贝尔准将是一位重要的战术策划者，他更进一步，谴责"雷霆一击"是个"屠杀婴儿"的计划。[9]

这些陆航队指挥官并非心慈手软的人道主义者，他们的策略完全是基于军事方面的考虑。"我不赞同'雷霆一击'，不是出于宗教或道义上的原因。"卡尔·斯帕茨后来告诉空军历史学家们。[10] 针对一个邪恶的敌人，他可以发起一场全面性打击，但他估计，所谓的"士气轰炸"并非取胜之道。"我们的整个目标政策建立在这样一个事实上，对军事和德国生产能力以外的任何目标实施轰炸都是浪费。"库特尔说道，[11] 他的话代表了斯帕茨、杜立特尔以及其他继续致力于经济目标轰炸的指挥官们的看法。德国百姓已承受了英国人四年的轰炸，没有出现任何全面崩溃或一场有组织反抗现政权活动的迹象。现在，英国人要求美国人加入到他们的行列中，发动另一场规模更大的轰炸，以打破敌人的士气。这不禁让斯帕茨质疑他们在战争这么晚的时候推行"雷霆一击"的动机。他在给阿诺德的信中写道："我毫不怀疑，皇家空军想让美国陆航队受到'士气轰炸'可怕后果的玷污。"[12]

温斯顿·丘吉尔也反对"雷霆一击"，从而结束了这场讨论。他尖锐地指出："目前，德国领导者想打到最后一个人，并希望自己会是那最后的一个,除此之外,对其他一切没有任何兴趣。"[13]英国首相建议,不要对柏林的政府中心发起一场摧毁一切的轰炸,而应该列个战犯名单,名单上的人如果落入盟军手中,会被处决。他认为,这一招可能会让担心战争失败后所有德国人遭到全面性报复的德国民众与纳粹领导者保持些距离。

可是,"雷霆一击"背后的想法并未消失。8月下旬,艾森豪威尔告诉斯帕茨:"做好准备参加一切真正能迅速结束战争的行动。"[14]艾克指示,斯帕茨应继续打击经济和战术目标,"除非在我看来出现了这样一个机会:一场突如其来的毁灭性打击可能会导致一个不可估量的结果"。当年秋季和初冬,西线德军发起出人意料的顽强抵抗时,实施"雷霆一击"为时尚早。但在1月份,朱可夫元帅向奥得河发起闪电般的推进,距离柏林已不到40英里时,一些高层策划者认为,对艾森豪威尔"突如其来的毁灭性打击"来说,时机到了。

确定的计划并非原先的"雷霆一击"。柏林仍是个目标,但清醒过来的英国情报专家们现在认为,"在不久的将来发起一场'雷霆一击'规模的打击,是否具有决定性……非常值得怀疑"[15]。盟军的目的是继续积极削弱德国,而不是试图发起单独一场空中致命打击。英国人相信,实现这一目的最有效的办法是为苏军地面攻势提供大力支援。由于1944年12月德军在阿登山区的猛烈进攻,西线盟军仍处于恢复状态,尚未做好继续向莱茵河进军的准备,因此,沿东线轰炸德军阵地将对唯一的军事主动性行动有所帮助,从而有可能在冬季结束前击败敌人。英国联合情报委员会在一份秘密报告中指出,对柏林这座德国东部的主交通枢纽和挤满上百万难民的城市发起一场大规模轰炸,"势必造成极大的混乱,干扰部队向前线的有序调动,并对德国军事和行政机构造成妨碍"[16]。盟军相信,党卫军第6装甲集团军刚刚离开比利时,即将穿过柏林赶赴崩溃中的东线,这给轰炸行动增添了紧迫性。对德国城市的轰炸也有其"政治价值,可以向俄国人展示……英国和美国帮助他们打赢目前战斗的一种愿望"[17],从而改善丘吉尔和罗斯福在即将召开的雅尔塔三巨头会议上与斯大林的谈判地位，这次会议已定在2月份的第一周。

尽管不是"雷霆一击"，但这仍是一场令人心生恐惧的轰炸计划：挤满无家可归者的火车站将成为打击目标，不是为了破坏其士气，而是令德国的交通和城市"发生混乱"。"轰炸机"哈里斯阐述该计划时，建议对开姆尼茨、莱比锡和德累斯顿这些萨克森州城市，以及靠近东线并挤满难民的所有铁路中心发起额外的空袭。

就在这时，温斯顿·丘吉尔加入到讨论中，他向空军大臣阿奇博尔德·辛克莱爵士提出："无论柏林，当然还包括德国东部的其他大型城市，现在都不应被视作特别有吸引力的目标……但愿上帝能告诉我接下来该怎么做。"[18]近期的情报报告表明，如果苏军突入德国，德国人的抵抗可能会在4月中旬前崩溃，否则，战事将拖至11月，这个情况加剧了首相的焦虑。[19]

丘吉尔的介入加速了计划安排。辛克莱爵士告诉首相，待天气和月光条件许可，空袭行动就将展开。[20]此刻，俄国人已提前获得了通知；后来，在雅尔塔会议上，斯大林亲自提出，德累斯顿应该和莱比锡、柏林一样遭到轰炸。（会议的官方记录表明，苏联代表提出的轰炸目标只有柏林和莱比锡。但最近，英国参谋长委员会的翻译员——他参加了雅尔塔会议的每一场会谈——出面披露，斯大林亲自提出口头要求，而且相当强烈，将德累斯顿添加到英美计划对德国东部城市实施轰炸的名单上。[21]）

斯帕茨获悉英国人的计划后透露，他的参谋人员已开始筹划对柏林发起一次大规模空袭，尽管不是针对难民的行动。斯帕茨同样对苏军的攻势满怀信心。"俄国人推进的力量是目前最重要的战略因素，"他发电报给哈普·阿诺德，"……我认为应该通过轰炸柏林给予他们大力支持，那是德国人抵御朱可夫先头部队、实施控制和补给的中心。"[22]至此，修订过的"雷霆一击"已完全是英国人的计划。现在，新的联合轰炸指令由斯帕茨和皇家空军少将诺曼·博顿利下达：第八航空队将打击柏林市中心，而皇家空军则在美国的协助下，对另外三个铁路枢纽实施轰炸。[23]斯帕茨坚持着轰炸行动的前提：只有天气状况不利于对德国石油设施发动空袭时，才能对这些城市目标实施轰炸。

卡尔·斯帕茨为何会同意一项直接违背他"不以平民为目标"的既定政策的计划？来自哈普·阿诺德尽快结束战争的沉重压力是个主要因素。当年1月，阿诺德紧缠着斯帕茨，愤怒和焦虑使阿诺德在1月中旬第四次心脏病发作，差点死在办公桌后。阿诺德对美国空中力量无法击败德国的失望之情，充斥在发给斯帕茨的一连串言辞激烈的公报中。"在我看来，以我们所拥有的庞大的打击力量，我们应该获得比现在所得到的更好、更具决定性的结果，"他写信给斯帕茨，"我并不是在批评，因为坦率地说，我也不知道答案，我现在所做的只是让自己的思绪飞驰，并希望能让你从中获得一种模糊的概念、一种启发、一种新思路或某种能帮助我们尽快结束这场战争的东西。"[24]"思绪飞驰"的阿诺德最近试图恢复他所钟爱，但却损失惨重的项目——"阿芙洛狄忒"。[25]去年秋季，他曾批准使用受损严重的轰炸机充当无人机，对德国工业目标实施打击，其中有一些针对的是重要城市的中心地区。尽管出动的11架无人机均未能击中目标，但阿诺德继续向联合参谋部施压，要求对实验加以雄心勃勃的扩大，其中之一是投入500多架"流浪汉"对德国的大型工业目标发起攻击，"以此作为一种刺激性和可能的手段，来打破德国境内民众的士气"[26]。

陆航队的高级军官中，阿诺德是个"实施恐怖统治，令人生畏的"人物。[27]（与前助理战争部长发生的一次激烈争执中，阿诺德抓起这位残疾者的拐杖朝他丢去。）另外，他对乔治·马歇尔将军有着相当的影响力，马歇尔出于对他的关照，取消了迫使患有心脏疾病的军官退役的规定（马歇尔本人患有严重的心脏杂音）。如果不是英国人极力反对的话，阿诺德也许能让"阿芙洛狄忒"项目获得通过。[28]丘吉尔和波特尔担心数百架德国无人机会对伦敦发起报复性袭击，但由于燃油和飞行员的短缺，这种行动已难以为继（德国人曾尝试用受损严重的容克88型轰炸机，在自动驾驶仪的引导下攻击伦敦）。尽管斯帕茨对"流浪汉"不太热心，但阿诺德继续推动该项目，直到罗斯福的继任者哈里·杜鲁门总统，在丘吉尔的催促下，于战争结束前的最后一个月才将该项目冻结。29

1945年初，斯帕茨写信给康复中的阿诺德，试图安抚这位上司狂暴的焦躁。30他对阿诺德强调，战争无法以新的、未经检验的措施赢得。胜利将通过激烈的战斗，在地面，在空中，对敌人的燃油和交通目标实施无情的打击来获得。但目前尚不知道他的空中攻势对敌人的经济造成了怎样的影响，斯帕茨同样对德国人顽强的弹性感到沮丧，此刻，他愿意容忍一项前所未有的措施——对柏林的恐怖轰炸。这是一场符合他信念的空袭：不是对德国士气的轰炸，而是为了援助俄国人的地面攻势。（斯帕茨和其他盟军指挥官不知道的是，阿尔贝特·施佩尔在1月底便已认定战争已经输掉了，尽管这位军备部长出于自我保护的目的，直到3月15日才鼓起勇气告诉他的元首。31）

对该计划的最终推动来自乔治·马歇尔。他急于将美国的全部战争资源尽快调往太平洋战区，因而愿意试试"士气轰炸"。雅尔塔会议召开前，弗雷德里克·安德森将军遇到马歇尔，马歇尔告诉他，除了沿柏林—莱比锡—德累斯顿铁路枢纽的各座城市外，他希望将慕尼黑也列入轰炸名单中。送至马歇尔办公桌上的情报表明，德国人预料到他们的首都会遭到更猛烈的空袭，一些政府部门已从柏林疏散至慕尼黑。马歇尔告诉安德森："对慕尼黑发起空袭可能会有极大的好处，因为这将向那些撤往慕尼黑的人表明，那里毫无希望。"32

艾森豪威尔和布莱德利将军对此表示赞同。不必征询罗斯福总统的意见。美国军方完全了解，他坚持对德国实施一场"硬战"。德国人曾发动过第一次世界大战，但迄今为止，其国土内尚未进行过任何一场地面战。"至关重要的是，德国国内的每一个人都应认识到，这次（与第一次世界大战不同），德国是个战败国，"罗斯福告诉战争部长史汀生，"从个体到整体都是战败国的事实，必须给他们留下足够深刻的印象，从而令他们在发动新的战争前产生犹豫……"33

"这里和英国,许多人持有这样一种观点,作为一个整体的德国民众不应对所发生的事情负责,只应由少数纳粹领导者承担责任。遗憾的是,这种看法并非基于事实。作为一个整体的德国民众必须理解,他们的整个国家一直在针对现代文明的行为准则从事着一场无法无天的阴谋。"

1939年9月,德国发动第二次世界大战时,罗斯福曾向各参战国发出呼吁,要求他们避免轰炸平民这种"不人道的野蛮行径"。[34]三年后,总统告诉国会,盟军打算"从空中发起对德国猛烈而又无情的打击。轰炸华沙、鹿特丹、伦敦和考文垂的人将自食其果"。[35]

1945年2月,美国人打算以比过去更猛烈的力度打击德国,其明确的意图是散播恐怖和混乱。它将于2月份的第一周从柏林开始,慕尼黑紧随其后。(天气和其他优先目标使第十五航空队直到3月24日才对慕尼黑发起空袭,而且其目标与马歇尔原先建议的有所不同。)盟军高层中,没人相信德国还能赢得战争,但也没人怀疑德国有意志和能力怀着自我毁灭的决心继续战斗下去。随着英国再度遭到纳粹火箭弹昼夜不停的袭击,呼吁克制的声音已变得寥寥无几。

纳粹的火箭弹

1944年9月7日,一名英国官员来到记者们面前,宣布道:"除了有可能出现最后几颗飞弹,伦敦之战结束了。"[36]纳粹的飞弹攻势已经结束。次日,城内发生了两次连续的剧烈爆炸。为平息市民的恐惧,政府对"数根煤气管发生爆炸"的传言加以鼓动。接下来的几周,更多的爆炸震动了这座城市后,一位伦敦市民看见一个美国兵正用栏杆将一个大坑围起来,于是问道,是不是纳粹的火箭弹落在了这里?"不,伙计,"美国兵回答道,"那不是火箭弹,而是一根飞行的煤气管。"[37]

直到翌年3月,新型V-2火箭的发射场被盟军部队占领后,英国南部城市的居民才从另一场闪电打击的不确定性和每日的恐惧中解脱出来。这次的伤亡人数没有上一次那么多,但通过这种新型复仇武器,德国科学家们"将杀戮艺术提升至科学和效率所能达到的最高峰",一位记者这样写道。[38]与V-1一样,这种新式武器极不准确,完全是不分青红皂白的杀戮。这次总共有2700名英国人丧生,另有6500人身负重伤;安特卫普、布鲁塞尔和巴黎,丧生和致残的人数几乎与之相当。但与V-1不同,这种新式火箭弹既无法预警,也无法拦截。从被占领的荷兰,一块小小的、难以被发现的发射台起飞,这些12吨的超音速火箭攀升70英里后进入平流层,然后以每小时4000英里的速度静静地冲向地面——快得令人根本无法看见。这使它们远比嘈杂、速度缓慢的V-1飞弹更为可怕。"要是我会被炸死,"一位伦敦妇女讽刺地评论道,"我宁愿知道死亡即将到来时的那种刺激。"[39]

英国政府非常担心公众发生恐慌,直到11月10日,丘吉尔才发现,许多瞄准英国的飞弹——德国人也恢复了V-1的发射——都是携带着一吨重弹头的超音速火箭。这是全世界过去从未见过的最可怕的武器。这种武器由可憎的机会主义者韦恩赫尔·冯·布劳恩博士所率的一群科学家,在荒凉的波罗的海岛屿上研发而成,又在一个被称作"米特威克"的绝密工厂内加以生产,整个生产体系深深地隐藏在哈尔茨山脉一条孤立的山谷的隧道中。[40]英国人轰炸了原先位于佩内明德的工厂后,阿尔贝特·施佩尔亲自挑选了北豪森小镇附近的这个地点。他还批准使用集中营奴工,这些囚犯从布痕瓦尔德运来,由党卫队监督,在中世纪般的隧道中劳动。1945年4月初,第3装甲师解放这座工厂前,总共有60000名囚犯经历了"米特威克"奴工体系,死于饥饿、疾病和杀害的人超过三分之一。另有1500人在英国皇家空军连续两次对工厂的空袭中丧生。

A-4(这是德国人对他们新型液体燃料武器的称谓)是世界上第一种短程弹道导弹,也是"所有现代导弹和航天器运载火箭的鼻祖"[41]。就在这种武器瞄准英国城市的同时,冯·布劳恩和他由物理学家及工程师组成的研究组还打算尽快研发一种ICBM（洲际弹道导弹）——A-10，或称之为"纽约火箭"，这种武器以其意图打击的城市命名。盟军情报部门掌握了这个情况，并怀疑德国人还在研发一枚原子弹。如果纳粹制造出原子弹并完善一种远程运载系统，整个世界的未来将发生惊人的改变。但希特勒对犹太科学家的迫害，加之他对更为传统的复仇武器的兴趣，剥夺了两个项目中的工业资源和不可或缺的人才。1945年5月，一个美国情报小组发现，德国科学家的进展"大致相当于1940年，我们尚未大规模开展原子弹研发工作前的水准"[42]。就连跨越大西洋的火箭，在1947年前也是无法投入使用的。[43]

但1945年1月，英美空军巨头正在商讨"雷霆一击"式的轰炸行动之际，盟军一方没人知道这一点。身处伦敦的战争领导人所知道的是他们所目睹的那一切。圣诞节的高峰期，一枚V-2击中伦敦的伍尔沃思商场，164名购物者和两名手推车中的婴儿丧生。在此之前，115名英国妇女在一场可怕的突然袭击中送命，当时她们正在食品市场排队等待每周的肉类配给。

新型火箭的发射场很小，并经过严密的伪装，另外，它们的地下生产厂几乎坚不可摧。皇家空军对敌人实施还击的唯一办法是以他们的城市为打击目标。尽管2月份针对德国东部城市发起轰炸战的计划文件中没有提及"报复"，但这个字眼肯定存在于那些在伦敦指挥空中作战的人的想法中。

就在第八航空队的"柏林空袭"进入计划阶段的最后时刻，一件不寻常的事情发生了。吉米·杜立特尔请求斯帕茨重新考虑他的命令。"指定区域中……并没有重要的军事目标"[44]，他发电报给斯帕茨。为准确轰炸城市，第八航空队的飞机不得不采用目视轰炸，这会使机组人员暴露在猛烈的高射炮火中。

杜立特尔是第八航空队中基于军事和道义的理由反对这次轰炸仅有的几名指挥官之一。与斯帕茨不同，他将"柏林空袭"视作是一次"打击德国人士气"的努力，[45]既是为了恐吓德国民众，也是为了摧毁他们的忍受意志。"仅靠一场加强的密集轰炸来威逼对方屈服，成功的机率微乎其微，因为那些人已承受了四年猛烈的空袭。"他告诉斯帕茨。[46]而在去年夏季，斯帕茨也曾用完全相同的理由反对过"雷霆一击"。杜立特尔最后的呼吁针对的是斯帕茨的良知以及更直接的东西：他对陆航队战后遗留问题广为人知的关心。"在这场可能是最后、最令人印象深刻的行动中，我们不顾其有效性，违背了美国对严格军事意义的目标实施精确轰炸的基本原则，而我们的战术规划和机组人员的培训及灌输都以这些原则为本。"[47]他恳求不要参与英国人的区域轰炸，继续专注于对严格军事目标的打击。尽管不充分的技术和恶劣的天气会妨碍到那些目标被准确命中，但历史仍会将美国的努力视为善意。

斯帕茨以命令的形式作出了简短的回复，没有附加解释："只要天气条件不允许对燃油目标发起目视轰炸，而允许对柏林展开行动，就对柏林发起打击。"[48]他进一步通知杜立特尔，他的气象预报员已向他保证，这将是一次雷达行动，因而对机组人员来说更加安全些。不言而喻，恶劣的气候意味着精确度糟糕的轰炸，"这是对妇女和儿童的白昼处理"，杜立特尔手下的那些轰炸机小伙子这样称呼他们的雷达轰炸。[49]

2月2日早上，杜立特尔聚集起他手中每一架可用的轰炸机，但厚厚的云层阻止了行动。斯帕茨下令次日发起大规模空袭时，杜立特尔发电报给他，要求澄清几个问题，并希望斯帕茨能重新考虑。"是否仍需要对柏林发起空袭？如果目视条件许可，您是否希望将优先打击的燃油目标列在柏林之前？您希望打击城市中心还是西郊的……绝对军事目标？"[50]

一个小时内，斯帕茨通过电话作出了答复，后来在一份措辞坦率的笔记中记录下他所说的要点："如果目视条件许可，打击燃油目标；否则就是柏林市中心。"[51]

为掩饰一场毫无疑问的区域轰炸，斯帕茨指示杜立特尔，在新闻发布会上要强调，空袭的目的是为了"破坏德国人加强东线防御并增加其行政管理的混乱"[52]。杜立特尔照办了，但他也在轰炸名单上添加了一些军事目标，例如铁路编组场和军工厂。

1974年去世的六年前，斯帕茨几乎已承认2月3日对柏林的空袭实际上就是一场恐怖轰炸。"在纳粹占领的欧洲，我们从未打击过军事目标以外的任何东西，除了柏林。"[53]

1945年2月3日

凌晨3点30分，一个尖锐的声音打破了洞穴状营房的寂静。"各位，该你们上了！抓紧时间！"[54]二级军士长手电筒的光束照在睡意惺忪的飞行员们的脸上，他的叫声更响了，"起床！"说罢，转身离去，他是基地内最招人恨的人。

对查尔斯·埃林上尉和他的机组来说，这是他们的第十三次作战飞行任务，作为第34轰炸机大队的成员，他们将从诺福克的门德斯哈姆（Mendlesham）起飞。瘦削、结实、相貌英俊的查尔斯·埃林是个天生的领导者——头脑灵活、训练有素、面对压力沉着坚定。当天早上，他爬起床，穿过冷冽的空气走向盥洗间时，思绪仍在自己的家中。如果不是战争，他应该在本周返回卫斯理大学，开始自己的春季学期，但他现在却在这里，大洋的彼岸，清醒着自己的头脑，以便带领另外九个大学年龄的小伙子进入世界上最危险的空域。

埃林所住的活动营房外，一辆军用卡车等待着，棕色的篷布在风中飘摆。埃林和几名同僚登上卡车，坐在覆盖着冰霜的长木凳上，默默地跟其他机组人员挤在一起。卡车加速驶向军官食堂时，他们茫然地盯着被风吹得噗噗作响的帆布。漆黑的车厢内，唯一的生命迹象是十来根闪烁的香烟。

吃早饭时，每个人都沉默不语。有人想要盐或辣椒粉时，他会伸手指指。"没有人说话，"埃林回忆道，"弟兄们感到紧张、焦虑，有些人可能想知道，这次是不是大限将至。"[55]昨天早上他们已获悉要对柏林发起空袭，因而一个小时后，情报官拉开覆盖在墙壁大小的西欧地图前的帷幕，一条红线标示出通往硕大的柏林的空中突击航线时，没人感到惊讶。这些飞行员知道，上一个冬季，他们中的大多数人还没有来到英国前，第八航空队便已去过柏林，并对其施加过最严厉的惩罚。但在许多基地，飞行员们被告知，这次的空袭有所不同：瞄准点是人口稠密的市中心。[56]盖世太保、党卫队和其他可憎的纳粹将死在他们数量众多的办公楼内，但一些非作战人员也会因此而丧生。第457轰炸机大队的球形炮塔射手约翰·布里奥尔在他的日记中写道："我们今天被告知，如果对轰炸平民有任何顾忌，对我们来说不是件好事，因为从现在起，我们将对妇女、儿童和任何一个德国人进行轰炸和扫射。"[57]

在第95轰炸机大队的机场上，射手们被建议带上军队配发的随身武器，"要是在目标区上空被击落，你会需要它们……因为目标是城市中心——那里全是人"[58]。任务简报官"就是这样说的"，驾驶员刘易斯·威尔斯机上的无线电操作员詹姆斯·亨利埃塔回忆道，"换句话说，那里没有军事目标，能轰炸什么就轰炸什么……这纯属一场摧毁对方士气的行动"。

掌握了天气状况和敌人的防御情况后，埃林和他的机组赶往"普鲁迪小姐"号，这架银色的"空中堡垒"以埃林的妹妹来命名，就在哥哥赶赴海外的几天前，21岁的她因脊膜炎而去世。4点43分，"普鲁迪小姐"号穿过漆黑的天空和险恶的雾色升入空中，作为引航机进入到大队的上方中队里。太阳升起时，雾气消散了，升空的轰炸机开始集结，翼尖贴着翼尖。"有时候它们呈白色，在蓝天的映衬下，犹如海鸥般曼妙；有时候它们进入云层穿行，看上去又呈黑色，显得很险恶，"一名东安格利亚人描述了这些壮观的空中编队，"但最令人印象深刻的是飞机的数量，这个数量令农田里的姑娘们停下了手中的农活，令乡村巴士的售票员们从车内探身向上观望。不列颠之战中，被击败于这些农田和树林上方的德国空军，从未派出过如此庞大的空中编队。他们从未有过美国人派出去执行任务的这种四引擎怪物，一次数百架……"[59]

"他们在海外有个约会，而且，他们准时赴约。"

900多架"空中堡垒"和超过这个数字一半以上的护航战斗机被派出，赶赴目标区，这是有史以来针对单独一座城市所派出的最大的空中力量。（当天早上，第八航空队麾下的第2航空师派出400多架"解放者"式轰炸机赶往马格德堡的合成燃油厂，据预测，那里的天气状况非常好。）驶往柏林的"空中列车"长达300英里，先头编队进入德国时，仍有轰炸机位于北海上空。

在描述欧洲地面战的经典著作《勇士》一书中，美国情报官J·格伦·格雷唤起了人们对"战争的美感"、"强大力量的魅力"以及"战争的情感吸引力"的关注。[60]腰部射手约翰·莫里斯感受到格雷所说的"战争奇观"的吸引力，他从自己所在的机枪射口惊奇地凝视着纪律严明的轰炸机编队穿过德国北部的天空，引人注目的羽毛状白色凝迹出现在每一个作战中队的身后。

最先到达目标上空的轰炸机飞入到一片美丽得出乎意料的空中，蔚蓝的天空清澈透亮，对轰炸行动来说，这是个美妙的天气，但也为高射炮手们提供了便利。防御柏林的高射炮比其他任何一个城市都要多。就在驾驶员通过内部对讲装置宣布"伙计们，柏林上方晴朗明净……没有云层"时，[61]执行第三十五次，也是最后一次作战任务的罗伯特·汉德中尉，开始体验到熟悉的战斗恐慌症症状：汗水流出他的防弹头盔，模糊了视线，他的整个上半身开始颤抖。他所在的是第三个飞临目标区上空的大队，他看见前方"黑色的烟雾形成了一座名副其实的山脉"[62]。引航机投下了所载的炸弹，几秒钟后，汉德也将一连串炸弹投下。随后，他的中队倾斜机身，飞入目标区外的保护云层中。就在他们这样做时，汉德看见他们身后的一架轰炸机被炮弹直接命中——这是当天损失的二十五架轰炸机之一。十名机组成员和三吨金属（原文如此）只剩下一团黑色的烟雾。"这么大的东西消失得这么快，这似乎不太可能。"汉德后来说道。[63]

当天，罗伯特·汉德和查尔斯·埃林平安返回英国。而执行第五十二次飞行任务的罗伯特·"罗西"·罗森塔尔却没有。

那天，空中的美国飞行员几乎都是第一次看见柏林，但罗西曾跟他的老机组来过这里好几次，最令人难忘的是"强大的老八"打断德国空军脊梁骨的那一周，1944年3月8日。当时是他的第二十五次，也是最后一次作战飞行任务，但在当晚的庆祝会上，罗西决定继续飞下去。"回家吧，冰激凌、姑娘们、球赛，再加上安然无恙的你。你应该休息了。"他的朋友索尔·莱维特恳求他。[64]但这毫无用处。罗西后来说道："只要我还能飞，我就必须继续飞行。"[65]

二次服役期的两个月后，作为一名特级飞行员的罗森塔尔从柏林返航时，在英国的一座应急机场进行了一次惊心动魄的着陆，当时他所驾驶的轰炸机已有三具引擎发生故障，飞出的螺旋桨切断了半个尾翼。当年9月，他那架率队的"空中堡垒"被高射炮击中，迫降在法国北部一片由美国军队控制的地带。罗西从驾驶舱内被拖出，手臂和鼻梁骨折，不省人事的他被飞机送往牛津的一座军医院。五周后，回到索普-阿博茨的罗西被分配到联队司令部，从事他所厌恶的案头工作。他想重新参加战斗，于是不停地提出申请，最后，他回到第100大队，晋升为少校，并出任他原先所在中队（第418中队）的中队长。

1945年2月3日，逼近柏林时，罗森塔尔少校坐在引航机副驾驶的座位上，这是留给当天负责率领整个第3航空师的军官的位置。接近轰炸初始点时，罗森塔尔的师遭遇到浓浓的烟柱，这是第1航空师的轰炸引发的大火所造成的。"烟雾上升的高度超过7000英尺"[66]，一名飞行员说道，这使第3航空师的大多数轰炸机错过了他们的主要目标，并击中了主目标东面的居民区。"离开德国前，我打开收音机，调至柏林广播电台，"无线电操作员克利福德·惠普尔回忆道，"播音员说：'每个男人、女人和孩子都在灭火。'"[67]

进入投弹飞行时，罗森塔尔的轰炸机被高射炮弹击中。两名组员当场身亡，一具引擎起火燃烧。大量烟雾在驾驶室内弥漫开来时，约翰·恩斯特上尉看着罗森塔尔，等待他的指示。罗森塔尔没有说话，只是用左手指向正前方。

恩斯特完成投弹飞行后，罗森塔尔用电台通知副领队接手指挥全师。这架受损的轰炸机到达奥得河时，罗森塔尔知道红军就在这里，于是按下警铃，发出弃机信号。就在这时，这架"空中堡垒"第二次被炮弹击中，一团燃油造成的烈火开始在轰炸机中段燃烧起来。其他机组人员惊恐地看着这一幕，等待着跳伞，这时，飞机进入到缓慢而又可怕的螺旋中。六顶降落伞出现在空中，随后又是一声爆炸，几秒钟后，这架编号为448379的飞机消失在视线中。

"不可战胜的罗西阵亡了。"当晚在索普-阿博茨的营房内，哈里·克罗斯比难以置信地写道。[68]

克罗斯比不知道的是，当天，他的朋友独自为生存而战，并获得了胜利。那天上午看见这架垂死的轰炸机的人并不知道机舱内发生了什么。飞机第二次被击中后，罗森塔尔从驾驶员恩斯特手中接过控制权，并命令他跳伞。此刻，飞机上只剩下他和两名阵亡的组员。罗森塔尔挣扎着爬到机鼻处的前部逃生舱口。由于自动驾驶仪已无法使用，快速下坠的飞机进入到令人眼花缭乱的旋转中，离心力令罗森塔尔动弹不得。"我几乎无法移动。这种感觉就像是在流沙中，但不知怎么回事，我设法来到敞开的舱门，在飞机爆炸前挤了出去。"[69]轰炸机距离地面不到2000英尺时，罗森塔尔跳伞而出，重重地落在地上，9月10日执行空袭纽伦堡任务时断裂的那条胳膊再次被摔断。他躲在一个弹坑中，左手握着点45口径的手枪，随即看见三名士兵向他逼近，他们的军帽上缀着红星。一名苏军士兵以为他是德国人，抢着枪托向他冲来。就在这时，罗森塔尔将手臂伸向空中，喊道："美国人！可口可乐！好彩香烟！罗斯福，丘吉尔，斯大林！"[70]几秒钟后，俄国人狠狠地抱住罗森塔尔，亲吻着他的面颊。

罗森塔尔被送往莫斯科，成了美国大使艾夫里尔·哈里曼的客人。他在那里发电报给索普-阿博茨，让伙伴们给他留架飞机，他说，他的战争尚未结束。因此，"罗森塔尔的传奇保持着完整，"索尔·莱维特回忆道，"这是个真正的传奇，由以下因素构成：他可以停止飞行，但他不会阵亡。"[71]

罗伯特·罗森塔尔将永远记住落在苏军防线几分钟后自己所见到的情形——两名苏军士兵带着他登上一辆吉普车时，他本能地回头，朝柏林方向望去：地平线处升起一道血红和黑色的帷幕，看上去就像是世界末日。

飞越柏林时，约翰·布里奥尔机上的副驾驶约翰·韦尔奇中尉想着下方遭到轰炸的那些人。他这个中队的目标是弗雷德里希大街火车站，他被告知，那里挤满了难民。投弹手投下大量500磅炸弹时，他不禁低声说道："上帝啊，救救他们。"[72]

空袭柏林的一周后，瑞典一家报纸的通讯记者赫利·格兰贝格将一份报告偷偷送出德国，轰炸时，他躲在地铁的隧道里。"地面震颤，灯光闪烁，混凝土墙壁似乎凸了出来。人们像受惊的野兽那样爬行着。"[73]更多的炸弹雨点般落下，灯光熄灭，大量尘埃弥漫在隧道中。人们跪在铁轨上祈祷，白垩尘侵入到他们的眼中，令他们什么也看不见。轰炸结束后，格兰贝格看到车站前方的广场上，到处都是死者和奄奄一息的受害者。

与此同时，市中心的另一个街区，乌苏拉·冯·卡尔多夫，这位年轻的柏林报纸记者冲过街道，寻找着自己的朋友和家人，"跟随着惨遭轰炸的人群，他们的脸色发灰，弯着腰，背负着他们的财物"[74]。冯·卡尔多夫讨厌希特勒，并为一场野蛮的种族战争和她两个兄弟在前线的阵亡而谴责他。她部分接受德国遭到轰炸是咎由自取，但她穿过工人阶层的住宅区时，不禁想到这真是个残酷的讽刺，这里的朋友赞同她的政治观点，结果却"得到了最糟糕的结果……看不见一片天空，只有有毒的黄色烟雾所形成的尘云"，当晚，她在自己的秘密日记中写道，这本煽动性日记如果被警察发现，将使她的性命处于危险中。"夜幕降临在这座燃烧着的城市时，没人注意到这一点，因为这一整天都是昏天黑地的。"

空袭过后的几天里，定时炸弹发出惊天动地的爆炸声，整个城市都能听见。水、煤气、电话和供电悉数中断。未爆炸的炸弹和管道爆裂形成的硕大的污水坑使得街道无法通行，滚滚烟云一连数天悬挂在这座遭受到打击的城市的上空。宣传部长约瑟夫·戈培尔宣布，劫掠者将被就地枪毙，[75]但一群群逃离业已崩溃的东线的士兵喝得烂醉，在城市的废墟中游荡，他们砸毁商店的橱窗，抢劫亚麻床单和银器、玻璃器皿和瓷器，他们还从车库里偷车，杀掉鸡和猪。在余烬未熄的瓦砾堆中，赫利·格兰贝格发现了三枚被丢弃的纳粹党徽。"要是费点功夫，我也许能找到更多。"[76]

经过商讨，希特勒决定，政府必须留在柏林。用汉斯-格奥尔格·冯·施图德尼茨这位绝望的德国外交部官员的话来说，就是在这里等待"奇迹或是湮灭"。[77]如果撤离，就会给柏林人树立起一个怯懦的榜样，而元首曾呼吁他们抵抗到底。这里也不会进行任何疏散，甚至包括那些难民。戈培尔宣布："在昨天猛烈的空袭中遭受到可怕的伤亡后，无家可归的人们被困于仍在燃烧的首都，他们必须共同承担任何可能降临的新的灾难。"[78]他告诉元首："如果在150年内，一场类似的大危机出现在德国，我们的子孙可能会回顾，并将我们视作一个坚定不移的英勇范例。"[79]

时至今日，2月3日丧生的柏林居民人数究竟有多少，并没有一个准确的数字。最近一次空袭的遇难者和过去轰炸的死者仍被压在废墟下。为这一切增添混乱的是，300多万来自帝国东部的难民涌入城市中心，这是历史上规模最大的人类迁徙之一。他们中成千上万的人在倒下的地方被烧为灰烬，这使识别或报告他们的死亡根本无法做到。第八航空队和瑞典记者对死亡人数的最初估计为25000人，而一位受人尊敬的德国历史学家最近得出的结论将这个数字大幅降低——大约为3000人。[80]如果准确，即便这个低得可疑的数字代表了整个战争期间单次空袭造成柏林人丧生的最大人数，那么在此期间，这座城市遭受到363次轰炸，总计5万名市民丧生。唯一确定的是，2月3日轰炸造成的无家可归者高达12万人。

英国皇家空军此前曾对这座城市投下过更多的炸弹，但是，正如《纽约时报》所报道的那样："从未有哪个目标区遭受过如此饱和的轰炸。"[81]主目标是民事和军事政府区域——帝国总理府（位于希特勒藏身的元首暗堡的上方）、宣传部、空军部、外交部、盖世太保总部，以及对那些发生动摇的德国人实施报应性司法且令人鄙视的"人民法庭"——"被覆盖在高爆炸弹的十八个集中点下"，航空队的报告指出。[82]两个中央火车站和庞大的滕珀尔霍夫铁路编组场同样遭到猛烈轰炸。同时被摧毁或遭到重创的还有重要的电子设备、皮革、印刷和服装厂，另外还包括旅店、报社、百货商场以及与主目标毗邻的居民区。[83]柏林的情况本来会更加悲惨，就像汉堡那样，一场彻底的城市大浩劫，第八航空队计划在三天后再次回来，但气候状况导致行动被取消。

行动结束后根据飞行员的口头证词所做的报告表明，这是一场恐怖轰炸。"柏林，周六。各个大队飞越其上空时，高射炮火有所减弱，""太空飞鼠"号上的投弹手写道，"飞机未受到损坏，目视投弹！5枚1000磅炸弹，投向那些妇女和儿童！"[84]一些飞行员并未被悔恨或内疚所困扰。轰炸战冷漠的匿名性使一些人得以散布死亡而无需丝毫的个人责任感。"我从未见过这些人，"飞行员刘易斯·威尔斯数年后说道，"我也从不认识这些人当中的任何一个。回到基地后，我饱餐一顿，爬到干净的床单上，沉沉睡去。"[85]还有些人将这一轰炸视作是合理的报复行为。"德国百姓支持希特勒在欧洲各地横冲直撞。仅凭他自己是无法做到的。"空袭结束后，詹姆斯·古德·布朗牧师对第381轰炸机大队的飞行员说道。[86]对布朗的那些听众来说，制造飞机、大炮、汽油并提供情感和资金支持使希特勒得以继续其杀戮和侵略的平民，与穿军装的士兵没什么区别。飞行员们的极端反应是：道德冷漠和正义的复仇。而飞行员小哈里·S·米切尔的反应可能最具普遍性。"看见那些炸弹径直落入城市中心是一件可怕的事，但更可怕的是我看见50英尺外的长机发生了爆炸，并断为两截，"他在自己的战地日记中写道，"那些小伙子中的一个，跟着这架飞机……执行了五十五次任务。另外，他的妻子这个月将生下个宝宝。"[87]

这次任务在许多机组人员的心中萦绕了多年。"它……困扰了我很长一段时间，"刘易斯·威尔斯的无线电操作员詹姆斯·亨利埃塔说道，"事实上，它让我想到，遭受我们轰炸的许多人，也许都是些无助的受害者。"[88]

2月17日，德国电台播报说，德国国防军授予斯帕茨将军一枚"特别勋章"——白羽毛奖章。*[89]他因对一座"挤满数百万难民，主要是在布尔什维克红军有组织的野蛮行径和恐怖主义降临前逃离的妇女和儿童"的城市发起"地毯式轰炸"这种"特别怯懦"的行径而获此殊荣。广播中没有提及的是，对格尔尼卡和考文垂的空袭，对伦敦的火箭弹袭击，或是德国空军于1942年8月末对斯大林格勒的轰炸造成40000名俄国人丧生，难民中的许多人曾为德国军队到达顿河对岸而发出胜利的欢呼。战争初期，流亡的诺贝尔奖得主、小说家托马斯·曼，曾在他位于加利福尼亚州的家中，通过BBC广播电台向他的同胞发出一个凶险的警告："难道德国相信，她永远不必为其暴行付出代价？难道她认为残暴的行径是被允许的？"[90]

德累斯顿

轰炸德累斯顿的计划是一通"组合拳"，皇家空军和第八航空队将联手对这座战前人口六十万，最近由于东部难民的涌入而激增至近百万的城市发起空袭。第八航空队将率先打击德累斯顿，对其铁路设施实施"精确"轰炸，但恶劣的天气造成了延误。这就使"轰炸机"哈里斯获得了对这座城市打响第一枪的机会。

2月13日那个舒适得不合时宜的夜晚，两个波次的"兰开斯特"轰炸机，超过800架，逼近了这座以其瓷器、宽敞的公园和奇特的建筑而著称的美丽的河畔城市。德累斯顿人称他们的城市为"易北河上的佛罗伦萨"。但那是她变

---

*译注：白羽毛这个词就是怯懦、胆小鬼的意思。

为一片瓦砾和尘埃的荒漠之前的事。

与1943年夏季对汉堡的轰炸一样，高爆弹和燃烧弹的致命组合引发了一场风暴性大火，被烧为灰烬或窒息而死的市民至少有35000人，比在汉堡大火丧生的少了约11000人。第八航空队于当天早上和第二天对位于市中心的一座铁路编组场发起打击，空袭波及到周围的居民区，那里居住着数千名逃离火场的市民。

库尔特·冯内古特是一名在突出部战役中被俘的美国步兵，盟军发起轰炸的几天前，他跟随一支"强制劳动队"被送至德累斯顿。"棚车车门打开时，出现在眼前的是大多数美国人从未见过的一座最美丽的城市"[91]，在冯内古特看来，她就像是《绿野仙踪》中的"奥兹国"。

战俘们列队来到一座屠宰场，他们住在其中的一座建筑内，这座混凝土房屋是用于关押即将被屠宰的猪。房子上涂写的编号为"5"。炸弹落下时，冯内古特躲在冷藏室中，这是个安全的地方。

直到第二天中午，战俘才被允许走出屋子。"现在的德累斯顿就像是月球，除了石块别无他物。石头都是滚烫的。住在附近的其他人都已丧生。"冯内古特后来在他的小说《五号屠宰场》中写道。[92]

冯内古特很幸运，因为他躲在一个安全的住处。整个德累斯顿没有一个其他德国大型城市都有的那种公共防空洞——厚重的混凝土构成的多层建筑或地下空间，配有空气过滤器、通风设施、紧急出口、消防和急救设备。德累斯顿人不得不依靠火车站和其他大型公共建筑的地下储物室，以及私人住宅和公寓楼的煤窖。萨克森州腐败得令人愤慨的大区领袖马丁·穆切曼没有理会市政官员构建大批避难所的请求，却让党卫队在他的办公室下和他家的花园中修建了混凝土掩体。

德累斯顿不仅毫无保护，还没有任何防御。当地的军用机场上排列着新出厂的战斗机，但飞行员接到的命令是不得起飞，以免消耗祖国微薄的燃料供应,这些燃料被收集起来,以实施最后的抵御。配属给这座城市的高射炮也在当年冬季被抽调到鲁尔区和奥得河前线。按照"轰炸机"哈里斯的说法,德累斯顿是一座完好无损的城市。五年的战争中,她只遭受过两次轰炸,两次都是美国人干的:1944年10月7日,作为一个次要目标;另一次是1945年1月16日。[93]第八航空队对市中心附近的主铁路编组场及其周边的工业目标发起打击,炸死数百名工人,但并未对德累斯顿宝贵的历史核心区造成破坏。

带着三个孩子的主妇莉泽洛特·克莱米希回忆道:"我们觉得很安全。"[94]灾难降临前,流传的说法是,丘吉尔有一位年迈的姑母住在德累斯顿,这是这座城市免遭汉堡和柏林那种厄运的原因。"渐渐地,我们也开始认为德累斯顿会继续保持完好,因为其美妙的艺术珍品,也因为这座城市本身太过美丽。我们已变得粗心大意。很多次,警报响起时,我甚至没有叫醒我的孩子们。但在这个特殊的夜晚,我打开收音机(大约9点30分)……惊恐地听到庞大的轰炸机编队正在途中,我们应该立即隐蔽。我唤醒三个小女儿,帮她们穿好衣服,又给她们背上小小的背包,里面放着额外的内衣。我带了个公文包,里面有全家人的证件、我所有的珠宝和一大笔钱。我们冲入地下室,许多人已经来到这里。他们的脸色看上去很惊恐。"

身边的人啜泣、祈祷时,克莱米希夫人抱着她的孩子们想到:"这次他们要来真的了。"她还为腹中未出生的孩子而担心。

在8英尺的地下,能听见上方传来英国轰炸机的轰鸣。"就像是一条巨大、嘈杂的传送带,朝我们隆隆而来,这片噪音中掺杂着爆炸和震颤。"格茨·贝甘德回忆道,[95]这个18岁的小伙子是当地酒厂经理的儿子。哈里斯的机组人员接受过让城市燃起猛烈大火的训练,但到目前为止,他们只实施过三次大规模的城市浩劫:汉堡、卡塞尔和达姆施塔特。要制造一场飓风般的烈火风暴,所有的一切必须准确无误。[96]德累斯顿便是如此。

未遭受抵抗的"兰开斯特"飞入晴朗的空中,将致命的高爆弹和燃烧弹投入城市，市内满是高度易燃、紧密相连的建筑物，而这些建筑物内又堆积着大量用于冬季取暖的燃料。

高爆弹（其中大多数是4000磅的航空炸弹，被称作"饼干"）的目的是摧毁建筑物、炸断水管，并在街道上制造出庞大的弹坑，以阻止或困住消防队和紧急救援组。它们还被用于炸开窗户和房门，从而创造出通风条件，使成千上万枚燃烧弹引发的较小的火焰得以传播、合并，并形成冯内古特所说的"一场大火"，一场吞噬"一切有机物，一切能燃烧的东西"的大火。[97]雨点般落下的高爆弹还有另外一个目的：恐吓城内的居民，让他们躲在藏身处，这样一来，他们就无法用沙子灭火，或是用钳子移开落在他们屋顶和公寓楼上方的那些小型燃烧弹。

第一轮空袭结束后，贝甘德所在的防空洞内死一般的沉寂，这座设施先进的防空洞位于他父亲所经营的布拉姆舍酒厂下，而他父亲则是一位著名的工程师。"走出防空洞，所见到的情景令人难忘。夜空被红色和粉红色的光芒所照亮。房屋显示出轮廓，一团红色的烟云笼罩了一切。"[98]贝甘德被惊呆了，他忘记了恐惧，爬上酒厂的屋顶，以便为燃烧的天空拍张照片。"彻底发狂的人们朝我们跑来，一个个灰头土脸，头上裹着湿毛毯。"这些德累斯顿人从老城区逃来，那里是德累斯顿保存得最古老、最美丽的地区，是市民生活的中心，也是"兰开斯特"第一波次的打击目标。

英国皇家空军于凌晨1点发起第二轮空袭后，烈火风暴卷起了高潮。燃烧弹引发的数千处小型火灾烧穿了屋顶和阁楼，使房屋燃起熊熊烈火，火焰越来越猛烈，并与第二轮炸弹造成的火焰会合。那些炸弹落入老城区的南部地带，主要是在德累斯顿宏伟的"大花园"，几万名惊恐的市民躲在那里避难。

实施第二轮轰炸的"兰开斯特"机组人员奉命打击市中心历史悠久的"旧市场"广场，但他们看见那里已被火海所吞噬，于是做出临时决定，继续飞行，将炸弹投向没有出现火焰的地点，烧毁那些尚未被焚毁的目标。

每个德累斯顿人都听到了"航空炸弹"雷鸣般的爆炸声，但防空洞里的人没有听见一个更为阴险的声音——四磅重的镁罐噼里啪啦地落在瓦片铺就的屋顶上。这些装有铝热剂的燃烧弹——德国人错误地称之为"磷弹"——是当晚最大的杀手，它所造成的伤亡五倍于传统的钢铁炸弹。[99]很快，德累斯顿被一场圣经中才能见到的烈火风暴所吞噬，消防队对此无能为力，只限于扑灭风暴周边一些较小的火焰，并为困在这股大漩涡中的人打开一条逃生通道。

　　市中心，许多藏在煤窖中试图躲过这场灾难的市民遭遇到灭顶之灾。面对如此猛烈的风暴大火，就连构建良好的防空洞所能提供的保护也极为有限。德累斯顿的遇难者中，70%死于燃烧所释放出的一氧化碳中毒，[100]他们中的许多人迅速死亡，毫无痛苦，躯体上也没有灼烧的痕迹。

　　克莱米希夫人藏身的防空洞并不在烈火风暴的直接路径上，她和她的孩子在两轮空袭中幸免于难。居住在城市另一边的安妮·瓦勒险险地捡了条命。这位出生于美国的妇女在战前嫁给了一名德国官员，她带着三个年幼的孩子和他们的保姆设法逃到了安全处。"热得几乎令人难以忍受，突如其来的狂风迫使我们紧紧抓住对方，以免被吹走。火焰在我们身边不停地旋转，就像一场红色的暴风雪，几乎无法望穿，我们勉强透过火舌张望，寻找着某种避难所的标志。"[101]

　　人们的鞋子融化在街道上滚烫的沥青中，火焰移动的速度如此之快，以至于许多人还没来得及脱掉鞋子便已化为灰烬。烈火融化了钢铁，将石块焚为齑粉，并使树木因其自身的树脂受热而发生爆炸。从火中逃出的人能感觉到热量穿过他们的后背，焚烧着他们的肺。

　　但幸存者们最可怕的印象并非惊人的热量，而是强风。看似飓风般的狂风实际上是对流旋风，或称之为火焰龙卷——极热的空气所形成的"热柱"从火焰中升起，被较冷的下沉气流送入到一个旋转、龙卷风似的运动中。通过这种方式——较冷、较重的空气被拖入较热、较轻的空气逃离后所形成的真空中——大火自行产生了风力，旋转的风将火焰投向远离主火堆的地方，进而引发新的火势。这些较小的火焰一同燃烧，将生命体困在从后方而来的主火堆与迎面扑来的新火堆之间。在这场烈火的钳形攻势中,许多德累斯顿人迷失了方向,惊慌失措。

安妮·瓦勒看见一名妇女从对面跑来,推着一辆大大的婴儿车,"车内的两个孩子像洋娃娃那样坐得笔直……她疯狂地从我们身边跑过,径直冲入火中……她和她的孩子立即消失在火海里"[102]。一些被困于火中的人绝望至极,干脆跪在街上,等待着自己可怕的结局。

过了一会,瓦勒和她的家人看见一座依然伫立着的房屋,并在其地下室中找到了避身所。第二天早上,她们试图逃离这座城市。街道空空荡荡,经过的每一座房屋几乎都已被烧成废墟。"人都到哪儿去了?他们都被烧死了,还是仍躲在地下室里?"[103]靠近"大花园"时,她们有了发现:烧焦的残肢挂在树上。她们继续往前走,精心修剪过的草坪上,一排排尸体排列着,就像是烧焦的树干。这些可怜的受害者,五官已被烧化,严重收缩的躯体看上去非常怪异,他们从老城区燃烧的房屋中逃出,来到这片被他们认为是避难场的地方。"苍白的阳光下,喷泉池中的水依然漾起平静的涟漪,"战争结束后,安妮·瓦勒回到美国,她回忆道,"我不禁想起,就在昨天,孩子们还在这里玩他们的纸船。"[104]

当晚,瓦勒和她的一家离开了这座城市,最终设法来到保姆位于奥地利阿尔卑斯山的家中。但第二天,圣灰星期三,第八航空队出现在城市上空,飞入升至15000英尺高空的烟柱中时,莉泽洛特·克莱米希和她的孩子们仍在德累斯顿。311架"空中堡垒"向这座饱受摧残的城市投下771吨炸弹和燃烧弹,命中了"腓特烈施塔特"铁路编组场和客运站,以及一片相邻的工业区。同时遭到轰炸的还包括一个较小的铁路编组场和市中心外至少三个小型住宅区。随着目标被云层和漂移的黑色阴霾所遮蔽,大多数中队被迫采用雷达轰炸,有些则进行了"随机性"投弹。[105]照片情报和雷达操作员行动后的报告指出,"大多数炸弹"落入铁路编组场或"市内密集的建筑区"[106],其中有一些靠近编组场,其他的则"远离目标8—10英里"[107]。

如果所有派往德累斯顿的美国轰炸机大队都到达目标区上空的话，他们造成的破坏会更大。有三个大队在德国中部上空的云堤中迷失了方向，将布拉格当做德累斯顿进行了轰炸。[108]

格茨·贝甘德所在的区域靠近"腓特烈施塔特"铁路编组场。炸弹落在他住处的周围，但待在防空洞里的他和其他人毫发无损。不过，他们家的住宅已被摧毁，贝甘德44岁的母亲心脏病发作。贝甘德一家和邻居们将他们的床铺搬入防空洞，战争剩下的阶段，这里将成为他们的夜间容身处。

美国轰炸机首次出现在空中时，贝甘德所在的街区有数千名从老城区逃出来的无家可归者。他们"确实觉得2月14日午间的空袭是专门来残害他们的"，贝甘德后来说道。[109]美军的空袭并未进行如此阴险的策划，但对受害者来说，情况看上去就是这样。就像历史学家理查德·泰勒指出的那样：英国人先是轰炸老城区，然后又轰炸"大花园"，那里聚集着数千名逃离老城区的生还者。最后，美国人对西郊未遭受厄运的地区展开轰炸。"仿佛敌人已预料到德累斯顿人的一举一动，随后，就像将牲畜巧妙地赶入候宰栏那样将他们杀害。"[110]

德累斯顿人和一些历史学家（其中最为突出的是英国人戴维·欧文），后来声称在易北河的草地和"大花园"地区，美军第20战斗机大队的P-51"野马"，用机枪扫射火灾的幸存者，犯下了另一桩屠杀惨案。[111]这种事不可能发生。当天，第20战斗机大队与偏离航线的那些轰炸机都去了布拉格；[112]另外，德国和美国的记录均未提及美国实施轰炸的那几天，德累斯顿附近有过任何扫射行动。如果真有这种事，约瑟夫·戈培尔肯定会欣喜若狂，但他从未提到过低空战斗机对德累斯顿人发起攻击一事。

2月15日，第八航空队200多架"空中堡垒"回到德累斯顿，他们的主目标是莱比锡附近的炼油厂，但由于当地恶劣的气候，他们改道这里。郊外工业区遭到一些破坏，但没有一颗炸弹落入瞄准点——市内的铁路编组场。

就在美国轰炸机转身返回基地时，一名纳粹官员在电台中发表了讲话。

"没有一座独立建筑依然完好或能得以重建。市内看不见活人。这座伟大的城市已从欧洲地图上被抹去。"[113]德国战时报告指出,40万人丧生。格茨·贝甘德曾撰写过一份一丝不苟的轰炸记述,根据他的最新研究结果,丧生者在35000—40000人之间。[114]但由于城市中还有数十万难民,又有谁知道究竟有多少人身亡?

空袭的几周后,柏林记者乌苏拉·冯·卡尔多夫——她最近决定辞去工作,到农村找个安全的避风港——听说了人们从德累斯顿的废墟中挖掘尸体的"可怕故事"。"英国人应该为自己骄傲,特别是他们杀死了那么多的难民。这种野蛮行径跟我们没有太大的不同。将高爆弹、磷弹投向难民、老人、母亲和孩子,对任何人来说都是一种不人道的行为。"[115]

"烈火燃烧了几个星期,"莉泽洛特·克莱米希回忆道,"我没有参加尸体清理工作。我们从报上读到了消息。他们将那些尸体堆在广场上焚毁。"[116]盟军战俘参加了清理,从废墟中拉出干瘪的尸体——"挖掘尸体",库尔特·冯内古特这样称呼这份可怕的工作。[117]战俘们用干草叉将严重萎缩的尸体抛上农民的大车和小推车。[118]然后,这些尸体被放在城市中心广场的铁架上,用苯浸透,再由从当地集中营调来的党卫队灭绝专家加以焚烧。那些骨灰后来被埋葬于集体墓地。庞大的火化工作一直持续到3月份,任务完成后的几周内,参加清理工作的盟军战俘始终无法除去衣服上焚烧肉体的味道。

"我们想的是尽快结束这场战争。"冯内古特在他的小说里写道。[119]"从德累斯顿大轰炸中获益的只有一个人,那就是我,"他后来说,"我写了一本反战小说,赚了不少钱。"[120]

第八航空队的腰部射手约翰·莫里斯对此并不赞同。"我并不对参加……2月15日空袭德累斯顿的行动感到羞愧,这是正当的军事策略,而且我相信它加速了欧洲胜利日的到来……整个东线,抵御苏军的德国军队迅速后撤……可一旦进入祖国的神圣土地,可以预料,他们将重整旗鼓,再度成为一股致命的力量,进行最后的抵抗……所以这是个很好的策略,以阻止德国军队到达相对安全的大后方。我们这样做了:我们无情地轰炸了铁路编组场以及德国人后撤路线上的公路枢纽——德国东部边境的所有城市——斯德丁、柏林、奥得河畔法兰克福、莱比锡,当然还有德累斯顿……"[121]

"我并不为35000名德国人的丧生而感到高兴。顺便说一句,我对这个数字中有许多犹太人的说法很怀疑,德累斯顿的好市民最近刚刚将他们中的最后一批运至奥斯维辛。"

这个说法基本上是正确的。维克多·克伦佩勒是德累斯顿工业大学的一名教授,第一批"兰开斯特"穿过2月份的晴空出现时,他是德累斯顿仅存并登记在册的198名犹太人之一。其他犹太人不是逃亡就是自杀,或已被送往奥斯维辛及其他死亡工厂。希特勒上台后,歇斯底里的种族清洗席卷全城,作为一名获得过勋章的一战老兵和忠诚的爱国者,克伦佩勒失去了他的工作、他的家庭和他毕生的积蓄。但是,他没有被驱逐出境,因为他娶了个"雅利安人",一个纯种德国人。但这一点在2月13日发生了改变,所有具备劳动能力的犹太人奉命在三天内报到,他们将被送往一个未知的"劳动营",这道命令被这些犹太人视为死刑判决。

亨尼·布伦纳的父亲是德累斯顿剩下的犹太人之一。"那天早上接到报到命令后……他忧虑万分,"他的女儿回忆道,"他对我说:'亨尼,现在只有奇迹,只有意外才能挽救我们。'"[122]炸弹刚一落下,布伦纳和他的家人便撕掉衣服上有辱人格的黄色大卫星,开始设法逃出这座遭受打击的城市。维克多·克伦佩勒和他的妻子爱娃也跟随在逃亡者中,他们逃了三个月才在巴伐利亚的乡村找到个安全的地方,那里已被美国军队所占领。

老布伦纳离开德累斯顿前,坚持要看看盖世太保所在的大楼。"我们无法靠得太近,"他的女儿说道,"因为所有的一切都在燃烧,但从远处能看见那座楼烈火熊熊。没错,这让我们觉得很满意。"[123]

德累斯顿是不是一个合理的军事目标？杜立特尔将军认为是。尽管对英国人造成的大规模破坏感到不安，但他还是认为德累斯顿是个重要的交通中心——是德国国家铁路三条主干线的枢纽。[124]2月初，每天都有28列军车，搭载着近20000名士兵穿过这座城市。[125]杜立特尔的主要目标——"腓特烈施塔特"铁路编组场——是德国东部最重要的铁路枢纽之一。皇家空军发起空袭的前一天晚上，一些美军战俘被押着经过这座编组场。"近12个小时里，德国军队和装备络绎不绝地从德累斯顿进进出出，"战俘之一的哈罗德·E·库克上校回忆道，"我亲眼看见德累斯顿已成为一座大兵营：成千上万名德军士兵、坦克和大炮，数英里长的货车队列搭载着补给物资向东而去，迎战苏军。"[126]

作为德国第七大城市，德累斯顿是个繁荣、活跃的中心，制造着火炮瞄准器、雷达设备、炸弹引信、电子元器件以及空军和陆军所用的毒气。1945年时，全市约有50000名产业工人从事着战时生产。[127]

距离德累斯顿不远，有一个被称作"施利本"的劳工营，犹太囚犯在那里生产"铁拳"，这种致命的反坦克火箭弹将成为狂热的希特勒青年团成员在抵御盟军部队的自杀式战斗中最喜爱的武器。2月14日凌晨，"施利本"劳工营里的奴工们看见德累斯顿燃起了大火。"对我们来说这不啻为天堂，"本·哈尔夫哥特回忆道，"因为我们知道，战争即将结束，我们的解放指日可待。"[128]

半个世纪后，有人问约翰·莫里斯，为何那么迟才对德累斯顿发起轰炸。他回答说，我们那时候怎么知道战争会在5月初结束呢？[129]圣灰星期三时，美军仍在埋葬突出部战役中的阵亡者。

阿瑟·哈里斯爵士在他的回忆录中不容置疑地表明："当时，一些比我更重要的人物认为，对德累斯顿发起空袭具有军事必要性。"[130]但关键问题并非为何或何时对德累斯顿发起打击，而是如何轰炸她。对铁路设施实施选择性打击，会更贴近修改过的"雷霆一击"计划的目的，在这种情况下，为何要发起一场破坏城市的轰炸？这完全是哈里斯的决定。哈里斯的轰炸行动和政策缺乏政府警惕的监督（英国和美国的文职领导者将作战事宜完全交给他们的空军指挥官），在这种情况下，哈里斯对作战行动几乎拥有完整的控制权。德累斯顿受到与被他摧毁或试图摧毁的其他德国城市毫无差别的对待，就不足为奇了。

这是个比例问题。正如格茨·贝甘德所说的那样："尽管在战争中，目的与手段有关，但在这里，手段与目的的比例似乎完全失衡。我不是说德累斯顿不该遭到轰炸——这是个铁路中心，因而是个重要的目标。我也不是说德累斯顿跟德国其他城市相比是个特例。但我不明白她为何会遭到如此大规模的破坏。"[131]

德累斯顿并未被专门列为毁灭目标。除了意想不到的破坏规模，轰炸行动并没有什么特别之处。[132]哈里斯策划此次行动，与1945年前三个月中他策划对另外38座德国城市的轰炸完全一样。空袭德累斯顿只是一次使用燃烧弹的例行任务，事件的发生纯属偶然。"从我们的角度来看，这只是个意外，"杰出的物理学家弗里曼·戴森回忆道，他当时作为一名非军方科学家，在轰炸机司令部工作，"此前我们曾轰炸过柏林十六次，其强度跟空袭德累斯顿的那次完全一样。空袭德累斯顿没什么特别之处，只是这一次，所有的一切都如我们预料的那样顺利进行……空袭德累斯顿就像是一场高尔夫球赛中的一杆进洞。"[133]伤亡数字高得惊人，但与皇家空军对至少五座其他德国城市的火攻相比，并非完全不成比例，那五座城市是：普福尔茨海姆、达姆施塔特、卡塞尔、汉堡和伍珀塔尔。

对第八航空队来说，这同样是一次例行轰炸，"一如往常"[134]。事实上，没有什么比这次联合空中行动更好地说明了皇家空军与第八航空队在战争后期轰炸政策上的差异，尽管这种差异正在快速汇聚，但仍很明显。两支强大的空中力量被派往同一座城市，相隔几个小时，他们的战略目标也相同：封锁柏林—莱比锡—德累斯顿这条铁路通道。但杜立特尔和哈里斯这两位指挥官，却采用了不同的轰炸技术。一个试图摧毁城市的铁路系统，另一个则想将整座城市抹去。

这两人都未能实现自己的目标。空袭结束后，哈里斯放出豪言："德累斯顿是个大规模的军工生产厂，也是个完整的统治中心，还是个通往东线的关键交通枢纽。现在，这一切已不复存在。"[135]这种说法并不准确。尽管火攻对城市的工业和铁路交通网造成了惊人的打击，但如果轰炸机司令部将其目标定位于郊区，对德国经济的破坏本来会更大，因为德累斯顿的大多数制造业都聚集在那里。

美国人的空袭及其后续行动同样令陆航队的战略规划者们失望。没过两个星期，德累斯顿的铁路服务便得到部分恢复，军用列车很快便开始穿过这座城市的铁路编组场。[136]作为一个铁路枢纽的德累斯顿最终被消灭，所采用的方式与消灭鲁尔区交通中心的办法完全一样：实施反复攻击。面对德累斯顿这种情况，第八航空队分别于3月2日和4月17日发起两次获得良好执行的行动。[137]最后的打击深具决定性。第八航空队近600架轰炸机将德累斯顿的铁路编组场夷为平地，切断了德国残存的南北向连接。至少500名平民被炸死，但这是美国人对一座城市的军事目标所能发起的最为精确的打击。

在云层和硝烟的遮蔽下，第八航空队从未能精确命中一个铁路编组场。小伙子们拼死尝试，但总部显然对其"英勇的失败"并不满意。战争结束后，他们清理了作战记录。战争期间，第八航空队的各位大队长从未试图掩饰他们所做的事情。尽管目标可能被指定为"编组场"，但行动后的总结对所摧毁的东西一清二楚。"位于下方的中队命中了城市中心地区以及小型住宅区。"一份典型的作战总结中写道，这份报告来自1944年10月7日对德累斯顿的空袭。[138]但在战争结束后，姓名不详的陆航队历史学家们编撰美国战略轰炸任务报告的两份大规模统计纲要时（这些报告仍被独立历史学家们广泛使用），两份统计纲要都未将"城市区域"列为目标类别。正如"空军历史研究部"资深历史学家理查德·戴维斯所写的那样："不知是谁或谁们,将所有对城市区域的空袭打击改为'铁路编组场'、'港口'或'工业区'。"[139]另外,对柏林市中心的所有轰炸被改为一个专用于这座城市的特殊类别——"军事和民事管辖区域"。这样一来,仿佛美国派驻欧洲的航空队从未派出飞机轰炸过敌人的城市似的。

这种蓄意的混淆政策始于战争期间航空队强大的公共关系部所发的新闻稿,他们的公共关系部在各军种中无出其右,甚至连海军陆战队也无法与之抗衡。轰炸德累斯顿后,弗雷德里克·安德森将军将以下令人欣慰的消息发电报给忧心忡忡的哈普·阿诺德:"公共关系官已建议,应对被打击目标的军事性质加以特别关注,无论在任何情况下,都应将其指出并加以强调。与过去一样,涉及此类攻击和此类城市的声明会加以避免;具体目标则予以说明。"[140]

城市空袭任务所携带的炸弹——高爆弹与燃烧弹的比例——道出了实情。[141]燃烧弹没有冲击波效应,因此,一般不用它来打击"硬目标"——工业厂房、铁路编组场以及重型军用机械。它们的唯一用途是摧毁"软目标",例如房屋、兵营、商场和政府机关等。但在2月14日第八航空队空袭德累斯顿的任务中——这次任务是摧毁铁路编组场——高爆弹与燃烧弹的比例是60比40,这一致命的混合物的目的是区域轰炸,而不是精确轰炸。

这种情况很常见。实施雷达轰炸时,美国战略轰炸机经常使用高比例的燃烧弹对其他城市的铁路目标发起打击:科隆(27%),纽伦堡(30%),柏林(37%),慕尼黑(41%),但在D日期间却很少使用燃烧弹打击法国的铁路系统,因为他们担心使法国平民丧生。[142]1945年2月26日对柏林的后续空袭中,一千多架美国轰炸机以雷达为引导,所携带的炸弹中包括44%的燃烧弹,摧毁了市内的三个中央火车站,并引发了席卷意外目标区的大火,其中包括居民区。[143]三个星期后的3月18日,第八航空队发起战争期间对柏林最为猛烈的轰炸,投下50多万枚燃烧弹。柏林的规模,其现代化建筑,其出色的消防队,其强大的高射炮防御,以及宽阔的帝国大道(它充当了防火带),使这座城市与德累斯顿相比更难燃烧。否则,战争后期这些"交通目标"空袭中的任何一场,都将引发一场烈火风暴。

第八航空队并未试图焚烧柏林或任何一座德国城市。他们知道,不可能准确命中市中心的目标,特别是雷达轰炸,因此,轰炸机上携带了大量燃烧弹,试图以此来扩大破坏圈,这确实增加了破坏既定目标的机会。当然,这也增加了大批非作战人员丧生的可能性,特别是1944—1945年冬季期间,美国的大多数轰炸行动都是以雷达为引导。为弥补雷达设备不精确、天气、德国人的抵抗以及人为错误(他们被要求在敌人的炮火下完成一项精确、高度压力的任务)所造成的不准确,美国的轰炸机机组频频采用地毯式轰炸,第十五航空队的雷达导航员兼投弹手米尔特·葛洛班说道。"常见的时间间隔计设定,以500磅的炸弹算,是400英尺,"葛洛班解释道,"这就是说,炸弹会被连续投放,为的是形成一条4800英尺长的炸弹带。一个典型的四中队制大队,50架轰炸机,将在目标上方投下50条这种近一英里长的炸弹带。我们通常会击中些东西——经常有一颗或两颗炸弹命中或摧毁目标。"[144]为了让自己与英国人区别开,美国人要求根据其瞄准的对象来判断,而不是击中了什么。但解决轰炸不精确的另一个办法是根本不进行轰炸,并承担反纳粹暴政的行动延长的风险,其中包括奴工、战俘以及集中营囚犯的性命。

第八航空队的"交通轰炸"与英国皇家空军的"区域轰炸"之间的区别在城市中更加明显,那里的大多数或全部工业目标均位于郊区。1944年9月11—12日夜间,英国轰炸机司令部在不到一小时的时间里造成一场烈火风暴,将达姆施塔特的市中心彻底抹去,这座用于居住的城市根本没有大型的铁路站场或战争工业。然而,这场空袭全然无效,该市90%的工业设施位于未遭到燃烧的郊区,没过一个月,达姆施塔特的战时生产几乎已获得全面恢复。当年12月,第八航空队对达姆施塔特郊区的工厂发起打击,那是个很大的目标,即便采用雷达轰炸也很容易发现。这种战略打击对达姆施塔特的工业形成"致命的一击",[145]同时,该市在9月份英国皇家空军的大屠杀中幸免于难的部分区域，也没有出现生命和平民财产的严重损失。

1945年2月和3月对柏林和德累斯顿的多次空袭，是空中战争迅速加速的组成部分。1944年年底前，居民超过10万的德国城市，近五分之四已被摧毁，这还是盟军空袭到达顶峰之前的情况。1945年的前四个月，英美空中力量对德国投下的炸弹数量是英国皇家空军1943年全年投弹量的两倍。"整日整夜地等待着不可避免的灾难，这是对精神的一种摧残"[146]，68岁的马蒂尔德·沃尔夫-门克尔贝格写信给她已自立的孩子，他们居住在国外。1943年夏末，一场大规模疏散发起时，这位年迈的德国护士长拒绝离开"可怜的、被焚毁"的汉堡。战争期间发起的十余次疏散，撤离了上千万人，主要是母亲和她们的孩子（没有孩子的职业妇女和大多数带着稍年长孩子的母亲被禁止疏散）。[147]

只要德国政府不投降，盟军就不会停止轰炸。轰炸什么和如何轰炸，在道义和军事方面值得商榷。全世界对德累斯顿的关注，使得同等的过激行为被忽略。普福尔茨海姆是德国西南部一座中等规模的城市，那里生产精密仪器，同时，作为军用列车的一个连接点，她对德国军队具有一定的价值。德累斯顿遭受空袭的十天后，哈里斯的轰炸机摧毁了普福尔茨海姆80%的地区，四分之一以上的战时居民（约为德累斯顿的5%）被抹去。"整座城市已被焚毁。"哈里斯于3月1日通报他的同僚。"这次空袭，"他带着显而易见的满意补充道，"就是众所周知的一场蓄意的恐怖轰炸。"[148]他宣布，轰炸机司令部"以这种方式"已摧毁了63座德国城市。

他并未就此罢手。3月16—17日夜间，他的轰炸机编队摧毁了符兹堡，那是巴伐利亚北部一座历史悠久的教堂城和大学中心。[149]城市的建筑区，近90%被焚毁，10万名居民中，5000人丧生。1945年初这场不可原谅的、完全失控的轰炸，是对那些悍然发起赤裸裸侵略战争的国家的一个警告。而成为蓄意攻击目标的人们被迫为了自己的生存而战，如果有足够的力量，他们将以彻底粉碎敌人为目的，满怀愤怒地奋战到底（与第一次世界大战不同，这场战争将以投降，而不是和平条约告终）。在这样一场战争中，"令人惊讶的是，道义上的顾忌更多地进入到他们的筹划中"，历史学家理查德·科恩写道。[150]

德国人民成了"他们的领导人系统地散播仇恨"的受害者，德国消防部门的前首脑汉斯·伦普夫将军写道，"不得不为此买单的是那些普普通通的男人、女人和他们的孩子"。[151]但数百万这些"普普通通"的德国人和伦普夫将军本人都是希特勒邪恶意志的支持者，这样一来，他们便将他们自己、他们的城市和他们的孩子置于可怕的风险下。战争结束的半个世纪后，德国作家W·G·泽巴尔德，在他颇具争议的空战著作《毁灭自然史》中写道："大多数德国人今天知道，或至少被希望知道，是我们自己造成了所居住城市的湮没。"[152]

号 角

1945年初，没有哪个德国城镇可以免遭空袭的威胁。其中最具争议的空中打击行动，代号为"号角"，旨在对德国境内不设防或防御较轻的目标发起轰炸。这个计划由阿诺德率先提出，再由斯帕茨加以改进，要求美国和英国的轰炸机波次从低空进入，对各个小城镇和村落先前未遭到轰炸的交通目标发起"广泛、同时展开的攻击"。[153]在战斗机的陪伴下，轻型和重型轰炸机将被派往这些城镇，目的是打垮德国铁路维修组，并在这些铁路工人中造成"一场危机"。[154]"由于我们对交通目标持续保持压力，铁路员工的士气已严重下降，"陆航队的一份规划书中指出，"使用一切可用力量实施反复攻击，很可能会造成对方大批人员弃职潜逃。"[155]

行动的另一个目的是在迄今为止躲过猛烈轰炸的数百万德国人中制造恐慌。美国空中力量领导人预计，德国空军的抵抗会很轻微，或根本就没有，因而他们想让德国人牢牢记住——就像威廉·特库姆塞·谢尔曼将军如入无人之境的"向大海进军"给南方人留下的深刻印象——"他们的处境很无望"[156]。

"号角"在美国空军领导层中造成了不和。吉米·杜立特尔反对这项计划,仍在指挥地中海战区盟军空中力量的艾拉·埃克也反对。他们俩担心,该计划会分散打击燃油目标的力量。另外,"号角"行动会"彻底让德国人相信,我们就是他们所说的野蛮人",在一封直抒胸臆的私人信件中,埃克告诉斯帕茨,"因为这次行动在他们看来会非常明显,就是一场主要针对平民的大规模袭击……可以预料,这场空袭的丧生者中,95%以上的人会是平民"。[157]查尔斯·卡贝尔将军补充道:"这就是老生常谈的婴儿屠杀计划……穿了件新马甲。这是个拙劣的心理战计划和糟糕的铁路空袭计划。"[158]

埃克并不是从道义上反对攻击敌战略目标时造成德国平民的附带伤亡,在他看来,"号角"行动的目标定位没有重要的经济和军事价值。埃克还担心这场轰炸的结果会给陆航队造成战时遗留问题。"我们不应让这场战争的历史为轰炸街上的无辜者而判我们有罪。"在给斯帕茨的信中,他这样写道。[159]这封信肯定给斯帕茨留下了深刻的印象,因为去年夏季,英国人首先提出"雷霆一击"计划时,斯帕茨自己也使用过类似的论调。但斯帕茨感觉到来自阿诺德迅速结束战争的压力,也知道马歇尔和罗斯福想让所有德国人体会到战争的分量,用罗斯福的话来说,"从父亲到儿子,再到孙子"[160],世代传承这番可怕的经历,因此,斯帕茨下令该计划继续进行。轰炸机部队的各位指挥官接到提醒,要特别留意他们的新闻稿,以打消"这次行动的目标是平民或旨在恐吓他们"的想法。[161]但斯帕茨肯定知道,这场恐怖轰炸是建立在上千架飞机发起低空攻击的基础上。

"号角"行动于2月22日发起。两天的时间里,3500多架轰炸机和近5000架战斗机在德国25万平方英里的领空中游荡,对铁路站场、客运站、桥梁、平交道口、机动车辆和运河驳船实施轰炸和扫射。这些打击目标中包括大学城海德堡和疗养胜地巴登-巴登。没有关于平民伤亡的记录,盟军的损失很轻微。

　　航空队领导宣布"号角"行动取得了"令人瞩目的成就",¹⁶²并计划于3月3日再次发起该行动。但随之而来的情报表明,行动失败了:德国的维修人员并未不堪重负,德国人的士气没有明显的衰落,高优先级的军用交通继续畅通无阻。¹⁶³瑞士的一座城市遭到猛烈轰炸——这是沙夫豪森第二次遭到第八航空队的误炸。

　　在一次新闻发布会上,陆航队官员对行动做出了奇怪的解释,声称摧毁一个士气已被摧毁者的士气是不可能做到的。¹⁶⁴但斯帕茨取消了3月份的行动,并开始将全部注意力集中于战争后期三个突出的目标上:摧毁德国的石油工业,破坏其铁路系统,为艾森豪威尔将军的部队提供支援。*但是,在他得以结束战争期间最后一场空中战役前,斯帕茨不得不先处理美国航空队在战争期间最令人尴尬的媒体关系过失。

　　德累斯顿遭到轰炸的三天后,一个名叫霍华德·考恩的美联社记者发出一封急电,结果令SHAEF(盟国远征军最高统帅部)惊慌失措。"盟国空军指挥官作出了期待已久的决定,他们将对德国人口中心实施深思熟虑过的恐怖轰炸,以这种无情的权宜之策来加速希特勒的灭亡。"¹⁶⁶

　　"正如英国和美国轰炸机最近对柏林、德累斯顿、开姆尼茨和科特布斯的居民区所实施的空袭那样,对纳粹德国更多的轰炸即将到来,而公开宣称的目的是给德国的交通制造更大的混乱,并削弱德国人的士气。"

　　考恩是在C·M·格里尔逊主持的一场新闻发布会上获得的信息,格里尔逊是皇家空军的一名情报官,在SHAEF的空军参谋部任职。他告诉记者们,

---

* 盟军最终向莱茵河的推进开始于"号角"行动发起的当晚,这可能进一步解释了斯帕茨为何会支持一场他确实认为用不了"几天"便能瘫痪德国铁路交通的行动。¹⁶⁵也许他希望"号角"行动能够给莱茵兰地区的德军补给线造成足够的破坏,从而让考特尼·H·霍奇斯将军的第9集团军在遭遇最小抵抗的情况下,在科隆附近渡过莱茵河。

轰炸德累斯顿是为了阻止德国人将部队和补给物资运往东线，摧毁后撤人员的集结中心，并粉碎"尚存的士气"。[167]格里尔逊从未使用过"恐怖轰炸"这个词，但考恩以充分的理由解读了他罕见的公开承认：盟国空军司令部已正式批准将平民作为打击目标，他们已开始执行屠杀性轰炸政策，以此来缩短战争进程。SHAEF的检查员荒谬而又令人费解地批准了他的急电公开发表后，考恩肯定对自己的解读更加深信不疑。

考恩的报道成了美国报纸的头版头条，这给美国陆航队造成极大的难堪。此刻，由于心脏病发作，哈普·阿诺德仍在佛罗里达州的科勒尔盖布尔斯休养，危机处理交给了他的副手巴尼·贾尔斯将军和罗伯特·洛维特，后者在马歇尔的力主下，成为了陆航队首脑。经阿诺德签署后，陆航队要求斯帕茨立即作出解释，对柏林和德累斯顿的空袭究竟是恐怖轰炸，还是优先考虑的军事目标？[168]

斯帕茨做出了令人放心的答复。他强调指出，格里尔逊对轰炸政策并不了解，他的讲话也超出了他的权限；他的观点也许能代表"轰炸机"哈里斯的那些看法，但绝非美国空军指挥官的观点。正如弗雷德里克·安德森将军解释的那样，这是"一名不称职的官员干出的愚蠢至极的"事情。[169]他和斯帕茨都向陆航队司令部保证，对柏林和德累斯顿的空袭延续了既往的政策。科隆、明斯特、法兰克福和德国西部的其他交通中心继续遭到猛烈轰炸，但这些任务并未像在德国东部地区实施的空袭那样，被冠以"针对平民百姓的恐怖袭击"。[170]近期对德国东部城市的空袭，并不是轰炸政策发生了改变，而是轰炸"地点"的变化。[171]打击目标是敌军队和军用补给运输，而非难民。

这番解释令阿诺德感到满意，在病床上休养的他，急切希望将这些问题掩盖起来。战争部长史汀生对他们不太满意，他曾希望德累斯顿完好地保存下来，以便在战后成为"一个不再独裁化和致力于自由的新德国的中心"[172]。另外，斯帕茨的情报主任乔治·麦克唐纳将军也跟他们不太能处得来。

在美国陆航队历史上最值得注意的一次内部沟通中，麦克唐纳于2月21日写信给弗雷德里克·安德森将军,对"博顿利"提出强烈抗议——那是斯帕茨在1月底签署的命令,要求对柏林、莱比锡、德累斯顿和德国东部其他城市的交通目标实施轰炸。"这道指令将……美国陆军航空队明确投入到对拥挤的平民实施区域轰炸的行动中。"[173]此外,这道指令签署时,"没有任何情报向这位领导表明,对这三座城市的破坏将决定性地影响到敌人实施武装抵抗的能力"。对这些作为交通中心的城市加以破坏,"可能会拖延,但无法决定性地切断敌部队和补给物资必要的调动",麦克唐纳坚称,"这一点并不难懂,如果不是虚幻的士气目标证明这些城市重要性的话。实施士气打击的最大愿望是激起(德国民众对纳粹政权的)反抗。但所有相关部门都同意,德国人民是无力反抗,而不是不愿意反抗目前的统治"。

麦克唐纳讽刺地补充道,如果第八航空队以往的轰炸政策及行动被证明是无效的,"我们应该正视这个问题……放弃一切优先目标……全神贯注地致力于根绝居民和夷平城市"。

"如果这种做法确实被认为是获得胜利的捷径,那么据此推论,我们的地面部队同样应该奉命杀掉所有平民,毁掉德国所有的建筑,而不是限制他们打击敌人的干劲。"麦克唐纳认为:"(这道轰炸指令)否定了我们过去的目的和做法,将我们与白日梦紧密联系起来,并将空战限制于不分青红皂白的屠杀和破坏……因此,建议高层以最强硬的措辞检讨我们的指令,以允许陆航队继续其获得证明的方式,为击败敌人作出最具成效的贡献。"

考恩事件,对斯帕茨亲自下达的"恐怖轰炸"指令惊人的反对意见,以及因误炸瑞士领土而引发的外交危机,这一切促使斯帕茨于3月1日下达了一道新指令。[174]该指令以最强硬的措辞重申,只能对军事目标发起打击。这道指令还落实了严格的预防措施,以防止再次误炸瑞士,仍有美国飞行员被拘禁在那里,陆航队正试图让他们获得遣返。

1945年3月,军事轰炸到达了战时的顶峰,每个月投向德国的炸弹多达17万吨,其中的10.2万吨来自美国空中力量。当月,第八航空队出动轰炸机的次数达到26天,其中的20次任务中,出动的轰炸机多达一千架或更多。某些轰炸行动有些杀伤过度,但对战争的学习者来说,这应该不足为奇。强国间的战争有一种内在的动力,一种恶魔般的加速力和过度打击力,这种力量并不一定出自深思熟虑的决定,而是在利用人类的情感和物质资源获得全面胜利的过程中产生。另外,一项成本高昂的军事计划以及战略轰炸攻势的规模,在到达其破坏能力的顶峰时获得了自身的发展动力。一旦轰炸机、炸弹和机组人员组成一股势不可挡的力量,"让飞机和宝贵的炸弹闲置在英国东部的机场上,是与任何健康的经济本能背道而驰的",W·G·泽巴尔德挖苦地评论道。[175]因此,美国那些轰炸机小伙们以超过摧毁敌战争机器所需要的数目继续飞行、继续牺牲,而在这场战争的前几年,他们的飞行和大量牺牲并不足以完成任务。

在佛罗里达州卧床不起的阿诺德收到来自总部的一封电报,提醒他史汀生部长对可能既不必要又有些过度的德累斯顿大轰炸一直保持着关注。阿诺德在电报顶端写下一行黑体字:"我们绝不能心慈手软。战争必定是毁灭性的,在某种程度上甚至是残忍无情的。"[176]

德累斯顿挥之不去的气氛是什么?尽管格茨·贝甘德对"轰炸缩短了战事进程"的说法持怀疑态度,但他坚信,这场空袭造成的冲击——其突然性和毁灭性怒火——"以一种根本性方式为改邪归正作出了贡献。这一点在当时的一句话中得以表述:以恐怖告终比无尽的恐怖更好些。"[177]

"改邪归正"正是轰炸机巨头们曾希望他们的恐怖轰炸所能产生的效果。但正如我们将看见的那样,它在这场战争中来得太晚,已无法对战争结局产生直接影响。它展现在一种内向型宿命论中,使得轰炸的幸存者无法公开挑战纳粹的统治。"每个人都被其个人的烦恼所压倒,不再关心德国的命运,"一位妇女表述了当时的心情,"更为重要的是,一个人能不能得到吃的东西,鞋子能不能穿得更久些,尤其是,还会有空袭吗?明天,我们栖身的房子还在吗,或者,我们还能活着吗?"[178]

在此期间，这些轰炸幸存者所能做的只是忍受，并为生存而挣扎，用马蒂尔德·沃尔夫-门克尔贝格的话来说，他们不知道"何时会轮到自己"[179]。而这也是盟军轰炸机机组人员的困境。

注释

1 可参阅刘易斯·芒福德的《灭绝的道德》,《大西洋月刊》,1959年10月,38—44页;唐纳德·L.米勒,《刘易斯·芒福德的一生》(纽约,韦登菲尔德&尼克尔森,1989年),第23章。

2 报告的副本被引用于劳伦斯·库特尔将军1944年8月9日发给哈普·阿诺德的电报,斯帕茨文件。

3 查尔斯·韦伯斯特和诺布尔·弗兰克兰,《对德国的战略空中打击,第三卷》,第98页;给空军参谋部的备忘录,主题:打击德国民众的士气,1944年7月22日,国家档案馆—英国,20/3227。

4 引自诺曼·朗迈特的《轰炸机:皇家空军对德国的攻势,1939—1945》(伦敦,哈钦森出版社,1983年),第331页。

5 1944年7月22日,空军参谋部文件,国家档案馆—英国。

6 1944年8月9日,劳伦斯·库特尔将军发给哈普·阿诺德的电报,斯帕茨文件。

7 毕晓普·C.布罗姆利·奥克斯纳姆,《令人作呕的必要性》,《国家》杂志第158期(1944年3月),第324页。

8 1944年8月15日,库特尔发给F.L.安德森的电报,1944年8月9日,劳伦斯·库特尔将军发给哈普·阿诺德的电报,"打击德国民众的士气",斯帕茨文件。

9 1944年9月8日,查尔斯·卡贝尔发给理查德·休斯的电报,美国空军历史研究部,168.7026-9。卡贝尔对美国轰炸政策的看法,可参阅查尔斯·P.卡贝尔的《睿智者:关于战争、和平和中情局的回忆》(科罗拉多泉,无畏书局,1997年),第194—196页。

10 1962年2月21日,诺尔·F.帕里什、阿尔弗雷德·戈德堡采访斯帕茨,美国空军历史研究部；理查德·G·戴维斯，《卡尔·斯帕茨与欧洲空战》，第434—435页。

11　1944年8月15日，库特尔发给F·L·安德森的电报，斯帕茨文件；1944年9月12日，查尔斯·G·威廉姆森上校发给F.L.安德森准将的备忘录，斯帕茨文件。

12　1944年8月27日，斯帕茨发给阿诺德的电报，斯帕茨文件。

13　1944年8月23日，首相备忘录，国家档案馆—英国。

14　1944年8月28日，艾森豪威尔发给斯帕茨的电报，斯帕茨文件；康拉德·C·克兰，《炸弹、城市和平民：二战中的美国空中力量战略》（劳伦斯，堪萨斯大学出版社，1993年），第106页。这是关于美国实施恐怖轰炸计划的一本出色之作。

15　1945年1月27日，空军中将诺曼·博顿利爵士发给空军上将阿瑟·哈里斯爵士的电报，查尔斯·韦伯斯特和诺布尔·弗兰克兰，《对德国的战略空中打击，第四卷》，第301页。

16　1945年1月25日，联合情报委员会的报告，国家档案馆—英国；查尔斯·韦伯斯特和诺布尔·弗兰克兰，《对德国的战略空中打击，第三卷》，第100页。

17　同上。

18　1945年1月16日，丘吉尔发给辛克莱的电报，查尔斯·韦伯斯特和诺布尔·弗兰克兰，《对德国的战略空中打击，第三卷》，第103页。

19　1945年1月21日，联合情报委员会的报告，国家档案馆—英国。

20　1945年1月27日，辛克莱发给丘吉尔的电报，查尔斯·韦伯斯特和诺布尔·弗兰克兰，《对德国的战略空中打击，第三卷》，第104页。

21　休·朗希，《旁观者》杂志，第273期（1994年8月6日），第25页；二战会议，雅尔塔（克里木），第四箱，附录RG 43，国家档案馆；1945年2月7日，安德森发给斯帕茨的电报，美国空军历史研究部。

22　1945年2月18日，斯帕茨发给阿诺德的电报，斯帕茨文件。

23　1945年1月25日，"在盟国远征军总部召开的盟国空军指挥官会议之纪要"，斯帕茨文件。

24　《二战中的陆军航空队，第四卷》，第71页。

25　1944年12月10日，斯帕茨发给阿诺德电报，斯帕茨文件。尽管对无人机项目并不热衷，但斯帕茨愿意用它们对德国城市（只要是军事和经济目标）发起打击。

26　1944年11月23日，阿诺德发给斯帕茨的电报，斯帕茨文件。

27　引自杰弗里·佩雷的《胜利女神：二战中的美国陆航队》，第373页。

28　1945年2月2日，F.L.安德森将军发给斯帕茨的电报，斯帕茨文件；1945年2月5日，库特尔发给阿诺德电报，阿诺德文件；《二战中的陆军航空队，第四卷》，第727页。

29　《二战中的陆军航空队，第四卷》，第737页。欲了解"流浪汉"项目更多的详情，可参阅康拉德·C·克兰的《炸弹、城市和平民：二战中的美国空中力量战略》，第78—85页。

30　1945年2月5日，斯帕茨发给阿诺德电报，斯帕茨文件。

31　阿尔伯特·C·米尔泽耶夫斯基，《阿尔贝特·施佩尔何时放弃的》，《历史》杂志第31期（1988年6月第2期），第391—397页。

32　1945年2月1日，马歇尔的话被安德森引用在发给斯帕茨的电报中，斯帕茨文件；1945年2月1日，美国陆军航空队召开的参谋会议纪要，斯帕茨文件。

33　引自罗伯特·达莱克的《富兰克林·D·罗斯福与美国对外政策，1932—1945》（纽约，牛津大学出版社，1979年），第472—473页。

34　塞缪尔·I·罗森曼编撰的《富兰克林·D·罗斯福的公开文件和演说，第八卷，战争与中立》（纽约，兰登书屋，1939年），第454页。

35　富兰克林·D·罗斯福，《富兰克林·D·罗斯福的战争信息，1941年12月8日至1942年10月12日》（华盛顿，美国出版社，1943年），第32页。欲了解这个主题更多的详情，可参阅乔治·霍普金斯的《二战中的轰炸和美国的良知》，《历史学家》杂志第28期（1966年5月第3期），第451—473页。

36　1944年9月8日，《伦敦时报》。

37　引自格雷戈尔·达拉斯的《1945：永不结束的战争》（纽黑文，耶鲁大学出版社，2005年），第210页。

38　《V-2武器》，1944年11月20日，《新闻周刊》，第34页。

39　潘特-道恩斯，《伦敦战时笔记》，第348页。

40　诺伊菲尔德，《火箭与帝国：佩内明德与弹道导弹时代的来临》，第212页。

41　同上，第279页。

42 引自约翰·基根《第二次世界大战》，第582页。
43 约瑟夫·沃纳·安杰利，《本可以获胜的制导导弹》，《大西洋月刊》第189期（1952年1月），第57—63页。
44 1945年1月30日，杜立特尔发给斯帕茨的电报，美国空军历史研究部，520.422。
45 杜立特尔，《我再也不会如此幸运》，第402页。
46 1945年1月30日，杜立特尔发给斯帕茨的电报，斯帕茨文件。
47 同上。
48 1945年1月30日，斯帕茨发给杜立特尔的电报，美国空军历史研究部。批准恐怖轰炸的过程中，斯帕茨自觉或不自觉地遵从了美国空中力量战前的计划报告——空中作战计划处1号文件。这份颇具影响力的报告指出，待敌人接近崩溃，"民众由于遭受持续的痛苦和贫困而士气低落"时，"对城市实施猛烈而又连续的轰炸可能会将其士气彻底摧毁……待适当的心理条件存在时，可以认为，整个轰炸努力可能会促成这一目的"。AWPD/1，附录2，第2段第3节，国家档案馆。就连库特尔将军也在较早的一次秘密商讨中表示，如果能确定"包括炸死德国平民在内的士气轰炸"能够"扭转乾坤，击败敌人"的话，这种做法也许可以实施，1944年9月4日，查尔斯·G·威廉姆森上校发给库特尔的备忘录；9月6日，库特尔的签字；1944年9月12日，发给安德森的备忘录，斯帕茨文件。
49 罗杰·A·弗里曼，《美国第八航空队的人员和飞机》，第209页。
50 杜立特尔发给斯帕茨的电报，斯帕茨文件。
51 1945年2月2日，斯帕茨电话交谈记录，斯帕茨文件。
52 1945年2月2日，斯帕茨给杜立特尔的指示，美国空军历史研究部。对于斯帕茨动机的另一个解释，可参阅理查德·G·戴维斯的《"雷霆一击"行动：美国空中力量与轰炸柏林》，《战略研究》杂志第14期（1991年3月），第90—111页；理查德·G·戴维斯，《卡尔·斯帕茨与欧洲空战》，第550页。
53 1968年8月8日，穆雷·格林采访卡尔·斯帕茨将军，科罗拉多州，科罗拉多泉，美国空军学院档案，格林收集的阿诺德文件。
54 查尔斯·埃林，《强大的空中堡垒：引航轰炸机飞越柏林》（宾州哈弗福德，炮台出版社，2002年），第71页。其他一些著作也描述了这次行动，其中包括罗伯特·A·汉德的《最后的空袭》（1996年自费出版），收存于第八航空队历史博物馆。

55 同上。

56 莫里斯·G·韦斯特法尔的日记，该日记现存于其家人的手中。

57 约翰·布里奥尔，《险境：约翰·J·布里奥尔的二战日记》，第181页。

58 柯蒂斯·赖斯，《以身涉险：刘易斯·F·威尔斯的二战经历》，第316页。

59 德斯蒙德·弗劳沃、詹姆斯·里夫斯编撰的《战争1939—1945：一部文件史》，第556页。

60 格伦·格雷，《勇士》（1959年出版，内布拉斯加大学出版社1970年再版），第25—58页；约翰·莫里斯的证词，艾森豪威尔中心。

61 汉德，《最后的空袭》，第19页；1945年2月3日，第303轰炸机大队第360中队（H）作战任务加载清单，国家档案馆；1945年2月3日，第303轰炸机大队任务完成报告，国家档案馆。

62 同上。

63 同上。

64 索尔·莱维特，《罗森塔尔的传奇》，卡拉汉，《凝迹，我的战时记录：英国诺福克郡迪斯附近，索普–阿博茨，美国陆军航空队第139号基地的二战历史记录》，第247页；莱维特，《美国–柏林》，1944年3月26日，《星条旗报》。

65 2005年8月8日，作者对罗森塔尔的采访。

66 1945年2月3日，《星条旗报》。

67 同上。

68 克罗斯比，《逆境求生》，第363页。

69 2002年3月21日，对罗森塔尔的采访。

70 2002年1月25日，作者对罗森塔尔的采访。

71 索尔·莱维特，《罗森塔尔的传奇》，卡拉汉，《凝迹，我的战时记录：英国诺福克郡迪斯附近，索普–阿博茨，美国陆军航空队第139号基地的二战历史记录》，第246页。

72 约翰·布里奥尔，《险境：约翰·J·布里奥尔的二战日记》，第187页。

73 1945年2月24日，《星条旗报》；1945年3月5日，《时代周刊》，第30—31页。

74 乌苏拉·冯·卡尔多夫，《噩梦日记：柏林，1942—1945》（纽约，约

75 汉斯-格奥尔格·冯·斯图德尼茨,《柏林在燃烧:汉斯-格奥尔格·冯·斯图德尼茨日记,1943—1945》(新泽西州恩格尔伍德克里夫斯,培生教育出版社,1963年),第242页。

76 1945年2月24日,《星条旗报》头版;1945年3月5日,《时代周刊》,第30—31页。

77 冯·斯图德尼茨,《柏林在燃烧》,第242页。

78 同上。

79 《约瑟夫·戈培尔日记:最后的记录,1945》,休·特雷弗-罗珀编辑,理查德·巴里翻译(纽约,普特南出版社,1978年),第1页。

80 奥拉夫·格勒勒,《轰炸柏林》(柏林,学院出版社,1990年),第398页;另可参阅理查德·G·戴维斯的《德国的铁路编组场和城市:美国轰炸政策,1944—1945》,《空中力量史》第42期(1995年夏季第2期),第57—58页。

81 1945年2月4日,《纽约时报》第五版。

82 1945年2月,《星条旗报》第三版。

83 "'雷霆一击'目标清单",斯帕茨文件;1945年2月3日,3AD任务报告,第八航空队任务报告RG18,国家档案馆;莫里斯·G·韦斯特法尔的日记。

84 引自弗里曼的《美国第八航空队的人员和飞机》,第208页。

85 柯蒂斯·赖斯,《以身涉险:刘易斯·F·威尔斯的二战经历》,第316页。

86 詹姆斯·古德·布朗,《第381大队的勇士,都是英雄:一名牧师所揭秘的第381轰炸机大队内幕》,第532页。

87 小哈里·S·米切尔,"战地日记",空中力量历史博物馆。

88 柯蒂斯·赖斯,《以身涉险:刘易斯·F·威尔斯的二战经历》,第316页。

89 1945年2月17日,德国对外广播电台的广播,抄本,斯帕茨文件。

90 引自弗雷德里克·泰勒的《1945年2月13日,星期二,德累斯顿》(纽约,哈珀-柯林斯出版社,2004年),第126页。

91 库尔特·冯内古特,《五号屠宰场》(1969年出版;纽约,戴尔出版社,1999年再版),第189页。

92 同上,第227页。

93 1944年10月17日，德累斯顿，照片解读报告，国家档案馆；1945年1月16日，第466轰炸机大队任务文件，德累斯顿，国家档案馆；约瑟夫·W·安格尔，"1945年2月14—15日轰炸德累斯顿的历史分析"，美国陆航队历史部，美国空军历史研究部。

94 施泰因霍夫，《来自第三帝国的声音》，第224—226页。

95 同上，第228页；格茨·贝甘德，《空袭下的德累斯顿》（1994年出版；符兹堡，伯劳出版社1998年再版）。

96 弗雷德里克·泰勒，《1945年2月13日，星期二，德累斯顿》，第416页。

97 冯内古特，《五号屠宰场》，第227页。

98 施泰因霍夫，《来自第三帝国的声音》，第229页。

99 美国战略轰炸调查，"对德国城市的火攻"（华盛顿，美国政府印务局，1947年第二版）。燃烧弹通常以500磅为一组投下，某些空袭行动中，第八航空队也使用凝固汽油弹，这种武器出现于1944年夏季。原子弹被研发出来并使用前，给德国和日本城市造成最大人员伤亡和财产损失的武器便是燃烧弹；美国战略轰炸调查，"有形损害报告，欧洲战区"（华盛顿，美国政府印务局，1947年），第23页。

100 美国战略轰炸调查，"对德国城市的火攻"，第1、8、35—38、47、50页。

101 安妮·瓦勒、罗尔·滕利，《烈火的磨难：一名美国妇女在战火纷飞的德国的恐怖历程》（纽约，戴尔出版社，1965年），第34页。这场大火，另一份出色的目击记录是爱丽丝·奥因斯的《德国妇女对第三帝国的回忆》（新不伦瑞克，罗格斯大学出版社，1993年）。

102 瓦勒，《烈火的磨难：一名美国妇女在战火纷飞的德国的恐怖历程》，第35—36、40—41页。

103 同上，第35—36、40—41页。

104 同上。

105 1945年2月14日，PFF轰炸报告，德累斯顿，第94"A"轰炸机大队，下方中队，国家档案馆。

106 1945年2月15日，第1航空师司令部，情报处长办公室，第232号解释性报告，斯帕茨文件；1945年2月15日，第1航空师作战报告，德累斯顿，第94"A"轰炸机大队，领头中队，国家档案馆。

107 同上。

108 1945年2月17日,第91轰炸机大队,"米奇"行动汇报,国家档案馆;1945年2月14日,第91轰炸机大队的补充报告,斯帕茨文件。

109 弗雷德里克·泰勒,《1945年2月13日,星期二,德累斯顿》,第332页。

110 同上。

111 戴维·欧文,《启示录,1945:德累斯顿的毁灭》(伦敦,焦点出版社,1995年),第191页。

112 弗雷德里克·泰勒的《1945年2月13日,星期二,德累斯顿》,第435页。

113 1945年3月12日,《时代周刊》,第33页。

114 霍斯特·布格编撰的《第二次世界大战中的空战》中,第279—297页,奥拉夫·格洛勒撰写的《战略空袭及其对德国平民的影响》;格茨·贝甘德,《空袭下的德累斯顿》,第157页;四十年代,国际法尚未能跟上航空技术的发展。海牙条约关于陆地战的第25条规则(1907年),禁止地面部队对居民区实施不加区分的轰击,当然,没有提及空袭。远程轰炸得以在"某种法律真空中"运行,用一位著名国际律师的话来说,这种真空使得区域轰炸在目前的战争法规下合法化。但正如空军历史学家理查德·G·戴维斯指出的那样,英国和美国空军在欧洲,针对德国城市使用高比例的燃烧弹,可以被解读为违反了战争法"适度"的比例。简单地说,如果平民处在危险中,进攻方就不能使用过度的武力去摧毁其合法的军事目标。1948年,红十字会关于"保护战时平民"的公约,终于将不分青红皂白的区域轰炸宣布为违反国际法。参见霍斯特·布格编撰的《第二次世界大战中的空战》中,第354页,W·海斯·帕克斯的《空战与战争法》;理查德·G·戴维斯,《德国的铁路调度场和城市:美国轰炸政策,1944—1945》,第56页。

115 乌苏拉·冯·卡尔多夫,《噩梦日记:柏林,1942—1945》,第202页。

116 施泰因霍夫,《来自第三帝国的声音》,第229页。

117 2000年1月10日,作者采访库尔特·冯内古特。

118 乔·克莱文和阿特·屈斯佩特,"雨水和土豆皮",未发表的个人证词,艾森豪威尔中心。

119 冯内古特,《五号屠宰场》,第230页。

120 采访冯内古特。

121 莫里斯的证词,艾森豪威尔中心。

122 引自马丁·查尔默斯介绍他所编辑的维克多·克伦佩勒的著作,《直至最后一刻：维克多·克伦佩勒日记，1942—1945》（伦敦，韦登菲尔德&尼克尔森，1999年），第xiii、390—394页。

123 同上。

124 1945年2月15日，盟军指挥官会议纪要，美国空军历史研究部，K239.046-38。

125 弗雷德里克·泰勒，《1945年2月13日，星期二，德累斯顿》，第163页。

126 引自艾伦·库珀的《目标，德累斯顿》（布罗姆利，独立图书出版社，1995年），第245页。

127 理查德·G·戴维斯，《卡尔·斯帕茨与欧洲空战》，第563页。

128 引自罗宾·尼尔兰茨的《轰炸战：盟军对德国的空中打击》（伍德斯托克，远眺出版社，2001年），第359页。

129 莫里斯的证词。

130 阿瑟·哈里斯爵士，《轰炸机攻势》，242页。

131 引自黑斯廷斯的《大决战》，第335页。

132 整个战争期间，皇家空军至少对40座德国城市发起火攻；美国战略轰炸调查，"全面报告"（欧洲战事），第71—72页。

133 弗里曼·戴森，《宇宙波澜》（纽约，哈珀&罗出版社，1979年），第20、28页。

134 理查德·G·戴维斯，《卡尔·斯帕茨与欧洲空战》，第564页。

135 引自亨利·普罗伯特的《轰炸机哈里斯》，第332页。

136 空军部，"区域轰炸评估：德累斯顿"，日期不明（1945年10月30日提交），国家档案馆—英国。

137 第352号行动文件摘要，第303轰炸机大队，德累斯顿，1945年4月17日，国家档案馆。

138 1944年10月7日，"照片解读报告"，发给第41作战联队指挥部助理参谋长（A2），国家档案馆。

139 理查德·G·戴维斯，《德国的铁路调度场和城市：美国轰炸政策，1944—1945》，第51页；"第八航空队目标摘要"，日期不详，可能起草于1945年5月，美国空军历史研究部；"第八航空队行动摘要统计，欧洲战区，1944年8月17—1945年5月8日，1945年6月10日"，美国空军历史研究部。

140 1945年2月20日，经斯帕茨签署，安德森发给阿诺德的电报，斯帕茨文件。

141 弗雷德里克·泰勒,《1945年2月13日,星期二,德累斯顿》,第319页。
142 理查德·G·戴维斯,《卡尔·斯帕茨与欧洲空战》,第568、570页。
143 1945年2月26日,第202号行动文件摘要;1945年2月26日,第303轰炸机大队任务报告,柏林,国家档案馆。
144 米尔特·葛洛班,《写给编辑》,第10页。
145 美国战略轰炸调查,"对达姆施塔特实施区域轰炸的效果之详细研究"(华盛顿,美国政府印务局,1947年),第1—8页。
146 马蒂尔德·沃尔夫-门克贝格,《另一面,给我的孩子:来自德国,1940—1945》,第68、99、112页。
147 伊丽莎白·海涅曼,《一个女人的遭遇:关于德国"危机岁月"和西德国家认同的回忆》,《美国历史回顾》杂志第101期(1996年4月第2期),第362页。
148 1945年3月1日,盟国空军指挥官会议纪要,斯帕茨文件。
149 赫尔曼·内尔,《摧毁一座城市:二战中的战略轰炸及其给人类造成的后果》(马萨诸塞州剑桥市,大卡波出版社,2003年)。
150 霍斯特·布格编撰的《第二次世界大战中的空战》中,第410页,理查德·科恩撰写的《评述》。
151 汉斯·伦普夫,《轰炸德国》,爱德华·菲茨杰拉德翻译(纽约,霍尔特、赖因哈特&温斯顿出版社,1962年),第150页。
152 W·G·泽巴尔德,《毁灭自然史》,安西娅·贝尔翻译(纽约,兰登书屋,2003年),第103页。
153 1944年12月11日,"对运输目标发起最大程度攻击的整体计划",斯帕茨文件;《二战中的陆军航空队,第三卷》,第639页。
154 同上。
155 同上。
156 1944年8月15日,库特尔发给弗雷德里克·安德森的电报,斯帕茨文件。
157 1945年1月1日,埃克写给斯帕茨的信件,斯帕茨文件;1944年12月27日,杜立特尔发给斯帕茨的电报,斯帕茨文件。
158 卡贝尔的评论保存在麦克斯韦基地的文件夹中,该文件夹还包括"对运输目标发起最大程度攻击的整体计划"的副本,美国空军历史研究部,168.7026-9。
159 1945年1月1日,埃克写给斯帕茨的信件,斯帕茨文件。

160 1944年9月9日，富兰克林·D·罗斯福对亨利·史汀生所说，阿诺德文件中的副本。

161 1945年2月21日，斯帕茨发给埃克、特文宁、范登堡、达维勒的电报，美国空军历史研究部，520.3233-40。

162 号角行动，"摘要"，未注明日期，斯帕茨文件。

163 美国战略轰炸调查，"对德国交通运输实施战略轰炸的效果"，第16页。

164 《二战中的陆军航空队，第四卷》，第735页。

165 1945年2月5日，斯帕茨发给阿诺德的电报，斯帕茨文件。斯帕茨的传记作者理查德·戴维斯认为，艾森豪威尔的总部积极要求发起"号角"行动，以协助第9集团军渡过莱茵河。这可能是对的，但戴维斯没有使用解密的文件来支持自己的说法，即"1945年2月1日，盟国空军指挥官会议记录"，斯帕茨文件。

166 1945年2月18日，《华盛顿明星报》，头版。

167 该新闻发布会文字记录的一份副本现存于国家档案馆，RG331。发布会摘要被发送给斯帕茨；可参阅1945年2月18日，雷克斯·史密斯发给斯帕茨的电报，斯帕茨文件。

168 1945年2月18日，阿诺德发给斯帕茨的电报，斯帕茨文件。

169 1945年2月19日，安德森发给斯帕茨的电报，斯帕茨文件；1945年2月27日，安德森发给库特尔的电报，美国空军历史研究部，519.1611。

170 同上。

171 同上。

172 亨利·史汀生日记，1945年3月5日，纽黑文，耶鲁大学图书馆。

173 麦克唐纳的话均引自1945年2月21日乔治·麦克唐纳发给安德森的电报，弗雷德里克·安德森文件，第50箱，2号文件夹，胡佛研究所档案馆。

174 1945年3月1日，轰炸政策，内森·F·特文宁文件。

175 W·G·泽巴尔德，《毁灭自然史》，安西娅·贝尔翻译，第18页。查尔斯·P·卡贝尔将军在回忆录中写道："随着地面战事向着可见的结局而去时……我们越来越发现自己拥有一支庞大的空中力量，整装待发，但却无处可去。"卡贝尔的《睿智者：关于战争、和平和中情局的回忆》，第194页。

176 "对德累斯顿实施空中打击的报告"，美国空军历史研究部，519.523-6。

177 弗雷德里克·泰勒，《1945年2月13日，星期二，德累斯顿》，第413页。

178 引自厄尔·R·贝克的《轰炸下的德国后方，1942—1945》（列克星敦，肯塔基大学出版社，1986年），第168页。
179 马蒂尔德·沃尔夫-门克贝格，《另一面，给我的孩子：来自德国，1940—1945》，第89页。

第十六章

几乎从不倒塌的烟囱

> 我看见城市的废墟中，到处都是一堆堆瓦砾和垃圾，只有烟囱像手指那样伸向昏暗的空中。烟囱几乎从不倒塌。
>
> ——希比拉·克瑙特，定居于莱比锡的一位美国妇女

1945年3月2日，德累斯顿

当天上午10点，"普鲁迪小姐"号机组逼近这座已成为废墟的城市，准备对其铁路编组场再次实施轰炸时，查尔斯·埃林发现地平线处出现了几个小小的黑点。几秒钟后，一群德国战斗机向他们扑来，翻滚着、射击着。这场攻击令各轰炸机机组猝不及防。严重的燃料短缺已令德国空军的战斗机防御被严重削弱，空中抵抗在1945年的前两个月中一直很微弱。[1]

可是，看见德军攻击编队中有几架"看上去很危险"[2]的Me-262时，埃林的机组却并不感到惊讶。他们一直被告知要留意纳粹的神奇武器，瓦尔特·诺沃特尼少校的第一支喷气式战斗机部队被解散的四个月后，这种飞机已

于当年2月再次小批量出现。到目前为止,很少有敌喷气式战斗机对密集的轰炸机编队发起攻击,但这次,德国人出动了100余架战斗机,其中有不少Me-262,这是德国空军针对美国白昼轰炸实施最后抵抗的组成部分。

第二天,第八航空队的另一支轰炸机编队遭遇到迄今为止规模最大的一支喷气式战斗机编队,面对30余架下定决心的Me-262,他们损失了6架轰炸机和3架"野马"。[3]过去的一个月里,通常是2架或3架喷气式战斗机发起零零星星的攻击,但今天,他们以大规模编队的方式展开致命的进攻。随后,经历了由于气候恶劣而造成的为期两周的平静后,3月18日上午,数目相同的一支德国喷气式战斗机编队,由传统的活塞引擎战斗机陪伴,在空中排列开来,他们面对的是一支赶往柏林的空中编队——1329架轰炸机和700余架远程战斗机,他们将对德国首都发起战争期间最为猛烈的空袭。这场战斗与美国人曾打过的任何一场空战都不一样,传统的活塞引擎战斗机对抗的是下一个空战时代的飞机和空–空导弹。*

在这场1945年间规模最大的空战中,多达30架喷气式战斗机掠过"野马"战斗机组成的护航屏障,没用一分钟便摧毁了2架"空中堡垒",接下来的三分钟里又击落3架,随后又是2架——八分钟内,总共有7架轰炸机被击落,其中的3架隶属于倒霉的"血腥100"。接着,又有6架喷气式战斗机投入战斗。这些是出现在德国上空最快速、武器装备最精良的飞机——Me-262配备着最新式的武器,R4M空对空火箭弹。每架喷气式战斗机的机翼下装有木架,携带着24枚火箭。一枚火箭弹的威力足以将一架重型轰炸机击落,但喷气式战斗机飞行员设法加剧了这些火箭弹的杀伤力,他们组成密集队形,同时发射火箭弹,形成一道道毁灭性的"射击线",穿过第八航空队排列紧密的防御编队。[4]

---

* 译注:原文使用的是air-to-air missiles这个词。实际上,一些非制导式空对空火箭,在英语国度也被列入air-to-air missiles这个范畴中。

这些喷气式战斗机在近距离内,以致命的精确性射出他们的高速火箭弹。"破裂的机身、折断的机翼、扯掉的引擎、铝片以及各种尺寸的碎片旋转着穿过空中,"一名德国飞行员回忆道,"看上去就像是有人倒空了一个烟灰缸。"[5]第八航空队损失了6架"野马"和13架重型轰炸机,尽管在这场空战中德国人只损失了3名飞行员,但他们完全寡不敌众,因为双方的实力对比为100∶1。[6]

接下来的几个星期,德国的喷气式战斗机几乎每天都出来游荡。到3月底前,他们已击落63架轰炸机。[7]飞机充裕的美国人可以轻而易举地弥补这种损失,但杜立特尔将军担心这场空战已进入一个全新和不祥的阶段。[8]航空队获得的情报表明,阿尔贝特·施佩尔的地下飞机制造厂正以每周30多架的速度生产喷气式战斗机。与第八航空队在当年冬季遇到的大多数德国空军飞行员不同,这些喷气机驾驶员的经验似乎非常丰富。一个美国战斗机中队在其作战报告中指出:"他们从不让自己在糟糕的位置上被逮住……根本无法追赶上他们,爬升也不及对方。"[9]

精锐飞行员是德国这支刚刚组建起来的战斗机联队的核心,该联队被称作Jagdgeschwader 7(JG 7),拥有60架飞机。2月下旬,这支部队全面投入行动,开始挑起德国空军防御作战的重任。另一件出人意料的事是,希特勒已于当年1月将阿道夫·加兰德召回现役,命令他组建第二支喷气式战斗机部队,Jagdverband 44(JV 44),这是由50名飞行员组成的一支小股精锐部队。这位战争开始时曾是一名中队长的战斗机指挥官,将作为一名普通飞行员结束他为国家的服役,而他驾驶的,恰恰是这种他未能说服希特勒批准大批量生产的喷气式战斗机。

加兰德将德国最优秀的活塞引擎战斗机王牌飞行员召集起来,作为战友的他曾跟他们一同飞行、一同欢庆畅饮过。有些飞行员被"哄骗出"医院的病床,戴着假肢参加飞行;另一些飞行员赶来报到时,"根本没有获得调令的批准。他们中的大多数人自战争第一天起便开始参加战斗",加兰德后来写道,

"他们所有人都曾负过伤"。遭受过失败的磨砺后，他们当中很少有人还想扭转战局，但作为垂死的德国空军的"第一代喷气机小伙子"，他们都渴望为自己的荣誉而战。加兰德说道："'喷气机'这个神奇的词，将我们团结在一起。"[10]

这个"尖子中队"驻扎在慕尼黑附近，甚至在4月5日第一次在空中与敌对阵前便遭遇到麻烦。3月18日对柏林实施空袭后，杜立特尔下令对所有喷气式战斗机的机场展开粉碎性地毯式轰炸。就像1944年秋季那样，美国战斗机开始在德国机场上空展开固定的飞行巡逻，希望在那些性能优异的喷气式战斗机最容易被击落的时刻（起飞和降落时）将其摧毁。美国战斗机飞行员称之为"捕鼠"。[11]

即便在近距离空战中，"野马"战斗机驾驶员也已学会该如何对付那些喷气机。驾驶着机动性能出色、拥有超强转弯半径的"野马"，他们能够以小组为单位——很少像查克·耶格尔那样单干——在空战中抢在Me-262之前先发制人，"兜过"对方，再将其击落。"在一场个人对个人的战斗中，我们的飞行员面对一架Me-262，几乎没什么胜算，"美国第339战斗机大队的大队长威廉·C·克拉克上校评述道，"那种飞机实在太快。我们只能以数量来抵消对方的速度优势。"[12]

与轰炸机从事的战争一样，战斗机之战也沦为一场消耗战，德国人同样无法获胜。尽管施佩尔付出了巨大的努力，但生产出一架喷气机并不等于交付了一架喷气式战斗机，因为就在地下工厂开始源源不断地生产出数量可观的喷气式战斗机时，德国的交通运输系统几乎已被摧毁殆尽。到4月份时，1200多架可用的Me-262只剩下不到200架仍在各作战单位中服役，[13]而这些实力薄弱的单位，驻扎在散布范围很广的各个基地内，遭受着盟军飞机的骚扰性射击。

另外，这其中还有人手的问题。德国空军勉勉强强对盟军轰炸机进行了为期两周的最后抵抗，4月初，技术娴熟的德军飞行员已消耗殆尽。新手们被要求从事不可能完成的任务——在激烈的战斗中熟练操作世界上速度最快、火力最猛、机械性能最不可靠的飞机。JG 7联队一名幸存的老飞行员回忆道："他们不了解自己的飞机，不了解敌人，不了解对方的战术，也不了解己方的战术，甚至对德国的防御体系也知之甚少，更要命的是，他们几乎个个都缺乏训练。"[14]他们无法在恶劣的气候条件下依靠仪表飞行，他们中的大批人员无法形成组织良好的打击力量；他们单独或以两人为一组发起攻击，遭受到难以承受的作战损失。飞行事故的损失远较作战损失为高。

此刻，德国空军薄弱的防御力量已被挤入德国中部，从柏林至慕尼黑一条狭窄的地带中。从这一地区的各个基地，德国空军发起了一次自杀式行动，这与日本人为了将集结于冲绳的美国舰队逐离，在当月发起的神风攻击没什么不同。这场孤注一掷的行动来自一名德国轰炸机王牌哈乔·赫尔曼上校的构思。作为一名充满热情的民族主义者，他深信Me-262是使德国避免比《凡尔赛条约》更屈辱的无条件投降条款的唯一机会。"但这种飞机投入服役还需要一些时间，"他后来阐述了自己的想法，"我们迫切需要一些手段，给美国的一支轰炸机编队造成高得无法接受的损失……这样，我们便能获得一个喘息空间，从而将大批喷气式战斗机投入服役。"[15]

赫尔曼的计划对过去突击大队的"撞击战术"进行了较大的修改。[16]前一年，他们那种半自杀式攻击一直不太成功，因为笨重的Fw-190、超载的武器装备以及过厚的装甲使他们很容易被护航的美军战机猎杀。只有在速度更快的战斗机提供掩护的情况下，他们才能给敌人造成损失。1944年底提交给戈林的一份计划中，赫尔曼建议使用一款不同的攻击机，一种高空版Me-109，去除装甲板，只保留一挺机枪用于自卫。在轰炸机群上方5000—6000英尺集结后，每位驾驶员挑选一个目标，然后俯冲而下，撞向重型轰炸机最薄弱的部位——尾翼的前方。一次准确的撞击能让一架轰炸机断为两截。

过去，突击大队的飞行员们只是在近距离内无法用机炮摧毁对方时，才会试着撞击敌轰炸机；而赫尔曼的各个中队将把撞击作为他们唯一的攻击手段。但与日本人的神风敢死队不同，德国的自杀机飞行员在撞击敌机的同时，将从他们毁坏的飞机中跳伞逃生，以便为祖国再次效力。投入800架飞机，使用为这次关键性任务而节约下来的燃料，赫尔曼希望能消灭400架轰炸机，他估计将牺牲掉200名祖国的英雄。

希特勒和戈林批准了这项计划，但他们提醒赫尔曼，不能为此而浪费那些老驾驶员，只能使用飞行学员。当年2月，征召志愿者的电话打到各个飞行训练学校，赫尔曼很快便得到了比飞机数量还要多的飞行员，他那些飞机驻扎在易北河附近，施滕达尔的一个战斗机基地内。他们自称为"易北河特遣队"，而他们的行动代号是"狼人"。

训练——主要是旨在推动爱国热情的政治灌输——随着西线迅速崩溃的消息而加速进行。"就是在1945年3月，我们打断了德国军队的脊梁。"布莱德利将军的参谋长切特·汉森少校回忆道。[17]在科隆、科布伦茨、波恩以及盟军部队到达莱茵河的各个地点，德国人将桥梁炸毁后，仓促向东后撤。但在3月7日，第9装甲师的一支特遣队抢在德国人引爆炸药前，夺下了波恩南面，雷马根镇上的鲁登道夫大桥。这使美国第1集团军得以冲入莱茵兰平原。虚弱的敌军仓促试图提供支援，却被盟军空中力量打垮。该地区的二十五个铁路编组场中，二十个被摧毁，这是一位记者所称的"战争中最伟大的空中突击"[18]的组成部分。

3月份的最后一周，四个集团军，包括巴顿的第3集团军，利用驳船和工兵旅以惊人的速度构建起的浮桥渡过了莱茵河。位于鲁尔河谷的德军遭到包围，盟军抓获了32.5万名俘虏。"德国最具价值的工业区已无法为她的战争而效力，"陆航队历史学家们描述了敌人最后的困境，"在鲁尔区身后是一群士气低落的民众，一个饱受摧残的工业体系，一支被击败的军队和一个衰败的政府。"[19]

4月2日，夺取德国第三大城市科隆的一个月后，美国军队在城内遭到炸弹重创的大教堂内举行弥撒。现在，戈林不得不采取行动了。4月7日拂晓，他命令尚未准备好的"易北河特遣队"投入行动，对付正在逼近的千余架美国轰炸机组成的编队。在JG 7联队的活塞式和喷气式战斗机的掩护下，120名飞行学员驾驶着飞机攀升至云层中，赶往集结点，他们的耳机中播放着爱国歌曲，同时伴以一名纳粹护士长响亮的嘱托，提醒他们"埋在城市废墟中那些死去的妻子和孩子"[20]。

驾驶自杀式战斗机的飞行员并不都是头脑麻木的纳粹狂热分子。许多人自愿参加是因为他们觉得自己和自己的国家毫无希望可言，盟军不肯作出非惩罚性和平的承诺，在这种情况下，除了战斗和牺牲，别无他法。"毫无疑问，我们的宣传未能给德军士兵提供一个积极的理由来促使他们投降，"美国第1集团军的心理作战组在一份报告中宣称，"相反，大多数官方声明让他们觉得，战败的前景会令他们丧失一切……如果宣传工作能将德国阐述为一个艰难但却可以忍受的存在，并辅以某种官方的保证，这将给予普通德国士兵一个积极的理由来停止抵抗。"[21]正如聚集在蓝天中准备迎战美国人的那些"易北河特遣队"的小伙子，他们带着迷茫的绝望，相信他们的奋战是为了让德国免遭一个惩罚性和平条约，而这种条约将令德国永远处于虚弱无力的状态，并在很大程度上屈从于布尔什维克的脚下。如果美国人遭受重创，付出重大代价，再加上尚未赢得的太平洋战争，可能会使他们寻求单独媾和。

这是一场残酷，但却呈一边倒状态的战斗。五十架德国战斗机，包括十余架喷气式战机，突破"野马"的屏护，冲向轰炸机群。至少有八架自杀式战机撞上美国重型轰炸机，并令其坠落，自杀式飞机撞入轰炸机的机鼻，或是击中机身处，旋转的螺旋桨被他们当做嗡嗡作响的电锯使用。轰炸机内的机组人员死状可怖，就像是被切开的罐头，撕碎的躯体被狂风卷走。十架轰炸机被撞落，但有些遭到撞击的重型轰炸机奇迹般地生还下来，而自杀机部队的十余位飞行员同样如此。

德国空军为其绝望的行动付出了高昂的代价，参加此次突击的战斗机，损失率高达四分之三。[22]"自杀式战斗机的初次使用并未带来成功的希望，"

戈培尔在他的日记中写道,"但是……这仅仅是一次初步试验,接下来的几天,这样的行动还将继续,希望能获得更好的结果。"[23]但"易北河特遣队"再也没有发起这样的攻击。

三天后,第八航空队倾巢而出,去完成一天前发起的对德国喷气式战斗机基地的猛烈打击。[24]戈林投入50余架Me-262,去对付近2000架盟军战机,喷气式战斗机当天获得了16个被证实的战果,但这其中只有3架重型轰炸机。这是喷气式战斗机对阵轰炸机最为成功的一天,但美国人击落了德军近半数的攻击力量。美国战斗机还摧毁了地面上的284架德国战机,其中至少有25架喷气式战斗机。对德国空军而言,喷气式战机的这一损失被证明是致命的。柏林和德国中部所有城市的空中防御被放弃,实力严重受损的战斗机部队的残余力量被调至巴伐利亚南部简陋、长满青草的机场。第八航空队的战史中,4月10日被称为"喷气机遭到大屠杀的一天"[25]。

4月19日,罗斯福总统去世的七天后,第八航空队最后一次跟德国空军交手。[26]当天的打击目标是位于捷克斯洛伐克乌斯季(Aussig)的铁路编组场。这是一次陆军所要求的战术行动,目的是为了阻止补给物资被运送给仍在布拉格地区抵御苏军的德国部队。查尔斯·埃林的"普鲁迪小姐"号率领着第34轰炸机大队,美国人准确地击中了他们的目标。轰炸正在进行之际,2架喷气式战斗机从埃林的左舷窗高速掠过,几秒钟后,4架"空中堡垒"消失了。"野马"战斗机立即投入战斗,一眨眼工夫便葬送了40名美国小伙性命的2架喷气式战斗机被击毁。埃林机上晕头转向的射手们还没来得及将他们沉重的机枪调转方向,又一架喷气机从八点钟方向高速飞来,击落了第五架"空中堡垒"。那是罗伯特·F·格莱兹纳中尉驾驶的"死亡之手"号,与战争末期许多轰炸机的做法一样,这架B-17上没有安排两名腰部射手。执行第111次作战飞行任务的"死亡之手"号隶属于第447轰炸机大队,是战争期间第八航空队被敌战斗机击落的最后一架重型轰炸机。埃林和他的组员们没有看见降落伞,但他们后来获悉,七至八名机组人员设法逃出了燃烧着的飞机,后来被美国军队解救。

战争结束后，盟军审讯者问德国空军参谋长卡尔·科勒，如果德国在战争较早些时候便拥有大批喷气式战斗机的话，情况会怎样？科勒将军毫不犹豫地作出了回答。如果是那样，德国空军便可以将500—600架Me-262投入到"1944年秋季的持续作战行动中"，美国人的白昼"恐怖轰炸"将会被"击败"。[27]

这一点值得怀疑。开发涡轮喷气发动机的技术挫折，以及希特勒最初坚持将Me-262作为一款轰炸机使用，妨碍了德国赢得这场与时间赛跑的技术战，本来，他们也许可以削弱美国人的白昼轰炸攻势。[28]就算德国人拥有科勒将军所说的500余架喷气式战斗机，他们也只能在很短的时间内阻止"恐怖轰炸"——美国陆航队将利用这段时间把迅速壮大的B-29"超级堡垒"编队中的一部分调至英国，它们在1944年中期已开始被派往太平洋中部。B-29是航空技术上的一个重大飞跃，与"空中堡垒"这个老大哥相比，"超级堡垒"更大、更快、火力更猛。这种飞机以超过350英里的时速在40000英尺的高空中飞行——在这一高度，那些引擎较小的飞机，包括喷气式战斗机，性能表现极不稳定——并配备了革命性的遥控机枪，这款强大的飞机本来是用于对付德国第一代喷气式战机及其严重缺乏经验的飞行员的。而德国人的喷气式战斗机，由于油耗过高，只能在距离基地25英里的范围内活动。[29]

就算Me-262设法将战事延续至1945年夏末，那么，德国，而不是日本，可能会成为第一颗原子弹的打击目标，以犹太人为主的研发小组所研制的这种武器，最初就是为了打击纳粹。"如果德国人不投降，我就将这颗炸弹投向他们，""艾诺拉·盖伊"号的机长，前第八航空队飞行员保罗·蒂贝茨在战后说道，"对此，我会感到满意，因为他们曾向我射击过……我得到的指示是，组建一支精锐轰炸力量……根据对指令的理解，训练时，他们被分成两组：一组派往欧洲，另一组飞赴太平洋。日本人并不是优先打击的目标。我们最初的计划是想将原子弹同时投向德国和日本。"[30]

如果将B-29部署到英国，只需要花上很短的时间将跑道延长，以适应这款飞机；甚至在原子弹做好准备前，B-29这种长机翼的毁灭性武器，在这种紧急情况下，很可能会对德国的城市投下大量燃烧弹，制造出十几起德累斯顿那样的大火灾。显然，美国人准备对德国这样干，用哈普·阿诺德的话来说："只需时机成熟。"[31]

1943年，犹他州荒凉沙漠中的达格威试验场内，好莱坞雷电华公司仿真部门的设计师和标准石油公司的工程师，根据与陆军化学战部队签署的协议，构建起两座工薪阶层住宅区，一座是德国人的，另一座则是日本人的。[32]从家具到床上用品，这些住宅精确复制了东京和柏林工人们的住房。为确保"德国村"的真实性，军方招募了声望卓著的现代派建筑师埃里克·门德尔松，这位德裔犹太流亡者设计了六座砖结构住宅，柏林郊区，这种类型的出租房紧密排列，1945年初，第八航空队曾对其进行过多次轰炸。盐碱沙漠中这两座模拟村庄遭到燃烧弹的轰炸，然后进行重建，反复试验的目的是为了让燃烧弹具备穿透德国建筑物屋顶的能力。在达格威试验场，军方还试验了M-69凝固汽油弹，这种阴险的新式武器由标准石油公司研发而成。"如果打算与德国来一场全面战争，我们或许会让这场战争变得可怕至极。"助理战争部长罗伯特·洛维特说道。[33]1944年年底时，洛维特鼓励陆航队开始制订对德国军队集结区和城市使用凝固汽油弹的计划。对德国来说，喷气式战斗机实施抵抗，将战事延续下去，并不会带来条件更为宽松的和平——那只是纳粹的白日梦——只会造成一场蛾摩拉城般的毁灭，凝固汽油弹的飓风后，原子弹的台风将接踵而至。

结果，作为世界上最可怕的打击力量，德国空军拉开了战争的帷幕，他们摧毁过格尔尼卡、华沙和鹿特丹，最终在萨尔茨堡一条窄小的跑道上，他们走到了尽头，美国的"野马"战斗机像秃鹰那样在猎物的上空盘旋。但这些胜利者并未发起俯冲和攻击，阿道夫·加兰德和他那些王牌飞行员成为了六年激烈空战中寥寥无几的幸运儿,他回忆道:"他们显然很希望,过不了多久便能亲自飞一飞曾令他们大吃苦头的德国喷气式战斗机。"[34]就在第一队美国坦克叮当作响地来到机场时,加兰德的飞行员们将汽油泼在他们的喷气式战斗机上,并点火将其烧毁。

战略轰炸调查

空中战争尚未结束时,斯帕茨的副手弗雷德里克·安德森将军便急于看到轰炸行动的原始成果。4月中旬,安德森将军征用了一架轻型飞机和一架搭载着两辆吉普车的C-47运输机,并派出一支小规模空军小组,对美国曾轰炸过的那些城市和工业区进行了为期八天的空中和地面考察。安德森将军的随行人员中有一名摄影师、一名情报官和历史学家布鲁斯·C·霍珀博士。

这是一次惊心动魄的考察。安德森将军对自己的目标"就像小孩子对他的弹球那般了如指掌",小小的飞机贴着树梢飞行,"钻入滚珠轴承厂残存的框架中",霍珀在他的日志中写道。[35]主要的道路上挤满难民,部分高速公路被后撤中的德军埋设了大量地雷,但安德森将军驾驶着一辆C-47所搭载的吉普车,行驶在颠簸的乡村道路上,加速穿过一个个尚未获得解放的村庄。由于美因河上所有的桥梁都已被炸毁,安德森找来一条被丢弃的木船,和他的情报官(他俩都是经验丰富的渔夫)划着船与危险的湍流搏斗,四个人最终渡过水坝来到对岸的施韦因富特。几天后,他们差一点送命,当时,安德森将军驾驶着他的轻型飞机,在暴风雨中飞行,飞机上没有高度计,他穿过陡峭的峡谷,在峭壁间寻找降落地。后来,在纽伦堡,在一群"开枪取乐的美国兵"的护送下,他们驱车驶入这座刚刚获得解放的城市,一些建筑物带着雷鸣般的巨响倒塌在街道上。他们的吉普车在施韦因富特附近抛锚后,安德森和他的随行人员骑在一位当地农民的牛背上,赶往一座被炸毁的滚珠轴承厂。

霍珀博士未出版的战地笔记,读起来就像是一名考古学家考察着远古文明的遗迹："达姆施塔特，一片废墟，似乎没有一座屋顶是完好的……法兰克福，看上去就像是放大的庞贝城……卡塞尔……只剩下几英里的锈迹盯着天空……维尔茨堡，一堆皱巴巴的花生壳。洛伊纳，一片钢铁框架所形成的大沙漠……马格德堡……又一座幽灵般的科隆……难以言述。只有一种恐怖感，什么都没有，什么都没有留下。"

在他们停留的几个地点，安德森小组与美国记者们共进晚餐，所有人都同意，他们目击了"这个世界史无前例的破坏和混乱"[36]。他们所穿过的各个城市已没有居民区，记者伦纳德·莫斯利说，那是地球的伤口。[37]整个考察期间，安德森小组见到的唯一现代生活迹象是一节行驶着的火车。

如果安德森需要为他的轰炸机所造成的荒芜进行某种道德上的辩护，那么他在布痕瓦尔德找到了答案。那里，烧了一半的尸体仍在尚有余温的焚尸炉内，人骨堆得比任何一个活人都要高。霍珀在他的日志中写道："这就是对质疑战略轰炸的解毒剂。"

就在安德森小组完成他们的现场调查之际，美国陆航队已进入收集资料、对战略轰炸德国所造成的经济和心理影响进行系统研究的第二个月，该项目名为：美国战略轰炸调查（欧洲战争）。军方人员组成的先头小组已在3月跨过莱茵河，跟在盟国军队身后，在军工厂和炼油厂的废墟中进行挖掘，搜寻着相关文件。[38]他们搭乘吉普和武器装运车，携带着鼓励当地人合作的巧克力、香烟和肥皂，他们甚至在美军坦克部队之前进入到某些交火地带，并遭遇到猛烈的火力射击。战地调查组中的四名成员身亡，其中有两位是平民，另外四人身负重伤。

这是迄今为止最广泛的社会调研项目之一，这场大规模实地考察产生了208份报告。这些报告使美国在纳粹德国上空所进行的空中战争"跻身于历史上最出色、最辉煌的军事行动之列"[39]。一些初期发现是运气与优秀的勘察工作相结合的结果。[40]驻扎在路德维希港I·G·法本加氢厂的残垣断壁中时，一支战地调查组无意间遇到了厂长，他把他们带入一个防空洞，那里堆满了工厂遭受破坏和人员伤亡的统计资料。另一个小组发现了德国石油工业四个文件柜的资料，它们被藏于松林深处的一片村落中——废弃的啤酒厂里发现了一个，其他的则被藏在一间牛棚里。其他小组也在矿井、村墓地以及林间空地的深洞中挖出了大量文件记录。这些发现中有十六桶德国合成燃料工业的资料文件，其中包括德国对日本制造合成燃料不太成功的尝试加以援助的高度敏感性情报。

在科隆，一个先头小组驻扎在莱茵河西岸德国国家铁路的办事处里。[41]就在组里的成员们开始搜索建筑时，遭到河对岸敌军的射击。他们叫来两个美军步兵排提供掩护，随即手足并用，将那些散落在各间办公室地板上的铁路文件收集起来。

其他工作也在获得解放的法国和比利时展开。在伦西斯·利科特这位著名的民意调查专家的带领下，调查组的士气分部询问了数百名前法国战俘、南斯拉夫难民以及逃离纳粹魔掌的奴工。[42]询问小组随即在德国各地分散开，在34个城镇中采访了近4000名平民。与此同时，调查组的经济分部对工厂经理和市政府官员加以追捕和审问。

德国投降后，一个小组——技术军士保罗·巴兰也在其中，[43]这个富裕的波兰犹太家庭的孩子，过去曾是战略情报局的侦探，后来成为斯坦福大学颇具争议的马克思主义经济学者——秘密飞入柏林的苏占区，以便从罗尔夫·瓦根菲尔博士那里获得经济统计资料。瓦根菲尔博士是施佩尔部门的首席统计学家，被认为是个"烤牛肉"纳粹——外表是棕色（纳粹），内里是红色（共产主义者）。巴兰从战前便在哈佛大学认识的一个柏林人那里获知了瓦根菲尔博士的下落后，安排了一次会面。瓦根菲尔博士向巴兰交出了自己刚刚完成的一份手稿的副本——"德国战时经济的兴衰"。巴兰要求瓦根菲尔博士跟随调查小组一同返回德国西部时，他拒绝了，说他已经"决定跟俄国人同甘共苦"[44]。当晚，保罗·巴兰带着"一群人"[45]进入苏占区，他的一名队员回忆道："毫不夸张地说，瓦根菲尔博士从床上他妻子的身边被拎起。"这位统计学家被带至德国西部，尽管苏联红军施加了沉重的压力，但直到他向陆航队研究人员交代了他们所需要的情报后，才被允许返回东部地区。

当年夏末，巴兰审讯了一名德国钢铁大亨。注意到巴兰不合身的军装、乱蓬蓬的头发以及典型的犹太人特征，傲慢的德国大亨告诉他，自己只习惯于"跟行业的领导者交谈，可您是谁？"[46]巴兰回答说，自己所处的地位有足够的权力将这位德国大亨投入监狱，每天只问一个他拒绝回答的问题。随后而来的回答迅速而又完整。[47]

巴兰进入调查组是出自过去哈佛大学同事约翰·肯尼斯·加尔布雷斯的推荐，加尔布雷斯后来成为了著名的经济学家和公共知识分子，并在约翰·F·肯尼迪总统的任期内担任驻印度大使。加尔布雷斯是个诙谐、优雅的反传统主义者，永远在挑战"传统智慧"，这个词被这位不够谦虚的著名经济学家称作是自己的发明，他已被未来的副国务卿兼驻联合国大使乔治·鲍尔所招募。战争初期，这两人曾在华盛顿短暂共事，都对轰炸战赢得战争的能力持怀疑态度。加尔布雷斯的情感陷得更深些，他认为轰炸战是一件"可怕的事"[48]。

鲍尔接近他时，出生于加拿大的加尔布雷斯刚刚辞去罗斯福总统"物价管理局"中的显赫职位，在《财富》杂志社担任一名高级编辑。尽管不太愿意离开《财富》杂志社，但他认为，自己对轰炸战的怀疑态度，会对轰炸机巨头们失控的热情起到必要的纠正作用。保罗·尼采这位年轻的政府经济学家、未来的五角大楼官员，也加入到鲍尔的队伍中，鲍尔让加尔布雷斯确信，这个调查将是一次民间操作的行动，"不受陆航队支配，尽管他们提供建议和支持"[49]，最终，加尔布雷斯同意加入。

阿诺德和卡尔·斯帕茨希望如此。进行调查的想法出自他们；这个调查能为轰炸日本提供重要数据，并为将来的制空权学说打下基础。[50]为了让此次调查具有广泛的自主权，阿诺德说服罗斯福，使调查组成为一个"蓝带委员会"。[51]陆航队领导者们相信，一场不带偏见的调查会得出这样的结论：空中力量在击败德国的过程中起到了重要作用。他们对此深信不疑,加尔布雷斯指出:"正如其他人相信圣灵那样。"[52]由一个独立的委员会作出空中力量不可或缺的结论,也会对陆航队在即将到来的为其独立性而进行的"战斗"中有所帮助。出于这个原因,阿诺德拒绝了英国皇家空军进行一项英美联合调查的提议。英国人发起了一次独立、不够全面的调查研究,直到1998年才作为普通出版物发行。

由于未能找到一个他所希望的突出、公正的公众人物来领导这次调查,阿诺德不得不勉强接受保德信人寿保险公司总裁、一战时期的炮兵上尉富兰克林·D·奥利尔。但调查的管理工作很快便转给亨利·亚历山大,他是纽约的一名律师,也是J·P·摩根的合伙人。其他高层职位交给了美国商业和法院系统里的人,他们都来自显赫的新英格兰家庭和传奇性的大银行。但真正的权力落入各工作委员会首脑的手中。这些工作委员会被称为"分部"——针对每一个主要目标或轰炸战的打击对象设立的一个个独立分部,如:石油分部、交通运输分部、士气分部等等。各分部的领导和工作人员由声望卓著、能力出众的人出任:工程师、科学家、经济学家、律师、心理学家、统计学家和管理者。乔治·鲍尔负责交通运输分部,加尔布雷斯率领的一个委员会则专门调查轰炸德国的动员情况对"整体经济的影响"。

加尔布雷斯后来写道,他那些"经济战士"成为了"下一个经济时代中一系列著名人物"。[53]除了巴兰,小组中还包括伯顿·H·克莱因,他是加尔布雷斯的首席助手,后来成为一名重要的经济理论学家;尼古拉斯·卡尔多(后被封为勋爵),剑桥大学的一位杰出人物;E·F·舒马赫,后来成为开创性的环保著作《微即美》的作者;另外还有G·格里菲斯·约翰逊这位未来的助理国务卿。此外,还有少量"不太像战士的人"[54]也加入到他们的行列中,这其中包括英国诗人W·H·奥登和作曲家尼古拉斯·纳博科夫,这些任命让哈普·阿诺德目瞪口呆。只有一位杰出的陆航队将领在委员会中担任有影响力的职务,完全是顾问性质。他就是奥维尔·A·安德森,吉米·杜立特尔负责作战行动的副司令,是领导层中唯一一个精通陆航队轰炸程序的人。

调查委员会的领导们面临着一项前所未有的任务。正如《纽约时报》的汉森·鲍德温所指出的那样:"一项军事行动经受来自官方,但主要是民间委员会的详细审查和评判,这大概是历史上的第一次。"[55]陆军和海军领导人关切地注视着,他们纳闷,哈普·阿诺德怎么会对军方的特权制造出这样一种危险的威胁。"这个构想对他们并无吸引力,"鲍德温写道,"他们担心该委员会开了一个对地面和海上战事进行类似调查和评判的先例。"

一个海外办事处设立在伦敦,就在格罗夫纳广场,艾森豪威尔过去的总部里;陆军巩固了对莱茵兰地区的控制后,前进总部便设立在巴德瑙海姆的公园酒店,那是法兰克福附近一个豪华的温泉疗养地。加尔布雷斯和鲍尔于4月中旬到达那里。不在现场询问纳粹们时,他们便把工作人员召集到酒店用皮革和木板装饰的酒吧中,就战略轰炸的影响展开生动的辩论,加尔布雷斯已下定决心要证明战略轰炸的影响非常小。就像他对朋友们所说的那样,他加入轰炸调查时便已掌握了"战争的基本原则:对空军将领们告诉你的东西要有一种本能的怀疑"[56]。(加尔布雷斯对军事扩大化的鄙视显然也波及到普通的美国士兵。1945年夏季,搭乘飞机返回美国的途中,"一名满身勋章的中士坐在我身旁,问我是否想听听他在战争期间的冒险经历,"加尔布雷斯在他的回忆录中写道,"我告诉他,我不想听。他又几次试着与我交谈,但都被我拒绝。最后,他问我,我觉得谁能赢得世界职业棒球大赛。我问他今年参加决赛的是哪个球队。"[57])

战略轰炸有效吗?

4月初,德国境内已没有什么可以轰炸的目标。燃油战已经获胜。[58]合成燃料厂的产量下降至正常输出量的6%,航空汽油的生产完全停止。燃油战"折断了德国空军的翅膀",[59]破坏了德国陆军的机动性,阻止其保护为合成燃料厂提供电力的煤炭资源。1945年2月,德国陆军拼凑起1500辆坦克,试图阻止苏联红军冲入上西里西亚的煤田,但由于燃料短缺,他们无法正确地部署这些坦克。[60]此时的德国军队给自己施加了时速17英里的限制,另外,一道长期有效的命令指出:"任何人将燃料用于直接军事行动以外的用途,都将被视为破坏者,并受到无情的军法审判。"[61]

战争的最后一年,施佩尔的副手埃德蒙·盖伦贝格,已着手实施一项紧急计划,建造七个地下加氢厂。[62]与航空工业不同,合成燃料的生产太过庞大和复杂,根本无法迅速转入地下,这七个工厂无一完成。

情况本来不会这样。战争初期,石油工程师们曾建议将生产转入地下,但却被纳粹官员们告知,还没等工厂搬迁完,战争便会获胜。这些工程师不仅没有因他们的主动性获得奖励,反而遭到盖世太保的警告,如果继续提出这样的建议,他们会因"质疑帝国的不可战胜"而被送至集中营。[63]美国战略轰炸调查委员会招募的石油专家们认为,如果搬迁至地下的工作在1942年展开,通风良好的厂房建造在靠近煤炭供应处,再加上完整的石油输送管道,"德国的石油工业可能会在轰炸中一直处于相对安全的境地"[64]。但这是个太少、太晚的实例。承担起将德国石油生产转入地下这一艰巨任务的一年后,埃德蒙·盖伦贝格被发现在德国北部经营着一间小小的自行车修理铺。

1945年4月初,盟国空军的运输交通战也已完成其主要目标。德国的河流和运河交通网已无法使用,铁路系统变为一片废墟,另外还包括为经济提供动力的煤炭工业。尽管对盟军轰炸机是否应该将重点集中于炸毁桥梁、地下通道、隧道和高架桥上的铁路线,而不是粉碎维修工人能迅速加以修复的铁路编组场这个问题仍存在争论,但盟军空中力量对铁路和河流运输系统进行的缓慢绞杀,可能是导致德国经济崩溃最主要的一个原因。[65]

今天,没有哪个国家能在缺乏工业经济的前提下打赢一场全面战争,1945年初的德国也无法做到。他们几乎已没有石油,尽管他们有大量的煤炭,但盟军的空中力量使德国无法运送这些煤炭。"即便是第一流的军事强国——像德国那般顽强、富有弹力——也无法在空中武力在其腹地上空进行的全面打击中存活下来。"美国战略轰炸调查委员会的筹划者们所作的报告中将得出这样的结论。[66]一个世界大国的经济被彻底摧毁,与之一同遭殃的还包括该国所有的大型城市,这在现代历史中尚属首次。战地记者朱利安·巴赫指出,将数百座陷入燃油荒,但却依然完好无损的工厂视作"工业","是将牲畜的尸体视作牲畜的错误"。[67]

尽管直到盟军踏上德国领土,准备施以致命的打击后,德国经济才发生了彻底的崩溃,但其遭受到的无法恢复的破坏很早便已开始。没有制空权,艾森豪威尔的军队根本无法进入德国的大门。

但大多数人对盟军轰炸战成果的印象并非如此。对恐怖轰炸的道德愤怒(英国历史学家J·F·C·富勒认为,"轰炸机"哈里斯"骇人听闻的屠杀……甚至令匈奴王阿提拉自愧不如"[68])以及轰炸行动巨大的耗费——批评人士指责,这些钱本可以用于盟军战争行动中更具成效的其他方面——使得战略轰炸对德国战争行为的影响被严重低估。一些杰出的记者和历史学家坚信,战略轰炸未能缩减德国的战时生产,对城市的轰炸反而加强了德国人民抵抗的意志。这些批评者还引用了美国战略轰炸调查委员会的调查结果来支持他们的结论。

挑战陆航队关于战略轰炸的说法是一回事,而认为战略轰炸调查委员会说了些他们绝对没有说过的话则完全是另一回事。该调查结果何以被严重误读,这是现代军事学术中的谜题之一。约翰·肯尼斯·加尔布雷斯是这一混淆的主要贡献者。在越战时期的著作中,他将打击纳粹德国的空中战争说成是一场"灾难性"失败,[69]这让不知情的读者误以为这就是他在1945年得出的结论。加尔布雷斯对林登·约翰逊总统针对北越的首次大规模空袭——滚雷行动——提出可以理解的反对,他坚持认为战略轰炸从未奏效过,在越南,在朝鲜,甚至在二战期间都没有奏效。加尔布雷斯的传记作者理查德·帕克,甚至比他的研究对象更执意地认同这一点。美国战略轰炸调查委员会发现,战略轰炸"实际上并未能成功摧毁——或者严重妨碍——德国的战时生产能力……就连D日后对炼油设施和铁路系统的专项打击也不过是拖缓了德国陆军和空军,并未能将其削弱"[70]。

这是对加尔布雷斯的结论以及调查委员会总结报告的歪曲。真实情况完全不同,更复杂,更耐人寻味。

1945年夏末,战略轰炸调查委员会完成了他们的实地考察,各分部的头头回到伦敦和华盛顿撰写他们的报告。加尔布雷斯这个部门研究的是轰炸德国战时生产所造成的总体影响,他们所掌握的信息主要有两个来源:罗尔夫·瓦根菲尔和阿尔贝特·施佩尔。瓦根菲尔提供了德国战时生产的宝贵数据,而施佩尔给加尔布雷斯的更多——关于纳粹战争规划和政策的内幕信息。

德国投降的第二天,加尔布雷斯先头小组的两名成员,乔治·斯克拉兹中尉和技术中士哈罗德·法斯贝格,非常偶然地发现施佩尔在弗伦斯堡的一座办公楼内,[71]希特勒选定的继任者,海军元帅卡尔·邓尼茨在靠近丹麦边境的这个度假小镇建立起一个临时政府。此刻,这里是德国唯一未被盟军占领的地方,施佩尔居住在一座16世纪的城堡内,由党卫队士兵守卫,四周环绕着一条湖泊大小的护城河。加尔布雷斯与乔治·鲍尔、保罗·尼采、伯顿·克莱因和一群翻译飞抵弗伦斯堡后,驱车来到施佩尔的避难所,这位温文尔雅的纳粹部长迎接了他们,施佩尔个头很高,腰杆笔挺,穿着一身精心裁剪的棕色制服。

施佩尔是加尔布雷斯和鲍尔最想见的人,这位"奇迹创造者"[72]拥有关于军事经济内部运作无可比拟的情报,战争的最后几年,他以近乎独裁的权力掌管着这一切。乔治·鲍尔说,与他会面,"就像是一个人为解开某个谜而忙碌几个月后,无意间发现了答案那样"。[73]意识到战争已彻底结束,施佩尔同意进行为期七天的详尽会谈——这位帝国部长将他们这场马拉松式的会谈称为

"轰炸学校"。[74]

七天后，施佩尔被英国士兵逮捕，而在此之前，他很高兴，也很渴望提供自己所掌握的情况。美国人到达弗伦斯堡的第二天，与施佩尔会谈时，他穿着一身普普通通的西装，这使他看上去像是个年轻的大学教授，[75]与许多教授一样，他很高兴成为众人关注的焦点。"他的魅力和显然是自发的坦率，激起了我们对他的同情，这不禁令我们暗自惭愧，"[76]鲍尔后来承认，"他当时对大屠杀了解多少呢？"也许是担心破坏悠闲、亲切的会谈气氛，没人敢提出这个问题。

施佩尔坐在一张小小的沙发上，双手交叉于膝盖，说话时来回做着缓慢的摆动，他诉说出惊人的故事——他是如何将一个浪费、低效的战时经济变为一个专注生产的机构。通过这些会谈和来自瓦根菲尔的统计表，加尔布雷斯和他的"经济战士"为德国的经济表现塑造出一个引人注目的理论，这个理论被美国和英国所进行的战略轰炸调查所采用，并决定了一些杰出的历史学家和经济学家战后研究工作的走向，这些人中包括伯顿·克莱因，他是加尔布雷斯将来在哈佛大学的学生，也是《德国为战争进行的经济准备》这一重要著作的作者。[77]

这就是闪电战经济理论，[78]该理论宣称打破了关于纳粹最为流行的一个观点：从战争的头几个月起，他们便为一场全面战争无情地动员了德国各个州的资源。德国的战争管理"在很长一段时间里一直不太积极，能力也不够"，施佩尔告诉加尔布雷斯的小组。[79]德国最初进行的动员只够他们在欧洲邻国取得一系列"廉价而又简单"的胜利。[80]这就是闪电战，该理论的支持者们后来这样称呼这些胜利，闪电般迅速的地面和空中打击赢得了战事。这些胜利也受到闪电战经济的支持，生产体系只进行短期动员。这是一种大炮和黄油并重的经济模式，并未迫使普通百姓付出更大的牺牲，因为希特勒担心，采取后方紧缩的激进措施可能会引发社会不满情绪，进而破坏战争的努力，就像一战期间德国所采取的那些措施。德国比希特勒预想的更快地击败了法国后，军工生产

"故意减缓下来",加尔布雷斯核对了罗尔夫·瓦根菲尔博士的经济数据后得出这一结论。[81]即便在入侵苏联前,"也没有进行准备,以获得军备生产的大幅度增加"[82]。俄国人的抵抗在几个月内便会崩溃,希特勒被说服了。于是,大多数德国工人继续以单班形式从事生产,另外,妇女们也没有被征召进战时工业生产中。

1941—1942年冬季,德国军队止步于莫斯科门前,进行这场残酷的冬季战役,他们的服装和装备都严重不足,德国没有为一场长期战争做好准备,现在终于尝到了恶果。当年2月,施佩尔被任命为军备军需部部长,随即开始了一项全面动员方案。

美国陆航队未能对纳粹战时经济的真正特点作出正确评估,"也许是战争期间最大的失误之一",与施佩尔交谈后,加尔布雷斯确信这一点。[83]这导致了两年令人毛骨悚然但又无效的轰炸行动,并在1943年针对施韦因富特滚珠轴承厂的大空袭中达到顶点,加尔布雷斯认为这些行动是"空战历史中……最大的灾难"[84]。第八航空队抵达英国时,轰炸机指挥官们认为他们将要打击的是一个彻底动员起来的经济,一个"绷得紧紧的"工业体系,这个体系没有任何"懈怠",没有可从和平状态转为战时经济的后备厂房、劳工和物资,以弥补轰炸造成的损失。[85]但赫尔曼·戈林领导的经济就像其领导人那样,"肥胖而又无能",施佩尔告诉加尔布雷斯和其他美国审讯者。[86]戈林和其他纳粹领导人过着"奢侈得惊人"[87]的生活,并进行"毫无限制的贪污"[88]。(具有讽刺意味的是,施佩尔是在一座豪华海滨庄园的客厅里说的这番话,为了自己的享受,他把它据为己有,出版审讯记录时,加尔布雷斯故意忽略了这一点。)

施佩尔出任军备部长一年后,他和他那些技术专家给予了战时经济几乎全方位的指导,他们降低了军方和党在决策方面的影响,并使用亨利·福特的原则,规范和简化工厂的生产,在重要行业开始了从手工到大规模生产的转变。美国对德国的飞机制造和军工厂展开轰炸后,施佩尔分散了生产控制权,并将许多生产体系转入地下。在近两年的时间里,这一仍未动员起来的经济体系承受着来自空中的毁灭性打击。[89]利用充足的储备,施佩尔得以将滚珠轴承的生产转移至其他地方,并将因"轰炸机"哈里斯的城市空袭而失业的经济消费品领域工人——店员、推销员和服务员——更好地用在军工厂中。这些措施使施佩尔增加了坦克和飞机的产量,这种增产一直持续至1944年夏末。[90]根据瓦根菲尔博士的统计,当时的军备生产是遭受猛烈轰炸前的三倍多。

这是个令人信服的理论:一个廉洁的生产天才,几乎是凭一己之力在两年的时间里挫败了世界上两支最强大的轰炸机力量的共同努力。可是在最近,闪电战理论的基础被动摇。包括军事历史学家理查德·奥弗里和威廉姆森·默里,以及经济历史学家维尔纳·阿贝尔绍瑟在内的当代学者,认为战时与战前的德国是同一个国家,而不是两个,这个国家早在三十年代中期便已开始为一场种族征服的全球性战争做准备,并"沿着这条不断加强动员的道路"进入四十年代。[91]自1939年起,德国的消费品生产便被大幅度削减,军费开支稳步上升,在施佩尔获得支配地位前,其涨幅高达400%。[92]当时,大多数消费品行业被迫将其半数以上的产量投入到军事领域,另外,德国动员起来的女性劳动力比英国要多得多。

威廉姆森·默里认为,尽管有过打算,但德国未能在三十年代末和四十年代初全面重整其军备,因为除了煤,德国缺乏几乎每一种从事战争必不可少的战略原料。[93]除石油外,他们还不得不进口铁矿石、铜、铅、锌、铝土以及用于加工优质钢的有色金属:镍、锰、钨、钒和钼。另外,熟练和不熟练的劳动力,德国也都很缺乏。

奥弗里指出,希特勒的另外一个问题是,他为战争所进行的经济准备,与其外交现实不符。[94]德国对波兰的入侵引发了欧洲大陆的全面战争,而希特勒原打算到40年代中期,在中欧巩固德国的力量后再发动这场战争。全面战争出人意料地到来时,德国的经济却缺乏强有力的战略指导和管理。正如施佩尔明确告诉加尔布雷斯的那样,执行不力。但施佩尔的生产奇迹并未能实现闪电战经济向全面战争经济的成功转型。他只是采用了更具效率的办法，在军方较少介入的情况下，所有资源已投入到全面战争中；他和他那支由工业家和工程师所组成的团队，将战时经济表现带至巅峰，而在1941年，施佩尔的前任，军工业的统治者弗里茨·托德便已开始战时经济合理化的进程，1942年2月，托德在一次飞机失事中身亡。随着希特勒对欧洲诸国的征服，施佩尔几乎可以利用整个欧洲大陆来弥补劳工和原料的短缺：普洛耶什蒂的石油；西里西亚的煤；巴尔干地区的铜、铅、锌、铝土；以及来自标准中立国瑞典的铁矿石。施佩尔的经济帝国包括设在法国、荷兰和捷克斯洛伐克的飞机、军火和电子设备厂；这些和另外一些国家为德国提供了奴工、战俘和契约劳工，总计约800万外国工人，其中，近300万来自波兰和苏联。在施佩尔的管理下，从1942至1944年中期，生产的大幅度增长"根本没有依赖于松弛的战前经济的支持"，默里在他重要的著作《欧洲力量对比的变化，1938—1939》中指出，"相反，这种增长是因为德国人能够对被占领国及其控制范围内的中立国的资源加以无情的利用"。[95]

1945年，施佩尔向盟军审讯人员承认了这一点，他的证词与瓦根菲尔博士相矛盾，而瓦根菲尔这位统计学家并未实际参与军事和经济政策的制订。[96]正如历史学家塞巴斯蒂安·考克斯指出的那样："（只是在）很久后，准备自己的回忆录时，施佩尔才接受了瓦根菲尔博士的许多论点，可能是因为这些观点使得他作为帝国军备部长的个人成就看上去比实际情况更重要，表明他是个被那些什么也不懂的幻想家所包围的现实主义和实用主义者。"[97]

德国战时经济的这个新诠释，对了解轰炸战又有怎样的重要性呢？如果德国的动员已于1942年全面展开，那么，斯帕茨和特德至少部分正确。1944年前，尽管德国的整个经济结构并未被绷得很紧，但至少在两个重要领域是这样：石油和交通运输。[98]这使它们成了完美的目标，这两个领域最终遭到打击时，德国已没有储存的汽油和列车来弥补轰炸造成的损失。

加尔布雷斯在轰炸调查报告中写道，1944年夏季前，盟军的轰炸"对德国的军需品生产或全国总体产量未产生明显的效果"[99]。尽管这似乎支持了战略轰炸全然无效的观点,但加尔布雷斯在报告中继续说道,对石油和运输交通的打击最终给德国的经济造成了无法恢复的破坏,严重削减了钢铁、石油和飞机的产量。他甚至承认,1944年夏季前的轰炸给德国战机生产设置了一个上限,"如果没有这种轰炸,其产量可能会提高15%—20%"[100]。

加尔布雷斯的经济小组未能获得的证据表明,这个上限设定得过低。1945年1月,施佩尔军备部的官员对去年如果不遭受轰炸,可能的产量进行了评估。他们的结论是,德国的坦克产量减少了36%,军用飞机减少了31%,卡车则减少了42%。这些未能实现的产量帮助阻止了战时德国成为一个经济超级大国。[101]

在弗伦斯堡,施佩尔认为,第二次世界大战显然是一场"经济战",是双方生产体系之间的一场战争,而且是在1944年5月,斯帕茨发起燃油战后,这场战争"通过来自空中的打击被决定"[102]。这番证词没有出现在加尔布雷斯发表的关于他跟施佩尔进行会谈的回忆中。施佩尔说:"美国和英国空中力量造成的损失,构成了德国在战争期间最大的败仗。"[103]他强调指出,是美国人做出了最为沉重的打击。

有很好的理由质疑施佩尔面对美国陆航队审讯人员所做出的证词。知道自己很快将作为战犯受审,他肯定很愿意告诉对方他们想听的东西——美国的经济轰炸比英国的区域轰炸更有效。但是,施佩尔告诉英国审讯者的内容完全一样。"美国人的空袭遵循着一个明确的体系,那就是对工业目标的打击,这是迄今为止最危险的。事实上,正是这些打击导致了德国军工业的崩溃。"[104]用军备副部长埃哈德·米尔希元帅的话来说:"英国人给我们造成了严重而又血腥的伤害,而美国人则是一剑穿心。"[105]

轰炸战对经济的影响,其历史性辩论往往忽略了它为胜利作出的一个重要贡献:它对地面战的影响。英美轰炸战的批评者和拥护者往往落入到分割式思维的错误中,将地面和空中力量作出的贡献看作是"相互隔离"的。[106]欧洲战事的进行并非如此。就像海神波塞冬的武器三叉戟,盟军作战力量的三个尖刺——陆军、海军和空军——协调一致地展开行动,盟军的战略和战术空中力量处于艾森豪威尔的控制下时亦是如此。如果不控制住希特勒欧洲堡垒的空中和海上通道,推进至易北河的盟军部队当初就无法在法国北部登陆。[107]制空权和制海权的获得,是通过击败戈林的空军和邓尼茨的U艇获得的。*尽管美国战斗机小伙们为空战的胜利作出了巨大贡献,从而使D日成为可能,但如果没有轰炸机对德国人不得不防御的目标发起打击并承受严重的损失,德国空军的战斗机就能腾出手来迎战美国战斗机。[108]

没有战术空中支援,以及战斗机和轰炸机对法国交通运输目标的打击,盟军步兵从诺曼底达成突破是无法做到的,持续而又毁灭性的空袭隔绝了战场,阻止了敌人调集起足够的援兵。

对德国交通运输系统的轰炸开始得太晚,已无法阻止德军于1944年年底在西线实施顽强的防御性作战,并在阿登山区发起一场凶猛的反击战。但在1944年初冬前,盟军的轰炸已将德国的铁路和水路运输系统摧毁,给陷入煤炭荒的德国军工业造成了严重的生产损失。尽管德国仍能继续生产武器和弹药,但产量已大幅度下降,而且这些武器弹药甚至无法交付到德国军队手中。这阻止了德军按照希特勒的命令在德国边境实施最后的、狂热的抵抗,"诸神的黄昏"本来会延长这场战争,并使双方付出可怕的代价。[109]

就连加尔布雷斯也在战略轰炸调查报告中一个不太引人注意的章节承认了这一点。如果德国人设法将战争延续至1945年春末和夏初,对交通运输和石油行业双管齐下的空中打击将使德国的军工生产"彻底停顿",他写道,"而德国军队将彻底丧失武器弹药和铁路机车,几乎可以肯定,他们不得不停

---

* 另外,如果没有苏联红军和人民在东线付出的痛苦和牺牲,1944年的登陆也将是不可能的,苏联公民和士兵的伤亡,远比其他各条战线的伤亡总和大得多。

止战斗"。[110]

美国的战略轰炸指挥官并不是各军种合作的热心支持者。是海军上将欧内斯特·金的持续压力才使得B-24"解放者"获得有效部署，去对付德军的U艇，而艾森豪威尔作为最高统帅的权威，迫使斯帕茨派出轰炸机执行战术行动，帮助扭转了欧洲战事的进程。真正的战争，与30年代麦克斯韦基地的教室里所进行的纸上战争完全不同，单靠空中力量便能击败一个工业化和高度军事化国家的想法迅速消失，就像轰炸机能实现自身防御的概念那样。

第八航空队在二战中的作战记录喜忧参半。战争初期，他们的目标制订得太过糟糕。他们轰炸的潜艇坞坚不可摧，而滚珠轴承厂里的那些机床又无法被尺寸过小的500磅炸弹所摧毁。对施韦因富特滚珠轴承厂的纵深渗透空袭，应该在集结起一支更大的轰炸机编队并获得远程战斗机掩护的前提下实施。美国陆航队的规划者们错误地估计了不幸被命名为"空中堡垒"的轰炸机对抗德国空军的能力，从而无谓地牺牲了那些年轻人的性命，而这些年轻人并未充分体会到任务的无望性。

经历了"尝试错误法"政策后，第八航空队最终找到了正确的目标，但他们忽略了一个极为重要的目标：德国的电力网。摧毁敌人极其脆弱的发电和配电站，将破坏他们的石油工业，因为这个行业严重依赖电力。战前，以海伍德·汉塞尔为首的陆航队规划者们，曾将摧毁德国电力系统作为战略轰炸攻势的一个首要目标，[111]但斯帕茨未对其发起打击，原因与他起初对打击德国铁路网产生的犹豫相同：该系统似乎太过庞大，太过分散，无法有效地予以摧毁。但到1944年年初，德国的电力系统与他们的铁路系统一样，已延伸过度，以汉塞尔将军在战后所做的评论来说，"绷得太紧，太过脆弱"，而且，"对空袭毫无防范"。[112]美国战略轰炸调查委员会得出结论，如果德国最大的几个发电厂在当年被摧毁，"所有证据表明，这种破坏……将对德国的军工生产造成灾难性影响"[113]。

盟军在二战期间的轰炸行动，所受到的审核比历史上任何军事行动更为严密，但几乎没有一个批评者指出其最危险的不足之处：没有将空中行动——轰炸些什么、如何轰炸以及何时轰炸——置于严密的民间审查下。盟军的空中力量指挥官，个个能力出众，但对他们的约束太过松散。[114]

但这些指挥官和他们英勇的组员们打了一场果断的战役——这是战争期间延续时间最长的战役——对确保欧洲战事的胜利来说，它与大西洋战役同样关键。经历了数年的挫折和骇人听闻的损失后，联合轰炸机攻势终于在1944年冬季和春季对德国战争机器展开了致命的打击。就这一点而言，其战略重要性仅次于红军在东线击败德军以及1944年盟军在诺曼底的登陆，而如果没有掌握空中优势，盟军在诺曼底不可能获得进展。除了美国战略轰炸调查委员会的成员外，德国最著名的空战历史学家霍斯特·布格也认为："（英美空中攻势是）战争中的决定性因素……从1944年夏初起，他们对德国的战争机器发起一场致命的打击，没有他们，这场无止尽的恐怖战争可能会在一段不可预见的时间内得以延续，至少会持续到第一颗原子弹使用为止。"[115]

国内战线

英美空中力量达到其满编实力后——总计28000架作战飞机——他们便成为民主国家可怕的利剑。*[116]这股庞大的空中力量聚集在北海和阿尔卑斯山南部上空，对德国投下200多万吨炸弹。[117]而他们付出的生命代价也令人震惊。[118]战争中规模最大的一支空中打击力量是第八航空队，承受的阵亡人数在26000至28000人之间，大约为美国人在二战期间阵亡总数的十分之一。

---

* 第八航空队的实力到达顶峰时，有近20万人员，2800架重型轰炸机和1400多架战斗机。该航空队辖有40个轰炸机大队和15个战斗机大队。战争期间，35万名美国人在第八航空队服役过。该航空队的机组人员总共获得17枚荣誉勋章，并诞生了261位王牌战斗机飞行员。相比之下，第十五航空队实力最强时拥有1190架轰炸机。

以较低的数字来说，它占了第八航空队21万名参加作战飞行的机组人员中的12.3%。美国武装部队各军种中，只有太平洋战区的潜艇部队占有更高的阵亡率：大约为23%。另外，第八航空队约有28000名组员被击落后成为战俘。如果把他们和估计的18000名负伤者添加到伤亡名单中，作战损失的数字（不包括数目不详的心理创伤者）至少为72000人，约为参战人数的34%。这是美国军队在二战期间最高的伤亡率。

战争的大多数时间里，英国轰炸机司令部和第八航空队所承受的伤亡率都超过50%。在第八航空队，1942—1943年间的那些老前辈付出了沉重的代价。那些飞行员中，只有五分之一的人能完成他们的服役期。英国轰炸机司令部所辖的11万名机组人员中，56000人阵亡，损失率高达51%，在英联邦各军种的伤亡率中居首位。

德国人的损失也很惊人。[119]战争的过程中，约有70000名飞行员阵亡，另有25000人负伤。其损失率仅次于U艇组员，但根据某些估测，前者的损失率更高。

最大的损失在地面上。历时五年的轰炸战给61个人口超过10万的德国城市造成严重破坏。这些城市中的大多数，半数或半数以上的建筑区被焚毁或炸平——总计128平方英里密集的城市居住区。许多城市只剩下"环绕着被摧毁的市中心的郊区"[120]。

总计2500万德国人（几乎是该国战时人口的三分之一，占其工业劳动力的近一半）遭受到猛烈的轰炸。[121]约有50万至60万非作战人员（自由或不自由）在轰炸中丧生。这个数字大约为美国军队在欧洲和太平洋战区作战阵亡人数的两倍（405399名美军士兵在战争中丧生，其中，191557人在作战行动中阵亡）。另外，至少有80万名非作战人员在轰炸中身负重伤。这些丧生或致残者中，绝大多数是妇女、老人和五岁以下的儿童，超过这个年龄的孩子，大多已被疏散至乡村。德国城市居民中，96%的人无法在固若金汤但限制人数的政府防空洞中找到藏身处，而大多数受害者就是这其中的一部分。

至少有300万个居住单位被摧毁——约为全国住房的20%——另外可能还有300万个居住单位遭到严重损坏。[122]据估计，2000万居民——仅汉堡就有50万人——无家可归。柏林是盟军310次空袭的受害者，70%的住宅被摧毁。科隆遭受的苦难比例更高，80%的住宅被夷为平地。

面对这种规模的毁灭和死亡，士气居然能获得提升，这一点令人难以置信。这种士气可以粗略定义为一个人对战争的支持，对胜利的信心，在诸如工作考勤、遵守战时限制和对战时领导人的信心这些方面所表现出的态度。[123]战争结束后的审讯中，德国军事和政府领导人坚持认为，整个战争期间，德国百姓的士气并未崩溃。"（你们）低估了……德国人民的承受力，"阿尔贝特·施佩尔告诉英国皇家空军的审讯人员，"换做其他国家的人民，例如意大利，遭受到一系列类似的夜间空袭，肯定会发生崩溃，无法开展进一步的战时生产工作。"[124]但具有钢铁般意志的日耳曼人不会这样，他对此坚信不疑。

"即便遭到最猛烈的空袭，第二天通常会有90%的工人回到工厂，清理瓦砾废墟，只要有可能便展开生产。"德国劳工阵线领导人罗伯特·莱伊告诉盟军情报机关。他强调指出："这种做法完全出于自愿，而不是对他们下达的命令。"[125]

战争结束的半个多世纪后，前轰炸机司令部的顾问弗里曼·戴森仍确信："大量证据表明，对城市的轰炸是加强而不是削弱了德国人血战到底的决心。轰炸会造成民众士气崩溃的见解被证明是天方夜谭。"[126]

美国战略轰炸调查，对德国战时士气进行过最全面的研究，他们得出一个明显不同的结论，近年来对德国档案的研究也支持这一结论。"轰炸令德国平民的士气严重下降，"调查委员会的士气分部在其最终报告中指出，"这种心理影响是失败主义、恐惧、绝望、宿命论和冷漠。与未遭受轰炸的人相比，厌战情绪、愿意投降、对德国的胜利丧失希望、对领导人不信任、不团结感以及令人泄气的恐惧在遭到轰炸的人当中更为常见。"[127]轰炸令士气得到提升的断言"是纳粹宣传机构的发明，却被后来的学者们不加鉴别地吸收了"，历史学家尼尔·格雷戈尔这样认为。[128]

但是，就算德国人的士气最终发生崩溃，士气轰炸的战时支持者们还是严重误判了这种崩溃的性质和政治影响。这使他们实施恐怖轰炸的决定备受质疑。

德国民众的士气在战争最初几年中剧烈波动，德国军队胜利推进，后方相对安全时，他们的士气会上升，而在遭受到令人震惊的挫败后，例如汉堡遭到燃烧弹空袭以及斯大林格勒的失败等，他们的士气便会下降。盟军于1943年开始对德国的城市展开轰炸，并在D日后加速进行，这使德国民众的士气稳步下降，其梯度与落下的炸弹数量大致相符。我们知道这一点是因为历史学家们已发现纳粹党安全机构（保安处）的当地官员所写的"思想倾向"报告。

对诸如纽伦堡和施韦因富特这些遭受轰炸的城市的士气，这些汇报公众看法的报告作出了与保安处高级官员所作的国情报告截然不同的描述。后者的报告出演了戈培尔宣传机器的主题之一：共命运思想。这种团队精神将战时后方的民众与前线士兵团结在一个共同的爱国事业下：无条件地永远支持现政权。早在1937年，党卫队首领海因里希·希姆莱便阐述过这种共命运思想。"在即将到来的战争中，我们不仅要在地面、海上和空中战斗，还将有第四个战场，这就是国内战线。这条战线将决定德意志民族的继续存在或不可挽回的灭亡。"[129]

战争初期，遭受空袭后，纳粹党成功地维持了地方上的士气，不是靠爱国主义言论，而是靠对受害者提供慷慨、个人化的帮助。"针对轰炸破坏所进行的组织工作创造了奇迹，"克里斯蒂娜·克瑙特，这位年轻的美国人和她的母亲及两个姐妹被拘押在遭到猛烈轰炸的莱比锡，"一切都掌握在党的手中，那些组织工作为党赢得了很高的声望……人们立即获得了照料，尽管只是些帐篷和战地厨房。"[130]

在莱比锡和德国其他城市，党与当地援助小组密切合作，为轰炸受害者提供临时住处、在公共厨房就餐、医疗救助、购买衣物的配给卡,并支付紧急寄宿的费用。党还承担了所有医院的账单和殓葬费用。用不了一个月,在轰炸中失去住处的家庭便可以搬入城市另一部分的永久性住宅中。在那里,当地纳粹党官员会去看望这些家庭的成员,帮助他们完成住处被毁的索赔工作。在他们最需要的时刻,党和他们在一起,并为他们提供不断的帮助。"这场灾难既打击了纳粹,也同样打击了反纳粹者,它将民众紧密地团结在一起,"讨厌希特勒的乌苏拉·冯·卡尔多夫叙述了D日前的轰炸,"每次遭受空袭后,都有特别口粮配发——香烟、咖啡和肉类。正如陀思妥耶夫斯基的宗教大法官所说的那样:'给他们面包,他们就会支持你。'要是英国人觉得他们能以此来破坏我们的士气,那只能是白费力气。"[131]

邻居们也互相提供帮助。在莱比锡,初期的轰炸改变了这座城市的"品德",就像克瑙特的一个妹妹所说的那样。"最直接的变化是,每个人都变得健谈、亲切、友善。莱比锡人过去可不是这样,但他们现在……每个人都在帮助其他人。当然,他们不得不这样,但不管怎样,他们似乎很想拉近与邻居间的关系,这样他们就能有个伴,不会感到孤独。这就是位于死亡边缘的人们还能活着的原因。"[132]

这是1944年2月。猛烈的轰炸带来了巨大的变化,尽管克瑙特一家没有经历过。她们被德国当局释放,并让她们设法返回美国。从1944年夏季起,对居住在城市中的德国人来说,轰炸成为了他们的共同经历。党的救援组织被大规模破坏所淹没,党的宣传不再为人们所接受。人们开始公开抵制疏散,不想让自己的家庭破裂;撤往其他地区的家庭经常被宗教和文化背景相冲突的人们冷淡地接纳。克瑙特的一个妹妹写道:"柏林人疏散至慕尼黑时,普鲁士人与巴伐利亚人之间旧有的厌恶之情变得更加恶劣。"[133]一名政府官员报告说,越来越多的被疏散者认为,待在自己家里,尽管每天要面对危险,那也比"寄人篱下惬意得多"。[134]无视直接来自元首的命令,成千上万人返回自己的家园。随着德国空军明显消失于空中,盟国军队离他们越来越近,只有最死硬的德国人还抱有胜利的信念。道德败坏、失败主义和社会解体的迹象比比皆是。为了公共避难所里的空间，出现了丑恶的争夺；避难所内，随着"里面的人比牛棚中的牲畜更为拥挤"[135]，成为了不满和不爱国言论的滋生地，其中大多数是冲着那些拥有私人防空洞的当地纳粹党官员。

空袭警报停止哀鸣后，人们走出他们藏身的洞穴，用湿衣服蒙着头脸，以便让自己在纷飞的硝烟和尘埃中呼吸，然后，他们开始寻找自己的住处。没有街道和建筑为引导，一些辨不清方向的家庭不得不依靠太阳来判断自己所在的方位。遭受到猛烈轰炸的那些地区，瓦砾堆得比某些尚存的建筑还要高，没有水，没有暖气，没有电，没有电话服务，也没有公共交通，这种状况往往要持续数周。柏林商会在1945年冬季的报告中指出，住房被炸毁的工人，未经批准便长期离开了他们的工作岗位，而出现在工厂里的工人，士气也"陷入了低谷"。[136]

乌苏拉·冯·卡尔多夫和她的朋友们注意到，越来越多遭受到轰炸的柏林人不再准时去上班，而那些每天仍赶来上班的人则处在高度焦虑的状态下[137]。疾病也影响到工作表现。在那些缺乏足够电力或燃料供应的城市中，呼吸道疾病开始蔓延；精神紧张的妇女们停了经，或是出于绝望，不再想有孩子；另据医生报告，冠心病患者的数量有所增加。致命的心脏病获得了一个新名称：避难所死亡。[138]

遭受到最大痛苦的不是"生产战士"，而是些真正的无辜者。漆黑的地窖和掩体中，吓坏了的孩子失声尖叫，而那些从家里冒着烟的废墟中被拉出来的孩子，陷入到长期的惊恐中，还被可怕的噩梦所侵扰。一位柏林妇女看着一个年轻的姑娘站在一堆破砖乱瓦前，拾起每一块砖，拂去上面的灰尘，再把它丢开。她的全家都被埋在废墟下，她已精神失常。[139]

轰炸给所有年龄段的人造成了深深的心理创伤。这怎么可能不发生呢？睡眠不足的人们日复一日地挤在地下掩体内，不知道何时轮到自己被炸得面目全非，并被有关当局移走——他们会先用钳子将遇难者身上的首饰摘除。美国战略轰炸调查委员会的医疗研究小组指出,经历过一场大规模空袭后,三分之一以上的人遭遇到"相对永久性的精神影响,也就是说,恐怖超出了眼前这场空袭的限度,到达这样一种程度,下一次警报响起时,它又将恢复"[140]。

今天我们称之为创伤后心理压力紧张综合症,这种症状在投放炸弹的机组人员中也普遍存在。战后,耶鲁大学的心理学家欧文·詹尼斯对城市轰炸的心理影响发起一项广泛调查,得出了与美国航空队军医相同的结论,后者曾在英国的诊所内为那些精神紧张的轰炸机机组人员治疗过:身处前线者对危及生命的状况不适应或不习惯。不存在"渐渐习惯"这种事。[141]慢性紧张或焦虑只会加剧,在焦虑诱导的情况下进一步暴露。轰炸者和被轰炸者都活在被直接命中的持续恐惧中。"我从未习惯空袭和轰炸,"一名德国受访者告诉美国轰炸调查人员,"我不觉得其他人会习惯。我总是害怕、颤抖和紧张。"[142]接受轰炸调查员采访的德国人中,91%的人说,轰炸是他们在战争期间"最大的苦难"。[143]

轰炸令其受害者感到困惑。有那么一段时间,他们不知道该责怪谁。战争初期的倾向是痛斥英国人,尖叫着要求报复。但随着盟军轰炸战的加剧,而德国的轰炸机和报复性火箭又未能给英国造成同样的苦难后,纳粹政府被挑出来,成为谴责对象。到1945年,纳粹党及其最高领导人成了公众不满情绪的主要目标。"我们要感谢元首给我们造成的这一切。"在遭到轰炸的杜塞尔多夫,一个男人当着一名党卫队士兵的面大胆地说道。[144]1945年初,越来越多为保安处工作的地方调查人员开始汇报,在遭到猛烈轰炸的地区,普遍拒绝向希特勒敬礼,不少敢于发表意见的家庭主妇将空袭视作是对犹太人犯下暴行的神圣报复。一名妇女在公众场合做出预言,说这场战争对元首而言"很轻松"。"他不需要照顾一个家庭。如果战事出现最糟糕的情况,他会用一颗子弹射穿自己的头,把这个烂摊子丢给我们。"[145]

柏林人开玩笑说,美国炸弹的爆炸威力是如此之大,以至于元首的肖像都"从窗户飞了出去"。[146]在写有"元首永远正确"这种口号的海报上,有人写下了请求："结束这场战争。"[147]希特勒从未像丘吉尔那样视察过轰炸后的废墟，这令盲从的纳粹官员们感到紧张，他们试图安抚遭受到轰炸的人们，告诉他们说，元首"已打来电话询问他们的情况"。[148]

德累斯顿的毁灭是对国民士气的最后一击。逃离城市的人们传播着毁灭和绝望的故事，四处散布严重的恐惧，说这将是德国所有城市的命运。一名德国军官说："这场灾难在整个德国变得妇孺皆知后，各处的士气纷纷瓦解。"[149]

在此之前，许多德国人已到了几乎漠不关心的地步。反复轰炸造成的精神创伤已令他们听天由命，不是向死亡，而是向失败和持久的痛苦屈服。在柏林，尖酸的评论中体现了人们的宿命论："各位，趁着还能的时候享受战争吧，因为和平将是可怕的。"[150]这种行为并不是在鼓励反抗。逆来顺受造就了温顺的城市公民，他们可能已经丧失了爱国热情，但仍在继续服从命令。纳粹党的一名官员说："许多人发现自己处于一种彻底宿命论的状态下。一个人无法改变什么时，担心也就毫无意义了。他们把所有的一切都交给领导阶层去解决。"[151]许多不再相信纳粹战争正义性的人继续支持现政权，是因为担心"失败将带来灾难性后果"[152]。

党的官员开始抱怨民众太过冷漠、萎靡，以至于根本无法进行有组织的政治活动，拒绝出席党的会议也不足为奇了。人们不再关心政治，"食物和住房这些生活必需品"才是他们最为关注的。[153]但对党的领导人来说，这个问题也有有利的一面。保安处的一份报告中写道："民众深陷于基本的生存问题中……不再有时间或精力从事革命的准备工作。"[154]

乌苏拉·冯·卡尔多夫看着她那些朋友——这些聪明、忙碌的人，大多是现政权的反对者——缩回到他们的个人生活中。"每个人都在关心自己的事。我的房子还能存在吗？从哪里能搞到些屋顶用的瓦片或是挡窗户的硬纸板？最安全的避难所在哪里？"[155]屋顶是最值得关心的问题。"我们在柏林的生活，"一位家庭主妇在她的日记中写道，"现在已沦落为一种为了生存而进行的纯粹的动物之争。"[156]人们在街头相遇时，彼此的问候用上了新的表达方式:"BU",这是"Bleib übrig"的简称,字面意思是"活下去"[157]。

有些人无法坚忍地承受他们的痛苦。他们形容憔悴,筋疲力尽,无精打采地坐在遭受到破坏的家中,静静地啜泣,但有时也会彻底崩溃,歇斯底里地"尖叫、哭泣,或是剧烈颤抖"[158]。在柏林,落魄的人们"像游魂那样在街头踯躅……紧抱着他们的财产中仅剩下的某些东西,一个花瓶,一个锅或是随手拿起的某些毫无用处的物品"[159]。

这种悲伤或痛苦的公开展示招致了人们的不满,遭到猛烈轰炸的城市中,几乎每个人都是受害者。大多数人明白,他们应该在私下里默默地忍受。逆来顺受和长期萎靡不振是那些轰炸受害者最常见的心理症状。"他们失去了他们的家庭,他们的家,他们的一切,通常会心灰意冷,对别人的安慰毫无反应。他们变得冷漠、麻木不仁,甚至不仇恨那些摧毁了自己家园的飞行员。"[160]嗜睡、悲观、逃避社会活动——精神抑郁症的明确迹象——变得如此普遍,以至于战时的德国医生将战争的最后阶段描述为"植物性神经官能症之战"。[161]

斯多葛主义有其局限性。1945年初,轰炸战猛烈加剧,苏联红军这些"红色成吉思汗"向柏林发起最后的推进(这种可怕的威胁甚至超过了轰炸战)时,就连那些意志最为坚强的人也开始发生动摇。乌苏拉·冯·卡尔多夫曾发誓说轰炸绝不会打破她和她那些柏林同胞的士气,现在却说她和她的朋友们"陷入了歇斯底里的状态"[162]。危机继续将人们凝聚在一起,但这种"聚会"死气沉沉。她在自己的日记中写道:"人们像暴风雨中的鹿那样聚在一起。"[163]

1944—1945年冬季,政府的"思想倾向"报告中勾勒出严重的不满,这是三种灾害齐聚的产物:轰炸、盟国军队日益逼近以及经济的崩溃。"报上的文章告诉大家,空中恐怖的日子已屈指可数,但宣传效果适得其反。如果轰炸继续发生,人们低落的情绪会更恶化。对我们的领导人——包括元首——的信心迅速消失。他们已彻底厌倦了戈培尔的文章和演说,并认为他欺骗了德国人民,总是说大话。"[164]据历史学家杰拉尔德·柯温说,盟军的轰炸"对纳粹媒体的威信造成了无法弥补的破坏"[165]。

"为何没人发疯呢？"2月3日，美国人发起猛烈的空袭后，乌苏拉·冯·卡尔多夫问自己，"为什么没有人跑到街上去高喊'我受够了'？这里为何没有发生一场革命？"但答案连她自己也很清楚。"一个人只能用他自己的武器，以残暴、背叛和谋杀来击败这个政权，"她在日记中引用了一位朋友的话，"而我们无法使用这些武器。"[166]

这就是恐怖轰炸的问题所在。这是一种直截了当的手段，旨在将德国工人的士气破坏至这样一种程度：他们要么奋起反抗他们的政府，要么丢下手里的工具去保护他们的家园和亲人。但这两种情况都没有出现。恐怖轰炸建立在对人们如何应对压倒性灾难的错误理解上，也建立在对德国人民挺身反抗的机会一种难以置信的乐观看法上。正如弗里曼·戴森声称的那样，恐怖轰炸的幻想并未能降低对方的士气。这种幻想寄希望于打击对方的士气，进而对结束战争产生影响。

评估轰炸对德国人士气的影响，必须对"态度"和"行为"加以区别，并理解"态度"并不总是或可预见地影响到"行为"。家园被炸毁或公共交通工具出现问题而无法去上班时，确实有数千名德国工人离开了他们的工作岗位。但尽管意志消沉，大多数人仍坚持上班，直至德国投降。这并非施佩尔所认为的那样，是雅利安民族顽强坚韧的表现，或是对事业和国家不懈的支持。这其实是局面异常糟糕的一种征兆，除了在工厂里继续从事单调的工作，几乎没有其他选择。随着纳粹的救济制度日益式微，为家人搞到食物的唯一办法是工作；另外，在这段危急和混乱的时期，有序的日常工作为一些人提供了某种程度的稳定情绪。一名德国矿工说："在工作中我什么也不会想，可回到家里我就害怕。"[167]

整个国家濒临崩溃时，一些气馁的工人出于恐惧和无助，开始更多地依赖于权威——来自工厂老板以及纳粹地方政权。毕竟，这是个注重服从和纪律的社会，其性格特征帮助阻止了不满升级为公开反抗，也阻止了旷工上升至对战时生产造成严重影响的程度。危机和性格不能维持工作纪律时，国家介入了。[168]党卫队和盖世太保的密探混入工厂，希特勒青年团的狂热分子告发自己说过反对现政权言论的父母。警察抓捕着旷工的工人。某些军工厂的纪律极为严格，就算车间内的工人获悉自己所住的街区正遭到轰炸，他也不会被批准离开，必须等到下班。如果亲人丧生，幸存者被禁止身穿传统的丧服。盖世太保确保了民众的顺从。与德国人一起工作的法国劳工告诉盟军审讯人员，他们的同事，对警察的畏惧甚于炸弹。[169]另外也有这样一些人（我们永远不会知道具体的数字），他们继续支持希特勒和他的战争，希望在最后一刻出现奇迹。

士气轰炸的两个目的均未实现。在一个警察国家，看重的是勤奋和服从，总的说来，灰心丧气的工人依然保持了高效率的生产，尽管是出于恐惧或习惯。异议出现时，基本上变为无能为力的愤怒。

是什么让那些力主士气轰炸的空中力量巨头认为，德国民众遭受轰炸后会发生士气的崩溃？显然，他们没有想到，有良知的德国人以及那些意识到大势已去，并承认继续战争纯属徒劳无益的人，生活在一个发出抱怨便会被纳粹维稳人员以"失败主义"罪名吊死在电灯柱上的社会里。正如一名工人所说的那样："与其让他们把我吊死，我情愿相信政府会取得胜利。"[170]

就连阿瑟·哈里斯也对士气轰炸没有把握，这是1942年他接手轰炸机司令部时继承的一个战略任务。他称之为一个"绝望的建议"[171]，并怀疑"集中营近在咫尺"时，就算士气低落的情况发生，也不会有什么意义。正如我们见到的那样，他轰炸德国城市，炸死那些德国工人，并非为了摧毁对方的士气。炸死工人的同时，他还摧毁了对方赖以为生的基础设施——城市发电站、供水系统、有轨电车线路等，最重要的是，住房，那是"生产战士们"的兵营。[172]派遣机组人员赶赴柏林前，他曾说过这样一番著名的话："今晚你们将飞赴柏林。你们将有机会在敌人的肚子里点把火，烧毁他们邪恶的心脏。"¹⁷³尽管他在德国各个城市中燃起的火海,对德国战时生产的破坏远不及对交通运输和燃油行业的空袭,但区域轰炸比美国空军指挥官所倡导的的恐怖轰炸具有更清晰的理由,美国空军指挥官出于绝望和沮丧,命令其机组人员在战争末期实施这样的行动。

可是,宣布卡尔·斯帕茨和弗雷德里克·安德森的行为有罪,这也不对。如果说这些指挥官有什么过失的话,那就是他们误判了纳粹无理性行为的程度。正如历史学家理查德·贝塞尔认为的那样,战争的最后几个月,已战败的敌人继续顽抗,是因为"所有的纳粹主义所能提供的只有战争和破坏,无休止的战争或以战争结束战争"¹⁷⁴。

第八航空队从事的恐怖轰炸持续了四周。英国皇家空军的恐怖空袭进行了三年。但为英国轰炸机司令部说句公道话,区域轰炸并不都是士气轰炸,而英国人所实施的轰炸也不都是区域轰炸。尽管阿瑟·哈里斯受到压力,但轰炸机司令部没有对燃油厂和铁路编组场发起打击;哈里斯急于摧毁敌人的坦克和飞机产业。他的区域轰炸,尽管远不及美国人所谓的精确轰炸更具军事效力,但毕竟打击了德国人从事战争的努力。皇家空军对城市的轰炸,炸死大量技术熟练的德国工人,这些空袭对基础设施和公共事业的破坏,削弱了以城市为基础的战争产业的经济绩效。

但区域轰炸最重要的贡献却是间接性的。英国人对德国城市的轰炸激怒了希特勒,他要求立即对英国城市展开报复。1943年末,戈林告诉他的部下:"每当有德国的医院或儿童之家遭到轰炸,他们(德国民众)就希望能听见我们也对英国进行了同样的破坏,这样他们就满意了。"¹⁷⁵美国战略轰炸调查委员会估计,用于复仇武器上的资源可帮助德国生产出额外的24000架战斗机,或许还能研发出一种有效的地对空导弹。¹⁷⁶

区域轰炸,再加上美国人的空袭,造成了德国战争资源的改向。从希特勒入侵苏联起,斯大林一直给丘吉尔和罗斯福施加着压力,要求他们在欧洲西北部发起"第二战线"。¹⁷⁷1943年,盟军的轰炸行动成为了这条"第二战线",一场持续的空中攻势令德国不堪重负。1944年,为了保卫国土,德国空军被迫将其战斗机力量中的三分之二调集起来,而这些飞机是东线战场迫切需要的。[178]他们还为防空任务抽调了80万名军事人员,这个数字超过了德军在意大利的兵力。德国的火炮生产,三分之一是高射炮;电子产品生产,50%用于防空任务的雷达和信号设备。多达150万名工人(自由或被奴役的),投入到与空袭破坏有关的工作中。1944年,德国防空体系征召了450万名工人,消耗了国家全部战争资源的三分之一。挖掘防空洞,分发防毒面具,清理轰炸废墟,将死者从被炸毁的建筑中拖出,担当消防队员和地方防火员、护士助理和社工、防空观察员和救护车司机,数百万德国百姓,作为一支"后方军队",投入到这场轰炸战中。[179]

用在一个地方的武器和人员无法同时被用于其他地方。没有盟军的轰炸,多达25万的德国人和7500门用于防空的重型火炮可能已于1943年被派往东线,[180]在那里,他们将被用于对付苏军的坦克。这不会确保德国的胜利,但可能会拖延苏军的反攻。

甚至有证据表明,城市轰炸削弱了部队的士气。在家里寄来的信中,德军士兵的家属们以"最耸人听闻或最痛切的措辞"描述了他们遭受的轰炸,[181]检查了数千封缴获的信件后,美国战略轰炸调查小组发现了这个情况。休假归来的士兵将那些破坏场景描述给他们的战友,一名士兵叙述了他见到自己的家乡城市是如何变成了"一片火海"。[182]还有些返家的士兵已无法找到自己的亲人,他们不是被埋在废墟下,就是已疏散至其他城镇。希特勒最亲密的军事顾问之一,阿尔弗雷德·约德尔将军,告诉盟军调查人员,轰炸对德军士兵造成了深远的"心理影响"。"过去,士兵们相信他们在前线的奋战保护了他的家乡、他的妻子和他的孩子,现在,这种想法已被彻底打消,取而代之的是这样一种认识……'还打个什么劲……我已拼尽全力,可家里还是被炸得什么也不剩。'"[183]

这反映出美国内战的最后几个月,被包围的里士满战壕中那些叛军士兵的情绪。那些受困的南部邦联支持者（他们中的许多人来自南方腹地），奉命守住自己的阵地，而此刻，威廉·特库姆塞·谢尔曼将军已摧毁了他们的家园和城镇，并使他们的妻儿沦为难民。约德尔声称，德军士兵"打得很好，逃兵的数量一直不太多，但他们不再像从前那样充满热情"，[184]而且，不太愿意抵抗敌人。

联合轰炸机攻势造成的情感冲击，帮着德国人改变了他们必须改变的态度，不是赢得了战争，而是确保了和平。乌苏拉·冯·卡尔多夫战时经历的最后几个月说明了这一点。1944年冬末，柏林被盟军的炸弹夷平后，她辞去工作，离开城市，来到施瓦本地区一个偏远的村落，那里的生活"就像是在一幅画中"。[185]次年4月，"新主人"到达，他们的"谢尔曼"坦克隆隆地行驶在村庄的主街道上，他们的"空中堡垒"在空中轰鸣，"排着整齐的编队……就好像飞越的是他们自己的国家"。

"身穿卡其军装的人……到处都是。"对乌苏拉来说，他们带来了自由的承诺——免遭日益迫近的逮捕、酷刑和死亡之威胁的自由。她听到英国电台报道说盟军在德国集中营有了惊人的"发现"后，便把这个消息告诉给她那些农村的新邻居，这些人中的大多数是纳粹党的同路人。他们带着冷淡的不以为然回答说："那都是骗人的鬼话。"[186]

穿过施瓦本和其他省份的村庄，盟军士兵和战地记者遇到那些深受战争之害的德国公民，他们急切地期盼投降，但并无悔意或深深的负疚感。摄影记者莉·米勒是跟随美国军队从诺曼底滩头直至贝希特斯加登希特勒"鹰巢"的唯一一位女性，她发现德国人"虚伪得"令人厌恶，"没有一个德国人曾听说过集中营，也没有一个德国人曾是纳粹"，另外，"除了地下抵抗者和集中营的囚犯，没有哪个德国人认为希特勒做错了什么，除了输掉这场战争外"。[187]在米勒和诸如玛莎·盖尔霍恩这样的资深记者看来，没有证据表明德国知道自己患了病，甚至在其弥留之际。

轰炸似乎没有改变德国人对犹太人的看法，甚至于对德国夺取其欧洲邻居的土地和财富的权利的看法,这种征服是"因为她被敌人的包围所激怒,这意味着对她的伤害",德国人这样告诉《纽约时报》记者雷蒙德·丹尼尔。[188]但在日本,轰炸使过去的领导层失去了权威性,削弱了民众对他们的感情,这是铲除法西斯主义和军国主义漫长过程中的第一步,也是必不可少的一步。成为"世界上最庞大的废墟"的可怕经历,[189]而不是抛弃推进国家社会主义的冲动,初步打破了党与人民之间的联系,为缓慢过渡至一个承诺和平和民主的社会铺平了道路。美国战略轰炸调查委员会的结论是,轰炸造成的士气影响,"对德国的非纳粹化比对加速其军事上的败亡起到了更大的作用……轰炸令德国民众遭受的痛苦使他们彻底认清了现代战争的全面影响。德意志民族将对此永久铭记"[190]。

当时和现在

美国陆航队带着梦幻般的想法投身于第二次世界大战,他们认为,空战可以在敌作作战人员伤亡最小的前提下进行,毁灭和死亡可由最新式的瞄准设备加以控制。但轰炸战以一种肆意的破坏性将前线带至后方,这甚至会激怒威廉·特库姆塞·谢尔曼将军。二战中,约150万人被炸弹炸死,半数以上的是妇女,与一战中的3000人相比,平民的死亡数增加了500倍。[191]

但派驻欧洲的美国陆航队领导人从未公开承认,他们打的是《纽约时报》记者珀西·克瑙特所称的"全面空战——德国人所从事的那种全面战争……尽管有效手段更少些"。克瑙特认为,美国陆航队的上层人士知道他们在做些什么,但不敢承认,担心真相可能会导致国内公众舆论出现分歧。[192]

其实他们不必担心。美国公众坚决拥护联合轰炸机攻势,也支持对日本投掷原子弹。1944年初,针对皇家空军的恐怖轰炸,英国和平主义者薇拉·布里顿发表了一份激烈的起诉书,"轰炸大屠杀"[193],在"和平联谊会"主办的杂志《唯爱》上,著名记者威廉·夏伊勒指责她受了约瑟夫·戈培尔宣传机器的欺骗。当年2月,《纽约时报》报道,他们收到的邮件中,98%是反对布里顿的文章,他们支持战争,但敦促应以人道的方式进行。乔治·奥威尔的立场与《纽约时报》的编辑没什么不同,在伦敦的报纸上,他写下了自己对薇拉·布里顿的回答:"赞同战争的过程中有些令人非常反感的东西,即,将其视作一种手段,同时又因其明显的野蛮性而试图回避责任。"* 194

珍珠港事件前,珀西·克瑙特赞同薇拉·布里顿的看法:对非作战人员的轰炸应被视作一种国际战争罪行。但在战争中的所见所闻说服了他的天真。"我们没有意识到,战争对人道主义一无所知……我们没有意识到,对军事和所谓的平民目标一同加以轰炸,是空战行动得以有效进行的唯一办法——这二者无法被分开。"

但克瑙特和其他报道过战争的记者,都不相信轰炸杀死的平民比地面战更多。正如奥威尔在1944年所写的那样:"天知道我们对德国和其他被占领国的空中轰炸,杀死了和即将杀死多少平民百姓,但可以肯定,绝不会出现发生在俄国前线那样的屠杀。"[195] 和克瑙特一样,奥威尔对除了妇女、儿童和老人外的另一群无辜者被杀也很敏感。"'正常'或'合法'的战争挑选并杀戮了国民中最健康、最英勇的年轻男性。"[196] 奥威尔指出,每当一艘德国潜艇沉入海底,五十多名勇敢的年轻人窒息而死时,对轰炸德国城镇发出惊恐尖叫的那些人道主义者却鼓掌欢庆。

战争的本质非常野蛮,这只是其中的一个方面,因此,如果起因不正确,应加以避免。这就是第二次世界大战带给人类的教训。纳粹并不认为自己是野蛮人,这使他们变得无可救药。但正如奥威尔所写的那样:"如果我们将自己看作是野蛮人,一些改进是有可能的,或至少是可以想象的。"[197]

---

* 译注:威廉·夏伊勒最为国内读者熟悉的著作是《第三帝国的兴亡》,描述第三帝国的书籍中,这可能是全世界最畅销的一部。

战争还打破了珀西·克瑙特的另一个观点:他原以为美国与英国的轰炸政策有一个明确的区别。1945年春季,他参观了纽伦堡附近遭到第八航空队"精确"轰炸的一个飞机制造厂。工厂外有一些为工人们建造的住房。德国人本应让工人们搬离这些住处,远远地离开险境,但他们没有这样做。所以,美国人摧毁工厂的同时,也将工人们的住处夷为平地。"那些工人家属中的妇女和儿童,有些人活了下来。她们的目光中带着惊恐,浑身污秽,饥肠辘辘。到了晚上,她们躲在洞穴般的废墟中,担心遭到难民或士兵的强暴。她们穿着破衣烂衫。在某些方面,她们看上去与布痕瓦尔德集中营里的囚犯一样糟糕。"

战后,第493轰炸机大队的领航员保罗·斯拉夫特,这位颇具抱负的作家,读到了珀西·克瑙特的出色著作——《德国的败亡》。"他在书中说我们的轰炸跟英国人没什么区别,这让我想起1944年秋的某个时候,我在伦敦的一家酒吧与一名皇家空军飞行员相遇的情形,那时,我刚刚完成自己的服役期,"在一次采访中,他这样说道,"他是个大块头,一个苏格兰人,一个出色的健谈者。后来,他看着我说道:'你知道,我们做的是同样的事,尽管你们这些家伙不会承认。我们对区域目标实施区域轰炸,而你们美国佬却对精确目标实施区域轰炸。'"

"这番话让我笑了起来,"斯拉夫特回忆道,"我不想和这家伙争辩。我当时很疲惫,也很想家,不愿谈论战争。再说,他的话也没错。我们的轰炸相当混乱。"

"很久后,这番交谈再次浮现在我的脑海中,我觉得自己错过了一个机会。我应该告诉他:'我们跟你们不同,不是更好,而是不一样。这与勇气、对妇女及儿童的关心或与之类似的东西无关。我们得到的命令和执行的任务令我们与你们不同。对于如何击败敌人,我们的指挥官有着更好的想法:摧毁他们的工业,而不是他们的城市,并尽可能精确地做到这一点。没错,我们的误差很大,这没办法,但在战争和其他事情中,意图当然很重要。'"

"但请记住,"保罗·斯拉夫特说道,"战争的最后几个月,我并不在那里,当时我们加入到英国人的行列,向城市中心倾泻炸弹,并带着一种疯狂的信念,认为这将阻止德国人的战斗和工作。"[198]

注释

1. 英国空军部，《1933—1945，德国空军的兴衰》，第381—382页。
2. 查尔斯·埃林，《强大的空中堡垒：引航轰炸机飞越柏林》，第95页。
3. 曼弗雷德·伯姆，《JG 7：世界上第一支喷气式战斗机部队，1944—1945》，第107—109页。
4. 同上，第112页。
5. 同上，第116页。
6. 弗里曼等人编撰的《第八航空队战时日志》，第466页。
7. 陆军航空队在二战期间的统计摘要，第255页，第159号图表。德国人所声称的击落数，远远大于63架，可参阅伯姆的《JG 7：世界上第一支喷气式战斗机部队，1944—1945》第4章。战争的最后几个月中，第八航空队机组人员活着完成其35次作战飞行任务的机率为80%。
8. 《二战中的陆军航空队，第三卷》，第744页。
9. 引自弗里曼等人编撰的《第八航空队战时日志》，第218页；1945年3月21日，盟国空军指挥官会议记录，斯帕茨文件。
10. 均引自加兰德的《第一个和最后一个：德国战斗机部队的兴衰，1938—1945》，第273—274页。
11. 曼弗雷德·伯姆，《JG 7：世界上第一支喷气式战斗机部队，1944—1945》，第136页。
12. 同上，第104页。
13. 阿尔弗莱德·普莱斯，《德国空军的最后一年：1944年5月至1945年5月》，第177页。
14. 曼弗雷德·伯姆，《JG 7：世界上第一支喷气式战斗机部队，1944—1945》，第122页。

15 阿尔弗莱德·普莱斯，《德国空军的最后一年：1944年5月至1945年5月》，第146页。

16 阿德里安·韦尔，《德国空军最后的飞行：易北河特遣队的命运》（伦敦，剑与甲出版社，1997年），第57页。

17 汉森日记，美国陆军战史研究所。

18 西德尼·格鲁森，《空中力量在战争中发挥的作用愈发明显》，1945年3月18日，《纽约时报》。

19 《二战中的陆军航空队，第四卷》，第746页。

20 克罗斯比，《逆境求生》，第360页。

21 《德国人为何要继续奋战》，1945年3月26日，《新闻周刊》，第35页。

22 引自弗里曼等人编撰的《第八航空队战时日志》，第226页。

23 《约瑟夫·戈培尔日记：最后的记录，1945》，第323页。

24 《二战中的陆军航空队，第三卷》，第752页。

28 曼弗雷德·伯姆，《JG 7：世界上第一支喷气式战斗机部队，1944—1945》，第161页。

26 1945年4月19日，第447轰炸机大队的任务报告，国家档案馆；多伊尔·希尔茨，《第447轰炸机大队队史》（自费出版，1996年），第317页。

27 美国战略轰炸调查，与卡尔·科勒将军的会谈，美国空军历史研究部。

28 理查德·祖申韦特，《希特勒最后的机会》，《航空历史学家》杂志第1期（1966年春季），第31—33页。

29 阿尔弗莱德·普莱斯，《德国空军的最后一年：1944年5月至1945年5月》，第178页。

30 保罗·蒂贝茨上校对韦斯利·普莱斯所说，《投掷原子弹始末》，《星期六晚邮报》（1946年6月8日）；作者对蒂贝茨的采访。

31 1943年4月26日，阿诺德发给助理空军总参谋长的备忘录，"燃烧弹"，材料、维护及分配，阿诺德文件。

32 内政部，历史建筑，"达格威试验场报告"（华盛顿，美国政府印务局，1984年），数处；路易斯·F·费泽，《科学方法：战时及和平岁月不寻常项目的个人记述》（纽约，莱因霍尔德出版社，1964年），第129—130页；迈克·戴维斯，《犹他壁橱中柏林的框架》，《设计、建筑师》杂志第11期（2005年1—2月第5期），第16—27页。

33 引自罗纳德·谢弗的《正义之翼：美国在二战中的轰炸行动》（纽约，

牛津大学出版社，1985年），第93页。

34 加兰德，《第一个和最后一个：德国战斗机部队的兴衰，1938—1945》，第279—280页。战争期间，德国的喷气式战斗机击毁了约150架盟军飞机，德国人在空战中损失的喷气机约为100架；参阅艾伦·J·莱文，《对德国的战略轰炸，1940—1945》，第185页。

35 霍珀的话均引自布鲁斯·C·霍珀的"搭乘吉普穿越德国的目标区"，斯帕茨文件。

36 德鲁·米德尔顿，《击败德国》（印第安纳波利斯，博布斯-美林出版社，1949年），第12页。

37 伦纳德·O·莫斯利，《来自德国的报告》（伦敦，维克托·高兰斯出版社，1945年），第66页。只有三座德国城市完好无损，这些城市更像大型的城镇：海德堡，人口13万；策勒，人口6万；弗伦斯堡，人口6.2万。

38 詹姆斯·贝弗里奇少校，"美国战略轰炸调查史（欧洲战区），1944—1945"，第430页，第24箱，第243号卷宗，国家档案馆。美国对日本的轰炸行动，也进行了一项类似的调查。

39 伯纳德·布罗迪，《导弹时代的战略》，第108页。

40 詹姆斯·贝弗里奇，"美国战略轰炸调查史（欧洲战区），1944—1945"，第270—275、357页。

41 同上，第399页。

42 同上，数处；大卫·马克萨克，《二战中的战略轰炸：美国战略轰炸调查的故事》（纽约，嘉岚出版社，1976年），第89页。

43 约翰·肯尼斯·加尔布雷斯，《我们时代的生活》（波士顿，霍顿·米弗林出版公司，1981年），第222页。

44 保罗·尼采、史蒂文·L·里尔登、安·M·史密斯，《从广岛到公开性：位于决策中心》（纽约，格罗夫·韦登菲尔德出版社，1989年），第34—35页。

45 加尔布雷斯，《我们时代的生活》，第222页；约翰·肯尼斯·加尔布雷斯，《持久自由史》，安德烈·D·威廉斯编辑（波士顿，霍顿·米弗林出版公司，1979年），第197—198页。

46 加尔布雷斯，《持久自由史》，第193页；加尔布雷斯，《我们时代的生活》，第223页。

47 同上。

48 加尔布雷斯，《我们时代的生活》，第195页。

49 同上，第196页。

50 1944年4月5日，斯帕茨发给阿诺德的电报，阿诺德文件。

51 1944年4月21日，阿诺德发给斯帕茨的电报，斯帕茨文件；1944年5月30日，"与英国和苏联合作进行战略轰炸结果调查"的备忘录，国家档案馆。

52 加尔布雷斯，《我们时代的生活》，第198页。

53 加尔布雷斯，《我们时代的生活》，第196、199页。

54 同上。

55 汉森·鲍德温，《由平民来评估空战》，1945年9月2日，《纽约时报》。

56 帝国战争博物馆采访加尔布雷斯，录音资料馆。

57 加尔布雷斯，《我们时代的生活》，第225页。

58 美国战略轰炸调查，燃油分部报告，第2卷，第1—10页；查尔斯·韦伯斯特、诺布尔·弗兰克兰，《对德国的战略空中打击，第三卷》，第110页。盟军轰炸机对135个石油目标发起555次空袭，投下191245吨炸弹，约为投向德国炸弹总量的15%，美国战略轰炸调查，"燃油分部报告"，第2卷，第2页。

59 美国战略轰炸调查，"战略轰炸对德国战时经济的影响"，第82页。

60 美国战略轰炸调查，"战略轰炸对德国战时经济的影响"，第81页，阿尔弗雷德·约德尔大将和阿尔贝特·施佩尔的证词。

61 美国战略轰炸调查，附表，第10.A1，第243号卷宗，现代军事记录分部，国家档案馆。

62 1944年9月16日，施佩尔发给马丁·鲍曼的电报，斯帕茨文件。

63 美国战略轰炸调查，"德国扩张的领土上，地下及疏散的工厂"（华盛顿，美国政府印务局，1947年第二版），第1页。盖伦贝格曾进行过适度的疏散工作，并建立起38座小型蒸馏设施，但由于交通运输的困难，能运抵前线的不到产量的40%；同上，第60页。

64 美国战略轰炸调查，"德国扩张的领土上，地下及疏散的工厂"，第66页。

65 美国战略轰炸调查，"战略轰炸对德国战时经济的影响"，第13、99页。以我的观点看，对德国铁路编组场的轰炸是最为关键的原因。

66 美国战略轰炸调查，"全面报告"（欧洲战事），第107页。

67 小朱利安·巴赫，《美国的德国：职业记述》（纽约，兰登书屋，1946年），第104页。战争结束时，600万吨煤堆放在鲁尔区的矿井口等待运输；参阅德鲁·米德尔顿的《德国工业命运之研究》，1945年7月15日，《纽约时报》。

68 J·F·C·富勒，《第二次世界大战，1939—1945：一段战略和战术史》（伦敦，埃尔&史波蒂斯伍德出版社，1954年），第228页。在霍斯特·布格编撰的《第二次世界大战中的空战》中，理查德·奥弗里以他撰写的《二战中的空中力量：历史性主题和理论》一文，挑战了富勒和其他批评者。欧洲空战令美国耗费了430亿美元；参见美国战略轰炸调查，"全面报告"（欧洲战事），第1页。当代新闻业的两位巨头，大卫·哈伯斯坦和I·F·斯东，都认为美国战略轰炸调查"确凿地证明了战略轰炸没有奏效"；哈伯斯坦，《出类拔萃之辈》（纽约，兰登书屋，1972年），第162页；I·F·斯东，《尼克松的闪电战》，《纽约书评》，1973年1月25日，第13—16页。关于这场争论的更多信息，可参阅大卫·马克萨克的《战略轰炸调查究竟说明了什么》，《空军》杂志，1973年6月，第60—63页；以及小梅尔登·E·史密斯的《战略轰炸辩论：第二次世界大战与越南》，《现代史》杂志第12期（1977年1月第1期），第175—191页。

69 加尔布雷斯，《我们时代的生活》，第226页。

70 理查德·帕克，约翰·肯尼斯·加尔布雷斯，《他的生平，他的政治主张，他的经济学》（纽约，法拉、施特劳斯&吉鲁出版社，2005年），第179—182页。

71 约翰·肯尼斯·加尔布雷斯、乔治·W·鲍尔，《对阿尔贝特·施佩尔的审问》，《生活周刊》（1945年12月17日），第57页。1979年，加尔布雷斯发表了他与施佩尔最后的会谈，据他说，这份记录是他的助手最近才发现的，《原始文件记录》，《大西洋月刊》第244期（1979年7月），第50—57页。我在阿拉巴马州麦克斯韦基地的美国空军历史研究部发现了加尔布雷斯的审讯副本。

72 加尔布雷斯，《我们时代的生活》，第207页。

73 乔治·鲍尔，《过去的另一种模式：回忆录》（纽约，W.W.诺顿出版社，1983年），第54页。

74 同上。

75 加尔布雷斯、鲍尔，《对阿尔贝特·施佩尔的审问》，第57页。

76 鲍尔，《过去的另一种模式：回忆录》，第63页。

77 伯顿·克莱因，《德国为战争进行的经济准备》（剑桥，哈佛大学出版社，1959年）。在A·S·米尔沃德的"闪电战的终结"和"德国经济"中，闪电战理论是最具说服力的观点。英国的轰炸调查，直至1998年才公开发布，由著名历史学家塞巴斯蒂安·考克斯编撰，参见《英国轰炸调查单位，对德国的战略空袭，1939—1945》（伦敦，弗兰克·卡斯出版社，1998年）。

78 加尔布雷斯、鲍尔，"对阿尔贝特·施佩尔的审问"，第57页。

79 加尔布雷斯，《我们时代的生活》，第204页；加尔布雷斯，《德国经济的管理不善》，《财富》杂志32期（1945年12月第6期），第173页。

80 加尔布雷斯，《德国经济的管理不善》，第173页；马克·哈里森编撰的《第二次世界大战中的经济状况：六个强国的国际对比》（剑桥，剑桥大学出版社，1998年）中，第151页，维尔纳·阿贝尔斯豪泽撰写的《德国：大炮、黄油和经济奇迹》。

81 同上。

82 同上。

83 加尔布雷斯，《我们时代的生活》，第206页。

84 同上，第197页。

85 同上，第204页。

86 加尔布雷斯、鲍尔，《对阿尔贝特·施佩尔的审问》，第58、60、63页。

87 同上。

88 同上。

89 同上，第57页。

90 在美国战略轰炸调查"战略轰炸对德国战时经济的影响"第6—8页中，加尔布雷斯提出了他的观点；另可参阅美国战略轰炸调查，"区域研究分部报告"（华盛顿，美国政府印务局，1947年第二版），第20—22、69页。

91 马克·哈里森编撰的《第二次世界大战中的经济状况：六个强国的国际对比》中，第20页，哈里森撰写的《二战经济学概述》。

92 理查德·J·奥弗里，《第三帝国的战争与经济》（牛津，克拉伦登出版社，1994年），第278、270—274、312页；马克·哈里森编撰的《第二次世界大战中的经济状况：六个强国的国际对比》中，维尔纳·阿贝尔斯豪泽撰写的《德国：大炮、黄油和经济奇迹》，第145—164页；奥弗里，《希特勒的战争与德国经济：重新诠释》，《经济史评论》第35期（1982年第2期），第273页；简·卡普兰和卡罗拉·萨克斯，《产业主妇：纳粹德国的工厂中，妇女的社会工作》，黑德·莉斯琳和多萝西·罗森贝格翻译，《妇女与历史》杂志，第11—12期（1987年），数处；1939年，德国劳动力中，妇女的比例超过37%，而在英国，这一比例仅为26%；另可参阅奥弗里的《第三帝国的战争与经济》。

93 威廉姆森·默里，《欧洲力量对比的变化，1938—1938：毁灭之路》（普林斯顿，普林斯顿大学出版社，1984年），第4—15页。

94 奥弗里，《希特勒的战争与德国经济：重新诠释》，第273、291页。

95 威廉姆森·默里，《欧洲力量对比的变化，1938—1938：毁灭之路》，第13—14页。

96 奥弗里，《第三帝国的战争与经济》，第27、31、312、375页。

97 塞巴斯蒂安·考克斯在《英国轰炸调查单位，对德国的战略空袭，1939-1945》中所写的"总体报告回顾"，第xxviii页；施佩尔，《第三帝国内幕》，第214—216页。奥弗里和其他批评者进一步指出，瓦根菲尔的统计数据，如果仔细推敲的话，是无法支持他自己的观点的。

98 美国战略轰炸调查，第60号访谈记录，汉斯·科尔，1945年6月11日，1945年7月18日，美国空军历史研究部，137.315-60。战争结束后，盟军情报小组与德国军备部各部门负责人进行了会谈。他们都证实，对交通运输的轰炸严重扰乱了经济合理化所获得的效益；帝国战争博物馆，第67号报告，"1944年秋季，德国工业生产下降的原因"，1945年12月，第1—14页；奥弗里，《第三帝国的战争与经济》，第362—374页。

99 美国战略轰炸调查，"战略轰炸对德国战时经济的影响"，第10—11页。

100 同上，第11—12页。

101 詹姆斯·帕顿编撰的《冲击：二战中陆军航空队的机密照片，第三卷，胜利前夕》（宾夕法尼亚州哈里斯堡，国家历史学会，1989年）中，阿尔贝特·施佩尔的《过度自信的惩罚》，第x页。

102 1945年5月15日，斯克拉兹中尉和法斯贝格中士，"对施佩尔的审问"，美国空军历史研究部。

103 阿尔贝特·施佩尔，《过度自信的惩罚》，第xi页。

104 1945年7月18日，对施佩尔的审问，查尔斯·韦伯斯特和诺布尔·弗兰克兰《对德国的战略空中打击，第四卷》，第383页。

105 引自亚历山大·里奇的《浮士德的大都市：柏林的历史》（纽约，卡洛尔&格拉夫出版社，1998年），第536页。

106 索利·祖克曼，《战略轰炸与德国的败亡》，《皇家联合军种研究院期刊》第130期（1985年6月），第68—69页。

107 1945年，对阿尔弗雷德·约德尔大将的审问，美国空军历史研究部，519.619-13；美国战略轰炸调查，1945年6月29日，与阿尔弗雷德·约德尔大将的谈话，美国空军历史研究部，137.315-62。

108 诺贝尔·弗兰克兰，《对战略空中攻势的几点思考，1939—1945》，《皇家联合军种研究院期刊》第107期（1962年5月），第102—103页。

109 威廉姆森·默里，《对联合轰炸机攻势的思考》，《军事史通讯》第51期（1992年），第92页。

110 美国战略轰炸调查，"战略轰炸对德国战时经济的影响"，第14页。

111 小海伍德·S·汉塞尔，《击败希特勒的空中计划》，第259页。

112 轰炸调查，同上，第261页；美国战略轰炸调查，"战略轰炸对德国士气的影响，第一卷"（华盛顿，美国政府印务局，1947年），第18页。

113 同上。

114 持这种观点的少数批评家中，包括英国历史学家马克斯·黑斯廷斯和安东尼·维利亚。

115 霍斯特·布格等人编撰的《德国与第二次世界大战，第一卷》，第6、492页。

116 美国战略轰炸调查，"空中力量的出勤率"（华盛顿，美国政府印务局，1947年第二版），第4、6页。

117 同上，第31页。

118 美国战略轰炸调查，"全面报告"（欧洲战事），第1、107页；美国战略轰炸调查，统计附录1-3，图表1；美国驻欧洲战略空中力量，"作战行动统计摘要，1942—1945"，美国空军历史研究部，519.308.9；陆军部，统计与会计科，副官长办公室，"陆军在二战中的战斗减员和非作战死亡，最终报告，1941年12月7日至1946年12月31日"（华盛顿，陆军部，1953年），第84—88页；威尔斯，《勇气与空战：盟军机组人员在二战中的经历》，第115页；南尼，《二战中的美国陆航队医疗服务》，第20页。没有第八和第十五航空队单独的官方伤亡数字。在欧洲和地中海战区，美国航空队约有35800人阵亡，13700人负伤，33400人被俘或被拘禁，5900人失踪（即身亡）。这些数字包括战斗机和轰炸机（双引擎和四引擎）机组的损失。第十五航空队的伤亡没有可靠的数据，甚至连第八航空队更详细的伤亡记录也受到质疑；1945年6月10日，《第八航空队行动统计摘要》；《第十五航空队统计》，日期不详，美国空军历史研究部。欧洲战区美军航空队人员和飞机遭受的损失，一个可靠、便捷的来源是戴维斯所著《卡尔·斯帕茨与欧洲空战》中的统计附录。潜艇的损失可参阅罗纳德·H·斯佩克特的《鹰击旭日：美国对日本之战》（纽约，兰登书屋，1985年），第487页；另外还有旧金山海事公园协会的《美国潜艇的损失》，www.maritime.org/subslost.htm。

119 马修·库珀，《德国空军：1933—1945，败亡的剖析》，第377页。威廉姆森·默里《德国空军》中的图表，表明1943—1944年间德国空军的损失率要高于德国的潜艇部队。

120 美国战略轰炸调查，"全面报告"（欧洲战事），第91页。

121 在没有可靠记录的情况下，德国在轰炸中遭受的伤亡数都会受到质疑。美国战略轰炸调查"估计"305000人被炸死，但这是个低得不可思议的数字。我研究了一些资料来源后得出了自己的结论，这些来源包括诸如奥拉夫·格洛勒这种研究轰炸战的德国历史学家，他将第三帝国，包括奥地利和被吞并地区的死亡人数定为406000左右，但我认为这个数字依然偏低；霍斯特·布格编撰的《第二次世界大战中的空战》中，奥拉夫·格洛勒撰写的《战略空袭及其对德国平民的影响》，第287—292页。最为可靠，但却遭到忽略的统计数据来自战时德国的政府官员。尽管这些人令人厌恶，但他们所处的位置使他们掌握着非常重要的事实。这些人当中包括纳粹劳工阵线领袖罗伯特·莱伊，他掌握着德国的住房，另外还有卡尔·勃兰特博士，他是希特勒的主治医生，也是负责德国军事和民事医疗及卫生事务的国家专员。勃兰特广泛视察过遭受到轰炸的城市，并与当地及地区官员会谈。莱伊告诉美国审讯人员的数字是50—60万平民丧生。勃兰特博士提供的估计数字更为精确，约为565000人。参阅美国战略轰炸调查，1945年6月27日，第57号谈话，罗伯特·莱伊博士，美国空军历史研究部，137.315-57；美国战略轰炸调查，第61号谈话，卡尔·勃兰特博士，美国空军历史研究部；美国战略轰炸调查，

"战略轰炸对德国士气的影响，第一卷"，第7页。

122 霍斯特·布格编撰的《第二次世界大战中的空战》中，奥拉夫·格洛勒撰写的《战略空袭及其对德国平民的影响》，第285、290页；马修·库珀，《德国空军：1933—1945，败亡的剖析》，第377页；托尼·朱迪特，《战后：1945年后的欧洲史》（纽约，企鹅出版社，2005年），第16—17页；美国战略轰炸调查，"全面报告"（欧洲战事），第1页。

123 斯坦福研究院，《二战期间空中打击的影响：民防规划的相关数据，第一卷》（华盛顿，联邦民防管理局，1953年），第4页。

124 施佩尔会谈，查尔斯·韦伯斯特和诺布尔·弗兰克兰《对德国的战略空中打击，第四卷》，第383页。

125 与罗伯特·莱伊的谈话。

126 弗里曼·戴森，《苦难的结局》，2005年4月28日，《纽约书评》，第6页。

127 美国战略轰炸调查，"战略轰炸对德国士气的影响，第一卷"，第1页；美国战略轰炸调查，"全面报告"（欧洲战事），第95—96页。

128 尼尔·格雷戈尔，《共患难？盟军轰炸、平民士气以及纽伦堡的社会解体，1942—1945》，《历史》杂志第4期（2000年），1051页。

129 美国战略轰炸调查，"全面报告"（欧洲战事），第95页。

130 芭芭拉、克里斯蒂娜和希比拉·克瑙特，《莱比锡的烟囱》，《生活周刊》，1944年5月15日，第110页。

131 乌苏拉·冯·卡尔多夫，《噩梦日记：柏林，1942—1945》，第119—120页。另可参阅美国战略轰炸调查，"科隆现场报告"（华盛顿，美国政府印务局，1947年第二版），数处。负责有组织福利事务的主要党政机关是国家社会主义福利协会（NSV）。

132 克瑙特，《莱比锡的烟囱》，第112页。

133 同上，第101页。

134 马克斯·赛德维茨，《战时德国的平民生活》，第314页。

135 同上；另可参阅美国战略轰炸调查，"战略轰炸对德国士气的影响，第一卷"，第67页。

136 引自美国战略轰炸调查，"对柏林、奥格斯堡、波鸿、莱比锡、哈根、多特蒙德、奥伯豪森、施韦因富特和不来梅实施区域轰炸之效果的简短研究"（华盛顿，美国政府印务局，1947年第二版），第31页。

137 乌苏拉·冯·卡尔多夫,《噩梦日记:柏林,1942—1945》,数处;伯纳德·布罗迪,《导弹时代的战略》,第132页。战争最后一年,德国的工作缺勤率比战时的英国高出一倍,而在战争最后几个月中,达到近20%的预定工时;参见斯坦福研究院的《二战期间空中打击的影响:民防规划的相关数据,第一卷》,第175页。

138 斯坦福研究院,《二战期间空中打击的影响:民防规划的相关数据,第一卷》,第237页。

139 亚历山大·里奇,《浮士德的大都市:柏林的历史》,第532页。

140 欧文·L·詹尼斯,《空战和情绪压力:轰炸与民防的心理研究》(1951年;韦斯特波特,格林伍德出版社,1976年再版),第100页。

141 H·H·加纳,《战斗中的精神创伤》,《军事医学》杂志第8期(1945年),第343—357页;詹尼斯,《空战和情绪压力:轰炸与民防的心理研究》,第123页。

142 美国战略轰炸调查,"战略轰炸对德国士气的影响,第一卷",第20页。

143 美国战略轰炸调查,"战略轰炸对德国士气的影响,第一卷",第3页。

144 伊恩·克肖,《希特勒神话:第三帝国的化身与现实》(牛津,牛津大学出版社,1987年),第204页。

145 同上,第205—206页。

146 马克斯·赛德维茨,《战时德国的平民生活》,第313页。

147 同上。

148 同上。

149 埃德加·彼得森上校,查尔斯·韦伯斯特和诺布尔·弗兰克兰《对德国的战略空中打击,第三卷》,第224页。

150 乌苏拉·冯·卡尔多夫,《噩梦日记:柏林,1942—1945》,第119页。

151 美国战略轰炸调查,"战略轰炸对德国士气的影响,第一卷",第32页。

152 同上,第7页。

153 德鲁·米德尔顿,《冷漠主宰了已成为废墟的不伦瑞克》,1945年6月24日,《纽约时报》。

154 美国战略轰炸调查,"战略轰炸对德国士气的影响,第一卷",第32页。

155 乌苏拉·冯·卡尔多夫,《噩梦日记:柏林,1942—1945》,第119—120页。

156 文德尔,《战争中的主妇:一名德国妇女在希特勒帝国的生活记录》,

第200页。

157 杰里米·诺克斯编撰的《战争中的平民：第二次世界大战，欧洲、日本和美国的后方》中，杰里米·诺克斯所写的《德国》（埃克塞特，埃克塞特大学出版社，1992年），第56页。

158 欧文·L·詹尼斯，《空战和情绪压力：轰炸与民防的心理研究》，第83页。

159 马克斯·赛德维茨，《战时德国的平民生活》，第311页。

160 同上。

161 美国战略轰炸调查，"轰炸对健康和德国医疗救治的影响"（华盛顿，美国政府印务局，1945年），第3页。

162 乌苏拉·冯·卡尔多夫，《噩梦日记：柏林，1942—1945》，第119页。

163 同上，第90页。

164 美国战略轰炸调查，"战略轰炸对德国士气的影响，第一卷"，第51—52页。

165 杰拉尔德·柯温，《盟军轰炸与纳粹国内宣传》，《欧洲历史季刊》第15期（1985年），第357页。

166 乌苏拉·冯·卡尔多夫，《噩梦日记：柏林，1942—1945》，第119、201页。

167 杰里米·诺克斯编撰的《战争中的平民：第二次世界大战，欧洲、日本和美国的后方》中，杰里米·诺克斯所写的《德国》，第56页。

168 美国战略轰炸调查，"战略轰炸对德国士气的影响，第一卷"，第60—61页。

169 同上，第二卷，第1、22页。

170 杰里米·诺克斯编撰的《战争中的平民：第二次世界大战，欧洲、日本和美国的后方》中，杰里米·诺克斯所写的《德国》，第56页。

171 理查德·奥弗里，《为何盟国能赢》，第113页。

172 麦克斯·卡兰特，《空袭教会了我们什么？》，《飞行》杂志第37期（1945年10月），第130页。

173 亚历山大·里奇，《浮士德的大都市：柏林的历史》，第530页。

174 理查德·贝塞尔，《纳粹与战争》（纽约，当代文库出版社，2004年），第181页。

175 引自罗伯特·考利编撰的《不获得胜利决不罢休：透视二战》（纽约，

普特南出版社，2001年）中，第514页，威廉姆森·默里所写的《战略轰炸有效吗？》。

176 美国战略轰炸调查，"V型武器（十字弓）行动"，第1—3页。

177 罗杰·博蒙特，《作为第二战线的轰炸攻势》，《现代史》杂志第22期（1987年），第15页。

178 美国战略轰炸调查，"战略轰炸对德国战时经济的影响"，第39—40页；1945年7月18日，对施佩尔的审问，查尔斯·韦伯斯特和诺布尔·弗兰克兰《对德国的战略空中打击，第四卷》；理查德·奥弗里，《为何盟国能赢》，第131页。

179 霍斯特·布格编撰的《第二次世界大战中的空战》中，理查德·奥弗里撰写的《二战中的空中力量：历史性主题和理论》，第25—26页。

180 威廉姆森·默里，《对联合轰炸机攻势的思考》，第93页。

181 美国战略轰炸调查，"战略轰炸对德国士气的影响，第二卷"（华盛顿，美国政府印务局，1946年），第41页。

182 同上。

183 美国战略轰炸调查，1945年6月29日，与阿尔弗雷德·约德尔大将的谈话，美国空军历史研究部，137.315-62。

184 同上。

185 乌苏拉·冯·卡尔多夫，《噩梦日记：柏林，1942—1945》，第201页。

186 同上，第214—215、225页。

187 引自安东尼·潘洛斯编撰的《莉·米勒的战争》（波士顿，利特&布朗出版社，1992年），第161、166页。

188 雷蒙德·丹尼尔，《德国快速收益的瓦解》，1943年4月15日，《纽约时报》，E3版。

189 小朱利安·巴赫，《美国的德国：职业记述》，第18页。

190 美国战略轰炸调查，"全面报告"（欧洲战事），第107页。

191 霍斯特·布格编撰的《第二次世界大战中的空战》中，奥拉夫·格洛勒撰写的《战略空袭及其对德国平民的影响》，第284—286页。

192 珀西·克瑙特的话引自克瑙特的《德国的败亡》（纽约，诺普夫书局，1946年），第七章。

193 薇拉·布里顿的《轰炸大屠杀》以宣传手册的形式在英国首发，题为《混沌的种子：大规模轰炸意味着什么？》（伦敦，新视界出版社，

1944年）。欲了解美国和平主义者对轰炸行动的反对，夏伊勒的反应以及美国媒体对薇拉·布里顿观点勇敢的讨伐，可参阅马丁的《修正主义者的观点》（科罗拉多州斯普林斯，拉尔夫·迈尔斯出版社，1971年）中，詹姆斯·J·马丁撰写的《1944年，轰炸与和平谈判》一文；另可参阅格雷林的《废墟之间》，第五章。

194 索尼娅·奥威尔与伊恩·安格斯编撰的《乔治·奥威尔散文、新闻及信件集：杂谈，1943—1945，第三卷》（纽约，约万诺维奇出版社，1968年），第151页。

195 同上。

196 同上。

197 同上，第152页。

198 1994年7月24日，作者对保罗·斯拉夫特的采访。

第十七章

苦难的庆典

那些被德国人俘虏的飞行员很特别。他们在野兽的肚子里，目睹并经历了其他飞行员只能从远处了解的暴政。

——罗伯特·"罗西"·罗森塔尔，第100轰炸机大队

1945年3月28日，伦敦

当天早上，温斯顿·丘吉尔写了封短笺给皇家空军参谋长查尔斯·波特尔。"轰炸德国城市现在只是为了增加恐怖，尽管有其他借口，但在我看来，是时候检讨了。否则，我们控制的将是一片被彻底摧毁的土地……德累斯顿的毁灭仍然是对盟军所实施的轰炸行动一个严重的质疑……我觉得有必要更精确地集中于军事目标，例如作战区域后方的炼油厂和交通设施，而不是放在单纯的恐怖和肆意破坏行为上，不管这些行为多么令人印象深刻。"[1]

波特尔感到愤慨。尽管未能成功迫使阿瑟·哈里斯将重点集中于首相现在似乎情有独钟的军事目标，但轰炸机司令部已彻底沦为一支恐怖力量的暗示还是令波特尔感到不满。在燃油和交通运输这两场战役中，轰炸机司令部都曾

发挥过重要作用，而且，当年1月，敦促皇家空军开始对德国东部城市展开轰炸的，正是丘吉尔。[2]难道他现在想把德累斯顿的毁灭完全归咎于轰炸机司令部？波特尔认为是这样。

看到首相的短笺后，阿瑟·哈里斯称之为"对空军部轰炸政策和轰炸机司令部执行此政策的方式的一种侮辱"[3]。但与波特尔不同，他认为区域轰炸应该继续下去。"我个人看来，德国那些剩下的城市，加在一起也抵不上一名英国士兵的骨头。"他怒冲冲地说道。[4]

波特尔建议丘吉尔撤回他的"备忘录"，首相明智地同意了，并以温和的态度重新起草了一份。[5]一周后，英国人终止了他们的区域轰炸，并开始与美国人商讨结束整个战略空中作战的事宜。双方都已没有可供轰炸的战略目标。

4月16日，卡尔·斯帕茨给欧洲轰炸战的两位指挥官——英国的吉米·杜立特尔和意大利的内森·特文宁——下达了指令。"地面部队的推进，已令美国战略空中力量和英国皇家空军轰炸机司令部实施的战略空战到达尾声。随着我们的军队占领德国，这场果断的胜利已变得愈发明显。从今天起，我们的战略空中力量必须与我们的战术空中力量一起，密切配合我们的地面部队。"[6]

九天后，第八航空队执行了他们在欧战期间的最后一次大规模轰炸行动，他们对位于捷克斯洛伐克比尔森的斯柯达厂，以及奥地利的一些小目标展开一连串空袭。这是地面部队所要求的一次战术行动，而不是战略轰炸。捷克的军工厂被认为向仍在这一地区的德国军队提供坦克和大炮，另外，萨尔茨堡及其周围还有些铁路中心，仍在运送敌人的军队和补给物资。

第384轰炸机大队参加了空袭比尔森的行动，他们从英国中部的格拉夫顿安德伍德机场起飞，1942年8月17日，就是在同一个机场，第八航空队发起了战争期间他们的首次空袭。对鲁昂的那次轰炸没有损失一架飞机。而1945年4月25日，第968号轰炸任务中，6架轰炸机被斯柯达工厂猛烈的防空炮火击落，42名机组人员失踪，这是第八航空队遭受的最后的作战损失。第二天，苏军和美军在易北河会师，纳粹德国被切为两半。历史的车轮飞转着。

从比尔森返航的一名飞行员诠释了陆航队顽强的精神，正是这种精神帮着盟军将纳粹德国逼上了绝路。27岁的伊曼纽尔·"曼尼"·克莱特中校，是一名移民自德国，路德会牧师的儿子，1943年初，伊曼纽尔来到英国，当时，美国轰炸机机组人员的平均寿命为十五次飞行任务。他参与了一些最为艰难的任务——圣纳泽尔、费格萨克和施韦因富特——在一次任务中，他被高射炮火击伤，迫降在英国时造成五处骨折。双腿恢复后，他加入到驻扎在巴辛伯恩的第91轰炸机大队，接手指挥一个配备着雷达的"探路者"中队。尽管并不需要他亲自飞行，但伊曼纽尔还是亲率部下们参加每一次艰巨的任务，包括1945年2月3日对柏林的空袭。"我要求他更多地留在地面上，"他的上级说道，"但他仍继续参加飞行。这把我惹火了，于是给他下了命令，只有轮到他带队时才能参加飞行。可他还是以身涉险。像这样一个人，你能拿他怎么办？"[7] 4月25日对比尔森的空袭是伊曼纽尔在战争期间的第九十一次作战飞行，这是欧洲战区的最高纪录。

另一种空军

第八航空队最后投下的负载是为饥民提供的食物。4月末，德国人仍牢牢地控制着荷兰的大多数地区。为迟滞盟军的推进，并惩罚荷兰长期以来的抵抗行动，狂热的纳粹指挥官中断了对荷兰人的食物供应，并打开堤坝，淹没了该国大多数低洼的农田。1945年春季，12000名荷兰人被饿死，另有450万人处于营养不良的状况下，味道古怪的甜菜储备耗尽后，他们不得不吃郁金香的球茎。[8] 一名荷兰妇女写信告诉她在伦敦的兄弟："除非得到上天馈赠的礼物，否则，我们很快就要被饿死了。"[9]

4月份的最后一周，死硬的纳粹守军仍拒绝投降，艾森豪威尔将军给德国派驻荷兰的民政当局施加压力，要求他们同意停火，以便让英国和美国轰炸机空投食物补给。艾森豪威尔警告说,要是他们胆敢破坏食物空投,盟军将对"实施破坏的每一个官员和人员以违反战争法的罪名论处"[10]。

对荷兰人来说,这场空运是救命稻草,而在美国轰炸机组那些小伙子看来,这是他们急需的一次精神鼓舞,他们中的一些人在执行国家所批准的毁灭任务时遇到了麻烦。"在漫长的深夜交谈中,(我们不知道)我们会发生些什么?我们是机器?我们是毁灭者?"哈里·克罗斯比回忆道,他曾是第100轰炸机大队的投弹手,现在则是一名作战参谋。[11]5月1日,全世界在当天获悉了希特勒自杀身亡的消息,而第八航空队,用克罗斯比的话来说,变成了"另一种空军"——不是战略或战术力量,而是作为人道主义者,参加了英国人所称的"吗哪"行动,美国人则没那么虔诚,他们将此次行动称作"老饕"。*根据与德国人达成的协议,获准参加飞行的机组人员中不能有机枪射手,但这道命令普遍遭到忽视。"每个人都想参加行动。"克罗斯比回忆道。[12]将一箱箱军用口粮和英国农民捐赠的一袋袋土豆搬入炸弹舱后,就连维修人员和随军牧师也登上了飞机。

轰炸机排成单路纵队,以200英尺的高度飞入荷兰领空,并将机上的货物投向标有巨大红十字的空阔地。这是一次"自由"空投——食品箱上没有系降落伞——但小伙子们用手帕和碎布自己制作了一些小型降落伞,里面装上糖果、香烟和家里寄来的食物,随机投放下去。曾从盖世太保手中抢救出被击落的盟军飞行员的地下抵抗战士,当初把那些降落伞藏了起来,现在,他们从草垛或地窖中取出这些降落伞,将其做成"幸福装"——帽子、围巾和裙子。他们和成千上万名感激不尽的同胞挤满了空投区,无视纳粹的命令,挥舞着小小的英国和美国国旗,这些旗帜原本是留待解放到来时使用的。在阿姆斯特丹郊外,查尔斯·埃林的"空中堡垒"飞过一片片色彩鲜艳的郁金香地。其中的一片,花朵已被剪去,形成了一排文字:"非常感谢,美国人。"[13]

---

*译注:吗哪指的是古代以色列人出埃及时,上帝赐给他们的食物。

哈里·克罗斯比说："我觉得，执行'吗哪-老饕'的感觉比'号角'行动好得多。"[14]

就在"老饕"行动如火如荼地进行之际，杜立特尔将军批准第八航空队3万名地勤人员"对德国来一场空中之旅，亲眼看看他们的工作帮着完成了些什么"。[15]机械师、装弹手、厨师、卡车司机、指挥塔工作人员和打字员登上飞机，低空飞过遭到轰炸的那些德国城市——他们称之为"空中缆车行动"。"每座城市都很像……都已被夷为平地，灰蒙蒙的，死气沉沉。"第100轰炸机大队的一名成员在日记中写道。[16]"再也不会有个新的德国了，"来自路易斯安那州荷马的丹尼·罗伊·穆尔说道，"永远无法重建起来，绝不可能。"[17]

就连造成这些破坏的人也不敢相信破坏所达到的程度。1945年5月3日，第八航空队的飞行员肯尼斯·琼斯参加了"空中缆车行动"，并将自己的观感记录在一个袖珍笔记本上。琼斯曾热切地期盼自己有朝一日能不带任何恐惧地飞越德国上空，但俯视着下方的废墟，他只感到"空虚"。莱茵河流域的发电业已被炸得支离破碎，同时还包括那些家庭和医院、学校和俱乐部，吕贝克、美因茨、明斯特和科隆的教堂也大半被毁。约瑟夫·戈培尔曾宣称："想到一名21岁的美国、加拿大或澳大利亚恐怖飞行员可以，并被允许摧毁一幅阿尔布雷希特·丢勒或提香的画作，并对人类最古老的名字加以亵渎，欧洲人必将为此而羞愧。"[18]但肯尼斯·琼斯从未怀疑过，投向德国的那些炸弹是对他们罪有应得的惩罚。[19]

琼斯的"缆车"之旅与大多数人不同。他的指挥官想让部下们走到被盟军轰炸所摧毁的城市的街道上，看看、闻闻全面战争所造成的损害。在荷兰与德国边境之间的一座基地降落后，军用卡车把他们带至科隆，这座有近100万人口的港口城市，已被长达33个月的轰炸（大部分是英国人干的）变为一座大坟墓。[20]40000名仍待在科隆的市民成了穴居人，与携带着疾病的老鼠和苍蝇分享点着蜡烛的煤窖。"无耻而又肥胖"的老鼠以腐烂的尸体为食，那些尸体仍未从废墟中挖出。²¹琼斯走过这个幽灵般的地方，街道旁排列着荒凉、不再冒烟的烟囱，瓦砾堆积成上百英尺高的小丘，他觉得自己正在参观地狱的最深处。

飞行员们被告知，纳粹们已仓皇逃离科隆，带走了几乎每一个有可能帮助缓解留守市民痛苦的男女。²²这里没有市政官员，没有医生或护士，没有警察或社工；那些莱茵葡萄酒和土豆饺子的美食爱好者，现在已沦落为野兽般的生活方式，在气味难闻的残垣断壁间搜寻着食物。尽管这座城市几乎已不复存在，但肯尼斯·琼斯却看见虚弱的德国妇女清理、打扫着街道和人行道尚存的部分。她们清扫的街道瓦砾遍地，"根本无法通行"，但这一点似乎并未令她们灰心丧气。²³琼斯明白，在这个可怕的地方，重要的是重申"生活仍将继续"。但他注意到，大多数科隆的幸存者依然躲藏在他们的地下容身处，仿佛不想接受降临到他们身上的这一切。*

军用卡车隆隆驶过街道时，琼斯能看见路边"瓦砾妇女"们脸上强忍住的愤怒。正是这些空中强盗将这种巨大的悲伤降临到她们身上。几个小时前，他们驾驶的B-24轰鸣着掠过头顶，高度低得甚至从地面上都能清楚地看见炸弹舱舱门，这重新勾起了人们对"惊天动地的爆炸"的记忆，他们的生活由此而被粉碎，"来自空中的打击落在地上"²⁶。

卡车停在科隆市中心，车上的人跳下车，步行穿过城市。停下来写了一篇日记后，琼斯不知道有谁在看过这片废墟后还能宣布"我们赢了"，但他知

---

* 在海因里希·波尔的自传体小说《沉默的天使》中，一名厌战的德国士兵回到刚刚获得解放的科隆，被一位不肯打开公寓房百叶窗的妇女所收留，那扇窗户俯瞰着整座城市。一天早上，她离开房间去穿衣服，他推开百叶窗，看了看"城市中被烧焦的废墟"，然后迅速关上窗户。²⁴"现在，屋内再次恢复了昏暗和沉寂……他明白了她为何不愿打开窗户。"
在最近一篇关于空中战争的文章中，已故德国作家W·G·泽巴尔德写道，战争结束后，"有一种对每个（德国）人都具有约束力的默契，这个国家，物质和道德毁灭的真实状态不能加以描述。毁灭的最后一幕，最黑暗的方面，作为大部分德国人的亲身经历，像个可耻的家庭秘密，依然属于禁忌。"²⁵
泽巴尔德将波尔的《沉默的天使》誉为经历战争的一代所创作的唯一一部著作，提供了"恐怖深处的某些想法，而这种恐怖形成了压垮那些真正查看过他们周围废墟的人的威胁。"他估计，正是这个原因，才使得这部著作直到1992年才得以出版。

道，迄今为止的胜利非常必要。回到机场跑道，启动轰炸机引擎时，他只有一个想法：深切地希望"这种事再也不要发生，不管是以什么理由"。再也不要让从未遭受过破坏的美国更加迫切地召唤他。

在一片低云下跨越北海时，他觉得自己的青年时代已然结束。"我才20岁，却感到老了许多。"

暴风雪中的行军

第八航空队还有一项任务。必须将盟军战俘带出德国南部和奥地利，送至法国北部的过渡营地，他们将在那里获得食物、衣服和医护治疗，然后再被送回家。第八航空队称之为"复苏"行动。

罗西·罗森塔尔——已回到索普-阿博茨，2月3日空袭柏林时所负的伤已完全恢复——是第一批志愿者之一。"我重新加入第100大队的时机太晚，已来不及参加轰炸德国的任务，但这次的任务我确实很想参与。"[27]任务是飞至林茨和奥地利，获得解救的是法国战俘。"在那之后，我想飞赴德国南部，搭载我们那些获得解放的飞行员，但这个任务并未分配给第100大队。"

"我们在慕尼黑附近一个名叫莫斯堡的地方等待收容，那是一座庞大的战俘营，巴顿将军就是在那里解救了我们，"路易斯·罗沃斯基中尉回忆道，"就像个晴空霹雳。前一天我们还是俘虏，第二天却自由了。获救的那天，许多人忍不住失声痛哭。但我没有。我竭力忍住，不让自己哭泣。我觉得我在做梦，如果哭的话就会醒来，并发现自己仍是个囚徒。"[28]

这些飞行员并不是在莫斯堡开始他们的囚禁生涯的，他们来自德国东部的战俘营，经过漫长的跋涉，在战争即将结束时到达了这里。他们已经与外部世界彻底失去了联系，甚至连红十字会也不知道他们在哪里。他们靠步行和铁路穿行将灭亡的纳粹德国四处蔓延的混乱，既看见了他们用自己的炸弹所造成的痛苦，也目睹了他们曾冒着生命危险予以消灭的暴行。第100大队的盖尔·克莱文说："我们当中许多人见过或经历过的那些事，身处后方的人绝不会相信。"[29]

这个故事开始于1945年1月27日，但没有结局，因为经历过这场行军的飞行员，没有谁能忘记这番痛苦的折磨。当天，随着苏军逼近位于萨冈南面和北面约80英里的波森和布雷斯劳，希特勒命令德国空军，将Ⅲ号空军战俘营的囚犯转移到柏林西面的营地。苏军前进路线上的其他战俘营也接到了疏散令。被德国人关押的数十万战俘中，有95000名美国人，其中的38000人是飞行员——这些轰炸机机组人员和战斗机飞行员来自遍布欧洲的各个单位。希特勒本想将他们作为人质，以备不测。他的恶毒想法之一是，把这些飞行员放在遭受到英美空军猛烈轰炸的城市中；另一个想法是，如果盟军继续轰炸，就把这些飞行员处决。

1月27日夜间，Ⅲ号空军战俘营南营区，战俘们正在欣赏他们自己排演的百老汇喜剧《浮生若梦》。第一幕演出的中途，房门猛地被推开，营区的高级军官查尔斯·古德里奇上校冲过中间的过道，跃上舞台，伸出双臂让大家安静。"那些蠢货……给我们30分钟时间到前门集合。收拾东西，列队！"[30]

传令员立即穿过营区，将这个消息传递出去，战俘们开始收拾他们存放起来的应急口粮：巧克力、糖、果脯和奶酪。与大多数战俘一样，大卫·韦斯特海默认为自己应该为严寒做好准备。[31]他穿了两双袜子、羊毛长内衣裤、一件羊毛衬衫和长裤、一件毛衣、一件作战外套和大衣，还戴着一顶绒线帽、一条围巾和两副手套。雪已下了一整天，夜幕降临前，战俘们在营房外排成三列时，地上的积雪已经很厚，猛烈的寒风从西面吹来，而那里就是他们将要行进的方向。在黑暗中等待着出发命令时，南营区的战俘们在松软的雪地上跺着脚，以保持体温。有些人颤抖起来，为即将进入一个未知的前景而恐惧。"监狱生活可不是一次野餐，"盖尔·克莱文说道，"但相对来说还算安全。铁丝网外，谁知道等待我们的是什么。"[32]

南营区的2000名战俘率先离开Ⅲ号空军战俘营，西营区的战俘在第100轰炸机大队首任大队长达尔·阿尔凯尔上校的率领下随后跟上。约翰·伊根和巴克·克莱文跟在阿尔凯尔身后的队列中。德尔玛·斯皮维上校带领的中央营区在凌晨3点左右最后一个离开。阿瑟·瓦纳曼将军走在这支后方队列的最前方，他一瘸一拐地走着，明显是由于跳伞进入德国时所负的伤，而这次跳伞也使他成为落入德国人手中级别最高的军官。战俘们列队经过战俘营的仓库时，每人拿到一个重约11磅的红十字会箱子。这些"手提箱"太重，无法携带，于是他们拆开箱子，把自己最喜欢的东西塞入大衣口袋和背包中：巧克力块、果脯和香烟。战俘营的看守在门外等着他们，手里的皮带气势汹汹地牵着咆哮的军犬，他们的机枪架在马拉大车上。几名希特勒青年团成员加入到看守们当中，另外还有些大腹便便的人民冲锋队（这是希特勒乌合之众般的民兵组织）成员。"蠢货"们宣布，任何试图逃跑的人都会被枪毙。"我们就这样出发了，"路易斯·罗沃斯基回忆道，"目的地不明。"[33]

第100轰炸机大队的A·埃德温·斯特恩中尉走入战俘营外沉寂的松林中时，一个可怕的念头出现在他的脑海中。去年春季，他在柏林附近被俘时，一名妇女从激愤的人群中跳出，朝他脸上吐口水，一群冷酷无情的希特勒青年团成员朝着他砸石块。现在，他将走入自己曾轰炸过的那些人当中——那些德国定居者很早便移居到西里西亚，来到希特勒迅速征服波兰后所创造的"生存空间"——等待他的会是什么？

但行军刚刚开始时，大部分战俘兴高采烈。"他们开着玩笑，善意地调侃着乔大叔的小伙子们只要一天左右的时间便能赶上，并将我们解救，"克莱文说道，"六七个小时后，没人再笑了。"[34]几乎每个人都陷入到绝望的沉默中，每个人都被自己的想法所包围，独自抵御着严寒。*

列队进入欧洲数十年来最猛烈的暴风雪中，肆虐的风雪令一些战俘什么

---

* 译注：乔大叔是美国人对斯大林善意的称谓。

也看不见。他们低着头，缩着肩，迎着风雪向前走去，有的人走着走着就睡着了。一名再也承受不了的战俘因疲惫和暴露在风雪中而跪下双膝时，他的同伴便会将他拉起，往他的嘴里塞一块糖。

严寒模糊了权力的界线，并使战俘和看守成为一个共患难的群体。一些太过疲惫的中年看守将步枪交给战俘背负。"Alles ist kaput（一切都结束了）。"他们酸楚地嘟囔着。斯特恩中尉举目凝神，透过纷飞的雪花看见两名战俘正在帮助一名年迈、再也走不动的看守。两天后，两名看守和四名战俘死去。队伍中出现了逃跑，甚至是造反的传言，但美军指挥官命令他们的部下们待在一起，遵守秩序。他们处于德国的腹地，四下里冰冻的道路同样酷寒无比。待在一起比单独应对这一切要好得多。

德国人没有为他们提供食物和水，夜间，战俘们睡在谷仓、教堂、鸡舍或废弃的集中营里。一天晚上，达尔·阿尔凯尔的队伍睡在一间陶瓷厂内，在这里工作的是附近一座战俘营里的波兰和法国奴工。一些妇女用自己的身体交换战俘们的巧克力、香烟和肥皂，但大部分性饥渴的战俘太过疲惫，以至于无法成交。克莱文和伊根躺在水泥地上，幸亏地面已被地下室中巨大的窑炉所加热。"很难睡得着，"克莱文说道，"一些战俘在睡梦中尖叫着，说他们再也走不动了。"[35]经过一番长时间的休息后，他们到达了另一个村子。这时，德国看守似乎已不再注意这些战俘，他们也要为自己的生存而战。只有那些被松开皮带的军犬，跟随在队列一旁。

沿着拿破仑从莫斯科撤退的道路，战俘的队列绵延出去30英里，狭窄的道路上挤满了逃离即将到来的俄国人的难民。那些凄惨的大篷车是欧洲历史上最大的恐慌性迁徙的组成部分。这一周，700多万人——大部分来自西里西亚、波美拉尼亚和东普鲁士——返回到他们的祖国。1月底前，每天有近50000名难民涌入柏林，[36]这只是无家可归者中的一部分，这些待在火车站的难民成为了美国轰炸机2月3日的目标。"我们穿过悄无声息、荒芜的村镇，牵着马车或牛车的难民排列在路边，等待着出发。"前《纽约时报》记者尤金·哈尔莫斯在他的秘密日记中写道,"孩子们红扑扑的脸上带着冷漠……从堆积如山的家庭用品下偷眼张望……"[37]饥饿的马匹拉着硕大的干草车,前后腿瘦得只剩下骨头,叮当作响地从战俘们身边走过。板着脸的家长坐在前面,面无表情地看着战俘们将小块巧克力塞给躲在货车后的孩子们。有时会有一支衣衫褴褛的德国军队从他们身边经过,朝相反的方向,朝向西推进的俄国人而去。这些德军士兵并不像战俘们曾在国内的纪录片中看见过的那些迈着正步的征服者,他们看上去并不年轻,而且紧张万分,还有些人向战俘们索要食物。

2月1日,第一批战俘到达了德军驻守的施普伦贝格,德国人终于为他们提供了食物:稀薄的大麦粥和黑面包。阿尔凯尔的队伍在五天内行走了六十多英里。吃光了所带的食物后,他们终于到达了一座火车站,随即被推入封闭的牛棚车厢内。这些车厢上没有标出携带有战俘的标记,这令大家感到惊慌,他们知道美军战斗机会追踪铁路线。"我们要去哪里?"一名战俘问看守。对方冷漠地回答道:"另一座战俘营,你不会喜欢的。"[38]

几天后,瓦纳曼将军带领的那群战俘跟跟跄跄地来到施普伦贝格。斯皮维上校从看守那里获悉,他这些部下将搭乘火车前往南营区战俘们刚刚被送去的一座大型战俘营,位于巴伐利亚东部的莫斯堡。他和瓦纳曼将军这次不会跟他们一同前往,他们俩将被送往柏林执行一项秘密委托,然后将被遣返至瑞士,这是对他们让自己的部下们秩序良好地赶至施普伦贝格的回报。斯皮维对此表示抗议,他想跟自己的部下待在一起,另外,他也不想让部下们觉得他和瓦纳曼为自己获释而达成了某些私下交易。但看守们的态度非常坚决。斯皮维站在人行道上,看着他那2000名部下沿着街道列队走向火车站时,他向他们喊叫着,让他们"别气馁"[39]。

"棚车车厢内的条件恶劣得难以言述,"第100轰炸机大队的领航员弗兰克·墨菲,在行军记录中写道,"我们无法躺下,要么站着,要么坐在铺着毛毯的硬地板上，我们挤坐在一起，双膝紧紧地抵着下巴……寒冷和缺乏食物使许多人失去了知觉，还有些人的病情较重，他们呕吐或拉肚子，我们根本无法清理自己。有些人心中难受，忍不住哭了起来。"[40]

两天后，临近午夜时，弗兰克·墨菲这群战俘到达了莫斯堡的一条铁路岔线。火车停下时，战俘们喊叫起来，要求将棚车的车门打开。他们想呼吸新鲜空气，想获得食物和水，但这一整晚，他们一直被关在紧锁的篷车内。天亮后，车门被打开，大部分战俘已因太过虚弱而无法动弹；看守们不得不爬进车厢，把他们推出去。他们的衣服上沾满了呕吐物和粪便，向着Ⅶ-A战俘营的大门走去，这座战俘营中关押的每个人都曾与纳粹战斗过。在这场战争剩下的时间里，这个害虫出没的猪圈将成为这些战俘的家。

地狱的边缘

一周前，达尔·阿尔凯尔所率的那群战俘到达了纽伦堡郊外一座同样糟糕至极的战俘营，位于莫斯堡北面八十英里处。第八航空队的驾驶员威廉·H·惠勒也在这群战俘中，在空袭雷根斯堡—施韦因富特的行动中被击落后，他已做了十八个月的俘虏。哨兵拉开他那节棚车的车门时，惠勒发现这里是一个大型铁路编组场，并注意到除了德国空军的哨兵，还有身穿黑色制服的党卫队士兵。德国人已为可能出现的麻烦做好了准备。"战俘们的气愤和怒火已接近于自我毁灭。"惠勒回忆道。[41]他们用德语大声咒骂，似乎已准备发起暴动。就在这时，阿尔凯尔命令大家保持冷静，这才让战俘们进入营地，那里为他们提供了食物和饮水。

Ⅷ-D战俘营没有取暖设备，也没有床铺，而且，距离货运场只有两英里，那是盟军轰炸机最热衷的目标。第八航空队和轰炸机司令部不分昼夜地对德国城市实施轰炸时，这些战俘终于尝到了自己种下的苦果。他们在营房外挖掘了浅浅的壕沟，隐蔽在其中，并用大衣和毛毯盖住头部，以免被德国人高射炮火洒落的弹片击中。英国人投下的炸弹，尺寸有卡车那么大，有些炸弹的落点离战俘营非常近，穿过地面的冲击波，强度足以震断人的骨头。"我祷告着（不只是为我自己），"第八航空队的一名飞行员回忆道，"主要是祈祷不要让美国的城市也遭遇类似的事情。"42一怒之下，阿尔凯尔找到战俘营指挥官，要求将自己的部下转移到另一个战俘营。可他被告知，没有其他营地可以接纳他们。难道他们愿意迁入燃烧着的纽伦堡城内？

战俘们学会了如何与炸弹相处。饥饿才是更大的敌人。这些战俘到达纽伦堡不到一周，德国人的大麦汤和土豆便被消耗殆尽，于是开始提供爬满象鼻虫和蠕虫的脱水蔬菜。有些战俘把虫子剔出，其他人则将虫子囫囵吞下，并劝那些胆小者不要吃这些东西，这样，他们就可以把食物端到自己的面前。

4月1日，战俘们通过他们隐藏的收音机听到，美国第7集团军正向纽伦堡推进。两天后，15000多名憔悴的战俘列队踏上了通往慕尼黑的道路。这是个热点地区，他们每天都处在被友军火力误伤的危险下。穿过一个铁路编组场时，他们看见一个"雷电"战斗机中队径直朝他们俯冲而下，机炮喷吐着火舌。三名战俘当场身亡，另外三人负伤。第二天，战俘们将一个巨大的美国陆航队徽标的复制品放在路上，一个箭头指着队伍的前进方向。"这个举动使我们不再遭受到轰炸和扫射。"队伍中的医护兵戈登·K·巴茨中士说道。43

行军开始时，阳光明媚，但第一天下午就下起了冰冷的雨，一直持续了数天。为维持秩序，阿尔凯尔必须搞到更多的食物。他立即想到红十字会的包裹，于是告诉负责这场行军的德国上尉，如果有战俘丧生，他将为此承担个人责任。44

阿尔凯尔不知道的是，瓦纳曼将军和斯皮维上校已注意到这个问题。被带至柏林后，他们与党卫队全国副总指挥戈特洛布·贝格尔的代表会面，贝格尔仍在负责空军战俘营事务。通过瑞士政府，贝格尔作出安排，将红十字会的包裹从日内瓦转交至从东线跋涉而来的盟军战俘手中。这与他在"大逃亡"后阻止他的党卫队接手空军战俘营所做的努力一样，是贝格尔试图取悦即将到来的西方盟军的如意算盘。

在艾森豪威尔的指导下，美国人和英国人提供一支200辆卡车组成的车队和两部专列，德国人则确保他们的安全通行。丘吉尔担心希特勒打算"杀掉部分或全部战俘"，[45]在他的压力下，艾森豪威尔还给华盛顿的参谋长联席会议发出了明确的信息。"可能会出现针对战俘的暴力行径，党卫队或盖世太保可能会以骚乱为借口，唆使起屠杀行为。"从盟军先头部队中派遣特种部队解放靠近前线的战俘营的准备工作随即展开，伞兵部队也在英国展开训练，准备对德军战线后方的战俘营发起救援行动，与之类似的伞兵突袭已由道格拉斯·麦克阿瑟将军的部队在菲律宾实施。[46]可是，这些救援行动尚未得及执行，战争便已结束。*

安排好红十字会的食品救济后，贝格尔将瓦纳曼将军和斯皮维上校召至他戒备森严的总部。他想让瓦纳曼捎个口信给艾森豪威尔，转达他谈判的愿望——通过秘密电台与西方盟国单独媾和。这将使重新振作起来的德国军队将俄国人赶过奥得河。军方高级官员们随后将除掉希特勒和希姆莱——贝格尔说，这两人都是疯子——并安排向西方盟国作出"有序、恰当的投降"。[47]贝格尔告诉瓦纳曼和斯皮维，他这样做是为了将自己的国家从布尔什维克野兽手中挽救出来。他还声称他想拯救盟军战俘的性命，希特勒曾威胁要杀掉他们，作为对德累斯顿的报复。

瓦纳曼同意跟贝格尔合作，但前提是贝格尔必须承诺停止强迫战俘们继续行军，并加快向他们提供食物的速度。随后，他与斯皮维偷渡到中立国瑞士，瓦纳曼从那里飞往法国会见斯帕茨将军。斯帕茨听罢贝格尔的和平建议后，对此感到怀疑。"肯定是有人在跟你开玩笑。"他告诉瓦纳曼。[48]随后，他把瓦纳曼打发到华盛顿，以此来摆脱他。斯帕茨写了份完整的报告交给战争

---

* 营救奥斯维辛集中营里的匈牙利犹太人，却没有部署类似的紧急计划。

部，但这份报告显然被忽略了。盟军指挥层中，没人会同意与被瓦纳曼和斯皮维（这两人都对共产党人深恶痛绝）看作是"一个伟大的德国人"的贝格尔达成这种怯懦的交易。1967年，矢志不渝的瓦纳曼在一次采访中说道："要是我们做了贝格尔希望我们做的事——通过谈判与西方盟国达成和平……俄国人的补给线太过漫长，我认为德国军队能将他们逼退至……德国边境，那么，美国今天会处在更有利的位置上。"49

战争结束后，斯皮维频繁拜访贝格尔，并邀请他到美国参加战俘们的聚会，在聚会上，斯皮维尊称他为将美国战俘从饥饿和大规模屠杀中拯救出来的人。50据贝格尔说，1945年初春，希特勒曾下令将德国人手中所有的盟军飞行员带至他的山顶堡垒，并藏匿于慕尼黑南部巴伐利亚阿尔卑斯山中的贝希特斯加登。在他试图与西线盟军进行谈判并达成条件有利的停战前，这些飞行员将作为人质被扣押在那里。如果罗斯福和丘吉尔不合作，35000名飞行员将被处决。希特勒的情妇爱娃·布劳恩，据说出于道德方面的理由反对这道命令，而且知道贝格尔也持同样的看法，于是让希特勒将签署的命令交给贝格尔。通过一个巧妙的官僚伎俩，贝格尔设法确保了这道命令不会被执行。*

尽管没有证人或文件支持这个故事，但贝格尔声称这件事发生在4月22日。51当天，希特勒已决定留下并死在柏林的暗堡中。既然已作出这个决定，为何他又下令将战俘们转移至他的阿尔卑斯山堡垒？

就算贝格尔并未将盟军战俘从一道死刑判决中挽救出来，但他曾试图阻止战俘们的行军，尽管未能成功，另外还加快了红十字会包裹交付到这群移动中的战俘们手中的速度。他与瓦纳曼和斯皮维最后一次会谈后没几天，来自瑞士的一支红十字会车队找到了达尔·阿尔凯尔的战俘群，并交付了4000个食品包。战俘们坐在露天地吃着巧克力，喝着罐装炼乳时，他们通过BBC

---

* 译注：从未有资料显示爱娃曾在任何一件国家事务上对希特勒吹过枕边风，甚至连她的妹夫菲格莱因被处决时，爱娃是否向希特勒求过情，尚有争议。

广播电台获悉，另外一些美国飞行员（大部分是军士），正被迫在德国的其他地区进行着行军。红十字会试图找到这些队伍，但由于德国境内一片混乱，无法弄清楚那里到底有多少人，他们在哪里，或究竟要去哪里。红十字会的代表通知伦敦和华盛顿，据德国内部人士透露，这些战俘处在严重的危险中。[52]美国红十字会的一位代表宣布，战俘的家人和朋友"必须为坏消息做好准备"。[53]

射手们

处在危险中的那些战俘来自位于波美拉尼亚的Ⅳ号空军战俘营，有些人在"海德克鲁格狂奔"中所受的刺刀捅伤尚未痊愈。1月末，苏军逼近他们的战俘营时，这些战俘便被疏散。有些人被送往更西面的其他战俘营，但他们中的6000人（主要是美国人）被分成两股队列，沿着与波罗的海接壤的一条狭窄的通道向西行进，就位于苏军朝柏林推进的主攻路线的北面。看守告诉他们，要经过一场"为期三天的徒步旅行"，才能到达他们的下一个目的地。[54]但到5月初德国投降时，这些战俘中的许多人仍在路上漫无目的地行走着。没人知道有多少战俘死在这场饥饿的行军中，但肯定有数百人，对欧洲的美国飞行员战俘来说，这场跋涉相当于1942年4月的"巴丹死亡行军"。[55]

Ⅳ号空军战俘营里的军医主任莱斯利·卡普兰博士一直待在队伍的后方，收容着越来越多掉队的患病者和垂死者，这些疾病包括白喉、肺炎、肺结核、痢疾和冻伤。卡普兰和他那支由志愿医护人员组成的小小医疗队，为战俘们做了他们所能做的一切，他们在污秽的谷仓内实施小手术，以绑在树枝上的剃须刀片充当手术刀，切开战俘们脚上已感染的溃疡。患病的战俘寻找过夜的住处时，被拒绝进入谷仓，因为当地农民嫌他们身上的虱子太多，坚决不许他们跟牲畜们睡在一起。卡普兰后来告诉调查人员："显然，德国家畜的福祉比我们这些战俘更重要。"[56]

最恶劣的磨难发生于2月14日，战俘们被迫行军35公里。"战俘们患了恶性痢疾，甚至不被允许停下方便一下，"乔治·古德利中士说道，"我们希望能穿过一个镇子，这样，大家便可以放缓脚步，脱掉内裤方便一下……由于身后的俄国人只有15--20英里，看守们甚至不允许我们停下喝口水。于是，一些战俘看也不看，从地上抓起大把大把的雪塞入嘴里。但这些卡其色的雪沾有尿液和带血的粪便，这些人很快便感染上肝炎和黄疸。"[57]

当天晚上，雪停了，但随之而来的是酷寒和瓢泼大雨，萎靡不振的战俘们睡在潮湿的地上，这些地面被走在他们前方的战俘中的痢疾患者"洒满了粪便"，[58]他们喝着沟渠里的水，而这些沟渠曾被前面的人当做厕所使用。一些明显已无法坚持到第二天清晨的战俘，在入睡前向朋友们道别。"这是我一生中最糟糕的一个夜晚，"古德利这位坚强的芝加哥人回忆道，"甚至比逃出一架燃烧着的轰炸机更为艰难。"[59]

一些战俘靠自私自利——囤积和藏匿的食物及柴火——在这场行军中生存下来，但大多数人形成一个个小组，每组两到三人，一同寻找食物和柴火，并分享一切，甚至是彼此身体的热量。这种伙伴体系挽救了他们的生命。"第三十五天是我最终的日子。"约瑟夫·奥唐纳回忆道。[60]当天，这位来自新泽西州里弗赛德，骨瘦如柴的球形炮塔射手，几乎就要放弃了。他穿着湿透的衣服瘫倒在路边，盯着冰冷的池水中自己的倒影。离开战俘营后，这还是他第一次看见自己的脸。几天后，他在日记中写道："我看到一具备受折磨、饥饿、胡子拉碴……的骨架。"[61]奥唐纳觉得自己已毫无生存的机会，于是像个乞丐那样坐在路边，决定就死在这里。"但我的顶部炮塔射手把我拉了起来，带着我来到一个谷仓，将稻草盖在我身上，到了早上，我感觉稍好了些。"[62]

3月28日，到达易北河西岸的一座小镇后，这些战俘被装上棚车，送往30英里外法林格博斯特尔的XI-B战俘营，这个收容场关押着上万名来自各个国家的囚犯。"我们希望能回到战俘营，那里有食物，也有住处，"古德利回忆道，

"但我们很快便发现,这个肮脏的猪圈比Ⅳ号空军战俘营还要糟糕。"⁶³

一周后,奥唐纳这群战俘又被召集起来,再次踏上行军之旅。这次,看守们带着他们向东而去,以躲开逼近中的英美军队。他们沿原路返回,跋涉过上个月曾走过的同一片地区。就在他们行进在温暖的气候下,吃着被美军战斗机打死的马匹的肉时,听到远处传来友军隆隆的炮声。这令他们燃起了希望,但经过二十天后,一些战俘不知道他们是否还有足够的体力坚持下去。

穿过德国的乡村时,Ⅳ号空军战俘营的这些中士射手并未遇到可怜的难民大潮,也没有经过被盟军轰炸夷为平地的城镇,他们唯一遭遇的野蛮就是他们自身的悲惨经历。另一群行军中的战俘却见到了纳粹邪恶的最深处。他们来自XVII-B战俘营,那里关押着美国陆航队4200多名士官,另外还有来自法国、苏联、意大利和其他较小国家的战俘。*

4月8日,美军战俘分成八组行军队列,撤离奥地利克雷姆斯附近的战俘营,此刻,苏联红军已开始包围维也纳,距离他们已不到50英里。毫无理由只转移美国战俘,德国人可能是想以他们为筹码,与美国军队进行谈判。

几天后,这些战俘靠近林茨时,B-24的尾部射手理查德·H·霍夫曼中士看见德国士兵押着数百名老百姓走上道路。两支队伍靠近时,一名战俘喊了起来:"这些是什么人?"⁶⁴

"劣等人种。"一名看守回答道。

这些"劣等人种"就像是行走着的骷髅,胸部干瘪,嘴里没有牙齿,眼中带着一种吓人的恍惚。一些战俘不顾不许跟他们交谈的命令,用几种语言喊叫起来,询问对方究竟是什么人。他们是犹太人和政治犯,大部分是匈牙利

---

* 这座战俘营后来以《第17号战俘营》而出名,这部百老汇戏剧被好莱坞成功地搬上银幕,由比利·怀尔德执导,威廉·霍尔登主演,后者为此而获得奥斯卡最佳男主角奖。这部戏剧的剧本由陆航队两名射手在监狱中撰写而成,他们是唐纳德·贝文和埃德蒙·奇钦斯基,他俩也在电影中饰演了角色。

人，来自一个叫做毛特豪森的集中营。他们正赶往前线，为他们的"主人"修建炮位。

接着便是一声枪响，一个坐在地上的可怜人倒向一侧，鲜血从他的头部喷出。一名党卫队军官将手枪插入皮套，又走近另一个坐在地上的人。他朝他狠狠地踢了一脚，命令他站起来。对方试图站起身，却无力做到，于是，那名党卫队军官拔出手枪，对着他的前额扣动了扳机。

战俘们带着震惊的沉默沿道路前进时，许多人有一种强烈的厌恶和恐惧相混合的感觉：对德国人的仇恨和这种情况可能会发生在自己身上的恐惧。"我想……冲入德国人中，把他们全杀光，可敬爱的上帝啊，我很害怕。"霍夫曼回忆道。

在毛特豪森市的街头，霍夫曼中士的战俘群见到了更多明显带有弹痕的尸体，这些死尸倒在他们自己的鲜血所形成的血泊中。盟军战俘们停下休息时，几乎没人说话。靠近林茨这座纳粹据点时，他们发现所经过的几乎每一个城镇都已遭受过猛烈的轰炸。"市民们，主要是妇女、儿童和老人，坐在一堆堆瓦砾间，盯着废墟，震惊地说不出话来。"霍夫曼回忆道。但亲眼目睹了刚刚发生的事情后，战俘们发现自己很难对这些城市废墟中的百姓产生任何同情感。

跨过多瑙河，战俘们向茵河畔布劳瑙（Braunau am Inn）而去，那里是希特勒的出生地。4月18日，他们来到茵河河畔松林中一座仓促修建成的营地。在这里，他们遇到了来自XVII-A战俘营的囚犯，这些战俘也是刚刚到达不久，但已在铁丝网内搭建起粗木屋。这里只有一支人数不多的看守队，但战俘们警告新来者，不要试图逃跑。美国军队就在河对岸，可以看见，那里的几乎每一座房屋，上方的窗户都挂着白色的床单。

解　放

西面不到一百英里处，达尔·阿尔凯尔的那群战俘刚刚到达莫斯堡的

Ⅶ-A战俘营。盖尔·克莱文没跟他们在一起，他已趁夜间行军之际逃脱，并到达了多瑙河，逃跑前，他告诉阿尔凯尔，他认为德国人打算撤入阿尔卑斯山进行一场绝望的抵抗，并将美国飞行员当做谈判的筹码。他的朋友约翰·伊根同意他的看法，但不得不留下，因为阿尔凯尔上校派他负责行军过程中的安全事项。

当晚，克莱文和另外两个人爬过一片满是粪便的开阔围场，伊根为他们提供掩护，他用力抽动一个生锈的老水泵，刺耳的刮擦声吸引了看守们的注意力。但真正救了他们的是粪便。"这简直就是夏奈尔5号，"克莱文后来说道，"它让那些军犬失去了我们的气味。逃出围栏后，我们动身穿过泥泞地，当晚便睡在一片柳树林中。我们没有地图，没有指南针，但据我们判断，如果昼伏夜出，一路向西的话，我们很快便能遇到我们的伙计。"[65]

现在，莫斯堡的囚犯人数急剧增加，已超过10万——奴工、新转来的集中营囚犯以及像路易斯·罗沃斯基这种已来了几周的战俘。4月29日这个星期日的上午，子弹开始呼啸着穿过营区，猛烈的火力在四周爆发开来。寻找到隐蔽后，约翰·伊根在他的笔记本上潦草地写道："眼下，一场相当规模的战斗正在我们周围打响。"[66]这是巴顿第3集团军先头部队与守卫莫斯堡的党卫队之间所展开的一场激战。伊根环顾四周，发现看守们已消失不见。他们接到命令去增援党卫队的人。"4月29日12点30分，战事已发生转移（我希望是这样）……你能看见星条旗（飘扬在教堂的尖顶上）。镇子已被夺取。这是十九个月来我第一次看见红白蓝三色国旗。"伊根在沉寂下来的战俘营中写道。

数千名美军战俘，泪水顺着他们的面颊滚滚落下，他们立正，向着国旗敬礼。随后，一辆"谢尔曼"坦克撞开战俘营大门，战俘们蜂拥向前，拍打、亲吻着它，伸手触摸着打开舱盖探出身来的救星。一名上尉爬出坦克，宣布他是来找自己的兄弟的。几秒钟后，一名战俘朝着坦克跑去，兄弟俩紧紧地拥抱在一起。另一名坦克手也找到了他的儿子——美军陆航队的一名中尉。[67] "对我们来说，战争结束了！"尤金·哈尔莫斯在他的日记中写道。[68]此刻距离他在荷兰上空被击落的那天已过去了十个月。

有人将战俘营旗杆上的纳粹反万字旗降下，升起了星条旗。随后，战俘们藏匿起来、专为这一天准备的其他旗帜也升了起来：英国国旗、苏联的红星旗、法国的三色旗以及几乎每一个盟国的旗帜。战俘们几近疯狂。"一整车面包出现时，"飞行员罗杰·伯维尔说道，"我们发出了更大的欢呼声。这是真正的白面包，对我们来说，味道就像是蛋糕。"[69]当晚，阿尔凯尔告诉他的部下，他们将在7—10天内被送往法国。

5月1日，巴顿将军坐着一辆长长的"帕卡德"检阅车，在随行记者和纪录片摄影师的陪伴下到达莫斯堡。他像个获胜的国王那样，大步穿过战俘营，象牙柄手枪在他的臀部跳动着。他突然停下脚步，查看着弗兰克·墨菲和那些萨冈伙计们苍白、萎缩的躯体。"就为这个，我也要杀掉那些狗娘养的。"他以低沉、冰冷的声音喃喃地说道。[70]

当天晚上，获救的战俘们（几乎来自欧洲的每一个国家）在莫斯堡的街道上游行，炫耀着从德国家庭和店铺里"解放"来的战利品：一箱箱白兰地和葡萄酒，猪和羔羊，弩弓和军刀，尖顶钢盔和猎枪。美国战俘搭乘着偷来的德国自行车、摩托车和指挥车蜿蜒穿过人群，他们投掷着鲜花，打出代表胜利的手势。在此期间，"谢尔曼"坦克穿过这片疯狂的现场，面目严肃的士兵们排成长长的队列紧随其后。巴顿的部队继续向南挺进，以防纳粹的抵抗死灰复燃。

第二天早上，布劳瑙附近树林的一座战俘营，理查德·霍夫曼中士来到茵河边打水。返回的途中，他看见一辆汽车驶上山路。那是战俘营指挥官的专车，在战俘营停下后，德国人走下车，僵硬地走到后面，打开另一扇车门。一名戴着钢盔的美军上尉走了出来。"我开始以为他是个被俘的倒霉蛋。"霍夫曼回忆道。[71]但他注意到这个美国人带着一把自动手枪。"战俘不可能带着点45手枪。我朝汽车跑去，发出了违反规定的喊叫。"和他一样，其他战俘疯狂地挥舞着双臂，向那名美军军官冲去。美军上尉站在一棵树桩上，举起双手让大家保持安静，随即宣布："伙计们，你们现在又回到美国军队的控制下。几个小时前，你们的德国战俘营指挥官来到布劳瑙，已向我军投降。"[72]

两天后，约瑟夫·奥唐纳、莱斯利·卡普兰和数百名形容憔悴的战俘在汉诺威附近遇到了英国第8集团军的先头部队。[73]这是他们第二次强行军的第26天，对奥唐纳来说，这是他离开波兰后，在路上的第86天。乔治·古德利本来一直跟他们在一起，但却未参加第二次行军。在一名富有同情心的看守的帮助下，他躲在法林格博斯特尔一座苏军战俘营内，以免再次上路。两天后，这座战俘营被一队英军坦克解放。

瘦得只剩下皮包骨头的奥唐纳被飞机送往英国的一家军医院。约翰·卡森和其他没有身患重病的飞行员则被送至"好彩营"，这座位于勒阿弗尔港附近的帐篷城收容了近50000名获得解放的战俘。他们在这里得到了食物、除虱、卫生用品、新军装以及大把法国钞票。5月6日，德国人即将投降的消息传遍整个营地后，那些前战俘开始为庆祝活动做准备。

欧战胜利日

5月7日凌晨2点41分，兰斯教堂城艾森豪威尔的总部内，阿尔弗雷德·约德尔大将签署了军事投降书。根据其条款，德国的无条件投降将在1945年5月8日，欧战胜利日午夜前一分钟正式生效。但斯大林提出抗议，认为只有朱可夫元帅这位柏林征服者在场，德国人签署投降协议后，战争才算正式结束，于是，艾森豪威尔下令："第二次签署降书完成后，第一次签字的消息才能发布。"[74]

大批政要和记者，在空军上将特德的带领下，于5月7日飞赴柏林会晤朱可夫元帅和以德国武装部队最高统帅部（OKW）参谋长威廉·凯特尔元帅为首的一个德国代表团，凯特尔和约德尔一样，都是在希特勒面前卑躬屈膝的马屁精——"点头驴"，阿尔贝特·施佩尔这样称呼他们。在盟国远征军最高统帅部的司令部内目睹了第一次投降仪式的卡尔·斯帕茨将军，作为美国代表陪同特德一同前往柏林。

投降谈判在柏林近郊卡尔斯霍斯特的一座工兵学校内举行。就投降书的确切措辞纠缠了十二个小时后，在大批嘈杂的记者和摄影师的伴随下，盟军代表聚集在一间硕大、朴素的会议室中。朱可夫元帅坐在一张普普通通的木桌后，特德在他的左侧，斯帕茨坐在他的右边。一名苏军卫兵将以凯特尔元帅为首的德国代表团带了进来。凯特尔直直地盯着前方，举起他的元帅略杖致敬后，在桌旁就座。"他打量着房间，就像是在查看战场的地形，"艾森豪威尔的副官哈里·布彻上尉注意到，"这种普鲁士和纳粹的傲慢，我和其他亲眼目睹的人，永远都不会忘记。"[75]

最后一名纳粹在降书上签字后，朱可夫站起身，让德国人离开会议室。房门在他们身后关上时，苏军军官一同站了起来，爆发出雷鸣般的欢呼，并开始相互拥抱。此刻已过了午夜，但一些服务员突然出现，迅速布置好一桌丰盛的酒宴，每个盘子旁都摆着一瓶瓶葡萄酒、香槟、伏特加和白兰地。俄国人放声高歌，"朱可夫元帅也跳起了俄罗斯舞蹈，他的将领们高声欢呼着"[76]。庆祝活动一直持续至清晨，至少有三位将领不得不被扶出房间。"我很高兴地注意到，"特德说道，"他们当中没有一个是英国人。"[77]

第二天早上，特德和斯帕茨赶往城市南面的滕珀尔霍夫机场时，要求穿越柏林的市中心。"这是一座死亡之城，"和他们一同参观纳粹首都的记者哈罗德·金写道，"我曾见过斯大林格勒，也曾经历过伦敦遭受的闪电战……但放眼四望，呈现在眼前的是柏林的彻底毁灭、荒凉和死亡，几乎难以言述……这座城市确实已面目全非……从依然伫立着的勃兰登堡门起，半径2—5英里内的一切都被彻底摧毁。"[78]轰炸中幸存下来的东西，也已被苏军炮火破坏。这片废墟跟科隆没什么不同。只是在柏林，人们有这样一种感觉，她不仅仅是一座城市,还是个国家,一种丑陋的思想已随之一同覆灭。

丘吉尔说,德国的投降"是人类历史上迸发出最大欢乐的信号"[79]。伦敦是欢庆活动的中心,前往下议院发表胜利公告的途中,丘吉尔首相陷入到欢庆的人群中。"他立刻被人群包围起来——他们奔跑着、踮着脚、把孩子举过头顶,这样,等这些孩子长大后便会被告知,他们曾见过丘吉尔,他们亲切地喊叫着他在托儿所时可笑的小名,'维尼!维尼!'"伦敦的日记作者莫莉·潘特-道恩斯写道。[80]

"伦敦彻底疯狂了。"罗西·罗森塔尔回忆道,5月8日这个星期二,德国投降的消息在下午3点传来时,他正在城内休假。"我挎着个漂亮姑娘穿过人群时,她突然间不见了,取而代之的是另一个姑娘。这里简直是个疯人院,一个美丽、奇妙的疯人院。"[81]

"和我们在一起的一名飞行员曾发誓要戒酒,也确实再未喝过。我们和他走散了,一个多小时后,我发现他烂醉如泥地倒在阴沟里。"

皮卡迪利广场吸引了最为喧闹的人群。红十字会在彩虹角举办了一场庞大的聚会。摇摆乐队不停地演奏着,士兵和欢笑的姑娘们"在皮卡迪利广场中形成了康加舞队列"。[82]

当晚,约翰和尤金·卡森这对孪生兄弟迎来了期待已久的团聚。离开"好彩营"后,约翰·卡森搭乘一艘英国船渡过英吉利海峡,来到彩虹角寻找尤金。他遇到了阿黛尔·阿斯泰尔,作为一名志愿者,她仍在俱乐部工作,她告诉他,她认识他的兄弟,并会安排他俩于5月8日晚在俱乐部内相见,当时他们都不知道这天会是欧战胜利日。约翰回忆道:"我的兄弟从楼上走下,来到大厅左侧迎接我的情形,至今仍历历在目。"[83]

这个夜晚属于他们这些年轻人。尤金带着他的兄弟游览了伦敦,教他喝英国的浓啤酒,还带他去了"风车剧团",那是他最喜欢的脱衣舞俱乐部。演出结束后,约翰结识了一位剧团成员,这位体态丰满的金发舞者年方十八。

五十年后，他仍能记得她的住址。

在东安格利亚，各个空军基地和村镇里，庆祝活动的热闹劲要稍小些。日本人仍在拼死抵抗，数千名东安格利亚人还在太平洋地区的英国军队中服役。许多家庭已收到消息，他们的丈夫或儿子被关在敌人的战俘营中。"欧战胜利日那天，我感觉到一种强烈的孤独感，"诺维奇的一名妇女说道，"丈夫不在身边，这样的日子显得那么不真实。"[84]

那些美国飞行员的妻子或恋人也不在身边，另外，他们的思绪同样在太平洋战区，他们等待着投入"另一场战争"的命令，在此之前，他们没有太多的时间考虑这个问题。尽管如此，能结束眼前这场战事仍是件很棒的事。当天晚上，各个村庄的广场上燃起篝火，自制的火箭和烟火，再加上航空队信号枪射出的信号弹，将东安格利亚的天空变为"一片色彩绚丽的仙境"。[85]当地的一位作家描述道："这份热情直到午夜才渐渐消退。"[86]

美国的各个空军基地里，派对持续的时间更长些，这里有免费的啤酒和威士忌。跟当地人最为熟悉的要算地勤人员，他们涌出基地大门，挎着他们的英国女友，挤满了他们喜欢去的酒吧。但在门德斯哈姆——第34轰炸机大队的基地，指挥官却命令部下们待在基地内。"说起来也挺奇怪，我们大多数人并不想出去。"查尔斯·埃林说道。[87]他们想作为一个整体，以自己的方式来庆祝。教堂内的宗教仪式每小时举行一次，所有机组人员至少参加一次，每次仪式的结束都伴以《共和国战歌》，他们的歌声响彻半空，"我的双眼已看见主降临的荣光……"

当晚，门德斯哈姆军官俱乐部的酒吧内，飞行员们三次举起酒杯，向阵亡的战友致敬。

"此刻是午夜，"躲在一座德国村落内的乌苏拉·冯·卡尔多夫在她的日记中写道，"无条件投降从这一刻起生效。全世界的人都在高唱胜利的赞美诗，钟声也随之响起。可我们呢？……我们输掉了战争，但如果我们打赢了，所有的一切会比现在更可怕。"[88]

5月8日，XVII-A战俘营获得解放的理查德·霍夫曼正在南锡附近的一座过渡营地，在这里，他跟他的机组重聚了。当天早上，他们获知第二天将坐船回家。为了庆祝一下，他们带着远远超出他们酒量的酒来到城内。由于他们的身体依然处于虚弱和脱水状态，几杯酒下肚后便有些神志不清。"突然，小号、教堂的大钟和汽笛一起响了起来。"霍夫曼回忆道。[89]法国人冲出他们的房子，涌上街头，相互拥抱着，喜悦的泪水滚滚而下。

当晚，霍夫曼紧紧地抓着他的床垫，整个房间天旋地转，最后，他幸运地失去了知觉。第二天早上，他所搭乘的船驶出勒阿弗尔这座饱受战火蹂躏的港口时，扬声器中传出了音乐声。第一首歌是《别把我关起来》。*

5月8日是盖尔·克莱文在索普-阿博茨的最后一晚。利用北极星和自制的指南针，他和他的同伴乔治·阿林逃离了莫斯堡。越狱的当晚，他们就跟克莱文在大学里最好的朋友乔治·奈特哈默尔走散了，他曾跟克莱文一同被关在萨冈。一架美国的"派珀幼兽"轻型飞机掠过头顶时，他们意识到，在白天行走是安全的。在一名友好的德国农民的帮助下，他们找到了美军第45师的部队。"我瘦得惨不忍睹，"克莱文回忆道，"要是站的位置恰到好处，我甚至连影子都没有。"[90]

没过一个星期，克莱文回到了自己的部队，此刻离战争结束已没有几天。"传说中的克莱文"回来了，"每个人都想见见他"，第100大队的一名老兵回忆道。克莱文闲坐在军官俱乐部里，和战友们说着话，他的帽子还是像过去那样，"漫不经心地歪向一旁，他的右腿懒洋洋地搭在座椅的扶手上，时光仿佛倒流了19个月"[91]。但他很快就厌倦了这些。"我请求再飞最后一次，因为德国佬把我折腾得够呛，但他们没有批准。他们告诉我，这场战争，这场轰炸战，结束了。于是我说，去他妈的，送我回家，我还有个女朋友，我想结婚了。"[92]

---

* 译注：这首歌对获得解放的战俘们来说颇具讽刺性，但却是当时最为流行的歌曲之一。

他的家在新墨西哥州的霍布斯，当初，他的父亲从怀俄明州移居到那里，投身战争前，克莱文在那里结识了他的未婚妻。欧战胜利日那天，他离开索普-阿博茨，中队里的老战友们送给他一套雕花的英国银制餐具和一块手表时，他不禁热泪滚滚。"我只是有点孩子气。"他说道，随即跌跌撞撞地冲出营房，没穿雨衣便跑入细雨蒙蒙的黑夜中。[93]

他就这样走了，没有道别。刚回到新墨西哥州的家门口，他获悉了一个坏消息。第二天，他再次上路，乘车赶往怀俄明州的卡斯珀，为乔治·奈特哈默尔的葬礼护柩。他的朋友在德国某地被抓获后遭到枪杀。

约翰·伊根作为好友婚礼的伴郎赶至霍布斯时，带着一顶丝绸降落伞。新娘的母亲立即明白了它的用处，经过一天一夜的改制，它变成了一件漂亮的婚纱。新娘和她的父亲沿着过道走来时，伊根凑到克莱文耳边，低声问道："降落伞的拉索在哪里？"[94]

避弹屋

最后一批获得解放的美国飞行员是美军最高统帅部曾希望最先救出的人。Ⅰ号空军战俘营是一座"空中王牌"营，[95]有人担心，对纳粹死硬分子来说，这些战俘将是宝贵的人质。1944年12月，休伯特·泽姆克上校在特别护送下来到波罗的海巴特镇的Ⅰ号空军战俘营，作为一名盟军高级军官，他接手负责战俘营里的近7000名俘虏，于是，这座营地被称作"泽姆克的战俘营"。在近两年的时间里，德军飞行员一直在猎杀泽姆克，最后一次计划内的飞行任务中，他的好运终于耗尽了，他的"野马"在一场雷暴雨中失去了一只机翼，他被迫跳伞，最终落入敌人手中。

泽姆克麾下有五名美国王牌飞行员，在他们当中，弗朗西斯·"唠叨鬼"·加布雷斯基中校，是空战中击落28架敌机这一欧洲记录的保持者，[96]另外还有杰拉尔德·约翰逊少校,有着18个击坠战果。泽姆克在1944年春季被调至一个"野马"战斗机中队前,加布雷斯基和约翰逊一直在他那支著名的"雷电"部队(第56战斗机大队)中服役。加布雷斯基同样是在自己的最后一次任务中被击落,1944年7月20日,在对一座德国机场实施扫射行动时迫降在德国。

Ⅰ号空军战俘营中的其他陆航队英豪还包括查尔斯·"罗西"·格瑞林中校,这位战斗机指挥官被调至欧洲战区前,曾参加过吉米·杜立特尔空袭东京的行动;"空中堡垒"驾驶员约翰·"瑞德"·摩根,1943年曾获得过荣誉勋章,1944年3月6日在柏林上空被击落。[97]正如战俘营地下报纸《等待胜利的战俘》的编辑洛尼尔·贝内特指出的那样——对战俘营的许多客人来说,"到达这座避弹屋前……生存方式要艰难得多"。[98]

贝内特的故事甚至比摩根更具传奇性。1939年9月,德国入侵波兰后,他离开新泽西州的蒙特克莱尔州立师范学院,赶赴芬兰抗击入侵的俄国人。芬兰屈服后,他在北非加入到法国外籍军团中,后来又在法国成为美国志愿救护队的一名司机,他在那里被德国人俘虏。从一座战俘营逃脱后,他写了本北非战役的书。此后,他签约国际新闻社伦敦分部,成为一名战地记者。1943年12月,他和另外两名记者在采访英国皇家空军对德国首都的一次夜间空袭中被击落。跟随英国轰炸机去"观看火焚柏林"的四名记者中,只有爱德华·P·默罗平安返回。[99]从中弹的轰炸机中跳伞落入柏林城后,贝内特再度成为纳粹的俘虏。他的编辑第一次获得他的消息是他从"纳粹德国国内的某处"[100]发来的一封急件,说他已躲开追捕者,正在亲手写作一本描述自己亲身经历的书。5月份,他的编辑又收到了他的消息。他已"再次被捕",[101]他说自己被控间谍罪,并被判以在战争期间单独拘禁。被送往Ⅰ号空军战俘营前,贝内特逃脱了两次。

理查德·霍夫曼和其他获得解放的战俘在法国欢庆欧战胜利日之际,Ⅰ

号空军战俘营里的人仍被关在铁丝网中,他们已不再是德国人的俘虏,看押他们的是自己的战友。德国空军的人已经离开,取而代之的是泽姆克上校手下的保卫人员,他执行了"至少跟德国人一样严格的纪律",贝内特指出。[102]卫兵们在战俘营门前站岗,战俘们被警告说,要是发现他们试图逃跑,战后将把他们送上军事法庭。泽姆克已做出安排,由第八航空队将这些战俘运走,但最近刚刚从达巴特镇的一名苏军指挥官,坚持丘吉尔和罗斯福在雅尔塔会议上签署的一项协议:禁止英国人和美国人飞越苏占区。"从严格意义上说,我们自由了,可我很担心,"B-17的副驾驶艾伦·纽科姆在他的监狱日志中写道,这些日志被他记录在卫生纸的残片上。"我经常昏昏沉沉,心跳速度快得惊人,我充满了不确定性,对所有人、所有事都感到恐惧。"[103]最近刚刚从俄亥俄州卫斯理大学毕业的纽科姆,觉得自己就要"疯了"。

混乱和可怕的不确定性开始于4月28日下午,战俘们首次听说苏联红军离他们已不到25英里,正驱车全速赶来。战俘营指挥官冯·瓦恩史塔特上校找来泽姆克这位德国移民的儿子,告诉他,自己已接到立即疏散战俘营的命令,将把战俘们带往150英里外,汉堡附近的一个秘密地点。泽姆克警告他,要是他打算这样做的话,战俘中秘密训练的突击队就将扑向看守们,夺取战俘营。[104]泽姆克劝说这位指挥官,为他的利益着想,最好是将战俘营的控制权交给自己,然后带着他的部下赶紧逃离即将到来的俄国人。

第二天早上,美国陆航队战俘接管了塔楼,营地的旗杆上升起星条旗。当天晚些时候,泽姆克派出侦察巡逻小组,去跟苏联红军取得联系。找到俄国人后,泽姆克、贝内特和一名翻译组成的小组驱车来到他们的司令部。吃了顿香槟、伏特加和炒鸡蛋的早餐后,美国人返回营地。返程途中,他们遇到一支支带着可怕的目的向柏林进军的苏军小分队。那些干草车上搭载着板条箱、包裹和醉醺醺的女人,大车旁行进着杂乱无章的队列,都是些西伯利亚、蒙古和乌克兰士兵,红红的脸庞上显露出经历过残酷的冬季战役后粗野的表情。这些士兵唱着民歌，就着瓶子猛灌伏特加，还朝他们所经过的德国房屋紧闭的窗户吐口水。偶尔会有一名士兵离开队伍，跑到农户园中追逐一只鸡，捉到鸡后，便把它的脖子扭断。泽姆克的小组停下来跟一名苏军中尉交谈时，一只咆哮的狗打断了他们。"俄国人若无其事地开枪打死了它。"贝内特预见到将来会有一场灾难。105

第二天，一名醉醺醺的哥萨克士兵骑着一匹白马进入战俘营。"这些人为什么会被关在里面？"他很想知道，"拆掉铁丝网，回家吧。你们自由了！"他朝泽姆克营地里的美国人喊道，并用他的长管手枪对空鸣放，以示强调。106 泽姆克试图让他冷静时，这个迷迷糊糊的俄国人用枪抵住泽姆克上校的头，扳开了击锤。就在这时，"整个战俘营完全发疯了"，一名战俘说道。那些在泽姆克铁腕统治下觉得自己又成了战俘的人，推倒铁丝网，数百人逃了出去。有些人加入到红军的队列，在对巴特镇的打砸抢烧中放出那里的奴工，还有些人向西逃去，与盟军部队取得了会合。

第二天早上，在战俘营附近发现有20多名德国妇女被勒死或枪杀。从那以后，每天都有吓坏了的妇女和儿童从巴特镇逃出，来到美国战俘营恳求收留，一些年轻的妇女用她们的身体交换避难处。这些求助者一直待到深夜，就睡在高耸的塔楼下，以策安全。"德国人寻求我们的保护，"飞行员弗雷斯特·霍维尔说道，"这是我们始料未及的。"107

出于对这种混乱状况的担心，泽姆克下达了一道命令，只有他的人获准进入或离开营地，但他无法阻止全副武装、醉醺醺的苏军士兵进入营区，也无法控制他们在战俘营内外的举动。"数百名德国人被枪杀或自杀身亡，"纽科姆写道，"三名妇女在离我的营房大约一百码处开枪自杀，我们派人埋葬了她们。巴特镇镇长自杀……德国人告诉我们的医生，强奸事件从6岁到60岁都有发生。"108 绝望的德国父亲邀请美国人到他们的家中，跟他们的女儿睡觉，以此让俄国人离远些。一名美国飞行员看见十几个苏军士兵，穿着黑皮靴，在一座农舍外排队，等着轮到自己对一名德国姑娘施暴。109

第二天,一名苏军上校赶着一群没收来的牛来到战俘营,并用冲锋枪将它们射杀。战前曾干过屠夫的战俘将这些牛切开,当晚,泽姆克营地里的战俘们以牛排和烈酒为晚餐。后来,醉醺醺的美国人偷来马匹和大车,像驾驭古罗马战车那样,在巴特镇狭窄的街道上驰骋,一边用左轮手枪对空射击,一边对惊呆了的俄国人高喊着"同志"。"但我们大多数人都遵从泽姆克的命令,留在了营地内,"投弹手奥斯卡·G·理查德回忆道,"我认为,我们之所以最终得以离开巴特镇而没有损失太多的人,主要归功于泽姆克上校。"[110]

苏军主力到达后,一些军官与泽姆克相配合,将美国人留在营区内。他们对巴特镇实施宵禁,并将在镇内找到的美国人(有些人睡在德国姑娘的床上)送回到战俘营。[111]战俘营的铁丝网已被修好。

泽姆克的突击队员们在巴特镇附近发现一个小型集中营,于是,战俘营里的几名医生被派去为那些获救的囚犯提供医疗救助——那些犹太人和政治犯一直在附近的一座飞机制造厂充当奴工。洛厄尔·贝内特陪他们一同前往。党卫队的看守们几个星期前便已逃离,丢下这些虚弱不堪的囚犯在这里活活饿死。已有300多名囚犯死去。盟军医生从巴特镇居民中征集了埋葬小组。贝内特后来写道:"那些派来为死者挖坑的人,一开始无法确定这些坑是不是为他们自己或战俘们挖掘的。"[112]

离开集中营时,加布雷斯基注意到某些奇怪的东西。一些尸体挂在远离主营区的铁丝网上。在最后的疯狂中,党卫队的看守锁上大门,但没有告诉那些囚犯,电网已通了电。被电死的囚犯抱着铁丝网,大睁的双眼充满了惊异。加布雷斯基说:"这一幕向我证实了战争的可怕,没有什么宣传攻势能做到这一点。"[113]

泽姆克的战俘营内,神经已被拉伸至危险的程度。营区内的扬声器中回荡着摇摆乐,这让战俘们想家想得要命,艾伦·纽科姆并不是唯一一个觉得自己就要发疯的人。出于绝望,300多名缺乏耐心的战俘,利用德国人的自行车、马匹、以及偷来的汽车和大车,逃离了战俘营。洛厄尔·贝内特和他的三个朋友也加入到出逃行列中。他们从战俘营的车库征收来一辆双缸汽车，装上红十字会的包裹，并在挡风玻璃上贴了张纸，上面用俄文写道："新闻记者——自由通行。"[114]他们踏上一段400英里的旅程，赶往美军防线。

"各处的混乱完全难以描述。"贝内特在他出版的关于这次旅程的著作中写道。[115]1940年时，他曾在法国见过一支军队遭受失败后的惨状，但"这次要糟上1000倍"。一英里接着一英里，到处都是烧毁的坦克、飞机和大炮，路边的沟渠中，堆满了德军士兵肿胀的尸体。失去父母的孩子绝望地站在路边，他们的姓名缝在毛衣上。这就是获得解放、毫无秩序可言的德国。贝内特不禁想到：德国，还能得到恢复吗？

进入美占区后，贝内特小组搭乘飞机赶往巴黎，他们在市中心的一座酒店里欢庆了欧战胜利日。

泽姆克营地里的战俘，通过没收来的德国收音机收听救援他们的消息，就这样度过了欧战胜利日。5月12日，他们终于获悉，一支"空中堡垒"组成的编队将于当天下午降落在当地的一座简易机场。在易北河的秘密会谈中，俄国人已同意美国人实施空运，条件是美国交出一名俄国人非常想要的纳粹战俘。前红军指挥员安德烈·弗拉索夫被德国人俘虏后，在他们的帮助下，用苏军战俘组建了一支部队，试图将自己的祖国从斯大林主义中解放出来。现在他将被遣返回他所背叛的国家。*[116]

当天下午，泽姆克的营地中爆发出一阵欢呼。在他们上方，一队银色的轰炸机盘旋在空中。时间是下午2点30分，就在这一刻，安德烈·弗拉索夫被交给俄国人。这是事先约定好的信号，允许轰炸机着陆。

按照泽姆克的命令，英国战俘率先离开，因为他们被监禁的时间更长

---

* 译注：究竟是哪一方俘获的弗拉索夫（或受降）至今仍有争议，但不管怎样，弗拉索夫最终被送回苏联，据说，受尽酷刑而死。

些。美国飞行员则在第二天早上离开,他们排着长长的队列走出战俘营,总共有6250名获得自由但却饥肠辘辘的战俘。[117]每隔一分钟便有一架"空中堡垒"轰鸣着着陆,螺旋桨保持着旋转。每架飞机搭载20—30名战俘。他们都没有降落伞,但没人在乎。

轰炸机朝勒阿弗尔飞去,并将高度降至500英尺,以便让战俘们看清楚被他们摧毁的一些城市。奥斯卡·理查德回忆道:"我待的位置刚好靠近一个腰部舷窗,所以我再次从空中看到了德国。"飞越一座德国城市的遗迹时,理查德对坐在身边的人说:"那可能是我们,可能是美国。没人说过我们必须赢得这场战争。"[118]

"空中堡垒"在莱昂附近着陆,战俘们随即坐火车赶往"好彩营"。在那里,理查德搭乘他所在的第384轰炸机大队一个机组的"便机"飞返英国。[119]这个机组到法国来是为了寻找他们的几位中队战友,结果很高兴地遇上了他们部队的一位"老前辈"。他们在格拉夫顿安德伍德着陆后——第八航空队就是在这座机场开始了美国这场空中战争——奥斯卡·理查德觉得自己就像是个陌生人。[120]"我认识的只有几位地勤军官……那些飞行员,看上去比和我一同飞行的那些人要年轻许多。"任务简报室内仍有一幅硕大的西欧地图挂在墙上,设备室里的作战装备堆得很高,但已没有了恐惧和香烟的气味。

当天晚上,理查德中尉走进他当初的那座活动营房,溜到自己的床铺上。躺下时,他的思绪飞回到自己刚刚抵达英国的那一天,那还是1943年冬季,第八航空队遭受到德国空军的重创,轰炸机机组人员的生还率非常低。然后,透过一扇敞开的窗户,他觉得自己听到了"莱特旋风"发动机的喘息和咳嗽声,以及地勤人员为次日的飞行任务准备飞机的喊叫声。一股熟悉的惧意传遍他的全身……随后,他沉沉睡去。[121]

他们离开得相当仓促,有时候甚至没给那些越来越喜欢他们的当地人一个道别的机会。9岁的弗兰克·巴顿住在艾伊(Eye)的一座机场附近,那里是第490轰炸机大队的基地。他的母亲为飞行员们洗熨衣物，而他则用自行车将这些衣服来回运送。飞行员们用糖果和咖啡回报他，很快，他就给他们带来一篮篮当地农民的新鲜鸡蛋。地勤人员很喜欢他，允许他在停机坪旁他们的帐篷内闲逛。他们还教他如何吸烟，如何以恰当的猛烈度骂人。

战争结束后，8月份，细雨蒙蒙的一天，弗兰克·巴顿骑着自行车来到基地，却发现大门口没有哨兵站岗。兵营内空无一人，飞机也都不见了。"这是我一生中最悲伤的一天。"五十年后他这样说道。[122]

在霍沙姆圣费思（Horsham St. Faith）则进行了恰当的告别。百余名当地的农民，穿着他们周日才穿的最好的衣服，聚在机场上，向第458轰炸机大队一架滑行在跑道上的"解放者"挥手道别。爱丽丝·宾汉姆穿着睡衣，为该大队最后一架径直飞过她位于帕因伍德克洛斯（Pinewood Close）住处的"解放者"拍了张照片。仰望着它，爱丽丝想起这些翅膀长长的"美女"中的一员，是如何撞破她的花园，并将一位邻居的平房夷为平地。"那些日子里，我们得到了取暖的煤炭，而他们低空飞过我们的屋顶时，便用起落轮驱散烟雾。"[123]

"我仍记得那些美国人，"萨福克的一名妇女回忆道，"甚至记得比那场战争更清楚。"[124]

离去是容易的，因为这段旅程的终点是他们的家。但他们无法忘记那些被永远留下的战友。离开英国前，尤金·卡森拜望了位于剑桥一座山丘上的马丁格利美军公墓，向1944年初在行动中阵亡的战友麦克·查克罗斯道别。"走在那些墓碑中，我默默地恸哭起来。"卡森回忆道。[125]

几十年后，卡森发现过去那一切太过强大，自己完全无法抗拒，于是将他的战时经历写了下来，并以一位匿名作者的诗句作为结束：

哦，不要演奏送葬曲，

这在马丁格利太常规，

他们可是年轻而又老派的小伙，

演奏些时兴的乐曲；

多尔西的曲调,平克劳斯贝的歌,
让他们听听格伦·米勒的摇摆乐,
平静的日子也会变得摇摆起来,
让这些成为马丁格利的常规。[126]

注释

1 引自查尔斯·韦伯斯特和诺布尔·弗兰克兰的《对德国的战略空中打击，第三卷》，第112页。

2 同上，第101页。

3 引自达德利·萨瓦德的《轰炸机哈里斯：皇家空军元帅阿瑟·哈里斯爵士的故事》（加登城，双日出版社，1985年），第292—294页。

4 同上。

5 查尔斯·韦伯斯特和诺布尔·弗兰克兰的《对德国的战略空中打击，第三卷》第117页中提供了该指令的副本。

6 Msg. JD-117-CS，斯帕茨发给杜立特尔的电报，斯帕茨文件；1945年4月21日，第466轰炸机大队的一架"解放者"式、"黑猫"号，在雷根斯堡上空被高射炮火击落。这是在德国上空，而不是德占区上空被击落的最后一架美国轰炸机。托马斯·奇尔德斯在他的出色之作中讲述了"黑猫"号的故事，《晨翼：二战中在德国上空最后一架被击落的轰炸机的故事》（马萨诸塞州雷丁，珀尔修斯出版社，1995年）。4月25和26日，第十五航空队派出重型轰炸机对奥地利阿尔卑斯山中的铁路中心实施轰炸，这是纳粹德国最后一个尝到美国炸弹滋味的地方。

7 弗里曼等人编撰的《第八航空队战时日志》，第499页。

8 1945年5月4日，海军部，海军参谋部，英国海军情报处，每周情报报告，第269号，第63页，美国空军历史研究部的副本；荷兰遭受的苦难，可参阅亨利·A·范德兹所著的《饥饿的冬季：被占领的荷兰，1944—1945》（伦敦，吉尔·诺曼&霍布豪斯出版社，1982年），以及黑斯廷斯的《大决战》，第407—417页。

9 引自查尔斯·埃林，《强大的空中堡垒：引航轰炸机飞越柏林》，第

147页。

10　范德兹，《饥饿的冬季：被占领的荷兰，1944—1945》，第252页。

11　克罗斯比，《逆境求生》，第359—360、365页。

12　同上。

13　查尔斯·埃林，《强大的空中堡垒：引航轰炸机飞越柏林》，第148页。

14　克罗斯比，《逆境求生》，第371页。

15　杜立特尔，《我再也不会如此幸运》，第406页。

16　"1944年5月11日，鲁尔之行的个人记述，第100轰炸机大队"，作者不详，美国空军历史研究部；肯尼斯·R·巴顿中士，"1945年5月，第853中队史"，第451轰炸机大队，美国空军历史研究部。

17　1998年10月22日，采访丹尼·罗伊·穆尔，空中力量历史博物馆。

18　1943年6月27日，《伦敦时报》。

19　本章中，琼斯的话均引自肯尼斯·"执事"·琼斯的"战时日记"。

20　1945年3月10日，《每日电讯报》。关于德国城市重建的一部出色之作是杰弗里·M·迪尔芬多夫的《德国城市的战后重建》（纽约，牛津大学出版社，1993年）。

21　汉斯·埃里希·诺萨克，《结局：汉堡1943》，乔尔·阿吉翻译（芝加哥，芝加哥大学出版社，2004年），第44页；诺萨克描述的汉堡的废墟，与1945年的科隆有着惊人的相似。

22　霍华德·卡赞德尔，《盟军管理科隆》，1945年5月4日，《星条旗报》；厄尔·E·泽姆克，《美军对德国的占领，1944—1946》（华盛顿，美国陆军军事历史中心，1975年），第191页。

23　西德尼·奥尔森，《地下科隆》，1945年3月19日，《生活周刊》，第28页。

24　海因里希·波尔，《沉默的天使》，贝恩·米切尔翻译（纽约，斗牛士出版社，1995年），第64—65页。

25　W·G·泽巴尔德，《毁灭自然史》，第10页。

26　斯蒂芬·斯彭德，《欧洲见证者》（1946年；韦斯特波特，格林伍德出版社，1971年再版），第16页。

27　2005年11月7日，作者对罗森塔尔的采访。

28　2005年10月21日，对路易斯·罗沃斯基的采访。

29　2003年4月24日，采访克莱文。

30 弗兰克·D·墨菲，《运气至上：对欧洲空战的反思》，第233页。
31 大卫·韦斯特海默，《等待：一名二战战俘的回忆》，第261页。
32 2003年4月24日，采访克莱文。
33 2005年10月21日，对路易斯·罗沃斯基的采访。
34 2003年4月24日，采访克莱文。
35 2003年4月24日，采访克莱文。
36 安东尼·比弗，《1945，柏林的陷落》，第48页。
37 哈尔莫斯，《铁丝网的另一侧：二战中的美军战俘》，第94、98页。
38 托马斯·奇尔德斯的出色著作，《战争的阴影下：一名美国飞行员的经历》，第383页。
39 斯皮维，《战俘生涯：Ⅲ号空军战俘营中央营区往事及二战期间的秘密和平使命》，第133页。
40 弗兰克·D·墨菲，《运气至上：对欧洲空战的反思》，第238页。
41 威廉·H·惠勒，《坠机：一名轰炸机飞行员在德国身陷囹圄的经历》，第137、144页。
42 威廉·P·马赫，《注定要活下去：一名B-17飞行员的战俘生涯》，艾德·哈尔编辑（南卡罗来纳州斯帕坦堡，霍诺里巴斯出版社，1992年），第137页；保罗·E·肯尼迪，《副官号》（自费出版，日期不详），第54页，第八航空队历史博物馆。
43 哈里·斯皮勒编撰的《纳粹的囚犯：二战中的美国战俘》一书中，戈登·K·巴茨的证词（北卡罗来纳州杰斐逊，麦克法兰出版社，1998年），第105页。
44 哈里·斯皮勒编撰的《纳粹的囚犯：二战中的美国战俘》一书中，戈登·K·巴茨的证词，第105页；威廉·H·惠勒，《坠机：一名轰炸机飞行员在德国身陷囹圄的经历》，第157页。
45 引自约翰·尼克尔、托尼·伦内尔的《最后的逃亡：欧洲战区盟军战俘不为人知的故事，1944—1945》（纽约，维京出版社，2003年），第196页。
46 美国战略空军司令部，"欧洲战区陆航队当前所面临的问题，1944—1945"，美国空军历史研究部，519.979；美国战略空军司令部，"月蚀备忘录第8号：在月蚀条件下照料和疏散身处德国的战俘"，1945年5月19日，美国战略空军司令部，美国空军历史研究部，519.9731-13；美国战略空军司令部,"为盟军战俘提供补给、保护和疏散的计划会议和会谈之记录和摘要,1944年11月—1945年5月",美国空军历史研究部,519.973-3。

47 1988年2月11日,与德尔玛·T·斯皮维少将的会谈,美国空军历史研究部,K239.0512-921;斯皮维,《战俘生涯:Ⅲ号空军战俘营中央营区往事及二战期间的秘密和平使命》,第148页。

48 1967年1月18日,与阿瑟·瓦纳曼少将的会谈,美国空军历史研究部,K239.0521-1030。

49 同上。

50 贝格尔的证词,《纽伦堡军事法庭对战犯的审判,第八卷》,第57—75、534—551、1155—1158页;特雷弗-罗珀,《希特勒的末日》(伦敦,麦克米伦出版社,1950年),第134—135页。正如特雷弗-罗珀指出的那样(第138页):"贝格尔关于他那段时间活动的记述,都很模糊,有些地方前后不一致。"约翰·尼克尔、托尼·伦内尔的《最后的逃亡:欧洲战区盟军战俘不为人知的故事,1944—1945》中,第357—371页,对此进行了详细的探讨。

51 阿瑟·A·杜兰德,《Ⅲ号空军战俘营:不为人知的故事》,第360—361页。1949年,由于参与策划"最后解决"方案,贝格尔被纽伦堡战犯法庭判处25年徒刑。曾发誓要帮助他的瓦纳曼和斯皮维很可能救了他的命,并使他在1951年从监狱获释。

52 斯皮维,《战俘生涯:Ⅲ号空军战俘营中央营区往事及二战期间的秘密和平使命》,第148页。

53 1945年2月21日,《纽约时报》。

54 2003年5月7日,作者采访约瑟夫·P·奥唐纳。

55 巴丹死亡行军中,约有750名美国人和5000名菲律宾人死去。

56 奥唐纳的《徒步跋涉》中,卡普兰的证词,第66页。

57 2003年5月7日,采访乔治·古德利。

58 奥唐纳的《徒步跋涉》中,卡普兰的证词,第66—67页。

59 2003年5月7日,采访乔治·古德利。

60 奥唐纳,《徒步跋涉》,第12页。

61 同上。

62 2003年5月7日,作者采访约瑟夫·P·奥唐纳。

63 2003年5月7日,采访乔治·古德利。
64 霍夫曼的话均引自理查德·H·霍夫曼,《17B战俘营》,第184、186—187页;另可参阅詹姆斯·M·布洛瑟姆的《步入深渊:第17B战俘营》(自费出版,日期不详),第八航空队历史博物馆;以及理查德·H·刘易斯的《地狱的上下:一名美国飞行员的真实故事》(威明顿,特拉华出版社,1985年),第130—131页。
65 1993年4月24日,对克莱文的采访;卡拉汉,《凝迹,我的战时记录:英国诺福克郡迪斯附近,索普-阿博茨,美国陆军航空队第139号基地的二战历史记录》,第243—244页。
66 引自卡拉汉的《凝迹,我的战时记录:英国诺福克郡迪斯附近,索普-阿博茨,美国陆军航空队第139号基地的二战历史记录》,第245页;《莫斯堡的解放》,《六号洒水器,第100大队通讯期刊》第33期(2002年夏季),第3页,参见http://.100bg/spalser/moosburg.html。
67 莱曼·B·伯班克,《德国,III号空军战俘营,中央营区内的美国空军战俘》,第47页。
68 哈尔莫斯,《铁丝网的另一侧:二战中的美军战俘》,第128页。
69 罗杰·伯维尔,《我的战争》,第41页,第八航空队历史博物馆。
70 弗兰克·D·墨菲,《运气至上:对欧洲空战的反思》,第245页。
71 霍夫曼,《17B战俘营》,第205—208页。
72 同上。
73 2003年5月7日,作者采访约瑟夫·P·奥唐纳。
74 艾森豪威尔,《远征欧陆》,第22页。
75 布彻,《与艾森豪威尔在一起的三年:艾克将军的海军副官哈里·C·布彻上尉的个人日记》,照片注解,第843—844页。
76 安东尼·比弗,《1945,柏林的陷落》,第405页。
77 阿瑟·威廉·特德,《心怀偏见:皇家空军元帅特德勋爵的战争回忆录》,第686页;另可参见布彻的《与艾森豪威尔在一起的三年:艾克将军的海军副官哈里·C·布彻上尉的个人日记》,第846页。
78 路易斯·斯奈德编撰的《战争报道名作:第二次世界大战的伟大时刻》(纽约,朱利安·梅斯纳出版社,1962年)中,联合盟军新闻特派记者哈罗德·金的报道,1945年5月9日。
79 引自斯蒂芬·E·安布罗斯与C.L.苏兹贝格合著的《美国在二战中的遗产

新历史》（纽约，维京出版社，1997年），第559页。
80 潘特-道恩斯，《伦敦战时笔记》，第376—377页。
81 2005年11月7日，对罗森塔尔的采访。
82 潘特-道恩斯，《伦敦战时笔记》，第374—377页。
83 尤金·T·卡森，《一名尾部射手的回忆》，第188页。
84 引自R·道格拉斯·布朗的《东安格利亚，1945》（拉文纳姆，特伦斯·道尔顿出版社，1994年），第63页。
85 同上，第61页。
86 朗迈特，《美国兵：美国人在英国，1942—1945》，第61页。
87 查尔斯·埃林，《强大的空中堡垒：引航轰炸机飞越柏林》，第156页。
88 乌苏拉·冯·卡尔多夫，《噩梦日记：柏林，1942—1945》，第220—221页。
89 霍夫曼，《17B战俘营》，第224页。
90 2003年4月24日，采访克莱文。
91 谢里登，《他们从未如此出色过：1942—1945，美国陆航队第100轰炸机大队第350中队的非官方史》，第149—150页。
92 2003年4月24日，采访克莱文。
93 谢里登，《他们从未如此出色过：1942—1945，美国陆航队第100轰炸机大队第350中队的非官方史》，第150页。
94 2003年4月24日，采访克莱文。
95 安迪·鲁尼，《纳粹战俘营中的美国王牌》，1945年5—6月的《星条旗报》，头版。
96 欧文·布劳顿编撰的《牢记：二战中的飞行员》（斯波坎，东华盛顿大学出版社，2001年）中，第29—30页，对加布雷斯基的采访；加布雷斯基，《一名战斗机飞行员的一生》，第170—171页。
97 莫里斯·约翰·罗伊的《铁丝网后》中，J·C·摩根中尉撰写的《柏林上空的灾难》；《荣誉勋章颁发给来自德州的飞行员》，1943年12月20日，《星条旗报》，头版；安迪·鲁尼，《被击落的飞行员目前安全地待在德国》，1943年12月7日，《星条旗报》，头版。
98 洛厄尔·贝内特，《跳伞到柏林》，第43页。
99 同上，第5页；1943年12月4日，《纽约时报》，第4版。
100 1944年1月22日，《纽约时报》，第5版。

101 1944年5月5日,《纽约时报》,第7版。

102 洛厄尔·贝内特,《跳伞到柏林》,第228页;2003年3月1日,作者采访奥斯卡·理查德。

103 艾伦·纽科姆,《带薪度假》(马萨诸塞州黑弗里尔,天意出版社,1947年),第169页。

104 休伯特·泽姆克和罗杰·A·弗里曼,《泽姆克的战俘营:二战的最后岁月》(华盛顿,史密森学会出版社,1991年),第13—39、79页;奥斯卡·G·理查德三世,《一名美国战俘在德国》(巴吞鲁日,路易斯安那州立大学出版社,2000年),第91页。

105 洛厄尔·贝内特,《跳伞到柏林》,第232—233页。

106 采访奥斯卡·理查德;哈里·斯皮勒编撰的《纳粹的囚犯:二战中的美国战俘》一书中,卡尔·W·雷米的证词,第118页;欲了解这起事件的另一个版本,可参阅泽姆克的《泽姆克的战俘营:二战的最后岁月》,第95—97页,但他的说法并未获得其他战俘的支持。

107 弗雷斯特·霍维尔,《铁丝网》(加州图洪加,C.L.安德森出版社,1953年),第198页,第八航空队历史博物馆。

108 艾伦·纽科姆,《带薪度假》,第164页。

109 霍维尔,《铁丝网》,第201—202页。

110 采访奥斯卡·理查德。

111 约翰·维克多,《暂停:I号空军战俘营的美国飞行员》,第168页。

112 洛厄尔·贝内特,《跳伞到柏林》,第237—238页。

113 加布雷斯基,《一名战斗机飞行员的一生》,第200—201页。

114 洛厄尔·贝内特,《跳伞到柏林》,第241、244、250—252页。

115 同上。

116 帕特里夏·路易斯·沃德利,《哪怕是一个也已太多:苏联拒绝遣返获得解放的美国战俘之研究》,德克萨斯基督教大学,博士论文,1993年,数处。

117 爱德华·温里克的证词,第八航空队历史博物馆。

118 采访奥斯卡·理查德。

119 同上。

120 奥斯卡·G·理查德三世,《一名美国战俘在德国》,第107页;采访奥斯卡·理查德。

121 采访奥斯卡·理查德。
122 引自斯蒂芬·布罗姆菲尔德，《第八航空队返家记》，《史密森航空航天协会杂志》第7期（1992年12月至1993年1月），第62页。
123 图片说明，第2航空师资料室，英国，诺福克郡。
124 加德纳《军饷过高、性欲过旺、到处都是：美国大兵在二战中的英国》，第213页。
125 尤金·T·卡森，《一名尾部射手的回忆》，第191页。
126 作者不详，引自尤金·T·卡森，《一名尾部射手的回忆》，第191—193页。

尾声

1945年5月19日,第八航空队开始了返回美国的大规模调动。轰炸机小伙子们驾驶着自己的飞机,地面人员和战斗机飞行员则经海路回国。[1]走海路的这些人先搭乘"自由卡车"来到当地的英国火车站,他们中的许多人在这里与他们的新婚妻子相遇。"战争非常古怪,"《星条旗报》的一名记者写道,"现在,丈夫回家了,他们将焦急地等待他们的英国妻子。"[2]七个多月的时间里,这里没有足够的运力将45000多名嫁给美国军人的英国妇女送至美国。[3]她们不得不等到全球各地的美国士兵和水手们被送回家后。

12月底,她们终于获悉已对她们取消移民限制,[4]船只将把她们送至她们的新家和丈夫身边时,她们中的大多数人,不是怀着孕,就是带着一两个幼小的孩子。记者们戏称这是一次"尿布行动",[5]该行动于1946年1月26日在南安普顿港展开。"SS阿根廷"号邮轮上搭载了452名战时新娘、173名孩子和一名战时新郎。他的妻子是美国陆航队派驻英国的一名女志愿人员,已经返回纽约。一名离开的新娘回忆道:"从南安普顿起航时……我们遇到一艘英国运兵船……那些归国的士兵在视野之外嘘我们。"[6]

在纽约市和弗吉尼亚州的纽波特纽斯这两个入境口岸,出现的并不都是快乐的团聚。一些妻子仅仅是在几个星期前认识了她们的丈夫,已经忘了他们的模样。一名伦敦妇女看见一个穿戴得像皮条客那样的男人走上跳板,她想:"哦,天哪,希望我的丈夫不要是这个模样。"[7]几十个做丈夫的改了想法,没有出现;其他人则希望自己没有。"在海上航行期间,一些女人被发现跟水手睡觉,"战时新娘安·赫尔姆斯叙述道,"她们的丈夫在纽约跟她们相遇时，他们获得了拒绝接受这些新娘的机会。他们中的许多人这样做了，那些女人又被送回英国。"⁸许多妻子到达港口时才知道，她们的丈夫已被送往太平洋参加"第二次战争"，还没有回来。⁹

离开英国后，第八航空队被重新部署至最近刚刚被夺取的冲绳岛，仍由吉米·杜立特尔指挥，他曾在1942年发起了美国对日本的第一次空袭。卡尔·斯帕茨受命指挥太平洋地区的美国战略空中力量，总部设在关岛。8月6日，获得华盛顿的批准后，斯帕茨命令前第八航空队的飞行员保罗·蒂贝茨将一颗铀弹投向广岛。三天后，一颗威力更大的钚弹将半个长崎彻底抹去。斯帕茨随即告诉杜立特尔，如果他想让他的第八航空队去打日本人，最好第二天就组织一次轰炸行动，因为战争很快就要结束。杜立特尔手上有720架B-29，许多都已做好参战准备，但他没有让他们投入作战。"如果战争即将结束，"他告诉斯帕茨，"我不会仅仅是为了说第八航空队也在太平洋地区打过日本人而让哪怕是一架飞机或一个机组去冒险。"¹⁰欧战结束后，他那些小伙子已无用武之地。

三个星期后，卡尔·斯帕茨在"密苏里"号战列舰的甲板上见证了日本人的投降，这使他成为唯一一个目睹三个主要轴心国投降的人物。战争结束后，他接替病重的阿诺德，成为美国陆军航空队司令。1947年9月17日，陆航队终于从陆军中脱离出来，成为美国军事力量中一个独立的兵种时，他出任空军第一任参谋长。九泉之下的比利·米切尔一定会为此而微笑。

日本投降时，罗伯特·"罗西"·罗森塔尔正在佛罗里达州接受驾驶B-29的训练。从英国返回后，他直奔华盛顿，跑到阿诺德的办公室要求派他去太平洋参战。奥威尔·安德森将军试图劝他改变主意——"你飞得够多的了，让其他人去吧"¹¹——但罗森塔尔一直态度坚决。随着战争的结束，他仍无法自拔。

回到布鲁克林的家中，为以前的曼哈顿律师事务所工作，他发现自己处在一种不稳定的状态中。"整个战时服役期间，我一直身处严格的纪律约束下。我控制自己的情绪，可能还抑制了许多内在的本性。现在，这一切显现出来。我无法集中精神，无法专注于自己的工作。我们从事着一些重要的法律案件，可与我刚刚经历过的事情相比，这些工作似乎单调乏味。"[12]

罗森塔尔一直密切留意着纽伦堡战争罪行审判的消息——该审判已于1945年11月召开——并觉得自己应该在那里。受审的是那些他投入战争并设法消灭的怪物。"当我听说陆军正在物色检察官，以便进行一些较小的审判时，我搭火车赶往华盛顿，获得了一个工作人员的职位。"1946年7月，坐船重返欧洲的途中，他结识了菲莉丝·海勒，这位海军律师也将加入到纽伦堡的美国律师团中。他立即跟这位艳光四射的姑娘坠入爱河。耳鬓厮磨了十天后，"我们想马上结婚，可菲莉丝告诉我，她曾答应过父亲，事先征求他的允许"，罗森塔尔回忆道，"我觉得这很棒，我娶了个传统的姑娘。于是，我给她的父亲写了封长信，他回信说：'罗伯特，你们这两个年轻人正在铸下大错。马上回家。'我告诉菲莉丝：'我想这下完了。'她却说：'你在说些什么啊？我说我必须征求他的允许。我们征求过了，现在可以结婚了。'"

"我立马知道自己麻烦了——我找了个律师做妻子。"

1946年9月14日，他们俩在纽伦堡交换誓约，喜结连理，这座城市已被美国军方宣布为"91%被摧毁"。[13]他们住的地方距离法院不远，是一座被炸弹破坏、取暖设施糟糕的平房。尽管他俩太过忙碌，没有跟邻居们打成一片，但他们所遇到的德国人都不太愿意谈及遭受到的轰炸。"人们默默地穿过废墟，甚至没有转身回顾，"罗西后来说道，"仿佛这些废墟构成的庞大的金字塔并不存在，他们仍生活在战前可爱的城市中似的。"

"轰炸对市民们的蹂躏与这座城市如出一辙。那年冬季，他们的生活陷入了绝境。妇女们的衣服破烂不堪，老人们胡子拉碴，城里很难看见年轻的男子。各个家庭都没有足够的食物，这里也没有经济可言，有的只是兴旺的黑市。"

"一天晚上，菲莉丝和我在河边漫步，我们觉察到有人跟在身后。我们停下脚步，他也停了下来。菲莉丝吸着烟，她把香烟丢入阴沟时，那个男人冲上前来，捡起烟头，消失在黑暗中。香烟，甚至烟蒂，在黑市上都是有价值的东西，我们猜他大概是想把它卖掉。千年帝国的人民竟沦落到如此地步。"

"你肯定会对他们感到歉意，但我不认为德国人民对希特勒的所作所为没有任何责任，尤其是纽伦堡，纳粹在这座城市举行罗马式的集会，就是在这里，那些崇拜希特勒的妇女们朝着他的车队投掷鲜花。"

"对这些曾支持过希特勒的普通人，没有必要展开报复行为。他们已吃尽苦头。就让他们自食其恶果吧。这种惩罚已经足够。但纳粹领导者和他们的犯罪心腹必须区别对待。"

当年9月，戈林、施佩尔、邓尼茨和其他一些纳粹领导人仍在受审，但罗森塔尔已开始为其他一些战争犯罪案件做准备，受审的对象是德国国防军军官、纳粹官员以及曾与党密切合作的德国实业家。这些案件将被提交给同样设在纽伦堡的美国军事法庭，菲莉丝·罗森塔尔调查I·G·法本公司，这个纳粹控制下的化工集团曾使用过集中营的奴工；她的丈夫负责调查戈林、约德尔和凯特尔手下人所犯的种族罪行。"我审问过他们三个。戈林傲慢、顽固不化，但陆军将领们以一种慈祥老人的方式跟我交谈，他们带着平静的愤慨宣称，他们跟纳粹的暴行毫无关系。尤其是凯特尔，他坚持认为自己拥护的是德国军队的荣誉。当然，他们在撒谎。"

"这些曾趾高气昂的征服者被宣判后，一个个垂头丧气、可怜兮兮，就等着上绞架了。这一切正是我所要看到的。正义战胜了邪恶。我的战争结束了。"

注释

1. 第八航空队回国的途中，45人因航空事故丧生。
2. 1945年9月7日，《星条旗报》，第3—4版。
3. 一些历史学家认为战时新娘的数字高达10万，但我还是采用了大卫·雷诺兹较为保守的估计。参见雷诺兹《昂贵的关系：美国人进驻英国，1942—1945》，第422页。
4. 1945年12月下旬，《战时新娘法》成为美国的法律。该法律允许美国现役军人或光荣退伍的士兵的"外国"配偶和"外国"孩子绕过现有的移民标准和配额。而根据1924年的一条法律，英国移民一直受到每个月6000人的限制。参见雷诺兹的《昂贵的关系：美国人进驻英国，1942—1945》。
5. 同上，第418—419页。
6. 引自艾尔弗丽达·贝尔蒂奥姆·朔克特和芭芭拉·史密斯·希贝塔所著的《第二次世界大战中的战时新娘》（加利福尼亚州诺瓦托，要塞出版社，1988年），第57页。
7. 雷诺兹，《昂贵的关系：美国人进驻英国，1942—1945》，第422页。
8. 1993年10月4日，采访安·赫尔姆斯，空中力量历史博物馆。
9. 1945年5月25日，《星条旗报》。
10. 杜立特尔，《我再也不会如此幸运》，第423页。第八航空队的一些"野马"战斗机在日本上空飞行，为第二十航空队提供护航。
11. 2003年3月25日，作者采访罗伯特·罗森塔尔。
12. 罗森塔尔的回忆均引自2003年3月25日和2005年11月8日，作者对他的采访。
13. 威廉·夏伊勒，《柏林日记的结局》（纽约，诺普夫书局，1947年），第287页。

致谢

回想起来，我觉得这本书开始于我在外公家的阁楼上发现父亲在二战期间所穿的一件飞行夹克的那一刻。那时我还是个孩子，我的母亲和她姐姐海伦都嫁给了应征入伍的年轻人，她们在外公家的这排房屋中度过了战时岁月。一年后，母亲穿着这件夹克，在院子里晾晒洗好的衣物，她告诉我，今晚带我去斯特兰德剧场看吉米·斯图尔特主演的《格伦·米勒传》。电影结束后，父亲告诉我，斯图尔特在现实生活中是第八航空队的一位英雄。看过格里高利·派克主演的《晴空血战史》后，那件夹克归了我，《晴空血战史》是有史以来描绘第八航空队最棒的一部电影。我花了这么长时间来撰写一部叙述军事史上最杰出的作战部队的专著，这不能不说是个奇迹。

结识罗伯特·"罗西"·罗森塔尔之前，我已经开始了写作，但从那之后，他成为了鼓舞人心的力量。他慷慨地抽出时间，带我会见他所在的第100大队中其他的老兵。我与罗西在佐治亚州萨凡纳的第八航空队历史博物馆会面，充满热情、忠于职守的工作人员很快便使该博物馆成为这一努力的"母船"。最大的帮助来自口述历史处处长薇薇安·罗杰斯-普莱斯博士，她提供了第八航空队老兵们令人印象深刻的访谈记录，以及博物馆内精彩的照片收藏，远远超出了我的期望。博物馆前负责人C·J·罗伯茨和现任馆长沃尔特·E·布朗博士，不辞辛劳地使我对萨凡纳的定期拜访既愉快又富成效。

每当我遇到困难，包括盖尔·克莱文、谢尔曼·斯茂、路易斯·罗沃斯基、汉克·普卢姆、克雷格·哈里斯和已故的保罗·斯拉夫特在内的第八航空队老兵们，都会抽时间回答我的问题。当然，还有罗西。

研究和撰写这个故事的五年中，我采访了250多位第八航空队的老兵。他们都是些谦虚的人，从未要求过别人关注自己，并坚持认为，只有那些牺牲者才是真正的英雄。他们去世后，我们只希望能再见到像他们这样的人。

没有那些富有奉献精神的图书资料馆研究人员，历史学家们就无法完成其工作。我所拜访的每一个资料馆，都有幸能遇到像斯坦·斯珀吉翁这样亲切的人，他花了整整一周时间，帮助我在德克萨斯州米德兰的美国空军历史博物馆研究那些非凡的口述历史收藏。由于篇幅所限，我无法将几十位提供专业帮助的图书资料馆研究人员的名字逐一列出，但在参考书目中，我列出了他们所在的机构。

我要特别感谢那些去世的第八航空队老兵们的孩子，他们向我提供了父亲的信件和日记。尤其要感谢飞行员弗朗西斯·杰拉尔德和保罗·斯拉夫特的女儿帕特·卡鲁索和苏茜·蒂尔南。

拉斐特学院提供的帮助非常重要。斯基尔曼图书馆馆际互借部主管卡伦·哈达克，一直帮着我寻找我认为无法找到的文件和书籍。斯基尔曼图书馆内几乎所有的研究人员（特别是特雷塞·海登沃尔夫）都曾参与到这一努力中。图书馆馆长尼尔·迈克尔罗伊预计到我所有的需要，使我在斯基尔曼图书馆的工作与在一座大型研究领域知识库内完全一样。

拉斐特学院和梅隆基金会提供的资金使我招募起一支出色的团队，这支学生研究员组成的团队，以阿历克斯·肯尼、玛丽莎·弗洛瑞亚尼、艾米丽·哥德堡为首，同时也获得了杰西卡·齐格勒、米利亚姆·哈比布和玛格丽塔·卡拉索拉斯的协助。阿历克斯在国会图书馆和国家档案馆的发现特别有用，她为本书找到了许多照片。不可或缺的凯茜·安凯迪斯承担起本会令我不堪重负的工作，这才使我得以全神贯注。

威廉姆森·默里和康拉德·克莱恩这两位杰出的历史学家，以及第100轰炸机大队照片档案馆知识渊博的历史学家迈克尔·P·法莱，阅读了本书的草稿，并提出独具慧眼的批评，这让我避免了令人尴尬的错误和疏漏。唐纳德·迈耶森是我结交了35年的老友，也是位获得过勋章的退伍老兵，在创作过程中便阅读了本书，并通过交谈帮助其成形，而这种不间断的交流，通常会持续至深夜。另一位密友詹姆斯·蒂尔南也阅读了部分手稿，并对位于英国的帝国战争博物馆、大众观察档案馆以及志愿爱好者所管理的第八航空队旧基地等方面的研究提供了大量帮助。特别要感谢索普–阿博茨第100轰炸机大队纪念馆的朗·巴特利在东安格利亚对我的招待，并为我安排采访在战争期间认识美国轰炸机机组人员的那些村民。新奥尔良的国立诺曼底登陆博物馆提供的旅行协助，帮助我对德国和欧洲大陆的另外四个国家进行了研究。伦敦美国大使馆文化处的苏珊·韦德莱克为我做出安排，在牛津和剑桥大学以及其他许多地方举办讲座，以检验这本著作。旅居牛津大学万灵学院时，我首次拜访了第八航空队的旧基地。

写作可能是最为孤独的职业，但两位朋友——我的编辑鲍勃·本德尔和我的经纪人吉娜·麦科比，总是为我提供支持和精明的建议。我与鲍勃和他出色的助手约翰娜·李合作出版了四本书，与吉娜合作了六本，但在这本书中，他们提供的帮助尤为重要。吉普赛·达·席尔瓦和弗雷迪·蔡斯再次担任我的文字编辑和目光锐利的批评者。实习生黛莉雅·阿德勒则是他们非常能干的助手。再就是我的母亲弗朗西丝·米勒，她始终是我生活中最令人振奋和鼓舞的人，正是她劝我撰写这本著作。

我写的每一本书都应该奉献给罗丝。正如许多朋友对我说的那样：没有罗丝，就没有这些著作。但这本书也献给我们的六个孙子孙女——"黑猫酒吧六人帮"——家中的这个聚集地是我的孙女埃莉萨所起的名字，并献给我的父亲唐纳德·L·米勒，以示纪念。

参考书目

原稿收藏

阿拉巴马州麦克斯韦空军基地，美国空军历史研究部：

这是收藏第八航空队文件最庞大的一个资料库，也是世界上最大的军事航空资料收藏中心，拥有150万份文件资料，半数以上是关于二战的内容。在这些收藏中，最主要的资料是：

行动摘要，作战任务报告，情报、气象和医疗报告，作战机组人员调查，以及作战机组人员遭受精神障碍的医学研究和统计调查。

航空军医报告

战俘报告

行动叙述

越狱和逃脱报告

对空军指挥官及个人的采访，其中包括：弗雷德里克·安德森、阿尔伯特·P·克拉克、詹姆斯·H·杜立特尔、艾拉·C·埃克、巴尼·M·贾尔斯、小海伍德·S·汉塞尔、杰拉尔德·W·约翰逊、威廉·E·凯普纳、劳伦斯·S·库特尔、埃尔伍德·R·奎萨达、卡尔·A·斯帕茨、阿瑟·W·瓦纳曼以及查克·耶格尔等。

对作战机组人员的询问

对德国军事、经济和政治领导人物的审讯副本，这些人中包括赫尔曼·戈林、阿尔弗雷德·约德尔、威廉·凯特尔、卡尔·科勒、阿尔贝特·施佩尔和格尔德·冯·伦德施泰德。

第八航空队战斗机司令部报告

德国空军领导人和作战飞行员未公开的报告、评述及讲座。由于德国国内的德国空军记录已遭破坏，因而这些关于德国战斗机力量的资料尤为珍贵。

中央医疗研究所的报告

美国战略轰炸调查的杂项记录

作战行动分析委员会的杂项记录

二战空军领导人的文件，其中包括查尔斯·P·卡贝尔、威廉·E·凯普纳和吉多·R·佩雷拉。

部队战史和第八航空队各轰炸机大队的记录

陆航军战术学校和航空勤务队战术学校的记录

作战机组人员的士气记录

敌方情报摘要

该历史研究部的收藏被记录在微缩胶片上，马里兰州大学公园市，国家档案和记录管理局，以及位于华盛顿波林空军基地的空军历史研究部，均存有胶片的副本。

华盛顿，国会图书馆，手稿部

弗兰克·安德鲁斯文件

亨利·H·阿诺德文件

詹姆斯·H·杜立特尔文件

艾拉·C·埃克文件

缪尔·费柴尔德文件

柯蒂斯·E·李梅文件

威廉·"比利"·米切尔文件

保罗·H·尼采文件

埃尔伍德·R·奎萨达文件

卡尔·安德鲁·斯帕茨文件

内森·特文宁文件

霍伊特·S·范登堡文件

上述这些文件中，379箱斯帕茨文件收藏，是了解第八航空队作战行动的最佳资料来源。

马里兰州大学公园市，国家档案和记录管理局

这个资料库保存着二战期间陆军航空队的官方军事记录（卷组18），包括司令部记录，作战任务报告，情报报告，作战命令、师、联队和中队报告，以及战俘和逃脱者的情况。另外，以下部门的报告对本书之研究同样大有裨益：

战争部长办公室

美国参谋长联席会议

战略情报局

科技研究与发展局

美国战略轰炸调查

陆军参谋部

盟军最高统帅部公共关系简报

二战期间的美国各战区

陆军航空队司令部

战俘记录

文稿收藏：罗伯特·洛维特文件

越狱和逃脱案例

美国驻瑞士领事馆的记录

MIS-X（军事情报局，越狱和逃脱部）总部的记录

英国布赖顿，萨塞克斯大学，大众观察档案馆

这些档案来自"大众观察"这个社会调研机构的工作，该机构成立于1937年，致力于对普通英国人日常生活的研究。这里拥有反映英国百姓对驻扎在英国的美国士兵的态度的大量文件，包括访谈、日记、调查等。战时英国日常生活情况的资料尤为丰富。

宾夕法尼亚州，卡莱尔兵营，美国陆军军史研究所

切斯特·汉森文件

艾拉·C·埃克文件

奥马尔·布莱德利文件

高级军官口述历史项目

佐治亚州，萨凡纳，第八航空队历史博物馆

这个快速扩大的图书馆中拥有可观的收藏，包括回忆录、日记以及第八航空队人员的信件等。

科罗拉多州，科罗拉多泉，美国空军学院图书馆

劳伦斯·S·库特尔文件

乔治·C·M·麦克唐纳文件

穆雷·格林收集的阿诺德文件。

堪萨斯州，阿比林，艾森豪威尔总统图书馆

德怀特·戴维·艾森豪威尔文件

印第安纳州，布鲁明顿，印第安纳大学利莉图书馆

厄尼·派尔文件

路易斯安那州，新奥尔良，国家D日博物馆

第八航空队机组人员未出版的回忆录

马萨诸塞州，波士顿，约翰·F·肯尼迪图书馆

约翰·肯尼斯·加尔布雷斯文件

英国，邱园，国家档案馆（过去被称为"公共档案馆"）

空军历史分部记录，系列1

空军部通信

空军参谋长文件

空军出版物及记录

轰炸机司令部记录

空军部，情报总部

空军历史分部叙述史

英国，亨登，皇家空军博物馆

特德勋爵文件

阿瑟·哈里斯爵士文件

弗吉尼亚州，列克星敦，乔治·C·马歇尔学术图书馆

乔治·C·马歇尔文件

新泽西州，普林斯顿，普林斯顿大学，希利·G·穆德图书馆

乔治·W·鲍尔文件

康涅狄格州，纽黑文，耶鲁大学图书馆

亨利·史汀生日记（微缩胶片副本）

加利福尼亚州，帕罗奥图，胡佛战争、革命与和平研究所

弗雷德里克·L·安德森文件收藏

伦敦，帝国战争博物馆

该博物馆的文件部收藏了大量第八航空队人员的日记、私人文件和信件。

北卡罗来纳州，格林维尔，东卡罗莱纳州立大学，手稿收藏

弗兰克·A·阿姆斯特朗文件

新泽西州，莱克伍德，瑞士被拘禁者协会档案

陆航队被拘禁者在瑞士的官方记录之副本，以及在该国拘禁生涯的文件记录。

瑞士，伯尔尼，瑞士联邦档案馆

1940—1945，负责外国军事人员被拘禁和住院治疗的联邦委员会之最终报告存放于此。

德国，弗赖堡，联邦档案馆/军事分部

这里保存着军需总长关于德国空军飞机和人员损失的报告，这些资料比第八航空队保存的战时敌方损失记录更为准确。

华盛顿特区，美国大屠杀纪念博物馆

这里保存有匈牙利犹太人被驱逐至奥斯维辛以及犹太团体施压轰炸集中营的报告记录。

口述历史收藏

佐治亚州，萨凡纳，第八航空队历史博物馆
这里拥有最棒的第八航空队口述历史收藏。

德克萨斯州，米德兰，美国空军历史博物馆
这里保存有大量第八航空队老兵的口述历史访谈，大多为录音誊写版。

路易斯安那州，新奥尔良，国家D日博物馆
场地虽小，但却保存有第八航空队机组人员口述历史的出色记录。

纽约市，哥伦比亚大学，巴特勒图书馆，哥伦比亚大学口述历史收藏
这里的丰富收藏中包含H·H·阿诺德夫人、查尔斯·P·卡贝尔、詹姆斯·H·杜立特尔、艾拉·C·埃克、罗伯特·A·洛维特和卡尔·A·斯帕茨的口述历史录音带，以及根据录音誊写的文本。

英国，诺里奇，第2航空师纪念图书馆
除了口述历史的录音带和誊本外，这里还存有第八航空队第2航空师的部队战史及记录。

英国，伦敦，帝国战争博物馆，录音档案
这里保存有对二战空军领导者的口述历史访谈，包括艾拉·C·埃克、阿瑟·哈里斯爵士以及吉米·斯图尔特。

美国战略轰炸调查（欧战）
这是美国政府于1944—1945年间对战略轰炸德国所造成的物质和精神影响所进行的一次实地调查。他们检查了数百座工厂和城市，并对几乎所有纳粹德国

活着的政治、经济和军事领导人进行访谈和审问。公布的详细报告超过200多份。这些报告的名目,我已在注释中列出。

学位论文

伯纳德·劳伦斯·博伊兰,《美国远程护航战斗机的发展》,密苏里大学,1955年。

小埃德温·A·布兰德,《德国人审讯被俘盟军飞行员的方法》,阿拉巴马州蒙哥马利,麦克斯韦空军基地:空军大学,1948年。

莱曼·B·伯班克,《德国,Ⅲ号空军战俘营,中央营区美国陆航队战俘史》,芝加哥大学,1946年。

帕特里夏·路易斯·沃德利,《哪怕是一个也已太多:苏联拒绝遣返获得解放的美国战俘之研究》,德克萨斯基督教大学,博士论文,1993年。

美国空军官方史

韦斯利·弗兰克·克雷文与詹姆斯·利·凯特合著的《二战中的陆军航空队》。尽管这套历史著作已略显过时,其中还包含许多错误,特别是在敌人的损失和伤亡数据上,但仍是一套不可或缺之作。七卷本中的第五册叙述了第八航空队的历史。

第一册:《计划与初期行动,1939年1月至1942年8月》,芝加哥,芝加哥大学出版社,1948年。

第二册:《欧洲:"火炬"至"直瞄"行动,1942年8月至1943年12月》,芝加哥,芝加哥大学出版社,1949年。

第三册:《欧洲:"论据"行动至欧洲胜利日,1944年1月至1945年5月》,芝加哥,芝加哥大学出版社,1951年。

第六册：《人员和飞机》，芝加哥，芝加哥大学出版社，1955年。

第七册：《全球勤务》，芝加哥，芝加哥大学出版社，1958年。

报纸

《伦敦时报》

《伦敦每日电讯报》

《星条旗报》

《纽约时报》

《华盛顿明星报》

作者的采访

本书的大部分是基于在英国、荷兰、法国、瑞士、卢森堡、比利时、德国和美国所进行的250多次口述历史访谈。书中使用了这些口头证词，并列举在注释中。

网站

第八航空队的每个轰炸机和战斗机大队都有一个网站，其中包括了队史、战时记录和日志、口述历史证词、照片、任务报告以及机组人员和飞机名单等。我充分地使用了这些网站。

其他网站：

www.aeroflight.co.uk/waf/switz/swisaf2.htm

www.wiesenthal.com/swiss/survey/noframes/indx.html

www.wissenthjal.com/swiss/survey/noframes/conclusions.htm

www.kaselmisson.com

国内首本"帝国"师战史

《黑色闪电:党卫军第2"帝国"师战史 1933–1942》
《黑色闪电:党卫军第2"帝国"师战史 1942–1945》
30万字/2000张珍贵照片/全铜版纸印刷

第三帝国最精锐的部队之一!
经历了二战德国所有最激烈的战斗!

空中英豪

美国第八航空队对纳粹德国的空中之战

AMERICA'S BOMBER BOYS WHO FOUGHT THE AIR WAR AGAINST NAZI GERMANY

【美】唐纳德·L·米勒 著
小小冰人 译

人民日报出版社

中卷

第七章

地狱的钟声

今天不会出现太阳；
天空对我们的军队蹙起眉头，露出怒容。
——威廉·莎士比亚，《理查三世》（第五幕，第三场）

1943年6月25日，索普-阿博茨

午夜刚过，肯尼斯·莱蒙斯获悉：就在今天，第100大队将发起他们的首次打击。

凌晨3点，机组人员被唤醒前，机械师们便已待在停机坪处。而负责准备炸弹和武器的人员，甚至更早便开始了工作。命令下达后没过几分钟，他们便在床铺上被唤醒，随即来到炸弹仓库，开始装载当天任务配发的500和1000磅炸弹，这些炸弹整齐地堆成三角形，摆放在由围墙封闭的一片区域内，这里被他们称作"炸弹城"。这些炸弹被放上长而低矮的拖车，送至飞机旁，再用手动绞盘吊入空空的机腹内，挂在弹仓的水平支架上。军械士塞入引信后，他们会在每颗炸弹的保险装置上插入一根开口销，以防止炸弹尾部的螺旋桨发生旋转——螺旋桨开始旋转，炸弹便处于击发状态。这种做法是防止搬运炸弹时发生爆炸。

这是项危险的工作，特别是处理炸弹的人如果在炸弹送上飞机前便装上引信的话。里奇维尔，第381轰炸机大队的驻地（该大队与第100大队同时到达英国），11颗炸弹在一架"空中堡垒"下发生爆炸。"听见爆炸声，我匆匆赶至现场，顿时被惊呆了。"大队的牧师詹姆斯·古德·布朗在他的日记中写道。[1]一架"空中堡垒"和23个人只剩下金属和骨头碎片。

炸弹在索普-阿博茨被装载时，军械专家们将装满点50子弹弹链的木箱拖入飞机，每挺机枪旁都放上一箱子弹。然后，他们会检查动力操纵的炮塔，将其分解开，确保一切正常。机组人员的性命依赖于他们的检查。

等他们的工作完成后，地勤人员（每架飞机三个人，一名地勤组长和他的两名助手）便开始接手，对飞机进行最后的机械检查：发动机、液压装置、制动、轮胎和供氧系统。最费体力的工作是用手转动螺旋桨叶片以启动发动机，并排除积存在气缸内的任何油品。然后，地勤主管会钻入驾驶舱，启动发动机，对其加以测试，同时检查飞机敏感的电气和液压功能。如果一切合格，他便关闭引擎，将油箱加满。地勤人员从未被告知这些飞机将飞往何处。但他们知道满满的油箱对机组人员而言，意味着漫长而又危险的一天。

射手们到达时，地勤人员刚刚完成他们的工作，此时离起飞还有一个小时左右。他们将自己的机枪装好，这些机枪通常存放在停机坪旁的武器库内，裹着浸了油的布，以防生锈。这层厚厚的油必须去除，在高海拔区域，它可能会吸收水分，造成机枪被冻结。

四名飞官结束任务简报赶到时，机长会给大家分发急救包，并在地勤主管的陪同下"绕机一周"，进行起飞前最后的目测检查。他们按照长长的检查清单环绕飞机时，射手们从带至停机坪、装有拉链的装备袋中取出他们的电加热飞行服穿上。

大多数射手已在飞行装备室将笨重的飞行服穿好，但也有些人喜欢到飞机旁再穿上。他们穿戴着可脱式降落伞背带、充气式救生衣、羊毛里衬的皮夹克和裤子、沉重的皮飞行靴和带里衬的皮手套。射手们还戴着内衬羊毛的飞行帽,一些机组人员还拥有钢盔和防弹衣,进入敌方领空后,他们便会穿戴上。每个军官配有一支点45口径的柯尔特自动手枪,大多数人都带着护身符:圣克里斯托弗徽章、妻子或女友的来信、好运袜或幸运围巾,总之是能抵御战争恶魔的一切。

大多数机组成员通过机身后部舱门进入轰炸机内,这扇舱门位于腰部射手一个敞开的舷窗后。一些军官更喜欢从机头处的舱门钻进去,这个较为运动化、类似引体向上的动作把他们带入各自的岗位。整个机组登机后,驾驶员便打开他那侧的舷窗,喊道:"一切就绪。"随即启动一号引擎的螺旋桨。"伴随着巨大的噗噗声,'莱特旋风'引擎启动了,"肯尼斯·莱蒙斯回忆起第100大队执行首次作战任务的那个早晨,"从左侧的外部引擎开始,一台接一台,它们轰鸣起来,向后方喷吐出滚滚浓烟。这些引擎喷出的反向气流能轻而易举地把人吹翻。"[2]

飞行员示意地勤人员将轮挡移开,以便让飞机滑向环形道。地勤人员就像警惕的母亲,陪着他们的"宝宝"走上主跑道。飞行员身处高高的机鼻部上方,无法看见前方的地面,所以需要地勤人员的引导。停在跑道末端的一辆厢式货车上射出一发绿色信号弹,几分钟内,第100大队起飞赶往不来梅。轰炸机消失进低矮、浓密的云层时,基地上悄无声息。将停机坪上的工具收拾干净后,地勤人员赶去食堂,吃罢早饭便一头倒在宿舍的床上。但由于自己照料的那些飞机正处在危险中,所以他们很难入睡。在床上翻来覆去几个小时后,一些人玩起了纸牌或骰子,另一些人给家里写信,还有些人溜到村里喝上一品脱啤酒,或是找个年轻的英国战争寡妇调调情。肯尼斯·莱蒙斯说:"直到他们平安返回,我们才会彻底放松下来。"[3]

临近中午前一个小时,消息传来:他们正在返航。基地里的人涌出厨房和办公室、维修间和宿舍,几分钟内,所有地勤人员都来到停机线处,准备"数一数返航的飞机"。大约11点15分,返航的飞机出现在索普-阿博茨上空,开始一次一架地降落。14架轰炸机返回,可应该是17架。失踪飞机的地勤人员等候在跑道旁，期盼着奇迹的出现。待他们获悉三架轰炸机已被正式列入失踪名单后，他们收拾好自己的设备，默默地走回散布在四周的帐篷里。在这个充满希望的清晨，他们曾与之握手的30个人，就此消失了。

现在没时间哀悼。作为一名地勤主管，肯尼斯·莱蒙斯管理着5架轰炸机和15名机械师，他们必须让这些飞机为次日的行动做好准备。机械师将堵塞的油底壳清理干净，检查火花塞、汽缸、增压器和电力线路。待"供油者"驾驶着巨大的油罐车到来后，机械师便爬上机翼，打开注油盖，将燃油注入自动密封式油箱，每架"空中堡垒"上有六个这样的油箱。后期型号的B-17上，这些油箱能容纳2800加仑汽油，几乎是飞机起飞重量的四分之一。这群机械人员忙碌时，不忘进行友好的调侃，钣金人员修补着飞机的作战损伤，用有嘈杂声的气枪射出的铆钉给破损处打上补丁。主结构损坏通常会交由航空队的特殊维修厂加以修理，但在繁忙的战斗中，肯尼斯·莱蒙斯的组员们有时会自行更换螺旋桨或拆下机翼更换被射穿的油箱。这种工作往往会持续至深夜。

机械师们工作在一个永远是泥泞和油污的环境中。衣服被弄得污秽不堪后，一些人便用一大盆汽油清洗他们的工作服和A类军装常服，并在宿舍外拉起的衣绳上晾干。航空队人员离开基地外出必须穿上军礼服，但如果一名士兵在自己的A类常服晾干前便得到外出许可，他情愿身穿湿军装出去，也不愿独自在基地里消磨一晚。莱蒙斯说："这些人点烟时居然没发生爆炸，这可真是个奇迹。"[*4]

他们的工作毫无荣耀可言，几乎得不到什么赞誉；没人会为更换了火花塞而发你枚勋章。机械师们也没有紧张刺激的故事可供他们在酒吧内吹嘘。但基地里的每个人都知道，他们以自己对飞机的维护来帮助打赢这场战争。纳粹开始这场机械化战争（快速行动的坦克和飞机）时，他们忘记了美国是"一个机械化国家"，这个国家的孩子是"玩着机械拼装玩具长大的"，[5]而像莱蒙

---

* 译注：A类常服指的是美军士兵的上衣、长裤和衬衫，而B类常服不包括外套，C类则指工作服。

斯这样的农场孩子，16岁前就会修理家里的雪佛兰汽车。《扬基》杂志的一名记者写道，就是这些修理轰炸机的"机械战士"，将把那些"纳粹超人"打回到他们的啤酒窖里。

机组人员在他们的25次作战飞行任务中经常更换，许多人在战斗中牺牲，地勤人员（他们的服役期是整场战争）不可能认识他们中的每一个。但是，莱蒙斯说："我们喜欢他们，他们是为我们去打这场战争的。"[6]

战斗和疯狂

带着军纪不佳的名声来到英国后，第100轰炸机大队便处于柯蒂斯·李梅上校冷淡的监督下。李梅来到索普-阿博茨基地进行视察时，一名粗暴的下士驾驶着卡车，拖着一辆装炸弹的拖车，从李梅身旁高速驶过，差点撞上他。几分钟后，一名地勤组长驾驶的吉普车从侧面撞上了上校的指挥车。李梅还发现该大队的宿舍脏乱不堪，床铺没有收拾，空酒瓶胡乱扔在地上，未洗的衣服堆在一起，散发出难闻的气味。他让盖尔·克莱文来见自己，因为他曾听说克莱文和约翰·伊根是整个大队"军纪不整"的根源[7]，但一名中士却告诉他，中队长克莱文不知道到哪里去了。

好脾气的大队长尼尔·哈丁上校曾是西点军校橄榄球队的教练，他跟那些飞行员一起喝酒，并未在基地内严肃军纪。[8]随着任务日渐艰巨，他认为酗酒和斗殴是可接受的宣泄方式。他会说，他的部下都是"血肉之躯"，[9]而不是毫无感情的钢铁。亲眼目睹了朋友在爆炸的飞机中牺牲后，他们应该被允许偶尔疯狂一下。

但是，疯狂也带来意想不到的结果，至少有一次促成了一个出色的决定。当年夏末，哈里·克罗斯比在混战中无法透过厚厚的云层瞄准他的主目标，两个备选目标同样如此。于是，中队打算轰炸一个"临时目标"，这是航空队对随便轰炸某个地方的委婉说法。透过云层中的空隙，克罗斯比发现了一座大型德国城市,他向驾驶员打了个OK的手势。就在炸弹舱门的开启声传来之际,他低头看看航图,发现这座城市是波恩。

他立即按下麦克风按钮:"来自领航员的报告,我有另一个目标。我们不能轰炸波恩。"[10]

"机长问领航员,为什么不能?"

"那是贝多芬上学的地方。"

克罗斯比碰巧知道这一点是因为发起空袭的前一天夜间,他在宿舍里播放贝多芬的第五交响曲,从唱片的封套上看来的。伴随着交响曲的前奏,他思索着深入德国的空袭任务。唱片封套还告诉他,波恩是一座大学城,是欧洲最美丽的城市之一。

机组人员爆发出一阵"噢,妈的"的叫声,驾驶员在克罗斯比的引导下飞离,另外63架"空中堡垒"也从波恩上空飞过,其中有些飞机的炸弹舱门还敞开着。几分钟后,他们在鲁尔发现了一个铁路编组场,随即将其摧毁。

汉 堡

汉堡就没这么幸运了。这座港口城市有近200万人口,几乎被历史上首次人为大火夷为平地。"轰炸机"哈里斯的部下负责实施破坏,但第八航空队也功不可没。这是持续的美国轰炸攻势首次越过莱茵河展开行动的一部分,是艾拉·埃克筹划近半年的夏季攻势的开端。它开始于1943年7月的最后一周,航空队称之为"突袭周"。

"突袭周"是因天气的突然转变而促成的。第八航空队的行动被笼罩在德国目标区上空长达三个月之久的多云气候所阻。7月24日,天空突然放晴,第八航空队加入皇家空军,参与到被航空队官方史学家称为"截止到当时,空战史上最猛烈、最连续的进攻"[11]中。这是"直瞄射击"真正的开始。

这一周,哈里斯的"兰开斯特"、"哈利法克斯"、"斯特林"和"惠灵顿"向德国投下了数量创纪录的炸弹,第八航空队也在白昼空袭中创造出自己的投弹吨数记录,他们的轰炸机比过去更深地进入到德国境内。这一周开始的时候,第八航空队轰炸了挪威的经济目标,这是迄今为止他们飞行时间最长的任务。接下来的两天,7月25和26日,埃克的轰炸机与皇家空军联手,协调一致地对汉堡实施了白天和夜间轰炸,汉堡是欧洲最大的港口,也是德国的第二大城市。

第八航空队将目标集中于汉堡的飞机发动机厂以及巨大的潜艇制造坞,而哈里斯的人则以一连串可怕的夜间空袭将市中心夷为平地。7月24/25日的夜间,皇家空军令汉堡燃起猛烈的大火,第二天,第八航空队飞赴汉堡上空时,火焰仍在燃烧。"烟雾像一片巨大的雷雨云那样笼罩着城市,透过硝烟能看见红盘子似的太阳,"一名德国目击者写道,"现在是早上8点,可这里几乎漆黑一片,就像深夜。"[12]两天后,更糟糕的情况出现了。

7月27日,汉堡,一个美丽的夏夜。整座城市一片寂静,没有高射炮声,也没有警报声。乐观的猜测认为,也许这场灾难已经结束。随后,凌晨1点,人们听见英国轰炸机(有700多架)逼近了。"突然间,一阵火雨从天而降,"汉堡的一名消防队员回忆道,"空气中实实在在地充满了火焰……然后,一场风暴开始了,街上发出一种凄厉的咆哮。它变为一股飓风,所以我们不得不放弃了救火的所有希望。"[13]汉堡已被皇家空军轰炸过无数次,它拥有高射炮和战斗机构成的强大的防空网,但英国人这次使用了一种巧妙的防御战术,代号"窗口"。成千上万束类似于圣诞树上金属丝的铝箔条,从飞机上投下,在空中和地面防御者的雷达屏幕上形成一片暴风雪似的虚假回波。

德国这片地区天气异常的炎热、干燥,为这座城市掀起一场猛烈的火焰飓风提供了近乎完美的大气条件。空袭开始后,20分钟内,一股湍急、滚热的气流窜入夜空2.5英里之高。滚烫的空气以每小时150多英里的速度冲过城市,令惊恐的市民仓促逃入防空洞中,他们的衬衫和裙子像火把那样燃烧着。贪婪的火焰吸食着空气中的氧气,防空洞内,数千人窒息身亡。其他遇难者的尸体在辐射热的烘烤下化为灰烬。"这就像他们被放置在一个火葬场,这的确是每个防空洞所证实的,"一份德国的秘密报告中这样写道,"幸运的是那些跳入运河和水渠,保持游动或站立在没至脖颈的水中一连几个小时,直到炙热渐渐消退的人。"[14]但一名目击者说,当晚晚些时候,工业运河中含油的河水也燃烧起来,困在水里的人"精神失控"了。[15]

被火棒(这是一种小型、极具杀伤力的燃烧弹)击中的防空洞内,孩子们"像动物那样叫喊着",一名目击者报告道,"我身边的一位妇女掏出一把刀,将她孩子的手腕割开,随后又切了自己的手腕,她滑倒在孩子的身上,喊叫着:'宝贝,亲爱的,我们很快就能见到爸爸了。'"[16]

火灾遇难者的脑浆从他们爆裂的太阳穴中流出,瘦小的孩子"像油炸鳗鱼似的倒在人行道上",一名目击者说,"即便在死后,他们仍表露出他们是如何遭受这一切的迹象——他们的手和胳膊向外伸出,仿佛要在这无情的热浪中保护自己"。幸存者发现了死去的家人,也发现他们的一切都已消失——家、照片以及所有的财产。"没有任何可供他们记忆的东西。"[17]

皇家空军的最后一次空袭于8月2日结束后,救援人员被召来,以清理散落着烧焦的尸体的街道。"我们将30—35具尸体逐一堆砌起来,"当地一名希特勒青年团成员汇报道,"我们把所有的尸体堆起来,如果你在两三天后从那里经过,必须用玻璃纸挡在眼前,因为所有的一切都在冒烟。空气凝滞不动。在那三四天里,我们这里没有一丝阳光,完全是一片黑暗……尸体被堆在房屋的入口处。你从一旁经过时,只能看见一堆脚,有些死者光着脚,还有些死者的鞋底已被烧焦。这些尸体根本无法辨认。我们会从地下室中挖出全家人的尸体……这些尸体可被放入一个浴缸里。就连成年人的尸体也很小,他们已被热量彻底木乃伊化、烧毁并融合在一起。"[18]

在废墟周围捡东西的劫掠者被警察和盖世太保的密探就地枪毙。幸存者逃离倒塌的掩体,身上仍冒着火,他们"冲入相邻的防空洞,结果却被射杀,以免将火焰传播至别处",汉堡的一名妇女报告说。[19]

首次由轰炸造成的火焰风暴,是个故意行为,由高爆弹和燃烧弹这种致命的组合来实现。随后，4000磅炸弹又被投入这片地狱中，在道路上炸出弹坑，以阻止消防人员采取行动。"一股恐怖浪潮从这座遭受苦难的城市辐射而出，迅速蔓延了整个德国。火灾骇人听闻的详情被四处传播，一连数日，那里的火光在120英里外都能看见，"德国空军的一名指挥官报告道，"来自汉堡的恐怖消息迅速蔓延至帝国最偏远的乡村。"[20]逃离汉堡的100多万居民携带着可怕的详情，他们中的许多人惊慌失措。

一名德国家庭主妇跟随其他幸存者搭乘火车赶往柏林时，目睹了超出人类信仰的一幕。一名年轻女子，她的脸被烟灰熏黑，双眼凝视着窗外，在一种恍惚状态下一动不动。她的膝盖上放着个小小的手提箱。另一名失去所有家当的妇女转过身，冷冷地对她说道："嗯，不管怎样，您还设法抢救出一些东西，已经比我们这些人幸运多了，不是吗？"[21]

年轻女子承认确实如此，她说："我抢救出的是对我来说最宝贵的东西，您想看看吗？"

她打开手提箱，里面摆着一具烧焦的孩子的尸体。她发出歇斯底里的大笑："这是我的女儿。她是不是很可爱，长长的卷发，蓝色的眼睛，不是吗……去年她长大了许多，她才12岁。可现在，她萎缩成这么一点点，我甚至能把她放在手提箱里。"

这种苦难和伤亡在轰炸战中前所未见。废墟中发现了45000具尸体，大多数是妇女、儿童和老人，据汉堡消防部门统计，至少还有10000多具尸体被深埋在废墟下，或是在烈火中被烧毁。这座城市的60%（这片区域大约为13平方英里）被彻底焚毁，留下成千上万名无家可归者。[22]十天内，在汉堡身亡的平民，数量超过整个闪电战期间英国国内的平民伤亡数。皇家空军的损失也很惨重：87架飞机。但"轰炸机"哈里斯对"蛾摩拉城行动"（这是本次空袭行动非常贴切的代号）深感满意，他的部下几乎摧毁了整座城市。*

---

* 译注：《圣经》中，因其居民罪恶深重而被神毁灭的古城，一座是索多玛，另一座是蛾摩拉。

弗里茨·雷克，这位对纳粹口诛笔伐的德国作家最终会被关入达豪集中营，在那里，他彻底沉默了。汉堡遭遇轰炸后，他在日记中绝望地写道："没有可能……回到昨天的世界中。"[23]德国自食其果，将承受其历史上从未遭受过的苦难。

皇家空军深深地震动了纳粹领导层，这在战争中还是首次。"心理战……已到达最为关键的时刻，"德国战斗机总监阿道夫·加兰德写道，"斯大林格勒很糟糕，但汉堡并非位于数百英里外的伏尔加河，而是在易北河上，就在德国的腹地。"[24]

"汉堡……令我万分惊恐，"希特勒的军备部长阿尔贝特·施佩尔写道，"我曾在7月29日召开的中央计划局会议上指出：'如果轰炸以现在的规模继续进行下去，三个月内，我们目前仍在讨论的许多问题就将不复存在……我们可能就得召开中央计划局的结束会议了。'"[25]三天后，施佩尔警告希特勒（他拒绝去汉堡视察，甚至不肯接见在受灾城市中表现英勇的救灾人员所组成的代表团）："如果一系列这种规模的空袭扩大到另外六个大城市，德国的军备生产就将彻底停止。"希特勒不为所动，他对施佩尔说："您会使一切恢复正常的。"[26]

实际上，哈里斯大大低估了德国经济的恢复能力。五个月内，汉堡恢复了80%的生产能力。作为一名组织天才，施佩尔领导了这场复苏，但汉堡之所以再次成为纳粹战时生产中心，主要是因为它再也未遭受到如此猛烈的空袭。哈里斯将重点转向其他城市，尤其是柏林。未来的几个月里，英国人的轰炸"采用了几乎是漫无目的的方式，巨大的瓦砾堆积如山，但由于时间和空间太过分散，以至于无法对德国人的士气或生产形成决定性打击"，历史学家迈克尔·谢里写道。"这些轰炸轻而易举地证明，有些人将空中力量的破坏性与其决定性等同起来。"[27]出于对德国空军大规模报复的担心，哈里斯发现了一种更好的方式，就像历史学家马克斯·黑斯廷斯所说的那样："间隔几周后再对同一个目标发起打击，而不是立即回来。"[28]

对汉堡的空袭暴露出昼夜不停轰炸的欺诈性，这是"直瞄射击"的中心思想。第八航空队独自策划的空袭行动太过微小,无法对汉堡的码头、飞机制造厂以及潜艇生产设施造成永久性破坏。皇家空军在这片地狱上制造出翻滚的浓烟,妨碍了美军机组人员确定其精确目标的尝试。

7月28日,第八航空队的机枪手杰克·诺威,他的"空中堡垒"从汉堡上空飞过,恶劣的天气使他们无法找到当天的主要目标。"即便在17000英尺高度,热浪依然相当强烈,我的脸发出阵阵刺痛,仿佛正站在一个敞开式壁炉前。"[29]汉堡遇难的46000人中,死于美国炸弹的受害者只占很小的比例,但诺威和第96轰炸机大队其他一些机组人员仍对第八航空队参与进这场被他们视作滥杀无辜的行动而深感震惊。诺威后来写道:"我忍不住想象起下方的孩子们倒下的情形。"[30]但即便是诺威这种沉默的反对者,依然坚信其事业的正确性。"疯狂的独裁者"纯属自作自受,[31]另外,对支持他的德国民众来说,将不得不接受甚至包括无辜者丧生的后果。而这些飞行员从未认为自己是无辜者,他们同样遭受着苦难。

"瑞德"摩根

对"瑞德"摩根及其机组人员来说,"突袭周"期间轰炸汉诺威的行动是任何一个十人机组都能承担的任务。第92轰炸机大队的约翰·摩根中尉是一架B-17的副驾驶,来自德克萨斯州的阿马里洛。急于投身战争的他在日本偷袭珍珠港前便加入到加拿大皇家空军中。这需要鼓起勇气。而1943年7月26日在汉诺威上空的行为,使他成为了第八航空队的一个传奇。

飞往目标的途中,他们那架"空中堡垒"遭到重创,驾驶员罗伯特·坎贝尔身负重伤。神志不清的坎贝尔,后脑勺被一发20毫米炮弹切掉,瘫倒在控制杆上,胳膊死死地搂着它。摩根接手后的两个小时里,坎贝尔本能地殴打着摩根,试图控制这架摇摆不定的飞机。摩根很容易结束坎贝尔的性命,只需摘掉他的氧气面罩即可,但他想把自己的朋友活着带回去。飞机上的通讯系统被打坏，他无法呼叫援助。实际上，他也很难得到帮助。顶部炮塔射手，泰尔·C·韦弗上士的胳膊刚刚被炮弹炸断，此刻倒在机舱冰冷的地板上昏迷不醒。领航员基斯·考斯科中尉从脖子上扯下白色的围巾，将韦弗的断臂包扎起来，但由于断臂处太靠近肩膀，考斯科必须用上很大的气力来为他止血。"我想给他注射吗啡，"考斯科后来告诉安迪·鲁尼，"但针头弯了，我无法将吗啡注射进去。"[32]

轰炸机离英国足有四小时航程，考斯科知道韦弗无法支撑那么久。于是，他将一具降落伞挂在韦弗的背带上，又把开伞的拉索塞入他尚存的那只手中，然后压低他的身子，让他钻出了逃生舱门。考斯科希望零度以下的严寒能为他的伤口止血，但愿德国医生能及时发现他，并挽救他的性命。就在考斯科照料韦弗之际，摩根不认识的尾部射手，忽然间不省人事。氧气管被炮火切断了。

摩根，这位6英尺2英寸的壮汉，一只手操纵着飞机，另一只手抵挡着垂死的飞行员的攻击，就这样驾驶着"露丝Ⅱ"号飞往目标区，并轰炸了汉诺威的一个橡胶厂。后来，在考斯科和另一名恢复过来的射手的帮助下，摩根将坎贝尔从座椅上拉开，把他放在驾驶舱的地上，又给他盖上一条毛毯。要是有时间的话，他们会为他祈祷的。

摩根驾驶着这架"空中堡垒"在诺福克一个皇家空军的基地紧急降落，此时，机上的油量表已近零点，前挡风玻璃破裂得太过严重，他不得不依靠侧面的舷窗引导飞机着陆。过了一个小时左右，驾驶员坎贝尔伤重不治。当年12月，来自阿拉巴马州江景的泰尔·韦弗上士从奥地利的17B战俘营给他的一位朋友写了封信，告诉他自己"没事"。[33]几天后，摩根获得了荣誉勋章。他觉得这枚勋章应该属于考斯科。*

---

* 译注：摩根获得荣誉勋章后，埃克将军指示他不必再参加作战飞行，但摩根认为，既然战争没有结束，自己就不能停止飞行。终于，1944年3月6日，他的B-17被击落，摩根进入德军战俘营，一直待到欧洲战事结束。朝鲜战争期间，摩根担任美国空军部长副助理，并被召回现役。在美国，他被视作一个真正的英雄。

低空突袭者

尽管天气不错，但艾拉·埃克将军还是于7月31日下令暂停行动。在近两个星期的时间里，第八航空队不会恢复其全面攻势。"突袭周"期间，他们损失了97架"空中堡垒"，占投入行动的飞机总数的10%，飞行员也已疲惫不堪，他们需要时间来恢复。埃克还需要获得轰炸机的补充，以执行一次绝密突袭，该行动已筹划了近半年时间。

这个行动是对施韦因富特滚珠轴承厂的空袭，而这些工厂被德国空军的一名指挥官称为"德国工业的致命要害"[34]。没有哪部战争机器离得开减少摩擦的轴承，而施韦因富特，这座处在法兰克福东南方，位于美因河畔，拥有43000名居民的漂亮小镇，设有三座轴承厂，其产量占到德国滚珠轴承总产量的57%。这将是一场双管齐下的袭击，另一支轰炸机编队将对雷根斯堡（也在巴伐利亚）的一个梅塞斯密特组装厂实施空袭，那座工厂生产了德国30%的单引擎战斗机。突袭雷根斯堡的轰炸机编队随后将飞往北非的美军基地，而轰炸施韦因富特的编队则返回英国。这场"穿梭"行动将是第八航空队到目前为止对德国领空最深的一次渗透，这些轰炸机在跨越德国边境时便不再有己方战斗机护航。但通过对敌防空体系的分散和混淆，这场双重打击将使两支编队得以实施猛烈的轰炸，而不至于遭受到过大的损失。计划就是这样。

埃克不得不在三个"解放者"大队缺席的情况下执行这一任务。6月份时，这三个大队已被派往刚刚被征服的利比亚沙漠，为另一项绝密行动进行训练，该行动针对的是纳粹的另一处"要害"：位于罗马尼亚普洛耶什蒂庞大的炼油厂，希特勒获得的原油，60%来源于此。这场针对被丘吉尔称为"德国力量核心"[35]的突袭计划于1943年8月1日发起，就在埃克将他那些"空中堡垒"停飞的一天后。

这两场行动都将承担实施致命一击的重任，表明阿诺德将军对欧洲空战的进展越来越不耐烦。正如柯蒂斯·李梅后来所说的那样："（这些行动是）计划与情报部门的那些知识分子苦思冥想，设法找到一种赢得欧洲战事的简单办法的结果。这就像是在寻找不老泉——没有这种东西，从来就没有。"[36] 1942年12月，阿诺德召集起的一个文职专家组提出建议，将三个主要目标定为：石油、滚珠轴承和飞机制造厂。任务分析委员会（COA）中，成员们的身份个个引人注目。其中包括J·P·摩根公司的华尔街金融家托马斯·W·拉蒙特；小伊莱休·鲁特，他是西奥多·罗斯福总统的国务卿的儿子；律师乔治·W·波尔；普林斯顿大学的军事历史学家爱德华·米德·厄尔；法官约翰·马歇尔·哈伦，后来他成为最高法院大法官；另外还有吉多·R·佩雷拉上校，他离开自己声望卓著的波士顿律师事务所，来到华盛顿为阿诺德效力。次年3月，经过对德国经济的仔细研究，委员会敦促第八航空队将重点放在一系列经过选择的目标体系上。"给少数几个真正必要的产业或服务项目造成高度破坏，其效果要好于给许多行业造成轻微破坏。""以无情的决心"对那些"薄弱环节"实施反复打击，美国航空队便能如其所愿地"瘫痪轴心国在西线付出的战争努力"，特别是德国空军，他们是石油和滚珠轴承的大用户。[37]

对施韦因富特和雷根斯堡的空袭是一场冒险，而突袭普洛耶什蒂则是自杀行为。

德国是一个没有石油重要来源的国家，他们带着航空和车用汽油微薄的储备投入战争，从未从这种危险的状态中恢复过来。但他们通过征服和创造这两种方式来弥补其自然资源的缺乏。到1943年，德国已拥有世界上最大的合成油工业，以及从仆从国（主要是罗马尼亚）进口来的大量石油。罗马尼亚的炼油厂对德国的战争努力至关重要，因为德军未能夺取高加索地区俄国人的油田，而这正是德国入侵苏联的主要目标之一。[38]

德国的合成油厂坐落在帝国腹地，不仅被加以巧妙的伪装，还得到严密的防卫。但盟军征服北非后，从沙漠中起飞的远程轰炸机已经能到达位于南喀尔巴阡山脚下一片广阔平原上,首都布达佩斯北面35英里处的普洛耶什蒂,这些轰炸机曾将埃尔温·隆美尔逐出利比亚的沙海。盟军获得的地面情报表明,普洛耶什蒂的防御并不严密,主要由罗马尼亚人守卫,他们藐视他们的德国主子,不太可能实施顽强的抵抗。据一名被俘的罗马尼亚飞行员交待,普洛耶什蒂是欧洲防御最森严的目标之一。但盟军没有对该目标实施侦察飞行,他们担心引起敌人的警觉。这是战争期间最大的情报失误之一。

空袭普洛耶什蒂的行动代号为"海啸",[39]这是阿诺德身边的一名顾问,雅各布·E·斯玛特上校想出的名字。行动的关键在于出其不意和准确的时机。德国人知道,美国航空队完全致力于高空精确轰炸,美国人在1942年春季实施了一场小规模、不太成功的高空轰炸后,出于这个考虑的德国人便在普洛耶什蒂构建起他们的防御。斯玛特上校提议低空进入,在树梢的高度上,以高达200英里的时速强行突破。实施空袭的飞机将保持无线电静默,飞越宽阔的地中海以及阿尔巴尼亚和南斯拉夫崎岖的山脉,径直赶往目标区。翻越过9000英尺高的品都斯山脉后,他们将下降至超低空,在多瑙河平原上呼啸而过,同时到达并在目标上空集结,彻底打垮对方措手不及的防御,将普洛耶什蒂变成一片沸腾的火海。

在敌雷达探测范围外实施低空飞行,轰炸机能在200—800英尺的高度上以极高的精确度命中目标,并使敌高射炮手和战斗机难以发现并命中目标。这种方式还能减少平民的伤亡,并使受损的轰炸机获得更好的迫降机会。

执行这次任务,"空中堡垒"的航程不够——往返行程达到前所未有的2400英里,所以斯玛特不得不使用"解放者",他知道,这将使此次行动更加危险。操作B-24非常困难(光是移动操纵杆便需要付出极大的体力),对这次任务所要求的密集编队飞行和近乎残忍的空中敏捷性而言,B-24的弱点难以克服。另外,这款轰炸机在空气动力性上更为先进的机翼,也就是所谓的"戴维斯机翼",其弹性也不如B-17。这次行动中的另一个严重问题是,这些轰炸机将直接飞入敌地面炮兵的瞄准器射程中。

五个轰炸机大队被选中执行此次行动。两个大队来自刘易斯·布里列顿中将的第九航空队，这支小型战术部队驻扎在利比亚沿海城市班加西附近的沙漠中，另外三个大队则从第八航空队抽调。其中的两个，第44"飞行中的八号球"和第93大队，曾在对法国沿岸纳粹潜艇坞的轰炸行动中获得过实战经验，而第93大队刚刚完成支援"火炬"行动的北非冬季之旅。从非洲返回后，他们将自己戏称为"泰德的巡回马戏团"，这个名字得自他们脾气暴躁的大队长，爱德华·"泰德"·汀布莱克上校，他曾是西点军校的一名橄榄球明星。而第三个大队，第389"天蝎"大队，刚刚结束国内的训练。

艾拉·埃克反对这项任务。这将夺走他急需的轰炸机和机组人员。但当年5月，在阿诺德的支持下，斯玛特上校获得了联合参谋部的批准，联合参谋部希望缓解俄国人遭受的压力，俄国人仍在跟严重依赖于罗马尼亚石油资源的德国军队拼死搏杀。

来自肯塔基州波旁县的菲利普·阿德里于1943年6月到达英国时，被告知"不要解开包裹"。有传言说，他所在的部队，"天蝎"，将被派往北非执行一项高度危险的秘密任务。没过两个星期，"天蝎"已身处利比亚的沙漠中，跟另外四个大队，在布里列顿将军的指导下练习低空编队飞行。这里的生活和飞行条件糟糕至极。猛烈的沙尘暴阻碍了行动，成群的蜥蜴和跳鼠侵入他们的帐篷，大多数飞行员患上了痢疾。机组人员未被告知他们在沙漠中接受训练的目的。不进行演练时，他们便跟随第九航空队为进攻西西里岛提供支援。7月19日对罗马实施轰炸后，他们开始强化低空轰炸训练，将木炸弹投向普洛耶什蒂炼油厂的一个全尺寸实物模型，工兵们在沙漠中用白色涂料和油桶搭设起这个模型。"这种类型的飞行，是每个技高胆大的飞行员一生的梦想，"阿德里写道，当时的他刚刚从哈佛法学院毕业，"你在800英尺的高度上以200英里的时速飞过时，你就真的知道你正以200英里的速度在飞行。"[40]

任务简报会上，飞行员们被告知，预计的损失可能会高达50%，布里列顿坚称，对一场可将战争缩短六个月的行动来说，这种程度的伤亡是可以接受的。射手们获悉，此次行动的飞行高度非常低，他们将与敌人的炮兵连发生近距离交火。副驾驶配发了冲锋枪，并被告知该如何透过驾驶室的舷窗开火射击。"我们走出简报室时，每个人都知道，安全返航在此次任务中是次要的。"一名飞行员说道。[41]

任务发起的前夜，"天蝎"的天主教牧师杰拉德·贝克，从一个帐篷走到另一个帐篷，聆听告解并试着安抚大家的神经。[42]贝克是个令人敬畏的高个子爱尔兰人，一双蓝色的眼睛，一头铁灰色的头发，是大队中最受爱戴的人。在不履行牧师职务时，他便跟大家一起玩扑克。如果他赢了——他总是赢——便把赢来的钱送给有需要的人。

当晚，每个飞行员都被告知，写一封家信，第二天早上放在自己的床头。如果他没能回来，这封信便会被寄出去。大多数飞行员不知道的是，他们的指挥官对此次突袭的看法并不一致。行动的领导者，第九航空队的乌萨·恩特少将，起草了一份请愿书交给布里列顿将军，并希望所有大队长都在上面签名，请愿书中要求此次行动从高空实施轰炸。第98轰炸机大队的大队长约翰·"杀手"·凯恩上校，不仅加入到恩特少将的反对阵营中，还抱怨说是"华盛顿某些纸上谈兵的白痴"制订了这样一场突袭。[43]恩特的请愿书差点让他丢掉乌纱帽后，凯恩也撤回了自己的反对意见。

8月1日拂晓，经过12天的艰苦训练后，178架"解放者"组成了一支特遣编队，他们配备着机翼副油箱，并添加了额外的前部装甲以及引擎上方的机枪火力。贝克牧师出现在跑道上，为这些轰炸机祈福。一名副驾驶向他喊道："伙计，你跟上天有良好的关系吗？"透过螺旋桨的轰鸣，贝克回答道："我通过各种渠道为你们祈祷。"轰炸机内的机组人员向他竖起大拇指，开始滑向跑道末端，旋转的螺旋桨卷起巨大的尘云。一名长着娃娃脸的中士从他的机枪舱门探出身，向贝克牧师道别："牧师，为我们取得与上天的联络。"[44]

这群"低空突袭者"花了一个小时在空中集结，以便在接下来的七个小时内飞赴目标区,但他们遭受到第一个损失的时间要少得多。一架名叫"基卡普人"号的"解放者"起飞后没几分钟便发生坠落,并起火燃烧。三小时后,又一架轰炸机发生翻转,坠入爱奥尼亚海中。如果飞行员们知道德国设在希腊的一个信号站已破译了美国人的密码,保持无线电静默已毫无必要的话,他们可能会更加紧张。普洛耶什蒂的预警系统已启动,他们将追踪这些"解放者"直至布加勒斯特。

靠近阿尔巴尼亚的山区时,轰炸机飞入一片高耸的云层,将高度上升至17000英尺。"我们的成功和获救不仅取决于突然性,还要靠同时席卷过我们的各个目标,"第八航空队的飞行员威廉·R·卡梅伦后来写道,"我们必须同时到达,同时发起攻击,同时撤离。"[45]可当轰炸机在云层中走散后,这种协调变得不复可能。

问题接踵而至。接近目标时,先头编队由基思·康普顿上校驾驶的引航机(恩特将军坐在副驾驶的位置上),做了个错误的转向,带着第376轰炸机大队("巡回马戏团"的飞机紧跟在他们身后)向南面的布加勒斯特飞去。其他领航员纷纷打破无线电静默,发出紧急警告:"航向出错!航向出错!"布加勒斯特教堂的圆顶出现在视野中时,康普顿突然改变航向,但他的领航错误粉碎了发起一场密集攻击的最后希望。

行动前,每个大队都被分得炼油厂的一个特定目标,并规定了发起打击的确切时间。可现在,康普顿编队中的飞行员却接到从一切便捷的方向飞入并自由投弹的命令。这就导致了一场混乱。

距普洛耶什蒂还有35分钟航程时,轰炸机下降至树梢高度,飞向目标区。"天蝎"大队到达炼油厂时,普洛耶什蒂之战已经打响。巨大的储油罐,其顶棚已被重达1000磅的炸弹炸飞,火舌腾空而起,导致许多"解放者"被点燃。空中充斥着高射炮弹和曳光弹的爆炸,笨重的轰炸机在它们前方的"解放者"所形成的螺旋桨扰流中摇曳,几乎是直接撞到普洛耶什蒂防御者的炮口上。

阿尔弗雷德·格斯滕贝格上校是一名德国空军指挥官,曾与戈林一同参加过第一次世界大战,已将普洛耶什蒂(炼油厂以及拥有10万名居民的镇子)变为"世界上第一座空中要塞"。[46]布设在炼油厂四周的高射炮甚至多过柏林,工厂的屋顶和水塔上,干草垛和教堂的塔顶内还安排了机枪和速射炮。普洛耶什蒂的保护措施还包括炼油厂附近机场上的250多架战斗机,另外还有2000具用于隐蔽工厂的发烟器。在主炼油厂周围,他还布设了数百个配有粗钢缆的防空气球,旨在撕裂轰炸机的轻型铝制机翼。他的计划是给美国佬来个出其不意,普洛耶什蒂之战变成了纳粹的一场伏击。

"飞行中的八号球"大队长莱昂·W·约翰逊回忆道:"我们飞入层层火焰中,到处都是飞机,其中的一些起火燃烧,还有些发生了爆炸。"[47]由约翰逊和约翰·"杀手"·凯恩(他是一名浸信会牧师的儿子)率领的轰炸机大队,不得不穿越在他们之前到达的"解放者"投下的延时炸弹所引发的爆炸。稍稍升高并投下炸弹后,"解放者"继续保持低空飞行,并排成三个V形编队,这些编队如此紧密,以至于威廉·卡梅伦上尉甚至能看见身旁两架轰炸机上的铆钉。[48]石油产生的浓密、油腻的烟雾遮蔽了炼油厂高达200英尺的烟囱。飞行员约瑟夫·塔特看见一个人从一架燃烧着的"解放者"机头部翻滚而出,身后挂着降落伞。"他从我们上方飘过,离得非常近,我们甚至能看见他燃烧着的双脚。"[49]

阿德里所在的中队最后一个飞入这片火海。进入时,他向右望去,看见中队队友劳埃德·休斯中尉所驾的飞机正发生大面积漏油。休斯肯定知道这个情况,但他似乎决心要赶到一堵火墙后的目标处。没过几秒,他的飞机变为一具空中喷灯,随即向下坠去。

炼油厂上空的战斗只持续了27分钟。轰炸结束后,被火焰烧焦的轰炸机又遭到成群战斗机的袭击,敌战斗机像"树干上的蜗牛"那样纠缠着他们。[50]空中一片混乱,轰炸机群很快便在多瑙河平原上空延伸出去100多英里,每架"解放者"都在为自己的生存而孤身奋战。超过半数的B-24开火还击,另一些飞机则已耗尽弹药。一些轰炸机受损相当严重,看上去只剩下一副钢骨架,坚固的框架是这些飞机尚能存在的唯一支撑。浑身是血的伤员躺在机舱内，机组人员照料着他们，希望他们再坚持6—7个小时。阿德里的飞机"掠过树梢和林木线，保持着贴地飞行，以减少地面防御的影响"。[51]就在掠过一片巨大的麦田时，一个草垛的顶部被移开，两名巧妙地隐蔽在其中的纳粹射手朝他们开火射击。阿德里压低机头，从驾驶室内用机上专门配备的自动武器向他们扫射起来。"也许他们都被打死了，我希望如此。"[52]

阿德里的"解放者"在班加西降落时已是夜间，此时距离他们起飞已过去十三个半小时。这群低空突袭者摧毁了普洛耶什蒂60%以上的生产能力，但这座庞大的炼油厂一直仅以其半数生产力运转。1万名劳工被带入，没过几周，炼油厂每日生产的石油便超过了袭击前。[53]盟军缺乏后续打击，使得纳粹得以重建炼油厂。直到1944年4月，盟军从被占领的意大利南部机场所发起的高空轰炸行动能够到达炼油厂时，才再次对普洛耶什蒂发起空袭。

对普洛耶什蒂的这场突袭，310名飞行员阵亡，约占从班加西起飞的总人数的五分之一。另有130名飞行员负伤，100多人在罗马尼亚和保加利亚成为战俘。被派往普洛耶什蒂的178架"解放者"中，只有33架完好，或者说，尚能执行第二天的飞行任务。如果将这个任务交给"轰炸机"哈里斯，损失可能会小些，但普洛耶什蒂的平民将付出沉重的代价。而现在的结果是，只有116名罗马尼亚士兵和平民死于这个"黑色星期日"，这使得普洛耶什蒂成为唯一一场飞行员阵亡数超过平民的空袭。这也是美国唯一一场颁发出五枚荣誉勋章的轰炸战。约翰逊和凯恩获得了荣誉勋章，劳埃德·休斯也得到追授。菲利普·阿德里推荐休斯获得这项荣誉，他写了证明，做了幅大大的海报，并将休斯的照片贴在上面。几周后，他和他的机组因为痢疾和体重下降而返回英国时，他将这幅海报贴在中队的房间里。

双重打击

第八航空队的部分力量被调至非洲沙漠时，空袭雷根斯堡和施韦因富特的行动仍在筹划，尽管艾拉·埃克将军一直持反对意见。这是华盛顿安排的任务。"我们还未准备好便被推入其中，"埃克在晚年告诉一名采访者，"我表达了严重抗议。"[54]就像他的一名指挥官解释的那样："这就好比让骑兵列队，杀开血路冲进去，再杀开血路冲出来。"[55]埃克并不害怕这样的战斗，但他缺乏从事这一进攻的骑兵。

与普洛耶什蒂的行动一样，一切都取决于保密和时机，但空袭雷根斯堡和施韦因富特的行动将付出最大的努力，驻扎在英国几乎所有可用的"空中堡垒"都将投入。7月下旬，第八航空队辖内的第1和第4轰炸联队中，每个大队里都有一个领队机组（包括驾驶员、副驾驶、投弹手和领航员）被召至他们各自的联队长（罗伯特·威廉斯准将和柯蒂斯·李梅上校）所在的指挥部。在房门紧锁并由哨兵把守的会议室中获悉任务简报后，这些领队机组奉命撤出作战任务，并发誓严守秘密。

第100大队的长机领航员是哈里·克罗斯比，现在跟随埃弗雷特·布莱克利上尉一同飞行，布莱克利是他最亲密的朋友之一，他们驾驶着第100大队的引航机。在这次任务中负责指挥该大队的是杰克·基德少校，这位第100大队的作战参谋自从儿时看见吉米·杜立特尔在伊利诺斯州温内特卡，他家附近的一块草地上空赢得某项航空赛事后便立志成为一名飞行员。他聪明、沉着，面对压力也能保持冷静。他将跟布莱克利一同飞。当年8月，他刚刚24岁。

1943年8月17日，任务发起的当天，凌晨1点30分，熟睡中的机组人员被唤醒。他们立刻知道，"出大事了"[56]。他们奉命收拾好毛毯、灌满水壶并带上洗漱用品。当天的早餐都是新鲜货，而不是那些粉状食物，有鸡蛋和额外的熏肉供应，这顿特殊的伙食被大家称作"最后的晚餐"。[57]哈丁上校走到一个黑板架旁，上面摆着一张勾勒出编队形式的图表，开始了任务简报。所有人都专注聆听着，漏掉任何一个字都可能造成致命的后果。

第100大队将派出三个中队，总共21架"空中堡垒"。克罗斯比注意到布雷迪飞在他的左侧，而查尔斯·"曲轴"·克鲁克香克率领第二组轰炸机，弗兰克·墨菲担任领航员，他们的中队长约翰·伊根则坐在副驾驶的座位上。第4联队的轰炸机编队中，第100大队处在最后、最低的位置，这个位置被称为"紫心勋章角"。三个中队里，位于最低处的是他们最棒的飞行员，盖尔·克莱文，副驾驶诺曼·斯科特坐在他身旁。如果德国人对该大队发起打击，充当第100大队盾牌的克莱文将第一个遭受到最猛烈的攻击。

随即，谜底被揭开。"你们的目标是雷根斯堡。你们的瞄准点是梅塞施密特109G的飞机和发动机装配中心。这是我们执行过的最重要的任务。如果你们将它摧毁，你们就消灭了德国空军单引擎战斗机30%的产量。"[58]

他们被告知，另一支特遣队的目标是施韦因富特。"他们的目标，"一名情报官继续说道，"生产了德国绝大多数的滚珠轴承。如果他们将目标炸毁，三个月后，整个国家将不再有一台能启动的发动机。"屋内的飞行员，没一个相信这番话。

现在，所有的目光投向墙上的大幅地图，240人俯身向前，仔细研究起来，他们的沉默被几声低低的口哨打破。"你甚至能听见一具氧气面罩脱落的声音。"一根细细的红线从索普-阿博茨延伸至多瑙河畔，位于纽伦堡西南面的一座德国城市。但取代曲折返航路线的是一条继续深入奥地利阿尔卑斯山，进入意大利的山脊，跨越地中海直至北非沙漠的航线。[59]大队中没有哪个曾深入德国这么远，但他们的新型轰炸机专门在翼尖处配备了额外的油箱。这些"东京油箱"将他们的航程增加了近一千英里，能让他们飞往另一块大陆。*

---

* 译注："东京油箱"是一种夸大的称谓，意思是能让飞机一直飞往东京，实际上，从未有B-17轰炸过日本。

待情报官提到,他们将在没有战斗机护航的情况下穿越希特勒最强大的战斗机防区时,一些人的脸色变得苍白起来。

清晨5点30分,各个机组将他们的轰炸机滑至跑道顶端等待。目标区的天气非常好,但索普–阿博茨和英国东部每一个机场的上空,都被浓浓的夏雾所笼罩。金博尔顿是第379轰炸机大队的驻地,他们也将参加今天早上对施韦因富特的空袭。埃尔默·本迪纳和他的组员们站在"童德蕾奥"号的机翼下,"试图看穿跑道尽头的雾气……我们知道我们当中会有许多人阵亡,但我们仍希望作战行动尽快开始"[60]。最好是赶紧把任务完成,以免在次日再度经历准备工作的痛苦。

控制塔传来消息,起飞时间推迟,接着又是第二次推迟,等待着的机组人员越来越焦虑、烦躁。"频频需要到飞机后面去'方便一下',"另一个大队的一名飞行员说道,"由于紧张,有些人甚至无法将香烟塞进嘴里。"[61]

在巴辛伯恩,航空队的王牌宣传员约翰·麦克拉里,打算跟随一架名叫"小顽童"的B-17一同飞行。"我想去比赛的前台。我想弄清楚自己是否能克服恐惧。"[62]但战争期间他唯一参加的这次任务,恐惧便将他压垮。

"德国佬知道我们在搞什么名堂,我敢肯定,他们正等着我们。"一名机组人员说道。接着,驾驶员的声音从内部对讲机中传来:行动发起时间推迟两小时。对机组人员来说,这就是个信号,他们走出飞机,在跑道上等待着。就在这时,麦克拉里的一个朋友获知他在"小顽童"号上后,立即驱车赶来"拯救"他。没费太多口舌,麦克拉里便放弃了这项他并不特别想从事的工作。

在索普–阿博茨,小贝尔尼·莱中校坐在"皮卡迪利大街的莉莉"号的副驾驶座位上,这架"空中堡垒"是地勤主管肯尼斯·莱蒙斯负责的飞机之一。坐在莱身旁的是一名肌肉发达的爱尔兰人,名叫托马斯·墨菲。莱是最大的司令部中的指挥官之一,也是最初跟随埃克赶赴英国组建第八航空队的七名成员之一。他对坐在办公桌后观看这场战争感到厌烦,于是向埃克申请参加作战任务。过去的十天里，他一直跟随第100大队参加飞行，以便为自己日后率领一个重型轰炸机大队做好准备。埃克最终批准他参加此次行动。作为观察员，他原本被分配至克莱文处在下方的中队中一架名叫"来自达拉斯的爱丽丝"的B-17上，但就在飞行员走向他们的飞机时，克莱文说服基德少校，将莱派至墨菲的飞机上，该中队所处的位置更加安全些。

坐在"皮卡迪利大街的莉莉"号上，莱紧张地调整着表带，他想起去年8月，他曾看着保罗·蒂贝茨那支弱小的B-17编队起飞赶赴鲁昂。当时，那就是航空队最大的力量了。而一年后的今天，第八航空队投入作战行动的飞机数量，是当初空袭鲁昂的30倍。

按照计划，李梅空袭雷根斯堡的146架轰炸机将率先起飞，并获得战斗机护航的优势。而威廉斯突袭施韦因富特的队伍要大得多，由230架轰炸机组成，他们将在几分钟后起飞。这两股部队将沿一条相同的航线飞行，看上去似乎是奔向同一个目标，随后，他们将在德国境内分开，混乱并分散敌人的防空力量。估计李梅的编队会在德国人的反扑中首当其冲，这就能使突袭施韦因富特的编队在遭遇较小抵抗的情况下继续飞往目标。李梅的部队逃过阿尔卑斯山时，袭击施韦因富特的部队也将甩掉来势汹汹的德国空军，返回英国。计划极其简单：李梅的任务是冲进去，而威廉斯则是杀出来。

这两人是第八航空队最出色的作战指挥官。没有人比柯蒂斯·李梅更成功地将第八航空队变为一支高效的作战力量，而威廉斯则是一名经验丰富、英勇无畏的空军指挥官，这位潇洒的独眼飞行员走路时挂着一根轻便手杖，第一架"空中堡垒"在波音公司下线时，他便进行了试飞。埃克依赖于他们，但现在，天气构成了破坏一切的威胁。

位于海威科姆的轰炸机司令部，第八航空队新任轰炸机指挥官，38岁的弗雷德里克·安德森不得不做出他这一生中最艰难的决定。*他有三个选择：

---

*译注：前一章称安德森37岁。

1、取消行动和遭受损失的风险,也许只要两周,从荷兰海岸一直到非洲,理想的天气条件便会出现。

2、诅咒英国的天气,同时派出两支编队,但要承担在空中发生碰撞而损失大量飞机的风险。

3、派出突袭雷根斯堡的编队,他们必须在一个小时内起飞,以便在夜幕降临前到达非洲。空袭施韦因富特的编队则继续等待,待基地上空的天气放晴后再发起行动。

安德森选择了第三个方案,事后看来,这是个最糟糕的选择。突袭施韦因富特的编队又等了三个半小时。这就使德国空军得以全力对付空袭雷根斯堡的轰炸机编队,然后进行重组,再对空袭施韦因富特的编队实施两次打击——进入德国和离开德国时。为了给威廉斯的部队提供更多的保护,原先为李梅编队担任护航的大批"雷电"战斗机被抽调回来,为威廉斯护航,直至战斗机航程的极限。这一航程已获得机腹油箱的改善,几乎已能到达轰炸机进入德国的地方。

安德森明知整个行动计划将被拆散,为何还要选择投入轰炸机?因为第八航空队司令部处在极大的压力下,华盛顿那些制空权倡导者竭力促成此次行动,试图以此来证明,尽管经历了长达一年连续的失败和小胜,白昼轰炸在没有护航的情况下依然可以奏效。美国战略轰炸的前途似乎完全取决于这次行动。如果安德森的轰炸机命中他们的目标,而华盛顿那些战争规划者对滚珠轴承重要性的预测也正确的话,第八航空队也许能给德国造成难以恢复的打击。傲慢自大的轰炸机巨头们,在对战斗力做出站不住脚的假设的情况下,依然采取了行动。[63]

任务开始时,顺利得出乎意料。整个夏季,李梅一直在训练他那些机组依靠仪表起飞,他的第4轰炸联队在空中编组时没有损失一架飞机,要知道,当时的雾气非常浓,以至于各架飞机不得不在闪光灯和手提灯的指引下滑上跑道。7点30分,空袭雷根斯堡的轰炸机升至云顶,柯蒂斯·李梅坐在第96轰炸机大队为首的引航机上。4英里的上方,太阳正冉冉升起,天空呈现出一片壮丽的湛蓝色。"我们知道我们即将忙碌起来,因为当天的天气实在是太好了。"[64]来自内布拉斯加的一名机尾射手回忆道。对猎杀轰炸机的纳粹们来说,这将是"收获的日子"。空中的猎物非常多,轰炸机编队在天空中延伸出去15英里。

引航机报告前方出现敌战斗机时,小贝尔尼·莱的嘴巴发干,他觉得自己的屁股阵阵发紧。这只是一次试探性攻击,但双方都遭受到损失。在下方,莱看见一架"空中堡垒"发生了爆炸,随即消失进一团橙色的火球中。是"来自达拉斯的爱丽丝"号。盖尔·克莱文关键时刻的干预救了莱的性命。

接近比利时的欧本镇时——距离德国边境还有10英里,距离雷根斯堡还有300英里——泽姆克上校第56战斗机大队提供护航的"雷电"转身返回英国。就在这时,一群敌战斗机飓风般冲入轰炸机编队中,俯冲、旋转,并用机翼上的火炮"不停地开火射击"。德国人追上轰炸机后方编队(第95和第100大队),很快,六架"空中堡垒"被击落。"眼前梦幻般的景象,远远超过了小说中的描绘,"莱在他的行动报告中写道,"我与闭上双眼的冲动做着斗争,并将其克服。"[65]

这是敌战斗机"冰雹般"攻击的第一阶段,这种攻击将一直伴随轰炸机飞赴目标区的整段航程。"我知道我会送命,还包括其他许多人。"莱后来写道。[66]而德军飞行员和他一样惊恐。"我们爬升,与那些'波音'取得了完美的接触,"阿尔弗雷德·格里斯拉夫斯基中尉回忆道,"空中有他们那么多飞机,我们都慌了手脚。"[67]但他们"猎杀的本能"被美国人正赶往他们祖国腹地的现实所唤醒。"这帮德国佬肯定有家人在汉堡,所以对我们无比痛恨。"盖尔·克莱文后来说道。[68]很多人的行为是为了报复。

德国空军投入了比以往更多的战斗机。他们在西线的白昼防御,已从1943年3月的250架战斗机增加至400多架,大多数是从地中海和俄国前线紧急抽调而来的。战斗在他们自己的地盘上展开,德军飞行员可以一直攻击至燃料和弹药耗尽,然后便降落,重新加油并补充弹药。[69]

战斗的大多数时间里,克莱文的老搭档约翰·伊根待在克鲁克香克上尉那架B-17狭窄的机鼻中,用一挺点50口径机枪猛烈射击,领航员弗兰克·墨菲操纵着左侧的一挺机枪,投弹手奥吉·加斯帕中尉则控制着有机玻璃机鼻罩中间的一挺机枪。很快,他们都跪在齐踝深的弹壳中,祈祷着自己的枪管不要因持续射击造成的高温而融化。应急舱门、未打开的降落伞包、爆炸的引擎以及残肢断臂,跟随着向后的气流从他们身边掠过。莱看见一名德国飞行员跳出他那架起火的飞机,蜷缩着身子向下坠去,翻滚了三圈才穿过第100大队的编队。"他显然做了个延迟跳跃,因为我没有看见他的降落伞打开。"[70]

李梅这支编队的后部,在近30分钟的时间里一直遭受着不间断的攻击,已损失了14架轰炸机,而此刻他们距离雷根斯堡仍有100多英里。就在这时,在这场似乎是冲向毁灭的航程中,莱低头看见盖尔·克莱文那架下方中队的引航机,机头部位中弹,一具引擎起火燃烧。正如他后来获悉的那样,克莱文的"空中堡垒"被20毫米的炮弹六次击中,投弹手负伤,而刚刚获知妻子已怀孕的无线电操作员,双腿在膝盖上端被切断,在一滩冰冻的呕吐物中血流不止而死。"他的机组人员,有一些是相对缺乏经验的年轻人,他们已准备跳离飞机,"莱在推荐克莱文获得荣誉勋章的报告中写道,"副驾驶……多次恳求克莱文少校弃机。克莱文的回答是:'你这个蠢货,给我坐在那儿,撑住!'"[71]克莱文的话通过机内对讲装置传出,对机组人员起到了镇定效果。

遭遇敌战斗机第一轮攻击的一个半小时后,李梅的轰炸机到达了目标上空。"我知道,我们的投弹手百折不挠,他们紧盯着下方沿蓝色多瑙河蜿蜒的曲线排列的大型Me-109工厂,这些工厂靠近雷根斯堡的郊区。"莱写道。[72]过了片刻,"皮卡迪利大街的莉莉"号仪表盘上的一盏红灯闪烁起来。"机上的炸弹投了下去,我们离开目标区,向白雪皑皑的阿尔卑斯山飞去。"

从雷根斯堡到阿尔卑斯山有70英里,从那里到北非还要再飞行五个小时。德军战斗机并不具备跟随他们进入山区的航程，但有些下定决心的德国飞行员追逐了他们一段。"通过聆听内部对讲装置中传来的祈祷声，你就会知道飞入阿尔卑斯山是多么重要，"一名射手对《扬基》杂志的记者说道，"听上去就像是个飞行中的教会。"[73]

经历了11个小时的飞行后，托马斯·墨菲的飞机在阿尔及利亚的沙漠中着陆，机上的燃油表已降至零，机上的十名组员在行动中生还，而此次行动导致240名美军飞行员丧生。当晚，小贝尔尼·莱睡在满天星斗的露天下，就在他那架飞机的不远处。"我的耳机已放回机舱内，可我仍能听见那些出色的音乐的旋律。"[74]

当晚，这些在沙漠中说服自己睡上一会的机组人员并不知道空袭施韦因富特的编队的遭遇。中午时刻，就在"雷根斯堡突袭者"赶往他们的目标时，阳光终于驱散了英国机场上的浓雾，空袭施韦因富特的编队升空。他们于下午2点10分到达欧本镇时，并不知道自己已来到第八航空队与德国空军交手的一个历史性时刻。"我认为P-47战斗机转身离去，我们继续前行去承受那些伤亡的时刻，是这场空战中的重大转折点，"四十年后，第91轰炸机大队的一名飞行员，威廉·H·惠勒这样说道，"陆航队证明了他们派B-17在没有护航的前提下实施纵深渗透的构想并不正确。"[75]

几分钟后，威廉斯将军便看见地平线处出现了敌领队战斗机黄色的机头，这是德国空军有史以来对美国轰炸机编队发起攻击的最大的一股力量，估计有300架战斗机，是李梅先前不得不对抗的敌机数量的两倍。这场空战以意想不到的规模和激烈度拉开了帷幕。许多人从飞机上跳伞逃生，以至于看上去"像是一场伞降入侵"，一名飞行员说道。[76]埃尔默·本迪纳记得自己向下看去，"数着地面上阵阵发出的橙黄色火球"[77]。他立即意识到，那不是房屋或城镇，而是起火的"空中堡垒"。"我们赶往目标的途中，不断有'空中堡垒'起火燃烧，"第303轰炸机大队的刘易斯·E·莱尔中校回忆道，"战争期间我执行过69次飞行任务，没有哪次比这次更糟糕。"[78]

飞越莱茵河时，威廉·惠勒的"空中堡垒"被敌战斗机打成一支燃烧着的火炬。起火的飞机旋转着向地面坠去，惠勒头朝下脚朝上被困在机内，但不知怎么回事，他设法来到前部逃生舱门，跳出了飞机，就在这时，伴随着一声爆炸，飞机的左翼从机身上被扯掉。

离开飞机时，他最后的念头是他在英国的女朋友。一个小时后，他坐在一个德国小镇"地牢般的"监狱中的铁床上，吃着黑面包和香肠做成的三明治。他吃的上一餐还是在16个小时前。[79]

在许多生还者看来，这场来往于施韦因富特的战斗是一场持续的噩梦，没人能将其清晰地与其他战斗相区别，除了救兵——"在海峡上空幸运地看见了翱翔着的'雷电'战斗机"[80]。泽姆克上校的"雷电"执行了当天的第二次任务，他们冒着被敌人歼灭的危险，带着他们薄如纸片、极易燃烧的可弃式油箱，一直飞至比利时与德国的边境附近。额外的燃料使他们赶至欧本镇以东15英里处，他们的出现令德国空军的一股精锐攻击群大吃一惊，后者正准备对撤离的轰炸机群发起最后的攻击。德国空军倒了霉。泽姆克的P-47击落了至少11架德国战斗机，而自身的损失只有3架。

夜里6点左右，美国轰炸机开始着陆，许多轰炸机降落在他们能找到的第一座英国机场上。36架轰炸机未能平安返回，10架属于第91轰炸机大队。"小顽童"号也在其中。当晚，看见约翰·麦克拉里走进作战指挥室，他的一个朋友从案牍中抬起头来，干巴巴地评论道："你好，幸运儿！"[81]

"童德蕾奥"号的机组人员在空中飞行了8小时40分钟，身处战火中的时间将近6个小时。任务报告结束后，大家踉踉跄跄地回到自己的床铺前。倒在枕头上时，埃尔默·本迪纳很想知道：己方"是赢了还是输了"？[82]

第二天早上，他们从英国报纸上获知，他们摧毁了目标，赢得了一场恶战的胜利。《伦敦每日先驱报》报道说，只损失了两架"空中堡垒"，而且这两架飞机都降落在中立国瑞士。雷根斯堡"已从地图上不折不扣地抹去"，[83]

哈罗德·乔治中将愉快地说道，他也是"轰炸机黑手党"的一员，此番到英国是进行考察；德国空军遭受到可怕的重创，估计他们损失了288架战斗机。"德国佬现在无处藏身了。"安德森给身处北非的李梅发去贺电。[84]

在雷根斯堡这座拥有80000名居民、保存完好的中世纪城市，美国人的轰炸非常精确。目标被高爆弹和燃烧弹摧毁，只有少数居民被炸死。"这些该死的炸弹的精确度给我留下了深刻的印象，"德国战斗机飞行员海因茨·克诺克在他的日记中写道，"太神奇了！"[85]

"我们确实认为达到了预期的目的，也许那里再也不会有梅塞斯密特飞机……被生产出来，"李梅后来写道，"简言之，工厂……已彻底失去作用——暂时性的。"[86]李梅正确地强调了最后这几个字。工厂以破纪录的速度得以重建，阿尔贝特·施佩尔加大努力，疏散了其他战斗机组装厂，将它们隐蔽至偏远的山区和林地中。

对施韦因富特的轰炸也很准确。三座分隔得很远的工厂必须被命中，而威廉斯的领航员们在定位这些工厂时遇到些麻烦，编队的解体以及环绕在城市四周的人工烟雾发生器制造的浓烟，给他们造成了妨碍。分不清方向的投弹手将三分之一的炸弹投入市内的居民区，造成200名平民丧生，而命中工厂的炸弹却没有足够的威力摧毁车间内重要的机床设施。美国人在施韦因富特投下的是1000磅炸弹，而英国人通常会使用重达4000磅的炸弹，有时候甚至是8000磅的巨型炸弹。轰炸造成厂房屋顶的坍塌，实际上保护了生产滚珠轴承的机器免遭严重损坏。尽管产量立即下降了38%，但施佩尔有足够的储备让德国度过这场暂时性的生产倒退。[87]不过，没人意识到，美国人的轰炸摧毁了希特勒秘密武器之一的零部件生产厂，这种武器就是梅塞施密特262，这款喷气式战斗机本来可以拖延空战的进程，但它的生产遭到了延误。

阿尔贝特·施佩尔在回忆录中写道，逃脱了"一场灾难性打击"[88]。如果美国人返回施韦因富特，以最大的力量对其实施"反复"打击，而不是将时间浪费在其他不太重要的目标上，他们可能已令德国的军工生产"经过四个月后……陷入停顿"。历史学家们抓住施佩尔的说法，批评盟军轰炸的优先顺序，但施佩尔只是重复了阿诺德将军任务分析委员会的建议，该委员会曾提出，集中打击施佩尔最担心的项目。"敌人的经济太过庞大……无法将其彻底摧毁，"小伊莱休·鲁特解释了委员会的想法，"我们不得不选择那些较小的物理破坏便能造成很大工业损失的目标为重点。"[89]委员会同意，轰炸行动"应该……以不可阻挡的力量奋力向前"，"因为这注定是一场一方面是破坏，而另一方面是维修和逃避的比赛"。可如何能在遭受到这般损失后毫不拖延地奋力前行呢？

1943年8月时，施佩尔并不知道第八航空队在这场双重打击中遭受了多么大的损失，在伦敦举行的新闻发布会上，麦克斯韦基地"轰炸机黑手党"最初的成员之一，哈罗德·乔治将军，声称损失的60架轰炸机与给敌人造成的破坏相比，完全值得。但他没有提及，这一损失近乎整个进攻力量的五分之一，另有100架轰炸机因战斗损伤而彻底报废，总损失达到从英国派出的轰炸力量的40%。[90]仅仅一个下午，第八航空队便损失了与前六个月作战行动几乎同样多的飞机。在数周内，让这支实力严重受损的部队"反复"空袭施韦因富特，这种想法无异于痴人说梦。

第八航空队原本打算对施韦因富特来一场双重打击，请皇家空军于8月17日夜间对这座城市展开轰炸。根据施韦因富特一些工厂经理在战后所作的证词，如果这场袭击被发起，"可能会对德国前线力量的许多方面造成一种过早而又严重的影响"[91]。但当晚的气候条件非常适合于攻击纳粹的一个秘密研究设施，该设施位于波罗的海沿岸的佩内明德，盟军情报机构最近刚刚发现。对佩内明德实施轰炸后，阿瑟·哈里斯爵士将目标对准了柏林。"如果美国陆航队参与进来的话，我们可以将柏林从头至尾地加以破坏。这需要400—500架飞机。这将让德国输掉这场战争。"[92]直到次年2月，美国人对施韦因富特实施过三次空袭后，皇家空军才对施韦因富特发起夜间打击，而且是在空军参谋长查尔斯·波特尔爵士的一再施压下。哈里斯本人坚持认为，以专家们建议的滚珠轴承厂为目标,"完全是发疯"[93]。

从战术层面上看,8月17日的这场战斗对实施防御的德国人来说是一场决定性胜利。美国人夸大地声称击落了对方288架战斗机,这个数字几乎是德国人当天对第八航空队发起攻击的全部力量。德国人的实际损失是47架战斗机。[94]但希特勒并未为此而庆祝。德国受到的伤害远比美国人意识到的大。希特勒被汉堡、雷根斯堡、施韦因富特和佩内明德所遭受的夏季攻击所激怒,并迁怒于空军参谋长汉斯·耶顺内克。8月18日,绝望的耶顺内克饮弹自尽。

1943年是对德战争的转折点。在斯大林格勒、在北非、在西西里、在北大西洋海上遭受的失败,使希特勒的地面和海上力量全线后撤。空袭普洛耶什蒂的一个星期前,意大利独裁者墨索里尼被一场宫廷政变推翻,已过度延伸的德军被迫将其精锐部队调入意大利南部,以应对预期中盟军的入侵,这场进攻将在9月初发起。届时,德国将两线作战——在施佩尔看来,实际上是三条战线。他认为,空中战争是德国最难以承受其损失的战线之一。1943年夏季,这条战线仍在僵持中,但盟军正加大压力。正如罗斯福对记者们说的那样:"希特勒围绕着他的'欧洲堡垒'筑起高墙,但他忘了给它砌上屋顶。"[95]

1943年夏末前,对德国空军来说,除不列颠之战外,西欧一直是次要战区。现在,随着祖国遭受到来自空中的双重攻击,次要战区成了空中战场的中心,其他战区必须为其输血,结果,德军士兵的军事行动很少再能获得充足的空中支援,战斗力严重下降。

尽管如此,希特勒仍拒绝对美国日趋严重的威胁加以足够的重视,施佩尔对此沮丧不已。他盲目崇拜的领袖未能对哈里斯的城市破坏战与美国人看似不甚壮观,实际上潜在威胁更为致命的战略轰炸加以区分,而是固执地将这二者视为紧密相连的协作,旨在摧毁德国人民的士气。在希特勒看来,美国人1943年的空袭,与哈里斯对德国人口密集的城市发起的毁灭性打击相比,危害较小,他担心后者的空袭会破坏民众对其政权的支持。他没有按照战斗机总监阿道夫·加兰德和负责空军装备的埃哈德·米尔希元帅的要求,订购压倒性数量的战斗机来实施防御，而是将重点集中于在大型城市四周构设高射炮——以这种方式击落的轰炸机数量不及战斗机击落的一半，但却能以蔚为壮观的"烟火表演"来鼓舞士气——以及生产造价高昂的复仇武器上。[96]复仇武器中最主要的是V-2火箭，这种短程弹道导弹由韦恩赫尔·冯·布劳恩博士和他的团队研发而成。冯·布劳恩通过一部彩色影片展示了火箭的超音速速度和破坏力后，希特勒告诉他的将领们："这将是对英国的报复。"[97]就连最初持怀疑态度的施佩尔也不得不屈从于希特勒的要求，给予V-2和陆军的V-1飞弹项目（这是比布劳恩势不可挡的火箭更原始些的一种武器）最优先考虑。汉堡遭到空袭后，希特勒执着于"恐怖只能被恐怖所打破"的想法，他对身边的助手们怒吼道："德国人民要求报复。"[98]通过对英国城市的破坏，他将迫使皇家空军停止其夜间空袭。"如果我摧毁敌人的城市多过他们摧毁我们的，我就能赢得这场战争。"他告诉自己的一名将领。[99]但由于没有一支四引擎轰炸机组成的战略力量对英国城市进行持续、深入有效的空袭，他不得不等待报复性火箭的出现。（20世纪30年代末，德国曾想组建这样一支力量，以配合其强有力的重型轰炸机，但设计者一直未能对德国空军寄予厚望的远程战略轰炸机He-177的引擎问题加以解决。[100]）

  与此同时，更为理智的想法集中于帝国防御的组建上。完全是靠偷偷地违背和回避希特勒的意愿，米尔希才得以在1943年生产出足够的战斗机用于本土防御，加兰德用这些战斗机对付"白昼突袭者"，在他看来，后者的精确轰炸，"给军工业造成的后果远比皇家空军的区域轰炸为大"。[101]很大程度上依靠米尔希的努力，1943年德国战斗机产量增加了125%，次年再度上升。但他和施佩尔与英美工业强国所进行的这场竞赛必败无疑。盟国1943年梦幻般的生产数字出来后——151000架飞机对德国的43000架——希特勒拒绝相信。[102]1943年，元首的观点变得更加重要，这一年，作为一名军人，他几乎完全接管了空中作战的控制权，懒惰而又对技术一无所知的戈林对空军的掌控权被彻底剥夺，除了形式上的一些礼仪。完全是因为希特勒对戈林的个人承

诺——他谈及他的眼界和想象力犹如"瓦格纳第二"——才使吗啡成瘾的帝国元帅留在了权力中心。¹⁰³

对德国空军而言，同样不祥的是，各条战线的空战造成大量消耗，其实力被严重削弱，尽管飞机的产量在增加。至1943年8月底，德国空军在西欧上空损失了334架单引擎战斗机。"各条战线的损失，"德国空军史专家威廉姆森·默里写道，"吞噬了军工业的生产。"¹⁰⁴

雷根斯堡—施韦因富特的行动给盟军高层同样造成了令人沮丧的影响，双方似乎都输掉了这场战斗。当年8月，在商讨进攻诺曼底的魁北克会议上，丘吉尔在马歇尔的支持下，否决了轰炸机巨头们过度奢侈的主张，并再次对白昼轰炸是否应该继续下去提出质疑。阿诺德挺身维护埃克的指挥，但私下里，他向罗伯特·洛维特表达了越来越大的担心。"阿诺德当时的日子很不好过，"洛维特回忆道，"我无法将其准确记录下来，但我认为，他开始对进一步的白昼轰炸产生担心，因为损失率实在太高。"¹⁰⁵过了一个月，去英国简短巡视后，这位"轰炸机实施自我防御"思想的拥护者写信给马歇尔："过去几周针对德国的空袭行动清楚地表明，我们必须提供远程战斗机，为白昼轰炸任务担任护航。"¹⁰⁶

数年后，被问及他认为欧洲空战的主要教训是什么时，"泰德巡回马戏团"的前任指挥官泰德·汀布莱克作出了迅速的回答：第八航空队"高估"了他们的主要武器，B-17轰炸机。¹⁰⁷"二战前，要是你告诉陆航军的任何一名军官，消灭一个特定目标需要动用1000—1500架重型轰炸机实施反复空袭……他们肯定会嘲笑你。"当时没人相信"轰炸机无法存活于拥有出色防空体系的环境中"。¹⁰⁸空袭普洛耶什蒂、雷根斯堡以及施韦因富特的行动彻底改变了阿诺德将军的观点。但远程战斗机和千架轰炸机仍是将来的事，他和埃克不得不以现有条件施加压力。所以，阿诺德敦促埃克重返施韦因富特，尽快完成任务。

"8月17日后，生活完全变了样。"里奇维尔基地，教堂旁的一间小屋内，詹姆斯·古德·布朗牧师在日记中写道。[109]他所在的第381大队是施韦因富特行动中损失最大的一个大队，基地的气氛犹如一个"停尸房"。从德克萨斯州派奥特（Pyote）的基础训练起，布朗一直跟381大队待在一起，那时，他们信心高涨，全大队都认为他们绝不会损失哪怕是一个人。他离开马萨诸塞州的妻子和教会，跟这些他觉得比自己亲兄弟还亲的战友们待在一起。第381大队就是他的"教区和会众"。他认为自己了解这些人，但施韦因富特的行动改变了他们。他意识到这一点是因为那些无法入睡的飞行员，在午夜时带着恐惧找到他倾述。有些人说，他们在梦中真的能感觉到阵亡战友冰冷的拥抱。"他们默默地吃饭。他们默默地出现在餐桌旁，又默默地离开。如果他们在餐桌上需要什么，一定是低低的声音。或者干脆不要，以免开口说话。在路上，他们错身而过，相互间不打招呼。如果他们发出微笑，那一定是被迫的。"

在索普-阿博茨，情况同样如此。大队的9架轰炸机和90名机组人员失踪，第100大队"霉运部队"的名声由此开始。[110]从非洲返回的几天后，领航员弗兰克·墨菲写信给亚特兰大的母亲，告诉她，战争对自己而言已变为"一场噩梦"。"我没事，身体健康，但不知道这种情况还能维持多久……只要保持通信，偶尔再为我祷告一番——我确实很需要。"[111]

许多步兵对毁容或残废的担心更甚于阵亡。飞行员不是这样。如果运气不济，他们会送命，而不是受伤。地面战中，阵亡一名士兵的同时会有3—4人负伤。而二战期间的陆军航空队，阵亡者的数量是受伤者的三倍。[112]

将这些人从绝望中拯救出来的是生命的本能，在年轻人身上，这种本能总是非常强烈，另外，还有他们强大的刀枪不入感。当年同月，在另一个战区采访的约翰·斯坦贝克写道，每一个年轻而又稚嫩的士兵，打量着战友们惊恐的面孔，"从中看到了死亡"。[113]但在内心，他相信自己会是个例外。正是这种梦幻般的错觉使他免遭精神崩溃。半个世纪后撰写雷根斯堡的故事时，弗兰克·墨菲回忆起萦绕在心中，一战时期的英国诗句：

地狱的钟声叮铃叮铃叮

为你，而非为我而鸣[114]

注释

1　詹姆斯·古德·布朗，《第381大队的勇士，都是英雄：一名牧师所揭秘的第381轰炸机大队内幕》，第50—51页。

2　莱蒙斯，《机械师，被遗忘的人：肯尼斯·A·莱蒙斯的故事》，第36页。

3　同上，第37页。

4　同上，第29—30页。

5　伯特·埃文斯，《空军机械师》，《扬基》，1944年2月27日。

6　莱蒙斯，《机械师，被遗忘的人：肯尼斯·A·莱蒙斯的故事》，第42页。

7　哈里·H·克罗斯比，《逆境求生》，第62页。

8　1943年7月1日，哈丁接替哈罗德·赫格林上校，由于胃溃疡，赫格林大队长的职务只干了不到一个月。

9　尼尔森，《世纪故事》，第10页。

10　哈里·H·克罗斯比，《逆境求生》，第100—101页。

11　《二战中的陆军航空队，第二卷》，第674页。

12　赫克特·霍顿，《夜间轰炸》（伦敦，托马斯·纳尔逊出版社，1944年），数处。

13　引自马丁·米德尔布鲁克的《空袭汉堡：1943年盟军轰炸机对德国城市的打击》（伦敦，艾伦·拉恩出版社，1980年），第258页。

14　引自德斯蒙德·弗劳沃、詹姆斯·里夫斯编撰的《战争1939—1945：一部文件史》（纽约，大卡波出版社，1997年），第564—565页。

15　引自马丁·米德尔布鲁克的《空袭汉堡：1943年盟军轰炸机对德国城市的打击》，第268页。

16　引自艾尔瑟·文德尔的《战争中的主妇：一名德国妇女在希特勒帝国的

17 引自马丁·米德尔布鲁克的《空袭汉堡：1943年盟军轰炸机对德国城市的打击》，第276页。

18 乌韦·科斯特尔在约翰内斯·施泰因霍夫的《来自第三帝国的声音》中所述（纽约，大卡波出版社，1994年），第212页。

19 马蒂尔德·沃尔夫－门克贝格，《另一方面，给我的孩子：来自德国，1940—1945》（伦敦，五月花出版社，1979年），第71页。

20 引自弗劳沃、里夫斯编撰的《战争1939—1945：一部文件史》，第564—565页；马克斯·赛德维茨，《战时德国的平民生活》（纽约，维京出版社，1945年），第305页。

21 文德尔，《战争中的主妇：一名德国妇女在希特勒帝国的生活记录》，第189—190页。孩子烧焦的尸体，类似的事件还可参阅弗雷德里希·佩西瓦尔·雷克－马列策文的《一个绝望者的日记》（纽约，麦克米伦出版社，保罗·鲁本斯翻译，1947年在德国首次出版），第189页。

22 美国战略轰炸调查，"汉堡现场报告，第一卷，文本"（华盛顿，美国政府印务局，1945年），第32页；美国战略轰炸调查，"全面报告"（欧洲战事）（华盛顿，美国政府印务局，1945年），第92页。

23 弗雷德里希·佩西瓦尔·雷克－马列策文，《一个绝望者的日记》，第189页。

24 阿道夫·加兰德，《第一个和最后一个：德国战斗机部队的兴衰，1938—1945》，第159—160页。

25 阿尔贝特·施佩尔，《第三帝国内幕》（1970年；纽约，西蒙&舒斯特出版社，1977年再版），第284页；亦可参阅伊恩·克肖的《希特勒，1936—1945：报应》（纽约，W·W·诺顿出版社，2000年），第598页。

26 同上。

27 迈克尔·谢里，《美国空中力量的崛起：创造毁灭》，第155页。

28 马克斯·黑斯廷斯，《轰炸机司令部》，第208页。

29 杰克·诺威，《冰冷的蓝天：一名B-17射手经历的二战》，第47—48页。

30 同上。

31 约翰·科莫，《作战机组》，第5页。

32 霍顿、鲁尼，《空中射手》，第217页。

33 安迪·鲁尼，《荣誉勋章颁发给来自德州的飞行员》，《星条旗报》，

1943年12月20日；鲁尼，《失去一条胳膊的飞行员在德国获救》，《星条旗报》，1943年12月7日。

34 美国战略轰炸调查，"与库格尔菲舍公司人员的谈话"，1945年5月2日，美国空军历史研究部，137.315-4。

35 引自詹姆斯·杜根、卡洛尔·斯图尔特的《普洛耶什蒂，1943年8月1日庞大的地空战》（1962年出版；华盛顿，布拉希出版社，2002年修订版），第3页。

36 柯蒂斯·E·李梅、麦金利·坎特，《使命：我的故事》，第289页。

37 这些引文均来自《二战中的陆军航空队，第二卷》，第355页。

38 美国战略轰炸调查，"石油分部的最终报告"（华盛顿，美国政府印务局，1947年），第1页。

39 AC/AS情报中心，"普洛耶什蒂行动"，第151—156页，美国空军历史研究部。

40 菲利普·阿德里，《一名轰炸机飞行员的二战回忆录》（列克星敦，肯塔基大学出版社，1978年），第97页。

41 麦克拉里与谢尔曼合著的《第一次：与第八航空队的弟兄们共赴战火的日记》，第200页。

42 阿德里，《一名轰炸机飞行员的二战回忆录》，第93—94页。

43 引自弗兰克·韦、罗伯特·斯坦费尔斯的《烧毁希特勒的黑色黄金》（自费出版，2000年），第23页；另可参阅杰伊·A·斯托特的《普洛耶什蒂堡垒：摧毁希特勒石油供应之战》（宾州哈弗敦，炮台出版社，2003年），第34页。

44 杜根、斯图尔特的《普洛耶什蒂，1943年8月1日庞大的地空战》，第82页。

45 威廉·R·卡梅伦，《普洛耶什蒂》，《空军杂志》第54期（1971年8月），第59页。

46 杜根、斯图尔特的《普洛耶什蒂，1943年8月1日庞大的地空战》，第33页。

47 亚布隆斯基，《空战中的美国》，第73页。

48 卡梅伦，《普洛耶什蒂》，第61页。

49 杜根、斯图尔特的《普洛耶什蒂，1943年8月1日庞大的地空战》，第47页；安迪·鲁尼，《他获得了美国最高勋章》，《星条旗报》，1943年

50　引自罗纳德·H·贝利的《欧洲空战》（亚历山大市，时代-生活出版社，1979年），第130页。

51　菲利普·阿德里，《一名轰炸机飞行员的二战回忆录》，第106页。

52　同上。

53　普洛耶什蒂的恢复，参见杜根、斯图尔特的《普洛耶什蒂，1943年8月1日庞大的地空战》，第222页。

54　马丁·米德尔布鲁克的《空袭施韦因富特—雷根斯堡》，第28页。

55　同上。

56　弗兰克·D·墨菲，《运气至上：对欧洲空战的反思》，第114页。

57　2003年4月2日，对克莱文的采访。

58　小贝尔尼·莱，《轰炸雷根斯堡目击记》。

59　理查德·勒·斯特兰奇、詹姆斯·R·布朗，《世纪轰炸机：血腥100的故事》，第20页。

60　埃尔默·本迪纳，《"空中堡垒"的坠落：二战中最大胆、最致命的空战亲历记》，第14—15页。

61　布莱恩·D·奥尼尔，《折断的机翼、三具引擎和一个祈祷者：德国上空的B-17》（纽约，麦格劳·希尔出版社，1999年），第40页。

62　麦克拉里与谢尔曼合著的《第一次：与第八航空队的弟兄们共赴战火的日记》，第100—110页。

63　安德森将军的决定：弗雷德里克·L·安德森准将，"1943年8月17日的作战报告"，埃克文件。

64　引自查尔斯·布兰德的《空袭雷根斯堡》，《扬基》，1943年9月12日；小贝尔尼·莱上校的"雷根斯堡行动中的个人报告"，1943年8月17日，美国空军历史研究部，GP-100-SU-RE。

65　小贝尔尼·莱上校的"雷根斯堡行动中的个人报告"。

66　马丁·米德尔布鲁克的《空袭施韦因富特—雷根斯堡》，第106页。

67　同上。

68　2003年4月2日，对克莱文的采访。

69　德国空军的实力，引自威廉姆森·默里，《德国空军》，第174—175页；卡尤斯·贝克尔，《德国空军战时日志》（纽约加登城，双日出版社，1968年），第319页；令人怀疑的更高的数字，可参阅"给国会预算局的报告",1943年10月12日,美国空军历史研究部,520.310B IV;还可参阅美国战略轰炸调查,"与库尔特·汤克博士的谈话",1945年4月17和24日,美国空军历史研究部。

70 小贝尔尼·莱,《轰炸雷根斯堡目击记》,几处;小贝尔尼·莱上校的"雷根斯堡行动中的个人报告"。

71 小贝尔尼·莱,《轰炸雷根斯堡目击记》,几处;小贝尔尼·莱上校的"雷根斯堡行动中的个人报告"。任务结束后的汇报会,以及战后生涯中,克莱文都不肯对此事再做任何评述。"我只是设法稳定住我的副驾驶,他需要些帮助。"副驾驶诺曼·斯科特极力否认自己在任务中惊慌失措,他被调至另一个基地,从事地勤工作。2003年4月2日,对克莱文的采访。

72 小贝尔尼·莱,《轰炸雷根斯堡目击记》;小贝尔尼·莱上校的"雷根斯堡行动中的个人报告"。

73 引自查尔斯·布兰德的《空袭雷根斯堡》。

74 小贝尔尼·莱,《轰炸雷根斯堡目击记》。

75 马丁·米德尔布鲁克的《空袭施韦因富特—雷根斯堡》,第192页。

76 奥尼尔,《折断的机翼、三具引擎和一个祈祷者:德国上空的B-17》,第43页。

77 本迪纳,《"空中堡垒"的坠落:二战中最大胆、最致命的空战亲历记》,第172页。

78 2001年1月27日,作者对刘易斯·E·莱尔的采访。

79 威廉·H·惠勒,《坠机:一名轰炸机飞行员在德国身陷囹圄的经历》(宾州希彭斯堡,毕街出版社,2002年),第1—11页。

80 本迪纳,《"空中堡垒"的坠落:二战中最大胆、最致命的空战亲历记》,第174页。

81 麦克拉里与谢尔曼合著的《第一次:与第八航空队的弟兄们共赴战火的日记》,第110页。

82 本迪纳,《"空中堡垒"的坠落:二战中最大胆、最致命的空战亲历记》,第174—175页。

83 《星条旗报》,1943年8月26日;《二战中的陆军航空队,第二卷》,第683页。

84 1943年8月18日,安德森发给李梅的电报,国会图书馆,柯蒂斯·李梅文件。

85　海因茨·克诺克，《为元首而飞》（1953年；宾州麦坎尼斯堡，斯塔克波尔出版社，1997年再版），第98页。

86　柯蒂斯·E·李梅、麦金利·坎特，《使命：我的故事》，第295页。

87　美国战略轰炸调查，"与库尔特·汤克博士的谈话"，1945年5月19，美国空军历史研究部。

88　施佩尔，《第三帝国内幕》，第284—285页。

89　吉多·R·佩雷拉的《人生点滴》（波士顿，斯泰恩奥尔出版社，1974年）中，小伊莱休·鲁特对吉多·R·佩雷拉所说的话，第151页。

90　弗里曼等人合著的《第八航空队战时日志》，第89—90页。

91　吉多·R·佩雷拉，《人生点滴》，第139页。

92　黑斯廷斯，《轰炸机司令部》，第257页。

93　吉多·R·佩雷拉，《人生点滴》，第157页。

94　马丁·米德尔布鲁克的《空袭施韦因富特—雷根斯堡》，第286页。

95　未注明日期的新闻稿，斯帕茨文件。

96　霍斯特·布格等人编撰的《德国与第二次世界大战，第六卷》，第616页。

97　阿尔贝特·施佩尔，《奴隶国家：希姆莱为党卫队获得霸权的整体规划》（伦敦，韦登菲尔德&尼克尔森出版社，1981年），第208页。

98　威廉姆森·默里，《德国空军》，第174页。

99　R·J·奥维，《希特勒与空军战略》，《现代史杂志》第15期（1980年7月，第3期），第411页。

100　詹姆斯·S·克鲁姆，《德国空军：空战的创建，1918—1940年》（劳伦斯市，堪萨斯大学出版社，1997年），第267—268页；德国远程轰炸机的生产也因恩斯特·乌德特大将对俯冲轰炸机的偏爱而受阻。战争结束后，英国空军部出版了一本可靠的德国空军史，可参见《1933—1945，德国空军的兴衰》（伦敦，1948年；纽约，圣马丁出版社，1983年再版）。

101　阿道夫·加兰德，《第一个和最后一个：德国战斗机部队的兴衰，1938—1945》，第178页。

102　生产数字来自R·J·奥维的《戈林："铁人"》（伦敦，劳特利奇&基根·保罗出版社，1984年），第193页。

103　R·J·奥维，《希特勒与空军战略》，第417页。

104　威廉姆森·默里，《德国空军》，第180页。

105 托马斯·M·科菲,《哈普:美国空军及其创建者亨利·H·阿诺德将军的故事》,第321页。
106 1943年9月3日,阿诺德写给乔治·马歇尔将军的信件,阿诺德文件。
107 采访E·J·汀布莱克将军,美国空军历史研究部,L239.0512-792。
108 同上。
109 詹姆斯·古德·布朗,《第381大队的勇士,都是英雄:一名牧师所揭秘的第381轰炸机大队内幕》,第112—113、117—119页。
110 哈里·H·克罗斯比,《逆境求生》,第122页。
111 弗兰克·D·墨菲,《运气至上:对欧洲空战的反思》,第125页。
112 约翰·C·麦克马纳斯,《致命的天空:二战中的美国飞行员》(加州诺瓦托,要塞出版社,2000年),第190页。
113 《纽约先驱论坛报》,1943年10月3日。
114 弗兰克·D·墨菲,《运气至上:对欧洲空战的反思》,第130页。

第八章

战斗者

> 战斗者与居家者不同。
> 无论是在美国本土，或是更多在英国的人。
> 无论他们身上的优点变得更优秀，或是缺点变得更糟糕。
> ——赫哈里·克罗斯比，《逆境求生》

1943年9月6日，东安格利亚

艾拉·埃克的夏季攻势结束时，似乎是敌人赢得了德国上空的战斗。突袭雷根斯堡和施韦因富特后的三个星期内，遭受重创、实力严重下降的第八航空队没有冒险冲出其战斗机的保护伞外。但他们最终还是冲了出去，9月6日的空袭是该航空队历史上最严重的的惨败之一。

厚厚的云层遮蔽着目标，那是斯图加特的一个滚珠轴承厂，轰炸机开始在城市上空漫无目的地盘旋，浪费着宝贵的燃料，击退德国空军的同时搜寻着云层中的空隙。[1]执行任务的338架"空中堡垒"中，230多架带着满满的弹仓飞离斯图加特。沮丧的投弹手们将这些炸弹胡乱投向返回英国途中的"随机目标"。接近巴黎时,一些B-17的红色燃油警示灯开始发出闪烁,几分钟后,轰炸机开始落入英吉利海峡,"童德蕾奥"号便是其中之一。

"冲入汹涌的海浪,与撞上一堵石墙非常相似。"埃尔默·本迪纳回忆道。[2] 几秒钟后,灰绿色的海水涌入机舱,飞机开始下沉,但机组人员保持着镇定,他们设法爬上轰炸机提供的两具橡皮艇。九个小时后,一艘英国救生艇从海上将脸色苍白的十名组员救起。

另外11架"空中堡垒"也沉入海中,夜幕降临前,英国人已将所有机组人员救起。返回金博尔顿的途中,本迪纳获悉,此次空袭损失了45架"空中堡垒",这些飞机本应被及时召回,因为欧洲大陆上空的恶劣气候根本无法让轰炸机命中目标,而此刻,已有76架轰炸机中途折返。这些任务的代价相当高昂,但并未在机组人员中引起更大的怨恨。一些飞行员觉得,为了给阿诺德将军演一场好戏,他们的生命已经被牺牲掉。这个星期,阿诺德正在英国给埃克施压,要他再次"扛着大旗深入德国"。[3]

我们的天父

斯图加特的行动后,埃克开始尝试夜间轰炸。[4] 丘吉尔仍在给阿诺德施加压力,让他把第八航空队调入轰炸机司令部,如果被迫实施夜间轰炸,埃克希望自己能做好准备。当年9月,第305轰炸机大队的一个中队跟随皇家空军执行了八次夜间任务,其中一次远至慕尼黑,损失非常小,一些机组人员深信,美国人完全能在夜间轰炸中获得成功。10月初,慕尼黑行动中的领队领航员拉尔夫·纳特,准备向他的师长建议,让第八航空队继续夜间轰炸行动,直到获得远程战斗机为止。但令埃克感到欣慰的是,阿诺德仍决心继续执行白昼轰炸。(当年9月,第八航空队实施重组,第1、第2和第4轰炸联队分别改编为第1、第2和第3航空师。第2航空师配备的是"解放者"式轰炸机。"作战联队"这个术语继续适用于由三个轰炸机大队组成的作战编队。)

10月8日，德国上空的天气放晴后，埃克发起一连串倾尽全力的行动，这是第二次"突袭周"。这场行动结束后，大家给它起了个更贴切的称谓——"黑色的一周"。

首先空袭的是防御严密的不来梅—费格萨克地区。次日，轰炸了柏林北部安克拉姆以及维斯瓦河畔马林堡的飞机制造厂，马林堡位于但泽港南面，到目前为止，这是第八航空队行程最远的一次任务。10月10日，空袭明斯特。这些行动令第八航空队遭受到惊人的损失——88架重型轰炸机。第100大队元气大伤，损失了近200人，几乎是其半数的飞行员。罗西·罗森塔尔的机组从明斯特独自返回的那天——在明斯特上空，第100大队的13架飞机在12分钟内损失了12架——大队中的五名指挥官，约翰·伊根、盖尔·克莱文、弗兰克·墨菲、霍华德·汉密尔顿和约翰·布雷迪都被关进了德国战俘营。另外三人，哈里·克罗斯比、约翰·基德和埃弗雷特·布莱克利，10月8日在英国诺维奇附近发生坠机，但他们都生还了。[5]

空袭明斯特的四个月前，第100大队带着140名中尉到达英国。经历了明斯特的行动后，他们当中只剩下三人仍在飞行。一周后，他们中的一个告诉朋友，他过去以为"世界上最凄厉的声音"是货运列车在午夜时发出的汽笛声。[6]但现在他认为不是。而是在黎明前的黑暗中，"停机线处引擎发出的嗡嗡声"。

里奇维尔基地的各个机组，这一周也遭受到重创。在安克拉姆，沿着北海，第381大队仍留在队中的老成员几乎损失殆尽，新兵们曾从这些"老人"身上得到过许多鼓舞。"我们现在是一支全新的队伍，"布朗牧师在他的日记中写道，"不再是……一个大家庭了。"[7]五天后的10月14日，拂晓时刻，任务简报官拉开墙壁上地图前的帷幕，指向施韦因富特，里奇维尔基地的这些小伙子惊讶得说不出话来。任务简报结束后，一些人走到房间后面，跪在天主教神父面前，请求他的赐福；其他人则挤在布朗牧师身边，随后才返回各自的宿舍去书写最后的家信。

第八航空队的第115次作战任务，领队机组的飞行员是来自西弗吉尼亚州查尔斯顿的J·坎普·麦克劳克林。一年前，麦克劳克林执行了自己的首次作战任务，空袭里尔，在那次战斗中，他的指挥官在飞机上成了个懦夫。这次，与麦克劳克林同飞的是一名坚毅的老兵，巴德·皮斯利上校，他担任整个施韦因富特行动的空中指挥官。他们将率领300多架重型轰炸机飞往法兰克尼亚，太多的战友已阵亡于那片地区。

当天早上，空中出现了比第一次空袭施韦因富特时更多的德国战斗机，其中的几十架能发射火箭弹：这些飞机由双引擎夜间战斗机改装而成，主要是容克-88型，能通过挂接在机翼下的发射管发射重达250磅的火箭弹——德国人将其称作"烟囱管"。就是这些火箭弹在明斯特令第100大队遭受到惨重的损失——装有引信的火箭弹扑向轰炸机，在一片预定范围内炸开，其爆炸强度四倍于普通高射炮弹。机枪和机炮火力，消灭轰炸机的速度比较缓慢，而火箭弹与它们不同，一旦被其击中机身中部，轰炸机会立即被摧毁。这些容克战机在轰炸机机枪的火力射程外发射火箭。爆炸迫使美军飞行员采取规避动作，这就打破了战斗队形。随后，德国人的单引擎战斗机猛扑过来，每次集中力量打击一个编队，将致命的注意力集中在那些掉队的轰炸机上。

这种战术的目的是在美军机组人员中制造恐怖和绝望。距离目标还有一半路程时，通常都很镇定的皮斯利对麦克劳克林说道："上尉，我觉得够我们受的。"[8]但不知何故，他们居然到达了目标区。在起始点，麦克劳克林将飞机的操控交给投弹手，后者通过构设在"诺顿"瞄准器里的自动驾驶系统操纵着飞机。"我觉得投弹飞行就是人们所说的投弹手的梦想，"投弹手爱德华·奥格雷迪后来说道："皮斯利上校不停地催我，'瞄准目标，瞄准！'"[9]

他这样做了。这些B-17造成了可怕的破坏，但他们在德国上空损失了60架，另有17架在英国迫降。这些深入德国的轰炸机，近30%未能返回。恶劣的天气阻止了"雷电"战斗机与重型轰炸机的会合，于是，德国战斗机的攻击持续深入至法国北部。"这似乎是在一个可怕的迷宫中所进行的一场永无尽头的奔跑。"埃尔默·本迪纳写道，[10]他和他的老机组驾驶着一架新式的B-17G，这种型号的"空中堡垒"配有一个装着双联装机枪、可遥控的机头炮塔。这个炮塔直接安装在机鼻下端，目的是阻止敌人的正面攻击。但本迪纳他们从斯图加特返航时，这种炮塔并未发挥作用，因为大部分攻击来自后方。

在一架名叫"虎妞"的"空中堡垒"的尾部射手舱内，19岁的尤金·T·卡森，带着一个死期将至者特有的绝望，坐在他那挺双联装点50口径机枪所射出的一堆弹壳中。他知道，要是飞机被击中，他就完了，他甚至忘了背上降落伞。"我们被击中了……我看不出我们如何能将这架飞机飞回去。"[11]敌战斗机突然停止攻击时，卡森，这位来自宾夕法尼亚州安维尔一家面包店的面包师，俯身向前，把头靠在机枪伸出的舷窗上，"浑身发颤，失声痛哭起来"[12]。

德国人在空中消失后，麦克劳克林上尉的飞机内陷入死一般的沉寂。这架"空中堡垒"的机轮在英国土地上触地时，奥格雷迪从机鼻上方的舱门伸出一幅美国国旗。在他出征海外前，他的姑姑将这面国旗交给他，教区神父也为之做了祝福。国旗伸出后，皮斯利上校"发出了欢呼"。[13]他们的飞机沿着跑道滑行时，地勤人员纷纷立正，向奥格雷迪的国旗敬礼。奥格雷迪知道，他们的敬礼不仅仅是向国旗，也是向"当天付出最大牺牲的这些人"。[14]

"黑色星期四"是截止到当时规模最大的一场空战[15]——不仅是一场空袭，还是一场发生在两支庞大、杀气腾腾的空中大军之间的血战，一方拥有229架轰炸机，另一方则是300多架战斗机。战线长达800多英里，战斗持续了3小时14分钟。美军轰炸机中，只有33架毫发无损地降落，2900名机组人员中，642人伤亡，[16]其比例超过18%。[17]*

---

*译注：原文如此。

德国人的损失同样惨重：100多架战斗机被击落或遭到重创。[18]这场战斗过后，德国空军指挥官要求获得更多的战斗机，但戈林和希特勒的回复与过去一样——要将更多的资金投入到报复性武器上。但这次，他们还对德军飞行员的勇气提出了质疑。在与戈林发生的一场激烈争论中，怒不可遏的阿道夫·加兰德扯下自己的骑士铁十字勋章，砰地一声扔在桌上。"气氛一片紧张、沉寂，"加兰德后来写道，"帝国元帅一时间说不出话来。我紧紧地盯着他的双眼，准备他发作。但什么也没发生，戈林平静地说了几句他不得不说的话。此后的半年，我一直没有佩戴自己的勋章。"[19]

空军装备主任米尔希告诉戈林，面对美国和英国更大规模的空袭，他担心德国战斗机保卫祖国城市的能力。戈林回答说："没有城市前，这个民族便已居住在这里。"[20]1943年年底，德国战斗机的产量有所增加，但远远落后于美国庞大的工业生产能力，第八航空队因而比德国空军更能承受巨大的损失。

赢得一场消耗战，即便对胜利方来说也是件可怕的事。经历了"黑色星期四"后，第八航空队的士气猛跌至一个新低点，指挥官们甚至担心机组人员会发生兵变。"我绝不再飞了，无论付出怎样的代价。"一名射手私下告诉他的朋友，[21]他们的宿舍中，20张床铺空了12张。

"黑色星期四"后，一个故事传遍了第八航空队，尽管其细节不一定真实，但却表达出一种新情绪。故事说的是一架孤零零的、受损的B-17跌跌撞撞地返回英国。机上的某人用无线电呼叫塔台："你好，'懒狐狸'，这里是'乔治的G'，呼叫'懒狐狸'。请求给与着陆指示。正副驾驶已阵亡，两台发动机顺桨，无线电操作室起火，垂直尾翼被打飞，没有襟翼，没有刹车，机组人员已跳伞，操纵飞机的是投弹手，请给我着陆指示。"

几秒钟后，传出了回复：

"'乔治的G'，我已听到。现在给你着陆指示，请跟着我慢慢重复，慢慢地重复。我们的天父……"[22]

神 话

阿尔贝特·施佩尔打电话给施韦因富特的一名工厂经理,这才获悉,这里遭受的破坏远远大于8月份的空袭。[23]德国人损失了67%的滚珠轴承产量。甚至在获知这场破坏的完整程度前,阿诺德将军已经兴高采烈。"这次我们干掉施韦因富特了。"他告诉记者们。[24]单凭轰炸便能最终击败德国,"这很有可能",他令人怀疑地补充道,[25]在他看来,将地面部队派入满目苍夷的战败国,仅仅是"发挥警察的作用"。(不知何故,他忘记了俄国人,他们将在完全没有可能仅以空中力量获取胜利的情况下攻入德国,将阿诺德的"警察部队"推至一旁,并接管整个国家)就连沉默寡言的柯蒂斯·李梅也充满了热情。"对德国来说,冬季防御毫无希望可言。"他告诉一名美联社记者。[26]

这些轰炸机巨头不可能相信他们自己过度乐观的说辞。截获的情报以及来自德国境内情报人员的报告使他们对德国的恢复力有了一个清醒的评估。据悉,施佩尔已任命他最信任的同事保罗·凯斯勒为滚珠轴承生产专员,凯斯勒制定了一个应急计划,将滚珠轴承的生产分散到一些规模较小的工厂,并从中立国瑞士和瑞典购买额外的轴承。即便当地纳粹领导反对将军工产业引入他们的城镇(因为这是轰炸的目标),从而导致疏散计划失败,足智多谋的施佩尔也已准备好滑动轴承,以代替滚珠轴承。[27]

被记者问及对施韦因富特的追加轰炸时,弗雷德里克·安德森将军提醒美国公众,不要指望在轰炸战中获得立竿见影和"轰动性"的进展。"每天都期盼上演一场大规模空中行动,"他说道,"就如同期盼陆地和海上力量每天都夺取西西里岛一样。"但他指出:"除了空中力量,现在没有别的什么能打击德国的腹地。"[28]盟军地面部队深陷于意大利中部山区的泥泞和困苦中,俄国人承受着战争的重负,在他们祖国的土地上抗击着德国军队,目前,英美盟军直接打击纳粹德国的唯一方式是从空中。

欧洲空战最大的神话也许是这样一种想法，"黑色星期四"后，美国陆航队下令停止在未获得护航的情况下执行深入德国的任务，直到远程战斗机面世为止，按航空队官方史学家的说法，这是因为第八航空队暂时失去了德国上空的制空权。[29]实际上，1943年秋季，德国人和盟军都未能获得北欧的制空权，所以并不存在"丧失"一说。战事处于胶着状态。当年10月，德国空军击落盟军轰炸机的数目深具毁灭性——每次任务平均损失28架，[30]但第八航空队的空袭没有一次被击退，而德国本土战斗机指挥部为其战术胜利付出了高昂的代价，单是10月份便损失了248架战斗机。[31]这个数字约占德国在西线战斗机总数的17%。德国空军指挥官还很担心美国战斗机扩大其护航航程。到10月份前，配备着副油箱的"雷电"战机已出现在德国边境城镇的上空，可顽固的戈林却拒绝相信。11月初，与那些疲惫的飞行员会谈时，加兰德告诉他们，对波音机的战斗尚未获得"决定性胜利"。[32]

在这场势均力敌的消耗战中，双方有时候都认为，他们正在输掉这场战事。随着"霸王行动"被定于1944年夏季发起，盟军领导层越来越担心他们的空中力量没有足够的时间和实力来获得空中优势，以及艾森豪威尔认为这场历史上规模最大的两栖进攻获得成功所必需的制空权。单是出于这个原因，轰炸攻势就不能在"黑色星期四"后正式暂停，整个进攻行动依赖于它的成功。面对整体战的严峻形势，损失几百架未获得护航的轰炸机被认为远比一个个师在法国北部的海滩上惨遭屠戮更合算些。

与上述神话相反的是，盟军从未下达过取消轰炸机在没有获得护航的情况下深入德国实施空袭的指令。"一些作家在这个问题上有许多糊涂的想法，"柯蒂斯·李梅在战后告诉詹姆斯·帕顿，"我不认为曾有过等待战斗机的明确指令……我们不得不只依靠现有的战斗机。"[33]不可否认，"黑色星期四"后，埃克对他那支遭受到严重损失的部队的使用更加谨慎，但尽管如此，在11月获得加强前，他和他的参谋人员已开始制订"以最大的力量"打击敌飞机制造业的计划,这个行动的代号是"论据"。[34]10月22日,他告诉阿诺德:"纳粹宣传说,他们给我们造成了难以承受的损失,这将是对他们的一个回答。"

"黑色星期四"本应粉碎轰炸机能实现自我防御的想法,但却没有。埃克顽固地坚持这一点。"我们必须带着无情的怒火继续战斗,"[35]空袭施韦因富特的第二天,他发电报给阿诺德,"这就是我们要做的。"据帕顿说,埃克数年后说过,即便没有远程战斗机护航,他和安德森"也将重新深入德国腹地,只要气候条件允许"。[36]但天气却拒绝合作。从10月中旬起,厚厚的云层笼罩了德国境内的目标,这种情况一直延续至1月初,这使得精确轰炸无从执行。帕顿恰如其分地指出:"对施韦因富特的第二次空袭后,两个半月的时间里,云层控制了天空。"

但焦急的阿诺德不会以天气为借口。他继续催促埃克,让他用自己派给他的额外的飞机和机组实施进一步冒险。阿诺德的无情是因为他自己也处在持续的压力下,他必须证明数十亿预算和几乎占陆军总兵力三分之一的陆航队没有被白费。在这背后是他长期以来的一种决心:要让美国陆军航空队成为一支完全独立自主的作战力量。无论有没有远程战斗机护航,第八航空队必须尽快证明白昼轰炸行之有效,他的梦想才能实现。[37]谈到为完成这种实验而付出代价的人员,埃尔默·本迪纳曾写道,"遗憾的是",美国在战前的制空权理论无法在实验室里用"会飞的豚鼠"试验一下。[38]

避弹农庄

"黑色星期四"的一周后,J·坎普·麦克劳克林和他机组中的军官被派到一个疗养院,放松并休整一个星期。自1942年起,航空队便开始为那些疲惫不堪的飞行员设立疗养院——飞行员们称之为"避弹农庄"。那些在服役期中途产生作战疲劳症,或是于近期在空中遭遇到恐怖经历的飞行员,会被中队的航空军医打发到那里。大多数"避弹农庄"是业主捐赠给皇家空军的庄园，后者又将其租赁给第八航空队。截止战争结束前，总共出现了15处"避弹农庄"。航空队的军医会定期走访这些疗养院，但日常管理权逐渐转交给美国红十字会的妇女，其目的是为了使它们"尽可能非军事化"。[39] 起初，这些设施只对军官和军士开放，后来，整个机组有时候会被派至同一个疗养院休整，搞军衔区别对士气没什么好处。这些不执勤的飞行员穿着宽松的毛衣、休闲裤和运动鞋在四下里闲逛，很容易被误认为是休假中的运动员。

麦克劳克林和机组里的几名中尉在斯坦布里奇厄斯度过了为期一周的休整，南安普顿的这座庄园是国王艾特尔沃尔夫的住所，他是阿尔弗雷德大帝的父亲。这座灰色墙面的房屋，镶嵌着雕花玻璃的窗户，配有雉堞的塔楼，外加18间布设精美的卧室。每天早上9点30分，一丝不苟的管家托着装有橙汁的托盘，叫醒这些飞行员，面颊红润的红十字会女护士与他们在早餐桌上碰面，并为他们安排当日的活动，这些活动可能包括牵着猎狗去打猎，或是在宽阔的后草坪来一场飞碟射击赛。

机尾射手尤金·卡森，执行完施韦因富特的任务后，飞至英国南部的一座疗养院，他对打羽毛球或是骑自行车没太大的兴趣。但他注意到负责他那间卧室、相貌清秀的年轻女仆"非常亲切"，[40] 于是，他跟她度过了愉快的一周，并认为这是对自己作战疲劳症"最有效的治疗"。

根据一份红十字会手册的说法，"避弹农庄"的任务是提醒他们"令他们选择飞行和战斗的那些事。强化他们的求生欲，以更大的努力去面对自己的任务"。换句话说，其目的就是避免这些人发疯，以便让他们继续飞行。但这种想法有时会事与愿违。[41] 有一件事可能已被约瑟夫·海勒写入《第22条军规》中，一个曾在空中遭遇过恐怖经历的机组从"避弹农庄"返回，在农庄里，他们有足够的时间细想最近的可怕遭遇以及毫无希望的前景，于是宣布，他们一致决定，再也不爬进任何一架四引擎轰炸机中。于是，他们遭到降级，被调至另一个基地担任地勤人员。

《星条旗报》记者安迪·鲁尼首次参观为军士们准备的"避难所"时,他发现这是个"士兵的天堂"[42]。泰晤士河畔的小精灵山墙酒店中,阳光充裕的休息室,铺着草坪的网球场,码头上停泊着平底船和独木舟。到了晚上,他们躺在铺垫得又软又厚的躺椅上,如果喜欢的话,他们还可以将烟灰弹在地毯上。但在这片宁静的环境中,他们谈论得最多的是把他们带至这里的"有组织的杀戮"。在休息室的一个角落,鲁尼看见三名中士躺在一台电唱机前的地毯上,重温着一场空中战斗。"……这家伙冲过来的时候,我在1000码的距离上朝他开火。"[43]当天晚些时候,一群机枪手分成两组,爬上两艘小船,撑着船向上游一座深受欢迎的酒吧而去,并在途中来了场模拟空战。"敌机从三点钟方向而来。"靠近对方的小船时,一名射手喊道。"九点钟方向,敌机,打掉它!"几秒钟后,战斗打响了,这些调皮的机枪手相互泼着水。

河边的草地上,三名航空队精神科军医像溺爱孩子的父母那样看着这一切。"这些孩子来到这里时,正处于紧张的边缘,他们的神经一直绷得紧紧的,"一名军医评论道,"他们在这里已待了四天,现在再看看,他们又活过来了,不光是现在。"[44]但医生们应该知道,生活并不仅仅是忘掉战争。红十字会负责疗养院事务的主任芭芭拉·格拉芙明白这一点。这些飞行员被投入一个不真实的世界中,"他会认为他的飞机、他的战友、他的技能或他的忍耐力是他所拥有的唯一熟悉的东西",在一份写给第八航空队司令部的报告中,她这样写道,"他对此非常重视,并为所发生的一切而感到痛苦"。彻底忘掉战争,实际上就是忘记你已变为怎样的人以及在关键时刻你可依赖的人。这里指的并非泰晤士河畔豪华别墅里那些对此深感理解的人,而是战火中,"空中堡垒"内另外九名惊恐的机组人员。

当晚,在泰晤士河畔的小精灵山墙酒店,吃罢配有挺括的餐桌布和百年历史银餐具的晚餐,鲁尼陪着一群机枪手来到一间酒吧的花园中。他们喝着淡啤酒,谈论着棒球和姑娘,直到一架英国轰炸机隆隆地划过夜空,赶往附近的一座机场着陆时才停下。长时间的沉默,这些飞行员以炽热的目光盯着那架飞机，直到它消失在一片杨树林后。一名飞行员手托下巴，双手撑在膝盖上，似乎被那架"兰开斯特"惊呆了。"很好，"他说道，"像这样，他们降落得挺好。这也是另一个有时会让我困惑的问题。这些大家伙中的一架着陆时，开始一圈又一圈地盘旋……这种情况不太好……"[45]

"没错，我明白你的意思，"站在门口处的一名机枪手打断了大家的思绪，"就像是个被杀死的巨人，有点像。"

就是这样，他们从未忘记自己很快将重返战斗中。

皮卡迪利广场

"黑色星期四"后的几周，恶劣的天气萦绕在欧洲上空，出于对士气的担心，大批被战斗折腾得筋疲力尽的机组人员获得了三至七天的休假批准。大多数小伙子赶往伦敦，那里的情形与罗伯特·摩根上尉和他的"孟菲斯美女"号机组在1943年初游历时已完全不同。那时，全英国只有47000名美国飞行员，也没有即将到来的补充兵，他们很少获得休假，这使得美国飞行员成了那座战时拥挤的城市中一个罕见的景象。可到了当年年底，岛上的陆航队人数激增，已超过28.6万人。但这些飞行员的数量仅占一支庞大的美国军队的四分之一，美军不断增加兵力，准备发起一场跨越海峡的进攻。[46]1943年最后三个月中，41.3万多名美军士兵在英国港口上岸，同时还带来77.3万多名后勤人员。D日到来前，在英国将有150万美军士兵，其中的28%（近42.7万名男女）是陆航队成员。

成千上万名后勤人员常驻伦敦，但这个城市中的身穿军装者，最多的是来自分散在这个岛国上各军事基地的休假者，这个突然间拥挤起来的国家，面积还比不上明尼苏达州。大多数军人是英国或美国人，但也有法国、挪威、波兰和捷克的士兵、水手、护士和飞行员，伦敦已成为他们流亡期间的新首都。

"又脏又乱，混乱不堪，伦敦挤满了身穿不同军装的人，说着上百种不同的语言。"⁴⁷罗伯特·阿比布中士写道,这位建筑工兵每隔一段时间便到伦敦游历一番,他的新驻地离这里不远,只需要坐很短时间的火车。还有些飞行员胳膊上挎着女人来到伦敦。尤金·卡森第一次来到这座大城市时带着第八航空队司令部的一名女兵,他是在施韦因富特的行动刚刚结束后在基地结识她的;哈里·克罗斯比是个已婚男人,到伦敦休假时却带着多特,这个来自爱荷华州的姑娘是他结识自己的妻子前一直深爱着的。她驻扎在剑桥的一个红十字会俱乐部。克罗斯比和卡森属于幸运儿,大多数美军飞行员走出车厢踏上伦敦车站的拱顶站台时是独身一人,或是跟机组同伴在一起。正如安迪·鲁尼所写的那样,"他们一直处在频繁的战斗中",需要"解决自己的生理需求"。⁴⁸

战时的伦敦是世界上最非同一般的城市之一。死亡和痛苦释放了情感的阻力,到处都有人在寻找食物、朋友、烈酒和性。街头拥挤得令人难以置信。乞丐们拉着陈旧的小提琴,一群群喝得酩酊大醉的水手,衣冠楚楚的女人倚在上校们的怀中,她们的高跟鞋咔咔作响,口红也恰到好处。屋顶上,男人和女人们搂在一起御寒,执行着防火员的任务,等待着令他们投入行动的警报和炸弹。

伴随着盟军在几乎所有战场上的推进,以及进攻欧洲大陆的传闻,对那些将战火烧至希特勒家门口的年轻飞行员来说,伦敦是个最热情好客的去处。这些美国飞行员到达伦敦后的第一站通常是最靠近的红十字会俱乐部,在那里,乐于助人的志愿者帮他们预定免费的商务酒店或是属于红十字会的宿舍式住处。登记入住并放下行李后,大多数人直奔彩虹角,那里位于沙夫茨伯里大街与皮卡迪利广场的拐角处,是美国兵在整个英国所能找到的最接近于家的地方。

在美国红十字会的管理下,彩虹角的目的始终是"创造一种实实在在的美国气氛"⁴⁹。俱乐部的地下室里,有一个精确复制的美国小镇一角的杂货铺,里面的冰冻可乐只卖5分钱,一毛钱则可以买到一个烤汉堡。楼上的大舞厅内,军人们跟由志愿者担当的女招待在军乐队的伴奏下翩翩起舞,乐队成员来自"空中堡垒"部队，来自"雷电"战斗机部队，也有的来自"天空开拓者"乐队。这里还有间休息室，配有一台点唱机和一个小舞池，四周摆放着桌椅。孤独的美国兵将甜甜圈泡在新鲜咖啡里，聆听着最新的美国歌曲，消磨上一段时间。彩虹角永不打烊，1942年11月，这里举行盛大开业式时，钥匙被象征性地丢掉了。

杂货铺对面的一张写字台上，女志愿者帮着思家心切的军人写信给他们的妻子、恋人或是母亲。小伙子们最喜爱的帮助者是德莉夫人，这位目光炽热的美貌女人是弗雷德·阿斯泰尔的姐姐和舞伴，也是查尔斯·卡文迪什勋爵的妻子。"阿黛尔像只咯咯叫的母鸡，将我庇护在她的羽翼下，"尤金·卡森回忆道，[50]他再次来到伦敦时遇到了她，这次，他没有带上自己的美国女伴，"她提醒我那些可能会让我遇到麻烦的地方。"这些提醒被卡森当做寻欢作乐时的指路明灯。*

俱乐部总是人满为患。1943年末的一天，70000多名美国兵踏入这里的大门。美国士兵可以在这里得到一间便宜的住房，洗把热水澡，理个发，擦擦皮鞋，还有免费的止头痛药片。他还可以在这里将美元兑换成英镑，将支票兑现，玩玩台球和乒乓球，看场职业拳击或摔跤赛，读读美国报纸，再获得些关于这座城市及其景点的有用信息。当时的伦敦没有观光巴士，所以这里提供预订服务，让十来个诚实可靠的英国出租车司机带这些美国兵游览市内的名胜古迹，当然，这需要支付一些费用。一个美国小伙告诉一名工作人员："除了不给这些士兵擤鼻涕，你们几乎包办一切。"[51]

手头阔绰的飞行员会住在巴克莱、萨沃伊、格罗夫纳饭店，或是伦敦其他的豪华酒店，沉溺于时下流行的下午舞会中。卡森则省了钱，他跟他的陆航队情人吉娜维芙在巴克莱住了三晚。在床上，依偎在他的怀中，她告诉他此前

---

* 译注：弗雷德·阿斯泰尔是美国著名的电影演员和舞蹈家，曾被美国电影学会选为百年来最伟大的男演员第五名。

从未跟男人亲热过。受到一种意外的良心谴责，卡森没有碰她，两人失望地离开了伦敦。后来，由于吉娜维芙无法获得休假批准，卡森随后的两次休假都住在一位前芭蕾舞女演员的寓所，她是德莉夫人在"彩虹角"介绍他认识的。两人在一起的第一晚，"她为我跳了舞"，他深情地回忆道。[52]

美国飞行员对这座城市的游历通常开始于夜间。灯火管制的街道上挤满了人，许多人携带着"火炬"（手电筒），出租车缓缓驶过，车灯被蒙住，只留条窄缝，射出细细的光线。尽管1943年秋很少出现敌人的轰炸机，但探照灯光束仍在夜空中纵横交错，几乎每晚都发生防空警报误报的现象：凄厉的汽笛声，伴随着高射炮火的轰鸣，这些高射炮布设在市内的各十字路口，甚至包括公交站台。防空警报响起时，没人对此多加注意，从俱乐部旁走过的行人能听见摇摆乐队伴随着高射炮火的节拍进行着演奏。浓雾从泰晤士河上升起，混合着上百万具烟囱中冒出的煤烟，给这座城市增添了一份诡异的气氛。

18岁的陆航队机枪手杰克·诺威宁愿自行摸索这座城市，于是晃入小巷中的一个酒吧，里面没有一个美国人。皇家空军的一帮小伙子围在钢琴旁。他们看见诺威胸前佩带着银色的飞行徽章，便邀请他加入他们，一场大声歌唱和豪饮的漫长夜晚就此开始。[53]

美国和英国飞行员在一起觥筹交错的情况非常罕见。"主要的原因是，"战争期间居住在伦敦的乔治·奥威尔猜测，"薪水不同。你不可能跟某个薪水比你高五倍的人结成亲密、友好的关系。"[54]另外，英国士兵中还有一种感觉，那就是美国人明显占有身体上的优势。"（他们）与我们相比，普遍更高、更魁梧、更帅。他们中的许多人纯粹是金发巨人，头发剪得短短的……他们的军装和徽章引人注目，又漂亮又合身，面料时髦而又挺括……就外观形象而言，他们比我们更胜一筹。"*[55]

---

*译注：乔治·奥威尔是英国著名作家，著作包括《一九八四》和《动物庄园》等。

英国的酒吧打烊很早，对那些精力充沛的人来说，下一站通常是私人俱乐部，那里可以购买整瓶的酒。好的杜松子酒和威士忌在战时的伦敦依然是稀缺品，劣酒则很容易搞到，罗伯特·阿比布评论道："就像沉积在鞣制皮革的大染缸底部的玩意儿。"[56]但位于西区的各个俱乐部热闹而又嘈杂，一些女人坐在桌子旁，放荡地穿着薄薄的礼服，操着浓郁的外乡口音，不少人是从事"八美元谈情说爱一次"的专业人士。"中尉，我能让你欲仙欲死，享受到你从未体验过的乐子。"[57]

当然，这里也有"本地人才"[58]，伦敦人称她们为"欲火中烧"[59]的姑娘。她们中的一些人才十五六岁，但大多数是二十岁出头的职业女性，战前，这种类型的姑娘大多会远离西区，因为她们没有合适的衣服，也没有钱。尽管不是"专业人士"，但要跟她们在拥挤的住处（通常是两三个姑娘同居一室）过上一夜，她们也期望能获得些礼物——尼龙丝袜和糖果。

对那些愿意尝试的男人来说，这里也有许多街头妓女。最容易找到她们的地方是皮卡迪利广场周围店铺黑黢黢的门口。哪怕有警察在四周游荡，这些女人也敢明目张胆地揽客；大家都称她们为"皮卡迪利突击队"。许多人自愿或勉强地光顾了那里。"我们几个男人顺着皮卡迪利大街走入黑暗中时，"记者沃尔特·克朗凯特回忆道，"高跟鞋的咔咔声向我们宣布了一位夜女郎的到来。她的身上洒着廉价香水，她的手会沿着我们的裤腿摸索。"[60]克朗凯特指出，这是一种"经济活动"，而不是"性行为的前戏"。"通过触摸裤子的面料，经验丰富的女人便能知道面前的这个男人是美国还是英国军人，是军官还是士兵。她会根据这一判断开出自己的价码。"

皮卡迪利广场艰难的讨价还价中，打火机的闪烁——这让那些士兵得以看清面前女人的面容——可以促成或破坏一笔街头交易。如果某个小伙子太过粗鲁，那些"突击队员"也有能力保护自己。法国姑娘通常会用皮带牵着一条咆哮的斑点狗，而大多数站街女都带着弹簧刀。靠着墙壁，站立着发生性关系，众所周知的价格是2英镑，折合8美元；而到一个破旧的酒店房间里来场"速战",其价格根据服务对象的军衔有所不同。[61]大多数"突击队员"喜欢靠着墙壁解决问题,她们对此的专业术语是"大理石拱门式"。这是一种经济合算、流水线式的性交,许多幼稚的女孩认为,这种方式不会使她们怀孕。

站街女们鼓励,但并不要求他们的顾客使用保险套。对那些忘记携带或已将配发的保险套用完的男人来说,广场四周有许多脏兮兮的供货者,他们会装成卖报纸的样子。1943年年底前,性病在英国流传开来。[62]《纽约时报》的一名记者报道说,驻英美军中的性病发生率比他们在国内高25%,其中的半数可能都是在皮卡迪利大街感染上的。[63]很快,美国红十字会在其俱乐部内设立起预防站,军方也终于提供了充足的保险套。最初的一批由英国提供,却被发现"尺寸太小"。[64]直到1944年春季,一种有效的性病治疗法才被广泛采用。这种治疗方式结合了磺胺和甘汞,被称作"加强疗法"。另外,性病发生率在当时出现下降,与新疗法无关的原因是:军方大幅度收缩其休假政策,以便为跨海峡登陆做好准备。[65]

对航空队的小伙子们来说,在伦敦的两天休假常常会以不体面的结局收场。出生于德克萨斯州的机顶射手杰克·科诺,经历了一场他所描述的"超级狂欢"后,从一张桌子旁站起身,跟跟跄跄地走了几步,一头跌倒在地上。[66]几名队友扶起他,把他塞入一辆出租车,带他来到滑铁卢车站,又把他送上开往里奇维尔的列车。醒酒需要的时间估计长过他的假期。

他在这里

回到驻地,酒醒后,丈夫和儿子们纷纷写信给妻子或父母,描述他们最近在伦敦老城的经历——漫长、令人厌倦的几天,游览了这座城市的博物馆和泰晤士河上的景观:大本钟、伦敦塔以及国会大厦。行程如此仓促,几乎没时间喝顿啤酒。约翰·科莫大队里的一名领航员,大卫·麦卡锡,在写给父母的一封信中塞了张照片，这是他和他的一个朋友狂灌了一通阿尔及利亚烈酒后，在一间临街摄影室里拍的照片。麦卡锡的妻子去看望他父母时见到了这张照片，她评论说，这两人看上去怎么那么疲惫，并断定他们肯定患了战斗疲劳症。麦卡锡的父亲对喝酒比较了解，他看看她，说道：" 不是，诺玛……这两个小子喝醉了。"[67]

1943年秋季，随着第八航空队的人数迅速增多，艾拉·埃克面临着一个重大的军民关系问题。这个问题在夏季实施集结，准备发起"突袭周"时便已显现出来。7月份时，埃克曾警告他的指挥官们，美国飞行员与英国百姓（当然，深具吸引力的英国女性不在其中）之间的关系，"不像几个月前我们的力量还很弱小时那么融洽"。[68]快到年底时，美国记者们注意到这一点。"近几个月来，事情变得越来越明显，英国人被挥金如土、四处留情、口出狂言的美国士兵折腾得不胜其烦。"《时代》杂志于当年12月作出了这样的报道。[69]该杂志声称，许多英国人认为美国大兵"马马虎虎、骄傲自大、迟钝、缺乏鉴别力、吵吵闹闹"。

"公众观察"所进行的民意调查证实了这一点，这个成立于1937年的独立机构专门记录"英国公众的想法、看法和做法"。[70]整个战争期间，"公众观察"的调查者小组在全英国进行了民意调查，并赢得1500名"特约通讯员"撰写"他们日常生活的日记"，[71]以记录他们社区的文化变化。1942年，问及对美国人印象如何时，47%的受调查者说他们对美国人"印象良好"。[72]第二年，这个数字下降至34%——与此同时，以傲慢出名的"自由法国"军队却获得了52%的好评。[73]被要求详细说明他们不喜欢美国人的主要原因时，"大言不惭"、"不成熟"和"追求物质享受"位居榜首。"他们把我气得难以用语言来形容，"一名受访的英国家庭主妇说道，"吵闹、夸夸其谈、不知天高地厚、自以为是。"[74]另一位"特约通讯员"则抱怨他们"傲慢、日耳曼似的魁梧、缺乏礼貌和最起码的礼仪"，还厚颜无耻地想靠他们自己来打赢这场战争。"这些吃饱喝足、养尊处优、嚼着口香糖，大摇大摆跑到我们国家来的家伙，怎么会不招人怨恨呢？"露丝玛丽·布莱克在她的日记中写道。

英国人有种根深蒂固的看法，遍及几乎每一个调查，他们觉得美国人就是"长不大的孩子"。[75]"奇怪的是，他们在科学发明领域有着成年人的能力，但他们的思维却像11岁大的孩子。"一位化学家告诉"公众观察"的调查员。[76]就连英国人善意地向美国人表示出他们发现对方性格中最具魅力的部分，通常也跟儿童有关：他们那"孩子般的倾诉欲"，他们的活力和冲动，他们慷慨的宽宏大度和友善，以及他们百无禁忌的"搞笑"。[77]"我喜欢他们，""公众观察"一位年轻的特约通讯员表示，"但跟我喜欢法国人不同，不一样，是那种慈爱的父母喜爱他们的孩子的那种喜欢。"

这个问题越来越引起埃克和斯帕茨的关注，当然也包括艾森豪威尔将军，他正准备于12月返回英国，出任"霸王"行动的最高统帅。对他们来说，还有几件事比美国人与英国主人之间亲密的关系更加重要。在一份1943年9月发自北非的报告中，斯帕茨强调了这一点。他说："（在这里）陆航队成员可能会犯下三种罪行，谋杀、强奸和破坏英美关系。前两种罪行也许还能获得宽恕，但第三种，决不允许。"[78]

伦敦比其他任何地方更多地使美国士兵背负上坏名声，但没有美军指挥官（陆军和陆军航空队）愿意减少进入这座城市的士兵人数。在伦敦，数以百计的、戴着白色钢盔的美国宪兵在街道上巡逻，这里的美国兵也远比警力较少的乡镇里的美国士兵更容易控制，当然，那些乡镇里的女人和酒精供应也较少。将军们意识到，一个喝得大醉，跟女人厮混的士兵，肯定不比清醒并性饥渴的士兵更容易卷入斗殴中。就像约翰·科莫注意到的那样，随着夏季和初秋遭受到的可怕损失，航空队司令部非常清楚在大城市内发生"一场大爆发"的精神需要。[79]

首次对施韦因富特实施空袭后，科莫所在的第381轰炸机大队，飞行员们聚在作战室内，每个人都认为会等来更糟糕的消息。屋内"一片抑郁的沉寂",但他们随后听到了令他们难以相信的通告。"我们给予每个参战人员四天休假,卡车将在1点30分出发。我们将把你们送至伦敦郊外,你们可以在那里搭乘地铁进城……这次休假将是强制性的,除非获得航空军医的批准方可免除。"[80]

第八航空队的指挥官们知道,他们的部下会激怒那些伦敦人,而伦敦人同样也会招惹他们。一些不法出租车司机和商家会利用美国人对当地货币的无知来欺骗他们,一些妓女(或者跟皮条客串通)干着扒手的兴旺勾当,简直就是彻头彻尾的贼。某个妓女的惯用伎俩是将美国佬引入廉价酒店的客房,将麻醉药滴入他们的饮料中,等他们昏倒在地后,将他们的钱包洗劫一空。

一些英国人(更准确地说,是那些来自社会底层的女性)已开始为不检点的行为而公开自责,而这些行为曾被不公正地归罪于美国佬。面对那些"舒舒服服"的年轻美国男人,"大批妓女、丑姑娘以及她们的阿姨和母亲们从贫民窟蜂拥而出,跨过桥梁,过去在梅菲尔和贝尔格拉维亚广场从未见过她们,"小说家伊夫林·沃写道,毫不遮掩对保守主义的蔑视,"在那里,他们热烈而又公然拥抱,无论是在灯火管制下还是在大中午,并被回报了口香糖、剃须刀片或其他的罕见物品。"[81]

大批无人陪同的女性流连于酒吧,她们也引起越来越多的怨恨。她们中的大多数是工厂女工和在部队中服役的女性,结束了十个小时甚至更长时间的工作后,出来放松一下。调查表明,大多数酒吧老板对自己所看见的,不可避免的战时出生趋势持宽容态度。"通常她们是单身进来,出去时却成双成对,可我算老几,哪有资格去批评她们?"[82]这些勤劳的女性"和她们的同事一样,偶尔需要喝上一杯","公众观察"的一名调查员说。整个国家有一种普遍的看法:"战争在继续,所以,有条件的时候,为什么人们不能让自己放松一下呢?"[83]甚至就连年长的妇女也对"独饮的女孩子没什么偏见",就像一位妇女所说的那样:"为什么要求她们有人陪同?许多好男人都成了护花使者!不管怎么说,我情愿带上一条狗。"[84]

这是个机会,美国人像对待公爵夫人那样关心他们的约会对象。"他们为我们开门,非常礼貌,把我们照顾得无微不至,"一名英国妇女回忆道,"可我们的男人却把我们丢在桌旁,跑去跟同伴玩飞镖。"[85]

英国男人对此做出了幽默的回应:"听说过新功能的短裤吗?就是一拉(Yank)就掉的那种。"[86]但怨恨一直持续到美国士兵最终离开为止。*

陌生的两个人既相互吸引又相互排斥,这就是战时的英国人和美国人,他们对对方的了解少得惊人。"友好"的美国人"入侵"前,大多数居住于英伦三岛和美国的人从未结识过其他国家的人。为弥补知识上的这个缺口,美国陆军编辑了《英国指南》,这本小册子中轻松活泼的主题涵盖了从岛屿地理到诸如飞镖游戏和喝啤酒这类"室内娱乐"。[87]英国军队也印发了他们沉闷枯燥的指南——《与美国人接触》,以确保大西洋两岸的和谐。[88]实际上,这些指南对读者们了解大洋彼岸的表兄弟帮助甚少。由于两个国家之间的广播电台较少,而新闻短片呈现的只是轰动性消息的片段,因此,见识狭隘的英国人和美国人(包括大多数美国兵)更倾向于从他们自己国家大规模出产的新闻和娱乐中获得对对方的了解,这些来源包括报纸和杂志,广播和电影。

电影在战时的英国广受欢迎。即便在小城镇,到电影院消磨夜间时光也是人们最喜爱的休闲方式。许多村民每周去当地的电影院两至三次,这使得拥挤的影院成了结识当地姑娘的绝佳去处。一对对情侣坐在后面,单身姑娘和美国佬在包厢内结识,年长的女士则带着三明治坐在前排。管风琴演奏(伴随着热烈的掌声和喊叫)开始了当晚的节目,接下来便是一部新闻纪录片和两部电影。英国人知道所有的好莱坞明星,但对许多观众来说,美国本身便是主角:庞大、富有、有进取心、充满活力以及令人恼人的孤立,这个乐观进取的国家

---

* 译注:Yank的意思可以是"拽、拉",也等同于"美国人"Yankee。这个笑话是讽刺美国佬所作的一切完全是为性欲所驱使,同时也是对那些跟美国人搞在一起的英国女性的讥讽。

体现出一种全新的价值。"公众观察"的调查淡化了好莱坞电影在英国人形成对美国人的看法中所起的作用。"人们觉得这些电影太过虚幻，不够真实。他们并不认为它们能代表美国，而是代表着一种来自美国的老套梦想。"[89]但这似乎是错的。英国人从好莱坞电影中所见到的民族性，与他们在战争期间遇到的美国人的个人品质相同，时而可憎，时而可爱。"公众观察"的调查结果表明了这一点。所以，一个英国人遇到一个美国人时，他确实知道该期待些什么。但通常是错的。

将美军调入英国是个史无前例的迁移计划，但无论是被派往英国的美国人，还是美国人到来时留在本土的英国人，都无法代表他们的国家。这些美国移民主要由18—28岁之间的年轻人组成，他们远离自己的家庭和社区（这些机构对人有着软化的影响），驻扎在管理严格的军营中，并被派到飞机上实施杀戮和破坏。而另一方面，战争中的英国人也不完全是他们自己。伦敦从来就不是美军士兵游历过的那座城市，以后也不会如此。这个国家的其他部分也是这样，国内身强体壮的年轻人几乎悉数消失，正常的家庭生活因此而彻底中断：妻子们失去了丈夫，孩子们失去了父亲，父亲们失去了可帮助他们经营自家农场或小店的儿子。

对英国人和美国人来说，要打破那种先入为主的印象，需要时间和彼此间的熟悉。这种情况发生得最为频繁的地方是美国空军基地周围的村落和城镇，战争期间的英国，这些基地里驻扎着成千上万名不同于飞行员或步兵的地勤人员。在那些小城镇，"我们发现英国除了傲慢的贵族阶层，被称作'伦敦佬'的无知而又可笑的群体，以及无处不在的英国管家外，还有另外一群人"，罗伯特·阿比布写道。[90]这些小城镇位于英国中部和东部，这里的英国人也了解到，并非每个美国男人都像公爵那样趾高气扬，或说起话来像卡车那般吵闹。

对美国人的憎恶从未消失，即便是在东安格利亚那些最具包容性的城镇。"公众观察"的特约通讯员萨拉·威廉斯到诺维奇拜望老朋友时抱怨:"整个地方看上去邋里邋遢。都是美国人干的。我走进一家战前很不错的餐厅,可现在这里却令人恶心……几个美国佬带着姑娘待在里面,他们都醉得几乎要吐出来……许多英国姑娘一头扎进美国人的怀中,因为他们有大把的钞票。"[91]镇内居民对他们的年轻女性委身于美国人反感不已,但他们却没明白,这通常是一个供给和需求的问题。"有什么东西是他有而我没有的?"一个从海外休假归来的英国士兵问几个当地姑娘,她们似乎迷上了一个美国佬。"他并不比你多什么,"一个姑娘开导他,"可他在这里。"[92]

萨德伯里

第八航空队的指挥官们与美国红十字会通力协作,试图将休假间隔中的士兵们留在基地内。1943年年底前,几乎每个轰炸机基地都设立起红十字会的航空俱乐部。俱乐部内有游戏室、休息室、图书馆,周六晚上还举办舞会。"出席我们舞会的人非常多,"凯·布雷纳德·哈金丝回忆道,两个兄弟在欧洲上空的轰炸行动中被宣布失踪后,她便与红十字会签署了赴海外工作的协议,"我们派出大卡车去接那些英国姑娘,把她们带至俱乐部……这些在工厂里干活的姑娘都喜欢美国兵,也喜欢吉特巴。"[93]这种舞会有贴身陪护,没有哪个姑娘被允许离开舞厅。舞会结束后的早上,一辆红十字会的俱乐部专车(用一辆伦敦的单层巴士改装而成)会赶来提供甜甜圈和咖啡。这些甜甜圈在车上厨房和休息区中的设备上做出,饥饿的小伙子们(他们居住在一个没有甜甜圈的国度)将它们吞噬一空。

小伙子们非常感激红十字会姑娘们的工作,用安迪·鲁尼的话来说,这些居住在基地里的姑娘试图成为"丽塔·海华丝与你好朋友的姐姐的一种组合"。[94]她们是第一个将飞行员生病或阵亡的消息通知其家人的人,她们会在他们生日时端出自制的蛋糕,给他们一个惊喜。每当有任务时,这些红十字会的姑娘们便站在简报室外，穿着她们时髦的蓝灰色制服，戴着帽子，送上咖啡和甜甜圈。对许多轰炸机机组里的小伙子来说，她们是他们最后见到的美国女性。

而那些平安返回的飞行员，会在任务报告室里的桌子上看见整齐摆放着的三明治和一个大咖啡壶。但在任务之间的几个小时或几天里，凯·哈金丝和她的同事为这些小伙子做了她们所能做的一切。烈酒在基地是免费提供的，但对宾果游戏以及航空俱乐部举办的那种很难与工作人员约会，又没有酒类提供的联谊活动而言，来自萨德伯里舞厅的竞争太过激烈。

罗伯特·阿比布曾在萨德伯里结交过一个英国朋友，当时他的工兵营正在德比希修建机场。那时候，镇内很少能看见美国士兵，可当阿比布在1944年初回到这里时，他发现斯陶尔河畔（River Stour）的这座城镇已因建造在附近的四座机场彻底变了样。弯弯曲曲的中世纪街道上挤满了军用卡车和吉普，每个酒吧人满为患。阿比布原以为镇里的居民会盼望他们离开，但他却发现整个镇子因这些外来者的存在而显得生机勃勃。村民们建起一个英美俱乐部，飞行员被邀请来参加舞会和晚会，一些美国人还在镇内古老的石教堂内迎娶了萨德伯里的姑娘。萨德伯里的住户，周日没有美国客人的情况很少见。飞行员赶来做客时满载着从基地厨房搞来的物品——桃子和菠萝罐头、鲜鸡蛋、面包、咸牛肉和红薯。要是这个来访的美国佬恰巧去过营区的小卖部，他可能还会给这户人家的父亲带去一条骆驼烟，再将几盒巧克力分给母亲和孩子。

这里和其他地方一样，美国佬对孩子们非常好。"这些高大健壮、嚼着口香糖、满世界追姑娘、狂喝滥饮的美国兵，只要遇到一个小孩子，马上就晕头转向了，"一位妇女说道，"你们这些美国佬总是为孩子着迷。"[95]遇到感恩节、圣诞节和七月四日国庆节，飞行员们都会为当地的孩子们举办晚会。这些孩子坐上吉普车兜风，每个人还能获得杜丝巧克力、碳酸饮料和蛋糕。这些飞行员刚刚或是即将成为父亲，面对英国孩子，他们心生愧疚。这些孩子中，就连最幸运者也没什么玩具,很少有游戏可玩,他们中的许多人是战争孤儿,或是好几年没见到自己当兵的爸爸了。在瑟莱,第306轰炸机大队"收养"了一个战争孤儿,这个脸颊胖乎乎的孩子才3岁,名叫莫琳。队里的人称她为"香豌豆",他们在她的手上涂满颜料,把手掌印在机鼻处,并用她的名字为这架轰炸机命名。

种族隔离在英国

寻找卖淫女的美国飞行员挤满东安格利亚的两座大城市(诺维奇和伊普斯维奇),在充斥着烟味和廉价香水味的舞厅内度过一个个休假的夜晚。这些场所总是发生斗殴,于是,一些顾客有备而来。罗伯特·阿比布还记得自己"在伊普斯维奇和一个轻盈、结实的陆军姑娘跳舞,她全副武装地来参加舞会,臀部上挂着把长长的、看上去很危险的匕首"[96]。到这里来寻找性交易的男人们发现,挑三拣四是危险的;这种人会在晚上10点钟酒吧不再供应烈酒后被丢下。他将孤身一人走回到漆黑的停车场(军用卡车停在这里)。卡车上,喝醉的士兵跟他们的"约会对象"互道晚安,然后,他们便大声喊叫不知去向的朋友,有些人已进了镇内的拘留所。

伊普斯维奇北部,一个名叫"班伯布里奇"的村子里,持续一晚的痛饮,再加上一触即发的种族问题,导致了非裔美国士兵的一场暴力骚乱。1943年6月24日,这是个异常炎热的夜晚,酒吧开始打烊时,两名美国宪兵正驾驶着一辆吉普车在镇内巡逻,他们听见"老顽童"酒吧里出了些问题。这座广受欢迎、茅草屋顶的酒吧距离第1511军需运输团的兵营不太远,那是一支几乎完全由非裔美国人组成的单位(除了军官),他们的任务是为兰开夏郡南部和东部第八航空队的各个基地运送炸弹。十几个黑人士兵一直在"老顽童"酒吧里喝酒,到了打烊时间,他们拒绝离开。两名宪兵赶到并试图逮捕一个未穿军装,也没有外出许可证的士兵时,一场争执爆发开来,一个士兵抡着酒瓶向一名宪兵扑来。宪兵拔出手枪，但一名头脑冷静的黑人上士说服他又将枪插回枪套中。宪兵转身离开时，有人朝他们扔了个瓶子，吉普车的挡风玻璃被砸碎，两名宪兵被啤酒溅了一身。他们驱车离开，扬言还要再回来。

两名宪兵带上另外两个步行巡逻的宪兵后，发现那些黑人士兵离开酒吧，朝兵营走去，他们喊叫着，唱着歌，喝着瓶里的酒。就在宪兵们试图逮捕其中的两个人时，一场伴以警棍、石块、酒瓶和刀子的激烈打斗爆发开来。一名宪兵被飞来的酒瓶砸中眉心，另一个则被一块大石头砸晕。随即响起枪声，黑人士兵带着他们负伤的同伴（一个背部中枪，另一个腹部中弹）落荒而逃。浑身发颤的宪兵把受伤的伙计塞入吉普车，一溜烟地开走了。

那群黑人士兵返回兵营后，夸张的谣言迅速传遍整个营区：黑人士兵惨遭宪兵枪杀，宪兵们还在外面游荡。于是，被激怒的黑人士兵们从床铺上爬起，冲到大门口，一些人还端着步枪。几个家伙设法冲出岗哨，溜到了镇上，随后，一辆小型卡车带着六名全副武装的士兵强行冲出营区大门。就在这时，该单位唯一的一位黑人军官说服了大多数仍待在大门口的士兵返回营房。"犯罪者一定会遭到严惩。"他向大家保证。[97]

半个小时后，午夜时分，脆弱的平静被打破了，一群宪兵驾驶着两辆吉普车轰鸣着冲入营地，同来的还有一辆经过简易改装的装甲车，上面驾着机枪。黑人士兵们奔向枪库，将门锁打掉，夺取枪支。这些被激怒的黑人士兵，怀着一直被白人军官和宪兵称作"黑鬼"的积怨，冲至班伯布里奇镇的街头，朝宪兵和他们自己的两名白人军官开枪射击。"快进去！"一名叛乱者向一个经营炸鱼和土豆片生意的居民喊道，"这将是一场战争！"还有个士兵喊叫着，说他宁愿为自己的种族而战死，而不是去打德国人。[98]

直到凌晨3点，枪声才平息下来。[99]黑暗和拙劣的枪法使得伤亡数字不算太大，两名白人士兵（一名宪兵和一位军官）和三名黑人士兵中弹，其中一位的伤势较为致命。在两场独立军法审判中，32人被判以"攻击"、"兵变"

等罪名。他们未被指控谋杀,因为现场没有目击者。也许,这些罪犯中的大多数,在事发当晚根本就没开过枪,他们的证词相互矛盾,想确定究竟是谁开的枪根本无法做到。这些被认为在骚乱发生的当晚带着枪跑出去的人被判以3个月至15年的苦役,但经过上诉,所有获刑的人都获得了减刑。不到一年时间,大多数人重新回到部队服役。这主要是由于艾拉·埃克将军的积极干预,这位南方人告诉他的手下:"与黑人士兵有关的麻烦事,90%都是白人士兵惹的祸。"[100]

当年夏季的晚些时候,埃克将分散在英国各地的运输单位合并到一个特别指挥部中,并将其命名为"作战支援联队"。他认为,这有助于在黑人士兵中明确这样一种观点,"他们也为战争作出了贡献"。[101]新成立的"作战支援联队",指挥官是干劲十足的乔治·S·格拉布上校,他淘汰了75名不称职和有种族主义倾向的白人军官,升级了基地的娱乐设施,并开始使用黑人和白人混合搭配的宪兵巡逻队。士气和成绩明显好转,军事法庭开庭次数和性病发生率显著下降。与埃克一样,格拉布这位白人也认为大部分种族事件是由"白人士兵引起的",而且,"一般情况下,黑人士兵比白人士兵更礼貌,举止更得体"。[102]

许多英国人赞同这个观点。战争爆发时,英国还是个种族单一的国家,黑人居民不超过8000人,他们中的大多数集中在伦敦和另外几个港口城市。绝大多数城镇和村庄里没有一个黑人居民,许多英国人也从未遇到过有色人种。英国是白人的天下,他们的政府希望将此继续保持下去。"有色英籍人士"被禁止定居于英国,[103]对他们来说,英国是个名不副实的祖国。英国政府也不想要美国的黑人士兵。美国参战后,英国的参谋长委员会担心发生种族摩擦,曾要求不要将非裔美国兵派到英国来修建空军基地。他们说,如果派白人工兵部队来执行这一任务的话会更好些。外交大臣安东尼·艾登冒冒失失地以人道主义的借口抛出这一政策,他告诉美国大使怀南特,英国的气候"极不适合黑人"。[104]

美国战争部没有这些考虑。来自国会和非裔美国人领袖的无情压力已使他们将黑人整合进部队中。另外，陆航队也让他们知道，他们需要工兵部队，没有足够的白人来填补空缺。政治与实用性相结合，就此产生了官方政策，被派往英国的黑人士兵，比例大约为美国黑人士兵数量的十分之一。令美国和英国政府惊讶的是，这些非裔美国士兵在英国受到了热烈欢迎和良好的对待。[105]而这些黑人士兵也惊喜地发现，他们可以在这个没有种族隔离法令的国家里自由来去。英国的男男女女与这些黑人士兵混迹于酒吧或餐厅，几乎每个人都喜欢他们带来的音乐。他们的摇摆乐队旁挤满了兴奋的人群，由200名陆航队工兵组成的气势宏大的合唱团，还应邀到伦敦的皇家阿尔伯特音乐厅演出。

英国人只对一个敏感问题在不同种族间划了界限：异族通婚。但对这个问题的反对意见并不具有普遍性。"基地里的白人飞行员不明白，一个英国姑娘怎么会跟一个美国黑人出去约会。可在我们看来，这真的不是什么问题。"索普-阿博茨的一位居民回忆道。[106]

出于对种族问题的担心，美国军方的政策认可种族隔离，尽管他们自称反对歧视。1942年7月，艾森豪威尔就种族关系发表了一项重要声明。"这是总司令部的要求，"他坚定地说道，"对黑人士兵的歧视应该坚决避免。"[107]可是，在同一项声明中，他又鼓励当地指挥官为白人和黑人士兵建立一个"隔离但又平等"的政策，以便将种族摩擦降至最低。他的建议之一是根据肤色轮流休假政策。这将确保黑人和白人不会在同一个夜晚出现在同一个镇上。通过这种方式，种族隔离成为陆军最大程度减少种族歧视的办法。

艾森豪威尔对种族偏见的批评普遍被忽略。[108]拖着沉重的炸弹，从拂晓奔波至黄昏，穿过雨水和雾色，跨过狭窄、危险的乡村土路，陆航队运输单位中的5000多名非裔美国人经常被空军基地拒绝入住和提供热饭菜。大多数司机不得不吃着K级口粮，睡在他们的卡车内。

陆航队长期存在着一种机构性种族主义政策。战争爆发时，埃莉诺·罗斯福和黑人领袖一同给她丈夫施加压力，要求在一直是白人天下的陆航军中取消隔离，允许黑人飞行员参加战斗。阿诺德勉勉强强地组建了一支完全由黑人组成的战斗机单位，这就是著名的"塔斯基吉飞行员"，这个名字来自阿拉巴马州他们接受训练的基地。这些战斗机飞行员在地中海战区的表现非常出色，但陆航队拒绝在轰炸机机组中取消种族隔离，并坚持认为黑人和白人（特别是来自南方的白人）永远无法作为一支作战小组展开有效的行动。第八航空队也不打算在其战斗机司令部内取消种族隔离。阿诺德担心，一旦取消种族隔离，会导致"黑人军官高过白人士兵"的情况出现。他说，这将造成"令人无法忍受的社会问题"。[109]

1942年，战争部强迫陆军航空队接纳黑人士兵至其总兵力的10%后，阿诺德仅仅是把这些非裔美国士兵分配到地面后勤单位，让他们服役于实施严密隔离的弹药、军需、工兵和运输连。埃克急切地接纳了这些人，但他无法说服陆航队总部对黑人加以训练，以弥补机械师、航空管制员以及气象员的短缺，阿诺德认为，这些责任重大的职位已超出大多数黑人士兵的心智能力。在阿诺德的支持下，就连在英国的美国红十字会——尽管他们予以正式否认——也为黑人士兵单独设立了俱乐部，并配备了来自美国的非裔美国红十字会工作人员。[110]战争结束前，在英国仅有12196名非裔美国陆航队人员，他们都在后勤机构服役。这些黑人中只有82名军官，而陆航队里六分之一的白人都获得了委任。[111]

许多英国女性愿意和黑人士兵约会，这必然会引起种族冲突，特别是当黑人和白人士兵在同一个镇子上休假时。"我，独自一人，却看见五个活生生的黑鬼和白种女人在一起。"航空队的一名白人下士在给家人的信中表达了自己的愤怒。[112]有好几次，黑人士兵牵着英国姑娘的手从镇内街道上走过，结果遭到来自南方各州的白人士兵的殴打。"英国士兵和百姓在一旁争辩说，姑娘们有权挑选她们的护花使者，两种肤色和两个国家的宪兵不得不撤销对他们公然斗殴的指控。"《时代》杂志做了这样的报道。[113]在莱斯特（Leicester），来自第82空降师的白人伞兵看见航空队军需营的几名黑人士兵跟白种女人在一起，结果发生了一场斗殴。黑人士兵缴获了一些武器和一部卡车，一场大规模骚乱爆发开来，并导致一名宪兵丧生。

在朗塞斯顿（Launceston）这个风景如画的康沃尔郡小镇，一家只对白人开放的酒吧拒绝为几名黑人士兵提供服务，于是他们静静地离开，但随后又带着步枪、机枪和刺刀返回。宪兵命令他们散开时，这些士兵开火射击，重伤了两名宪兵。[114]休假中的白人和黑人士兵间产生的冲突实在太多，以至于航空队指挥官们不得不在一些较小的城镇采用了艾森豪威尔轮流休假的建议，建立起单独的"黑人"和"白人"夜晚。而在较大的城镇，军方签发外出许可证时严格限制了对某些只对一个种族开放的酒吧和舞厅的使用，并派出宪兵执行隔离。1943年年底前，这一事实上的隔离政策已在大股黑人和白人部队驻扎得较近的地方被采用。

实施种族隔离最严格的地方要算东安格利亚，在这里，黑人作为卡车司机和弹药搬运工，在轰炸机基地内从事着必要的工作。他们驻扎在基地附近被隔开的营区中，但对这两个种族来说，他们的夜生活主要是在伊普斯维奇这样的大城镇，那里有150座酒吧。黑人的人数较少，于是被限制在八座酒吧、一个舞厅和一个为他们专设的红十字会俱乐部内。在东安格利亚，"和平鸽河"这条名字很不恰当的河流成了黑人和白人的分界线，河东岸的村庄和城镇禁止黑人士兵进入。如果黑人士兵出现在"白人城镇"内，便会遭到宪兵的逮捕。[115]

杜鲁门·K·吉布森是战争部长史汀生的一名黑人助理，他写了封充满义愤的信件给助理部长约翰·J·麦克罗伊，谴责将"南方式"种族隔离输出到英国。[116]吉布森的抗议被忽略，隔离政策继续执行，以保持种族间的和平。

那些并不想跟黑人士兵竞争，以博得英国女性欢心的白人飞行员，也支持"轮流休假"，尽管这限制了他们的自由。[117]不过，这种政策也带来一个新问题:这些人很想知道,他们被"轮流休假"限制在基地内时,他们的英国女友在干什么呢?[118]

注释

1. 弗里曼等人合著的《第八航空队战时日志》，第106页。
2. 本迪纳，《"空中堡垒"的坠落：二战中最大胆、最致命的空战亲历记》，第198、200页。
3. 同上，第188页。
4. 纳特，《与负鼠和鹰同在：一名领航员的亲历》，第131—137页。
5. 哈里·克罗斯比，《就是这样发生的》，《扬基》，1943年12月26日。
6. 谢里登，《他们从未如此出色过：1942—1945，美国陆航队第100轰炸机大队第350中队的非官方史》，第98页。
7. 詹姆斯·古德·布朗，《第381大队的勇士，都是英雄：一名牧师所揭秘的第381轰炸机大队内幕》，第214—215页。
8. J·坎普·麦克劳克林，《二战中的第八航空队》，第105页；皮斯利，《勇气的传承：二战中的第八航空队》，第221页。
9. 同上。
10. 本迪纳，《"空中堡垒"的坠落：二战中最大胆、最致命的空战亲历记》，第223页。
11. 尤金·T·卡森，《一名尾部射手的回忆》（自费出版，2000年），第83—84页。
12. 同上。
13. 麦克劳克林，《二战中的第八航空队》，第109页。
14. 同上。
15. 哈里·R·博罗夫斯基编撰的《哈蒙纪念讲座，军事史，1959—1987：哈蒙讲座在美国空军学院最初的30场讲座集》（华盛顿，空军战史局，1988年）中，第445页，威廉·埃莫森的《直瞄行动：轰炸机和战斗机的故事》。

16 陆航队的伤亡，参见《二战中的陆军航空队，第二卷》，第702页。
17 艾拉·C·埃克中将、阿瑟·G·B·梅特卡夫，《与阿尔贝特·施佩尔的谈话》，《空军杂志》（1977年4月），第54页。
18 德国人的损失可参见1949年6月28日的陆航队备忘录，美国空军历史研究部，K110.8-22。
19 引自德斯蒙德·弗劳沃、詹姆斯·里夫斯编撰的《战争1939—1945：一部文件史》，第571页。
20 引自威廉姆森·默里的《德国空军》，第218页。
21 引自肯尼斯·N·奈尔编撰的《密西西比人和第八航空队》（图珀洛，第八航空队历史学会，密西西比州分会，1999年）中，第20页，乔治·G·罗伯茨所写的《黑色星期四》。
22 《美国佬：美军士兵在战争中的故事》，陆军周刊《扬基》编辑部，德布斯·迈尔斯、乔纳森·基尔伯恩、理查德·哈里迪编辑（纽约，迪尤尔、斯隆&皮尔斯出版社，1947年），第71页。
23 施佩尔，《第三帝国内幕》，第286页。
24 《二战中的陆军航空队，第二卷》，第704页。
25 《星条旗报》，1943年10月21日；《纽约时报》，1943年10月16日。
26 《星条旗报》，1943年10月16日。
27 施佩尔，《第三帝国内幕》，第286页；美国战略轰炸调查，"德国的减摩轴承业"（华盛顿，美国政府印务局，1945年），第2、40—45、103—120页；马丁·弗里茨，《瑞典的轴承与德国战时经济》，《斯堪的纳维亚经济评论》（1975年），第15—35页，弗里茨估计，瑞典为德国提供的滚珠轴承，不到德国总量的10%。
28 《星条旗报》，1943年10月18日。
29 《二战中的陆军航空队，第二卷》，第705页。我在我的上一本书《第二次世界大战的故事》（纽约，西蒙&舒斯特出版社，2001年）中也犯了同样的错误。
30 28架轰炸机这个数字来自"第八航空队战术发展，1942年8月至1945年5月"，第92页，美国空军历史研究部。这份内容翔实的报告是战争刚刚结束后，在第八航空队前作战副司令奥维尔·A·安德森将军的指导下完成。

31 德国空军的损失，参见威廉姆森·默里的《德国空军》，第215页；斯蒂芬·L·麦克法兰、韦斯利·菲利普斯·纽顿的《德国制空权之战》（华盛顿，史密森学会出版社，1991年），第134—136页。

32 威廉姆森·默里，《德国空军》，第216页。

33 摘自詹姆斯·帕顿对李梅的采访，1985年4月16日；帕顿，《空军如是说：艾拉·埃克将军和空军指挥部》，第517页。

34 1943年10月22日，埃克写给阿诺德的信件，阿诺德文件。

35 1943年10月15日，埃克发给阿诺德的电报，埃克文件。

36 帕顿，《空军如是说：艾拉·埃克将军和空军指挥部》，第325、328页；1943年11月16日，埃克发给阿诺德的电报，斯帕茨文件；施韦因富特行动后，对情况不同的解释，可参见麦克法兰和纽顿的《德国制空权之战》，第133—134页。

37 阿诺德的压力可参见《二战中的陆军航空队，第二卷》，第735页；《空军击败德国的计划》，1943年11月1日，阿诺德的备忘录，阿诺德文件。

38 本迪纳，《"空中堡垒"的坠落：二战中最大胆、最致命的空战亲历记》，第236页。

39 安·纽戴克，《峡谷宾馆是一座避弹农场》，1944年1月27日，再版于《第八航空队新闻4》（1978年2月），第1页。

40 尤金·T·卡森，《一名尾部射手的回忆》，第105—106页。

41 本迪纳，《"空中堡垒"的坠落：二战中最大胆、最致命的空战亲历记》，第206页。

42 霍顿、鲁尼，《空中射手》，第97—104页。

43 同上。

44 同上。

45 霍顿、鲁尼，《空中射手》，第97—106页。另可参见欧洲战区司令部，"研究成果及建议"，1944年7月11日，斯帕茨文件。

46 雷诺兹，《昂贵的关系：美国人进驻英国，1942—1945》，第102—103页。派至英国的美军人员中，40%是地面部队，30%隶属于后勤服务机构。

47 阿比布，《我们在这里：一名美国士兵在英国的笔记》，第85、203页。

48 霍顿、鲁尼，《空中射手》，第133页。

49 雷诺兹《昂贵的关系：美国人进驻英国，1942—1945》，第160页。

50 尤金·T·卡森，《一名尾部射手的回忆》，第101页。

51 引自弗本·F·盖伊的《彩虹角的故事：靠近皮卡迪利广场的美国红十字会俱乐部》（伦敦，号角出版社，1944年），第16、23—24页。
52 尤金·T·卡森，《一名尾部射手的回忆》，第116页。
53 杰克·诺威，《冰冷的蓝天：一名B-17射手经历的二战》，第82页。
54 加德纳，《军饷过高、性欲过旺、到处都是：美国大兵在二战中的英国》，第56页。
55 同上，第110—111页。
56 阿比布，《我们在这里：一名美国士兵在英国的笔记》，第88页。
57 哈里·H·克罗斯比，《逆境求生》，第207页。
58 《公共住房中的妇女的行为》，2—5页，公众观察研究。
59 同上。
60 沃尔特·克朗凯特，《一名记者的一生》，第91页。
61 朗迈特，《美国兵：美国人在英国，1942—1945》，第231页。
62 雷诺兹，《昂贵的关系：美国人进驻英国，1942—1945》，第205页。
63 《纽约时报》，1943年6月2日，
64 雷诺兹，《昂贵的关系：美国人进驻英国，1942—1945》，第207页。
65 皮格西·J·威尔逊，"消灭性病"，公众观察研究；雷诺兹，《昂贵的关系：美国人进驻英国，1942—1945》，第208页。
66 约翰·科莫，《作战机组》，第54页。
67 大卫·麦卡锡，《无畏：一名B-17领航员的二战历程》，第78页。
68 埃克发给指挥官们的命令，1943年7月14日，埃克文件。
69 《时代周刊》，1943年12月6日，第36、39页。
70 《英国人对美国人的看法》，1942年11月，公众观察研究。
71 同上。
72 同上。
73 "反美情绪"，第1—12页，1947年1月，公众观察研究；菲利普·齐格勒，《战时伦敦，1939—1945》（纽约，诺普夫书局，1995年），第217页。
74 同上。
75 同上。
76 "公众观察小组对美国人的看法"，1945年，第7页，公众观察研究。
77 公众观察公报，"一个美国人的肖像"，1947年4月，第7期，第1—2页；"对美国人的看法"，1943年，第11—12页；"公众观察小组对美

78 "报告",1943年9月20日,斯帕茨文件。

79 约翰·科莫,《作战机组》,第51页。

80 同上。

81 菲利普·齐格勒,《战时伦敦,1939—1945》,第220页。

82 1943年,公众观察研究。

83 同上。

84 同上。

85 2002年7月11日,作者对佩吉·格兰汉姆的采访。

86 朗迈特,《美国兵:美国人在英国,1942—1945》,第271页。"公众观察小组对美国人的看法",1945年,第1页,公众观察研究。

87 《大不列颠简明指南》(华盛顿,陆军和海军部,1942年),第5页。

88 《街上的人,与美国人接触》(伦敦,马丁·希克&沃伯格出版社,1943年)。

89 "对美国的意见",1942年2月,第11—13页,公众观察研究。

90 阿比布,《我们在这里:一名美国士兵在英国的笔记》,第91页。

91 萨拉·威廉斯日记,公众观察研究。

92 加德纳,《军饷过高、性欲过旺、到处都是:美国大兵在二战中的英国》,第130页。

93 1996年9月7日,对凯·布雷纳德·哈金丝的采访,空中力量历史博物馆。

94 霍顿、鲁尼,《空中射手》,第21页。

95 布朗,《东安格利亚,1943》,第41页;阿比布,《我们在这里:一名美国士兵在英国的笔记》,第75—77、173页。

96 阿比布,《我们在这里:一名美国士兵在英国的笔记》,第56页。

97 引自肯尼斯·R·维瑞尔的《第569陆航队基地的暴乱:英国,班伯布里奇,1943年6月》,《航空历史学家》杂志(1975年12月),第203页;还可参见艾伦·M·奥索的《二战期间美国陆航队里的黑人士兵:种族关系问题》(华盛顿,空军战史局,1977年),第99—102页。

98 "班伯布里奇涉嫌暴乱事件的初步报告,1943年6月26日",美国空军历史研究部,510.0;维瑞尔,"第569陆航队基地的暴乱:英国,班伯布里奇,1943年6月",第204页;奥索,《二战期间美国陆航队里的黑人士兵:种族关系问题》,第99页。

99 "班伯布里奇涉嫌暴乱事件"，1943年7月13日，美国空军历史研究部，519.771-1；维瑞尔"第569陆航队基地的暴乱：英国，班伯布里奇，1943年6月"，第206—207页。

100 1943年7月10日的内部会议，埃克文件。

101 埃克给欧洲战区美军部队的指令，美国空军历史研究部，519.201-25。

102 雷诺兹，《昂贵的关系：美国人进驻英国，1942——1945》，第322页。

103 雷诺兹，《昂贵的关系：美国人进驻英国，1942—1945》，第217页。

104 同上。

105 同上。

106 2002年7月11日，在索普-阿博茨，作者对肯·埃弗雷特的采访。英国人对美国人的看法，还可参见罗杰·A·弗里曼的《友好的入侵》（英国诺维奇，东安格利亚旅游委员会与特伦斯·道尔顿出版社合作出版，1992年）。关于种族关系，可参阅格雷厄姆·史密斯的《黑人遇到英国佬：美军黑人士兵在二战中的英国》（纽约，圣马丁出版社，1987年）。

107 欧洲战区司令部，《黑人的政策问题》，1942年7月16日，尤利西斯·李所著的《二战中的美国军队：黑人士兵的使用》（华盛顿，陆军部军史处处长办公室，1966年），第624页。

108 《二战中的陆军航空队，第二卷》，第655页。

109 奥索，《二战期间美国陆航队里的黑人士兵：种族关系问题》，第22—23页。

110 乔治·科森，《并肩：二战期间美国红十字会远赴海外的故事》（纽约，考沃德-麦凯恩出版社，1945年），第260页。

111 奥索，《二战期间美国陆航队里的黑人士兵：种族关系问题》，第96页。

112 同上。

113 《时代周刊》，1945年10月19日，第34页。

114 史密斯，《黑人遇到英国佬：美军黑人士兵在二战中的英国》，第144—145页。

115 同上，第108页。

116 杜鲁门·K·吉布森写给助理战争部长的信件，1943年12月17日，国家档案馆，250.1，RG 332。

117 第八航空队宪兵司令1943年11月10日的报告，斯帕茨文件。

118 史密斯，《黑人遇到英国佬：美军黑人士兵在二战中的英国》，第114页。

第九章

转折

出于对自由的热情，
我们将以我们能做到的任何方式来保卫自己。

——希罗多德

1943年10月下旬，英国

在伦敦狂欢一番后，大卫·麦卡锡回到里奇维尔才发现第381大队已经获得了新的轰炸机和机组人员，以弥补他们在月初空袭施韦因富特中蒙受的严重损失。"补充兵们的新面孔，振作了我们的士气，但我们还是很疲惫，对沉重的损失感到沮丧，情绪低落，心中的恐惧难以言述。"[1]

10月份的损失产生了一种深远的连锁反应。麦卡锡的妻子诺玛回到纽约的乔治湖，早在第381大队的各个中队赶赴英国后，她便跟麦卡锡战友们的家属保持着通信联系。到10月中旬，她已接到潮水般的信件、电报和电话，那些对自己亲人挂念不已的家属们从报上获悉了第八航空队近期的行动，他们想问问她是否知道些新消息。阵亡者的姓名从未被刊登在报纸上。"那些悲痛欲绝和焦虑不已的家庭想了解情况，这些要求潮水般涌来，对诺玛造成了可怕的影响，"麦卡锡后来获知，"我的岳父不得不保护她，不让她接电话，也不让她去应门。"[2]

在第八航空队的飞行员们看来，11月1日是个重要的日子。被麦卡锡称为"杀戮月"[3]的黑10月已经过去，11月也许会带来些好日子。

仪表轰炸

11月的首次任务是3日对威廉港的空袭，这是第八航空队自"黑色星期四"后的首次大规模行动。威廉港是个熟悉的目标，位于护航战斗机的航程内，轰炸机只会遭遇到轻微的抵抗。但这却是一次具有里程碑意义的任务，他们将与陌生的"小朋友"们合作，并在厚厚的云层中展开行动，而这样的云层在一个月前会令如此规模的轰炸机编队停飞。从今天起，美国的战略轰炸发生了根本性改变。

清晨的任务简报会上，中尉们获悉为他们提供护航的战斗机，部分是洛克希德公司的P-38"闪电"式。一年前，一些"闪电"便被配属给第八航空队，但它们还没来得及证明自己，便被调至地中海。已知的情况表明，这种飞机在极高的海拔上不太可靠，酷寒影响了发动机的性能，但这是一种快速而又可怕的战争武器，航程比"雷电"稍大，对轰炸机机组人员的生死来说，这一点非常重要。当天早上，约翰·科莫的机长来到停机线，告诉大家他们将在50架"闪电"战斗机的护送下赶赴海岸时，爆发出"一片欢呼声！"[4]他们指望这些战斗机去对付那些携带着大口径火箭弹，在"黑色星期四"痛击轰炸机编队的德国战斗机。威廉港上空并未出现容克88战斗机，但在日后的战斗中，双引擎的"闪电"将消灭他们。

德国人更加担心的是11月3日美军轰炸机编队的规模，而不是"闪电"式战斗机。[5]为这次空袭，美军派出了566架重型轰炸机和378架战斗机，这是美国航空队恢复力的可怕证明。令德国空军指挥官同样感到震惊的是，配备着大型副油箱的"雷电"战斗机居然在云层密布的情况下越界进入荷兰，并渗透进德国领空，这种天气，阿道夫·加兰德麾下的防御力量大多被停飞。德国空军司令部惊讶的是，第八航空队竟然能在这种天气派出飞机赶至德国上空。过去，类似的气候会令美国战机停在基地。

率领编队的引航机上，一个硕大的半圆形设备挂在机头炮塔的后部，这种新科技对德国空军意味着长远的麻烦。这种伸缩式圆球上安装着一个新型空对地雷达的扫描器，H2X，代号为"米老鼠"（后来被简称为"米奇"），这是H2S系统的美国改进版，而H2S则是英国于1940年开发出的一种设备，可以透过厚厚的云层确定目标。

美国新型的"探路者"部队（第482轰炸机大队），已于当年8月在亨廷顿郡的奥尔肯伯里服役，并在随后的一个月中执行了首次任务，作为第八航空队的引航机对德国港口城市埃姆登发起打击。9月27日的那次行动中，四架引航机配备了H2S。而空袭威廉港则是对H2X的首次测试。

这种设备并不特别复杂。一个高频电脉冲通过轰炸机下部的旋转天线向下发送，这股能量束对地面加以扫描。天线接收到的反射信号，在轰炸机内的阴极射线管或示波器上形成粗糙的、地图状的图像：黑色区域代表水，明亮区域代表地面，更亮的部分则是城市（机载雷达无法区分工厂和铁路编组站这类较小的目标）。目标被发现后，"探路者"引航机便向编队内的其他轰炸机发出伞投照明弹。"到达目标区上空后，所有的眼睛都盯着'米奇'，"一位领航员描述了这个过程，"'米奇'投下炸弹后，我们也跟着投弹。"[6]

11月3日的轰炸很难说是一次精确轰炸：大部分炸弹错过港口区，落入到城内。但这种设备的前景足以让陆航队为雷达设备投入更多的资金，特别是在美国针对南欧组建起一支新的战略轰炸力量——第十五航空队——并开始遭遇到与第八航空队同样多的气候问题后。[7]哈普·阿诺德将军决定，于当年10月在突尼斯组建另一支重型轰炸机部队，由吉米·杜立特尔将军指挥，其主要原因就是北欧的天气。第十五航空队将在下个月进驻意大利南部最近占领的福贾平原上的数个基地，从那里，该航空队的轰炸机可以到达纳粹德国的东部和最南端，这些目标区已超出第八航空队的航程。但阿尔卑斯山上空恶劣的气候以及第十五航空队基地四周崎岖的山脉，会使这支实力远远小于第八航空队的部队遭遇到更多无法行动的日子。

在欧洲漫长的冬季，雷达轰炸是对敌人保持压力的一种手段。德国人对接连不断的云层的依赖，甚至超过依靠其空军来肃清空中的美国轰炸机。冬季期间，每个月平均只有2—3天可实施目视轰炸。1943—1944年冬季，"探路者"轰炸机率领了48次空袭，这其中，第八航空队仅于11月和12月在德国上空实施了空袭。起初，雷达轰炸只是一种实验，但很快便成为例行程序。整个战争期间，第八航空队的目视轰炸仅占一半。而1943—1944年冬季，其比例仅为10%。

采用雷达轰炸还有两个好处。飞行在云层的保护之上，第八航空队的轰炸机因高射炮和敌战斗机造成的损失大为减少。偶尔，在恶劣的气候下被派去实施雷达轰炸的编队，经过几个小时的飞行后到达目标区，却意外地发现德国上空的天气已转好，这就可以展开更加精确的轰炸。

雷达轰炸实际上是区域轰炸的一种形式，精确是不可能的。这完全打破了陆军航空队的信条，仅仅是恶劣气候下无法实施轰炸的替代办法——致力于打垮敌人的航空队指挥官对此无法接受。整个战争期间，只有两个因素大大加快了美国战略轰炸的速率：急剧增加的轰炸机和机组人员，H2X的广泛运用。

轰炸机机组人员将这种方式称作"盲炸"，但阿诺德对后方百姓对此的看法非常敏感，于是指示埃克及其参谋人员，尽量少用太过感性的说法，而应该更多地使用正确的技术术语，例如"透过云层实施轰炸"或是"利用引导设备展开轰炸"。[8]无论冠以什么术语，雷达轰炸是第八航空队未公开承认的一种承认：单凭精确轰炸无法赢得这场空战。战前轰炸学说的另一根支柱已然坍塌。

由于海水与陆地之间的目标更容易被雷达识别，1943年底，第八航空队在很大程度上将其作战任务限制在埃姆登、基尔和不来梅这些沿海城市，没有一个是"直瞄射击"的高优先级目标。其他一些任务则是飞向被占领的法国和挪威。这些平淡无奇的轰炸记录使一些历史学家认为，第二次空袭施韦因富特后的几个月内，第八航空队已是一支遭受重创、几近失败的部队。遭受重创？是的。几近失败？没有！

那年冬季，德国空军指挥官对自己所面临的问题比战后的历史学家们有着更清醒的认识。这个问题就是美国人的轰炸力度在不断增强，有几次已达到空袭施韦因富特的两倍，这令德国空军战斗机总监阿道夫·加兰德极为担心。美国人的护航战斗机也开始在与德国空军的激烈缠斗中展现出他们的优势。加兰德的战斗机部队遭遇到气候的困扰，另外，他们还面临着经验丰富的飞行员逐渐损失殆尽的危险，这些损失中包括12名曾声称总共击落过1000多架盟军飞机的王牌飞行员。尽管德国的飞机产量在增加，但在1943年的最后三个月，德国空军的单引擎战斗机实际上减少了105架，飞行员和飞机损失于事故和空战中。[9]正如历史学家威廉姆森·默里曾暗示的那样，德国战斗机部队在1944年春末的最终失败，"只有联系稍早前的损失率方能理解"[10]。

11月初，休伯特·泽姆克上校号称"狼群"的第56战斗机大队，记录下他们的第100个战果，截止到当时，第八航空队麾下的"雷电"战斗机，在与梅塞施密特109和福克-沃尔夫109的战斗中已占有三比一的优势。1943年底，加兰德被迫将他的部队从法国北部和低地国家撤回到莱茵河，他们在这里等待美国人的护航战斗机离开轰炸机群，然后对密集队形中暴露出的编队发起攻击。但加兰德的这种纵深防御措施正中盟军策划者的下怀，[11]他们正希望将海峡附近地区的敌战斗机肃清，以免D日的登陆行动受到妨碍。

美军在"黑色十月"中得不偿失的胜利令德国空军技术娴熟的飞行员所剩无几，尽管他们的战斗机产量终于开始增加，但已没有足够的飞行员去熟练操作那些飞机。失利给美国人带去了更多的飞行员和飞机，最终足以将德国空军淹没。美国在"黑色十月"后获得惊人的恢复，就如同古罗马军队从汉尼拔给他们造成的屈辱的惨败中得以恢复那样，向敌人展现出他们的技术力量是多么强大，这种力量凶猛地集中到与他们对阵的那些人的头上。[12]

德国挑起战争时，拥有世界上最优秀的空中作战力量，其工业经济位居世界第二。1939年，德国的航空工业首屈一指。[13]拥有惊人创造力的航空工程师领导着他们的设计室，工厂的工人接受过严格的培训。但即便在盟军对其工厂实施大规模轰炸前，德国的航空工业也因为三个主要原因而未能充分发挥其潜力：首先是缺乏能力的纳粹管理者严重管理不善，其中尤以恩斯特·乌德特大将为甚，第一次世界大战期间，他与戈林是同一个中队的战友，1936年，戈林委派他负责德国空军的技术办公室；其次是纳粹高层短视的军事计划；第三点是德意志民族对生产工艺有着根深蒂固的痴迷，但缺乏生产规模。

"德国的飞机和发动机制造业，"历史学家詹姆斯·S·科尔姆写道，"结构非常糟糕，不适合进行一场长期、全面的战争。战争爆发前，即便是德国最新的飞机制造厂，也比英国或美国的同类工厂为小。尽管大批小型工厂使得整个行业在遭受大规模战略轰炸时损失较小，但这也妨碍了德国空军采用最有效的大规模生产法。"

飞机制造业还受到元首及其核心军事指挥圈短视的战略决策的妨碍，这源于纳粹们傲慢的乐观。战争第一年，以闪电般的速度击败波兰、各低地国家和法国，并于1941年夏季在俄国取得梦幻般的胜利后，希特勒没有迅速动员经济，以配合这场全面战争。他相信，俄国将在年底时彻底败亡，到那时，他就有时间将新近征服的陆地帝国的庞大资源加以整合，哪怕英国暂时避免了失败，美国投入战争也无济于事。但希特勒和戈林都未充分认识到德国最强大的敌人（英国、苏联，最后是美国）庞大的物质潜力。直到1943年1月在斯大林格勒惨败后，希特勒才下令全面动员，但为时已晚。尽管乌德特能力出众的继任者埃哈德·米尔希（乌德特于1941年自杀身亡）接管了技术办公室，并最终使德国的飞机产量增加了300%，但这个数字弥补不了他们的损失，跟盟国的产量也相差甚远。1944年,德国的飞机制造厂奇迹般地生产出40000架飞机,可同一年,光是美国就生产出96000架飞机,而盟国的飞机总产量是德国的400%。[14]

雷达轰炸是美国信心积累的另一个迹象。战争形式不再受伦理道德的妨碍,而是基于军事的需要,这对德国是个预先警告,美国已决心打一场歼灭战。[15]雷达轰炸可能不够精确,但却对德国的战斗机防御保持着压力。"利用雷达,无论在什么天气都能飞行并实施轰炸,H2X……迫使德国战斗机升空,"卡尔·斯帕茨在战后指出,"我敢肯定,在那样的条件下,他们发生的起飞、着陆事故和空战损失一样多。"[16]他说的没错。

1943年底,加兰德向德军统帅部报告说,他的战斗机"没有实施'盲飞'的仪表,驾驶舱没有除冰设施,也没有导航或自动驾驶等安全措施"。他的飞行员中,大多数"并未掌握仪表飞行或在恶劣天气中着陆的方法"[17]。突破了恶劣气候的战斗机指挥官不得不设法在云层上将分散的编队集结起来,但这几乎不可能做到。结果是不太有效的攻击。"许多驾驶员坐在完全被冰封住的驾驶舱内,什么也看不见,成了'雷电'战斗机轻而易举的猎物。这段时期惊人的损失显然是恶劣的气候所致。"加兰德在多年后写道。[18]

冬季气候对双方的飞行员来说,都是残酷而又艰难的。在加热设施不尽人意的驾驶舱内完成高海拔飞行任务后,美国战斗机飞行员有时会被冻得半死,浑身疲软无力,不得不由医护人员把他们从驾驶舱内拉出来。战斗机和轰炸机挡风玻璃上结起两英寸的冰,这就会造成事故。这些飞行员在"方便"上也遇到问题。一架四引擎轰炸机上只有两个"厕所设施":一个铁皮罐和一根"便溺管"。[19]腰部舱室与机尾之间放着个铁桶,盖着盖子,但正像杰克·诺威所说的那样:"你刚把屁股搁在上面,冰冷的金属便将你的皮肤粘住。所以我们干脆把这个该死的东西扔出了飞机。"[20]

便溺管位于炸弹舱内,是个连接着橡胶软管的漏斗,橡胶管通出机外。诺威解释说:"你必须设法穿过这条狭窄的过道,两侧都是炸弹,然后在酷寒中拉开拉链，对准漏斗开始小便。"如果前面已有人用过这根便溺管，几乎可以肯定那些尿液已被冻住，于是"你的尿四散飞溅……甚至溅到你的脸上"。所以，机组人员干脆就对着地板撒尿。战斗中，他们别无选择，不得不尿在裤子里。

11月29日，零下60度的云层上，阳光毫无暖意，领航员埃尔默·本迪纳执行着他的最后一次飞行任务，机舱内异常寒冷，他甚至无法抬起胳膊将锥形有机玻璃机鼻内的霜层擦去。敌机就在四周，但他却发现很难辨别德国战斗机和己方的护航战机。一架福克-沃尔夫190朝他们迎头而来，本迪纳的"空中堡垒"没有开火，所有指向前方的机枪都已被冻住。就在这时，本迪纳的机组人员发现，迎面而来的敌机也没有开火。德国战斗机未发一弹，从他们身边掠过，驾驶员转头望来，还向他们挥了挥手。"意外的气候导致了一场休战"，埃尔默·本迪纳，这位丈夫、父亲和希特勒的仇恨者，即将平安回到妻子和他刚出生的孩子身边。[21]

几乎没有飞行员接受过处理危险的结冰的训练。这种危险与高湿度和冻结温度相结合，会在轰炸机机身上迅速形成"透明冰层"，一名飞行员对这种现象做了描述："这会使飞机变得太过沉重而无法飞行。这种情况一旦发生，就没有办法解决。"[22]处在空气、炸弹和冰层难以承受的重量下，飞机会发生疯狂的旋转，直至解体。覆盖着冰层的轰炸机穿过云层时，唯一值得安慰的是，几乎不可能有致命数量的敌机朝他们扑来。"在国内，这种天气所有的飞机都将停飞，但我们照飞不误。"一名轰炸机飞行员在给母亲的信中写道。[23]

电加热飞行服出现故障的情况太过频繁，以至于许多飞行员不再穿它们，而是多套几件衣服。[24]侵入身体的寒冷，"其强度甚至造成了疼痛"，这使一些飞行员采取了奇特的预防措施。[25]领航员，后来成为作家的山姆·哈珀特描述了他是如何把一根绳子系在自己的阴茎上，这样，当他感觉到冲动时，"就能找到那该死的东西"。[26]

腰部射手在厚重的手套下还戴着丝质手套，这降低了冻伤的发生率，但迎面吹来的寒风会冻伤他们的面部，这个大问题直到1944年初，腰部窗口配备有机玻璃的轰炸机到达英国后才得到解决。在那之前，因冻伤而住院的伤员远远多于作战负伤者。而高射炮火和机炮火力造成的伤亡因避弹衣的引进有所下降，这种防弹背心是将重叠的锰钢钢板缝入帆布护层内。[27]相同材料构成的围裙挂在背心的下端，以保护腹股沟和大腿根部。整套避弹衣重达22.5磅，尽管有些笨重，但在紧急情况下可以拉动一根绳索将其迅速脱掉。

新式避弹衣是第八航空队军医主任马尔科姆·格劳上校的发明。在中央医疗研究所进行的研究中，他发现80%的战伤是由低速武器造成——高射炮弹和机炮炮弹的弹片以及机枪子弹。格劳博士与伦敦的威尔金森刀具公司合作开发避弹衣，这种避弹衣配有钢盔，钢盔上带有可容纳耳机的耳罩，其设计理念来自专家们从大都会艺术博物馆中历史悠久的盔甲上获得的灵感。"自1772年起就专业制造刀剑的一家伦敦公司，正将其产品融入到目前更有用的东西中，"《纽约时报》评论道，"他们为美国飞行员打制盔甲……所以，时光倒流，美国战士，就像亚瑟王宫廷中的美国佬那样，发现自己重新穿上了中世纪的盔甲。"[28]1943年12月前，13000多套避弹衣被交付给英国的各轰炸机基地。[29]这种防弹衣能有效抵御机枪子弹和高射炮弹弹片。身穿防弹衣的机组人员，伤亡率比不穿时下降了58%，但即便穿上这种防弹衣，如果被炮弹的爆炸直接命中，仍会立即丧生，防弹衣没能遮住的部位被击中，也会导致中弹者送命或重伤。

弗雷斯特·沃斯勒

1943年12月13日，从不来梅返航时，无线电操作员弗雷斯特·"伍迪"·沃斯勒，这位来自纽约利沃尼亚的钳工，被击中了没人会加以保护的部位。他所在的飞机是第303轰炸机大队的"小杰西·伯恩"号，此刻，这架B-17的两具引擎已被打坏，但仍遭到数架德国战斗机的猛烈攻击，子弹直接命中了机尾射手乔治·布斯克。沃斯勒正坐在无线电操作室内的桌子旁,灵活地操纵着他的机枪,透过上方敞开的舱门猛烈射击,就在他趴在机枪上时,一发炮弹炸碎了他的机枪。他伸手摸向自己双眼的位置,感觉到一团又湿又软的肉。沃斯勒看见鲜血在他的眼内流过视网膜,他觉得这只眼睛已经跑到眼眶外,并确信自己的脸大部分已被炸飞。"我知道我就要死了,"他后来说道,"非常恐惧,你意识到自己即将送命时,那种感觉难以形容,你什么也做不了。所以,我开始失去控制……变得彻底疯狂。"但很快他又恢复了平静,他伸出手,喃喃地说道:"上帝啊,带我走吧,我准备好了。"[30]

靠近北海时,德国战斗机消失了。随着燃料越来越少,机长命令大家将不必要的一切抛入海中。无线电已无法使用,但满脸是血的沃斯勒凭着触觉,设法修复了电台,并指示其他射手将频率调至紧急频道。他随即发出呼救信号,通知空海救援队"小杰西·伯恩"号即将坠入北海。完成这一切后,他昏厥过去。

沃斯勒清醒过来后,做出个决定。飞机正快速下坠,已经没有可扔的东西了。他让其他射手将自己从逃生舱门丢出去,因为他认为自己已是个只剩下半条命的丑八怪。"他们是不是把我丢出去,已经无关紧要了。"但同伴们拒绝了他的要求。

沃斯勒跟随着严重受损的飞机落入冰冷的海水中。"飞机停下后,我们都跳出舱门,爬到机翼上,"空勤机械师威廉·希姆金斯回忆道,"我和沃斯勒爬到右机翼上,我又帮着将布斯克抬出机舱。他仍昏迷不醒。我们把他放在机翼上,又设法搞到了救生筏……就在我们忙碌之际,布斯克滑下机翼,向海中落去。"[31]

沃斯勒趴在机顶上,两只眼睛里满是鲜血,但他仍能看到些模糊的图像。"我知道布斯克即将落入水中,我必须做点什么。于是我站起身,伸出手去。我抓住从机尾顶部伸向无线电操作室右舷窗的天线,暗暗祈祷它能支撑住,就在布斯克即将落入海中之际,我搂住他的腰……要是天线断裂,我俩都得灌一肚子海水。"[32]

几分钟后，一艘挪威拖网渔船将这些机组人员救出。当晚，伍迪·沃斯勒在大雅茅斯医院里吃了些苦头，但正如安迪·鲁尼在稍晚些时候所写的那样："医生认为，弗雷斯特·沃斯勒用剩下的一只右眼绝对能分辨出荣誉勋章。"[33]沃斯勒将因他当天在"小杰西·伯恩"号上的表现赢得这枚勋章。*

次年8月，富兰克林·罗斯福总统在白宫举行的授勋仪式上，将荣誉勋章佩戴在沃斯勒胸前。沃斯勒的部分视力刚刚恢复，外科医生摘掉了他的一只眼球。沃斯勒是"地狱天使"中第二位获得国家最高军事勋章的成员。该大队第一位获得荣誉勋章的是杰克·马西斯，1943年3月，这个德克萨斯人在费格萨克上空阵亡于他的投弹瞄准器上。*

沃斯勒机组从海上被救出的两周后，第303大队欢庆了他们在英国的第二个圣诞节。这是个令人伤感的时刻。大多数人"失去了对那些幸福时光的记忆"。[34]他们被要求不去搭乘火车，以便让英国士兵和其他战时工人能方便地搭火车回家。"这是个合理的要求，"一名飞行员说道，"因为我们没什么特别的地方要去。"[35]这个惨淡的圣诞节，驻扎在莫尔斯沃斯和英国其他基地的飞行员们只有一件事需要感恩：他们还活着。"我没有被列入'名人录'中，"约翰·科莫在他的日记中写道，"但我被列在'仍活着的人'的目录中。"[36]

杜立特尔

1944年1月5日，"地狱天使"们飞往基尔，那是北海上的一座港口城市。这是一次典型的任务：大举出动，大量损失。这次行动的特别之处在于，

---

* 译注：根据相关资料显示，沃斯勒的英勇表现发生在12月20日。
* 译注："地狱天使"是第303轰炸机大队的绰号。

这是在英国组建第八航空队的那个人所发起的最后一次空袭。艾拉·埃克将军的调令于次日生效，他被调至地中海战区指挥盟军的空中作战。他将英国的住处腾给他的老朋友卡尔·斯帕茨。

斯帕茨和阿瑟·特德爵士返回英国，与艾森豪威尔将军策划进攻诺曼底的事宜。特德将在SHAEF（盟国远征军最高司令部）中担任艾森豪威尔的副司令，斯帕茨则受命指挥一个新组建的庞大机构——驻欧洲美国战略航空队（USSTAF）。斯帕茨将监督并协调第八和第十五航空队的行动。从某种程度上说，战略航空队就是第八航空队的新马甲。斯帕茨搬进布希公园他过去的指挥部中，并指定埃克的轰炸机指挥官弗雷德里克·安德森将军担任自己的作战副司令。但第八航空队的轰炸机司令部被正式解散，从英国发起轰炸行动的控制权被集中于第八航空队新任司令詹姆斯·H·杜立特尔中将的手中，接掌新组建的第十五航空队前，他曾在"火炬"行动中担任艾森豪威尔的空中力量指挥官。杜立特尔的司令部设在海威科姆（青松），埃克于1942年2月到达英国时，曾将第八航空队的轰炸机司令部设在这里。为完成此番改组，内森·F·特文宁少将从南太平洋地区调来，担任第十五航空队司令。

调离埃克的决定在上个月便已作出。为保留自己的职务，埃克进行了积极的奔走，一路恳请到艾森豪威尔和马歇尔那里。他被告知，这个新任命其实是一种晋升，但在他看来，自己惨遭解雇，而且是被阿诺德这位老朋友、导师兼合著者。他按捺住自己的自负，恳请阿诺德予以重新考虑。[37] "创建第八航空队，并将它建设为本战区中一支重要的力量，但在即将到达顶峰时离开，无疑会令人伤心。"[38]阿诺德委婉地作出回复，祝贺埃克就任新职务。

尽管阿诺德也施加了压力，但最终决定由艾森豪威尔作出。他希望将斯帕茨调来伦敦，帮助自己为进攻行动策划空中作战。他俩曾在地中海战区为空中力量支援步兵的事宜合作过，这个做法"并未获得……广泛理解，需要有些想象力和大局观的人来把事情……做正确"，在写给马歇尔的信中，艾森豪威尔解释了自己的决定。[39]艾森豪威尔因斯帕茨在自己身边而感到轻松自在，他其至喜欢他的性格和辛辣的幽默感。有一次,被问及为完成某些工作而泄露秘密的问题时,斯帕茨回答说:"我只管喝我的威士忌,工作则交给其他人去做。"[40]但艾森豪威尔知道,斯帕茨对自己施加的压力并不比他对助手们施加的为少。

艾森豪威尔还知道,斯帕茨仍坚信,单靠空中力量便能击败德国。1943年11月与罗斯福总统最亲密的顾问哈里·霍普金斯进行的一次会议上——此次会议的一位见证者和记录者是艾森豪威尔的副官哈里·C·布彻上尉——斯帕茨坚持派第八和第十五航空队对德国的石油目标发起一场大规模轰炸战,他希望能在1944年初春,天气放晴后发起这场战役,此举将瘫痪德国的战争机器,从而使"霸王"行动变得毫无必要。[41]但斯帕茨与"轰炸机"哈里斯不同,他是团队中的一员,艾森豪威尔相信,无论盟军指挥层作出怎样的进攻计划,斯帕茨都会给予全力支持。最后一点,艾森豪威尔认为,将斯帕茨和埃克这两个能力卓著的人放在同一个战区毫无意义,这是对人才的极大浪费。

埃克没有对斯帕茨表露出愤恨,但他与阿诺德之间的亲密友谊则被这场冲突所破坏。他知道是阿诺德积极游说将自己调离。阿诺德需要一位更加激进的指挥官,一个能发起更频繁、更大规模空袭行动(甚至是在恶劣的气候下)的人,一个对需要远程战斗机护航更具紧迫感的人。阿诺德也被埃克的决定彻底激怒:整个11月,他只对德国发动了两起大规模空袭(超过500架轰炸机)。12月4日,在开罗召开的联合参谋部会议上,阿诺德向查尔斯·波特尔和其他人表明了自己对埃克表现的严重不满。"目标未被摧毁,"他告诉那些参谋长,"完全是因为没有投入足够数量的飞机。没有投下足够的炸弹将目标消灭,目标的优先级别也未被遵循。"[42]

作为埃克的密友,波特尔提醒他,阿诺德对他的表现很不满意,同时,波特尔还尽力设法不让埃克被调离,但阿诺德写信给埃克,告诉他"看不出有什么办法来改变已作出的决定"[43]。

在1944年2月下旬的一封机密信件中,哈普·阿诺德透露出他希望将斯帕茨调至伦敦出任新组建的驻欧洲美国战略航空队司令的另一个原因。阿诺德告诉斯帕茨，他"希望将一位美国空中力量指挥官推到一个较高的位置上，率先击败德国……如果你不能跟哈里斯并驾齐驱，这场空战肯定会被英国皇家空军赢得，而不是其他人。他们对德国城市实施破坏，其蔚为壮观的成就已使他们的贡献在公众心目中达到了一个可观的高度，我必须设法让你们的贡献（在公众看来远谈不上壮观）发挥其应有的作用，不光是在报纸上，很不幸，还必须说服陆军和海军，实际上，还包括总统本人，但这非常困难。因此，美国必须从空战的胜利中分享到适当的份额，单从这个方面考虑，我认为我们必须有一位高级别的指挥官"[44]直接参与进"霸王"行动的策划中，就像哈里斯那样。阿诺德无需提醒斯帕茨，美国实施的轰炸在击败德国的战争中是否被视作决定性因素，将成为战后形成一支独立空军的重要依据。

埃克始终未能克服被取代的屈辱感，这种屈辱也来自他被解雇的方式——不是阿诺德写来的亲笔信，而是一份穿越大洋、措辞冰冷的电报，这令他感到尴尬。[45]"我觉得自己就像是个在世界大赛期间被换下场的投手。"他向自己的一位朋友倾诉道。[46]助理战争部长罗伯特·洛维特写信给埃克，祝贺他获得晋升，但也"对你离开第八航空队表达个人的同情，你一直照料着这个孩子，经历了佝偻、哮喘和麻疹，就在他成长为一名健壮的年轻战士时，你却要离去"[47]。

杜立特尔接手的这股力量，现在拥有26个重型轰炸机大队和16个战斗机大队。他有能力派出一支600架飞机组成的编队——总计6000人，这几乎是一个步兵师的规模。除了第十五航空队，他还获得第九航空队的直接支持，该航空队由执行过空袭普洛耶什蒂任务的刘易斯·布里列顿将军指挥。第九航空队是一支由战斗机和重型轰炸机组成的战术力量，正从地中海战区调来，他们将在英国进行重组，并为进攻欧洲壁垒的美国地面部队提供支援，另外，他们将暂时为杜立特尔的重型轰炸机提供额外的护航。总之，杜立特尔现在拥有近1300架做好战斗准备的轰炸机和1200架战斗机。[48]

杜立特尔所继承的这股力量，正迅速成为有史以来集结起的最庞大的战争机器之一，但他们仍受到某些问题的困扰。第八航空队被恶劣的气候所阻，自空袭施韦因富特后，一直无法发起纵深渗透的空袭，作战损失大得惊人。过去的六个月里，第八航空队每100名机组人员中要损失64人。航空队的统计专家向斯帕茨报告，在英国开始其作战行动的机组人员中，只有26%的人有望完成25次作战任务。由于替补飞行员仍无法达到计划中的数量，这将造成一场危机，斯帕茨和杜立特尔希望克服这个问题，但不是通过减少伤亡，而是将其部队扩大至梦幻般的规模，这样一来，损失率自然会下降。这就是消耗战的残酷逻辑。[49]

杜立特尔和斯帕茨也处在紧迫的时间限制下。进攻欧洲大陆的时间被定于5月下旬，截止到5月1日，他们只有三个月时间来获得北欧上空的制空权。这个日期前后，第八航空队将受艾森豪威尔的直接指挥，他们将集中力量支援登陆进攻和滩头突破。这是个艰巨的挑战，但吉米·杜立特尔挺身应战。这位前竞赛飞行员和天空之王的名气并不仅仅来自他惊险的飞行特技，还因为他掌握着航空科学方面丰富的知识。两次世界大战之间的那段时期，他曾帮着开发出两种有助于改变空战现有局面的武器：高辛烷值汽油和仪表飞行（盲飞）。

杜立特尔与羽翼未丰的航空勤务队一同成长，他创造了一连串速度和距离记录，以此来推动比利·米切尔为争取一支独立的空军力量而作的斗争。暂时离开自己的工作岗位后，他进入麻省理工学院学习，成为美国第一批获得航空工程博士学位的人员之一。随后，他继续在空中测试自己的革命性构想，不断扩展航空领域。1929年，他使用自己协助开发的新型仪表，成为世界上第一个实施"盲降"的飞行员。他用一块罩布遮住驾驶舱，使里面比周围的黑夜更黑，他起飞，按计划飞了一圈后，平平安安地降落下来。

1930年，他退出现役进入私营企业，成为壳牌石油公司的航空部经理。但在此期间他也担任陆军预备役少校，还是壳牌公司新推出的航空产品的示范者，同时，他依然是这个国家最著名的特技飞行员，也是美国仅次于查尔斯·林白，最著名的飞行员，数以千计视他为英雄的小伙子，后来都加入到第八航空队，在他手下服役。

1940年，43岁的杜立特尔重新加入现役。过了两年，在说服一些汽车界高管将他们的工厂改为生产军用飞机后，他接到哈普·阿诺德打来的电话，命令他空袭东京，这使他获得了经久不衰的知名度。47岁的吉米·杜立特尔只有5英尺4英寸高，140磅，但却是个勤奋的人，他相信拳击运动帮助自己克服了任性的脾气。在他15岁，体重仅105磅时，杜立特尔就赢得过太平洋沿岸次最轻量级业余拳击竞标赛的冠军。后来，他教两个儿子学拳击，并告诉他们，要是他们能打败他，他就给他们买辆汽车。"最后一次跟他打拳，他打破了我的鼻子，我打掉了他的两颗牙，"他的儿子约翰回忆道，"他认为这对我是一次精神上的胜利，因为他不得不全神贯注地对付我们两个。"[50]

但在与其他人打交道时，杜立特尔靠的是说服力，而不是好斗性。"用不了两分钟，你就会臣服于他的魔咒。"[51]与他一同参与空袭东京的一位飞行员说道。"杜立特尔是个伟大的统帅，"另一名参加空袭东京的飞行员补充道，"因为他拥有恰到好处的性格：既强有力，又平易近人。"[52]在北非，他与部下们一同飞行，以此获得了他们的尊重，如果不听取"超级机密"和"D日"的简报（这是战争期间最大的两个机密），他会跟第八航空队的机组人员一起执行飞行任务。他的个性和个人经历中的一切——他的勇气，他的飞行经验，他的管理背景，他对属下的同情心，他掌握的关于飞机和恶劣气候飞行的技术知识，以及战前去德国研究德国空军那段发人深省的经历，使他得以胜任自己的新职责。

吉米·杜立特尔出任第八航空队司令后的第一个决定是扭转这场空战的进程。在埃克的指挥下，护航战斗机的任务是与轰炸机保持近距离，直到敌战斗机发起攻击为止。[53]"这个政策令我担心，"杜立特尔后来解释说，"因为派战斗机的目的是为了驱逐敌人的战斗机。战斗机飞行员的个性通常都很好斗，而且他们接受的训练是在空中积极进取。他们的战机专用于进攻行动。"[54]杜立特尔希望担任护航的战斗机抢在敌战斗机到达轰炸机身边前实施拦截，扫射敌战斗机机场以及返航途中的运输目标，同时还包括一些单独的作战行动。"只要对方还能动，就能起飞或为德国的战争作出努力，我告诉我那些飞行员，把他们就地干掉。"[55]斯帕茨对此完全同意，他认为在空中、在机场上和在生产厂内消灭德国空军是第八航空队的首要职责。埃克的策略是通过打击重要的经济目标来迫使敌战斗机升空迎战，但杜立特尔认为，如果己方的战斗机仍跟轰炸机捆绑在一起，这种策略就将毫无意义。

改变现状的决定在第八航空队战斗机指挥官威廉·凯普纳将军的办公室内作出。走进凯普纳的办公室时，杜立特尔看见墙上写着一句话："第八航空队战斗机的首要职责是将轰炸机平安带回。"[56]

"比尔，这是谁写的？"杜立特尔问道。

"我们来的时候就写在那里了。"凯普纳回答道。

"把这句屁话弄掉，"杜立特尔命令道，"换上另外一句，你就写'第八航空队的首要职责是消灭德国战斗机'。"

"你的意思是，你授权我发起进攻？"凯普纳问道。

"我命令你这样做！"杜立特尔厉声答道。

凯普纳欣喜万分。他一直催促埃克批准自己放开那些战斗机的手脚，他尤其喜欢杜立特尔寻找并在机场上消灭敌战斗机的构想。离开凯普纳的办公室时，杜立特尔听到他的战斗机指挥官正将墙上的标语撕掉。

后来，阿道夫·加兰德说，第八航空队的战斗机发起进攻的日子，就是德国输掉这场空战的日子。[57]这时候，戈林命令他的战斗机彻底避开美国人的护航战斗机，将重点集中在轰炸机上。加兰德后来说，这是德国在这场空战中"最大的战术错误"[58]。这使他那些飞行员丧失了锐气，并对美国战斗机产生了深深的畏惧，每次都尽可能地避开。

凯普纳告诉他那些战斗机飞行员即将发起进攻时，他们爆发出欢呼声。"可当我向各轰炸机大队宣布这一决定时，"杜立特尔回忆道，"他们的指挥官单独或集体找我倾诉，当然，用语还算礼貌，说我是'凶手'和'谋杀犯'。我带走了他们的'小朋友'，他们相信他们的轰炸机编队会被大批消灭掉。"[59]这是个"艰难的决定"，杜立特尔承认，"但付诸实施后，我们开始获得空中优势"。[60]

不过，这种情况并未立即实现。1月初，接掌了英国的空中作战指挥权后，斯帕茨和杜立特尔，与他们的前任埃克一样，受制于天气——这种气候阻止了第八航空队早已创建并予以执行的远程战略轰炸。随着飞行任务以令人绝望的频率被不断取消，因天气而造成的事故频发，轰炸机的残骸遍布整个英国，对机组人员来说，这同样是一个艰难的时期。里奇维尔，一架"空中堡垒"起飞后遇到了麻烦，它飞入阴霾中，随即坠毁。爆炸声在数英里外都能听见。布朗神父帮着将几具烧得奇形怪状的尸体从残骸中搬出，两天后，他在马丁格利军人公墓为这十名飞行员主持了葬礼，这座公墓是陆航队的新墓地，坐落在一座高高的、林木繁茂的山丘上，俯瞰着剑桥大学。站在木制棺木旁，布朗神父扫视着死者朋友们的面庞。他们都曾在德国上空失去过自己的战友，但像阴影那样，阵亡战友已消失得无影无踪。现在这些死者将被埋入冰冷的地下。"他们的脸上分明写着：'这就是我的结局，我也将躺进这里。'"布朗神父后来写道，"我看着他们的面孔，一股寒意从后背油然而起。"[61]

就连镇定自若的卡尔·斯帕茨也开始对压力做出反应。瞬息万变的岛屿气候迫使杜立特尔召回了正飞往目标区的轰炸机编队，1月初，这种情况发生了两次。杜立特尔担心这些轰炸机返航时无法在因气候恶劣而关闭的英国机场上着陆。待斯帕茨获知，第二次任务被取消后，英国上空的天气又意外转晴的消息后，他跟他的轰炸机指挥官摊牌了。"我不知道你是否有胆量率领一支庞大的空中力量，"他训斥杜立特尔，"要是你没有，我就去找个有胆量的人来干。"[62]就在杜立特尔试图解释,他绝不会拿部下的性命在"一场计划外的风险中"[63]进行赌博时,斯帕茨挥挥手,让他出去。

第二次行动被取消后没几天,两位指挥官搭乘"布茨"号(这是斯帕茨个人的B-17)对各个基地进行了一场视察。飞近最后一个打算访问的机场时,气候突变,他们和飞行员都无法透过浓浓的雾色找到机场的位置。驾驶员在云层间发现一个缺口,于是降低飞机钻了进去,开始以超低空飞行掠过农场和村庄,最终找到个宽阔的农场可供他们降落。这架B-17重重地落地并向前滑行,在距离一堵石墙还有几英尺处停了下来。两位将军钻出机舱,脸色铁青的斯帕茨对杜立特尔说:"吉姆,我现在明白你所说的'计划外的风险'了。"[64]

野 马

杜立特尔召回的两次空袭行动,其中一次发生于1月11日。不过只是部分召回,那些继续飞赴目标的轰炸机惨遭屠戮。尽管看上去是德国空军取得了一次重大胜利,但对正努力夺取空中优势的第八航空队来说,这其实是个深具希望的转折点。

任务当天,清晨5点30分,约翰·科莫宿舍里的灯亮了。从熟睡中被唤醒后,科莫聆听到执行当天任务的射手名单:"康斯和克莱恩飞888号,巴尔莫和克洛泽飞912号。"[65]吉姆·康斯和乔治·巴尔莫与科莫是长期的机组伙伴,也是他最好的朋友,但这次,他没有跟他们一同飞。就在几天前,他完成了自己的第二十五次飞行任务,今天早上,他就要返回德克萨斯州科珀斯克里斯蒂(Corpus Christi)的家中。科莫爬起身,跟着康斯和巴尔莫来到停机线,看他们起飞。经过一番迅速的握手道别后,他们飞入空中。

一个多小时后,站在当地火车站,科莫看见轰炸机群从头上飞过。编队里的"空中堡垒"和"解放者"在低矮、险恶的阴霾中集结,科莫不禁想知道,这些小伙子是否应该在这样的天气去执行任务。

　　航空队的气象专家们知道这是一次危险的行动。他们已预测出德国中部的上空会有几个小时的晴天,这为第八航空队提供了一个持续时间很短的机会,使他们得以在战斗机的掩护下执行其第一次纵深渗透任务,对近距离目标实施打击。莱斯特·伦特米斯特与第91轰炸机大队(就是驻扎在巴辛伯恩,罗伯特·摩根的老部队)飞在编队中,他出生于威斯康辛州格林贝(Green Bay)附近的一座奶牛牧场。[66]他从威斯康辛大学的工程计划学科退学,加入了陆军航空队,他的飞机以他的新娘命名——"珍妮·玛丽"号。这是他执行的第一次飞行任务。

　　这次行动的目标是敌战斗机生产链,位于几座中心城市:不伦瑞克、哈尔贝尔斯塔特和奥舍尔斯莱本。伦特米斯特所在的大队隶属于第1航空师,他们的目标是奥舍尔斯莱本的一座工厂,这里生产出的福克-沃尔夫比其他工厂都要多。召开任务简报会时,机组人员们已被告知,他们将获得一大群战斗机的护航,对德国空军来说,这肯定是个令他们印象深刻的数字,而受到保护的目标距柏林西面仅90英里。"雷电"和"闪电"战机将把轰炸机护送到距离目标50英里的地方,而一个P-51"野马"大队(这是派驻英国唯一的一个"野马"战斗机大队)将掩护领头编队赶至目标上空。

　　"野马"是驻英国的每个人一直在期待的远程战斗机。尽管数量有限,但它已于上个月开始为轰炸机提供护航。大多数轰炸机机组人员对这种新式战机一无所知,只知道是一种快速、外形奇特的飞机。但有传闻说这种飞机有机械问题,可能无法对抗可怕的福克-沃尔夫190。

　　"珍妮·玛丽"号完成其爬升,穿过云层进入一片湛蓝的天空中,阳光明媚的空中到处都是轰炸机,有些飞机朝着相反的方向飞行。机上的无线电操作员发出一组摩尔斯电码,用密码询问是否任务已被取消。几秒钟后,传来了答复:"继续前进。"[67]

　　海威科姆的第八航空队司令部内,吉米·杜立特尔不安地看着气象图,一股高高的强降雨云层席卷向东,跨过北海,朝柏林而去。护航战斗机开始返航时,已无法找到轰炸机群,杜立特尔下令召回第2和第3航空师。为首的第1航空师,距离目标区已不到100英里,此刻并未获悉自己正孤军深入,只有第2航空师的一个作战联队能为他们提供些支援,该联队的指挥官没有理会召回令。

这个冬日的早晨,德国空军已做好准备。柏林郊外一个出色的地下掩体内,美国轰炸机编队的动向正被绘制在一幅硕大的磨砂玻璃地图上。[68]美国轰炸机直奔柏林而去,加兰德将手上的所有战机都派了出去。几分钟后,他的空管员发现一架敌战斗机在奥舍尔斯莱本上空盘旋,等待着轰炸机的到来。敌战斗机能飞这么远,而且显然还有足够的燃料进行空战,这令德国人深感震惊。加兰德不愿招惹对方,他派他那些猎手去对付轰炸机。

越过荷兰边境后,莱斯特·伦特米斯特的机组同伴们唱起歌来,相互开着玩笑,以此来平静自己的神经,就在这时,机内对讲器传出了喊声:"十点钟方向,上方,出现敌机。"[69]至少有30多架福克-沃尔夫出现在轰炸机编队上方,已开始发起俯冲。这场长达6个小时的激战就此拉开帷幕。

第一轮攻击结束后,战斗出现了短暂的停顿。飞机上的每个人都沉默下来,面向前方的机组人员紧张地盯着正在一英里外实施集结的一群敌战斗机,看上去似乎即将发起一场自杀式冲锋。就在此刻,一架P-51"野马"从敌战机编队身后窜过,并将两架德国战斗机打成一团火球。"这完全是个惊喜。"伦特米斯特回忆道。[70]从来就没有美国战斗机在德国境内这么远的地方挑战德国空军。但今天的战场上没有足够多的"野马"。49架P-51在云层中走散,只剩下一架面对着至少30架单引擎德国战斗机。

这架"野马"的驾驶员是詹姆斯·H·霍华德少校,他的父亲在中国担任医学传教士。20世纪30年代末期,他是一名海军航母飞行员,三年后他回到自己出生的中国,去参加克莱尔·陈纳德的美国志愿队——"飞虎队"。18个月的服役期间(主要在缅甸),他击落了6架日本战机,自己也被击落一次。1942年，飞虎队被美国陆军航空队收编，霍华德接受委任，成为了一名少校。11月的第一周，他跟随第354战斗机大队抵达英国，这是欧洲战区第一个配备"野马"战斗机的陆航队单位。

半个多小时内，霍华德不停地爬升、俯冲，驱散逼近轰炸机群的敌战斗机。在这场单人匹马的激战过程中，他的四挺机枪有三挺发生卡滞，但霍华德继续用剩下的一挺机枪坚持发起攻击，他不停地俯冲，穿越德国战斗机编队，直到自己的燃油告罄。第401轰炸机大队是德国人的攻击重点，但此次没有损失一架飞机。霍华德返回英国着陆后，他的"野马"上只找到一个弹孔。这是空战中最伟大的壮举之一，霍华德为此赢得了欧洲战区战斗机飞行员获得的唯一一枚荣誉勋章。

美国护航战斗机飞行员已接到过命令，在身后没有僚机掩护的情况下，不得对敌机展开攻击。"可我不得不这样做，"霍华德在接受采访时说道，"那些轰炸机中有10名组员，没有其他人能保护他们。"[71] 瘦削、谦虚的霍华德声称他只击落了2架敌机，另外2架"可能被击落"，但那些目睹这场孤身奋战的轰炸机机组人员发誓说，他击落了6架敌机。"四周的敌机非常多，"霍华德告诉记者安迪·鲁尼，"我不过是朝他们开火而已。"[72]

对霍华德来说，这是场小小的胜利，但对第八航空队而言，这却是一场极大的损失。利用机腹部的副油箱，德国战斗机滞空对付轰炸机的时间远远长于过去。这场战斗与升入空中同样艰难。第1航空师报告说，在三个半小时内，他们遭到400余次独立攻击。德国人重创了美国人的编队，60架轰炸机烧焦的残骸散落在德国冰雪覆盖的地面上，这个数字跟"黑色星期四"的损失完全一样。两架飞机的残骸中，埋着吉姆·康斯和乔治·巴尔莫的尸体。

三天后，约翰·科莫获知了这个消息，当时他正在一个转机中心收拾行李，准备搭机返回美国。两位战友的飞机已经坠落，没人看见机内有人跳伞。"那天晚上非常冷，还下着雨，"科莫写道，"我漫无目的地走在雨中，没戴帽子，也没穿雨衣，就这样走了很长时间，因为一个男人不会当着别人的面放声痛哭。"[73]约翰·科莫自愿加入第十五航空队,又飞了五十次轰炸任务,数年后,他给自己的第一个儿子取名为詹姆斯·巴尔默·科莫。

华盛顿的哈普·阿诺德怒气冲冲。为何只有这几架轰炸机命中目标?为何第八航空队不能提供些"粉碎性打击"?[74]对斯帕茨和杜立特尔来说,这是个令人沮丧的开端,但他们受到"野马"战斗机的鼓舞,这款飞机到目前为止还没有遭受损失,并声称取得了15个战果。"这种飞机,"美国战斗机王牌飞行员唐·塞尔瓦托·詹泰尔说,"将把德国佬揍得屁滚尿流。"[75]

"野马"的开发受到严重延误,这是美国空中力量发展史上最令人震惊的错误之一。这是一款"轰炸机黑手党"曾声称不可能生产出来的战机,它能飞得和轰炸机一样远,一样快,同时不丧失其作战性能。

战争期间美国最好的这款战斗机是为英国制造的,设计师是个德国人,曾为威利·梅塞施密特工作过,后者设计的Me-109击落的盟军飞机比其他任何飞机都多。北美航空公司委派出生于德国的埃德加·施米德设计这款飞机,并于1941年将其交付给英国皇家空军。[76]当时,美国陆航队对它没有太大的兴趣,只购买了两架进行测试。这款飞机搭载的艾利逊引擎动力不足,使它不适合高空飞行;英国人只把它当做一款低空战术战斗机使用。但托马斯·希区柯克中校对其性能和流线型机身留下了深刻的印象,希区柯克是一位世界著名的马球选手,当时派驻伦敦,担任美国空军武官,他向华盛顿提出建议,"让'野马'搭载罗尔斯·罗伊斯公司生产的梅林61型引擎",可使其成为一款高空战斗机。[77]改装工作顺利完成,"野马"立刻变成了一款出色的高空战斗机:这种小型飞机具有流线型美感,与纳粹武器库中的任何一款飞机相比,它更轻、更快、更灵活。美国陆航队突然间兴趣大增,于1942年末向北美航空公司订购了2200架这种英美技术混合产物——这个数量还远远不够,这只是个开始。

施米德和他的工程师将一个85加仑的机身油箱放置在驾驶员身后的一块

装甲板后，就此将"野马"变为远程战斗机。[78]可是，直到空袭雷根斯堡—施韦因富特后，哈普·阿诺德才突然间对此关注起来，他命令火速将"野马"派至英国。[79]这款战斗机刚到达时，艾拉·埃克对其护航能力持怀疑态度，于是把它们调拨给第九航空队，作为战术战斗机使用。阿诺德迅速予以纠正，他做出安排，让第九航空队的"野马"为轰炸机提供护航，并将其置于第八航空队战斗机司令部的控制下。从这以后，第八航空队从北美航空公司获得了陆航队订购的"野马"战斗机。当年12月，这款飞机开始了它们的首次远程护航任务，P-51携带着75加仑的副油箱，每个机翼下各有一个。[80]有了这种配备，它们可以一路飞往柏林，并有足够的燃料返回。

六个月后，改进型"野马"携带着108加仑的副油箱飞赴波兰，[81]往返航程1700英里，时速近440英里，飞行高度40000英尺，另外，新款"野马"还配备了额外的两挺机枪和2000磅火箭弹及炸弹。这时，轰炸机和战斗机的地位已发生逆转，新的挑战迫使轰炸机不得不加大其油箱，以便能跟上"小朋友"们的航程。

"野马"是二战中一款出色的活塞动力战斗机。在其参战的最初三个月中，每次出击，"野马"获得的战果是P-47"雷电"的三倍，是P-38"闪电"的两倍。[82]到1944年底，第八航空队的战斗机大队，除泽姆克的第56大队外，都换装了"野马"。换下来的"雷电"和"闪电"被转到战术单位，很快便开始轰炸法国北部的桥梁、机场和补给列车，为即将到来的进攻做好准备。诺曼底登陆后，它们将为盟军步兵提供战场支援。改装后的"闪电"战斗机没有配备武器，继续被用于执行高空拍照和侦察任务。不到一年时间，第八航空队的战斗机司令部已成为一支几乎完全配备"野马"的作战力量。[83]

战后，哈普·阿诺德承认，这种性能出色的战斗机没有被尽早投入使用，"完全是陆航队自身的错误所致"[84]。

"集中对集中"

空袭奥舍尔斯莱本后，一连十天，第八航空队没有发起一次行动。恶劣的气候一直延续至2月中旬，航空队的策划者不耐烦地等待着对德国飞机制造业实施大规模轰炸，这些行动原定于1943年11月初执行。这是埃克的"论证行动"[85]，该行动要求第八和第十五航空队，以及阿瑟·哈里斯的轰炸机司令部发起一场持续、协调一致的打击。阿诺德和埃克不顾一切地期盼能摧毁那些重要目标，以至于计划中的行动将在1943年，没有远程战斗机护航的前提下展开。结果，恶劣的气候反而成了一件意想不到的幸事，第八航空队现在拥有近1300架战斗机的护航力量，其中有300多架"野马"。

"论证行动"的目的是歼灭德国空军。策略：引蛇出洞，干掉他们！派出轰炸机（诱饵）去摧毁德国的飞机制造厂，然后消灭升空迎战的德国战斗机及其飞行员。艾拉·埃克以前曾试过这一招，但当时没有足够的轰炸机来完成任务，也没有"野马"战斗机，他一直未能采用军事战略家所说的"集中"原则来投入压倒性力量。自尤利西斯·S·格兰特拖垮罗伯特·E·李后，这一直是美国赢得战争的策略。

"我的运气比埃克好许多，因为我开始获得更多的轰炸机和……远程战斗机，"战后的一次采访中，杜立特尔这样说道，"是'野马'战斗机令我看上去更成功些。"[86]但杜立特尔将面对敌人顽强的抵抗。加兰德扩充了自己的防御力量（近1000架白昼战斗机）并退回德国，他们有能力以密集队形的进攻痛击美国轰炸机群。加兰德预计，这将是一场"集中对集中"的战斗。[87]就在阿道夫·加兰德全力以赴为这场即将到来的战斗做好准备时，他站在历史的铰链处，不知道它将向何处摆动。

这场战役开始于1944年2月20日这个死气沉沉的清晨。飞行员们走去聆听任务简报时，阴云、冰和纷飞的雪花迎候着他们。机场上，美国陆航队迄今为止集结起的最大规模的打击力量已加满油并整装待发，这股力量有1000多架轰炸机和近900架战斗机。但大多数飞行员预计,今天的天气无法起飞,就连通常都很积极的斯帕茨也有些犹豫。昨天,他从埃克那里获悉,第十五航空队无法参加这场被称作"最重要的一周"、二战期间最激烈的持续空战的"开幕式"。埃克的部队将为被困在意大利安齐奥海滩上的盟军部队提供紧急支援。对斯帕茨来说,这是个警告性标志,但他负责作战的副手,弗雷德里克·安德森将军,则催促他派出轰炸机。

"论证行动"主要出自安德森的计划,这是他与他的副手,西点军校的老同学C·格伦·威廉森上校密切协商的结果。这两位空中战略家心意相通,但外形却有着天壤之别。"安德森高大、瘦削、随和、善于控制自己的脾气,是个健谈、擅长交际的人,"《生活周刊》的一位记者这样描述他们,"不熟悉他的人很难从那种亲切中发现他的目的。威廉森矮小、粗壮,相当情绪化。他职业细节的特点是讲求逻辑、博学、毫不妥协,是陆军航空队最重要的思想理论家之一。"[88]这两人紧密地团结在一起,都深深折服于中国古代军事哲学家孙子的理念。孙子的一句格言——"击败敌人的机会是敌人自己提供的"[89]——阐明了"论证行动"中的新策略。*为生产战斗机,德国人构建了庞大的工业设施,他们不得不对此提供强有力的保护。这将把德国空军拖入到一场激烈的消耗战中,而实力获得加强的第八航空队现在对赢得这场战争充满信心。正如孙子曾预言过的那样,敌人最大的优势之一将造成其失败。

安德森于1943年10月开始拟定计划时,提出要以四次连续的打击将德国战斗机的产量削减75%。[90]这是个荒唐的估测。但长达四个月的恶劣气候所造成的延误,出乎意料地给了他一支远程战斗机部队,这使他得以对空中和地面的德国空军发起打击,对其造成重创,他将采用双管齐下的进攻武器——轰炸机和战斗机构成一个咄咄逼人的密集阵型——这是杜立特尔腾出护航战斗机后

---

* 译注:这句话在《孙子兵法》中的原文是"不可胜在己,可胜在敌",意思是,打败仗是源于你自己的错误,而打胜仗则是因为敌人犯了错误。

创建的。

起初,安德森做好了损失三分之二机组的准备,[91]也就是7000人,这个数字是海军陆战队在争夺太平洋的战役中阵亡总数的三分之一。随着战斗机提供护航,他预计自己的损失会小许多,但仍很高:行动第一天,可能会损失200架轰炸机。但他认为,这个风险必须承担;地面进攻的成功,乃至整个战争的胜败,都取决于能否歼灭德国空军。

另外,还有些别的考虑。自到达英国后,第八航空队对三个重要的目标体系发起打击:潜艇维修设施、滚珠轴承厂和飞机制造厂,但他们未能彻底打垮其中的任何一个。"有案可查,"一名美国记者写道,"美国白昼轰炸的效果值得怀疑。"[92]

要打击德国这个硬核桃,安德森需要奇迹般的好运,需要一种在欧洲冬季很少出现的气候条件。[93]德国战斗机的生产,在经济上是集中的,但在地理上却是分散的。主要的组装厂组成大型工业中心,四周环绕着一系列制造零部件的小型工厂。威廉森后来解释说:"这些工业中心的神奇之处在于,他们的生产流程可以从中心内的一个工厂转移至另一个工厂,或者转至另一个中心内的工厂。如果你摧毁一个中心的组装厂,工具和工人会迅速转移至另一个工厂,其他附属工厂的零部件也将涌入其中。一个中心就是一只巨大的章鱼,你必须砍掉它所有的触须方能置其于死地。"[94]

但美国去年夏季和秋季的轰炸只是令德国人开始了一场疏散。一些较新的组装中心设在德国中部和南部,以及奥地利、匈牙利和波兰的其他地方。目标分散在德国各处,目视轰炸势在必行,安德森至少需要三至四天的好天气。由于许多任务处于轰炸机航程的最大极限,他们将进行长途飞行,故而在目标上空(中午时刻)和回到英国时(黄昏)都需要良好的能见度,但英国的天气太过反复无常。

为了让自己获得些建议,安德森找到一位古怪的教授,让他飞到英国,并立即授予他少校军衔。这位教授名叫欧文·P·柯克,是加州理工学院气象部门的负责人。工作之余，柯克的副业是从事长期天气预报，他的主顾包括果农和好莱坞电影商。柯克的理论基于这样一种想法："天气情况"总是在自我重复。[95] "一系列现象曾在过去产生过某种气候，如果重复的话，也将在今天产生同样的气候。"[96]在英国，柯克研究了过去半个世纪的欧洲气候记录，2月18日，他告诉安德森，"一系列很好的现象"正在形成，从20日起，一个高气压系统将盘踞于德国中部和南部的上空，可能会持续三至四天。就是它了！经斯帕茨批准，安德森做好了2月20日清晨发起大规模打击的计划。

安德森将所有的一切寄托于柯克的预测，这是他获得的三个预测中的一个，也是唯一一个保证中欧上空会出现持续晴天的预测，天气转晴将从第二天早上开始。任务发起的前夜，英国上空"阴沉沉"的，返航的气象侦察机一致带回极不乐观的报告：云层中没有可预见的天气突变。安德森知道，他的飞机必须在拂晓前起飞，因为欧洲冬季的白昼非常短暂，而且，结冰的气候条件会给战斗机和轰炸机造成极大的困难。这不是"一个完全没有风险的情况"，吉米·杜立特尔回忆道，他倾向于推迟行动。[97]战斗机指挥官威廉·凯普纳也赞同，但安德森仍坚持发起行动，哪怕这将造成200架轰炸机的损失。[98]当晚，在帕庐，面无表情的卡尔·斯帕茨睡在电话机旁，倾听着他那些属下相互矛盾的建议。[99]经过一个不眠之夜，他向各基地指挥官下达了命令："让他们出发！"[100]

注释

1. 大卫·麦卡锡，《无畏：一名B-17领航员的二战历程》，第71、79—81和88页。
2. 同上。
3. 同上，第82页。
4. 约翰·科莫，《作战机组》，第179页。
5. "1945年3月15日的德国空军讲座"，美国驻欧洲战略空中力量司令部，1945年4月6日的报告——科格勒中校为德国空军所做的讲座，美国空军历史研究部，00217374；威廉姆森·默里，《德国空军》，第22页。
6. 山姆·哈珀特，《真正的正义之战》，第251页。此次行动的11架"探路者"，6架携带着H2X，5架配备的是H2S；参见蒂斯顿等人所著的《第八航空队的"探路者"投下炸弹》，第68页。第八航空队已开始试用英国的另外两种探路设备，Gee和Oboe，这两种导航设备都依靠地面站发射的波束。
7. 美国战略轰炸调查，"气候因素"，第20页。整个战争期间，气候原因使第八航空队有25%的日子无法发起行动，而第十五航空队的这个数字达到37%。
8. 1944年1月5日，阿诺德写给斯帕茨的信件；1944年1月10日，斯帕茨写给阿诺德的信件，斯帕茨文件。
9. 德国空军的损失参见阿道夫·加兰德的《第一个和最后一个：德国战斗机部队的兴衰，1938—1945》，第187页；麦克法兰和纽顿的《德国制空权之战》，第135页。
10. 威廉姆森·默里，《德国空军》，第223页；麦克法兰和纽顿的《德国制空权之战》，第135页。1943年末，德国空军因事故和友军高射炮火误击而损失的飞机多过战损,参见"1943年9月1日—12月31日,德国空军在西线的损失",1945年,美国空军历史研究部,K512.621 VII/148。

11 约瑟夫·施米德中将,"帝国上空的日夜空战",1943年9月15日—1943年12月31日,1954年,"德国空军西线战史",第一卷,1943—1945,美国空军历史研究部,Kl 13.107-158-160。

12 参见维克托·戴维斯·汉森的《屠杀与文明:西方列强崛起中的标志性战役》(纽约,双日出版社,2001年),第111页。

13 罗宾·海厄姆与史蒂芬·J·哈里斯编撰的《为何空军会失败:败亡的剖析》(列克星敦,肯塔基大学出版社,2006年)中,第213页,詹姆斯·S·科尔姆所写的《德国空军的败亡,1939—1945》。对德国航工工业战前和战争初期的深入研究,最出色的是科尔姆的《德国空军的败亡,1939—1945》、爱德华·霍姆泽的《德国空军的武装》(林肯市,内布拉斯加大学出版社,1976年)以及威廉姆森·默里的《德国空军》。

14 罗宾·海厄姆与史蒂芬·J·哈里斯编撰的《为何空军会失败:败亡的剖析》(列克星敦,肯塔基大学出版社,2006年)中,第214页,詹姆斯·S·科尔姆所写的《德国空军的败亡,1939—1945》。

15 格兰特式的歼灭战战略,参见维格雷的《美国的战争艺术:美国军事战略和政策史》。

16 对斯帕茨将军的采访,美国空军历史研究部。

17 阿道夫·加兰德,《第一个和最后一个:德国战斗机部队的兴衰,1938—1945》,第190页。

18 同上。

19 杰克·诺威,《冰冷的蓝天:一名B-17射手经历的二战》,第128—129页。

20 同上。

21 本迪纳,《"空中堡垒"的坠落:二战中最大胆、最致命的空战亲历记》,第244页。

22 戴尔·O·史密斯,《啸鹰:一位B-17轰炸机大队大队长的回忆》(教堂山,阿岗昆出版社,1990年),第61页。

23 哈里·M·康利,《空中没有散兵坑》(康涅狄格州特兰布尔市,FNP军事部,2002年),第210页。

24 莱斯特·伦特米斯特,《大兄弟和小朋友:对德空战的回忆》,《威斯康辛州历史杂志》第77期（1990年秋），第39页。
25 杰克·诺威，《冰冷的蓝天：一名B-17射手经历的二战》，第130页。
26 山姆·哈珀特，《真正的正义之战》，第106页。
27 马尔科姆·C·格劳、罗伯特·C·莱昂斯，《防弹衣发展简述》，《航空军医会刊》第2期（1945年1月），第9页。
28 卡拉汉，《凝迹，我的战时记录：英国诺福克郡迪斯附近，索普-阿博茨，美国陆军航空队第139号基地的二战历史记录》，第65页。
29 马尔科姆·格劳准将，《防弹衣在战时飞行中的使用》，1946年4月，美国空军历史研究部，141.282-6 II；道格拉斯·H·罗宾逊，《危险的天空：航空医学史》，第180页；小马丁·J·米勒，《装甲飞行员：二战中美国陆航队的防弹衣计划》，《航空历史学家》第32期（1985年3月），第27—32页。
30 引自布莱恩·D·奥尼尔，《折断的机翼、三具引擎和一个祈祷者：德国上空的B-17》，第262—268页；贾德·卡茨，"采访荣誉勋章获得者：弗雷斯特·L·沃斯勒"，阿拉巴马州甘特（麦克斯韦）空军基地，1986年3月5日，美国空军历史研究部，K239.0512-1703。另可参见"任务与报告，1943年1—12月，第303轰炸机大队"，美国空军历史研究部，GP-303-HI；飞机的任务报告转载于哈里·D·戈布雷希特的《飞行中的力量：第八航空队"地狱天使"——第303轰炸机大队作战日志》（加州圣克莱蒙特，第303轰炸机大队协会，1997年），第298页。还可参见霍顿、鲁尼的《空中射手》，第226页。
31 同上。
32 同上。
33 霍顿、鲁尼，《空中射手》，第225—228页。
34 约翰·科莫，《作战机组》，第243、249页。
35 同上。
36 同上。
37 1943年12月19日，埃克发给阿诺德的电报，埃克文件。
38 1943年12月18、21日，阿诺德发给埃克的电报，埃克文件。
39 1943年12月25日，艾森豪威尔写给马歇尔的信件，阿尔弗莱德·D·钱德勒编撰的《德怀特·艾森豪威尔文件，第三卷，战时岁月》（巴尔的摩，约翰·霍普金斯大学出版社，1970年），第1612页。

40 埃德加·F·珀伊尔，《为将之道：性格决定一切，指挥艺术》（加利福尼亚州诺瓦托，要塞出版社，2000年），第269页。

41 哈里·C·布彻，《与艾森豪威尔在一起的三年：艾克将军的海军副官哈里·C·布彻上尉的个人日记》（纽约，西蒙&舒斯特出版社，1946年），第447—448页。

42 理查德·G·戴维斯，《卡尔·斯帕茨与欧洲空战》，第271页。1943年11月3日和26日，埃克派出了600多架轰炸机。

43 1943年12月21日，阿诺德写给埃克的信件，埃克文件。

44 阿诺德写给斯帕茨的信件，日期不详（斯帕茨收到这封信是1943年3月1日），美国空军历史研究部，168.491 AF / CHO，微缩胶片A 1657。

45 1943年12月18日，阿诺德写给雅各布·德弗斯将军的信件，埃克文件。另可参见1974年对巴尼·M·贾尔斯将军的采访，美国空军历史研究部，K239.0512–814。

46 1943年12月22日，埃克写给詹姆斯·费切特的信件，埃克文件。

47 1943年12月28日，洛维特写给埃克的信件，埃克文件。

48 第八航空队的实力，来自麦克法兰和纽顿的《德国制空权之战》，第155页；杜立特尔，《我再也不会如此幸运》，第354页。

49 第八航空队的伤亡，来自1943年12月27日，阿诺德将军参谋长的备忘录，阿诺德文件。

50 洛·瑞达影视公司对约翰·P·杜立特尔的采访。要了解杜立特尔的生平，可参阅迪克·艾伦·达索的《航空先驱杜立特尔》（华盛顿，波多马克出版社，2003年）。

51 引自克雷格·尼尔森的《第一批英雄：杜立特尔空袭东京的壮举》（纽约，企鹅出版社，2003年），第33、第41页。

52 同上。

53 1943年11月29日，"将军与资深参谋人员举行会议之纪要"，美国空军历史研究部，520.141。

54 1944年1月11日，斯帕茨给第八航空队司令的指示，斯帕茨文件。

55 《吉米·杜立特尔与美国空中力量的崛起》，柯林·D·希顿的采访，2003年5月。

56 杜立特尔，《我再也不会如此幸运》，第352—353页。凯普纳的反应，可参阅理查德·G·戴维斯的《卡尔·斯帕茨与欧洲空战》，第302页。

57 阿道夫·加兰德，《第一个和最后一个：德国战斗机部队的兴衰，1938—1945》，第187、206页。加兰德将美军的决定归功于斯帕茨，而不是杜立特尔。加兰德的著作出版后，杜立特尔接受美国空军历史研究部的采访时（日期不详）表示，"我后来纠正了加兰德的说法"。

58 对加兰德将军的审问，美国空军历史研究部，168.6005-83。

59 杜立特尔，《我再也不会如此幸运》，第353页；1979年8月24日，采访杜立特尔将军，美国空军历史研究部，K239.0512-1206。

60 1969年4月21日，采访杜立特尔将军，美国空军历史研究部；1979年8月24日，采访杜立特尔将军。

61 詹姆斯·古德·布朗，《第381大队的勇士，都是英雄：一名牧师所揭秘的第381轰炸机大队内幕》，第280—281、288页；罗恩·麦凯，《里奇维尔的空中堡垒：二战中的第381轰炸机大队》（宾州阿特伦格，希弗出版社，2001年），第74页。

62 杜立特尔，《我再也不会如此幸运》，第355页。

63 同上。

64 詹姆斯·帕顿编撰的《冲击：二战中陆军航空队的机密照片，第六卷，轰炸轴心国》中（宾夕法尼亚州哈里斯堡，国家历史学会1989年再版），杜立特尔的《白昼精确轰炸》。

65 约翰·科莫，《作战机组》，第263页；《二战中的陆军航空队，第三卷》，第22页。

66 莱斯特·伦特米斯特，《大兄弟和小朋友：对德空战的回忆》，第38页。

67 同上，第41页。

68 阿道夫·加兰德，《第一个和最后一个：德国战斗机部队的兴衰，1938—1945》，第203页。

69 莱斯特·伦特米斯特，《大兄弟和小朋友：对德空战的回忆》，第43页。

70 同上。

71 1995年3月18日，詹姆斯·H·霍华德将军去世的新闻稿，可参见http://www.Arlingtoncemetery.net/jhoward.htm。

72 安迪·鲁尼，《轰炸机向孤身侠致敬》，《星条旗报》，1944年1月19日。

73 约翰·科莫，《作战机组》，第266—267页。

74 1944年1月24日，阿诺德写给斯帕茨的信件，美国空军历史研究部，168.491。

75 唐·塞尔瓦托·詹蒂勒、艾拉·沃弗特，《一个人的空军》（纽约，L·B·菲舍尔出版社，1944年），第16页。

76 雷·瓦格纳，《"野马"设计师：埃德加·施米德与P-51战斗机》（华盛顿，史密森学会出版社，1990年），第113页。

77 《二战中的陆军航空队，第六卷》，第219页。

78 安东尼·福尔斯、威尔弗里德·弗里曼，《1936—1945，盟军获得生存和制空权背后的天才》（斯塔普勒赫斯特，斯派尔蒙特出版社，2000年），第229页。帕卡德汽车公司为美国"野马"战斗机制造了梅林发动机。

79 1943年10月15日，埃克发给阿诺德的电报，阿诺德文件。

80 1966年10月1日，对巴尼·M·贾尔斯将军的采访，美国空军历史研究部，K239.0512-779。

81 叙述史，第八航空队司令部，1944年2月，美国空军历史研究部，HD 520.02-5。

82 野马的作战记录，来自"1943年11、12月和1944年1月，P-47、P-38和P-51的作战记录"，美国空军历史研究部，520.3108BV。

83 伯纳德·劳伦斯·博伊兰，《美国远程护航战斗机的发展》，密苏里大学博士论文，1955年，第44、99和218—219页。

84 阿诺德，《全球使命》，第376页。

85 威廉姆森·默里，《德国空军》，第226页。

86 "吉米·杜立特尔与美国空中力量的崛起"，柯林·D·希顿的采访。

87 阿道夫·加兰德，《第一个和最后一个：德国战斗机部队的兴衰，1938—1945》，第205页。

88 查尔斯·J·V·墨菲，《未知的战斗》，《生活周刊》，1944年10月16日，第104页。

89 同上。

90 同上。

91 沃尔顿·S·穆迪，《最重要的一周：打垮德国空军获得空中优势》，《空中力量史》第41期，（1994年夏季第2期）。

92 墨菲，《未知的战斗》，《生活周刊》，第102页。

93 同上，第107页。

94 同上。

95 同上。

96 同上。

97 杜立特尔，《我再也不会如此幸运》，第366页；《二战中的陆军航空队，第三卷》，第32页。

98 理查德·G·戴维斯，《卡尔·斯帕茨与欧洲空战》，第322页。

99 小海伍德·S·汉塞尔，《击败希特勒的空中计划》，第33—34页；戴维斯，《卡尔·斯帕茨与欧洲空战》，第322页。

100 《二战中的陆军航空队，第三卷》，第31、33页。

第十章

被解放的天空

战争就是走向胜利的一连串灾难。

——乔治·克莱蒙梭

1944年6月6日，拂晓

拂晓时灰蒙蒙的雾霭中，盟军庞大的入侵舰队逼近了法国海岸，美军轰炸机机组人员看见一架孤零零的"空中堡垒"在他们下方盘旋。这架B-17副驾驶的位置上坐着劳伦斯·库特尔将军，他被临时指派为哈普·阿诺德将军D日行动的个人观察员。身材瘦削，干劲十足的库特尔是空中作战计划处1号文件的起草者之一，这是针对德国实施白昼战略轰炸的整体规划。1942年夏末，他曾被派往英国，作为第八航空队第1轰炸联队的指挥官执行该计划。

当年秋季和冬季，对法国布列塔尼沿岸坚不可摧的潜艇坞实施了一系列徒劳无益的轰炸后，库特尔继续发起打击，随后被调至地中海，参加"火炬"行动，此后又被调回华盛顿，为阿诺德将军担任作战行动总策划。1943年初,他离开战场赶往华盛顿时,德国空军统治了欧洲大陆的上空,白昼轰炸的前景受到严重质疑。现在,库特尔正等待着日出,以证实自己的预感:德国战斗机部队不会对即将发起的、庞大的两栖进攻形成威胁。

进攻发起的前夜,艾森豪威尔向他的部队保证:"要是你们看见战斗机出现在空中,那肯定是我们的。"[1]但他和其他盟军指挥官都未说出他们最大的担心——希特勒已从德国国内拼凑出数百架战斗机,不惜一切代价要将入侵者赶入大海。就连对自己的部队深具信心,并重挫了德国空军的卡尔·斯帕茨也预计(和艾森豪威尔一样),会遇到"激烈的空中抵抗"。[2]

"我在想,"库特尔回忆道,"如果我是德国作战军官,上帝也会让我选择这种天气实施我的防御,这就是我会选择的条件。厚实的阴霾笼罩着诺曼底海岸,并延伸至海峡中部……这能使德国飞行员获得完美的隐蔽。他们可以冲出云层,扑向下方被挤满的海峡,对舰只实施轰炸和扫射,并在几秒钟内重新钻入云层。他们可以在我们的火炮开火或数千架战斗机实施拦截前来去自如。我甚至比我愿意承认的更加不安。云层内可以挤满德国战机。到哪里去找这样的目标呢——18英里宽的正面上,4000艘舰船。"[3]

搭载着士兵的登陆艇劈波斩浪向海滩冲去时,库特尔将军的担心消失了。空中满是盟军的战斗机,而且,"目力所及之处,轰炸机队列一直延伸至英国",没有德国飞机的踪影。"德国佬没有现身,"库特尔后来写道,"他们之所以没有出现,是因为他们已所剩无几。"[4]

在这个重要的转折日,面对有史以来所集结起的最为强大的进攻力量,德国空军只出动了不到250架次的飞机。[5]地面战斗——从海滩达成突破并肃清诺曼底地区的敌军——还将持续七个星期才能获胜,但制空权已在为期六周的毁灭性空战中得到牢牢的确保。

比利·米切尔和朱里奥·杜黑都曾目睹过轰炸战的瞬间,那种对士气的摧毁力成为对坑堑战缓慢屠杀的一种人道的替代。但历时数月、一直延续至D日的空战,飞机和人员遭受的损失高得令人难以想象。但是,与以往战争中折磨人的杀戮不同,这些空战迅速果断,为库特尔式的战略轰炸肃清了北欧的天空,在战争的最后一年,这场战略轰炸将彻底粉碎德国的战争工业。

最重要的一周

这场伟大的战役开始于一个气候恶劣的周二清晨,卡尔·斯帕茨将军下达命令,发起了"最重要的一周",这场为期六天的战役从北海到多瑙河,从巴黎至波兰,遍布整个西欧。战役第一天的打击目标是希特勒防御严密的战斗机生产中心:不伦瑞克—莱比锡地区和德国中部的大型组装和配件厂,位于柏林南部约80英里。轰炸机编队进入德国领空时,天气开始转晴,正如安德森那位古怪的气象专家所预测的那样。800架战斗机组成的编队中,打头阵的是休伯特·泽姆克的"狼群",这些"雷电"战斗机首次配备了150加仑的机腹油箱,这使他的战斗机几乎能渗透至汉诺威,距离他们位于黑尔斯沃斯(Halesworth)的基地将近400英里。"我们赶上轰炸机群,在22000英尺的高度占据了编队左侧的位置,"弗朗西斯·"唠叨鬼"·加布雷斯基,这位来自宾夕法尼亚州石油城一位波兰移民的儿子回忆道,"一切都很平静,直到我们在汉诺威以西30英里处,准备脱离护航时为止。"[6]就在这时,一群双引擎夜间战斗机,Bf-110,进入他们下方的视野中,加布雷斯基的中队"对他们发起攻击"。只有1架德国战斗机毫发无损地逃脱,加布雷斯基重组他的中队,开始了返航的长途跋涉。他那些"雷电"为美国战斗机当天取得的61个胜利贡献了18个战果。

战术与技术同样重要。在杜立特尔下令护航战斗机放开手脚前,德国空军战斗机通常聚集在低海拔区域,他们知道自己在这里很安全,因为美军战斗机在他们上方盘旋,不愿离开轰炸机编队。但在2月20日,德国飞行员大感惊讶并惨遭屠戮,泽姆克的第56战斗机大队在德国上空没有损失一架飞机,他那些飞行员很快便将这里称作"令人愉快的狩猎场"。[7]

当晚在帕庐，斯帕茨、安德森和威廉森等待着经电传打字机传来的作战报告，他们预计会遭受到严重损失。"这一晚，作战报告不停地传来，"威廉森回忆道，"一个大队接着一个大队，纷纷报告说他们没有损失，或只损失了1—2架飞机。我们简直不敢相信。"[8]电传打字机的嘀嗒声终于停下后，指挥官们计算出当日的代价：21架轰炸机和4架战斗机——执行任务的11000人只损失了214人。德国人则损失了153架战斗机。斯帕茨兴奋不已。"从未见他这么高兴过。"威廉森回忆道。[9]

但那些亲身经历战斗的人对此的看法却跟司令部内的将军们不同。"那些将军坐在地图前……伤亡报告令他们深感鼓舞，"二战老兵，小说家欧文·肖写道，"但那些曾身处战场的人却并不感到鼓舞。他被击中，或是他身边的战友被击中……那一刻很难想象还有什么人能……报告说……一切都在按计划进行。"[10]

对2月20日赢得荣誉勋章的三名美国飞行员来说，没什么是"按计划进行"的。他们的经历是"最重要一周"中涌现出的最伟大的个人故事，是史诗般的英雄主义和英勇牺牲的传奇。这些年轻人不得不长大或倒下时，他们不会向困难屈服。

第305轰炸机大队中，一架未起名字的"空中堡垒"离开莱比锡上空时，遭到十余架敌战斗机的围攻。八名机组人员被炮火击中，轰炸机的一具引擎起火燃烧。一发炮弹击碎右侧的挡风玻璃，在副驾驶的脸上炸开，使他当场身亡。他向前倒下时，身体压住了控制杆，这架轰炸机突然间向下俯冲。驾驶员威廉·R·劳利中尉的脸部和颈部已负重伤，挣扎着用右手将阵亡战友的躯体从操纵杆上拉开，同时用左手试图将轰炸机从急剧下降状态中改出来。他不得不靠仪表来飞行，挡风玻璃和操控设备上溅满了鲜血和皮肉碎渣。终于将几乎垂直下跌了10000英尺的轰炸机改出后，他注意到损坏的那具引擎仍在燃烧。

飞机平稳后，他命令机组人员跳伞，他担心这架飞机即将发生爆炸，但已经去后部查看过损伤情况的投弹手哈利·梅森中尉报告说，有两名射手身负重伤，无法动弹。一名机组成员跳了伞,劳利中尉通过机内对讲设备宣布,他会尽量把这架轰炸机飞回去。到英国,大约要飞五个小时,但为挽救两名身负重伤的组员,他别无他法。其他组员再次被要求跳伞逃生,但他们决定留下,跟劳利和昏迷的战友一同坚持到底。[11]

经受着冲击和暴露,冰冷的空气穿过破碎的挡风玻璃,劳利脸色发灰,开始神志不清,几次陷入昏迷。哈利·梅森用一件大衣将副驾驶的尸体固定在椅背上,自己站立在驾驶室的两个座位之间,他唤醒劳利,帮着他操纵飞机。到达英国时,他们只剩下一具引擎,在1500英尺高度上勉强飞行着。穿过蒙蒙细雨和昏暗的天色,他们错过了第一座机场,但劳利随即发现一条加拿大战斗机的应急跑道,便试图放下机轮。可它们被卡住了。这架"空中堡垒"不得不紧急迫降,裸露的机腹在混凝土跑道上擦出大片火花,看上去就像一场烈火风暴。机组人员悉数获救,但两位身负重伤的射手永久残废了。

战争结束后,威廉·劳利和他的机组成员继续保持着联系。他的一名射手,拉尔夫·布拉斯韦尔,在劳利1999年去世前,来到他位于阿拉巴马州蒙哥马利市郊外的家中看望他。"他有膝关节炎,"布拉斯韦尔说道,"但跟他握手后,我说:'你的双膝很棒,是它们救了我的命。'"[12]

空袭莱比锡的行动中,当天下午,还有另外五名飞行员被他们的两位战友所救,这两人是阿奇博尔德·马蒂斯上士和沃尔特·E·特林佩尔中尉。"十马力"号的顶部炮塔射手卡尔·摩尔,跟随第351轰炸机大队飞离波尔布鲁克,靠近目标时,他看见两架Me-109径直朝他们扑来。几秒钟后,一发炮弹在驾驶舱内炸开,副驾驶罗纳德·巴特莱的头被炸飞,驾驶员C·理查德·尼尔森也当场身亡。两人的尸体倒在操纵杆上,与威廉·劳利那架"空中堡垒"惊人地相似,"十马力"随即进入俯冲状态。螺旋俯冲造成的离心力令每一个活着的机组成员动弹不得。"接下来的几分钟,就像是在一个旋转的陀螺内,我们被抛向机身,并被强大的力量抵住,无法移动。"腰部射手罗素·罗宾逊说道。[13]卡尔·摩尔设法从他那个炮塔下方的地板向前爬去，来到驾驶员座位之间狭窄的空间。狂风穿过破碎的舷窗，将他向后推去。摩尔聚集起浑身的力气，向前探出身子，惊恐地看清了驾驶室内的这场屠杀。巴特莱的头落在地上，尼尔森面孔的右侧被切掉。摩尔相信尼尔森已经身亡，他抓住两具操纵杆，一手一个，并用肘部抵住两位驾驶员尸体传来的重量和压力。即便在加快速度时，敌战斗机仍不停地向他们扑来，经历了一场近15000英尺的下降后，摩尔将这架轰炸机从俯冲状态中改出，这个动作太过突然，以至于负伤的无线电操作员托马斯·索维尔说："我觉得我的眼球都要从眼窝中蹦出来了。"

就在这时，来自伊利诺斯州奥罗拉的记账员沃尔特·特林佩尔（现在是领航员），设法来到驾驶室内，摩尔将飞机的控制权交给他。几分钟后，出生于苏格兰的阿奇博尔德·马蒂斯，这位宾夕法尼亚州一位矿工的儿子也有几小时的飞行经验，他爬出球形炮塔，来到驾驶室中与特林佩尔会合。两人蜷缩在座椅间狭窄的空间处，试图决定该如何行事。他们用手操纵着安装在地板上的升降舵和副翼控制器，竭力保持着轰炸机的飞行状态。其他组员将巴特莱的尸体从右侧的座位上拉开，放在驾驶室下方的狭窄通道处。特林佩尔随即将操纵杆交给马蒂斯，德国战斗机消失后，他下到机鼻处，寻找一条返回英国的航线。机上的投弹手在投完炸弹后已经跳伞逃生，但由于轰炸机的四具引擎运转良好，其他组员决定留在飞机上。

冰冷的寒风窜入驾驶室内，使马蒂斯和特林佩尔每次只能操作几分钟时间。两人轮流操控着飞机，但主要是马蒂斯在驾驶，由于狂风的噪音，他们只能用手势来沟通。机组人员试图将尼尔森的尸体移开，以便让马蒂斯坐入左侧的座椅，离被击破的舷窗远些。但他们突然停了下来，因为他们发现，尼尔森还活着，尽管已奄奄一息。

他们飞抵波尔布鲁克基地时，特林佩尔呼叫塔台："副驾驶阵亡，正驾驶，我们觉得他也阵亡了。投弹手已经跳伞，我是领航员，是机上唯一的军官。我们该怎么做？"特林佩尔说，马蒂斯认为他可以把飞机降下来，基地指挥官尤金·罗米格上校予以批准。马蒂斯的第一次进场着陆尝试不太稳定，位置过高，疲惫和暴露于狂风中使他的反应变得迟钝。罗米格上校命令他继续盘旋，并让机组人员在机场上空跳伞。最后一个跃出飞机的是卡尔·摩尔，他与马蒂斯和特林佩尔握了握手，向这两位战友竖起大拇指，随即消失在后部组员舱门。

机组人员跳伞后，罗米格上校和一位中队长埃尔扎·勒杜少校登上一架B-17，起飞后与"十马力"并肩飞行，并用无线电指示马蒂斯，试图带着他着陆。马蒂斯的飞行状态极不稳定，时而攀升时而俯冲，罗米格他们无法靠得太近以提供更多的帮助。第二次着陆未获成功后，罗米格命马蒂斯和特林佩尔将飞机飞向大海，设置成自动驾驶，然后跳伞。这两人回答说，驾驶员还活着，但无法动弹，他们不会弃他于不顾。[14]

在邻近一个机场的降落再度失败后，"十马力"号突然失控，随即坠毁。马蒂斯和特林佩尔当场身亡，他们被追授荣誉勋章。他们在阵亡前竭力试图挽救的驾驶员尼尔森只比他们多活了一个小时左右。最后一个看见这三位阵亡战友的人是卡尔·摩尔，他获得了杰出服役十字勋章。战争结束后，匹茨堡煤炭公司将他们的一座矿更名为"阿奇·马蒂斯"，这位来自苏格兰斯通豪斯的空中射手，在执行自己第二次飞行任务而英勇牺牲前，曾和他的父亲在宾夕法尼亚州自由市的一座烟煤矿中工作。

"最重要的一周"接下来的五天里，第八航空队的损失出现了惊人的上升。至少有226架重型轰炸机在德国上空被击落，这几乎是第八航空队全部实力的20%。第十五航空队的损失也与之类似。早在1942年，埃克便已下令不得使用"等效损失率"。而当年，劳伦斯·库特尔和他策划部的同僚曾估计，第八航空队那些未获得护航的轰炸机，在整个空战期间的损失不会超过300架！但在1944年，他们已是一支久经沙场、飞机充足的航空队，他们充满了一种新的精神，并做好了承受可怕损失的准备。现在，他们第一次坚信自己将获得胜利，因为他们已发现并开始利用德国战时经济易受攻击的薄弱点。[15]

"最重要的一周"的主要策划者弗雷德里克·安德森相信，第八和第十五航空队第一次密切协调，并与英国夜间轰炸机相配合，将给纳粹的战斗机生产造成致命性打击，并使其接近"最终的灭亡"。[16]但他错了。"最重要的一周"期间，10000吨炸弹被投向德国的18个机身和滚珠轴承制造中心，其中再次包括雷根斯堡和施韦因富特。这大致相当于第八航空队在其第一年作战行动中投下的吨数。英国皇家空军的轰炸也很猛烈，他们投下的炸弹甚至比美国人更多。但这番全力以赴只是让德国人的战斗机生产延误了两个月。[17]

1944年夏季前，德国的战斗机产量将达到其顶峰，部分原因是"最重要的一周"。经希特勒批准，负责战斗机生产的工作从戈林无能得令人惊愕的空军部转至阿尔贝特·施佩尔军备与战时生产部下的一个特别机构。施佩尔安排他的专家之一，卡尔·奥托·绍尔，负责加快工业疏散计划。[18]1944年底，德国那些较为小型、得到巧妙隐藏的工厂，每个月生产的战斗机数量甚至超过了"最重要的一周"之前的产量。盟军情报部门从未能发现那些森林中的工厂，反正从四英里的高空也不可能击中它们。

安德森策略中的第二个部分完成得非常出色。德国空军挺身保护他们的飞机制造厂，结果，他们损失的单引擎战斗机超过三分之一，更重要的是，他们还失去了18%的战斗机飞行员。[19]就连对组装厂的轰炸也产生了一些显著的长远效果。如果那些工厂未遭到轰炸，德国的飞机产量将更为骄人。未来几个月的疏散工作将使整个行业遭到延误。那些较小的工厂，飞机的生产比在更为合理化的大型工厂中慢得多。疏散还将使各个分散的飞机制造厂严重依赖于铁路运输，运送零部件和组件的火车很快将成为虎视眈眈的美国战斗机肥美的目标。[20]最终，疏散行动"自己打败了自己"。[21]1944年底，德国的运输系统被盟军的轰炸和扫射摧毁后，已不再可能为最终组装厂提供组件来生产出成品飞机。"最重要的一周"当时被第八航空队的指挥官们高估，但历史学家们对此的评价并不高,其实,对美国人而言,这既不是一次胜利,也并非失败。它仅仅是二战中延续时间最长、最具决定性的空战的开始。

柏 林

第二轮行动的目标是柏林,它是世界第六大城市,也是欧洲大陆最大的经济和商业重地,这里的产业几乎都与军工有关。柏林也是德国空军必须防卫的另一个目标。

那年冬季,阿瑟·哈里斯一直对柏林进行着一场毁灭一切的打击,他们的轰炸不加选择,面对突然间复苏的德国夜间作战力量,英国人蒙受了令人难以忍受的损失。美国的轰炸有所不同,他们瞄准的是工业中心,其中最重要的是位于柏林郊区埃尔克内尔(Erkner)的大型滚珠轴承厂。轰炸机将被当做诱饵,以引诱德国战斗机升空迎战。

美国人还采用了新战术。过去,第八航空队发起的每一次重大轰炸行动中都包括精心策划的牵制性空袭,以此来混淆防御者。但这次没有假动作,没有欺骗性行动。航空队指挥官将按可预测航线派出他们的轰炸机。轰炸机被置于极其危险的位置,这将是计划的一部分。"最重要的一周"刚刚结束,大批远程"野马"战斗机便抵达英国,安德森,这位总体战的坚定倡导者,迫切盼望打上一仗。2月下旬,他提醒哈普·阿诺德,要为重大损失做好准备。第八航空队将"不惜一切代价"发起打击。[22]

就在伤亡数目开始大幅度上升之际,轰炸机机组人员又收到另一个坏消息。在哈普·阿诺德的催促下,杜立特尔将军将他们的服役期从二十五次作战飞行任务延长至三十次(后来又延长至三十五次)。[23]理由是,在这些机组人员的作战效能达到顶峰时,干嘛要把他们送回家呢?这个决定令杜立特尔成了各轰炸机基地最遭人痛恨的家伙。那些机组抱怨说:"前二十五次作战任务,我们是为美国而飞,后面的五次是为吉米。"

"最重要的一周"给所有人施加了可怕的压力。"许多人服用药片，"无线电操作员兼射手劳伦斯·"高迪"·戈德斯坦说道，"药片使他们安然入睡，药片令他们保持清醒，药片让他们消除抑郁。"[24]如果航空军医拒绝开药，有些人便会设法偷取。对于真正的绝望，这里有吗啡，这东西很容易从急救包中搞到。

对柏林的首次空袭定于3月2日。但杜立特尔取消了行动，因为目标区上空阴云密布，这会令轰炸极不准确。安德森发作了。"柏林上空是不是阴天无关紧要。由此产生的空战会造成（敌人）的消耗，这比对地面造成的任何破坏更为重要，"他在日记中写道，"我们应该坚持这个该死的行动！"[25]

柏林将是第八航空队攻击过的最为棘手的目标。杜立特尔的机组会遇到一支经过重组的德国空军力量，其战斗机的70%部署在柏林周围。[26]德国首都距离英国东部的往返航程为1100英里，这就意味着轰炸机将暴露在德国中部的空中达五小时之久，另外，如果恶劣的天气持续下去，轰炸机就不得不飞至六英里高的云层上，这会使编队飞行极为困难。杜立特尔的副手解释说，不能派出"解放者"式轰炸机，因为满载的"解放者"无法飞得和"空中堡垒"一样高："天哪，（机组人员）会在飞机内送命！"安德森的回复只有两个字，却令人心寒："是吗？"[27]

3月3日，几架配备着副油箱的P-38"闪电"战斗机飞至柏林上空，但轰炸机群无法克服云层，不得不返航。第二天，阴霾的天空和呼啸的狂风依然是个大问题，但杜立特尔给轰炸机编队发出召回令时，第95大队的两个中队和第100大队的一个中队却未能收到这道命令，反正他们是这样说的。这些重达25吨的轰炸机和为之护航的"野马"战斗机压了上去，他们以航位推测法导航。螺旋桨旋转所形成的雾化尾迹加剧了危险。在稀薄的空气中飞行，使得飞行员们"昏昏沉沉，无精打采，但高射炮火的爆炸防止了他们打瞌睡"[28]。敌战斗机迅速升空迎战，但在损失了五架轰炸机后，第4战斗机大队的"野马"在唐纳德·布莱克斯利上校的率领下，成功地挽救了轰炸机编队。唐纳德是前

"飞鹰中队"的队员,在美国参战前便自愿在英国皇家空军中驾驶"喷火"式战斗机。

率领轰炸机编队的哈里·C·曼福特上校在冬日苍茫的夜色中返回基地时,以为自己会遭到一顿痛斥,但没有,他不仅获得了银星勋章,照片还被刊登在《生活周刊》上。[29]

这次的行动并不完美,但事实是,美国飞机在白天到达了柏林上空,这一点对轴心国和盟军来说都至关重要。战争第一年,赫尔曼·戈林曾向柏林市民保证,首都这片神圣的领土不会遭到一架敌机的轰炸。战争结束后,一名审讯者问戈林,他何时意识到德国覆灭的命运已定。"你们的轰炸机在战斗机的护航下,第一次出现在汉诺威上空时,我就开始担心了。待战斗机护送着它们来到柏林上空后,我便知道大势已去。"[30]

查克·耶格尔

3月5日,恶劣的气候使轰炸机不敢飞得太远。损失很轻微,但对护航战斗机来说,这是难熬的一天。前一天在柏林上空获得自己的第一个战果后,查尔斯·"查克"·耶格尔,这个来自西弗吉尼亚州麦拉、吵吵闹闹的21岁小伙子,在法国西南部,波尔多以东50英里处,被三架福克-沃尔夫190击落。这只是他的第八次作战飞行任务,作为一名机械师应征入伍的耶格尔在这场战争中生还下来,并成为世界上最著名的试飞员,是第一个突破音障的人,也是《征空先锋》这部书籍和同名电影中的主角。"我知道自己正在下坠。我几乎没办法解开安全带,并在这架起火的P-51开始翻滚、坠向地面前爬出自己的座椅。飞机翻了个身,我从驾驶室内掉了出去——座舱罩已被打飞。"[31]耶格尔进入自由下坠状态,直到彻底避开一架敌战斗机的追逐扫射后,他才敢拉开降落伞的开伞绳。

"又冷又怕"[32],鲜血从他双手、双脚的伤口中流出,右小腿上还有个弹孔,耶格尔知道,逃脱纳粹安保部队追捕的机率并不大,他所在的中队,被击落的飞行员中,还没有哪个能逃回英国。他坐在茂密的灌木丛中,用磺胺粉和绷带包扎着伤口,并开始研究缝入飞行服中的一幅丝质地图时,觉得自己有了信心。他是贫穷但意志坚定的山区居民的孩子,他知道如何狩猎、设置陷阱并以土地为生。他的皮带上挂着支军用点45口径手枪,他是个百发百中的神射手。"在家时,要是我们有什么活儿要干,那我们就会去做,"他回忆道,"而我现在要做的就是避开追捕,设法逃脱。"

耶格尔的目标是西班牙,他知道那里的英国外交官会为他提供帮助,他们曾安排被击落的飞行员取道直布罗陀返回英国。但他首先要做的是逃避追捕,德军巡逻队正在低空飞行的侦察机的帮助下搜寻他。从灌木丛中向外张望,他看见一名拎着把斧子的樵夫,这是件他用得上的武器。耶格尔盘算,没有哪个法国农夫能跟"一个饥饿的山民"相抗衡,[33]于是他跳了出去,将对方按倒在地,用手枪抵住他的脸。这个法国人并不会说英语,但当耶格尔告诉他自己是美国人时,他紧张地咧嘴而笑,并点了点头。他打着手势说他去找人来帮忙,但耶格尔必须躲在树丛中,因为到处都是德国兵。

一个小时后,那名樵夫带着个能说点英语的老人返了回来。耶格尔跟随他们来到一座小旅店,他被带至二楼的一间卧室。一个看上去很有派头的女人裹着披肩坐在床上,她就是旅店的老板娘。她直视着耶格尔的眼睛,笑了起来,并用纯正的英语说道:"怎么回事,你还是个孩子啊……天哪,难道美国就没有成年男人了吗?"盘问了耶格尔一番,以确保他不是假扮美国飞行员的德国特务后,她告诉他,她的人会帮助他。

第二天早上,耶格尔被带到一间农舍,在干草棚里躲了近一个星期。一天深夜,曾为他处理伤口的一名当地医生给他带来假身份证和农民的服装,并告诉他,他们将展开"一段小小的旅程"。在他的带领下,经过数周的跋涉和隐藏,他们来到遍布林木的山区中的一片空地,在这里,他被交给一群戴着黑色贝雷帽,全副武装的人。"没人告诉我他们是什么人,"耶格尔回忆起自己

当时的反应，"他们是马基，这些法国抵抗战士白天生活并隐藏在遍布松树的山林中，夜里出来炸毁桥梁和铁路。"³⁴

耶格尔被告知，跟这些人待在一起，等比利牛斯山的积雪融化后，他们会帮助他进入西班牙。

马基是抵抗组织中相对较新的一股力量（马基是科西嘉语，指的是当地低矮的灌木丛，18世纪民主革命期间，岛上的抵抗组织用这个名字作为掩护）。第一批马基是来自法国南部和布列塔尼森林地区的年轻人，他们于1942年底躲入山中，以逃避纳粹的劳工草案，该草案将把他们强行送至德国从事劳役。1943年夏季，盟军即将发起进攻的消息传得沸沸扬扬，许多山区游击队已开始接纳其他抵抗组织中的成员，并对德国人和通敌的法国民兵实施破坏行动。这时，SOE（特别行动处，这是个负责在纳粹占领区鼓动实施破坏和准军事行动的机构）的英国特工开始对他们产生兴趣。SOE与美国战略情报局（OSS，中情局的前身）设在伦敦的一个特别机构携手合作，特工人员和武器通过降落伞空投给马基，伦敦与这些游击队之间建立起定期的无线电联络，诺曼底登陆即将发起，丘吉尔首相要求皇家空军增派飞机，为法国西南部最强大的马基组织提供武器装备。就是在这时，1944年1月，第八航空队被拉入这个行动，在克利福德·J·赫夫林中校的指挥下开始了所谓的"投机商行动"，盟军加大了对马基的空投补给，每个月超过850次。

利用最近被解散的航空队反潜中队的机组人员，被称作"投机商"的第801轰炸机大队应运而生（1944年8月，他们改称第492大队），该大队最初驻扎在伦敦北部，与坦普斯福德（Tempsford）相距不远，而驻扎在坦普斯福德的皇家空军的几个中队也正从事着相同的任务。两个基地的门前都竖立起"禁止入内"的标牌，去当地酒吧喝酒的飞行员都知道，要是他们谈论起自己的任务，就会被送上军事法庭。³⁵

第801大队的"解放者"式轰炸机，从加利福尼亚州的马奇机场调至北安普敦郡的乡村深处，专门配属给夜间空投行动。遮光窗帘覆盖着机身上的舷窗，除顶部和尾部炮塔外，其他武器装备都被拆除，这些轰炸机还被涂成暗黑色。球形炮塔所在的位置，机身地板被割开个大洞，覆盖上一块可移动的金属板。这个洞被称作"乔洞"，空投的特工人员（或称之为"乔"，女特工则被称为"约瑟夫"）可以通过它，带着降落伞跳下去。腰部射手，现在被称作投手，负责空投炸弹舱内硕大的补给罐。临近D日时，被称作杰伯奇（Jedburghs）的三人突击小队也被空投下去，他们经常跟马基们配合，在灌木丛中实施秘密行动。

飞行员耶格尔与游击队会合时，他们正积极从事着铁路破坏工作，以阻止当地德军增援海峡沿岸抵御盟军登陆的德国师。"这些马基昼伏夜出，"耶格尔后来描述了他们的行动，"炸毁桥梁，破坏铁路，伏击运输弹药和军事装备的火车。"[36]耶格尔加入的那支马基，配备着英制斯登式冲锋枪和西班牙制点38口径的骆玛手枪，但他们迫切需要炸药，对此，他们只能依靠盟军的空投。

一天夜里，查克·耶格尔和那些"丛林抵抗者"坐在一个点着灯笼的谷仓里，清点着盟军飞机用降落伞空投下的钢罐中的东西。看着那些炸药箱、导火索和定时装置，他告诉游击队领导："我可以帮你们处理这些东西。"[37]还是个孩子时，他就帮着父亲用塑胶炸药对付过天然气井。当晚，他帮着安装炸药的保险装置。从这以后，只要跟他们在一起，他就是队伍里的"爆破专家"，已成为一名"制作炸弹的恐怖分子"，而不再受《日内瓦公约》的保护。如果被俘，他会被视作一名破坏者，交给盖世太保后遭受严刑拷问，并被枪毙。但正如他后来所说的那样，要想翻越比利牛斯山，他就必须依靠"这些人"[38]，另外，这个工作"很好玩，很有趣"[39]。

这种情况并未持续太久。3月底的一个夜晚，耶格尔被送上一辆卡车的后厢，车内已有司机先前捎上的一群美国飞行员。卡车带着刺耳的刹车声停下时，车上的每个人得到一张手绘地图和一个装满面包、奶酪和巧克力的背包。司机指指一条狭窄的山路，于是，这群飞行员冒着大雨和狂风，开始向山上攀登。其他人渐渐落在后面时，耶格尔和一个身材魁梧，名叫"帕特"·帕特森的B-24轰炸机领航员结伴而行。在潮湿、深可没膝的积雪中，他们一直攀登到7000英尺高，并翻过一道道布满冰层的山脊。空气变得越来越稀薄，他们不得不每隔十到十五分钟便停下一次，休息时，他们不禁想知道，自己是否很快会成为在头上呱呱叫唤的大群乌鸦们的食物。

第三天，他们迷路了，第四天，他俩"几乎已打算放弃"[40]——筋疲力尽，不辨东西，甚至无法感觉到自己冻僵的双脚。两人半睡半醒地向前跋涉，"像醉鬼那样步履蹒跚"，他们偶然来到一座空木屋，推开门，两人倒在地上，就这样并排睡着了。

几分钟后，他们被冰雹般的枪声惊醒。是德国巡逻队正向木屋的前门盲目射击，对方怀疑屋里可能有逃犯。耶格尔从后窗跳了出去，帕特森紧跟在他身后。听到帕特森的惨叫声，耶格尔知道他中弹了。就在这一瞬间，他一把抓住帕特森，跳入一条被积雪覆盖的圆木滑道，两人顺着这条水槽滑下，落入一条涨满了水的山涧中。耶格尔将失去知觉的帕特森搭在脖子上，游至对岸，再把他从河里拉到岸上。帕特森的情形看上去很糟糕，子弹射中了他的膝盖，"血流如注"，[41]他的小腿几乎已跟上面的部分断开，只连着根粗粗的、悸动着的肌腱。耶格尔拔出小刀，割断了这根肌腱，并取出马基人用他的降落伞制成的一件替换衬衫，将帕特森鲜血淋漓的残肢包扎起来。

夜幕降临时，他背起昏迷不醒的同伴，开始攀登一道陡峭的山坡，他不时停下，看看帕特森是否还活着，并竭力驱散一种彻底放弃、就这样死去的冲动。日出时，耶格尔到达了山顶，透过清晨的雾霭，他看见远处"一条道路所形成的细线"，他想，"那肯定是西班牙"。[42]

耶格尔太过虚弱，已无力从陡坡下至下方的道路，他把帕特森拖到山坡的边缘处，把他推了下去。耶格尔跟在他身后，弯曲着双腿，中间拄着根木棍，就像他曾在西弗吉尼亚州老家陡峭的后山上所做的那样，"用一把扫帚当做刹车"[43]，滑下山坡。两位飞行员来到路上后，帕特森脸色苍白，全身瘫软，耶格尔认为他可能已经死了。他觉得自己在这里什么也帮不了帕特森，于是把他放在路边的一个显眼处，以便让路过的汽车司机捎上他。然后，他独自向南走去。

来到一个村庄，耶格尔找到当地的警察局，一头倒下，睡了整整两天。唤醒他的是一位美国领事，他被送往医院，"在这里除了晒太阳、吃东西和跟女服务员调调情外，没什么事情可做……尽管美国领事试图让我们六个被击落的飞行员从地狱般的经历中摆脱出来"[44]。身处西班牙期间，他获悉，离开帕特森仅仅一个小时，帕特森便被当地的国民卫队救起，并将他送往医院。没过六个星期，帕特森便回到了美国。查克·耶格尔却另有想法。

血腥星期一

查克·耶格尔在法国上空被击落的第二天，第八航空队再次飞赴柏林，打了一场有史以来规模最大的空战。"今天，长达15英里的美国轰炸机编队，在30分钟时间内轰鸣着越过柏林市中心，并在粉碎了德国战斗机强大的防御后，令饱受打击的纳粹首都燃起大火。"合众社做了报道。[45]而《纽约时报》估计，双方涉及此次大规模行动的人员高达60万人。[46]这个数字包括12000名盟军飞行员、近1000名德国飞行员、50000名盟军和25000名德国地勤人员，另外，从沿海地区一路延伸至柏林，防空炮位上的德国人多达50万人。

"从空中看去，柏林是个巨大、黑暗的城市，"B-17射手汤米·拉莫尔回忆道，他来自"泪水之路"中生存下来的一个切诺基家族，"这是希特勒的城市。这个大坏蛋就住在这附近……来吧，把德国空军派上来，用你们所拥有的一切朝我们开火吧，我们就在这里，就在你们这些优等种族眼前炸毁你们的房屋。炸弹从架上落下时，我欢呼雀跃。'阿道夫，小心你的泡菜！'我叫道。"*47

第八航空队的一份记录表明，69架轰炸机（飞往柏林实施轰炸的全部力量的10%）损失于敌战斗机和高射炮火。纳粹广播电台宣称，"空中堡垒"和"解放者"飞至柏林上空后被驱离，但一天后，瑞典记者的报道指出，柏林工业郊区的大片地段"仍在燃烧"，而且"没有灯光，没有供电，没有煤气，电话线路也已中断"。48

德国人也令空袭他们首都的轰炸机付出了代价。50架战斗机一字排开，迎头飞入轰炸机编队中。他们以每秒200码的速度逼近轰炸机，每个战斗机驾驶员可以在500码的距离上进行半秒钟的射击，然后迅速拉升，以免撞上轰炸机。这个时间非常短暂，但"迎头半秒钟的精确射击，能确保击落对方。绝对能！"一名德国战斗机飞行员回忆道。49

"血腥100"大队遭受的打击最为惨重。发现护航范围上的缺口后，"敌机成双成对地迎头击中我们"，没用三分钟，15架轰炸机被打成一团团火球，"布法罗姑娘"号的驾驶员C·B·"瑞德"·哈珀回忆道。50 "布法罗姑娘"号起火燃烧，机身上满是弹孔，机上的供氧系统也被打坏，哈珀丢掉炸弹，将飞机降至5000英尺，以便让大家呼吸到空气。

休伯特·泽姆克的"雷电"战斗机成群赶到时，第13作战联队（第100大队隶属其中）在25分钟内已损失了20架轰炸机。在他们前方，一支更为强大的德国战斗机编队正集结于世界上最强大的高射炮防御前，750门轻型和重型高射炮组成一道凶猛的警戒线。但美国人以势不可挡的力量强行冲向目标，给地面上的柏林人呈现出一幅可怕的景象。17岁的亚历山大·维齐希曼隐蔽在炮位附近一条狭窄的壕沟内，这是他第一次在高射炮阵地执勤。"敌人展示出

---

*译注："泪水之路"指的是18世纪末至19世纪末20世纪初，大批印第安人遭到屠杀，幸存者被强行迁移至更为荒凉的保留地的一段苦难历程。

的实力把我吓得半死，我开始颤抖起来。"[51]

美国人飞入覆盖在城市上空的云层中，不得不透过快速掠过的薄云中间歇出现的空隙实施轰炸。埃尔克内尔的滚珠轴承厂未遭到轰炸，3000吨炸弹中的大多数落入城内，炸死炸残700多名平民。[52]但美国人去那里的主要目的不是为了轰炸，而是要挑起一场战斗机的对决。"他们向对方迎头冲去时，相互盯着对方，"[53]第4战斗机大队的史学家描述了首轮交手，"副油箱被抛弃，就像两名拳击手听到比赛开始的锣声脱掉披着的长袍那样。"大约有400架德国战斗机投入战斗，至少66架被击落（第八航空队声称击落了179架），大多是"野马"战斗机实施快速攻击的受害者。[54]这些"印第安人"（这是德国飞行员对他们的称呼）在柏林寒冷的上空取得了8∶1的获胜率，飞行员的双脚被冻麻，毛皮衬里手套下的双手也变成紫色。"便溺管被冻住，有些人干脆把自己的裤子当做尿布，结果裤子也被冻住。"[55]战斗机飞行员跺着驾驶舱内的地板，并拍打双手以促进血液循环，但也有人在Fw-190以600英里的时速迎头冲来时"被吓得浑身是汗"。[56]这就像是一场贴身肉搏，交手的飞行员交错而过时靠得如此之近，他们甚至能看见对方的眼睛。

回到位于迪布顿的基地后，布莱克斯利上校的这些飞行员兴高采烈，开着玩笑，击掌相庆，并夸耀说这是他们进行过的"最棒的狩猎"[57]：光是他们大队就取得了15个战果。在作战报告室里，他们一边汇报情况，一边嚼着足以让他们撑到去食堂的巧克力。然后他们会去俱乐部的聚会室，"大鸟"（这是部下们对深受他们尊敬的布莱克斯利的称谓）已下令将"啤酒免费"的标志贴在酒吧的镜子上。[58]

轰炸机基地内的情形完全不同。返回的"空中堡垒"，半数以上受到程度不一的战损，"许多机组人员呆若木鸡，面无表情地躺在机舱内的地板上"[59]。有些飞行员怒火中烧，对上级的愤恨甚至超过对敌人。驻扎在索普-阿博茨的大队损失了15架轰炸机，机组人员大骂斯帕茨和杜立特尔，明知德国人早有防备，还要派他们去送死。但他们不知道的是，这次空袭是整个空战的转折点。当天,一些柏林人已预感到自己可怕的结局。格尔特·穆勒,当时是一名技校生,从市中心的一座防空洞爬出来时,不禁想到:"既然他们能做到这一点,他们就还会这样做。"[60]

《纽约时报》记者詹姆斯·B·雷斯顿写出了被柏林人称作"血腥星期一"的意义。"一度被称为空袭的时刻过去了,"他写道,"必须承认,盟军对德国空军发起的这场消耗战,是整个战争中的决定性战役之一……从现在起,发起这场战役的盟军领导者将把他们的空中力量派至德国战斗机生产以及德国战斗机现身的任何一处。"[61]

由于第二天的天气"糟糕至极",[62]第100大队的飞行员们被允许睡到中午,下午时写写信,晚上再喝上几杯。可没想到,晚上10点钟左右,有消息传来,全大队待命。瑞德·哈珀和他的战友们慢慢走回宿舍,一头倒在床上。几乎没什么人说话。

他们在清晨4点被唤醒,看见任务简报的地图,哈珀的心脏剧烈跳动起来。没人能说出话来。目标是柏林,他们将采用两天前的同一条航线返回那里。新任大队长约翰·M·贝内特少校昨晚获悉第100大队在星期一损失了50%的作战力量,又将于星期三被派往柏林时,不禁"勃然大怒"。[63]贝内特接替尼尔·哈丁上校担任大队长一职还不到24小时,哈丁被送往医院,差点因他一直忽视的胆结石症状而送命。哈珀说,队里的战友甚至都起了哗变的心思,贝内特知道这一点。任务发起的前一天夜里,贝内特打电话给联队指挥部,获准由他的大队担任联队的为首编队。他那些小伙子需要鼓励。

贝内特率领15架轰炸机飞越北海时,他不禁想知道,有多少部下能跟他平安返回。"我被吓住了,我想象着人员遭受损失,任务失败的场景。"[64]到达德国北部的杜默湖时(两天前,第100大队就是在这里惨遭屠戮),"雷电"战斗机转身返航,此刻应该接手护航任务的"野马"却迟迟不来。对德国空军而言,这是个捕猎的好机会。这次,敌人攻击的是另一个联队——位于贝内特他们前方的第45联队。损失和心理上的混乱使第45联队的领导者未能在初始点带队转向柏林,贝内特没有丝毫的犹豫,立即率队冲向编队前方,带领着第八航空队向目标飞去。

加兰德将他那支完全寡不敌众的战斗机部队留在手中,直到美国人的重型轰炸机进入轰炸航路时,他才将"整个作战编队"派了出去。[65]美国轰炸机突破这堵火墙后,目标区上空,敌战斗机的抵御"轻微得出人意料"。[66]但高射炮火力极其凶猛,机组人员甚至能透过他们的氧气面罩闻到炮火的味道,爆炸的冲击波震颤着他们的身体。炙热的弹片穿过机舱底部向上冲来,随时可能将机内人员阉割掉。为预防这种情况,第100大队的射手们早已从索普-阿博茨基地的修理厂内搞来些装甲板,并与防弹背心配合使用,他们称之为"免得成为太监"[67]。顽强的城市防御者也部署了地对空火箭弹。瑞德·哈珀看着其中的一枚火箭向上窜来,就像半个小时前在他前方飞过的那枚一样,看上去"像是根白色的电线杆,尾部喷吐着火舌"[68]。

第100大队的轰炸机只有一架未能返回东安格利亚。美国人这次总共损失了37架轰炸机和18架战斗机,但是,他们再次消耗掉敌人的战斗机。索普-阿博茨基地,返航的机组人员额外获得了一瓶威士忌,这是一项"医疗新政策"[69]。瑞德·哈珀说:"士气像冲天的火箭那样急剧攀升。"[70]

战果汇报结束后,贝内特批准"布法罗姑娘"号的机组人员休假48小时,他们直奔伦敦而去。"前五次作战任务中,我们已看见大队里的200名战友在空中被击落……我们都有些神经错乱。"瑞德·哈珀回忆道。[71]第二天晚上,他们走下一间地下餐厅的台阶时,并不知道自己已进入另一片战场。还没等他们点的杜松子酒和西柚汁送到,一声爆炸令整个屋子震颤起来。一段时间以来,德国一直在轰炸伦敦和英国的其他城市,以报复皇家空军对他们首都的空袭。躲在地下掩体内的英国人对此早已习惯,并开始将之称为"小把戏"。没过几分钟,"蜡烛被点燃,聚会继续进行"[72]。一名戴着钢盔的空袭警报员走下楼梯,询问是否有人受伤,屋内没人回答。他又问屋里是否有孕妇,一个沙哑的女声从后屋传了出来:"哎呀,伙计,给我们点时间,我们刚刚到这里！"[73]

哈珀和他的同伴在伦敦的那个下午，第100大队的9架轰炸机再度赶往柏林，并全部平安返回。3月9日的这场大规模空袭，美国人只损失了6架"空中堡垒"和1架战斗机，但驾驶员和机组人员未报告说击落任何一架敌机。"纳粹们避战了！"第二天的《纽约时报》宣布道。[74]德国人声称4英里高的云层迫使他们的战斗机停飞，但前两次空袭使他们遭受到重创，这才是德国空军当天下午没有升空迎战的真正原因。这是件大事，自第二次空袭施韦因富特后不到五个月，美国人已在这么短的时间内获得了德国上空的主动权。空中霸主地位尚未赢得，但"我们每天出去都能干掉40—50架（敌战斗机）"，威廉·凯普纳将军后来说道。[75]

在发给哈普·阿诺德的一封电报中，斯帕茨对"柏林周"做出了简洁、准确的评估。"过去一周内……三次攻击均未采取任何欺骗尝试。每次的空袭路线完全一样……（尽管）现在对敌战斗机生产遭受的破坏和他们严重的空中消耗作出全面评估为时尚早，但我们有理由相信，这场空战掌握在我们手中。"[76]三天时间，第八航空队损失了153架轰炸机，[77]这个损失"在几个小时内便得到了补充"，航空队的一名发言人告诉记者们。[78]

这就是美国人的优势所在，他们在人员上的补充甚至快过飞机。阿尔贝特·施佩尔那些隐藏起来的工厂继续生产出战斗机，但濒临绝望的阿道夫·加兰德没有足够的人员去飞它们。单是3月份，他那些经验丰富的飞行员便损失了20%。那个月，第八航空队摧毁的敌机比他们在1942和1943年消灭敌机的总数多两倍。[79]用一位德国历史学家的话来说："这场消耗战已到达致命阶段，已没有可进一步利用的勇气和技能。"[80]一名德国空军飞行员的日记中记录了这些损失对士气的影响："每次起飞前，我关上舱盖，都觉得正在盖上自己的棺材盖。"[81]

代 价

3月底和4月初,斯帕茨和杜立特尔继续着这场战斗,他们派出重型轰炸机实施规模庞大的雷达轰炸(实际上这是在诱使敌人迎战)——恶劣的气候条件下,精确轰炸根本无法做到。单是4月份,第八航空队就损失了409架重型轰炸机,这是战争期间损失最大的一个月,第十五航空队的损失也从3月份的99架窜升至214架。[82]

德国空军飞行员带着爱国热情拼死奋战。一群具有自我牺牲精神的飞行员向加兰德提出一个构想,组织一支精锐的"突击队",撞击那些"致命的轰炸机"。[83]加兰德否决了这个想法,但他批准组建一个志愿突击队中队(Sturmstaffel I),他们采用的战术,除了日本,世界上没有哪支空军力量会予以考虑,简直就是毫无意义的自杀。在更轻、更快的战斗机的掩护下,配备着重型装甲和武器的Fw-190将形成一个"飞行楔子",尽可能地逼近敌人,并"不惜一切代价"击落入侵者。加兰德这样解释道:"如果在这一突击过程中,他们自己的飞机遭到重创,他们就将飞机径直撞过去,并设法跳伞。"[84]

飞行员严重匮乏的德国空军要想使这种战术生效,只能去对付那些缺乏大批护航战斗机保护的轰炸机,所以,他们必须等待机会。美国战斗机采用"接力"方式为轰炸机提供护航,这就给了敌人大量可趁之机。各战斗机编队在指定地点与轰炸机编队取得联系,提供高处或平行的掩护,直到他们的燃料耗尽,然后,护航任务转交给远程战斗机。"喷火"战斗机为轰炸机的出发和到达提供近程掩护,"雷电"和"闪电"战机护送轰炸机飞越莱茵河,最后,"野马"战斗机保护他们赶赴诸如柏林和慕尼黑这样的远距离目标并返回。这种接力方式,为40至100架轰炸机提供护航所需要的战斗机可能多达1000架。1944年春季,美国轰炸机编队遭受到严重的损失,几乎总是因为护航战斗机与轰炸机未能取得会合,或是因为规模较小的护航编队抵御不住德国人的大举攻击。利用这种狼群战术,德国战斗机经常以高达十比一的比例压倒美军护航编队,就连最没有经验的飞行员也能占据优势。

4月29日空袭柏林的行动中,20岁的副驾驶杜鲁门·史密斯所在的大队无意间偏离轰炸机编队,结果为此付出了代价,第八航空队当天损失的66架轰炸机中,他们大队占了10架。第二天早上,斯密斯走在基地旁的一条路上,想搭个顺风车到邻近的轰炸机基地看个朋友。一辆救护车开了过来,他跑到后面,伸手拉开车后门。"别,中尉,"司机喊道,"到前面来!"[85]但为时已晚。史密斯被惊呆了,他看见担架上放着九具惨白的尸体。这些人都曾被告知:德国空军已经完蛋了。

对柏林实施第一次空袭后,各轰炸机基地的士气一落千丈。疲惫和不断上升的损失再次突如其来,机组人员们开始质疑他们最近攻击的那些被云层覆盖的城市(特别是柏林)的军事价值,这些轰炸似乎没有明确的计划或目的。第八航空队在1944年春季对其机组人员进行的一次秘密调查中,柏林轻而易举地高居榜首,被认为是最不重要的目标。典型的看法是:

"柏林不是个军事目标。"

"柏林,只有宣传价值。"

"尽管在实施轰炸,但我不太相信。"

"柏林,破坏一座城市不会摧毁他们的士气。"[86]

一些飞行员发现自己很难从事这种"屠杀勾当",[87]来自科罗拉多州丹佛市的伯特·斯泰尔斯中尉就是其中之一。这位喜欢沉思、肤色黝黑的副驾驶隶属于第91轰炸机大队,他们驻扎在巴辛伯恩,这是"孟菲斯美女"号机组曾待过的基地,此刻,斯泰尔斯已是一名发表过作品的作家。他从科罗拉多学院退学后成为一名作家,一些短篇小说在他的大队于1944年3月抵达英国前便已刊登在《星期六晚邮报》上。他违反规定,带来了他的"科罗娜"牌打字机,并在执行任务时带上个笔记本,记录下自己的感受。不飞的时候,他便撰写短篇小说和一本充满睿智的自传——《大鸟小夜曲》。尽管斯泰尔斯认为自己是"为天空而生",但他的兄弟会同伴兼机长萨姆·纽顿说:"他应该是一名战地记者，成为另一个厄尼·派尔。"[88]

执行完第一次飞行任务后，坐在屋内小小的写字台后，斯泰尔斯不知道自己是否有兴致参与这样的杀戮。飞往英国的途中，他曾在冰岛遇到过一些驾驶"喷火"式战斗机的波兰飞行员，他们有杀戮欲，期盼"杀掉世界上每一个纳粹"[89]。这与他不同，他是个来自"从未落下过一颗炸弹的国家"的小伙子。为解决柏林上空带来死亡这个问题，他不得不提醒自己，下面有许多"狗娘养的"必须加以消灭，[90]到达英国的四个月前，他那张床上睡过八个人，都已在战斗中阵亡或失踪。

尽管军方的调查表明，[91]美国飞行员在整个战争期间的士气依然高于地面部队的士兵，但他们的任务过于密集，一次接着一次，无论天气恶劣与否，再加上以轰炸机为诱饵，这使许多人的精神难以承受。一些飞行员崩溃了。"总之，我们执行了七次空袭柏林的任务，"第100大队的约翰·A·米勒回忆道，"我们的副驾驶两次出现精神失常，试图将飞机冲入大海。每次都是机组人员夺过他的操纵杆才避免了危机。这种情况第二次发生后，他没有再回到我们这个机组。他不是个懦夫，只是无法飞赴柏林。"[92]

从3月份开始，中央医疗研究所提交的精神创伤报告明显增多。[93]任务之频繁就像是对战斗机驾驶员的惩罚，他们中的一些人在3月和5月间的一个月，执行的飞行任务多达二十次，甚至更多。[94]任务执行率如此密集，大批战斗机飞行员和轰炸机机组人员没用两个月便完成了他们的服役期。随着诺曼底登陆的日期日益临近，任何不参加飞行的借口都不予接受。"一天早上，一名航空军医跑来对每一个飞行员进行检查，设法凑足执行任务的人数，"战斗机驾驶员马克斯·J·伍利回忆道，"他查看了在场的每一个人，大多数人的身体状况都很糟糕。他问我：'你感觉如何？'我花了一分钟时间告诉他，我患了严重的腹泻。他回答说：'在你的屁眼上塞个软木塞，去享受飞行吧。'"[95]

酗酒现象不断增加，作战指挥官很少加以干涉，而那些不参加作战飞行的司令部军官对此更是无能为力。伦敦一座豪华酒店的酒吧内,第100大队的一名中尉喝了十几杯后,开始耍酒疯。来自"青松"的一位参谋军官命令他回自己的房间去,这位醉醺醺的飞行员回答道:"上校……昨天中午……我在柏林上空……可你究竟在哪儿?"[96]

有些人在前一天晚上喝多了,第二天带醉飞行。"一天晚上,我结束休假,从北安普顿返回基地,这才发现第二天早上安排我参加飞行任务,"本·史密斯回忆道,这位来自乔治亚州20岁的小伙子是"地狱天使"大队中的一名无线电操作员兼射手,"我的状况很糟糕。其他人帮着我收拾东西参加了任务简报,登上飞机后,他们将氧气管插到我鼻子里。我立马感觉好多了,但这并未能持续太久。到达敌方领空后……我开始呕吐。我的护目镜结了霜,氧气面罩被堵住,我什么也看不到。"他摘下面罩,倒掉呕吐物,并发誓再也不喝酒了。但着陆后,他直奔基地旁的"脏鸭酒吧",并坚信自己的命运就像陆航队军歌中所唱的那样,应该活得精彩,死得壮烈。他后来写道:"烈酒是让我们得以忍受现实的唯一的东西。"[97]

这是个夸张的说法。航空队对飞行员士气的调查表明,令大多数飞行员继续从事飞行而没有发生精神崩溃的"唯一因素"不是烈酒,[98]而是完成三十次飞行任务后"获得解脱的希望"。另外,强有力的领导也有助于将他们团结在一起。

詹姆斯·梅特兰·斯图尔特少校是第八航空队最优秀的中队长之一,这位以优异成绩毕业于普林斯顿大学的高材生就是家喻户晓的好莱坞电影明星吉米·斯图尔特。1940年,32岁的他被征召后,这个骨瘦如柴,身高6英尺4英寸,来自宾夕法尼亚州印第安纳市一个五金店商人的孩子曾试图加入陆军航空军,但他148磅的体重未能符合要求——差了5磅。他非常想加入(他后来说,参军"是他这辈子获奖的唯一一张彩票"[99]),克服了专横的米高梅老板路易斯·B·迈耶的激烈反对后,他对征兵办的决定提出抗议。他说服陆航军的一名征兵官员,再让他测试一次,"这次他们忘了测我的体重"[100],于是他作为一名列兵正式进入军队服役,并因在《费城故事》一片中饰演一名记者而荣获奥斯卡奖的几天后签署了入伍文件。"这听上去也许有点老生常谈,"他后来解释了自己的决定,"可想为自己的国家而战有什么错?为什么大家这么不愿用爱国主义这个词?"[101]

语调缓慢、被影评人称为"说话慢吞吞的大个子"的斯图尔特,早已是个熟练的飞行员,他拥有商用飞机驾驶员执照和自己的运动型双座飞机,这些经验使他被陆航军分配为飞行学员,军饷21美元,比他每个月从米高梅公司获得的薪水足足少了11979美元。珍珠港事件爆发的一个月后,他获得了飞行徽章,斯图尔特要求将自己分配到海外服役,而不是在国内担任飞行教官。没人愿意承担起将一个美国最受欢迎的电影明星送去冒险的责任。斯图尔特不停地申请,不断地抱怨,直到上级最终松口。1943年11月,他作为一名中队长,跟随第445轰炸机大队来到英国。该大队配备的是"解放者",驻扎于诺维奇郊外的蒂本哈姆(Tibenham),那里被飞行员们称作"B-24的天下"。三个月后,因为在"最重要的一周"第一天的战斗中,面对敌人的重压而牢牢地控制着自己的编队,斯图尔特获得了杰出飞行十字勋章。[102]这是他所执行的二十次作战飞行任务中的一次,没有在敌人的炮火下损失一个人,也没有一个机组成员精神崩溃。

在基地附近看着他,那些703中队的部下们很难相信他的真实行为与他的银幕形象是那么贴切——不带任何演戏的成分把事情完成,而且,是以他"小城市"的做派,他称呼大家为"伙计们",敦促他们给"乡亲们"写信,讲话时穿插着"该死的"、"哎呀,真是"这些词语,就像他在电影中那样。在军官俱乐部举办的舞会上,斯图尔特弹奏钢琴,并帮着为中队制作巧克力。但他"基本上是个独来独往的人",他的朋友,来自内布拉斯加州蒂尔登的中队长霍华德·克莱德勒上尉这样说道。[103]没有飞行任务的时候,斯图尔特和克莱德勒会在村里租一条小木船,在河上划桨,并通过一台便携式收音机聆听美国摇摆乐。在部下们当中,他总是"比你想象的更加不露声色",[104]克莱德勒回忆道，但飞行员们对他的冷静、从容不迫的领导以及朴实的真诚敬重不已。没有任何宣传，"他避开了那些轻而易举的任务，"约翰·哈罗德·罗宾逊中士说道，他是斯图尔特中队里的一名射手，后来写了本描述自己战时经历的畅销书，"上级对此可不太高兴。"[105]

"他与部下们的关系非常融洽——在某些特别紧张的情况下，他不得不以那种懒洋洋又不失幽默的方式让他们冷静下来。"深具领导魅力的第453轰炸机大队大队长小拉姆齐·D·波茨上校回忆道。[106]该大队驻扎在旧巴肯纳姆（Old Buckenham），距离蒂本哈姆10英里，1944年3月，斯图尔特被调至这里。在旧巴肯纳姆，斯图尔特担任大队的作战参谋长，负责指挥轰炸行动和任务简报。波茨是一名参加过低空轰炸普洛耶什蒂的老兵，他和斯图尔特都是刚刚获得新的任命。他们接掌的这个大队紧跟着斯图尔特的第445大队到达英国，并在"最重要的一周"和柏林上空遭受到惊人的损失，大队长和作战参谋长都在损失之列，波茨和斯图尔特接替了他们的职务。整个大队的士气严重受挫，同住一间宿舍的波茨和斯图尔特开始以严格的纪律和亲力亲为的领导方式激励大家，以恢复士气。[107]

"他俩夜以继日地忙碌着，经常是在斯图尔特的吉普车里，"大队的作战情报官斯塔尔·史密斯写道，"在停机线处，他们检查着每一个细节，安排演习任务，很少离开基地。"[108]部下们的精神面貌获得改善，编队纪律和对目标的打击能力也得到提升，而他们的损失也更小。

罗西·罗森塔尔从事着与吉米·斯图尔特同样的工作。1944年5月，与"铆钉枪"号机组完成二十五次作战任务的两个月后，他接掌了第100大队的第350中队（他们的士气与效率严重下降），并开始将其恢复至最佳状态。"经历了第一次空袭柏林的任务后，部下们的精神状况不太好，还有些人干脆不想飞了。我告诉他们，从道义的责任上说，他们必须参加飞行，我会跟他们一起飞。我们来这里是为了打败希特勒。我还告诉他们，如果他们放弃飞行，会让那些曾帮助他们活到现在的那些朋友失望。唤起他们的骄傲和自豪远比跟他们大谈爱国主义更有效。"[109]罗森塔尔知道,要是没有团队忠诚(这个责任就是让战士们感觉到战友就在他们身边),就无法将这场战争进行下去。"(盖尔·克莱文和约翰·伊根)塑造起第100大队的个性,"哈里·克罗斯比写道,"罗西·罗森塔尔则让我们想打赢这场战争。"[110]

可是,第八航空队的士气最终是在伤亡率下降的情况下才得到显著的提升。这种情况开始于1944年5月,美国战斗机飞行员重创了德国空军的作战效能后。"我们实施轰炸——这是个无聊的活儿,"罗森塔尔说道,"我们充当诱饵,他们则对付那些一直在袭击我们的坏小子。是他们使D日的行动成为可能。"[111]

战斗机飞行员

罗西·罗森塔尔,与伯特·斯泰尔斯以及数千名轰炸机驾驶员一样,加入陆航队时曾希望自己能成为一名战斗机飞行员。"那些飞战斗机的小伙子,他们的派头和潇洒劲儿都比我们更胜一筹,"罗森塔尔回忆道,"他们独自在空中,完全掌控着他们的飞机,这些自由自在的家伙们机会更多,也比我们所能做的更为积极。"[112]

当年春季,战斗机飞行员中展开了两场大竞赛:首先是打破美国一战期间王牌飞行员埃迪·里肯巴克上尉保持的26个空战战果记录,其次是唐·布莱克斯利的第4战斗机大队(他们配备的是"野马")与泽姆克的"狼群"(他们仍在使用"雷电"战斗机)之间的竞争。

在这场猎杀德国战机的比赛中,被飞行员们公认为战绩直逼里肯巴克的英雄是唐·塞尔瓦托·詹蒂勒上尉,他是来自俄亥俄州皮奎市的一名高中橄榄球健将,看上去像个电影明星。艾森豪威尔称这个意大利移民的孩子为"一个人的空军",这成了著名战地记者艾拉·沃弗特为他撰写的一篇即时报道的标题。[113]沃弗特在迪布顿基地詹蒂勒的宿舍里住了一个月,并让他的出版商预付给这位"野马"王牌2000美元,以获得一系列独家采访权。

詹蒂勒和他的竞争者们出现在国内电影院播放的新闻纪录片中,也被刊登在大西洋两岸各种报纸的头版上。每次任务结束后,成群的记者围住他们,关注着他们的累积战果。飞行员们也乐于助人,不去打德国佬时,他们便喝着崇拜者们送来的波本威士忌,驾驶着战机,气势汹汹地低空飞入记者们的相机镜头。詹蒂勒和他的僚机驾驶员约翰·T·戈弗雷——这对组合被丘吉尔称为当代的"达蒙和皮西厄斯"(生死之交)[114]——在一天内摧毁了5架停放在地面上的敌机,从而使自己的战果达到30个,一下子成为了国家的英雄。他们被送回家帮助促销战时债券时,工厂的汽笛轰鸣起来,向他们的战绩致敬,纽约的出租车司机则恳请他们为自己签名。

休伯特·泽姆克同样出名,尽管他没有这么大出风头。这位德国移民的孩子来自蒙大拿州的米苏拉市,十来岁时,泽姆克在一座金矿里工作,同时还在酒吧里打拳,以赚些外快。将精力集中到拳击上后,他赢得了西部五个州的中量级金手套头衔,随后进入蒙大拿州大学,在学校里,他参加了拳击和橄榄球运动。"30岁的泽姆克看上去仍像一名中卫,"约翰·麦克拉里写道,"结实、瘦削、年轻。"[115]每个月他都会抽出一天溜到伦敦,以泽姆克下士的身份参加彩虹俱乐部的拳击赛。他将这种好斗的劲头带入到作战中。

泽姆克的第56战斗机大队中拥有欧洲战区的五位王牌飞行员,其中包括他自己,但与布莱克斯利一样,泽姆克是一名出色的大队长,而不仅仅像来自石油城的"唠叨鬼"加布雷斯基那样是个致命的杀手,到战争结束时,加布雷斯基是美国活着的第一号王牌飞行员。对他俩来说,整个大队的出色表现比他们自己成为战绩最高的飞行员更加重要。"我们热爱战斗,"轮廓分明、酗酒成瘾的唐·布莱克斯利说道,"战斗是一项盛大的体育活动。"[116]他的指挥官威廉·凯普纳对此的表述更为激烈:"一匹纯种马会驰骋至死,而一名战斗机飞行员则会一直飞到他发生事故或阵亡为止。"[117]

唐·布莱克斯利作为一名战场上的领导已有三年半时间,飞行次数超过

400架次。他与德国空军的作战时间超过任何一个美国飞行员，最后，出于对他的保护，布莱克斯利被送回国，这才停止了飞行。他那些被称作"布莱克斯利武器"的远程"野马"战斗机在1944年春季大显身手，[118]但泽姆克大队以他们那些速度较慢、火力更猛的飞机实现了665个战果，为欧洲战区中各飞行单位之最。"雷电"战斗机的结构比"野马"更坚固，俯冲起来就像它的名字那般迅猛，在空对地行动中大展身手，扫射停放着的敌机时尤为出色。[119]扫射任务对神经的要求超过技术，从统计数据上看，比护航任务的危险性高五倍。

以低至地面10英尺、每小时450英里的速度飞行，飞行员们执行着被他们称作"突袭"的任务，他们不得不在穿越防空炮阵地和高射炮塔构成的密集火力前应付树木、房屋、谷仓和高压线。一次任务中，第八航空队损失了两位王牌飞行员：沃克·M·马胡林上尉和杰拉尔德·W·约翰逊少校。

Strafen是个德文单词，意思是"惩罚"，这些令人恐惧的攻击确实做到了这一点。执行护航任务返程时抓住机会打击目标很快演变为单独的战斗机扫射，这种战术被杜立特尔称为"有组织的空中游击战"[120]。在那些因气候原因导致轰炸机无法升空的日子里，战斗机便发起大规模突袭。多达700架的"野马"、"闪电"和"雷电"会以树梢的高度席卷过德国，对进入机炮瞄准器内他们感兴趣的一切加以扫射，甚至包括吃草的牛和装着干草的大车。4月份，战斗中摧毁的敌战斗机数量，低空突袭所获的战果占一半以上。

"你需要一双好眼睛和一个好脖子才能生存下来。要是没有，那你就完了。"泽姆克大队里的王牌飞行员罗伯特·约翰逊说道。[121]但是，团队合作是战斗机在空战中获胜的关键。飞行特技所决定的传统的空中缠斗或一对一的决斗，在这场欧洲上空的战斗中很少见到。战斗机以两架为编队投入战斗：一架长机和一架僚机，一个发起攻击，另一个为他提供掩护。一切都取决于率先发现敌人并打他个措手不及，最好是从上方。[122]"你能看见的敌机绝不会将你击落，"凯普纳告诉他的飞行员，"所以，为安全起见，你必须看见每一架敌机。"¹²³飞机的速度、机动性和火力很重要，但更重要的是人。威廉·凯普纳认为，一名战斗机飞行员飞行了100个作战小时后，才能在欧洲战区的空战中真正发挥作用。"最重要的一周"发起时，凯普纳已拥有一大批这样的飞行员，这就使战斗的结果大不相同，特别是当他们面对那些拙劣的德国飞行员时。

1939年，德国空军拥有世界上最训练有素的飞行员，这些极具献身精神的年轻人必须完成250个小时的飞行训练后才会被分配至作战部队。但到1943年中期，大伤元气的消耗战迫使德国空军高层下达命令，将学员们的训练时间缩减至100—150个小时，以填补前线战斗机飞行员的空缺。这种短视行为造成的后果是，德国飞行学校的毕业生，在数量和飞行训练的时间上远远少于英国和美国的学员，后者现在要求作战飞行员拥有325—400小时的飞行训练。到1944年春季，德国空军经验丰富的战斗机飞行员已被消耗殆尽，而接替他们的新人，无法应对发动机和天气问题，甚至不会在高低不平的机场上正确着陆，他们因事故而坠毁的飞机超过了被敌人击落的数量。战斗中，这些十八九岁的新人毫无希望地遭受着败绩。"1944年，德国空军的新手对抗着训练有素的英美飞行员，"研究德国空军的历史学家詹姆斯·S·科尔姆写道，"他们在战斗中撑不过几周，不是阵亡就是负伤。"¹²⁴

经验是一种极为宝贵的资本，因为"第一次投入战斗时，你所看见的不会和日后所见到的一样，"战斗机王牌杰拉尔德·约翰逊解释道，"你并不真正知道自己在搜索些什么……如果你望向远处，双眼并未专注于任何事物，一段时间后，你开始意识到自己正在搜寻空中的一个小斑点，这个斑点起初很小，但最终会是一架飞机。许多飞行员扫视天空，但并未看见它。他们从未能加强自己发现敌机的能力。"¹²⁵这就是一双好眼睛和一个好脖子所进行的"环境观察"经常成为生死区别的原因所在。¹²⁶这一点还要加上快如闪电的反应。"整件事情发生在一连串的快速飞行中，根本没时间让你思考，"詹蒂勒告诉艾拉·沃弗特，"要是花时间思考，你就没时间采取行动。尽管战斗在进行,可你的大脑却是一片空白。"[127]

如果说战斗机飞行员生存于一个瞬间的世界中,那么,轰炸机上的小伙子们则活在痛苦难耐的时间所构成的世界里,他们有太多的时间去考虑自己的结局,而这一结局完全取决于命运女神。在测试和训练项目中,陆航队寻找着不同素质的战斗机和轰炸机驾驶员:讲求体力、判断力、情绪忍耐力、稳定性、团队合作精神、纪律和领导能力的轰炸机驾驶员,依靠手眼快速协调能力、进取精神、大胆、独立性以及战斗激情的战斗机飞行员。陆航队在一份关于理想的轰炸机驾驶员的文件中指出:"机组人员的态度是……他们很乐意让其他机组拥有大队中最急躁的驾驶员……他们自己则希望有一名能在决定生死的关键时刻迅速作出最佳决定的机长。"[128]对轰炸机驾驶员来说,"智力特性"远比"感知运动的技能"更加宝贵。在这份陆航队研究报告中还指出:"热爱血腥竞赛、骄傲自大……缺乏高智力,被证明是战斗机驾驶员所需要的出色素质。"

轰炸机机组人员最大的乐趣是在任务中生还,而战斗机飞行员从"成功的猎杀"[129]中返回后欢欣鼓舞,伸出手指示意他们在空中干掉的敌机。"一个战斗机大队在一场激战后表露出明显的快活劲儿,令外人感到震惊。"第八航空队精神科专家道格拉斯·邦德评论道。[130]

但轰炸机驾驶员遭受的伤亡远较战斗机驾驶员为高,[131]作为机长,他们也承担着更大的责任,因而更容易造成精神崩溃或作战疲劳症。"战斗机驾驶员的任务对他们高度的积极性而言非常理想。"陆航队精神科专家总结道。[132]战斗机驾驶员们的任务简报非常简短,也不那么正式,只需要五分钟,而轰炸机机组则需要一个小时。他们起飞后,在空中构成编队的速度更快,危险性也较轰炸机驾驶员为小,另外,除非他们实施对地扫射,否则很少会成为纳粹高射炮手们的目标。战斗机驾驶员独自在晴朗的空中,所受的限制较少,他可以按照自己的选择飞行,做出自己的决定。这往往鼓励了不顾一切的鲁莽和危险的个人英雄主义,[133]但这通常挽救了飞行员的性命,因为他们在情况太过危险之际可以随时迅速飞离、爬升或俯冲。而轰炸机机组人员在投弹飞行时不得不坐在那里，承受着一切，就像潜艇组员被困在海底忍受着攻击那样。正如布莱克斯利大队中的一名参谋所写的那样："你必须告诉那些轰炸机里的小伙子，这场空战中最艰难的部分是他们打的。"[134]正是他们的牺牲才使驾驶战斗机的小伙子们得以消灭德国空军。

德国空军的产量和作战都遭到败绩，他们在1944年5月前便已失去欧洲上空的制空权。美国和英国的战机数量比德国多20倍，燃料和经验丰富的飞行员也非常充裕。战后的审讯中，德国空军参谋长卡尔·科勒尔上将声称，如果德国在1944年春季拥有制空权，"就根本不会有诺曼底入侵，或者（入侵）会在遭受惨重的损失后被击退。"而他们的空中优势在1944年3月至5月间的大战中丧失后，德国空军的"任务"，科勒尔说，"仅仅是牺牲罢了"。[135]

当被问及德国为何没有研发一款轻便灵活、滞空时间能与"野马"相抗衡的战斗机时，科勒尔回答说，德国的工业家和工程师坚持认为"这种飞机无法制造"。[136]但当战况变得对德国极度不利、希特勒对此流露出兴趣时，这种构想再度出现了。这就是灵活的民主制度与僵化的专制之间的区别。战前，美国的轰炸机巨头和飞机制造业应声附和德国飞机专家的看法。可在危机出现后，他们做出了应对，尽管差一点为时过晚。从事后的角度看，将一款只有少数人相信能研制成功的新式飞机投入战争，是诺曼底登陆获得成功的原因之一。

大辩论

将德国空军逐回德国使诺曼底登陆成为可能，但这并不能保证登陆的成功。获得大量增援的德国军队坚守在法国北部，根据希特勒的命令，他们将战至最后一兵一卒。该如何使用空中力量来削弱他们？自1944年1月起，盟军领导人便对这个问题展开了热烈的讨论，直到5月初才达成一项艰难的协议。这是战争期间最激烈的政策分歧之一。

被任命为"霸王"行动的最高指挥官后,艾森豪威尔要求获得英国和美国战术及战略空中力量的指挥权。他坚持说,自己必须拥有这一权力,以确保将英美空军的全部力量集中于对进攻行动的支援上。艾森豪威尔的老朋友哈普·阿诺德立刻同意了这个要求,[137]但英国人对此表示反对。让丘吉尔和他的战时内阁交出轰炸机司令部的控制权是一项艰巨的任务,艾森豪威尔不得不以辞职相威胁,以此来达成自己的目的。他告诉丘吉尔,除非将阿瑟·哈里斯的轰炸机置于自己的指挥下,否则"他不如干脆回家算了"。[138]问题得到了解决。皇家空军中将特拉福德·利-马洛里爵士(他的指挥能力受到斯帕茨的质疑)被赋予为登陆行动提供支援的战术空中力量的指挥权,其中包括美国的第九航空队。从4月14日起,持续至诺曼底战役获胜,艾森豪威尔的副司令阿瑟·特德将对包括第八和第十五航空队在内的轰炸机司令部实施全面监督。

确保了对轰炸机的控制权后,艾森豪威尔必须作出决定,如何在进攻发起前的几周里使用这些轰炸机。大家一致认为,最大的挑战将是"一场逐步增强的战役"。盟军将在D日依靠出其不意和压倒性的冲击力,将他们全部力量中的一小部分送上海滩。在这之后,谁能获得力量优势,谁就将获胜。德国人似乎占有这种优势。利用比利时和法国出色的公路和铁路交通网,他们能比盟军更容易地对其军队实施再补给,后者不得不依赖于从英国南部庞大的补给仓库至诺曼底科唐坦半岛这样一条脆弱的海上通道。盟军的目标是孤立滩头阵地,并切断诺曼底地区德国军队从莱茵兰和鲁尔区获得补给的主要来源。

特德的科学顾问索利·祖克曼提出一个计划,令艾森豪威尔意识到实现这一点的最佳契机。祖克曼提议,对法国北部和比利时的铁路编组场和维修站发起一场战略轰炸战。通过对这些内陆交通枢纽的打击,盟军将制造出一种混乱状态和一片废墟,这将阻止或彻底削弱德军援兵赶往受攻击地区的行动。祖克曼认为,这会比"桥梁破坏战"更加有效。提出"桥梁破坏战"的是美国陆航队目标咨询人员——以沃尔特·W·罗斯托和卡尔·基森为首的一群年轻的经济学家,六十年代,这两人在白宫占据了经济政策方面的高位。在祖克曼看来,轰炸铁路编组场比轰炸桥梁更容易,其破坏能造成更大的交通中断。祖克曼的提案被称为"交通计划",[139]但却遭到三个强大对手——阿瑟·哈里斯、卡尔·斯帕茨和温斯顿·丘吉尔——的激烈反对。

哈里斯和斯帕茨在一件事上取得了共识。[140]祖克曼的计划将使他们偏离他们共同的目标:通过轰炸击败德国,而不必进攻欧洲大陆。"除了停止和大幅度减弱对德国的轰炸外,没有比这更能让德国人松口气的方式了,"哈里斯在一份刺耳的备忘录中阐述了他对祖克曼所提计划的反对,"整个国家将会带着一种获救感和重生的希望而欣喜若狂。"[141]不过,哈里斯的地位和威望已因他的部队最近在柏林上空遭受到不可承受的损失而有所削弱,自去年11月以来,他已损失了近1200架轰炸机。就在哈里斯坚持声称他的夜间轰炸机无法准确命中铁路编组场这类目标时,皇家空军参谋长查尔斯·波特尔戳穿了他的伎俩,下令轰炸机司令部对法国的六个铁路编组场发起打击。目标均被摧毁。用历史学家马克斯·黑斯廷斯的话来说:"哈里斯被他部下们的精湛技艺搞得尴尬不已。"[142]其实他很清楚,他那些机组的轰炸能力早已得到大幅度提高,夜间达成的准确性跟实施白昼轰炸的第八航空队一样。把戏被戳穿后,哈里斯只好勉勉强强地准备实施"交通计划"。

就在哈里斯为无法炸死更多的德国人而忧心时,丘吉尔却担心会让太多的法国人送命。祖克曼提出的70个铁路中心都位于或靠近市区,情报部门的报告指出,轰炸会使多达16万法国和比利时平民丧生或致残,[143]可能会埋下"仇恨的种子",[144]进而影响战后与法国的关系。随着D日的临近,丘吉尔减弱了他的反对意见。他对平民"惨遭冷血屠杀"[145]的担心有所缓解,因为自由法国军队身处英国的指挥官皮埃尔·柯尼希少将被请教到这个问题时回答:"这是战争,可以预料会有平民丧生……为赶走德国人,我们可以接受两倍于预计的损失。"但真正成功说服这位首相,并促使他全力支持已在他间歇性抗议中开始进行的轰炸行动的是罗斯福总统的一封来信,在5月初的这封信中,罗斯福坚称,必须以军事方面的考虑为主导。[146]

针对祖克曼的"交通计划",最为深思熟虑的反对案是卡尔·斯帕茨的"燃油计划"。[147]以其战斗机夺得制空权后,美国陆航队提出利用这一突破,派出重型轰炸机打击能让被严重削弱的德国空军和陆军动弹不得的产业。斯帕茨的目标分析师们估计,只需发起25次空袭(第八航空队承担15次,第十五航空队负责10次),美国的战略轰炸机就能让德国的汽油生产减少50%。由此造成的燃料短缺将降低德军机械化师的机动能力,并使他们的补给和援兵无法被送至诺曼底滩头。斯帕茨认为,与破坏容易修复的铁路编组场相比,"燃油计划"的回报更大。

为了让自己的建议对艾森豪威尔产生更大的吸引力,斯帕茨指出,"燃油计划"只占用美国陆航队作战力量的半数,另一半仍可被用于摧毁法国的交通设施。但斯帕茨提出,不是针对拥挤的铁路编组场,而是将战术行动集中于塞纳河和卢瓦尔河上的桥梁,这些目标是罗斯托中尉的委员会所建议的。

哈普·阿诺德敦促马歇尔支持斯帕茨的计划,[148]但马歇尔将最终决定权留给了艾森豪威尔,而艾克在空军问题上严重依赖于特德的建议。最后,美国轰炸机巨头们快速上升的声誉和他们过去的失败记录帮着扼杀了"燃油计划"的提案。一年前,第八航空队也曾就德国的滚珠轴承工业是一个潜在的结束战争的目标体系有过同样激烈的争执。特德对这个问题早就关注过。战争初期,轰炸机司令部曾打击过德国的炼油厂,但遭到灾难性失败,目标未被击中,还损失了几十名机组人员。"此前,我们一直被引入歧途。"特德在给同样持怀疑态度的波特尔的信中写道。

3月25日,在与英美空军人员召开的一次紧张的会议上,艾森豪威尔力挺祖克曼,尽管丘吉尔(他没有出席会议)更青睐"燃油计划"。[149]艾森豪威尔的决定,是在仔细盘问弗雷德里克·安德森将军,而后者承认航空队"无法确保对石油目标的打击能对霸王行动的初始阶段产生明显的影响"后做出的。[150]安德森说:"燃油计划将在六个月的时间内带来决定性影响。"对艾克来说，这显然不够好。他最关心的是进攻的最初六个星期——让他的军队登上海滩，守住滩头。

波特尔提出自己的看法，他认为空军应该考虑实施"燃油计划"，但只能是在"霸王"行动最初的危机安然度过，盟军在诺曼底牢牢站住脚后。艾森豪威尔对此表示赞同，于是，被一名美国军官称作"大辩论"[151]的研讨就此结束。

斯帕茨屈从于艾森豪威尔的决定，没有公开争论，因为他对最高统帅抱有崇高的敬意。"要是艾森豪威尔以书面命令要求他在D日当天将炸弹丢入北冰洋，他也会照办不误。"[152]斯帕茨的高级目标官理查德·D·奥利上校说道。斯帕茨的服从还不仅仅是出于上述原因。尽管非常希望诺曼底进攻能获得成功，但他认为，行动有可能失败，如果这种情况发生，他不想让自己的航空队被扣上"蓄意阻挠"的帽子。"这次……进攻行动不可能成功，"他在3月25日的会议前告诉他的工作人员，"我可不想遭受任何指责。等进攻失败后，我们便可以向他们展示，我们能通过轰炸来打赢战争。"[153]

斯帕茨没有想到他的提议会在3月25日的会议上被彻底否决。但委员会承认他的计划"很有吸引力"，[154]受此鼓舞，斯帕茨劝说特德从第十五航空队腾出一支"解放者"轰炸机部队去攻击普洛耶什蒂，这一空袭造成的破坏足以说服特德批准从意大利发起更多的空袭。但斯帕茨想要更多的东西。他想轰炸德国的合成燃料厂，那是他们燃油补给的主要来源。艾森豪威尔告诉他等到夏末，但斯帕茨坚持要采取行动。经过与艾克的一番激烈争执，期间斯帕茨可能还扬言要辞职，[155]艾森豪威尔让步了，但只是一小步。他口头批准斯帕茨在5月份时选择德国上空晴朗（但法国上空不可能晴朗）的两天，派出轰炸机空袭纳粹的合成燃料厂。[156]

5月12日，杜立特尔派出886架轰炸机，对德国中部一座庞大、复杂的合成燃料厂发起打击，从而引发了一场规模庞大的空战，这场战斗中，美国人损失了46架轰炸机，而德国战斗机的损失超过60架。战斗的激烈程度使斯帕茨确信，他的目标规划者已发现了敌人的致命弱点。"这是决定这场技术战争的一天。"阿尔贝特·施佩尔在他的回忆录中写道。一周后，施佩尔向希特勒汇报说："敌人轰炸了我们最薄弱的环节。如果这次他们坚持干下去，我们很快就谈不上有什么燃料生产了。我们唯一的希望是，对方的空军参谋部和我们的空军参谋部一样糊里糊涂。"157

德国人对工厂进行了十六天没日没夜的抢修，第八航空队于5月28和29日再次发起打击，与此同时，第十五航空队空袭了普洛耶什蒂。这一双重打击令德国的燃油产量减少了一半。"超级机密"截获的情报表明，德国人对此深感震惊。158 "我想，我们必须给那家伙他想要的东西。"特德这样说道。但由于距诺曼底进攻的日期仅剩下一周左右，打击燃油厂的行动不得不推后。

配合进攻的轰炸

在诺曼底进攻发起前，斯帕茨对德国燃油生产厂实施的空袭产生了意想不到的收益。后续空袭的威胁迫使德国空军将其战斗机主力收拢回国内，甚至是在1944年6月6日，盟军地面部队冲上诺曼底海滩后。但"交通计划"更为成功。盟军的重型和中型轰炸机几乎完全破坏了比利时北部和法国的铁路交通网，切断了德国军队获得补给的主要通道。159战斗机对法国公路和铁路上行驶的一切展开攻击。单是5月份的一天，第九航空队战斗机司令部（由埃尔伍德·奎萨达少将指挥，他是美国陆航队中最具创新能力的指挥官之一）摧毁了大批列车，以至于飞行员们将当天称为"查塔努加日"，这个名字来自格伦·米勒的唱片《查塔努加啾啾》。一名德军指挥官将通往诺曼底海滩的公路描述为"Jabo Rennstrecki"，160意思是战斗机和轰炸机的比赛场。

在对原"交通计划"最后所做的更改中，盟军的战斗机和轰炸机粉碎了塞纳河和卢瓦尔河上的桥梁，切断了从法国其他地区通往诺曼底大部和布列塔尼的通道（这是早在3月份便由斯帕茨的目标策划者们提出的战术目标）。到

5月份的最后一周，巴黎以北，塞纳河上所有的铁路交通都已中断。加来海峡地区的桥梁遭受的打击甚至更为严重，以此来说服敌人，入侵即将在这一地区展开，这里距离英国南部（入侵的发起点）和德国北部都更近，将是盟军最终的目标。

盟军飞机对法国的铁路系统总共投下71000吨炸弹，其爆炸力相当于将广岛夷为平地的原子弹的7倍。

战后对诺曼底登陆前的轰炸所进行的调查表明，[161]低空飞行的战斗机和轰炸机对桥梁所实施的破坏，比重型轰炸机破坏法国铁路中心的行动更有效地阻止了德国军队的调动。使用数万名劳工，德国人对铁路编组场和铁轨的维修速度，与盟军战略轰炸机对它们的破坏速度一样快。另外，这些编组场大多位于人口稠密的城市地区，对其实施的高空轰炸造成约12000名法国和比利时平民丧生。相反，对桥梁和行驶中的火车所进行的战术打击，附带损伤较小，而对敌人调动其部队的能力造成的影响更为严重。德国军队将在诺曼底进行一场英勇的防御，但由于盟国的空中力量在诺曼底进攻发起前已赢得这场"逐步增强的战役"，德军的命运几乎已被注定。

一些德国将领，包括指挥诺曼底地区地面部队的格尔德·冯·伦德施泰德元帅以及德国国防军最高统帅部参谋长威廉·凯特尔元帅，在战后告诉盟军审讯人员，盟军在诺曼底的进攻之所以获得成功，完全是因为"我们没办法将预备力量及时前调……"凯特尔说道，"我们无法击退入侵，是因为你们的战斗机和轰炸机所取得的空中优势，使得那些师无法被投入战斗"。[162]

分担战争

"我们等了那么久，结果却是空忙一场，"伯特·斯泰尔斯在他的日记中写道，"每次他们在夜间将我们唤醒，都有人说，'D日到了'，但却不是。直到6月6日，它才真的来了。"[163]

那天晚上，东安格利亚无人入睡。午夜刚过，天空轰鸣、震颤起来，数千架运兵机、侦察机、轰炸机和战斗机开始在低垂的云层中集结。大群飞机冒着发生碰撞的危险，飞入一条仅有10英里宽的通道中。轰炸机，以6架为一个中队，仅靠遍布伦敦南部的探照灯光束保持着各自的航线。被打破的阴霾重新聚拢起来，形成一块坚实的灰色云毯，在其上方，1300架重型轰炸机组成的庞大编队，在闪烁的"探路者"飞机的带领下，向他们的目标隆隆飞去。

斯泰尔斯和他的机组是这场"盛大演出"[164]的组成部分。从四英里高空向下望去，斯泰尔斯能看见舰炮发出的剧烈闪烁，深红色和橙色映衬在灰暗的海洋中。就在劳伦斯·库特尔将军看着这支轰炸机编队越过他这架保持低空飞行的B-17观察机时，曾被他认为已经阵亡的一位朋友正在纳粹占领的法国的一座农舍中，等待着进攻的到来。

放弃了自己在司令部的工作，出任第487大队（这是一个新组建的大队，配备着"解放者"式轰炸机）大队长后没多久，小贝尔尼·莱中校率领该大队在诺曼底进攻发起前对巴黎西南部肖蒙（Chaumont）的一个铁路编组场展开空袭时被击落。他和机上的副驾驶沃尔特·杜尔中尉与地下组织取得联系，但由于盖世太保的破坏和盟军对法国铁路系统的轰炸，所有通往西班牙的逃生通道都已无法使用，于是，他们被带至当地"马基"所控制的一座安全屋。他们在D日发起的前夜到达了那里。[165]

拂晓时，他们被屋主M·波古摇醒，这个矮小、爱激动的男人用高亢的声调叫道："登陆了！美国人！诺曼底！诺曼底！"[166]两名飞行员从床上跳起，听见厨房的收音机中宣布了这个消息。吃完一顿由鸡蛋和烤面包组成的庆祝早餐后，他们被带至田间的一个地方，这里将是他们的藏身处。"我们检查着葡萄园，"莱回忆道，"突然，发动机的轰鸣声出现在空中。36架梅塞施密特109战斗机组成的编队冲出拂晓的迷雾，每架飞机灰绿色的机腹下都挂着颗硕大的炸弹，在附近的一个机场集结后，带着巨大的负载，从低空缓慢地掠

过这片农场。"¹⁶⁷

仰望着天空，沃尔特·杜尔喃喃地说道："我们将在战斗机的掩护下飞越海峡，我敢打赌，这些王八蛋没一个能返回基地。"¹⁶⁸敌战斗机编队消失在天际时，贝尔尼·莱感到一阵"激动和自豪"，美国的空中优势"已注定这些残存的德国空军执行的是一项自杀式任务"。

两位飞行员当天早上看见的那些梅塞施密特，是德国空军300架战斗机构成的预备队中的一部分，他们被派至入侵发生地，以加强那里150架战斗机组成的弱小的力量。根据盟军方面的报告，这些飞机中的大多数"严重分散"，并因为"飞行员能力不足而导致数量大幅减少"。¹⁶⁹待德国飞行员发现他们设在法国的前进机场已被盟军先前的轰炸炸得坑坑洼洼后，不得不从遭入侵海滩后方的临时机场发起行动，在那里，他们遭到成群结队的英美战斗机的猎杀，根本无法为海滩上的德国军队提供有效支援。D日当晚，90余架德国战斗机对盟军舰队发起攻击，但造成的损伤微乎其微，他们中的大多数，不是被盟军战斗机驱离，就是被击落。

当天对轰炸机上的小伙子们来说，毫无荣耀可言。那天早上，他们突然出现，并在第一波登陆艇冲上海滩前威武地飞过敌人的滩头防御阵地。受厚厚的云层所阻，再加上担心误炸己方部队，为首的轰炸机使用了雷达轰炸瞄准器，并推迟了炸弹的投放。5000吨炸弹毫无伤害地落在德国人沿岸阵地的后方。重型轰炸机在当天还执行了其他任务，打击了敌人的防御工事和海滩后方重要的交通枢纽，希望能破坏敌人调集援兵的努力，但这种空中支援远不及"雷电"、"野马"以及低空飞行的B-26"劫掠者"式轰炸机所实施的打击有效。双引擎的"劫掠者"摧毁了德国人在犹他海滩上的防御，确保美军突击队在该地段实施了一场轻松得出人意料的登陆。¹⁷⁰

但第八航空队已完成了他们责无旁贷的职责。为夺取制空权、确保进攻行动而展开的长达五个月的激战中，派驻欧洲的美国航空队损失了2600多架轰炸机和980架战斗机，伤亡人数高达18400人，其中包括10000名阵亡者，这个数字超过第八航空队在1942和1943年损失人数的一半。¹⁷¹这些飞行员应该跟D日发起的两栖登陆和空降行动中阵亡、负伤或失踪的6000多名美国士兵一样，在国民的记忆中占据一个同等的地位。

对当天参加行动的每一个飞行员来说，这是他们在战争中最伟大的经历。"我向第100大队的机组人员做了简报，"罗西·罗森塔尔回忆道，"我从未见过他们做出这样的反应。他们站在那里，欢呼着，吼叫着。这是他们一直期盼的日子。快到黄昏时，我率领大队执行了D日的第三次轰炸任务。我们有个规矩，除非是绝对必要，否则不得在内部对讲机上说话，这是通讯纪律。但当我们掠过庞大的舰队，向着海滩飞去时，机组中的一名成员开始为下面的人祈祷，我们都加入其中。这是我一生中最为激动的时刻。"

飞回英国时，伯特·斯泰尔斯不禁想知道，"海滩上的那些倒霉蛋"会如何做。¹⁷²飞机在他们上空，军舰在他们身后，可战斗要由他们来打。就在这时，一个念头掠过他的脑海："我们的战争结束了，第八和第九航空队在白昼，皇家空军在夜间的孤军奋战结束了……我们将炸弹运过来，更多、更频繁，但这再也不是我们的私人演出。现在轮到那些行进缓慢的小伙子们大出风头了。"

战争被分担的念头并未令伯特·斯泰尔斯中尉感到不安。"无论洒在铝皮还是诺曼底的土地上，鲜血都是一样的。无论你驾驶一架上百万美元的飞机还是端着一支价值50美元的步枪缓慢跋涉，都需要勇气……也许某些热衷于空中力量的家伙会大声抱怨上级没有给我们一个以自己的方式打赢战争的机会。"¹⁷³但"唯一重要的是打赢这场战争"，斯泰尔斯在D日当晚写道，"不择手段打赢它，这样就不会再有另一场战争"。¹⁷⁴

注释

1. 威廉·埃莫森，《直瞄行动：轰炸机和战斗机的故事》，第447页。
2. 艾森豪威尔写给乔治·马歇尔的信件，弗吉尼亚州列克星敦，马歇尔学术图书馆，马歇尔文件。
3. 墨菲，《未知的战斗》，第97页。
4. 同上。
5. 《二战中的陆军航空队，第三卷》，第194—195页。
6. 弗朗西斯·加布雷斯基告诉卡尔·莫尔斯沃斯，《一名战斗机飞行员的一生》（纽约，猎户座出版社，1991年），第147—148页；《星条旗报》，1944年2月22日。
7. 休伯特·泽姆克、罗杰·A·弗里曼，《泽姆克的"狼群"：欧洲上空的休伯特·泽姆克和第56战斗机大队》（纽约，猎户座出版社，1989年），第145—146页；沃尔特·博伊恩，《指挥王牌：作为作战领导的战斗机飞行员》（华盛顿，布拉希出版社，2001年），第97页。
8. 墨菲，《未知的战斗》，第109页；《二战中的陆军航空队，第三卷》，第34页。
9. 理查德·G·戴维斯，《卡尔·斯帕茨与欧洲空战》，第323页；另可参见《星条旗报》，1944年2月22日；弗里曼等人合著的《第八航空队战时日志》，第183—184页。
10. 欧文·肖，《幼狮》（纽约，兰登书屋，1948年），第463—465页。
11. 采访威廉·R·劳利上校，空军口述历史项目，1971年10月5日，美国空军历史研究部，K239.0512-487。
12. 理查德·戈德斯坦，《威廉·劳利，78岁，荣誉勋章获得者》，《纽约时报》，1999年6月1日，C13版。

13 对这起事件的引述,均来自里克·斯古尔和杰夫·罗杰斯的出色著作《波尔布鲁克的勇气:"十马力"号最后的选择》(威斯康辛州金伯利,十字路口出版社,2000年),第44—45、49、63和66页。

14 荣誉勋章嘉奖,阿奇博尔德·马蒂斯,1944年6月22日,美国战争部第52号命令。

15 联合作战策划委员会,"敌白昼战斗机防御和拦截战术的第三次定期报告,1944年2月15日—1944年3月2日",1944年3月26日,斯帕茨文件;威廉·埃莫森,《直瞄行动:轰炸机和战斗机的故事》,第455页。

16 1944年2月27日,安德森发给阿诺德的电报,斯帕茨文件。

17 《二战中的陆军航空队,第三卷》,第43、45页。

18 施佩尔,《第三帝国内幕》,第349页;《二战中的陆军航空队,第三卷》,第44页。

19 威廉姆森·默里,《德国空军》,第229页;《二战中的陆军航空队,第三卷》,第68—69页。

20 美国战略轰炸调查,"飞机分部的行业报告"(华盛顿,美国政府印务局,1945年),第5页。

21 同上,第6—7页。

22 1944年2月27日,安德森发给阿诺德的电报,斯帕茨文件。

23 1944年2月11日,阿诺德发给杜立特尔的电报,美国空军历史研究部,519.245;1944年3月4日,杜立特尔发给阿诺德的电报,美国空军历史研究部,168.6007。

24 2002年8月7日,作者对劳伦斯·戈德斯坦的采访。

25 麦克法兰和纽顿的《德国制空权之战》,第197页;1944年2月27日,安德森发给阿诺德的电报,斯帕茨文件;F·L·安德森将军与O·A·安德森将军的电话交谈记录,1944年2月29日,斯帕茨文件。

26 约瑟夫·施米德中将,"帝国制空权之战,1944年1月1日—1944年3月31日",1954年,美国空军历史研究部,K113.107-158-160。

27 引自麦克法兰和纽顿的《德国制空权之战》,第197页;另可参阅菲利普·阿德里,《一名轰炸机飞行员的二战回忆录》,第167页。

28 格罗弗·C·哈尔,《1000个击坠:第4战斗机大队战史》(阿拉巴马州蒙哥马利市,布朗出版社,1946年),第164—165页。

29 空中力量历史博物馆,1983年对威廉·E·查尔斯的采访;奥拉姆·C·霍顿，《美国炸弹首次落向柏林》，《星条旗报》，1944年3月6日。
30 格罗弗·C·哈尔，《1000个击坠：第4战斗机大队战史》，第160页。
31 查克·耶格尔将军、里奥·亚诺什，《耶格尔自传》（纽约，矮脚鸡出版社，1985年），第26页。
32 同上。
33 同上，第26—32页；耶格尔在自传中对此事的叙述，一些细节与他回到英国后对一名英国官员所说的略有不同；可参阅"飞行员查克·耶格尔的逃生档案"，国家档案馆，338-660-YEAGER。
34 戈登·A·哈里森，《跨海进攻》（华盛顿，陆军部军史处处长办公室，1951年），第203页；朱利安·杰克逊，《法国的黑暗年代，1940—1944》（牛津，牛津大学出版社，2001年），第484页。
35 第801/492轰炸机大队协会自费出版的《他们在夜间飞行》一书中，《一名"投机商"与法国国内抵抗力量在一起》；欲了解这段完整的历史，可参阅本·帕内尔的《投机商：美国在欧洲的秘密战》（奥斯汀，埃金出版社，1987年）。
36 耶格尔，《耶格尔自传》，第34—35页。
37 同上，第33页。
38 同上，第35页。
39 1980年4月28—5月1日，美国空军口述历史部对查尔斯·E·耶格尔准将的采访，美国空军历史研究部，K239.0512-1204 C.2。
40 同上。
41 同上。
42 耶格尔，《耶格尔自传》，第38—40页。
43 同上。
44 耶格尔，《耶格尔自传》，第40—43页。
45 哈尔，《1000个击坠：第4战斗机大队战史》，第174页。
46 德鲁·米德尔顿，《美国轰炸机猛烈空袭柏林》，《纽约时报》，1944年3月9日。
47 汤米·拉莫尔、丹·A·贝克，《一个人的战争：汤米·拉莫尔的二战经历》（纽约，泰勒出版社，2002年），第80—81页。
48 《德国首都一片火海》，《星条旗报》，1944年3月8日。

49 引自杰弗里·埃泽尔、阿尔弗莱德·普莱斯的《目标柏林：1944年3月6日，第250次行动》（伦敦，格林希尔出版社，2002年），第24页。
50 C·B·"瑞德"·哈珀，《"布法罗姑娘"号》（自费出版），第90页。
51 埃泽尔、普莱斯的《目标柏林：1944年3月6日，第250次行动》，第87页。
52 T·T·米尔顿将军，《一名亲历者的回忆》，《空军杂志》，1980年1月，第80—81页。
53 哈尔，《1000个击坠：第4战斗机大队战史》，第139页。
54 "第八航空队轰炸机司令部对行动的叙述，1943—1944"，美国空军历史研究部，519.332；"第八航空队轰炸机司令部对行动的叙述，1943-1944"，美国空军历史研究部，168.6005-55；弗里曼等人合著的《第八航空队战时日志》，第194—195页。
55 哈尔，《1000个击坠：第4战斗机大队战史》，第181、186—187页。
56 同上。
57 同上。
58 同上。
59 哈珀，《"布法罗姑娘"号》，第101页。
60 埃泽尔、普莱斯的《目标柏林：1944年3月6日，第250次行动》，第100页。
61 詹姆斯·B·雷斯顿，《轰炸柏林》，《纽约时报》，1944年3月7日。
62 哈珀，《"布法罗姑娘"号》，第94—95页。
63 同上，第101页。
64 小约翰·贝内特，《英国来信》（圣安东尼奥，自费出版，1945年），第43—44页；1984年11月14日，空中力量历史博物馆，对约翰·M·贝内特的采访。
65 《850多架空中堡垒》，《星条旗报》，1944年3月9日；弗雷德里克·格雷厄姆，《轰炸机飞行员们对柏林的浩劫深感震惊》，《纽约时报》，1944年3月7日。
66 哈珀，《"布法罗姑娘"号》，第83、96页。
67 同上。
68 同上。
69 理查德·勒·斯特兰奇、詹姆斯·R·布朗，《世纪轰炸机：血腥100的故事》，第95页。
70 哈珀，《"布法罗姑娘"号》，第109页。

71 同上，第99、103页。

72 同上。

73 同上。

74 德鲁·米德尔顿，《纳粹们避战了》，《纽约时报》，1944年3月10日。

75 1944年7月15日，对威廉·凯普纳少将的采访，斯帕茨文件。

76 1944年3月11日，斯帕茨发给阿诺德的电报，斯帕茨文件。

77 联合作战策划委员会，"敌白昼战斗机防御和拦截战术的第四次定期报告，1944年3月3日—1944年3月31日"，1944年4月6日，斯帕茨文件。

78 《时代周刊》，1944年3月20日。

79 德国空军的损失，参见威廉姆森·默里的《德国空军》，第239—240页。

80 卡尤斯·贝克尔，《德国空军战时日志》，第352页。

81 威廉·埃莫森，《直瞄行动：轰炸机和战斗机的故事》，第469页。

82 4月份的损失，参见威廉姆森·默里的《德国空军》，第262页。

83 加兰德，《第一个和最后一个：德国战斗机部队的兴衰，1938—1945》，第196页。

84 同上。

85 引自杜鲁门·史密斯的《危机：第八航空队一名飞行员的冒险和不幸》（圣彼德斯堡，南方历史出版社，1996年），第85—99页。

86 "1944年6月，欧洲战区重型轰炸机机组人员调查"，美国空军历史研究部，11。

87 1998年11月24日，作者采访保罗·斯劳特。

88 伯特·斯泰尔斯，《30000英尺高空的小夜曲：故事和散文》，罗兰·毕晓普·迪克森、罗伯特·弗洛伊德·库珀编辑（萨克拉门托，毕晓普出版社，1999年），第27、65页。

89 斯泰尔斯，《30000英尺高空的小夜曲》，第70、77—84页；斯泰尔斯，《大鸟小夜曲》，第14—15、37、104页。

90 同上。

91 "重型轰炸机机组人员调查"，1944年5—6月，美国空军历史研究部，520.701。

92 引自鲍曼的《城堡》，第134页。

93 "1945年5月25日，第八航空队飞行人员精神创伤的统计调查"，美国空军历史研究部，520.7421；理查德·G·戴维斯，《卡尔·斯帕茨与欧洲空战》，第379—380页。

94　1944年7月15日，对威廉·凯普纳少将的采访，斯帕茨文件。

95　阿斯特，《强大的第八航空队：参战者所讲述的欧洲空战》，第262页。

96　卡拉汉，《凝迹，我的战时记录：英国诺福克郡迪斯附近，索普—阿博茨，美国陆军航空队第139号基地的二战历史记录》，第75—76页。

97　本·史密斯，《小鸡机组：第八航空队的故事》（自费出版，1978年），第54—56页，第八航空队历史博物馆；1989年5月13日，对查尔斯·W·博德纳的采访，空中力量历史博物馆。

98　索斯，《空军作战部队的医疗支援》，第72页。

99　克利夫兰·埃默里，《在好莱坞深受大家喜爱的人》，《大观杂志》，1964年10月21日。

100　同上。

101　史密斯，《吉米·斯图尔特，轰炸机飞行员》，第67页。

102　《星条旗报》，1944年3月4日。

103　唐纳德·杜威，《詹姆斯·斯图尔特传》（亚特兰大，特纳出版社，1996年），第246页。

104　同上。

105　约翰·哈罗德·罗宾逊，《活下去的理由：爱、快乐和悲痛的时刻》（孟菲斯，城堡出版社，1988年），第333页。

106　杜威，《詹姆斯·斯图尔特传》（亚特兰大，特纳出版社，1996年），第251页；《华盛顿明星报》，1944年4月1日。

107　史密斯，《吉米·斯图尔特，轰炸机飞行员》，第126页。

108　同上；英国伦敦，帝国战争博物馆录音档案。

109　2002年3月21日，采访罗森塔尔。

110　克罗斯比，《逆境求生》，第320页。

111　2002年3月21日，采访罗森塔尔。

112　同上。

113　詹蒂勒、沃弗特，《一个人的空军》，第2—3页；哈尔，《1000个击坠：第4战斗机大队战史》，第269—289页。里肯巴克的正式记录是击落26个目标，包括4个气球。

114　亚布隆斯基，《空战中的美国》，第63页。

115　麦克拉里与谢尔曼合著的《第一次：与第八航空队的弟兄们共赴战火的

116　哈尔，《1000个击坠：第4战斗机大队战史》，第71页。
117　1944年7月15日，对威廉·凯普纳少将的采访，斯帕茨文件。
118　查尔斯·布瑞特编撰的《美国空军历史词典》（西点，格林伍德出版社，1992年），第650页。
119　战斗机损失总结，1943年8月24日—1944年5月31日，威廉·E·凯普纳文件，第168页，美国空军历史研究部，6005-57。
120　第八航空队战斗机司令部报告，1944年4月6日，美国空军历史研究部，520.310D；斯蒂芬·L·麦克法兰，《美国战略战斗机在欧洲的演变，1942—1944》，《战略研究杂志》，1987年6月，第199—200页。
121　泽姆克、弗里曼，《泽姆克的"狼群"：欧洲上空的休伯特·泽姆克和第56战斗机大队》，第165页。
122　1973年11月2日，采访W·R·邓恩，美国空军历史研究部，K239.0512-922 C.1。
123　1944年7月15日，对威廉·凯普纳少将的采访，斯帕茨文件。
124　罗宾·海厄姆与史蒂芬·J·哈里斯编撰的《为何空军会失败：败亡的剖析》中，第221页，詹姆斯·S·科尔姆所写的《德国空军的败亡，1939—1945》。
125　1989年2月23—24日，采访杰拉尔德·约翰逊将军，美国空军历史研究部，K239.0512-1857。
126　马克·K·威尔斯，《勇气与空战：盟军机组人员在二战中的经历》（俄勒冈州波特兰，F·卡斯出版社，1995年），第38页。
127　詹蒂勒、沃弗特，《一个人的空军》，第8页。
128　约翰·C·弗拉纳根上校，"对第八、第十二和第十五航空队机组人员的调查报告"，第13—36页。
129　哈尔，《1000个击坠：第4战斗机大队战史》，第261页。
130　邦德，《对飞行的热爱与恐惧》，第40页。
131　塞缪尔·A·斯托弗等编撰的《美国士兵：军旅生涯期间的调整，第一卷》（普林斯顿，普林斯顿大学出版社，1949年），第407页；"作战机组人员遭受精神障碍的诊断和处理"，美国空军历史研究部，520.7411-2。
132　弗拉纳根上校，"对第八、第十二和第十五航空队机组人员的调查报告"，第13、16、30—36页。

133 戴维·赖特编撰的《对作战飞行人员之观察》中,第55页,杰拉尔德·克罗斯尼克少校所写的《战斗机飞行员的焦虑反应》。

134 哈尔,《1000个击坠:第4战斗机大队战史》,第161—162、287页。

135 美国战略轰炸调查,"1945年采访卡尔·科勒尔将军",美国空军历史研究部,519.619-23;1944年7月15日,对威廉·凯普纳少将的采访,斯帕茨文件;阿道夫·加兰德,《德国空军失败的根本原因》,《空军大学评论季刊》第6期(1953年春季),第53页。

136 同上。

137 1944年1月21日,阿诺德写给艾森豪威尔的信件,艾森豪威尔图书馆,堪萨斯州阿比林。

138 引自斯蒂芬·E·安布罗斯的《诺曼底登陆》(纽约,西蒙&舒斯特出版社,1994年),第96页。

139 要了解美国的计划和进攻发起前的整体计划辩论,可参阅W·W·罗斯托的《进攻前的轰炸战略:1944年3月25日,艾森豪威尔将军的决定》(奥斯汀,德州大学出版社,1981年)。

140 理查德·G·戴维斯,《卡尔·斯帕茨与欧洲空战》,第269、350页。

141 威廉姆森·默里,《德国空军》,第249页。

142 马克斯·黑斯廷斯,《轰炸机司令部》,第276页。

143 阿瑟·威廉·特德,《心怀偏见:皇家空军元帅特德勋爵的战争回忆录》(波士顿,利特&布朗出版社,1966年),第521页。

144 温斯顿·丘吉尔,《二战回忆录,第五卷,缩小包围圈》(波士顿,霍顿·米弗林出版公司,1951年),第466—467页;1944年4月5日,艾森豪威尔写给丘吉尔的信件,艾森豪威尔图书馆,堪萨斯州阿比林。

145 引自弗雷斯特·C·波格的《最高统帅》(华盛顿,陆军部军史处处长办公室,1954年),第132页。

146 特德,《心怀偏见:皇家空军元帅特德勋爵的战争回忆录》,第531—532页;丘吉尔,《缩小包围圈》,第466—467页。

147 "实现联合轰炸机攻势的计划",1944年3月5日,斯帕茨文件;《二战中的陆军航空队,第三卷》,第174—175页;斯帕茨给波特尔的备忘录,"使用战略轰炸机为霸王行动提供支援",1944年3月31日,斯帕茨文件。

148 1944年3月13日,阿诺德写给陆军参谋长的信件,斯帕茨文件。

149 特德，《心怀偏见：皇家空军元帅特德勋爵的战争回忆录》，第526页。
150 罗斯托，《进攻前的轰炸战略：1944年3月25日，艾森豪威尔将军的决定》，第34—35页；3月25日这次会议的纪要，可参阅罗斯托的著作，《进攻前的轰炸战略：1944年3月25日，艾森豪威尔将军的决定》。
151 同上，第45页。
152 同上，第44页。
153 同上，第45页。
154 罗斯托，《进攻前的轰炸战略：1944年3月25日，艾森豪威尔将军的决定》，第95页。
155 理查德·G·戴维斯，《卡尔·斯帕茨与欧洲空战》，第392页。
156 《二战中的陆军航空队，第三卷》，第175页。
157 施佩尔，《第三帝国内幕》，第346—347页。
158 威廉·韦斯特·海恩斯，《超级机密与美国驻欧洲战略空军对抗德国空军史》（马里兰州弗雷德里克，美国大学论文集，1990年，最初发表于1945年），第99页。
159 欧洲战区，"法国战役中对铁路运输实施空中攻击的有效性"，1945年6月1日，美国空军历史研究部，164, 138.4-37。
160 引自托马斯·亚历山大·休斯的《霸王行动：皮特·奎萨达将军和战术空军力量在二战中的胜利》（纽约，自由出版社，1995年），第12页。
161 艾伦·J·莱文，《对德国的战略轰炸，1940—1945》（纽约，普雷格出版社，1992年），第135页；罗斯托，《进攻前的轰炸战略：1944年3月25日，艾森豪威尔将军的决定》，数处；切斯特·威尔蒙特，《争夺欧洲》（纽约，哈珀出版社，1952年），第233—238页。
162 1945年对威廉·凯特尔元帅的审问，美国空军历史研究部，519.619-23；另可参阅卡尔·斯帕茨将军与伦德施泰德元帅的会谈，1945年5月，斯帕茨文件。
163 斯泰尔斯，《大鸟小夜曲》，第90—93页。
164 同上。
165 小贝尔尼·莱，《推定阵亡》（纽约，多德&米德出版社，1980，最初出版于1945年，书名为《我的经历》），第125页。
166 同上，第102—103页。
167 同上。

168 同上。
169 《二战中的陆军航空队,第三卷》,第195页。德国人试图以250架次的飞机对抗盟军的入侵大军。
170 《二战中的陆军航空队,第三卷》,第143、192页。
171 航空队的损失,参见华盛顿空军战史局的"第八和第十五航空队的损失";戴维斯,《卡尔·斯帕茨与欧洲空战》,附录5、23、24;美国战争部统计管理办公室,"二战中陆航队的统计摘要"(华盛顿,美国政府印务局,1945年),图表第118、136。
172 斯泰尔斯,《大鸟小夜曲》,第90—93页。
173 同上。
174 同上。

第十一章

致命的困境

天上的王国靠正义维系,而地上的国家靠的是石油。
——欧内斯特·贝文,丘吉尔的劳工和兵役大臣

1944年6月,伦敦

诺曼底登陆三天后,哈普·阿诺德和乔治·马歇尔将军抵达伦敦,与盟国其他领导者召开一系列会议。随着盟军部队在法国土地上站稳脚跟,向德国边境的推进即将展开。联合参谋部(这是英美盟军的最高军事机构,由美国参谋长联席会议和英国参谋长委员会组成)的主要议程是美国航空队在解放西欧的战事中将扮演的角色。

会议召开前,阿诺德想对法国北部的空中态势作出评估。6月12日早晨,他和马歇尔,在艾森豪威尔的陪同下,登上美国的"汤普森"号驱逐舰,赶往诺曼底前线视察。"汤普森"号以30节的速度劈开深灰色的海水,从一支庞大的舰队中穿过,这支壮观的队伍从地平线一端延伸至另一端:战列舰、巡洋舰、驱逐舰和扫雷艇,另外还有"自由轮"和登陆艇,这些船只每天将15000

名士兵和3000吨补给送上诺曼底海滩，在那里，45000名皇家工兵和工人正忙着修建代号为"桑葚"的人工港和防波堤，这个庞大的系统已被直接拖过海峡。集结在繁忙的港口外的是"人们有史以来所见过的最庞大的舰队"，战地记者厄尼·派尔写道。[1]这是"一幅美妙但却可怕的景象"，阿诺德在他的日记中写道，"如果确实有轰炸机乐园的话……那就是普斯茅茨港……前所未有的大批舰只……对德国空军来说，这是多好的一个机会啊"。[2]

登上陆地后，阿诺德会见了埃尔伍德·奎萨达将军，他已为第九航空队战斗机司令部在诺曼底海滩上构建起一个临时指挥部。奎萨达让阿诺德放心，根据他的情报，德国空军派来对付盟军登陆的数百架战斗机中，只有60架做好了战斗准备，这么点力量只能进行些骚扰性袭击。德国空军"没有足够的飞机，没有飞行员，缺乏训练，缺乏作战意志，士气也不高"，奎萨达告诉阿诺德。

这是美国轰炸机指挥官们梦寐以求的时刻：现在他们可以突破德国领空而不会遭到敌战斗机的激烈抵抗，可以彻底摧毁支持敌人战争努力的炼油厂和军工厂。他们拥有庞大的力量来执行消灭敌工业的任务：在英国有2100多架重型轰炸机，在意大利还有1200架。但对艾森豪威尔和联合参谋部来说，战略轰炸并不是优先考虑的事项。接下来的几个月，第八航空队被赋予了他们既缺乏装备也不具备相应的经验能完成好的任务——为盟军在诺曼底的行动提供直接空中支援。艾森豪威尔的决定无法更改，但战略轰炸也不能在这个夏季成为第八航空队的次要任务。阿诺德在伦敦的这一周，一个新的威胁出现了，这些轰炸机巨头将从被他们视作天经地义、终结战争的行动中被进一步分散。

他们在英国期间，阿诺德和美国参谋长联席会议的几名成员，来到J·W·吉布森夫妇在苏塞克斯的庄园做客，那里距离伦敦的车程很短。吉布森，这位举世闻名的工程师设计了诺曼底的"桑葚"港，他已将亨利八世时的一所狩猎小屋改建为一座豪华的乡间别墅，四周环绕着200亩茂密的树林。6月15日晚，阿诺德早早告退，回到自己的房间收拾行李，准备他的返程之旅。快天亮时,"一连串爆炸声传来,一声接着一声",大多数爆炸从伦敦方向传来,但也有些近得有点危险。阿诺德冲到院子里,看见一个外形奇特的飞行物从吉布森的别墅上空掠过,引擎发出令人不安的嗡嗡声。随后,这个飞行物沉默下来,钻出云层俯冲而下,在1英里开外坠地,并发出剧烈的爆炸声。阿诺德立刻明白过来,这是德国人于6月12—13日夜间向伦敦发射的飞弹中的一枚。这种V-1飞弹被纳粹国民教育和宣传部长戈培尔称为"1号复仇武器",是希特勒对盟军轰炸德国城市所做的报复。[3]几分钟内,6枚这种貌似无人驾驶机的飞弹落在吉布森别墅附近几英里外,这让阿诺德怀疑,德国人是不是想炸死美国的几位参谋长。

吃罢早餐,对这种火箭武器充满兴趣的阿诺德驱车赶往附近的一个乡村,一架"无人机"就落在那里的果园中,炸出一个6英尺宽、5英尺深的弹坑。弹坑四周散落着火箭弹的残骸,看上去像是一架小型飞机:一个圆柱形的钢制机身,短而粗的机翼,喷气发动机推进,由一个自动"陀螺驾驶仪"控制,可携带一吨有效负载。尽管V-1不是一种精确的武器,但阿诺德担心,如果大批飞弹对准集结在海峡各港口以及诺曼底海滩上的盟军部队和补给物资,那就会像艾森豪威尔说的那样,将"打乱我们的作战行动"[4]。

第二天,阿诺德向艾森豪威尔建议:"我们的回答是,必须炸毁生产这种武器关键部件的工厂。"阿诺德认为,从空中攻击火箭发射场是徒劳无益的,较小的场地被巧妙地隐蔽起来,而较大的储存和研究场所几乎都是防弹的。必须想出其他办法把它们干掉。与此同时,阿诺德收集了一些袭击伦敦的V-1飞弹的残骸,并将其运回俄亥俄州代顿的莱特机场,看看陆航队的科学家们能否造出一枚仿制品,这个项目将带动战后美国巡航导弹的发展。[5]

早在去年11月,盟军就已知道德国人的火箭项目,英国情报机构发现纳粹沿着法国北部海岸构设起一连串的发射场后,《纽约时报》便已将其称为"火箭弹海岸"。[6]出于对这些火箭弹在不久的将来可能会被装上生物甚至是原子武器的担心,"霸王"行动的策划者们下令轰炸这些发射场。在代号为"十字弓"的行动中,[7]盟国空军重创了德国人位于加来海峡和瑟堡半岛顶端,被称作"滑雪场"的火箭装置(之所以得到这个名字是因为它们抬高的发射斜坡),使这些飞弹的发射被拖延至D日后。盟军还对极其庞大、看上去神秘莫测的火箭储存和研究中心实施了轰炸,但造成的破坏微乎其微。现在,面对英国战时内阁的紧急呼吁,艾森豪威尔作出了回应,他命令英美空军立即摧毁位于欧洲西北部,德国人所有的发射场和仓储设施。

卡尔·斯帕茨和阿瑟·哈里斯恼怒不已。他们的航拍照片表明,德国空军的大多数飞弹是从机动、精心伪装的发射装置上射出的,这些发射装置几乎不可能被定位。但艾森豪威尔受到丘吉尔的压力,另外,这两位领导都很担心,因为据情报称,希特勒正在一个庞大的地下设施内开发超音速制导导弹,V-2,它的射程和破坏力比V-1更大。据认为,德国人还在研发一种超音速火箭,V-3,射程能达到纽约。如果纳粹高层在年轻的天才韦恩赫尔·冯·布劳恩的引导下,在射向纽约的火箭上装上颗核弹,他们就有可能赢得战争。事实证明,德国科学家并未接近于完成这种火箭,而且已放弃了发展原子弹的希望,但在1944年6月,盟军情报部门并不知道这一点。

V-1给伦敦造成混乱。一天之内在市内落下近百枚,几乎形成了意想不到的第二次"闪电战",导致成千上万名妇女和儿童被疏散。丘吉尔将V-1视作一种怯懦的武器,装备并发射这种武器的人没有胆量拿自己的性命去冒险、去消灭敌人,就像轰炸机机组人员所做的那样。一怒之下,他命令皇家空军做好对德国城市发起毒气弹攻击的准备。[8]可是,他跟他的空军参谋长谈到这个计划时,后者警告说,德国人会以装有致命性神经毒气的炸弹回敬,他们的军火库中早就有这种武器。

希特勒始终未将他的飞弹对准盟军的登船港口,也许是因为这种武器出了名的不准确,但同样重要的是,他对报复性轰炸痴迷不已。伦敦人(那些领取养老金的人和家庭主妇)成了打击目标,他们将为柏林人遭受的苦难付出代价。在伦敦,超过90%的V-1飞弹会造成伤亡。

V-1以每小时400英里的速度飞行,并陆陆续续地到达,而且经常是在多云的天气下,所以,这种无人驾驶的飞弹起初很难被击落,对布设在伦敦周围的大口径火炮来说,它飞得太低,而对小口径火炮而言,它又飞得太高。但英国防空系统迅速加以改进,纳粹在80天里发起的火箭攻击中,射向英国南部的7488枚"嗡嗡弹"(V-1飞弹在英国以这个名字而著称),超过半数以上被击毁。还有些飞弹撞上设立在首都附近肯特郡和苏塞克斯郡拦阻气球的钢缆,但其中的大多数被英国战斗机在空中击落,或是被高射炮发射的、新设计的近炸引信炮弹在目标周围形成的成片爆炸所摧毁。一些大胆的英国飞行员甚至以不开一枪的方式将V-1从空中击落。他们飞至V-1火箭旁,将一只翼尖伸至火箭下,然后轻轻晃动机翼。由于稳定翼上方的气流被扭曲,V-1会发生翻转,并一头栽向地面。尽管如此,在第二次"伦敦之战"的前几周,仍有大批飞弹(有时候多达60%)顺利穿过。用丘吉尔的话来说,它们"扑向一片18英里宽、20多英里深的目标",[9]但这些飞弹的准确性几乎不值一提。[10]

整个夏季,纳粹的飞弹造成18000多人受伤,6184人丧生。[11]这种炸弹的落点太过随机,许多伦敦人拒绝进入防空洞隐蔽,他们对飞弹的反应非常冷淡,用一名当地人在日记中的话来说,近乎于"白痴"。[12]赛马场的看台上人满为患。这名伦敦人写道:"那些赛马爱好者显然已决定,既然在这些日子里,死神能在英国南部的任何地方找到他们,那他们宁愿在给一匹有前途的马匹下注时被找到。"

起初,"十字弓"行动并未受到轰炸机机组人员的欢迎,没人告诉他们去炸些什么,只知道去轰炸四周环绕着高射炮的军事目标。1944年夏季,第八航空队的一些飞行员游览了再度成为战争前线的伦敦城后,改变了对"十字弓"行动的看法。

在伦敦帮着将飞弹受害者搬出冒着烟的建筑后没几天,哈里·A·克拉克中士飞至德国上空,觉得对那些即将遭到他们轰炸的德国人毫无同情感。"该死的纳粹混蛋!"他记得投下炸弹时自己对自己说道。看着下方城市腾起的硝烟,他想起自己在伦敦的废墟中见到的一名死者,怀里还抱着被炸得支离破碎的孩子,那个男孩的头部与躯干仅连着几根肌腱。"我默默地将我们这些炸弹所造成的破坏奉献给他们。"13

阿芙洛狄忒

当年6月,第八航空队的飞行员费恩·普尔刚刚完成他的第十四次作战飞行任务。这个肩膀宽阔的俄克拉荷马人长着一头浓密的黑发,脸上带着胜利的微笑,最近一个周末在伦敦见到的情形激发起他的战斗热情:妇女和孩子倒在血泊中,简陋的住房已被"夜间毫无警告便飞来的火箭"炸为齑粉。14

几天后,普尔中尉在大阿什菲尔德(Great Ashfield)第385轰炸机大队的军官俱乐部里放松时,被叫到基地指挥官的办公室。他进去时,屋里还有另外四名飞行员。他们被要求自愿参加一项危险、高度机密的任务,涉及到驾驶一架重型轰炸机,并在友方领土上空跳伞。这就是指挥官所能告诉他们的一切。此次飞行不需要机组人员,陆航队只希望驾驶员和无线电技师参与。参加这次任务的报酬是:抵五次作战飞行任务。

一名飞行员问,给他们多久时间考虑"自愿参加"的问题,上校告诉他们,他希望立即得到回答。四名飞行员当场拒绝,普尔自愿参加了。十个小时后,他在萨福克郡霍宁顿(Honington)的皇家空军维修站走下飞机,随即被吉普车带至基地偏远角落处一个小小的院落。就在他走进即将成为他新宿舍的绿褐色活动营房时,屋里的另一名志愿飞行员向他伸出手,说道:"嗨,伙计们,又来了个不要命的家伙!"15

首次任务简报会上,飞行员和无线电技师们被告知了大致的行动计划。航空队打算投入10架破旧的"飞行堡垒",把它们的内部掏空,填上20000磅硝化淀粉,这是一种极具爆炸性的橙色粉末,可用于爆破。飞机的负载中还包括凝固汽油弹,这是战争中的一项新发明。被他们称作"流浪汉"的这种飞机将配备无线电遥控设备,这使它们可以在"母船"的控制下飞行,担任"母船"的B-24"解放者"式轰炸机盘旋在它们的上方和身后。几架无人机会在有机玻璃机鼻处安装电视摄像机,将地面图像传送至"母船"的接收器,这样,无人机便能在精确的指导下直扑目标。

两名机组人员(一名负责俯冲的驾驶员和一名负责自动驾驶仪的机械师),将无人机升至1800英尺的高度后,进入和缓的俯冲状态,设置好遥控装置,将炸药调整为撞击起爆,然后在英国上空跳伞。除一扇外,所有的机门和舱盖都被封闭,离开飞机的唯一办法是穿过机鼻处一个相当危险的逃生舱门——位于驾驶员一侧靠里面那具引擎的后部。"母船"的遥控系统已连接上无人机的自动驾驶仪,将控制这架低飞的无人机飞向最优先考虑的目标。这种有史以来人们制作出的最大的"导弹"随后将从600—700英尺的高度向目标俯冲,远低于敌人的雷达地平线。*

行动的代号是"阿芙洛狄忒",这是一次蔚为壮观的失败。

这些双人机组,没有一个知道他们此次行动的目标:摧毁海峡对岸四个大型飞弹发射场。[16]据认为,这些设施正准备在一个月内发射比V-1更致命的远程火箭。"除了严重威胁到伦敦外,这种武器还直接影响到我们的战争努力,"7月下旬,斯帕茨在给阿诺德的信中写道,"因为它可能被用于破坏海峡两侧的交通和港口设施。"[17]这些火箭中心只有一个位于地下,但它们都受到厚达30—40英尺、庞大的钢筋混凝土圆顶的保护。参加行动的志愿者们被告知,此次行动的命令直接来自斯帕茨和杜立特尔,是"老家伙"哈普·阿诺德"自豪、快乐和强烈的兴趣"。[18]

经过一番前期训练,人员和飞机被调至皇家空军位于弗斯菲尔德

---

* 译注:这是一个很有趣的构想,美国人的特性决定了他们采用"自愿"的方式,并辅以复杂、不太可靠的技术来加以实施。这种特性一直延续至今,包括战场机器人的出现都是某种体现,而这种特性在很长一段时间里却被许多人视作"美国人怕死"的证明。如果换做其他国家,例如日本,解决问题的办法大概很简单,派出几名神风队员即可。

（Fersfield）的一个小基地，这个被浓雾笼罩的地方位于空荡荡的诺福克乡村，距离北海不太远。他们被限制在基地内，擅自外出会被送交军事法庭审判。几天后，一群美国海军飞行员和无线电操控专家加入到他们的行列中。海军已为他们在太平洋上的航空母舰建立起试验性无人机项目，代号为"铁砧"。他们拥有比陆航队更先进的无线电和电视技术，但斯帕茨和杜立特尔确保了"阿芙洛狄忒"优先于"铁砧"。

航空队计划于8月4日实施他们的首次行动。他们将派出四架无人机，每次两架。长机由费恩·普尔中尉驾驶，负责自动驾驶仪的机械师是来自宾夕法尼亚州基坦宁市的菲利普·艾特林上士。主目标是德国人位于法国米摩耶克斯（Mimoyecques）的一个地下基地。该基地巨大的钢门每天只开启一次，每次30分钟。等这道大门打开后，"阿芙洛狄忒"小组就将"装满炸药的飞机冲入其'咽喉'"。[19]

普尔和艾特林登上飞机时相互看了看，并吹了声口哨。机舱内，一箱箱硝化淀粉堆至机顶，这令飞机的重心高得有些危险。艾特林不禁担心起来，普尔告诉他的搭档，世界上最棒的一些科学家参与到这个项目中来，如果炸药箱堆得这么高、这么紧，肯定有着该死的好理由。普尔最担心的并不是他将驾驶一颗迄今为止组装起来的威力最大的炸弹，而是跳伞的问题，他将在高速度和低得离谱的高度下，穿过一个只有两英尺宽的孔洞跳出飞机。

普尔毫不费力地将飞机升入空中。五分钟后，第二架无人机离开了跑道。从这以后便事事不顺。普尔和艾特林在设置自动驾驶仪和炸药起爆模式上遇到些问题，飞机出现失控，并开始在低得危险的高度上飞行。后跳伞的普尔从距离地面只有500英尺的高度跳下，落在一片耕地上，他非常高兴自己还活着，兴奋地跳起了吉特巴。随后便听见一声震耳欲聋的爆炸。他后来获知，那不是他的飞机，而是第二架无人机，那架飞机出现了故障，随即进入致命的俯冲。无线电操作员安全跳伞，但驾驶员约翰·菲舍尔中尉在飞机残骸中化为灰烬。普尔的无人机飞向目标，但制导系统出现故障，它无法实现俯冲。在漫无目的的飞行中，成为一个德军高射炮组轻而易举的猎杀目标。

另外两个无人机机组也在当天被派了出去，他们都生还下来，尽管负了点伤。一架无人机坠落在距离目标很远的地方，该目标位于维泽讷（Wizernes），是个大型火箭发射场，同时被认为是V-3的研发中心。另一架无人机接近目的地时发生爆炸。当天的行动就是一场灾难。[20]

航空队于8月6日再度发起尝试，又一次未获成功，尽管这次没有人送命。无所畏惧的海军人员于8月12日从弗斯菲尔德机场起飞了他们的一架无人机。这是一架PB4Y，是B-24"解放者"的改款，这种飞机被用于反潜巡逻。驾驶这架无人机的飞行员是29岁的小约瑟夫·肯尼迪，他是前美国驻英国大使的儿子，也是约翰·F·肯尼迪的哥哥，约翰·肯尼迪是一名海军中尉，一年前，他的鱼雷艇在所罗门群岛被一艘日军驱逐舰炸为两段，约翰身负重伤。约瑟夫·肯尼迪是一名经验丰富的飞行员，曾在比斯开湾执行过五十多次反潜巡逻任务。在8月10日的一封信中，他向弟弟保证，他无意冒着风险"将自己的细脖子……伸到任何疯狂的冒险中"[21]。但他当时肯定知道自己即将执行一次自杀性飞行任务。

他所驾驶的"黑色佐特装"号，携带着24240磅铝末混合炸药，这种新型炸药比硝化淀粉的分量轻，但威力更大。肯尼迪和他的副驾驶威尔福德·J·威利（他是三个孩子的父亲）驾驶着PB4Y起飞，沿正确的航线向多佛（Dover）飞去，他们将在那里跳伞，并希望在有人问起他们为何要放弃一架在人口稠密的伦敦郊区上空飞行状态非常完美的轰炸机前被一架B-17救起。飞在他们上方的是第八航空队照相侦察大队的大队长埃利奥特·罗斯福上校，他是罗斯福总统的儿子。飞行了几分钟后，罗斯福上校听见两声爆炸，间隔一秒。"黑色佐特装"号已变成一团橙黄色的火球。飞机残骸落在新迪莱特森林村附近，肯尼迪和威利的尸体一直未能找到。[22]

海军方面无法查明飞机爆炸的原因，但很可能是遥控引爆装置出现了故障，在弗斯菲尔德基地，一名美国航电操作员曾就此提醒过肯尼迪。[23]

等到海军用一架新改进的无人机完成其实验时，英国军队已在加来海峡以西地区攻占了"阿芙洛狄忒"行动中的四个神秘目标。情报人员发现里面除了老鼠和瓦砾，别无他物。这些地方已被放弃了好几个月，德国人以此为诱饵，将盟军的注意力从他们发射大多数V-1飞弹的移动发射场以及德国科学家研发更先进的火箭技术的研究设施上转移开。据了解，德国人放弃这些基地，是因为英国人12000磅的"高脚柜"（这是现有的炸弹中威力最大的一款）对德国人造成的损害远远超过盟军照相侦察部门的怀疑。整个"阿芙洛狄忒"行动被浪费在这些废弃的目标上。[24]

9月3日，美国海军用他们改进过的无人机袭击了北海黑尔戈兰岛的潜艇坞，但击中的是一个煤堆。这结束了他们无线电遥控轰炸机的研发工作。但阿诺德坚持将"阿芙洛狄忒"继续下去，[25]即便在这些配有电视摄像机的无人机发生了一连串同样的灾难后。如果战争持续更长时间，他甚至准备将大批破损严重的飞机派至德国和日本的城市以及各个工业基地。当年晚些时候，他试着说服罗斯福支持自己的计划，以此为击败德国的办法。

"十字弓"战役则是另一个失败。整个夏季，这个误导性倡议给哈里斯的轰炸机司令部造成严重的压力，对该战役同样持怀疑态度的第八航空队亦无法幸免。指挥战役的英国空军部根据错误的情报发起行动，坚持将力量集中于缺乏论证的两个目标上：小型火箭发射场，不断移动，而且容易被修复；而位于巴黎北部瓦兹河谷（Oise Valley）的洞穴及隧道中的大型混凝土基地则被德国人悄悄地废弃。这些洞穴最终被发现并被摧毁，但为时已晚，已无法有效避免V-1飞弹给伦敦造成的破坏。

盟军为此付出的代价与战果完全不成比例：损失了近2000名飞行员和400架四引擎轰炸机。[26]斯帕茨将军的观点一直是正确的。正如阿道夫·加兰德在战后指出的那样："打击德国V型武器的最佳办法就是摧毁德国的战争工业。"[27]最后，步兵完成了空中力量没有完成的任务。9月初，伯纳德·劳·蒙哥马利元帅的英联邦军队在诺曼底卡昂附近打破了登陆后的僵持状态,并将位于法国的每一个飞弹发射场摧毁后,V-1的袭击才宣告终结。摧毁飞弹发射场并未真正影响到战争的进程,但对伦敦人来说是件好事。"经历了噩梦般的十个星期后,"一名当地人在日记中写道,"许多伦敦人第一次爬上自己的床铺,他们疲惫至极,踏踏实实地睡着了。"[28]

眼镜蛇

7月中旬,就在伦敦遭受到夏季最密集的飞弹袭击时,盟军的进攻部队仍被卡在诺曼底地区。他们的先头部队从登陆滩头只向前推进了25—30英里,狭窄的正面前线仅有80英里。英国第2集团军未能粉碎敌人集结于卡昂的装甲力量,卡昂是通往法莱斯平原(距离英国南部海滩仅40英里)的门户,盟军希望在那里建立起前进机场,为最终突破至德国边境提供掩护。而美军夺取港口城市瑟堡后,一直在科唐坦半岛北端、诺曼底乡村古老的树篱中进行着一场消耗战。齐腰高的土堤,浓密、盘根错节的植被和高达20英尺的树木,连接着每一片牧场和草地,狭窄、凹陷的道路贯穿了整个沼泽地带。

将德军逐出这片幽闭地带是一项缓慢而又致命的任务。敌狙击手无处不在,复杂的地形对坦克而言无异于杀手。希特勒下令坚守每一寸土地,守军拼死抵抗,不是为他们的元首,而是为自己的性命而战。盟军的伤亡迅速超过10万,德国人威胁要围绕入侵滩头阵地建立起一道钢铁防线。"我们面临着一个真正的危险,一场第一次世界大战式的僵持。"美军地面部队指挥官奥马尔·N·布莱德利中将后来写道。[29]

堑壕战的痛苦与挫折使盟军指挥官们求助于第一次世界大战中所没有的武器,用历史学家罗素·F·维格雷的话来说,就是"一场真正的大规模空中轰炸,可能会超过过去西线战场上任何规模的炮火准备"[30]。7月18日,蒙哥马利的英国和加拿大部队(他们被一些盟国领导者批评为打得太过谨慎)试图在卡昂达成一场大规模突破,其前奏是这场战争中最可怕的地毯式轰炸之一。³¹皇家空军和第八航空队在敌人的防线上炸开一个巨大的缺口，使蒙哥马利夺取了大半个城市。但德军西线装甲集群的士兵们爬出散兵坑，在卡昂南部高地上坚守着他们的阵地，阻止盟军突入法莱斯平原。轰炸造成的成千上万个弹坑阻滞了蒙蒂的机械化部队，这给德国人的防御帮了大忙。

布莱德利想出个调整计划，这个计划出人意料地变为欧洲战役中最出色的军事成就之一。"眼镜蛇"行动将以第八航空队一场毁灭性轰炸拉开帷幕。³²一个小时内，1000多架轰炸机将把50000颗炸弹投入一片紧密的矩形地带，这片地带位于一条将诺曼底地区美军和德军部队分隔开、又长又直的道路的正南方，靠近圣洛（St. Lo）这个位于交叉路口的镇子。布莱德利的第1集团军经过一番苦战后刚刚夺取圣洛，从而将美军置于一片稀疏的楔形地带，它将灌木丛与南面的开阔地分隔开。这场前所未有的密集轰炸预计会对幸存的德军士兵造成一种瘫痪性效果，从而使他们被美国第1集团军麾下J·劳顿·"闪电乔"·柯林斯少将指挥的第7军所发起的一场快速突击打垮。德军的七个装甲师位于卡昂附近，只有两个师在圣洛面对着美国第1集团军，布莱德利对此次行动寄予了厚望。

自己的轰炸机被派去为地面行动提供近距离支援，卡尔·斯帕茨对此感到愤怒，他认为"眼镜蛇"行动又一次把他的力量从"燃油计划"中分散出去。³³但他手下的大批飞行员都很渴望去帮助厄尼·派尔笔下那些在泥泞、冰雹和雨水中挣扎的小伙子们。"我们中的许多人都觉得，要不是上帝的恩典，在那些灌木丛中挣扎的就该是我们，"罗西·罗森塔尔回忆道，"与此同时，我们终于知道精确轰炸纯属无稽之谈，这带来了一些担忧。"³⁴

行动发起前，布莱德利飞至英国，以获得空军高级指挥官们的保证³⁵：他们的轰炸机将从最安全的方向逼近目标，由东向西，从圣洛—佩里耶尔（Periers）公路的正南面发起。由北向南逼近则会使这些轰炸机直接位于他的部队的上方，造成误击友军的危险。在回忆录中，布莱德利声称"在与空军将领们的会谈中"获得了自己所需要的保证。³⁶其实，他获得保证的只是机载炸弹的大小，而不是轰炸机接近目标的航线。在这个问题上发生了激烈的争执，显然，布莱德利误将少数空军指挥官的保证当做所有人都已同意。负责协调盟军对诺曼底地区战略轰炸行动的空军上将特拉福德·利-马洛里，站在布莱德利这一边，但第八航空队的代表强调，鉴于目标区极其狭窄（只有1.5英里宽），大批轰炸机却要在60分钟内从其上方越过，因此，采用与道路相平行的一条航线是不可能的。会议未达成明确决议，布莱德利只能带着利-马洛里的同情返回诺曼底，但马洛里向他保证，由2200多架重型、中型和战斗轰炸机组成的一股力量将获得胜利。

会议还就安全地带的大小进行了讨论。第八航空队的代表自己也不相信轰炸机的准确性，所以希望布莱德利的部队撤至距离轰炸区3000码外的地带，给他们一个两英里的安全范围。布莱德利提出，只能后撤800码，因为他希望他的部队靠近前线，可以趁敌人茫然无措之际尽快扑向他们。折衷方案是1250码，但即便如此也无法确保前沿士兵不遭到误炸，布莱德利受到尖锐的提醒。[37]

7月24日，整个第八航空队和第九航空队的一部投入了行动，天气突然恶化时，利-马洛里下令推迟行动，但为时过晚，已无法阻止数百架重型和中型轰炸机飞赴目标区，这些飞机在云层下飞行，携带着700吨炸弹。人为错误造成目标区"外溢"，27名美军士兵被炸死，另有131人负伤，都是第30步兵师的士兵。[38]

第二天早上，罗西·罗森塔尔率领着第3航空师（这是1507架四引擎重型轰炸机中的一部分）回到圣洛。飞行员们再次奉命由北向南逼近目标。罗森塔尔的先头部队接近圣洛时，遭遇到散乱的云层，整个编队不得不降至计划中的轰炸高度以下，这迫使引航机上的投弹手们仓促调整他们的瞄准器。第九航空队的"雷电"战斗机已在四分钟的袭击中撕开了德国人的前沿防线，这在不经意间使重型轰炸机的工作变得愈发困难。滚滚的硝烟和尘云从战场上飘来，其间夹杂着敌高射炮火的爆炸，这对调整瞄准器的投弹手们造成了妨碍。罗森塔尔机上的投弹手看见烟柱时愣了愣神，投弹稍晚了些，炸弹落在德军防线后方。[39]但其他一些轰炸机投弹较早，落点与美军距离公路仅有半英里的阵地靠得非常近，尽管美军前线已用红色烟雾为飞行员们做了标识。

厄尼·派尔正跟美国军队在圣洛。"飞机缓慢而又谨慎地掠过天空。我从不知道一场风暴、一架飞机或一个人的决心，会带来如此可怕的气氛……天哪，我们太钦佩天上的那些人了。"[40]轰鸣的飞机带着一种"末日般的声响"布满天空，创造出一种"战争场面"，使派尔和他身边的那些人忘记了自己此刻所面临的危险。他们在自己的阵地中一动不动地观看着，被投弹手用于瞄准的识别烟雾在微风的吹拂下向后飘来，炸弹的炸点也跟着向美军阵地延伸过来。随即，"一阵地动山摇"，士兵们趴在地上，爬到低矮的石墙后，冲入掩体和狭窄的战壕中。惊恐的美军士兵能感觉到炸弹的冲击波扑向他们的前胸，甚至是他们的双眼。可是，几秒钟后，炸弹不再落向他们，而是按照计划投向前方1英里处。派尔所在营的先头连遭受到可怕的打击，但他们"准时准点"地发起进攻，穿过德军防线上4英里的缺口，向前推进了800码。随后，整个集团军的进攻遭遇到顽强的抵抗，并停顿下来。

布莱德利在一座农舍中沮丧地观看着战斗。伤亡报告送来时，他听到有人说道："天哪，不会再来一次吧！"[41]111名美军士兵被第八航空队的炸弹炸死，另外，至少还有500人受伤。[42]阵亡者中包括作为观察员从英国赶来的莱斯利·麦克奈尔中将。艾森豪威尔将军在布莱德利的指挥部中观看了这场行动，他发誓说再也不会用重型轰炸机支援地面部队，[43]布莱德利则对军饷过高、荣誉过大、能力被吹嘘得过强的轰炸机小伙子们怒不可遏。但伤亡惨重的部分原因应由布莱德利承担，他希望发起一场快速、猛烈的进攻，因而没有让自己的部下进入防护阵地。

在伦敦，杜立特尔将军被传唤至艾克的参谋长——沃尔特·比德尔·史密斯中将的办公室，并因这场悲剧遭到指责。[44]杜立特尔承担责任，但他解释说，让那些接受轰炸工业目标训练的机组去充当步兵们的"飞行火炮"，这是一项不公平的任务。他告诉史密斯，没有哪支轰炸力量能将3300吨炸弹准确地投入一片充满硝烟的地带。

杜立特尔断定，比德尔·史密斯肯定会要求将他解职，但圣洛大轰炸对敌人造成的重创远远超出了艾森豪威尔和布莱德利的预想。美国轰炸机"像根传送带那样"赶来，[45]德军装甲教导师师长弗里茨·拜尔莱因将军说，他的师在空袭中首当其冲。炸弹的爆炸烧焦了人员和装备，掀翻了坦克，破坏了交通，并将装甲教导师的前线（守在那里的1000名士兵不是被炸死就是被炸得茫然无措）变成拜尔莱因所说的"Mondlandschaft"，意思是坑坑洼洼的"月球景观"。

发觉敌人的指挥和通讯系统已遭到一场致命性打击后，"闪电乔"柯林斯决定赌上一把。[46]第二天早上，他召集起自己的装甲预备队，粉碎敌人虚弱的残余抵抗，一路向南，直奔阿夫朗什（Avranches）附近状况良好的道路网。第九战术空军司令部的战斗轰炸机飞行在坦克队列前方，执行搜索和猎杀任务。记者们将此称为"圣洛大突破"，这是艾森豪威尔远征欧陆的决定性转折点。

这也成为乔治·巴顿中将的演出。这位装甲战的信徒从英国赶来，他在英国扮演的是D日的诱饵，用硬纸板坦克和飞机组建起一支虚假的大军，以此让德国人相信，进入6月下旬后，盟军主力将在加来海峡登陆。巴顿接手指挥新近被"激活"的第3集团军，并开始以每天50英里的速度全力穿越法国，他们带着强烈的决心从阿夫朗什海边的峭壁进入布列塔尼半岛，随即向东，帮助歼灭德国第7集团军。这是机动战历史上最惊人的成就之一，该行动的成功基于坦克、步兵、炮兵以及盟国空军战斗轰炸机之间的密切协同，空中力量成为了地面部队快速机动的"空中火炮"。

艾森豪威尔也改变了圣洛战役后的想法，再次使用重型轰炸机为地面部队提供直接支援，但它们带来的决定性成果始终不大，而误炸造成的友军伤亡却很高。[47]士兵们喜欢让吓人的四引擎轰炸机掠过头顶，但对步兵来说，重型轰炸机更大的作用是充当封锁工具，切断敌人的交通线。没有这些重型轰炸机，在圣洛实现突破必将付出惊人的伤亡。但在突破后，奎萨达将军的战斗轰炸机完成了大部分空中支援工作，他们为装甲部队提供掩护，为美军肃清了通往莱茵河的道路。

奎萨达是陆航队中最年轻的将领之一，在战争中推陈出新，打破了战术与战略轰炸间的严格区分。他把他那些从法国前进基地发起行动的飞行员带至前线，"这样他们就能明白，自己比那些在地面上与德国佬苦战的倒霉蛋要幸福得多。我还带他们去了一个救护站，伤员们在那里得到救治。我们最终给这些年轻小伙们灌输的想法是，他们的首要任务就是支援地面作战"[48]。

战斗轰炸机可以在很短的时间内被叫来，它们对战场目标的杀伤力远远大于笨重的"空中堡垒"和"解放者"。法国战役中，奎萨达给这些飞机配备了更好的武器（致命的5英寸火箭弹）以及新的"眼睛"和"耳朵"。他将高频电台放入坦克内，这样，坦克手和飞行员就能相互交谈，他还将自己的飞行员派到配备着电台的坦克中，担当前进航空控制员，以便更好地指引火力打击德国人的战场目标。

夏末，对步兵的近距离空中支援（这其实是德国人的一种发明）成为德国遭受败绩的显著原因之一。随着德国空军几乎在空中彻底消失，战斗轰炸机给他们的各个师造成致命重创，迅速推进的美国步兵、炮兵和装甲部队，在加拿大、英国和波兰部队的支援下，最终在卡昂达成突破，并将惊慌失措的德国人逼退至他们国家的西部边境。穿越在历史上被称作"法莱斯口袋"的恐怖通道时，德国人惨遭盟军空中战队的屠戮。"这是一场彻底的混乱，"一名德军士兵回忆道，"当时我想：'这就是世界末日。'"[49]

第八航空队幸免于难的两名飞行员，小贝尔尼·莱和沃尔特·杜尔，成了德军后撤的热切观望者。8月初，他俩仍躲在一座农舍中，这是当地游击队存放武器和弹药的秘密仓库，而这些武器则是从英国飞来的轰炸机空投给他们的。获悉盟军在圣洛达成突破后,他们利用急救包里的丝绸地图,一个村子接着一个村子,研究着盟军的推进。他们从天亮起便在保护者的麦地里干活,一直忙到太阳落山,就这样等待着获得解放。一天晚上,他们在马厩里解下马匹的挽具时,两名兴高采烈的法国姑娘冲了进来,伸手搂住他们,并送上一个用红、白、蓝三色花朵编成的花环。姑娘们气喘吁吁地告诉他们,德国人逃走了。美国人距离这里只有30公里。

第二天吃早饭时,一群"配备着布伦式机枪、手枪、手榴弹和匕首,相貌凶狠的游击队员"冲进厨房,取出几箱美国香烟。[50]他们将两支汤普森冲锋枪塞给两名美国飞行员,又让他们坐到一辆破旧轿车的后座上。法国游击队员们则以匪徒式的风格站在汽车两侧的踏板上,端着机枪,向巴顿的一支装甲部队迎去。第二天早上,他俩搭乘一辆吉普车穿越美军防线,赶往第九航空队设在法国的总部。"道路两侧,到处都是德军装备的残骸。"莱后来写道。他还能听到不远处传来的激战声,那是德国人"正被我们的战斗轰炸机击毙……法莱斯包围圈的缺口正在慢慢地封闭"。

德国人丢弃了他们的大部分装备,另外还有50000名俘虏和10000具尸体。但至少有50000名德军士兵设法在8月末包围圈被封闭前逃出了"法莱斯口袋"。盟军将在莱茵河前再次遇到他们。

法莱斯的屠杀结束了长达80天的诺曼底战役,这是西线最具决定性的战斗。德军损失了40万名作战人员(阵亡、负伤或被俘),盟军的伤亡超过225000人,其中三分之二是美国人,在他们当中,8536名飞行员阵亡或失踪。[51]这场战役是解放巴黎以及胜利的盟军部队穿越法国直奔德国西部边境的序幕,8月15日在法国南部登陆的盟军部队也加入其中。北面更远处,盟军从塞纳河横扫至索姆河、马恩河和比利时边境,穿过第一次世界大战期间著名的战场,几乎没遭到什么抵抗。诺曼底登陆后仅仅100天,盟军便集结于一条250英里长的前线,面对着"西墙"——或者按美国人的说法,称之为"齐格菲防线"。希特勒修建在莱茵河前方的这道防线,最近已得到大力加强。法国战役结束了，进攻德国本土的战斗即将开始。

那将是一场激烈的战斗。尽管已遭到重创，德国军队依然是战争史上最优秀的军队之一。为减少粉碎这具依然壮观的军事机器所带来的损失，卡尔·斯帕茨已开始一场针对德国炼油厂的重大战役，那是德国军队赖以生存的重要来源。

燃油之战

尽管在9月份前，美国的战略轰炸机依然处在盟军最高统帅的直接控制下，首要任务是支援地面进攻，但艾森豪威尔还是给了斯帕茨一些自主余地。D日后，斯帕茨获得书面批准，在德国上空气候条件允许，"十字弓"行动或步兵支援方面不需要的情况下，他的轰炸机可以对德国的炼油设施发起打击。[52]从6月下旬开始，第八航空队对慕尼黑北部的炼油设施发起一系列庞大的空袭，而第十五航空队继续轰炸普洛耶什蒂，另外还包括位于德国南部、奥地利和匈牙利的炼油厂。与此同时，英国空军部指示阿瑟·哈里斯对鲁尔区的合成燃料厂展开轰炸——不断抗议的哈里斯并未减少将该地区的城市炸为齑粉的行动。哈里斯仍将对德国炼油设施的空袭视作是对粉碎德国抵抗这一主要任务的"分流"。[53]尽管他后来承认，对炼油设施的打击"获得了圆满的成功"，他补充道："我还是不觉得在当时指望这样一场战役会获得成功是合理的。盟军战略家们的做法就是将赌注压在一匹不可能获胜的赛马上，可它居然赢了。"[54]

这纯属胡说。斯帕茨几乎不会干孤注一掷的事情。"超级机密"的拦截，再加上其他情报，哈里斯掌握的信息足以毫不含糊地表明，盟军轰炸机终于找到了一个目标，摧毁这个目标将帮助欧洲战事的进程发生转变。

1944年4月，斯帕茨开始对德国燃油生产发起轰炸的一个月前，德国的合成油工业几乎未曾遭到盟军轰炸的破坏。鉴于该行业的重要性以及它应对空中攻击的脆弱性，这一点令人惊异。这些庞大的工厂在德国城市外的空地上全力运作，对配备着有史以来所发明的最准确的瞄准器的白昼轰炸机来说，它们似乎是极为理想的目标。在为期一年半、代价高昂的轰炸行动中，美国的目标策划者们未能看出，炼油厂远比滚珠轴承厂（这些工厂几乎不可能被摧毁）或是飞机制造厂（它们已被迁至偏远地区，并加以巧妙的伪装）更为重要。奇怪的是，盟军的目标策划者们也没有意识到德国合成油工业与其化工业之间的密切联系，后者为炸药的制造生产出一切必要的材料。

1943年时，阿诺德将军以小伊莱休·鲁特为首的任务分析委员会，便已将石油列为战略轰炸战第三重要的目标，位于飞机制造和滚珠轴承业后。COA并未给予石油应有的优先顺序，因为他们错误地认为德国拥有充足的备用炼油能力，以缓解轰炸造成的初步冲击。委员会的成员们相信，一场燃油攻势不会对敌人空中或地面的"前线力量"产生立竿见影的影响。[55]但斯帕茨将军在他自己的航空队目标策划者的支持下，继续推动这个问题的解决。如果美国战略空中力量由一个缺乏果断，或是致力于其他轰炸重点的领导者率领，一场已经迟到的燃油战可能会遭到危险的推延，战争也将延续下去。

美国人承担起"燃油战"的重任，这是对陆军航空队所持信条第一次真正的考验，该信条就是：白昼战略轰炸可以打垮德国的经济。[56]当年夏季，真正的战略轰炸开始了。整个战争期间，英美空中力量向纳粹德国投下的炸弹超过140万吨，70%是在1944年7月1日后投下的，而其中相对较小，但却非常重要的一部分（20万吨）被投向德国的炼油设施。[57]对炼油厂的攻击开始于1944年5月，用阿尔贝特·施佩尔的话来说，这是对德国工业"第一次沉重的打击"。[58]对生产造成的影响直接而又深远。如果政府不采取紧急措施来加强合成燃油厂的防空能力，"9月份前……军队和国家将会出现燃油供应难以为继的情况……这必将导致悲剧性后果"，施佩尔提醒希特勒。[59]

机械时代的战争，石油就是血液。如果缺乏充足而又可靠的成品油供应,包括燃油和润滑油,没有哪个现代化国家能够成功地发起战争。德国发动欧洲战争时,他们的燃油状况极不稳定,没过两年,他们又跟一个能源巨人发生了战争。20世纪初,美国便已开始从煤炭到石油的转变,到1939年,石油已占其总能源的半数。[60]就在这一年,美国出产的石油是德国战时生产峰值的20倍。光是加利福尼亚出产的石油便超过了欧洲最大的石油生产国苏联。相比之下,德国,其能源的90%依赖于煤炭,但他们的陆军和空军,以及大部分海军,依靠石油来运作。这是个严重的问题:本国油田的供应,只占其石油需求的7%。[61]

1939年9月,德国军队入侵波兰时,其航空和车用汽油只有2—3个月的储备。[62]当时,德国的液体燃料,70%依赖于进口,对一个充满帝国野心的国家来说,这是个惊人的弱点。通过控制匈牙利、奥地利以及罗马尼亚这些被征服的国家或其他轴心盟友的油田,希特勒得以扩大德国的石油供应,并避免了战时燃料短缺的情况。1944年8月中旬,罗马尼亚油田最终在苏联红军和第十五航空队的打击下停止了运作,普洛耶什蒂是德国原油的主要来源,提供了该国石油进口量的60%。[63]但在此之前,希特勒至少需要多瑙河盆地石油产量的三倍,才能将这场全面战争继续下去。

通过一项化学冶炼的壮举,将储量丰富的煤转换为严重匮乏的石油,德国缓解了他们的能源问题。美国发起燃油攻势前,德国的石油工业已实现了彻底的转变。当时,这种合成燃油的产量几乎占到该国液态燃料需求的四分之三,航空燃料和柴油的储备已得到极大提高。几乎完全是因为一场庞大的战争,国家的全力支持,再加上支持元首对外征服和种族清洗政策的商人们所经营的大型石油生产企业,才使得合成燃油工业急速发展。[64]诸如I.G.法本公司这样的化工企业已清除掉所有的犹太高管,并越来越多地依靠党卫队为他们搞来的、来自被征服国家的苦力和集中营的囚犯(法本公司在波兰建立起一座合成燃料厂和几座橡胶厂,就在奥斯维辛这座屠场旁边)。到1944年9月,石油行业中,三分之一的工人是奴工。在此之前曾经独立的合成燃料行业,已成为被这个独裁国家所利用的工具、由帝国军备与生产部长阿尔贝特·施佩尔控制的一个受战时指导的联合企业。[65]

德国的大多数合成石油由加氢厂生产，他们使用"贝吉乌斯法"加工，这个名字来自其发明者弗雷德里希·贝吉乌斯，一位诺贝尔化学奖得主。[66]化学工程师们将氢气置于高压和极度高温下，同时包括一种催化剂，从而将褐煤转变为高等级汽油和航空燃油，可供坦克和战机使用。1944年第一季度，位于鲁尔、西里西亚和德国中部莱比锡周围这些煤炭储量丰富地区附近的合成燃料厂，生产了德国燃油供应总量的一半以上，85%的高等级汽车用油以及几乎全部的航空燃油都出自这些工厂。即便到今天也没有哪个国家的合成燃油产业能接近德国战时生产的峰值。[67]

德国石油工业的快速发展可能会对盟军造成严重的影响。就在德国国内石油的生产到达顶峰的几个月后，阿尔贝特·施佩尔宣布，战斗机产量也达到了历史新高点。在1944年5月（德国的燃油生产到达顶峰）至1944年9月（德国的大批战斗机从工厂交付至前线）这段短暂的时间内，如果不将那些炼油厂彻底炸毁，那么，德国人的战斗机，包括新式的喷气战机，每天都将出现在空中。德国空军缺少经验丰富的飞行员，早已输掉这场空战，他们再也无法重新获得制空权。但经过仓促训练的飞行员所组成的战斗机编队，会让奉命摧毁德国战时经济的盟军轰炸机耗费更多的时间，并付出更大的代价。

战时德国是一个建立在煤、空气和水之上的化学帝国，[68]这三种基本原料形成了一种化学工艺的基础——通常集中在一个工厂内，这种工艺利用衍生自煤的气体，生产出的不仅仅是液态燃料，还包括德国99%的合成橡胶，以及几乎所有的合成甲醇、合成氨和硝酸，这些原料被用于生产军用炸药。这是"燃油战"中看不见的附加值：只要美国轰炸机摧毁两座加氢厂（一座是庞大的洛伊纳厂，位于梅泽堡附近；另一座小得多的工厂位于路德维希港），[69]德国会立即丧失其63%的合成氮、40%的合成甲醇以及65%的合成橡胶产量。直到战争结束，情报人员审问了德国的部长和商人后，英国人和美国人才对德国合成燃料厂与化工厂之间的特殊关系有了完整的了解。[70]这是战争中最令人沮丧的情报失察之一，更令人惊讶的是，二十年代后期，正是美国石油公司帮助德国建立起合成燃料工业的雏形，当时，I.G.法本公司的洛伊纳厂开工，那是他们第一座尝试"贝吉乌斯法"的工厂。情报失察造成盟军飞机和机组人员在原油炼制厂上空遭受损失，但那些工厂的重要性远不及正以其设备生产化工副产品的合成燃料厂。

尽管德国的合成燃料厂分布在国内各处，但相当大比例的燃油产量集中在一小批采用"贝吉乌斯法"的加氢厂内，这是德国高等级航空燃油和大部分车用汽油的唯一来源。[71]以"贝吉乌斯法"生产的合成燃油，近三分之一集中在两个工厂：洛伊纳厂和位于波兰西里西亚的珀利茨厂，另外超过三分之一的产量则集中于其他五个工厂。战争初期，施佩尔曾对盟国空军会以德国集中得近乎危险的合成燃料厂为目标而惊恐万分，这些工厂太过庞大、复杂，无法被疏散。工厂终于遭到轰炸后，希特勒公开斥责了负责化工业规划的首席顾问，法本公司的卡尔·克劳赫，说该行业的组织工作就像在邀请来自空中的破坏。[72]但正是希特勒本人对经济整合大加鼓励，从而促使德国的合成燃料生产取得了势不可挡的高效率；另外，戈林认为德国空军有能力保护这些工厂免遭来自空中的打击，对这种荒谬的信心，希特勒却未加以阻止。

美国人的空袭开始时，施佩尔担心，这是"预料已久，长期为之恐惧"的一场攻势，专门打击德国的这个产业。[73]对德国来说，幸运的是，盟军没有持续下去。根据阿瑟·特德爵士的命令，美国轰炸机继续将他们的大多数炸弹投向其他目标，而不是德国的燃油加工厂。战争结束后，施佩尔告诉美国的审讯人员："如果英美空军编队对合成燃料厂发起一场全面攻势，一场密集、不分昼夜、毫不停顿的空袭，单凭这个打击就能在八周内……让德国投降。"[74]

这不可能。这是战争，与其他几乎所有的战事一样，必须在地面上赢得胜利，但对燃油加工厂发起一场更早、更为持续的打击，肯定能将西线战事缩短几个月。

美国战略空中力量对德国燃油产业实施了347次打击，英国轰炸机司令部则执行了158次。第八航空队的主要目标是洛伊纳厂，位于柏林西南方90英里处，距离梅泽堡市中心3英里，另外还包括更大的合成燃油厂——珀利茨，位于西里西亚的煤矿区，首都东北方70英里处。总之，这些工厂生产出的液体燃料，约占德国"贝吉乌斯法"总产量的三分之一。[75]

洛伊纳厂是个庞大的军工厂，也是德国化工技艺的一座丰碑，它为德国空军生产汽油，为虎式坦克生产润滑油，为希特勒的摩托化师生产橡胶，为几乎每一支德国装甲和炮兵部队生产炸药。这是一座名副其实的城市，占地约三平方英里，雇佣了35000名工人（其中的10000人是战俘或奴工），是德国第二大合成燃油工厂，也是德国第二大化工企业。从当地露天煤矿开采出来的数百万吨褐煤被运入厂内，数十亿加仑的水从工厂内的自来水厂中抽出，注入两英里长的机器迷宫中。数百英里的地下电缆、铁轨和空中管道将250座建筑连接起来。对这个相互连接的交通和公用基础设施的任何部分加以破坏，都将使整个工厂关闭，这一事实令洛伊纳厂与其他合成燃料厂一样，极易遭到来自空中的打击——实际上，这种工厂几乎无法实施防御。

1944年5月14日至1945年4月5日之间的十来个月里，总计6630架美国轰炸机试图摧毁洛伊纳厂。正如一名作家所说的那样："这是试图通过空中力量来进行有史以来最严峻的一场生死对决。"[76]以其庞大的规模和鲜明的特点，在天气晴朗的时候，从20000英尺高空应该很容易辨别出洛伊纳厂。第一批被派去执行空袭任务的美国轰炸机机组人员被告知，可以通过工厂大门西面扩伸的铁路货运场以及13个喷着火舌的烟囱（每个烟囱高达100英尺）来辨别这座工厂。但在投弹飞行的过程中，数百座小型焦炉升起的油腻腻的黑色烟雾将正午的天空变得漆黑一片，驾驶员甚至很难看见自己的翼尖。

随着德国遭受到的空袭越来越严重，工厂加强了伪装和防护。假厂房被修建在主厂房外，并经常遭到与真厂房同样猛烈的轰炸。但对轰炸机机组人员来说，最主要的问题是布设在工厂四周的高射炮，它们构成了世界上最严密的防空火力。第八航空队对洛伊纳厂发起三次空袭，119架轰炸机被击落，却没有一颗炸弹落入厂区内。

洛伊纳厂内的工人中，有19000多人是训练有素的防空组织成员，配备着600多门雷达指引的高射炮。要是附近驻有足够的德国战斗机，并实施坚决而不是零星的抵抗，洛伊纳厂将成为欧洲防御最严密的工业目标。

当年早些时候，希特勒开始将德国防空部队的规模增加至近百万人，他从东线抽调部队，并将中学生、妇女和苏军战俘加入其中。届时，德国拥有的重型高射炮超过13200门。[77]大多数高射炮炮手被部署在拥有6—12门火炮的炮台中。而在洛伊纳厂和另外几个燃油生产厂周围，施佩尔布设了"大型炮台"，每个炮台配备的高射炮多达36门，它们能够实施弹幕射击或将整箱炮弹射入预定位置。夏季"燃油战"开始后，第八航空队因高射炮火造成的损失比毁于敌战斗机的数量多两倍。尽管这场空战的第一年，高射炮给第八航空队飞行员所造成的伤亡仅占40%，但在整个战争期间，这个数字是71%。[78]

高射炮是一种效率低下的防空武器。[79]平均而言，最新式的88毫米高射炮，发射8500发炮弹才能击落一架轰炸机。但它却是一种对人心理极具毁灭性影响的武器，其目的是让飞行员丧失勇气，并破坏其轰炸精确度。1944年夏季和初秋，德国人依然有足够的炮弹来覆盖他们炼油厂的上空，打死打伤大批盟军飞行员。到战争结束前，德国的高射炮手击落了大约5400架美国飞机，而德国战斗机击落的数字则为4300架。[80]梅泽堡（一些飞行员开始称其为"无情堡"），已成为"末日之地"中最令人生畏的目的地。[81]

"我仍能记得，那天我们逼近目标区时，凶猛的高射炮火造成的黑色烟雾充斥在空中，"B-17的副驾驶，后来成为达拉斯牛仔队主教练的汤姆·兰德里回忆道，"我们跟着我们的中队长飞入那片黑云，我还记得自己当时的无助和不安感。"[82]迅速飞入高射炮火构成的火墙时，戈登·P.萨维尔准将想起战前在航空军战术学校，劳伦斯·库特尔说过的一句名言："尽管高射炮火可能很烦人,但应该忽略它。"[83]

"炼油厂的上空看上去就像希罗尼穆斯·博斯创作的超现实主义绘画,""地狱天使"大队的无线电操作员兼射手本·史密斯说道,"空中一片烟雾,厚得像一场森林火灾……一架架飞机拖着长长的烟雾向下坠去,轰炸机和战斗机都是如此。降落伞犹如随处开放的野花,点缀着这幅奇异的景象。"[84]就在其他人开始祷告让自己平安穿过这片高射炮火区域时,本·史密斯却发现,"用滔滔不绝的下流话"破口大骂很有效果。他觉得不可能从将好人塞入燃烧的飞机中送死的上帝那里获得任何安慰。

与遭到战斗机攻击相比,被高射炮击中的飞机返回基地的机会更大些,但这只是将血淋淋的残杀现场带回家而已,反而加剧了机组人员的焦虑。一些轰炸机着陆时带着两三百个弹孔,而机组人员的状态甚至比他们的飞机更糟糕:胳膊和小腿被切断,眼球被炸出眼窝,躯干被撕开的口子大得能让航空军医看见死者的肺。德国空军衰败后,轰炸机在空袭中的损失率有所下降,但仍有大批机组人员阵亡。"每次从艰难的任务返航后,"伯特·斯泰尔斯写道,"我们都不得不重组我们的垒球队,有两次甚至找了全新的内野手。"[85]

高射炮很阴险,它使遭遇炮击者陷入束手无策、被动承受压力的状态,陆航队的精神科专家这样表示。[86]沮丧的射手会对着高射炮炮火猛烈扫射,没人觉得他们在发疯。

机组人员的忠诚是空战中降低精神崩溃发生率唯一重要的原因。但在面对高射炮火而不是战斗机时,忠诚很难将一些机组人员团结在一起。作战失利的危机将伯特·斯泰尔斯的组员们凝聚起来,正如他曾希望的那样。"在战斗机提供护航以前的那些日子里……机组成员必须相互了解,依靠对方,并相互救助。"斯泰尔斯写道。所有人必须通力合作,发现敌机,并将对方的方位告诉给射手。"但现在,主要是运气的问题了。"[87]

当年夏季,一些了解1943年空战滋味的老人仍在飞。尤金·卡森上士就是其中的一个,当初,战斗机空战最激烈的时候,他是第388轰炸机大队的一名尾部射手。1944年冬末,卡森参加了最后一次作战飞行任务,但在返回宾夕法尼亚州的芒特波科诺,并被重新分配担任一名射击教练后,他设法加入新组建的第92轰炸机大队,投入了自己的第二次战斗之旅。卡森重返战场是因为他获悉,自己的的孪生兄弟约翰(服役于第十五航空队)在雅典上空被击落,据报已经阵亡。卡森不愿相信这一点,他想重返欧洲,看看约翰究竟出了什么事。

尽管德国空军已走向衰败,但卡森却发现,机组人员的士气在D日到达顶峰后,再次发生下滑。高射炮火与此有很大的关系,但疲劳也是个重要原因。尽管当年夏季,德国上空的气候异常恶劣,但第八航空队几乎每天都在飞行——6月份飞了28天,7月份27天,8月份23天——这是个无情的步伐。这三个月里,第八航空队损失了1022架重型轰炸机,几乎是其作战实力的半数,另外,航空队手中的900架战斗机也损失了665架。[88]尽管重型轰炸机30次作战任务每次出击的损失率与4月份的3.6%相比,降低了1.5%,但一名飞行员结束自己的服役期前,阵亡或被俘的几率仍超过三分之一。[89]唯一值得安慰的是,愈发频繁的任务使更多的飞行员离回家越来越近。不过,这些人在8月末获得了喘息之机,国内的培训学校终于能给每架轰炸机配备上两个机组。

这对本·史密斯这样的飞行员来说算不上什么安慰,大多数日子里,他们觉得疲惫不堪。短短几个月内,这位来自乔治亚州、意气风发的小伙子已变得"玩世不恭、毫无宗教信仰、冷酷无情"。[90]他再也不去想自己的家庭和家人,甚至不再写信给他的乡亲,完全不理会他们请求从他这里获得些新消息的信件。"我不得不让自己彻底变得麻木不仁,"他回忆道,"我教会自己不要有任何情感……我为自己筑起一个外壳,摆脱它并非易事。"

来基地拜访的人注意到这些小伙子有些不对劲。他们中的大多数"沉默、烦躁、孤僻"。许多人喝得烂醉,过一天算一天,他们缺乏同龄人应有的眼界和远大理想。补充兵到达时充满兴奋,渴望执行任务,但这种状况持续不了一周。他们很快会变得和老兵们一样。

一天晚上，本·史密斯参加了一场排球赛。这是他经历过的最奇怪的事情。没有欢笑，没有喊叫，甚至没有人出声。"整场比赛在沉默中进行。"

空袭梅泽堡的行动中，轰炸似乎与爆炸的弹片所造成的生死同样随机。你如何能摧毁一个你看不见的目标呢？高射炮火、发烟罐以及油库的爆炸，将洛伊纳厂的上空弄得漆黑一片，"我们根本不知道该如何将炸弹靠近目标"，汤姆·兰德里回忆道。[91]陆航队战后的研究表明，欧洲战区最难打击的是两个最大的工业目标：合成燃料厂和炼油厂。[92]晴天时，瞄准洛伊纳厂的炸弹，只有29%落入工厂大门内；而雷达轰炸时，这个数字降至5.1%。七分之一的炸弹没有爆炸，主要是因为引信损坏，十分之一的炸弹落在假厂房或空地上。[93]恶劣的天气、人为或机械错误以及敌人顽强的防御（布设在这里的重型高射炮比保卫慕尼黑或法兰克福这类城市的火炮还要多）破坏了轰炸的准确性。许多次任务中，铺天盖地的轰炸机未能炸死或炸伤庞大炼油厂中的一个工人。对洛伊纳厂的第一次空袭炸死126名工人后，工厂经理构设起更多、更牢固的防空掩体。后续的21次空袭中，只有175名工人被炸死。

工厂设备受到的保护甚至比工人们更好。[94]储油罐内衬钢筋混凝土，压缩机和其他重要的机器被巧妙构建的防爆墙加以保护，它能扛得住美国人最喜欢使用的250—300磅炸弹。即便是最成功的的空袭，也只有1%—2%的炸弹落在工厂必要的机械设备上，造成的破坏微乎其微。

皇家空军对洛伊纳厂的空袭较第八航空队为少，但对其储油罐和主结构的破坏更为严重，因为他们使用的2000—4000磅炸弹能穿透防爆墙。美国的炸弹专家坚持认为，使用分量较轻、数量更多的炸弹，比"轰炸机"哈里斯所青睐的"大家伙"更具效果。这种失算导致飞行员的生命被白白浪费。美国轰炸机机组人员不得不多次返回到同一个目标处，以便将其摧毁，这种做法可能会令柯蒂斯·李梅感到害怕，他现在在远东，指挥驾驶着新型B-29"超级空中堡垒"的机组。

轻型炸弹也使德国消防队员的工作变得更容易些。火势不甚严重,持续时间也不太久,洛伊纳厂的5000名男女消防队员不费太大力气便能将其扑灭。[95]维修工作较为困难,但在轰炸行动刚刚开始时,尚能得到控制。美国人对炼油厂发起首次空袭后,施佩尔便将他所信任的副手埃德蒙·盖伦贝格派至一个新设立的职位上:应急措施高级专员。他接到的指示非常明确。"战争的成功进行",他被告知,取决于"这些工厂的重建"。[96]盖伦贝格运用他近乎独裁的权力,征集劳工加入到受灾工厂的抢修队中。在柏林,此举的说法是"一切为了石油"。但从飞机制造厂和军工企业抽调工人,又从军队里调派7000名工兵,他这种做法削弱了德国战争机器的其他部分。到1944年秋末,盖伦贝格为炼油厂的修复拼凑了一支35万人的劳动大军。[97]整个德国有近150万人被分配至防空和维修部门,这种人力分流严重影响到德国的战时生产。

夏季的大多数日子里,恶劣的气候,再加上其他优先轰炸目标,阻止了第八航空队继续对德国炼油厂发起频繁的后续轰炸。这使盖伦贝格有时间恢复炼油厂的生产,尽管只能达到他们先前产量的一小部分。快节奏的工作,再加上严格的纪律,盖伦贝格的工人们能在4—6周的时间内将规模较小的加氢厂恢复至近乎满负荷的生产。这能使工厂获得两个星期的生产期,然后便是下一次空袭和下一轮维修。夏末时,工厂的生产刚刚恢复,空袭便接踵而至,这是因为更加频繁的空中侦察所致。航空队的参谋人员进行了相应的调整。为纠正空袭的不准确,第八航空队开始对炼油厂实施饱和轰炸,希望有些炸弹能幸运地命中。

这是个重大突破。就这样,德国的石油工业最终彻底瘫痪:无情的地毯式轰炸造成一批工厂同时遭到破坏。[98]一座接一座的工厂受到致命重创。但一座工厂并不会因为对其重要器官之一(气体压缩机厂或气体净化厂)实施一次打击便宣告停工,而是需要对其电网(这是它的神经系统)和水气管道(这是它的静脉和动脉)实施连续的打击——这些是工厂有机体相互连接的部分,没有它们便无法运作。

正如施佩尔所说的那样，这是一场"混凝土"与"炸弹"之间的竞赛。[99]夏季结束时，稳步增加的炸弹破坏影响开始压倒维修力量，工厂的平均月产量压低至工厂产能的9%。[100]另外，施佩尔在战后说，化工产品受到的影响"同样糟糕"。[101]"（空袭使）化工厂的管道系统遭到巨大破坏，"施佩尔报告道，"不用说直接命中，就是炸弹在附近爆炸所引起的震动，就足以使管道到处出现裂缝，要修复它几乎是不可能的。"[102]其结果是一场对工厂慢节奏的屠杀。为实施精确轰炸而创立的航空队，却以地毯式轰炸赢得了他们最大的胜利。

洛伊纳厂之战的胜利使第八航空队付出了1280名飞行员的生命。尽管该工厂在初秋会经历一个短暂的复苏，但夏季攻势对其造成的破坏却是无法补救的。第一次世界大战中，协约国海军的封锁绞杀帮助打垮了德国。四分之一个世纪后，盟国轰炸机对德国实施空中石油封锁，最终摧毁了已遭到严重削弱的德国空军，并使德国陆军的机动性大为下降。1944年6月后，德国为战争剩余时间所生产的航空燃油为197000吨，仅仅是遭受空袭前那段时期一个月的产量。[103]到9月份，从罗马尼亚进口的石油也被中断。

1944年8月30日，苏联红军占领了油田冒着烟的废墟，在此之前，第十五航空队损失了230架重型轰炸机，他们在皇家空军的协助下，削减了普洛耶什蒂油田90%的产量。[104]这些空袭从意大利南部简陋的基地发起，第十五航空队遭受的损失远远高于1944年整个夏季的第八航空队。

第十五航空队机组人员的英勇事迹只出现在美国报刊的副页报道上。第八航空队是各大报刊派驻伦敦的记者们的宠儿，他们占据了报刊的头版头条。这令第十五航空队的飞行员们创作出一首歌曲，以《时光流逝》这首歌的曲调唱出：

这仍是个老生常谈，

老八得到了所有的荣耀，

尽管我们出生入死。

任凭高射炮火纵横，

一切都不会改变。

奥斯维辛

那年夏季，第十五航空队也轰炸了波兰南部的石油目标。7月7日，他们空袭了布莱希汉摩尔（Blechhammer），这座炼油厂位于奥斯维辛西北方40英里处；8月20日，该航空队对莫诺维茨（Monowitz）附近的法本合成燃料厂和橡胶厂发起了三次空袭中的第一次，[105]莫诺维茨是个集中营，为法本公司提供劳工。这里被称为"莫诺维茨-布纳"，是庞大的奥斯维辛集中营的组成部分，距离集中营主屠杀场奥斯维辛II号（或称为"比克瑙"集中营）的毒气室和焚尸炉不到5英里。"各轰炸机大队的任务简报要求避开战俘营和集中营。"米尔特·葛洛班回忆道，作为一名雷达领航员兼投弹手，他参加了8月20日的行动。[106]航空队的目标选择人员不想让他们的机组成员炸死或炸伤被纳粹囚禁的无辜士兵和平民。

葛洛班和其他执行八月空袭任务的飞行员都不知道，奥斯维辛是希特勒最臭名昭著的集中营。这些机组也不知道，欧洲的犹太领袖和抵抗组织当时正向英国和美国政府施压，要求他们轰炸位于比克瑙的死亡营。这样做的话，可能会炸死数千名囚犯，这将造成战争中一个严重的道德争议。但事实上，不轰炸比克瑙的最终决定引发了一场激烈的公开辩论，而且，没有减弱的迹象。[107]

1944年5月，匈牙利的纳粹领导，在党卫队"犹太事务部"头头阿道夫·艾希曼的带领下，开始实施抓捕，并将国内所有犹太人运往奥斯维辛。纳粹已杀害了500多万名欧洲犹太人，奥斯维辛是波兰境内仍在运转的两座死亡营之一。匈牙利驱逐犹太人的情报，以及奥斯维辛内部情况详细报告的摘要，已由两名分别于6月和7月初到达伦敦和华盛顿的逃生者呈交。犹太组织和抵抗力量设在伦敦的办事处立即恳求英国政府,对匈牙利与奥斯维辛之间的铁路线加以轰炸,同时还包括位于比克瑙的焚尸炉和毒气室。

7月份的第一周前,434000名匈牙利犹太人被送至奥斯维辛,他们中的90%被杀害。这使丘吉尔(他认为希特勒的"最终解决"是整个世界历史中所犯下的最大、最可怕的罪行)指示他的空军参谋部研究轰炸毒气室的可行性。轰炸从布达佩斯至奥斯维辛的铁路线不会有太大效果,因为很容易被修复,但轰炸集中营是个极端措施,也许能说服匈牙利傀儡政府结束大规模驱逐行动。7月15日,经过一番必要的系统研究后,空军大臣阿奇博尔德·辛克莱汇报说,这段航程"对实施夜间轰炸来说太过遥远"。但辛克莱提出:"将这个问题交给美国人……看他们是否打算去试试。"但他又补充说,他"非常怀疑美国人会否接受,等他们仔细核查过后,便会考虑其可行性"。[108]

他说的没错。欧洲抵抗组织恳请轰炸集中营和铁路线的呼吁,已由"战时难民事务委员会"(罗斯福成立该委员会是为了帮助遭受纳粹迫害的犹太难民)派驻瑞士的代表转达给美国的战争部。[109]负责平民与军方关系事务的助理战争部长约翰·麦克罗伊认为:"我们的地面部队目前正进行着决定性行动,为确保其成功,空中支援必不可少,而轰炸集中营会使很大一部分空中力量被分流。"[110]麦克罗伊的回复符合战争部的官方政策——"对遭受敌人迫害的受害者,最有效的救援就是确保轴心国迅速败亡。"[111]关在德国战俘营里的英美士兵和飞行员超过20万,但盟军并未制订解救他们的计划。美国的官方政策是:所有救援行动应该是"以击败敌武装力量为目标的军事行动的直接结果"[112]。

麦克罗伊在当时和当年夏末都声称,轰炸奥斯维辛对第八航空队来说是一项极其危险的行动,"没有战斗机护航,需要在敌方领土上空往返2000英里"[113]。他说的不对。实际航程是1540英里,而且,战斗机可以护送轰炸机赶至目标区。麦克罗伊没有提及第十五航空队已开始对上西里西亚地区实施系统性轰炸,那里就位于奥斯维辛附近。他没有注意到,也许他根本不知道,8

月2日,卡尔·斯帕茨第一次从英国空军副参谋长诺曼·H·博顿利那里听到了轰炸集中营的请求,他一直是个"最具同情心的人"。[114]

第八航空队完全可以从新设立的作战基地发起轰炸行动,那里距离奥斯维辛不太远。当年6月,他们已开始实施飞往苏联的"穿梭行动",行动代号为"疯狂"。[115]从英国起飞后,轰炸机对德国腹地的目标实施轰炸,但他们并不返航,而是飞往乌克兰,斯大林在基辅附近为他们提供了一些机场。从那里起飞,他们可以打击东欧的目标,然后飞至意大利南部,休息和加油后再返回英国,这番航程中的每一个阶段都进行轰炸行动。但斯大林对"疯狂"行动中这些"空中堡垒"轰炸些什么控制得很严,以确保将轰炸集中于对苏联红军夏季攻势有直接帮助的目标上。另外,这些基地也很容易遭到德国空军的袭击,因为苏军在该地区的防空工作并不太警惕。6月21日夜间,德国轰炸机飞至俄国波尔塔瓦(Poltava)的机场,伴随着照明弹投下110吨炸弹,摧毁了114架"空中堡垒"中的69架,并引燃了美国人此前运入俄国巨大的航空燃油储油罐。第二天夜里,德国空军再次返回,轰炸了另外两个执行"疯狂"行动的机场。因此,如果批准一项针对奥斯维辛的轰炸任务,斯帕茨必须调集第十五航空队的重型轰炸机,从没有风险的意大利福贾基地起飞,那里距离集中营640英里。[116]

第十五航空队派出一支重型轰炸机编队飞赴奥斯维辛,这不会有什么问题,但他们能在不损失大批机组人员和囚犯的前提下完成任务吗?熟悉欧洲战区轰炸战的空军历史学家们的最新研究结果表明,可以使集中营的屠杀设施失去作用,但仅靠一次决定性打击大概是不够的,[117]可能需要实施四次不同的行动,以摧毁四个结构牢固的焚尸炉和毒气室。轰炸机还需要晴朗的天气,这样才有希望命中目标,而不至于误炸囚犯们的宿舍,那些宿舍与毒气室非常靠近。几乎与所有对工业目标的轰炸行动一样(其实这同样是个工业目标,奥斯维辛是个从事屠杀并处理尸体的工厂),这些打击,就像航空队历史学家理查德·G·戴维斯指出的那样,将不得不分散在几个星期内实施,以迷惑敌人的防御，照相侦察将对轰炸造成的损坏加以评估，并根据敌人防御所做的更改调整任务计划。[118]如果空袭于1944年7月发起（这是他们有可能实施行动的最早日期，因为盟军的空中力量已完全投入到诺曼底进攻中，另外，美国政府也需要些时间来达成一项决定，并让他们的飞行员制订出行动计划），第十五航空队就无法完成这一任务，除非等到9月份的某个时候。到那时，奥斯维辛集中营里的匈牙利犹太人都已被杀掉。但集中营的指挥官继续从欧洲各地将犹太人运来，并加以屠杀，直到当年11月，希姆莱才下令拆除奥斯维辛的毒气设施，以免被苏联红军发现。所以，轰炸行动仍有可能挽救无辜者的生命。

如果执行这些行动，美国飞行员将会遭受损失，因为法本公司布设的高射炮，有能力击中飞越奥斯维辛上空的美军轰炸机。[119]但风险最大的是那些囚犯。当年夏季，第十五航空队拥有一个值得称道的精确轰炸记录（以当时的标准看）。[120]尽管如此，正如我们所知道的那样，高空轰炸是很不准确的。引航机投弹手一个轻微的错误就会导致一场灾难。第一次空袭后，党卫队可能会让囚犯们靠近焚尸炉和毒气室，甚至让他们住到里面，以阻止进一步的轰炸。谁能断定毒气室被炸毁后，党卫队不会派集中营里的奴工将其重建，或者使用其他手段屠杀囚犯呢？[121]毒气室被普遍使用前，死于行刑队枪下的犹太人已多达150万。仅仅因为几次空袭，纳粹便会停止屠杀？

这些都是无法回答的问题。可以肯定的是，轰炸奥斯维辛将是一场困难而又危险的行动，飞行员和囚犯的生命都会遭遇风险。但它本来是可以完成的。

这场行动应该被发起吗？在更大战事的背景下，这样一场空袭合适吗？匈牙利的犹太人被送往死亡集中营时，适逢西线盟军处在战争的关键时刻——"霸王"行动的策划与实施、解放法国的战役、打击V型武器发射场以及极为重要的石油攻势。当时，这些行动被认为有望在冬季到来前结束这场战争。这个时候将美国的重型轰炸机从他们的主要军事目标上分散开，合适吗？麦克罗伊认为不合适，斯帕茨的副司令弗雷德里克·安德森也觉得不合适。[122]但根据历史学家理查德·戴维斯的计算，针对奥斯维辛发起四次空袭，只会占用执行轰炸油田任务的第十五航空队7%的轰炸机。[123]而且，这些空中指挥官在9月份奉命执行一场类似的"分散力量"的行动时，尽管认为这项行善任务"代价高昂且毫无希望"，[124]但他们还是接受并执行了命令。

1944年8月1日，华沙的抵抗力量受到苏联广播电台的鼓励，认为红军猛烈的夏季攻势即将跨越维斯瓦河，冲入他们所在的城市，于是，他们发动起义，反抗纳粹占领者。但这场起义遭到德国人的残酷镇压，俄国人的攻势停步于华沙郊外、维斯瓦河东岸，一连六个月，斯大林没有恢复他的进攻。与此同时，波兰人进行了为期60天不对等的战斗，他们实施巷战，主要使用手榴弹和"莫洛托夫鸡尾酒"，与获得大举增援的党卫军展开厮杀。丘吉尔不顾空军指挥官们的强烈反对，下令为起义军空投食物和武器。[125]这个任务由志愿者执行，其中许多是波兰人，他们从英国设在意大利的基地（距离福贾不太远）起飞，机组人员在行动中遭受到严重损失。丘吉尔首相还给犹豫不决的罗斯福总统施压，要他支持空投行动，然后又说服斯大林，让他允许为华沙空投补给的美国轰炸机在乌克兰"疯狂"机场降落。9月18日早上，107架"空中堡垒"组成的编队飞离英国，将1200多个装有食物、武器和医疗物资的空投罐投入那座饱受摧残的城市。[126]但由于纳粹控制了城市的大部，四分之三的空投罐落入他们手中。但是，空投行动对波兰人的士气非常重要，这是对他们所处的令人难以忍受的困境作出道德关怀的一个强烈信号。

罗斯福下令让另一个"疯狂"机场也发起空投行动，但在10月2日，斯大林撤消了允许美国人使用"疯狂"机场支援华沙义军的许可，[127]他认为自己的利益受到威胁，因为这场起义是与流亡伦敦的波兰政府紧密相关的反共力量所领导的。几天后，波兰人的起义惨遭镇压。俄国人于1945年1月进入华沙时，这座城市已没什么剩下了。

斯大林也可以使用他的战术空军轰炸奥斯维辛，1944年8月初，苏军的前线距离那里只有100英里，在很大程度上可以忽略关于轰炸奥斯维辛的争论。但伟大的卫国战争是为了拯救俄罗斯，而不是犹太人！[128]

苏军于1945年1月进入华沙时,那里已是一座死城;同月,他们到达奥斯维辛,苏军士兵只发现8000名饿得半死、冻得奄奄一息的幸存者。[129]

为什么华沙的波兰人能获得救援,奥斯维辛的犹太人就不能?因为当时,波兰人有犹太人没有的东西,他们在伦敦设有流亡政府,并对丘吉尔产生了影响。尽管英国和美国政府官僚中的反犹主义者肯定会设法阻挠轰炸行动获得紧急批准,但波兰人得到空投援助的原因是,他们比犹太人有更大的影响力。就像奥斯维辛的一名幸存者所回忆的那样:"不是犹太人不重要,而是他们的重要度不够。"[130]如果被屠杀的是荷兰人,或是获悉数千名盟军飞行员将在奥斯维辛被灭绝,英国和美国还会犹豫踌躇、不采取行动吗?

1944年夏季的轰炸也挽救了许多人的性命。7月2日,斯帕茨曾下令对布达佩斯的军事目标发起大规模空袭,这场轰炸与驱逐犹太人完全无关。[131]大批炸弹落入那座城市时,适逢盟军、中立的瑞典和梵蒂冈正对匈牙利政府施加沉重的外交压力,要求他们结束大屠杀。罗斯福亲自向匈牙利政府发出措辞强硬的威胁,并呼吁匈牙利人民帮助犹太人逃生,同时"记录下种族犯罪的证据"[132],以待日后清算。匈牙利傀儡政府与党卫队的合作已经出现严重分歧,遭到轰炸后,错误地认为这是对布达佩斯一连串报复性空袭的开始。7月7日,匈牙利摄政王——海军上将霍尔蒂,勇敢地对艾希曼说了"不",并下令结束驱逐行动,挽救了仍在该国国内的30万名犹太人。

但是,轰炸奥斯维辛存在着误炸无辜者的敏感问题。作家、奥斯维辛幸存者埃利·维塞尔写道,1944年9月13日,集中营被一些零星的美国炸弹击中时,"我们并不害怕……落下的每颗炸弹都令我们欢欣鼓舞"[133]。但另一些幸存者则说,他们能活下来全靠盟军不实施轰炸的决定。

轰炸机里的那些小伙子又如何看待这个问题?第八和第十五航空队的老兵中,很难找到认为应该轰炸奥斯维辛的人。"这样做的话,我们就是在帮助希特勒。"第八航空队的领航员路易斯·罗沃斯基说道。[134]罗西·罗森塔尔对此表示赞同。经历了"眼镜蛇"行动,目睹了美军士兵死于美国炸弹下,他知道，对奥斯维辛发起一场空袭可能会导致一场更大的灾难。[135]米尔特·葛洛班是一名善于观察的犹太人，他说，要是"为了救一些人而杀死另一些人"向比克瑙投下炸弹，他会将自己看作是犹太人中的败类。[136]

对美国的道德声誉来说，最不幸的并非不轰炸奥斯维辛——有良知的人在这个问题上各执一词——但战争部从未要求陆航队研究这一行动的可行性。相反，美国人是否有可能成功地轰炸奥斯维辛，这个问题被遗留下来，留待历史学家们在多年后予以思考和辩论，而那时，那些生命已不再处于危险中。

10月3日，"战时难民事务委员会"的负责人约翰·W·佩勒递交了轰炸奥斯维辛的另一项建议，这一建议来自波兰流亡政府，斯帕茨将军通过电报获悉了此事，但没有下令采取行动。这是战争部唯一一次将轰炸奥斯维辛的建议转发给欧洲战区的空中力量指挥部。[137]弗雷德里克·安德森将军提醒斯帕茨，"不要鼓励"这个设想。他说，轰炸不会改善囚犯们的状况，而且，"存在着一些炸弹落在囚犯们头上的可能性……这样一来，反而给德国人可能已经实施的大规模屠杀提供了一个很好的借口"[138]。斯帕茨对此的回答没有留下任何记录，但相关决定并不取决于他。"总统才能决定，其他人不行。"1983年，麦克罗伊对《华盛顿邮报》的一名记者说道。[139]没有可靠的记录表明那些接近罗斯福总统的人，包括麦克罗伊，曾将轰炸与否的问题交给他裁决。[140]如果有人将这个问题呈交给总统，他肯定会予以反对。他在欧洲的首要目标是打败希特勒，并将美国的小伙子们带回家。"就像南北战争期间，"第八航空队的领航员保罗·斯拉夫特说道，"胜利对林肯来说比什么都重要。奴隶获得解放，几乎总是发生在敌方领土具有战略重要性的军事行动的过程中。纳粹的死亡集中营就是这样被发现的，幸存者获救也是如此。"

罗斯福可能是对的，但轰炸奥斯维辛肯定能使成千上万人获救，并让美国发出一条响亮的信息：屠杀犹太人的行径不会被忽视，更不会逃脱惩罚。

致命的困境

卡尔·斯帕茨如何看待轰炸奥斯维辛的问题，这方面没有留下相关记录。当年夏季，他的关注重点放在燃油攻势上，"超级机密"拦截到的情报表明，该行动取得了巨大的成就。当年8月，施佩尔向日本驻柏林大使承认："战时经济首次遭到空袭，对德国真正的致命打击可能已经开始。"[141]德国各处突然间出现了短缺现象，[142]扰乱了他们抵御从东西两个方向逼近德国的庞大地面部队的军事行动。8月份，德国军队逃出法莱斯包围圈时，耗尽燃料的坦克和汽车被丢得到处都是。德国空军也被迫关闭了他们的大部分训练学校。飞行学员被送至步兵部队，教官们在炼油厂附近的机场投入现役。德国空军的菜鸟完全不是美国战斗机飞行员的对手，后者驾驶的"野马"由辛烷值100的汽油驱动，这种燃料使已占据优势的"野马"获得了更大的航程和加速度。十年前，吉米·杜立特尔便说服他的雇主壳牌石油公司，开始生产一种全新的、实验性的、辛烷值100的汽油，并对军方施加压力，订购使用这种汽油的飞机发动机。[143]

"这个夏季……就像是一场永无尽头的噩梦。"德国空军飞行员海因茨·克诺克在他的日记中写道。[144]几乎每一次任务，他那英勇的中队都会损失五名飞行员。上级命令他那些"破旧的飞机"迎战轰鸣着的美军战斗机编队时，他冷冷地说道："这无异于谋杀！"

克诺克和他的战友所对抗的不仅仅是盟国空军，而是世界上唯一一个工业和石油超级大国，美利坚合众国，这个国家出产的石油比地球上其他所有国家产量的总和还要多。从珍珠港事件爆发到战争结束，盟国消耗了近70亿桶石油。[145]其中的60多亿桶出自美国，另外，世界上90%的辛烷值100汽油也出自美国。"这是一场发动机和辛烷值之战，"约瑟夫·斯大林在一次向丘吉尔表达敬意的宴会上敬酒，"我提议为美国的汽车工业和石油工业干一杯。"[146]

用阿道夫·加兰德的话来说，随着燃油短缺变得"越来越令人难以忍受"，[147]德国空军陷入了致命的困境。他们被迫守卫为他们提供燃料的炼油厂,但又缺乏燃料以提供足够的防御。

与德国和日本开战的国家控制了世界上90%的天然石油输出,轴心国只控制3%。[148]正是这种差距驱使德国和日本发动了征服俄国和东南亚的战争:从别人那里夺取自己所缺乏的东西。随着他们的石油储备逐渐耗尽——日本遭到盟军的海上封锁,而德国则是因为盟军的空中封锁——他们已无法赢得他们发起的这场世界大战。

对德国来说,这一点变得非常明显,盟军夏季轰炸造成其燃油生产短缺,已开始直接影响到他们的军队。从1944年7月至战争结束,德国军队一直无法获得足够的燃料和弹药。1944年9月初,甲醇(这是黑素金的主要成分,而黑素金则是一种威力惊人的炸药)的供应大幅下降,硝酸和合成橡胶的产量同样如此。[149]为弥补炸药供应量的减少,完工的炮弹中被填入20%的岩盐后送往前线。盟军加速进行的轰炸计划也以其他方式破坏着德国的经济。到战争的这一刻,德国三分之一的火炮生产、三分之一的光学制品产量以及三分之二的雷达和通讯设备生产都忙于对空防御,这些防空任务消耗了德国五分之一的弹药产量。另外,约有200万名工人参与到防空任务中,不是操纵高射炮就是对工厂和城市遭受的破坏加以修缮。历史学家理查德·奥弗里总结说:"直接破坏和资源分流的综合影响,使德国军队的武器和装备在1944年时减少了近一半。"[150]

在试图加以保护的产业中(主要是燃油和炸药,这是德国军队赖以生存和作战的基础),施佩尔被迫削减其急需的人力和设备。这又是另一个致命的困境。

1944年夏季,德国空军平均每周损失300架飞机,大多数是在东线和西线战场。但盟军不知道的是,德国人正在组建新的部队,而且,施佩尔和加兰德有理由相信,这些部队将被用于保卫炼油厂,而不是被派至前线。8月份向元首汇报石油行业的状况时,施佩尔全力推行他的新政策:"如果敌人9月份以与8月份同样的强度和同样的精确度继续对我们的化工行业实施打击,该行业的产量将进一步下滑,最后的储备会被耗尽。"[151]

"这就意味着最重要的领域将缺乏继续一场现代化战争所必需的那些材料……"

"这里仍存在着一种可能性,但在很大程度上要靠运气。"他告诉希特勒。两件事必须同时发生:恶劣的气候必须出现在欧洲上空,至少需要持续三周,德国空军必须利用这一"喘息之机",将其自身实力加强至能够给"敌人造成较重的损失并通过撕裂敌轰炸机编队阻止他们的密集式地毯轰炸"。

"德国空军必须为最迟发生于9月中旬前的这场大战做好准备。他们必须作出承诺,确保投入其最优秀的人员,其飞行教员和最成功的战斗机飞行员……"

"如果一切都顺利进行,成功的话就意味着一支新空中力量的开始,否则,就代表着德国空军的终结。"

当年秋季,施佩尔得到了他所需要的坏天气,以便对一些重要的炼油厂加以维修,并为新组建的德国空军战斗机编队(超过3000架飞机)增加航空燃料的产量,他一直在被隐蔽起来的工厂里生产这些飞机,许多工厂位于地下。施佩尔和加兰德相信,他们已说服希特勒将这支战斗机力量用于本土防御。[152]

但第八航空队在德国上空遭遇到重新武装起来的德国空军前,不得不先解决队伍中一个似乎很严重的士气问题。那年夏天,哈普·阿诺德开始接到报告,相当数量的轰炸机机组人员降落到中立国瑞士和瑞典,不是因为他们的飞机发生故障无法返回基地,而是因为他们想摆脱战争。

注释

1. 厄尼·派尔,霍华德新闻社电报稿,1944年6月16日,印第安纳州,印第安纳大学伯明顿分校利莉图书馆,副本。

2. 均引自约翰·W·休斯顿编撰的《美国空中力量的壮大:亨利·H·阿诺德将军的战时日记》(麦克斯韦空军基地,空军大学出版社,2001年),第148—159页;阿诺德,《全球使命》,第238—239页。德军对诺曼底滩头的空袭,可参阅1944年7月17日,斯帕茨发给阿诺德的电报,斯帕茨文件。

3. V-1项目的起源,可参阅迈克尔·J·诺伊菲尔德的《火箭与帝国:佩内明德与弹道导弹时代的来临》(剑桥,哈佛大学出版社,1999年),第147—178页。

4. 德怀特·艾森豪威尔,《远征欧陆》(加登城,双日出版社,1948年),第260页。

5. 阿诺德对巡航导弹的兴趣,可参阅肯尼斯·P·沃雷尔的《巡航导弹的演变》(麦克斯韦空军基地,空军大学出版社,1985年)。

6. 《二战中的陆军航空队,第三卷》,第95页。

7. 美国战略轰炸调查,"V型武器(十字弓)行动"(华盛顿,军事分析部,美国政府印务局,1945年),第1页。

8. 《二战中的陆军航空队,第三卷》,第530页;1944年7月5日,英国参谋长委员会大臣给首相的电文,斯帕茨文件。

9. 引自杰克·奥尔森的《阿芙洛狄忒:绝望的任务》(纽约,普特南出版社,1970年),第48页。

10. "飞弹",英国情报处,1944年11月,第八航空队历史博物馆的副本。

11. V-1造成的伤亡,统计数据来自伊恩·迪尔和M·R·D·富特所编撰的

《牛津二战指南》（牛津，牛津大学出版社，2001年）中，第798页，阿尔弗莱德·普莱斯的"V型武器"。德国人对英国发射了10000多枚飞弹，2000多枚过早爆炸，7446枚到达英国的飞弹中，3957枚被击落。

12 潘特-道恩斯，《伦敦战时笔记》，第333、335、339页。

13 哈里·A·多尔夫，《脱险者：一名美国飞行员与荷兰地下抵抗组织在一起的八个月》（奥斯汀，伊根出版社，1991年），第28—31页。

14 奥尔森，《阿芙洛狄忒：绝望的任务》，第29页。

15 同上，第30页。

16 布彻，《与艾森豪威尔在一起的三年：艾克将军的海军副官哈里·C·布彻上尉的个人日记》，第35页。

17 1944年7月22日，斯帕茨写给阿诺德的信件，斯帕茨文件。

18 1944年6月20日，斯帕茨发给战争部的电报，斯帕茨文件；奥尔森，《阿芙洛狄忒：绝望的任务》，第152页。

19 奥尔森，《阿芙洛狄忒：绝望的任务》，第95页。

20 1945年1月20日，"阿芙洛狄忒行动报告"，美国空军历史研究部，527.431A-A；奥尔森，《阿芙洛狄忒：绝望的任务》，第100页。

21 罗伯特·达莱克，《未竟一生：约翰·F·肯尼迪，1917—1963》（波士顿，利特&布朗出版社），2003年，第106页。

22 肯尼迪之死，参见1944年8月12日，杜立特尔发给斯帕茨的电报，斯帕茨文件。

23 奥尔森，《阿芙洛狄忒：绝望的任务》，第228—229页。2001年，曾在战时担任电讯线路技工的一个英国人提出个不同的解释：美国人没有提醒英国人关闭飞机航线上的雷达，英国某座地面雷达站发出的强有力的脉冲信号激发了肯尼迪"解放者"轰炸机上脆弱的无线电控制系统，引发一场致命的爆炸。参见达莱克，《未竟一生：约翰·F·肯尼迪，1917—1963》，第107页。但这种解释无法得到证实。

24 美国战略轰炸调查，"V型武器（十字弓）行动"；奥尔森，《阿芙洛狄忒：绝望的任务》，第254页。

25 1944年9月7日，斯帕茨发给杜立特尔的电报，安德森日记，斯坦福大学，胡佛研究所。

26 美国战略轰炸调查，"V型武器（十字弓）行动"，第24页。

27 加兰德，《第一个和最后一个：德国战斗机部队的兴衰，1938—

1945》,第235页。

28 潘特-道恩斯,《伦敦战时笔记》,第342—343页。

29 奥马尔·N·布莱德利,克莱·布莱尔,《一位将军的一生》(纽约,西蒙&舒斯特出版社,1983年),第272页。

30 罗素·F·维格雷,《艾森豪威尔的副官们：法国和德国战役,1944—1945》(布鲁明顿,印第安纳大学出版社,1981年),第137—138页。

31 卡洛·埃斯特,《决战诺曼底》(纽约,达顿出版社,1988年),第394页。

32 对"眼睛蛇行动"的精妙分析,可参阅约翰·J·沙利文的《眼睛蛇行动中拙劣的空中支援》,《美国陆军军事学院杂志》第18期(1988年3月),第106页。

33 《美国空军历史研究》第88期,《战略轰炸机发挥战术作用的部署,1941—1951》(美国空军历史处研究所,空军大学出版社,1954年),第75—76页。

34 2003年3月29日,对罗森塔尔的采访。

35 1944年7月25日,切斯特·汉森文件,美国陆军战史研究所。

36 引自维格雷的《艾森豪威尔的副官们：法国和德国战役,1944—1945》,第138页；奥马尔·布莱德利,《一个军人的故事》(纽约,亨利·霍尔特出版社,1951年),第341页。

37 约翰·H·德吕西备忘录,"1944年7月24和25日行动的规划与执行摘要",美国空军历史研究部,520.453A；哈罗德·奥尔克,"7月24—25日,轰炸行动调查报告",斯帕茨文件。

38 沙利文,《眼镜蛇行动中拙劣的空中支援》,第103页。

39 2003年3月29日,对罗森塔尔的采访。

40 厄尼·派尔,《勇敢的人》(纽约,亨利·霍尔特出版社,1944年),第298—301页。

41 休斯,《霸王行动：皮特·奎萨达将军和战术空军力量在二战中的胜利》,第216页。

42 肯尼斯·赫克勒,"眼镜蛇行动中的第7军",未发表的报告,现代军事档案处,国家档案馆。

43 奥马尔·N·布莱德利,克莱·布莱尔,《一位将军的一生》,第280页。

44 杜立特尔,《我再也不会如此幸运》,第375—176页；霍伊特·范登堡

45 采访弗里茨·拜尔莱因,《装甲教导师》,1944年7月24—25日,驻欧美军历史部总部,美国空军历史研究部的副本。

46 《闪电乔自传》(巴吞鲁日,路易斯安那州立大学出版社,1979年)。

47 欲更详细地了解这个问题,可参阅伊恩·古德森的《前线空中力量:盟军在欧洲的近距离空中支援,1943—1945》(伦敦,弗兰克·卡斯出版社,1998年)。

48 埃尔伍德·奎萨达中将,《战术空中力量》,《冲击》(1945年5月;华盛顿,负责情报工作的空军助理参谋长办公室,1992年再版)。

49 斯蒂芬·E·安布罗斯,《平民士兵》(纽约,西蒙&舒斯特出版社,1997年),第102页。

50 小贝尔尼·莱,《推定阵亡》,第105—119页。

51 卡洛·埃斯特,《决战诺曼底》,第517页。

52 1944年6月29日,艾森豪威尔发给特德的电报,斯帕茨文件中的副本;美国战略轰炸调查,"战略轰炸对德国战时经济的影响"(华盛顿,美国政府印务局,1945年),第4—5页。

53 阿瑟·哈里斯爵士,《轰炸机攻势》,147页。

54 同上。

55 《二战中的陆军航空队,第二卷》,第358页。

56 "空中攻势打击德国的石油工业",1945年1月29日,美国空军历史研究部。

57 美国战略轰炸调查,"统计附录"(华盛顿,美国政府印务局,1947年),第11、13页;美国战略轰炸调查,"综合报告(欧战)"(华盛顿,美国政府印务局,1945年),第71页;美国战略轰炸调查,"石油分部,最终报告"(华盛顿,美国政府印务局,1947年1月第二版),第2页。

58 1945年5月30日和7月18日,对施佩尔的审讯,查尔斯·韦伯斯特和诺布尔·弗兰克兰的《对德国的战略空中打击,第四卷》,第371—395页。

59 1944年6月30日,斯佩尔对希特勒所说,美国空军历史研究部,137.1-3;1945年7月18日,对施佩尔的审讯,查尔斯·韦伯斯特和诺布尔·弗兰克兰的《对德国的战略空中打击,第四卷》,第379页。

60 美国战略轰炸调查,"石油分部,最终报告",第15页。

61 雷蒙德·G·斯托克斯,《纳粹德国的石油工业,1936—1945》,《商业史评论》第59期(1985年夏季),第1页。

62 美国战略轰炸调查,"石油分部,最终报告",第1页。

63 丹尼尔·耶金,《石油大博弈:石油、金钱与权力之战》(纽约,西蒙&舒斯特出版社,1983年),第334页。

64 美国战略轰炸调查,"德国石油工业,部长级报告,第78组"(华盛顿,美国政府印务局,1947年第二版),第3—15、38、80页。

65 同上,第75页。

66 盟军情报部门估计,使用"贝吉乌斯加工法"的工厂,每年的产量为130万吨。正确的数字是50万吨。原油精炼厂的燃油产量约为100万吨,低于盟军情报部门的报告。参阅查尔斯·韦伯斯特和诺布尔·弗兰克兰的《对德国的战略空中打击,第三卷,胜利》(伦敦,女王陛下的文书局,1961年),第226页;以及美国战略轰炸调查,"德国石油工业",第79—84页。

67 雷蒙德·G·斯托克斯,《纳粹德国的石油工业,1936—1945》,第276页。欲了解德国的石油工业,可参阅阿诺德·克拉默的《第三帝国的油储》,《科技与文化》第19期(1978年6月),第394—422页。

68 美国战略轰炸调查,"石油分部,最终报告",第1页。

69 美国战略轰炸调查,"德国石油工业",第4页;美国战略轰炸调查,"路德维希港-奥堡,I.G.法本化工的工厂,A G,路德维希港,德国"(华盛顿,美国政府印务局,1945年8月4日),数处。

70 合成燃料厂生产出的氮也被用于制造化肥。盟军情报部门估计,对化工厂实施破坏,最受影响的会是农业经济。参见美国战略轰炸调查,"火药、炸药、特殊火箭和喷气机推进剂、军用毒气和酸雾"(华盛顿,美国政府印务局,1945年),数处。

71 美国战略轰炸调查,"石油分部,最终报告",第12—14页,施佩尔,《第三帝国内幕》,第347—349。

72 同上。

73 1945年7月18日,对施佩尔的审讯,查尔斯·韦伯斯特和诺布尔·弗兰克兰的《对德国的战略空中打击,第四卷》,第379页;美国战略轰炸调查,"德国石油工业",第53页。

74 美国战略轰炸调查,"1945年5月15—22日,对帝国部长阿尔贝特·施佩尔的审问"，美国空军历史研究部，371-19。

75 罗纳德·C·库克、罗恩·科尼尔斯·内斯比特，《目标，希特勒的石油：盟军对德国石油供应的打击，1939—1945年》（伦敦，威廉·金伯出版社，1985年），第140页。

76 威廉·贝勒斯，《击败纳粹的幕后故事：对希特勒石油供应的战略轰炸》，《美国信使》第62期（1946年1月），第91页；美国战略轰炸调查，"德国梅泽堡，洛伊纳加氢厂"（华盛顿，美国政府印务局，1946年7月23日），第1—6页；沃尔特·托里，《不死的洛伊纳》，《大众科学月刊》，1945年11月，第127页。

77 霍斯特·布格等人编撰的《德国与第二次世界大战，第六卷》，第616页。欲了解德国高射炮防空的历史，可参阅爱德华·B·韦斯特曼的《高射炮：德国的防空设施，1914—1945年》（劳伦斯，堪萨斯大学出版社，2001年）。

78 1945年12月，陆军航空队在二战期间的统计摘要，第255页，美国空军历史研究部，134. 11-6。伤亡数字引自琳克和科尔曼的《陆航队在二战中的医疗支持》，第697页。从1944年9月至1945年5月，第八航空队被敌战斗机击落的轰炸机数量为551架，而被高射炮击落的数字则为1263架。德国三用途的88毫米口径高射炮，有效射高达到26000英尺；而105毫米口径的高炮可达到30000英尺。从机组人员的角度来说，被高射炮火击伤的人，最多的是投弹手，其次是尾部射手和领航员。

79 美国战略轰炸调查，APO413，"与冯·阿克斯特黑尔姆将军和西伯尔上校的会谈，1945年7月12—13日"，美国空军历史研究部，137.315-68；A.D.冯·伦兹，"截止1945年，德国各种类型防空武器和装备的发展"，美国空军历史研究部，258-80。

80 陆军航空队在二战期间的统计摘要，第255—256页。

81 戈登·W·威尔，《一名领航员经历的二战》；另可参阅斯泰尔斯的《大鸟小夜曲》，第75页。

82 汤姆·兰德里、格雷格·刘易斯，《汤姆·兰德里自传》（纽约，哈珀·柯林斯出版社，1991年），第69页。兰德里服役于第493轰炸机大队，驻扎在德比希附近。

83 引自杰弗里·佩雷的《胜利女神：二战中的美国陆航队》（纽约，兰登书屋，1993年），第331页。

84 本·史密斯,《小鸡机组:第八航空队的故事》,第97—98、121、157、159—160页。

85 斯泰尔斯,《大鸟小夜曲》,第75页。

86 邦德,《对飞行的热爱与恐惧》,第88页。

87 斯泰尔斯,《大鸟小夜曲》,第83、86页。

88 《二战中的陆军航空队,第三卷》,第303、306页。

89 理查德·G·戴维斯,《卡尔·斯帕茨与欧洲空战》,第446页。实际数字是36%。

90 史密斯的话均引自本·史密斯,《小鸡机组:第八航空队的故事》,第137—139、147—149、171—173页。

91 汤姆·兰德里,《汤姆·兰德里自传》,第69页。

92 美国战略轰炸调查,"轰炸精度,美国陆军航空队,欧洲战区的重型和中型轰炸机"(华盛顿,美国政府印务局,1947年1月),第1页。

93 美国战略轰炸调查,"德国梅泽堡,洛伊纳加氢厂",第20、51页。第八航空队,"攻击合成燃料厂的平均弹着点及炸弹和引信选择之备忘录",1944年11月7日,美国空军历史研究部,520.310n BVIII。

94 同上。

95 同上。

96 1944年9月16日,施佩尔写给马丁·鲍曼的信件,查尔斯·韦伯斯特和诺布尔·弗兰克兰的《对德国的战略空中打击,第四卷》,第348页。

97 1945年7月18日,对施佩尔的审讯,查尔斯·韦伯斯特和诺布尔·弗兰克兰的《对德国的战略空中打击,第四卷》,第381页;美国战略轰炸调查,"德国石油工业",第57页。

98 同上,第382页。

99 同上,第380页。

100 美国战略轰炸调查,"德国梅泽堡,洛伊纳加氢厂",第1—4页;美国战略轰炸调查,"德国石油工业",第4—5页。

101 美国战略轰炸调查,1945年5月15—20日,对施佩尔的审讯。

102 施佩尔,《第三帝国内幕》,第350页。

103 《二战中的陆军航空队,第三卷》,第303页;美国战略轰炸调查,"德国石油工业",第59页;艾伦·S·米尔沃德,《德国战时经济》(伦敦,阿斯隆出版社,1965年),数处。

104 第十五航空队,《空袭普洛耶什蒂》(巴里,意大利出版社,1944年),数处。

105 第97轰炸机大队情报处,特别情况报告;任务:1944年8月20日,波兰奥斯维辛合成燃料厂O/R,美国空军历史研究部,670.322。

106 米尔特·葛洛班,《写给编辑》,《时评》杂志(1978年7月),第10页。

107 历史学家戴维·怀曼在充满激情的文章《奥斯维辛为何从未遭受过轰炸》(《时评》杂志,1978年5月,第36—47页),和他的著作《抛弃犹太人:美国与大屠杀,1941—1945》(纽约,万神殿出版社,1984年)中,首次提出了这一争议。关于这个问题的著作汗牛充栋,但是,这其中有一本出色的论文和文件集,迈克尔·J·纽菲尔德和迈克尔·巴伦鲍姆编撰的《轰炸奥斯维辛:盟军应该试试吗?》(纽约,圣马丁出版社与美国大屠杀纪念博物馆,2000年)。

108 引自纽菲尔德和巴伦鲍姆编撰的《轰炸奥斯维辛:盟军应该试试吗?》中,第71页,马丁·吉尔伯特的《从当代案例看轰炸奥斯维辛的可行性》。

109 罗斯威尔·麦克莱兰发给战时难民事务委员会的电报,7月6日,第4291号,副本存放于美国大屠杀纪念博物馆,文件主题为:集中营——奥斯维辛;关于集中营完整的报告和地图,直至11月才传递给盟国政府。

110 助理参谋长托马斯·T·汉迪备忘录,《采取空中行动阻止匈牙利和斯洛伐克驱逐犹太人之建议》,1944年6月23日,国家档案馆。

111 约瑟夫·T·麦克纳尼中将,1944年1月28日给助理战争部长的备忘录,国家档案馆。

112 1944年2月8日,托马斯·T·汉迪少将给参谋长的电报,国家档案馆。

113 莫顿·明茨,《为何我们没有轰炸奥斯维辛》,《华盛顿邮报》(1983年4月17日),D2版。

114 纽菲尔德和巴伦鲍姆编撰的《轰炸奥斯维辛:盟军应该试试吗?》中,第2页,马丁·吉尔伯特的《从当代案例看轰炸奥斯维辛的可行性》。

115 《二战中的陆军航空队,第三卷》,第308—316页。

116 1944年4月27日,埃克发给斯帕茨的电报,斯帕茨文件。

117 龙达尔·里奇,《轰炸奥斯维辛:美国第十五航空队和一场可能的攻击的军事方面的问题》,《战争史》第6期(1999年),第205—229页;纽菲尔德和巴伦鲍姆编撰的《轰炸奥斯维辛:盟军应该试试吗?》中,第

214—226页，理查德·G·戴维斯的《轰炸奥斯维辛：对一场历史思考的评述》。

118 纽菲尔德和巴伦鲍姆编撰的《轰炸奥斯维辛：盟军应该试试吗？》中，理查德·G·戴维斯的《轰炸奥斯维辛：对一场历史思考的评述》，数处。

119 第5联队队部，1944年8月20日行动的第671号命令之附件，1944年8月19日，美国空军历史研究部，670.332。

120 纽菲尔德和巴伦鲍姆编撰的《轰炸奥斯维辛：盟军应该试试吗？》中，第222页，龙达尔·里奇，《轰炸奥斯维辛：美国第十五航空队和一场可能的攻击的军事方面的问题》。

121 纽菲尔德和巴伦鲍姆编撰的《轰炸奥斯维辛：盟军应该试试吗？》中，第223页，理查德·G·戴维斯的《轰炸奥斯维辛：对一场历史思考的评述》。

122 安德森发给斯帕茨的电报，斯帕茨文件。

123 纽菲尔德和巴伦鲍姆编撰的《轰炸奥斯维辛：盟军应该试试吗？》中，第221页，理查德·G·戴维斯的《轰炸奥斯维辛：对一场历史思考的评述》。

124 《二战中的陆军航空队，第三卷》，第316页。

125 诺曼·戴维斯，《起义，1944：华沙之战》（纽约，维京出版社，2004年），第374—381页。

126 《二战中的陆军航空队，第三卷》，第316-317页。

127 同上。

128 杰弗里·赫尔夫，《纳粹灭绝营与向东推进的盟军：红军和空中力量能阻止或延缓最终解决吗？》，《俄国和欧亚史研究》第4期（2003年秋），第929页。

129 马丁·吉尔伯特，《奥斯维辛与盟军》（纽约，霍尔特、赖因哈特&温斯顿出版社，1981年），第331—337页。

130 纽菲尔德和巴伦鲍姆编撰的《轰炸奥斯维辛：盟军应该试试吗？》中，第75页，马丁·吉尔伯特的《从当代案例看轰炸奥斯维辛的可行性》。

131 纽菲尔德和巴伦鲍姆编撰的《轰炸奥斯维辛：盟军应该试试吗？》中，第217页，理查德·G·戴维斯的《轰炸奥斯维辛：对一场历史思考的评述》。

132 引自罗杰·M·威廉斯的《为何没有轰炸奥斯维辛》，《公益》杂志第

105期（1978年第11月），第748页。

133 伊利·威塞尔，《夜》，斯特拉·罗德威翻译（纽约，希尔&王出版社，1969年），第71页；奥斯维辛幸存者的看法，引自威廉·J·范登赫威尔和拉斐尔·梅多夫的《盟军应该轰炸奥斯维辛吗？》http://hnn.us/articles/4268.html。

134 2006年6月16日，作者对路易斯·罗沃斯基的采访。

135 2006年4月11日，作者对罗伯特·罗森塔尔的采访。

136 米尔特·葛洛班，《写给编辑》，《时评》杂志（1978年7月），第10页。

137 戴维·怀曼，《奥斯维辛为何从未遭受过轰炸》，第41页。

138 1944年10月5日，安德森发给斯帕茨的电报，斯帕茨文件。当年11月，最终从两名刚刚逃离奥斯维辛的生还者那里获得完整的报告后，约翰·佩勒深感震惊，并不建议采取轰炸行动的他改变了想法，敦促立即采取措施。他看到报告时，屠杀的进程已然加紧；参阅美国总统行政办公室、战时难民事务委员会，德国灭绝营——奥斯维辛和比克瑙，1944年11月，存放于美国大屠杀纪念博物馆的副本，档案号：轰炸奥斯维辛集中营至奥斯维辛集中营WRB报告。

139 莫顿·明茨，《为何我们没有轰炸奥斯维辛》。

140 麦克罗伊在其一生中坚持声称从未将这个问题提交给罗斯福总统。但在1986年与亨利·摩根索三世的谈话录音中，88岁高龄的麦克罗伊说他曾将此事告知过罗斯福，但总统强烈反对轰炸奥斯维辛的构想，他认为纳粹会用其他办法来杀掉那些囚犯，而陆航队则会被指责为滥杀无辜。麦克罗伊与罗斯福总统之间的会谈没有留下书面记录，但历史学家迈克尔·比奇罗斯将麦克罗伊的话引入到自己最近的著作《征服者》中。就连首位提出轰炸奥斯维辛这个争议问题的历史学家戴维·怀曼，也声称在他多年研究档案的过程中，一直未发现"轰炸与否这个问题被提交给罗斯福总统的证据"。怀曼的说法引自莫顿·明茨，《为何我们没有轰炸奥斯维辛》；迈克尔·比奇罗斯，《征服者：罗斯福、杜鲁门和纳粹德国的毁灭，1941—1945》（纽约，西蒙&舒斯特出版社，2002年），第66—67页。

141 引自理查德·G·戴维斯的《卡尔·斯帕茨与欧洲空战》，第442页。

142 美国战略轰炸调查，"德国空军的败亡"（华盛顿，美国政府印务局，1945年），第11页。

143 德国石油工业，第59—60页；《二战中的陆军航空队，第三卷》，第303页；杜立特尔，《我再也不会如此幸运》，第174—177页。

144 海因茨·克诺克，《为元首而飞》，第166—169页。

145 丹尼尔·耶金，《石油大博弈：石油、金钱与权力之战》，第379页。关于希特勒和石油，还可参阅理查德·奥弗里的《为何盟国能赢》（纽约，W·W·诺顿出版社，1997年），第七章。

146 丹尼尔·耶金，《石油大博弈：石油、金钱与权力之战》，第382页。

147 加兰德，《第一个和最后一个：德国战斗机部队的兴衰，1938—1945》，第229页；1944年8月30日，施佩尔给希特勒的报告，查尔斯·韦伯斯特和诺布尔·弗兰克兰的《对德国的战略空中打击，第四卷》，第331页。

148 理查德·奥弗里，《为何盟国能赢》，第228页。

149 甲醇产量从每个月34000吨下滑至8750吨，硝酸和合成橡胶产量减少了一半以上。美国战略轰炸调查，石油分部，第3—4页；施佩尔，《第三帝国内幕》，第406页；1944年8月30日，施佩尔给希特勒的报告，查尔斯·韦伯斯特和诺布尔·弗兰克兰的《对德国的战略空中打击，第四卷》，第330页。

150 理查德·奥弗里，《为何盟国能赢》，第131页。

151 1944年8月30日，施佩尔给希特勒的报告，查尔斯·韦伯斯特和诺布尔·弗兰克兰《对德国的战略空中打击，第四卷》，第332—333页。

152 加兰德，《第一个和最后一个：德国战斗机部队的兴衰，1938—1945》，第229页。

◀1942年8月17日,作为一名观测员亲自参加了第八航空队在战争中的首次轰炸任务后,第八航空队轰炸机司令部司令艾拉·C·埃克会见记者。

▲美国派驻欧洲的空军高级将领卡尔·斯帕茨,正对第八航空队的各位指挥官发表讲话。在他左侧的是第八航空队司令吉米·杜立特尔和第八航空队战斗机司令部司令威廉·E·凯普纳;斯帕茨右侧的是他的副手弗雷德里克·安德森。

▶美国陆军航空队司令亨利·阿诺德将军（右）在英国与吉米·杜立特尔会面。

▲两位中队长兼形影不离的好友：第100轰炸机大队的约翰·"巴基"·伊根（左）和盖尔·"巴克"·克莱文。

◀第100大队极具感召力的一名指挥官，罗伯特·"罗西"·罗森塔尔，在法国上空被击落后，伤势已得到恢复。

▲东安格利亚，第826航空工兵营正用铺路机构建机场。到1944年前，派驻英国的非洲裔美国陆航队人员已超过12000人。

▲第八航空队大多数基地构建在英国东部的农田上。

▲德国空军的王牌飞行员克劳斯·米土希是JG26联队的一名大队长,该联队是纳粹德国抵御美国第八航空队的前线防御部队之一。克劳斯于1944年9月17日被击落后身亡。

◀阿道夫·加兰德，德国空军战斗机总监。

▲小海伍德·"负鼠"·汉塞尔（左），陆航军在战前最重要的规划者之一，在他身边的是柯蒂斯·E·李梅，对那些课堂理论深感怀疑的一名陆航队领导。

◀ 一名B-17投弹手坐在机头炮塔上方的位置，"诺顿"瞄准器摆放在他面前。

▲ 数百架受损的轰炸机在北海迫降。"暴风女神"号的机组人员穿着"梅惠斯"充气式救生衣，他们和他们的"解放者"隶属于第458轰炸机大队。

◀ 球形炮塔射手梅纳德·哈里森·史密斯，在自己的首次飞行任务中挽救了自己的战友。战争部长亨利·L·史汀生为他颁发了荣誉勋章。

▲ 克拉克·盖博，既是一名好莱坞演员，也是第八航空队的一名机枪手。执行完任务返航后，与"三角洲反叛者2号"（隶属第91轰炸机大队）的机组人员合影。

▲本尼迪克特·B·伯罗斯托夫斯基中士在"空中堡垒"的下方测试球形炮塔内的设备。

▲1943年5月17日,"孟菲斯美女"号的机组人员,在罗伯特·摩根上尉(前排左侧)的带领下,完成了他们的第二十五次任务后返回。他们是第八航空队第一个完成规定的二十五次飞行任务后返回美国的机组。好莱坞导演威廉·惠勒亲自参加了他们的飞行,并拍摄了一部纪录片——《孟菲斯美女号》。

◀一场作战行动开始于拂晓前,士兵们将炸弹装入轰炸机的弹仓。

▲拂晓时,一名情报官正在进行任务简报。

◀飞行员们驾车驶向他们的轰炸机。

▲迈克尔·里根牧师为飞行员们祈福。

▲"空中堡垒"列队起飞。爬升过程中,由于拥挤和昏暗的天色,空中相撞的事故很常见。

▲1943年中,P-47"雷电"式战斗机承担了大部分为轰炸机护航的重任。第56战斗机大队(泽姆克的"狼群")的指挥官休伯特·泽姆克(左)与格伦·米勒相遇。1944年间,格伦·米勒的陆航队乐队在第八航空队的各个基地巡回演出。

▲一名领航员坐在轰炸机的机鼻中，绘制着他们飞向目标的航线。

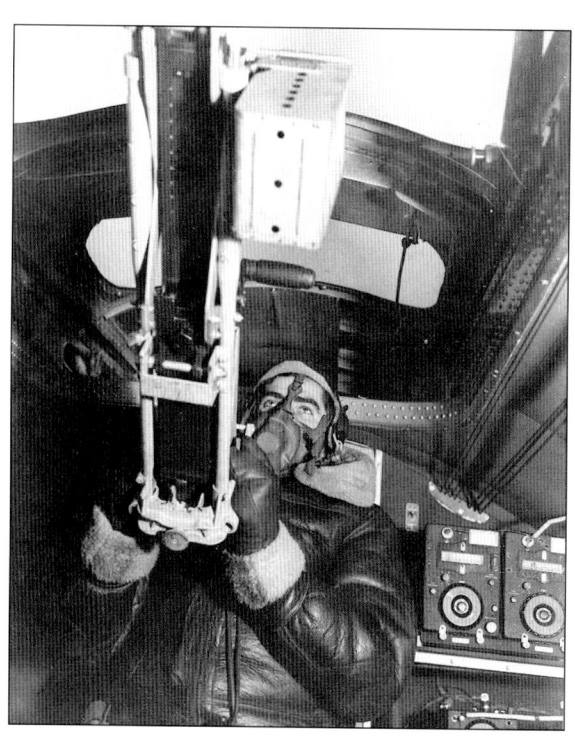

◀北海上空，这名无线电操作员兼射手打了几个点射，以检查他的机枪。在10000英尺高度，他们戴着氧气面罩。

◀这架"空中堡垒"的腰部射手穿着电热靴,戴着厚厚的手套,以抵御零度以下的严寒。他还穿着"防弹围裙",围裙内缝着锰钢钢板。

▲接近目标时,轰炸机进入到"高射炮领域"。驾驶员不能采取规避动作,因为投弹手需要一个稳定的平台,以实施更加准确的轰炸。

▲英国上空瞬息万变的气候使返回基地变得险象环生。两架"空中堡垒"轰鸣着穿过基地上空的云层时发生碰撞,双双坠毁。

◀轰炸机返回的消息传来后，基地人员聚集在控制塔，"为他们捏了把汗"，数着飞回的数量，并试图辨别出每架轰炸机。

▲机械故障导致球形炮塔中的射手被困在有机玻璃罩内，电气故障又致使轰炸机无法放下起落架，他在迫降中被活活压死。

▲"黎明欢唱"号的机组人员沿跑道走来,寻找车辆赶去进行作战汇报。

▲红十字会工作人员为返回的机组人员送上咖啡和三明治。

◀1943年8月,"解放者"贴着树梢逼近罗马尼亚的普洛耶什蒂炼油厂。执行任务的178架轰炸机,损失了54架,5名飞行员获得荣誉勋章。

▶约瑟夫·詹姆斯·沃尔特斯中士在一对比利时父子的护送下前往藏身处。沃尔特斯跳伞后落在一棵苹果树上,他那架"空中堡垒"是当天突袭雷根斯堡—施韦因富特的行动中损失的60架轰炸机中的一架。一名比利时工人拍摄了这张照片。

◀1943年年底,随着P-51"野马"战斗机的到来,第八航空队终于扭转了不利的空战局面,这种远程战斗机可以护送轰炸机一路赶往柏林。

▲D日到来的前夕,"雷电"战斗机帮助"野马"夺得了北欧上空的制空权,就像第八航空队遥遥领先的王牌飞行员弗朗西斯·"唠叨鬼"·加布雷斯基所驾驶的这架。

◀1944—1945年间，第八航空队重点打击两个目标，以摧毁德国的经济：合成燃料厂和铁路编组场。洛伊纳，这座庞大的合成燃料厂位于梅泽堡附近，是德国防御得最严密的地点之一。拍下这张工厂损毁照片的侦察机随后被地面防空炮火所击落。

◀大多数铁路编组场位于城市中心或其周边，击中它，而又不给附近居民区造成严重损害，这一点几乎无法做到。

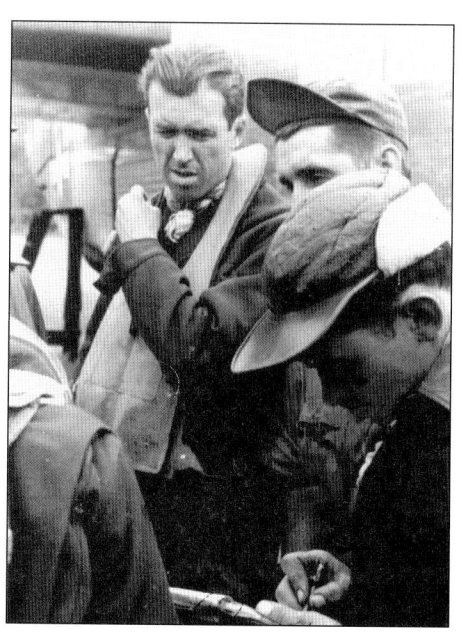

▶好莱坞电影明星吉米·斯图尔特少校,是第八航空队杰出的作战指挥官之一。

▲随着德国战斗机力量的衰退,高射炮火成为轰炸机机组人员最大的威胁。驾驶员劳伦斯·M·德兰希将这架机鼻被高射炮火削掉的"空中堡垒"迫降在机场上。

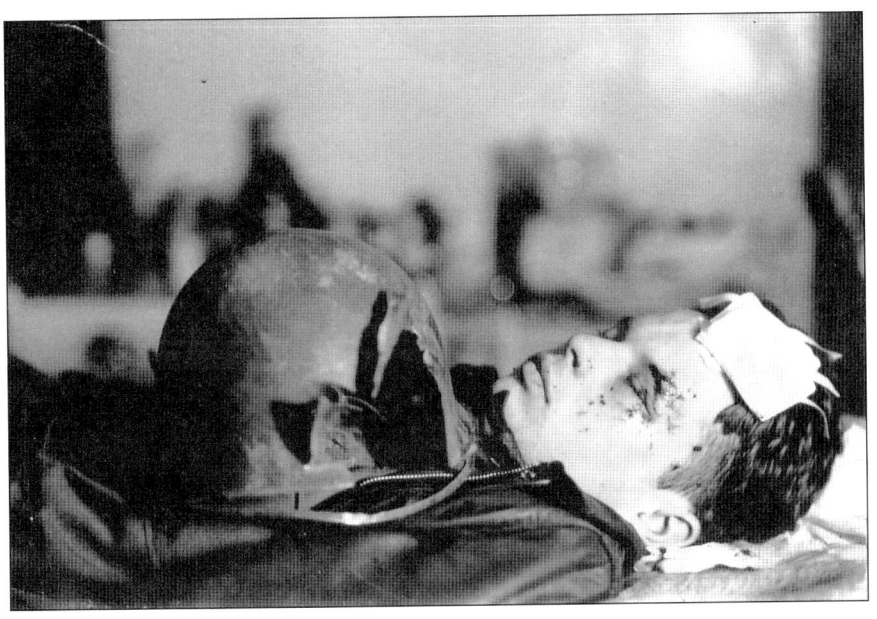

▲这顶防弹钢盔未能挡住一架德国战斗机射出的20毫米炮弹。照片中的这个小伙子活了下来。

▲一架"解放者"被一架Me-262射出的炮火切为两截,Me-262是德国在战争末期投入的一款喷气式战斗机。

▲第八航空队为那些遭受空中作战创伤的飞行员建立起疗养院。这些疗养院由航空队医护人员和红十字会女护士们管理。

▲第381轰炸机大队的射手们欢庆欧洲胜利日。

▶战争结束时,约有28000名第八航空队的飞行员从战俘营中被解放。路易斯·罗沃斯基(右)就是其中的一个,旁边是他的战友,伦纳德·史密斯。

▲战争期间,45000多名英国妇女嫁给美国军人。1946年1月,船上的这些"战时新娘"带着她们的宝宝离开南安普顿港,赶往美国跟他们的丈夫会合。

▲霍沙姆圣费思,村民们向第458轰炸机大队一架返回美国的"解放者"式轰炸机挥手道别。